JN075199

# LeBron

ジェフ・ベネディクト［著］
塚本清彦［監修］　高野鉄平［訳］

レブロン・ジェームズの母親グロリア・ジェームズは１９８４年12月30日、16歳の若さでレブロンを出産した。父親の素性はいまだ明らかになっておらず、「現代スポーツ界最大の謎」と言われている

レブロンと妻サバンナ・ジェームズは高校時代からのソウルメイト。２０１３年に正式に結婚し、04年に長男ブロニー、07年に次男ブライス、14年に長女ズリが生まれた

レブロンはセント・ビンセント＝セント・メアリー高校時代から全米の注目を集め、２００３年のＮＢＡドラフトで高卒ながら全体１位でクリーブランド・キャバリアーズに指名された

全米高校バスケットボール界の頂点に立った「シューティング・スターズ」の面々。左からヘッドコーチのドルー・ジョイス、リトル・ドルー、シアン・コットン、レブロン・ジェームズ、ウィリー・マクギー、ロメオ・トラヴィス

プロ1年目の２００３―04シーズンは高校時代からの好敵手で親友のカーメロ・アンソニー（デンバー・ナゲッツ）を抑えて新人王を獲得。レブロンは早くもキャバリアーズの中心になりつつあった

レブロンはＮＢＡ選手として史上最年少となる19歳で２００４年のアテネ五輪米国代表に選ばれた。しかし、ベテラン選手との不和もあり、1試合平均11分しか出場機会を与えられず、結果も銅メダルに終わった

レブロンの活躍で2004―05シーズンのキャバリアーズは42勝40敗と勝ち越すも、イースタン・カンファレンス9位でプレーオフ進出には届かなかった

2004-05シーズンはNBAオールスターに初出場。シャキール・オニール（右）、アレン・アイバーソンなどに指示を与え、20歳にしてリーダーの資質を見せている

2006―07シーズンはレブロン、キャバリアーズともに初めてとなるNBAファイナルに駒を進めた。しかし、チームの経験不足からティム・ダンカン率いるサンアントニオ・スパーズに屈辱のスイープ（4連敗）を食らった

2008年の北京五輪米国代表に選ばれたレブロンは、コービー・ブライアント（ロサンゼルス・レイカーズ）とともにチームを牽引し、決勝でスペイン代表を破って米国代表を金メダルに導いた

キャバリアーズで7シーズンプレーしFAとなったレブロンは2010-11シーズンにマイアミ・ヒートへ移籍。同時にクリス・ボッシュ（左）も加入し、ドウェイン・ウェイド（中央）とともに、他チームが羨む「BIG3」を結成した

2010-11シーズン、大型補強を敢行したヒートはNBAファイナルに進出するも、レブロンの不調もあってダラス・マーベリックスに2勝4敗で敗れ優勝を逃した

レブロンのプレースタイルを一言で表すと「比類なきオールラウンダー」になるだろうか。ショット、リバウンド、パス、ブロック、スティール、そしてバスケットボールIQ……どの項目も隙らしい隙がない

Snacks &
KINGS
Comcast
SPORTSNET
102
HEAT
6

レブロンは2011―12シーズン、悲願だったチャンピオンリングを獲得する。NBAファイナルでマッチアップしたケビン・デュラント（オクラホマシティ・サンダー）を圧倒し、ファイナルMVPに相応しい鬼神の活躍を見せた

2012年のロンドン五輪でレブロンは米国代表のキャプテンとして2大会連続の金メダルを獲得。同シーズンはNBA優勝、シーズン&ファイナルMVP受賞と快挙尽くめのシーズンとなった

2013年1月、NBAの昨シーズン優勝チームとしてホワイトハウスに招かれたレブロンは、バラク・オバマ大統領が見つめる中、スピーチで「ママ、私はやったよ」と感情を露わにした

再びFAとなったレブロンは2014-15シーズンにキャバリアーズへ復帰を果たす。復帰1年目は自身の経験をチームに還元し、若手のカイリー・アービングらとともにキャブスをNBAファイナルまで導いた

レブロンはスタイリストを雇用し、NBA選手の「身だしなみ」にメスを入れたことでも知られている。コート外の出で立ちも、まさにオールラウンダーのそれだ

復帰2年目の2015―16シーズン、キャバリアーズは1勝3敗からの逆転で悲願の優勝を成し遂げる。優勝が決まった直後、レブロンはコートに顔をつけ涙を流した

2017―18シーズンのNBAオールスターでレブロンは自身3度目となるMVPを獲得。当時はドナルド・トランプ、黒人差別に対する発言など、コート外での存在感も増していた頃だった

2017―18シーズンのNBAファイナルはステフィン・カリー(左)率いるゴールデンステート・ウォリアーズに完敗。ただ、レブロン自身は驚異的なスタッツを残している

レブロンの高校時代の友人マーベリック・カーター（左）はナイキを経てワーナー・ブラザーズの協力会社スプリングヒル・エンターテインメントを設立。同じく旧友のリッチ・ポール（右）はその後、スポーツエージェント会社クラッチスポーツグループを立ち上げ、レブロンを含め数々のNBA選手のエージェントを担当している

ランディ・ミムズ（左）はレブロンが絶大な信頼を置く「四騎士」の一人で、レブロンの個人マネージャーとして現在はロサンゼルス・レイカーズに籍を置く

ラッパーで音楽プロデューサーのジェイ・Z（左から3人目）はレブロンの古くからの友人。他にも世界的な投資家ウォーレン・バフェットなど、数々のセレブリティと親交がある

古巣キャバリアーズに優勝をもたらしたレブロンは2018—19シーズンに名門ロサンゼルス・レイカーズと契約を結ぶ。移籍初年度はチームが低迷し、プレーオフ進出を逃した

2022—23シーズンのオクラホマシティ・サンダー戦（23年2月7日）で、レブロンはカリーム・アブドゥル＝ジャバー（左）の得点記録（3万8387得点）を更新し、NBA通算得点歴代1位（3万8390得点）となった。レブロンは試合後のセレモニーで涙を見せた

2022—23シーズンに日本人の八村塁がワシントン・ウィザーズからトレードでレイカーズに加入。23—24シーズン開幕前のワークアウト（フィジカルトレーニング）では、レブロンとともに多くの時間を過ごした

39歳を迎えた2023-24シーズンもレブロンはレイカーズの中心としてプレー。外野から引退説が聞こえる中、はたしてどこまで記録を伸ばし続けるのだろうか

レブロンの長男ブロニー・ジェームズは南カリフォルニア大学に進学し、ポイントガードとしてプレーしている。レブロンの残された夢はブロニーと一緒にNBAの試合に出場することだ

## ゲイリーへ

私はあなたが母親と私を捨てて出て行ったと思って育った。子どもの頃、あなたは何も気にしていないのだと思い込んでいた。母親のことも。私のことも。大人になり、なぜだろうと考えた。あなたの居場所は知っていた。だがわざわざ会おうとはしなかった。四十代後半になってから、あなたの電話番号を知って電話をかけた。応答したあなたは、私のことを「息子」と呼んだ。あなたは私の書いたもののほとんどを読んで、保存していたことを知った。あなたがずっと会いたがっていたことを知った。あなたは私の家までやって来た。私の家族に会った。私を抱きしめてくれた。私のことを愛していると言ってくれた。私のことを誇りに思うと言ってくれた。あの長い年月……私は間違っていた。未婚の若い二人の間に赤ん坊が生まれれば、多くのことが埋もれてしまうと知った。あなたを愛している。私の父親でいてくれてありがとう。これをあなたに捧ぐ。

# CONTENTS

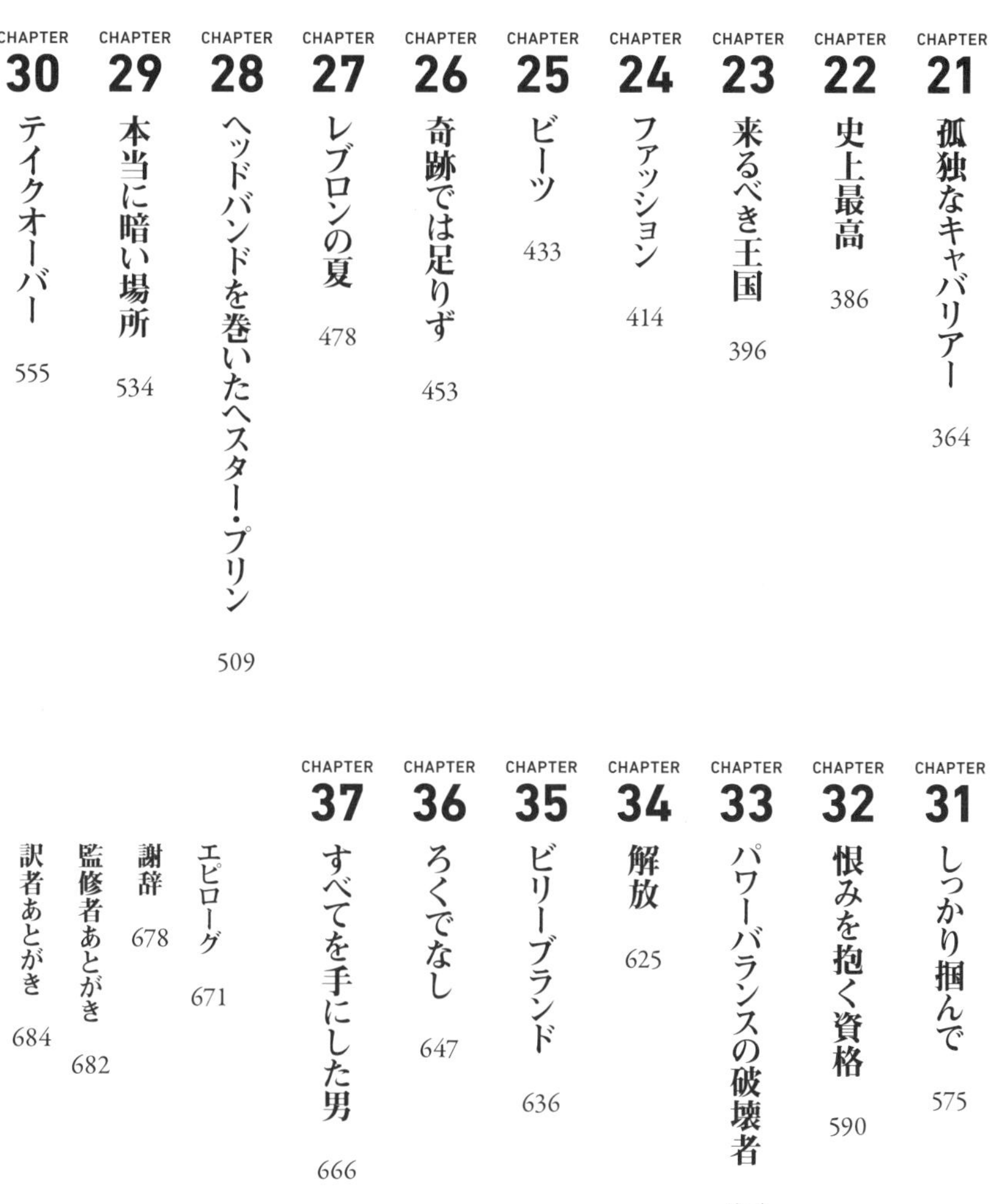

# CHAPTER 01

# 一体何が起こった？

黒く輝くＳＵＶの車列がウェストチェスター・カウンティ空港を出て、コネチカット州に入った。森の中の裏道を蛇行し、滑らかに舗装された私道に入る。両脇には石垣と、よく葉の茂ったオークとカエデの巨木が並んでいる。その中の一台の後部座席に、二五歳のレブロン・ジェームズは座っていた。隣に座るのは高校時代からのソウルメイトであり、二人の男の子の母親でもある二三歳のサバンナ・ブリンソン。彼の眼には、車窓から見える牧歌的な風景よりも彼女のほうが魅力的に映っていた。車列はグリニッジにある屋敷の前で停車する。黒いサングラスに白いＴシャツ、黒いカーゴショーツ姿のレブロンは車を降り、周囲を見回す。昼下がりの太陽が敷地内の白いピケットフェンスの隙間から金色の光を差し込み、青々とした芝生、ピンクと紫のアフリカホウセンカの花々、チョコレート色の腐葉土を照らしていた。石畳の小道が、ニューイングランド・コロニアル様式の広大な敷地に伸びている。この日は二〇一〇年七月八日。レブロンがここにやって来たのはリハーサルをし、夕食をとり、リラックスするためだった。数時間後にはＥＳＰＮのゴールデンタイム特番に出演し、クリーブランド・キャバリアーズに残るか、それとも彼に一年以上ラブコールを送り続けてきた五つのチームのいずれかに移籍するかの決断を明らかにすることになっていた。世界一有名なバスケットボール選手は、その夜が明ける頃には、自分がスポーツ界で最も嫌われているアスリートになるとは予想もしていなかった。

他の車から降りてきた数人の中には、彼の親友である二九歳のマーベリック・カーターと二八歳のリッチ・ポールの姿もあった。彼らはレブロンの計画を知っている数少ない人間だった。マーベリックとリッチは、レブロンのスタッフの代表を務める三一歳のランディ・ミムズとともに、レブロンがオハイオ州アクロンで過ごした高校最終学年の頃から行動を共にしていた。レブロンが三人に、自分の側近としての仕事を依頼したときだ。賢く野心的で、お互いに強く忠誠を誓い合った彼らとレブロンは、自分たちを「四騎士」と呼んでいた。ランディはこのとき同行していなかったが、マーベリックとリッチはレブロンの後を追い、石畳の道を堂々と屋敷に向かって歩いた。特にマーベリック。レブロンのビジネスパートナーであり、大物志望の彼こそが、このような大胆な方法で決断を発表するようレブロンに助言した人物だった。レブロンは米国で唯一、ESPNに一時間の特番制作を許可させるだけの力を持ったアスリートだった。そしてマーベリックは、レブロンがその力を使って、単にFAとしてチームを選ぶ権利を行使するだけでなく、もっと画期的なことを行うという考えを楽しんでいた。レブロンがやろうとしていたのは、チームオーナーの経済的支配から、伝統的なメディアプラットフォームのジャーナリストたちが彼にかけるフィルターから、そして歴史的にアスリート（特に黒人アスリート）を一つの場所に縛りつけてきた全体的な力学からの独立を宣言することだった。

抜け目なく進取の気性に富むリッチは、スポーツエージェントになる準備を進めていた。彼はこの日の発表方法に不安を感じていたが、レブロンが現状を打破しようとしているという点についてはマーベリックと同意見だった。

友人たちとの時間を過ごしつつ、レブロンは自信に満ちあふれていた。彼は自分がどれほどの影響力を持っているかを認識していた。キャバリアーズでの七シーズンで、あのマイケル・ジョーダンを含めていかなるバスケットボール選手にも成し得なかったことをやり遂げていたのだ。高校三年生で『スポーツ・

イラストレイテッド』誌の表紙を飾り、「選ばれし者」の称号を与えられた。卒業前にナイキと九〇〇〇万ドルのシューズ契約を結ぶと、一八歳で彗星のごとくNBAの舞台に上がり、瞬く間にリーグ史上最年少・最速で一万得点、二五〇〇リバウンド、二五〇〇アシスト、七〇〇スティール、三〇〇ブロックを達成した選手となった。リーグ史上最高の得点力を持つプレーメーカーになる勢いだった。二〇〇四年、NBA選手としては最年少の一九歳で米国五輪バスケットボールチームのメンバー入り。〇八年には二三歳で金メダルを獲得した。同年、彼は新たに設立したプロダクション会社を通じて初の映画を制作し、初の書籍契約を結び、ドクター・ドレーとジミー・アイオヴィンとともにビーツ・エレクトロニクス社でビジネスを開始。同社はのちにアップルに買収された。また、世界有数の大富豪であるウォーレン・バフェットとビル・ゲイツの二人とも親交を深めた。両者ともに、レブロンと側近たちに助言を与える有能な銀行家や弁護士の集団に感銘を受けた。バフェットはレブロンについて、「彼がIPO（新規株式公開）なら、私は買うだろう」と語っていた。

二〇一〇年七月までに、バスケットボールの年俸と広告契約から得られるレブロンの推定年収は五〇〇〇万ドルに達していたが、それも急成長する彼の総資産の一部にすぎなかった。彼の資産は一〇年以内に一〇億ドルに到達する勢いだった。米国のプロスポーツチームに所属しながら一〇億ドル長者が誕生したことはなかった。レブロンはその第一号になることを決意していた。

ナイキでは、同社で最も価値のあるブランドアンバサダーとして、タイガー・ウッズを抜いてトップに立った。二〇〇九年の秋、ウッズが愛車を隣家の木に衝突させる事故を起こし、またセンセーショナルな不倫スキャンダルで評判がガタ落ちになると、各企業はウッズを見限って一気にレブロンをプッシュしていった。アメリカン・エキスプレス、マクドナルド、コカ・コーラ、ウォルマートなどの各社が、レブロンの家族への献身性と、自身のルーツであるアクロンを大事にする思いは本物だと考えていた。

この頃にはもう、彼の世界的な名声はスポーツの枠を超えていた。ジェイ・Zとの共演、バラク・オバマの選挙運動への協力、アナ・ウィンターとの会食、アニー・リーボヴィッツとジゼル・ブンチェンとの写真撮影、さらに自身の財団設立。二五歳の誕生日を迎える前に、レブロンは政治、ファッション、マスメディア、慈善事業にまで進出していた。直近一年間だけでも『60ミニッツ』で紹介され、『ヴォーグ』誌、『タイム』誌、『エスクァイア』誌、『フォーチュン』誌、『GQ』誌の表紙を飾った。ある有力なセレブリティ指標によれば、レブロンの人気はジェイ・Zを上回っていた。ナイキのテレビCMでは俳優やコメディアンとしての能力まで発揮し、レブロンは世界的なアイコンとなった。中国から欧州各地まで知られる存在となっていた。

レブロンが唯一成し遂げられていないのは、NBAチャンピオンになることだった。それを変えようとする決意は固まっていた。キャバリアーズとの契約満了を迎える二〇〇九―一〇シーズン終了後には、チャンピオンリングを獲得できるメンバーを編成するのに最適なチームと契約するため選択肢を検討すると一年以上前から明言していた。誰もが彼を欲しがった。ニューヨーク市とマイケル・ブルームバーグ市長は、レブロンのニューヨーク・ニックス入りを望んで「カモン・レブロン」キャンペーンを立ち上げ、タイムズスクエアにデジタルメッセージを掲示し、市内のタクシーのミニスクリーンにも広告を出した。ブルックリン・ネッツのオーナーであるロシア人大富豪は、レブロンを億万長者にするためのビジョンを語って彼に誘いをかけた。バラク・オバマ大統領までもが、故郷のシカゴ・ブルズに加入するようホワイトハウスから説得を試みた。クリーブランドにはレブロンに残留を懇願する看板、マイアミには彼に来てほしいと懇願する看板が立てられた。

偉大なエンターテイナーが皆そうであるように、レブロンもすべての人から必要とされることを望んでいた。彼は人々から自分がどう見られているかに強い執着を見せることもあった。同業者に対しては特にそうだ。レブロンがグリニッジに向かう前日、FAのケビン・デュラントはオクラホマシティ・サンダーとの契約延長を発表し、「私はいつも脚光を浴びたいとか、自分の仕事を表に出したいと思っているタイプではない」と語った。デュラントは、才能という点ではレブロンに最も近いライバルだった。そして、デュラントの控えめな態度はバスケットボール界の記者たちから広く称賛を浴びていた。多くの記者はデュラントを引き合いに出し、レブロンと彼のESPN特番を非難した。「一時間番組？　なんてこった！」とFOXスポーツのコメンテーターは書いた。同調する選手たちもいた。ある匿名のNBA選手は、スポーツライターの取材に次のように語っている。「レブロンは自分のことばかりだ。彼は（マイケル・）ジョーダンやコービー（・ブライアント）のように史上最高の選手になりたいと話しているが、ジョーダンやコービーならこんなことはしない。彼はバスケットボール自体より大きな存在になろうとしている」

レブロンは自分について書かれたものを読んだ。ジョーダンやコービーとの絶え間ない比較にはうんざりだった。だが何より、利己的と言われることほど胸が痛むものはない。彼の意識としては、チームオーナーと同じように、ビジネスとしてバスケットボールに取り組んでいただけなのだ。彼の提供するサービスを得るため各チームが競い合っているなら、彼らに会って提案を聞いてみればいいじゃないか。そして、他の選手たちにも声をかけて、力を合わせて一緒に優勝するため可能な限り最高の状況を作り出そうとすればいいじゃないか。それは利己的などではなく、賢明なやり方であるはずだった。

マイアミ・ヒートのGMパット・ライリーほど、レブロンのその姿勢を高く評価している者はいないようだった。レブロンはESPN特番放送までの一週間に、彼を引きつけようと競い合っていた各チームの重役たち十数人と面会した。ライリーはチャンピオンリングを持って現れ、それを獲得するために何が必要であるか知っていることを明確に示した。彼はまた、レブロンが自ら他の偉大な選手たちを集め、優勝を狙う軍団を結成しようとすることを恐れてもいなかった。

キャリアの観点からも、ヒートへの移籍が賢い選択であることは明らかだった。それでも、クリーブランドを離れることになると考えると、レブロンは胸が張り裂けそうになった。オハイオは故郷だった。他の場所に住んだことはなかった。居心地がよかった。レブロンは故郷アクロンに直感的なつながりを感じており、その理由は母親以外には完全に理解し切れないものだった。自分を作ってくれたこの場所に恩義を感じていた。彼の頭はマイアミに行けと言っていたが、心はアクロンに縛られていた。

母親を失望させまいと、グリニッジに飛ぶ数時間前、レブロンは母親に電話をして自分の考えを伝えた。「自分の決断の結果を背負って生きていかなければならないのは自分自身。自分にとって一番良いことをするように」と母親は息子に答えた。

＊＊＊

すべてを捨てていくことに不安を覚えていたレブロンだが、グリニッジのマーク・ダウリーの邸宅に入ると、歓迎されている感覚に安堵を覚えた。色あせたジーンズを履き、タックのないポロシャツを着ていたダウリーは、ハリウッドで最も影響力のあるタレントエージェンシー、ウィリアム・モリス・エンデバー（WME）のシニアパートナーにはとても見えなかった。マーケティングの戦略家であるダウリーは、ESPN特番の詳細を手配していた。レブロンはダウリーのことをよく知らなかった。しかし、マーベリックは知っており、レブロンにとってはそれで十分だった。彼はダウリーが家に迎え入れてくれたことに感謝していた。

ダウリーのエージェンシーはロサンゼルスにあったが、彼はグリニッジに住んでいた。それがイベントをここで開催したいという思いに強く影響していた。イベントはグリニッジ・ボーイズ&ガールズ・クラブで開催され、ESPN特番の収益は、レブロンの獲得を希望するNBAチームのある各都市のボーイズ&ガールズ・クラブに寄付されることになっていた。

ダウリーの一二歳の息子とその友人たちは、レブロンを紹介されて感激が抑えられない様子だった。ESPN、ナイキ、その他の企業スポンサーの代表者も駆けつけていた。レブロンは丁寧に挨拶を交わしたあと専用の部屋に引っ込み、デザイナーズジーンズと紫のギンガムシャツへと着替える。彼の携帯電話には容赦なく通知が鳴り響いていた。ちょうどその二日前、レブロンはTwitterアカウントを開設し、最初にこうつぶやいていた。「ハロー・ワールド、本物のキング・ジェームズがここに来た。〝ついに〟」。この最新のソーシャルメディアプラットフォームで、間もなく明らかにされる彼の決断はすでにトレンドとなっていた。彼に届き続けるテキストメッセージの中には、カニエ・ウェストからのものもあった。「今どこにいる?」と。

グラミー賞授賞式でテイラー・スウィフトの機嫌を損ねたあと、カニエはハワイで五枚目のスタジオアルバム『マイ・ビューティフル・ダーク・ツイスト・ファンタジー』の制作に取り組んでいた。レブロンの決断を直接見届けたいカニエは、グリニッジに向かい、ダウリーの家を見つけようとしていた。レブロンはダウリーには知らせずにカニエに住所を伝えたあと、マーベリックと、スポーツキャスターのジム・グレイと一緒に座って番組進行を確認した。すぐに玄関のドアがノックされた。ダウリーの一二歳の息子は、唖然とした様子で「カニエが来た!」と声を漏らす。控えめなはずだったリハーサルが、突然ハウスパーティーのように感じられはじめた。

レブロンはジェイ・Zを通じてカニエと知り合った。彼らは友人だった。レブロンは多くのラッパーやヒップホップアーティストらと友人になっていた。彼らはレブロンの周囲にいることを好み、自分のショーのバックステージパスを彼に与えた。パーティーにも招待したし、コートサイドから彼の試合を観戦もした。歌詞の中に彼へのメッセージを込めることもあった。多くの点で、彼らはレブロンを知りたいだけでなく、レブロンになりたかったのだ。バスケットボールのスターとして、彼の名声は彼ら全員を凌駕していた。だがこの日の夕暮れが夜へと変わる頃、レブロンはまったく新しい可能性を秘めた世界を目の前にしていた。仲間たちとともに家を出て、警察にエスコートされながらボーイズ＆ガールズ・クラブへと向かうSUVに乗り込む。レブロンは不思議でならなかった。単なるアクロン出身の子どもだった自分が、なぜ今ここまで来たんだろう。

＊＊＊

発電機がうなりを上げ、衛星放送用のトラックがボーイズ＆ガールズ・クラブの駐車場を埋め尽くす。NBAのジャージを着て、「ネッツに来い」というメッセージを掲げた何千人もの人々が通りに並んだ。少し離れて立つファンの一団は「レッツゴー・ニックス」と声を揃えて歌う。交通整理の警官はメガホンを手に彼らを下がらせようとするが、手に負えない。レブロンを乗せたSUVは警官たちのオートバイを引き連れ、まるでナイトパレードの山車のように角を曲がった。携帯電話のカメラのフラッシュが、街灯、黄色いヘッドライト、青と赤のパトライト、そしてクラブ外構の白いスポットライトと混じり合い、サイレンが鳴り響く中で万華鏡のような色彩を作り出していた。

SUVの中でレブロンは緊張し、キャバリアーズを去ることを考えていた。彼は静かにマーベリックに言った。「彼らに知らせよう」

「コネチカット州グリニッジから生中継です」。ブリストルのESPNスタジオにいた司会者が言う。屋外の混乱の様子が中継されていた。

ジェイ・Zの「エンパイア・ステート・オブ・マインド」がラジカセから鳴り響く中、レブロンとカニエが車から出てくると、子どもたちは悲鳴を上げ、指を差した。ベンチャーキャピタリストやウォール街の銀行家を親に持つティーンエイジャーたちは、我が町が一晩だけバスケットボールの世界の中心になることを喜んでいた。

当時小学生だったジジ・バーターは、兄たちと一緒にこの場にやって来たが、異常な雰囲気に圧倒された。「何が起こっているの?」。喧騒の中、必死で叫んだ。

兄たちは数年前から彼女をクラブに連れてきていたが、外にこんな人だかりができているのは初めてだった。兄たちは、レブロン・ジェームズがニックスへの移籍を発表するためにこの街に来たのだと説明した。きっとすごいことになるぞ、と。

中に入ると、ジジは見慣れた顔を見つけた。クラブ経営者の男性が、クラブの子どもたちのために区切られたエリアで彼女に席を用意してくれた。彼はレブロンがよく見えるようにと、ジジを一番前の席に座らせた。

午後九時の数分前、レブロンはサバンナと並んで体育館の外に立っていた。カニエも黒いサングラスに黒いブレザー、カラフルなスリッパを履いて近くに立っていた。ダウリーは中で忙しく動き回り、すべての準備を整えようとしていた。リッチはキャバリアーズに電話し、レブロンが退団することを伝えた。リッチにとって、これは離婚のようなものだった。配偶者と簡単に別れることはできない。その痛みを和らげようと、彼はチームのGMに言った。これはビジネス上の決断であって、個人的な決断ではない、と。

そんなことは問題ではなかった。オーナーのダン・ギルバートは激怒した。その四年前、彼はレブロンを五年契約で縛りつけようとした。そうすれば、このすべてが避けられたはずだった。しかし、レブロンは三年契約しか結ばないと主張した。「彼が『三年契約だ』と言ったとき、我々は『クソ食らえ。出て行け』と言える勇気を持つべきだった」。ギルバートはジャーナリストにそう語った。

リッチがキャバリアーズを相手にしている間、レブロンはサバンナとの時間を過ごすことに集中していたが、やがてイヤホンをつけたESPNのプロデューサーが「時間です」と告げた。

「幸運を祈ってくれ」とレブロンはサバンナに言い、彼女にハグとキスをする。振り返って出て行く前に、彼はサバンナに歯を見せ、食べカスがついていないことをチェックするよう頼んだ。

サバンナは、彼がいつも笑わせてくれるのが大好きだった。彼女はOKを出すと、レブロンを体育館へと押し込んだ。

＊＊＊

グレイは体育館中央の仮設ステージに置かれたディレクター用の椅子に座っていた。レブロンはその反対側の椅子に座った。リングの下には六五人ほどの子どもたちが折り畳み椅子に座っていた。もう一方のリングの下と壁際には、ビジネスウェアを着た百人ほどの大人が椅子に座っていた。出入り口には警官が立っていた。グレイはベテランだが、不安げな様子だった。レブロンも落ち着かない様子だった。白い照明の下で、二人とも汗をかいていた。メイクアップアーティストが二人の額に手を伸ばす。観衆もどうしていいかわからず、葬儀の参列者のように静まり返っていた。

ブリストルのスタジオからESPNのスチュアート・スコットが視聴者に伝えた。レブロンの決断まであと数分。グレイの最初の質問はたどたどしかった。レブロンが曖昧な答えを返す中、時間が過ぎていく。そして放送開始から三〇分後、ついにグレイが言う。「皆さんが知りたがっている質問の答えを……レブロン、あなたの決断は？」

「うん、今年の秋に……ええと、すごく難しいことだが。うん、この秋から、私はサウスビーチで才能を発揮する。マイアミ・ヒートに加入する」

体育館にため息が漏れた。グレイも次に何を言うべきかわからない。まるで誰かがテレビの生中継を一時停止したかのようだった。外ではブーイングが巻き起こった。

ブーイングはニューヨークからロサンゼルスまで各地のスポーツバーに響き渡った。クリーブランドでは、信じられず涙を流す者も多かった。「私はサウスビーチで才能を発揮する（I'm going to take my talents to South

Beach)」と、レブロンの口にした九つの単語がＮＢＡとファンを揺るがした。

「クリーブランドの人たちにどう説明するのか？」。グレイが訊ねる。

「私にとっては心が痛いことだ。クリーブランドを離れたくはなかった……。これからも、私の心はいつもあのあたりにある」。レブロンは何とか説明を試みた。

数分のうちに、キャバリアーズのファンたちは通りに出て、レブロンのユニフォームに火をつけ、罵詈雑言を浴びせた。

故郷で何が起こっているのかを知らないまま、レブロンは立ち上がり、仮設ステージを降りる。彼は子どもたちと一緒に写真を撮ることに同意し、来るように合図した。子どもたちは彼に群がった。ジジは年上の子どもたちに追い抜かれたが、突然、背後から自分が宙に浮くのを感じた。クラブ経営者の男性が彼女をレブロンに手渡し、レブロンは彼女を肩に担ぎ上げた。レブロンの手が彼女を包んだ。ジジは彼の親指を握った。あのレブロンの肩の上にいることが信じられなかった。「私はあそこにいた中で一番小さな人間だったけど、世界で一番背が高いように感じた。文字通り空に触れられるような気分だった」と彼女はのちに語っている。

子どもたちに囲まれ、レブロンはカメラに向かって微笑んだ。

＊＊＊

子どもたちが去ったあと、レブロンはＥＳＰＮのスタジオにいたスポーツジャーナリスト、マイケル・ウィルボンのインタビューに応じた。「聞きたいことがある。クリーブランドでは今、あなたのユニフォームを燃やす場面もあった。その映像がこちらだ」

レブロンはモニターを見つめる。炎が彼の名前と背番号の入ったユニフォームを焼き尽くしていた。レブロンのイヤホンにウィルボンの声が届く。「映像をご覧いただけただろうか……。お気持ちは？」

「感情的な決断はしたくなかった」と彼は答えた。「レブロン・ジェームズにとってベストなことをしたかった。レブロンは自分を幸せにするために何をするつもりなのか。シューズを反対の足に履くだけだ。キャブスはいつか私を追い出すことになっていただろう。そのとき私の家族はチームを焼き払うだろうか？もちろんそんなことはない」

テレビでもソーシャルメディアでも、レブロンは酷評された。

「彼はナルシストの馬鹿にしか見えない」と、ある著名なバスケットボール記者はＥＳＰＮで語った。

別の記者は、このショーを「恥知らず」と非難した。

ある著名なジャーナリストは、レブロンの行動を「エゴイスティックな自己アピール」と呼んだ。

デイビッド・レターマンの番組プロデューサーの一人はTwitterでこう述べた。「二歳の子どもを起こしてレブロン・ジェームズの特番を見せている。私たちの社会がどん底に落ちた瞬間を見せたいんだ」

グレイまでもが嘲笑された。「ジム・グレイの前戯は、ずっと想像していた通り満足できるものだった」とコメディアンのセス・マイヤーズはツイート。『スポーツ・イラストレイテッド』誌のメディア批評家は、グレイのインタビューを「農場でやるのがぴったりの乳搾りのようなものだ」と評した。

ダウリーの家に戻ると、ダウリーの所属事務所のＣＥＯがロサンゼルスから電話をかけてきて、番組の成功を祝福した。ＥＳＰＮ史上最も視聴率の高いスタジオ番組となった。「私の才能をサウスビーチで発揮する」とレブロンが告げたとき、一三〇〇万人がチャンネルを合わせていた。一方、六つの都市にあるボーイズ＆ガールズ・クラブは施設改善のための記録的な寄付を受けることになったが、そんなことは誰も話題にしなかった。それどころか、レブロンはリアルタイムで冷酷な悪役に変身していた。すでにオンライン版に記事を掲載した『ニューヨーク・タイムズ』紙は、マイアミを「新たな悪の帝国」と呼び、レブロンを「チャンピオンリングに手を伸ばす傭兵」と批判していた。

「私たちがしたことには確かな意図があった。しかし、ボーイズ&ガールズ・クラブに五〇〇万ドルを寄付したことは誰も覚えていない。その点では本当にひどい仕事をしてしまった。完全に埋もれてしまった」とダウリーは数年後に語った。

＊＊＊

レブロンがマイアミへ向かう深夜便の専用機に乗り込む頃、キャバリアーズのオーナー、ギルバートは激怒していた。彼はチームのウェブサイトに、「Comic Sans」フォントで次のような手紙を掲載した。

**親愛なるクリーブランドへ**

**ご存知のように、我々の元ヒーローは、もはやクリーブランド・キャバリアーズの一員ではなくなった。彼は今晩、まさに自分の育ったこの土地を見捨てたのだ。**

**このことは、数日間にわたるナルシスティックな自己アピールを通して発表され、その極めつけとして全国ネットのテレビ特番で伝えられた彼の「決断」は、スポーツの歴史上、そしておそらくエンターテインメントの歴史の中でも、かつて「目撃」されたことのない何かだった……。**

**皆さんがこのような卑怯な裏切りを受けるのは、単純に不当なことだ。**

彼はさらに続けて、レブロンの「恥ずべき形で示した身勝手さと裏切り」「冷酷で無慈悲な行動」は、「子どもたちに学ばせたいこととは正反対の教訓を送るものだ」と非難した。キャバリアーズのアリーナ外壁に掲げられたレブロンの巨大横断幕を破ろうとする暴徒を阻止するため、警官がアリーナの外に配備された。ギルバートは、「よく眠れ、クリーブランドよ」と感傷を込めた言葉で手紙を締めくくった。

マーベリックほどクリーブランドの状況を気に病んでいる者はいなかった。リーダーを自認し、壮大な発表計画の立役者であったマーベリックは、結果をひどく見誤ったのだ。予期せぬ展開に高揚感も冷め上がり、何も聞こえない穴の中に消えてしまいたい気持ちだった。

レブロンにはそんな余裕もなかった。飛行機が離陸すると、「なんてこった！　一体何が起こったんだ？」と彼は口にした。

誰も何も言わなかった。リッチはレブロンやマーベリックと何度もフライトを共にしていたが、これほど気まずく静かなフライトは初めてだった。

「私たちはしくじってしまった」。マーベリックは数年後、当時の状況を振り返って言った。だがこのときは、マーベリックもただただ朦朧として何も考えられなかった。

思い悩んだレブロンは心を内側へと向けた。映画やテレビに登場するマフィアたちの大ファンだった彼は、印象的なシーンのセリフを暗記していた。例えば、トニー・ソプラノが弱気になり、自分を守ってくれなかった腹心に怒りをぶつけるシーンだ。

**ナンバーワンになるのがどんなことか、お前にはわからないだろう。自分の下す決断が、他のあらゆることに影響を及ぼす。あまりにも大きくて対処し切れない。結局、完全に孤独になってしまう。**

レブロンは『ザ・ソプラノズ』、特にトニーが大好きだった。しかし、彼は架空の犯罪組織のボスとは似ても似つかない。まず、レブロンは人と衝突するタイプではなかった。マーベリックに怒りをぶつけようとするよりも、彼は口をつぐんだ。マーベリックが傷ついていることもわかっていた。追い打ちをかけても意味はない。加えて、レブロンは人間関係を何よりも大切にしていた。マーベリックとは、レブロンが高校一年生のときにチームメイトになって以来の親友だ。彼はマーベリックを仕事仲間というより兄弟のように見ていた。公の場であれ私的な場であれ、ESPNのショーに参加することを決めたのが自分ではないと言いたげな言動を取るつもりはなかった。それはマーベリックを困らせるだけだからだ。むしろレブロンは、マーベリックの誤算を引き受ける決意を固めていた。

だがギルバートについては話が別だった。彼は故意にレブロンの人格を攻撃し、彼の動機をあざ笑った。オハイオを離れることは、NBAに加入して以来、レブロンが下した決断の中で最も心が痛むものだった。アクロンは彼が住んだことのある唯一の場所だったのだ。そこで恋に落ちた。子どもたちもそこで生まれた。サバンナとの夢のマイホームもアクロンに建てた。家への愛着は強く、二人はレブロンがヒートと契約したあともそこに住み続けるつもりだった。奇妙なことではあるが、ギルバートの手紙を読むとキャバリアーズではなくヒートを選んだ痛みが麻痺し、レブロンは自分の決断が正しかったと確信することができた。彼は私のことなど気にかけていなかったと思う、とレブロンは自分に言い聞かせた。

＊＊＊

飛行機がマイアミに降り立ったのは午前三時を回っていた。ライリーが駐機場でレブロンを待っていた。疲れ果て、精神的に消耗していたレブロンは飛行機から降り、ライリーの抱擁を受け、彼の肩に頭を預けた。レブロンとサバンナはSUVに乗り込むと手をつなぎ、車窓外のフロリダの暗闇を見つめた。レブロンは間もなく、NBAチームのあるマイアミ以外のすべての都市で「パブリック・エナミー・ナンバーワン」になることの意味を知ることになる。

滑走路から離れゆく車内で、サバンナは状況を客観視することで彼を慰めようとした。「あなたは、これよりもひどい経験をしてきたじゃない。もっともっとひどい経験を」

# CHAPTER 02
# グロ＆ブロン

オハイオ州アクロンにある、とある住宅地。すでに町は寝静まる時間となっていたが、ある住戸の一室では、少し変わった名前を持つ内気な少年が目を覚ましていた。その少年は独りぼっちで、お腹を空かせていた。父親はおらず、母親と二人暮らし。二人きりだ。だが母親も不在だった。一晩中出掛けていた。朝までには帰ってくるかもしれないし、帰ってこないかもしれない。数日続けて母親が消えてしまうこともあった。

母親がすぐに戻ってくることを祈りながら、少年はようやく眠りについたかと思えば、聞き覚えのある音で目が覚めた。男たちの怒鳴り声。懇願する女。銃声。散り散りになる人々。サイレン。バタンと閉まるドア。さらなる叫び声。またサイレン。

周囲の危険を頭に描くのに想像力は必要なかった。彼は子どもが見てはいけないものを何度も見てきた。暴力、薬物乱用、威嚇するギャング、威圧的な警官。しかし、彼を最も不安にさせたのは夜の物音だった。何か悪いことが起きているのはわかっていた。

こういう場合、彼はただ横になって静かになるのを待つしかないと考えた。それでも、もう一度寝つくことはなかなかできなかった。不安で眠れない夜もあった。周囲で起こっていることを遮断する術は身につけていたが、幼いレブロン・ジェームズが何よりも気になっていたのは、目覚めたときに母親が生きていて無事であることを確認できるかどうかだった。すでに父親がいない彼は、母親も失ってしまうことを考えるだけでも耐えられなかった。

その暗い幼少期に、レブロンは早いうちから自活することを学んだ。「好むと好まざるとにかかわらず、母は私にそういう扱いをしていた」と彼は語った。しかし、レブロンは母親の愛を疑ったことはない。ただ母親がどこにいるかを気にしていただけだ。「母が家にいないのなら、あのサイレンは警察が母を追いかけているのかもしれない。あの銃声は母を狙ったものなのかもしれない。だからそういう夜はいつも、周りの音を聞きながら、その音が鳴る場所にいるのが母ではないことを願って祈っていた」

レブロンはやがてアクロンを愛するようになった。彼の人格はそこで鍛えられた。スポーツの才能もそこで見出され、形作られた。そして彼のエンターテイナーとしての天性の才も、その場所で過ごした時間を反映している。しかし、子ども時代の彼は、安心と仲間を求めながら、しばしば自分にこう言い聞かせていた。「もし幸運にも出口を見つけることができたら、全速力でここから逃げ出す」

＊＊＊

レブロンは二〇〇九年に、自身の高校生活と、最終学年時の全国選手権制覇に向けた道のりを振り返る回顧録を出版した。この本が出版されたとき、彼はＮＢＡのＭＶＰに君臨していたが、物語の中心に据えたのは高校時代のチームメイトたちだった。表紙にまで彼らを起用した。この本に対するアプローチは、多くの点で、彼がバスケットボールをプレーするスタイルと共通するものだった。本能的にボールを他の選手と共有しようとすることは、批評家たちから欠点だと評されることもあるが、それでも彼は個人の成果以上にチームの成功を重視する。意図的であろうとなかろうと、レブロンは回顧録で友人たちやそれぞれの背景にスポットライトを当てることで、自分自身の生い立ちの重要な部分にはあまり触れなかった。そういった意味で、回顧録の中でも最も興味をそそる一節は、献辞のページに隠されていたと言えるのかもしれない。

## 我が母へ、母なくして今の自分はない

読者は献辞のページを読み飛ばすのが常である。しかも、レブロンがたった一文だけ記した献辞は何の脈絡もなく、特に意味のあるものとは思えない。それでもこの一文は、厳しくも美しい真実を示唆している。一方で、なぜレブロンがあれほどまでに実直な父親であり忠実な夫であるのか、その手がかりもここに隠されている。なぜ彼があれほど多くの私財を恵まれない子どもたちの衣食住のために、特にアクロンの子どもたちのために捧げてきたのか、その理由にもつながる。レブロンを取り巻く人々が普通ではあり得ないほど緊密で強固な関係を維持し続ける理由も、この言葉に根ざしている。一方で、母親に捧げた短い言葉は、地球上で最も裕福で最も成功したアスリートの一人である彼が、自分のルーツを忘れていないことを明確にしている。しかも自分のルーツを、恨みや恥ではなく、感謝と誇りを込めて振り返っている。

それでもやはり、レブロンの生い立ちには不明瞭な部分もある。レブロンは試合の流れを驚くほど詳細に記憶していたり、隠れた統計データをカンニングペーパーでも見ているかのように頭から抜き出したり、まるで賢者のような能力を持つことで知られているが、自身の幼少期の細かな部分について語る際の記憶はより断片的だ。自らを欺こうとしているわけではない。むしろこれは、彼が一人の息子として、現在の自分に向けられる容赦のないスポットライトから母親と母親の過去を覆い隠そうとする傾向があることを強く物語っている。

しかし、これだけは明らかだ、レブロン・ジェームズを理解したいのであれば、すべての道はグロリア・マリー・ジェームズとオハイオ州アクロンに遡ることになる。

＊＊＊

フレダ・M・ジェームズがグロリアを出産したのは一九六八年二月四日。ディオンヌ・ワーウィックが全米ナンバーワンの女性ボーカリストとして君臨し、彼女のヒットシングル『小さな願い』がセールス一〇〇万枚を突破したばかりの頃だった。目覚めた瞬間／お化粧をする前に／あなたのために小さな祈りを捧げる、という歌詞は、献身的な女性が男性のために祈るラブソングのつもりで書かれていた。だがフレダにとっては、生まれたばかりの娘に向ける自分の眼差しを歌っているかのように感じられた。フレダは夢のような結婚生活を送ったわけではない。グロリアが生まれて一年も経たないうちに、フレダと夫は別れた。離婚の理由として、裁判記録には重大な育児放棄と極度の虐待が挙げられている。フレダは二十代前半だった。グロリアの他に二人の小さな男の子がいた。生活費を稼ぐため、フレダはウェスタン・リザーブ精神病院リハビリテーションセンターでブルーカラーの仕事をし、母親とともにヒッコリー・ストリート四三九番地の老朽化したビクトリア様式の家に住んでいた。ヒッコリー・ストリートはアクロンのダウンタウンのはずれにある線路に接した未舗装の道であり、近辺はブーンドックスという名で呼ばれていた。グロリアはそこで母親と祖母に育てられた。

一六歳になった直後、グロリアは妊娠した。妊娠中はしばらく高校にも通わなくなった。一九八四年一二月三〇日、アクロン市立病院で体重約三キログラムの男児を出産。レブロン・レイモン・ジェームズと名付けた。父親の素性は、現代スポーツ界の大きな謎の一つである。グロリアはレブロンの父親について、レブロン本人にさえも語ろうとはしなかった。レブロンが子どもの頃、母に父親の居場所を訊ねたことがあった。「すぐに黙るように言われた」とレブロンは振り返る。父親の素性は探らないように、彼のことは気にしないように、とグロリアは息子に言った。「私とあなただけ」と告げた母親に、レブロンは父親のことを聞くのをやめた。

グロリアには、息子に父親のことを話さない彼女なりの理由があった。いずれにしてもレブロンは、自身のルーツにつながる家系図の片方から切り離された。父親の存在が見えないこと、素性や居場所を語る情報が少ないことが、恨みにつながった。「私は父を恨んで育った」とレブロン。「とにかく『クソ親父』という感じだった。彼は私を捨てた。どうして母にそんなことをしたのだろうか？　私を産んだとき、母は高校二年生だった」

＊＊＊

グロリアが新生児を連れて病院を退院し、彼をブーンドックスに連れ帰ったとき、赤ん坊が米国史上最も成功した黒人の一人になり、地球上で最も有名な人物の一人になるなどとは、想像すらできなかった。グロリアは貧しい十代のシングルマザーであり、新生児の世話について学ぶため母親と祖母に頼っていた。三九歳の母親もまたシングルマザーだった。それからすぐに、前途はさらに険しくなった。レブロンが生まれて間もなくグロリアの祖母が亡くなったのだ。フレダにとっては痛手だった。フレダは家庭の全責任を引き受け、グロリアとレブロンの生活を支える唯一の存在となった。グロリアが高校に復学すると、フレダは娘が卒業できること、たった一人の孫が生き延びられることだけを願った。それすらも高望みに思える状況だった。

レブロンの一歳の誕生日を前に、グロリアはエディ・ジャクソンと付き合い始めた。高校では陸上競技をやっていた二〇歳の青年だ。八〇年代のアクロンでは若い黒人男性の多くがそうだったが、エディも仕事を見つけるのに苦労していた。むしろトラブルを呼び込んでしまった。間もなく彼は住居を失い、グロリアと一緒に住むことを望んだ。フレダは、苦境に陥った子どもたちをよく泊めてやることで知られていた。自らの間違った選択でトラブルを招いてしまったような子も。エディはまさにそのタイプだった。フレダはエディを裁こうとはせず、彼を同じ屋根の下に住まわせることを認めた。

「グロリアの母親に会えば、世界で一番素晴らしい人に会えたことになる」とエディは言ったことがあった。「彼女は信頼する相手のことを愛してくれる。そうでない相手には、どこか自分の目に入らない場所へ出て行けと言うだけだ。グロリアも同じだった」

グロリアと親密な関係を築きながら、エディはレブロンのことも気に入るようになった。レブロンの三歳の誕生日の数日前、グロリアとエディは、プレゼントとしてリトルタイクスのリングとミニチュアのゴム製バスケットボールを準備した。クリスマスの朝にレブロンを驚かそうという計画だった。グロリアが「ブロンブロンちゃん」と呼んでいた愛しの坊やが初めてのゴールを決め、絶好のシャッターチャンスになるはずだった。しかし、クリスマスの朝早くサプライズに直面することになったのはグロリアとエディのほうだった。イブの真夜中過ぎに、フレダが心臓発作を起こしたのだ。グロリアとエディはパーティーから夜遅く帰宅し、床に倒れていた彼女を発見した。フレダはセント・トーマス病院で死亡が確認された。四二歳だった。

グロリアは絶望に沈んだ。三年間のうちに妊娠し、学校を休学し、出産し、祖母を亡くし、新生児の世話をしながら復学し、ボーイフレンドを迎えて同棲し、卒業し、そして今度は母親を失った。不安定な人生は、突然のように恐ろしい人生へと変わりつつあった。母親なしでどうやって生きていけるのだろう？

息子に楽しいクリスマスを過ごさせようと決心したグロリアは、レブロンがプレゼントを開けるまで、祖母が亡くなったことを伝えないことにした。オーブンにハムはなく、焚き火で焼ける栗に目を輝かせる小さな子どもたちのことを歌うナット・キング・コールの声が聞こえてくるステレオシステムもない。風通しの悪い居間の窓枠のペンキは剥げかけていた。カーテンは色あせて汚れていた。それでも、小さなクリスマスツリーがあり、赤と銀色の花輪が飾られていた。その日の朝、レブロンが発見したのは、オレンジ色のリングに赤と白と青のネットがついたプラスチック製のリングだった、他のプレゼントを見下ろしてそびえ立っていた。他の箱をすべて開けたあと、レブロンはオレンジ色のミニチュアボールを持ち、両手を頭の上に伸ばし、つま先立ちになり、何とかボールをフープの縁の上からネットへと潜らせた。レブロンは微笑み、カメラのシャッターが押される。グロリアがクリスマスツリーを飾ったのは、レブロンの子ども時代にはこれが最後だった。「クリスマスは、私にとって幸せな時間ではない」とグロリアは語る。「何とか必死で頑張って、いろいろなことに対処しなければならなかった。そんな準備も覚悟もまったくできてはいなかったのに」

＊＊＊

フレダは、レブロンの三歳の誕生日である一九八七年一二月三〇日にアクロンに埋葬された。「彼女は娘のグロリア・ジェームズ、息子のテリーとカーティス・ジェームズ、そして孫のレブロンを遺した」と死亡記事には記された。そしてフレダの死によって、グロリアのセーフティーネットはなくなった。子どもの面倒を見てくれる人もいない。金もない。母親の古くて大きな家を管理する財力もなかった。配管は故障していた。電気設備にも問題があった。兄弟はいたが、彼らもグロリアを助けられる状況にはなかった。エディも同じだ。失業中であり、彼は彼で自分の問題を抱えていた。グロリアとは連絡を取り続けたが、別の場所へ引っ越していった。

この頃、グロリアは食料品や暖房を買う余裕さえなかった。冬のある日、立ち寄った隣人の一人は、この家は幼児が暮らすような場所ではないと悟った。キッチンのシンクからは汚れた食器がこぼれ落ち、リビングの床には穴が開いていた。白い息が見えるほどの寒さだった。「ここは安全じゃない」と隣人はグロリアに言い、レブロンを連れて自分の家に来るよう強く訴えた。その日、グロリアはスーツケースに詰め込めるものを詰め込み、母親の家に別れを告げた。レブロンは小さなリュックとぬいぐるみを持って、母親について隣人の家に行った。予備の寝室はなかったが、ソファはあった。それから数カ月、グロリアとレブロンはそこで寝ることになった。その後、彼らはグロリアのいとこの家に引っ越した。それからグロリアの知り合いの家に。そしてグロリアの兄弟の一人の家に。市がヒッコリー・ストリートにある母親の家を処理する手続きを進め、最終的にはブルドーザーで取り壊した頃、グロリアとレブロンは流浪の民のように暮らしていた。二人を知る者たちはこう呼んだ。グロとブロン、ただ生き延びようとする母子。「食料が尽きて、息子も私も空腹になってしまったことが何度もあったのを覚えている。支えてくれたのは友人や家族、そして地域社会の助けだった」とグロリアは振り返っている。

母親が生活保護とフードスタンプでかろうじてやりくりしている頃、レブロンはクラスメイトと友好関係を築いたり、教師との絆を築いたりすることもなかなかできずにいた。住所も定まらず、頻繁に転校を繰り返した。滅多に口を利かない物静かな子どもに成長した。「私は怖かった。孤独な少年だった」とレブロンは言う。

父親がおらず、母親だけでは二人の生活を支える力が不十分だったが、それでもレブロンが不平を言ったり、暴れたりすることはなかった。母親の窮状を感じ取ったレブロンは、彼女のストレスを高めないように努めた。「幼い子どもの頃に根無し草になるなんて、そんな生き方はあり得ない。だが文句を言っても何の意味もない。すでに罪の意識を背負っている母にさらなる重圧をかけることにしかならない」とレブロンは語った。

後年レブロンが振り返ったところによれば、幼少期の彼は、多くのアフリカ系アメリカ人の少年たちと同じように、人生の厳しさに迷い込んでしまっていた。「何も好んでトラブルを求めていたわけではない。トラブルは嫌いだ。それでも、二度と這い上がれない奈落の底に落ちる寸前だった」

一九九三年の夏、偶然の出会いがレブロンの人生の流れを変える。彼を包んでいた絶望から、いつかは抜け出せる可能性がある道筋が初めて示された。レブロンがアパートの外で同年代の少年たちと遊んでいたときのことだ。ブルース・ケルカーという男が近づいてきた。彼はグロリアの知人であり、少年フットボールのコーチでもあった。

「みんな、フットボールは好きか？」。ケルカーは少年たちに訊ねた。

「大好きなスポーツだ」とレブロン。

この時点で、レブロンがチームでプレーしたことはなかった。正しい投げ方や捕り方、タックルの仕方など、基本的な指導を受けたこともない。しかし、テレビでＮＦＬの試合を観たことはあった。プロフットボールには魔法のような魅力があった。カラフルなユニフォーム、大きなショルダーパッド、ピカピカのヘルメット。スティーラーズ、カウボーイズ、ジャイアンツ、ライオンズといった神話のようなチーム名。絵を描くのが好きだったレブロンは、好きなＮＦＬチームのロゴをリュックに忍ばせたパッドにスケッチしていた。

ケルカーは自分のチームのため、ランニングバックの選手を探していた。つまりスピードが必要だった。子どもたちを並べてかけっこをさせると、レブロンは全員を置き去りにしてしまった。

「フットボールはどれくらいやったことがある？」。ケルカーが彼に訊ねた。

「まったく」とレブロンは答えた。

ケルカーはその状況を変えようと決意し、レブロンに練習に参加するよう求めた。しかし、その前にグロリアをどうにかしなければならなかった。彼女ははっきりとこう言った。登録料もユニフォーム代もない。車もない。だから、彼を練習に連れて行く方法もない。さらに重要なこととして、体をぶつけ合うスポーツが息子に向いているかどうかわからない。息子は大人しく控えめな子で、攻撃的な子ではなかった。

「フットボールがブロンブロンに合っているのかどうか、どうやったらわかる？」と彼女は訊ねた。

ケルカーは、レブロンがチームにとって素晴らしい存在になると確信していた。そしてグロリアにも、息子さんにとってフットボールは最高だと説得した。彼は登録料とユニフォームの費用を負担することを約束し、送迎の心配もいらないと伝えた。「私が迎えに行く」と。

グロリアは断ることもできた。しかし、レブロンがチームに入りたがっているのは明らかだった。だから彼女は同意した。そして、正しい決断をしたと理解するのに時間はかからなかった。試合で初めてボールを渡されたレブロンは、七〇メートルあまりを駆け抜け、タッチダウンを決めた。大人たちは歓声を上げた。チームメイトは彼を取り囲んだ。コーチは彼のショルダーパッドを叩いて称賛の言葉を叫んだ。

レブロンは、注目され称賛されることに慣れていなかった。特に男たちからは。しかし、得点は爽快だった。得点を決める感覚と、それによって周囲から受け入れられているという感覚は、その秋のうちに何度も味わうことができた。レブロンは少年フットボールの最初のシーズンでタッチダウンを一七回決めた。DFは彼にタックルするどころか、追いつくこともできなかった。

ケルカーをはじめとするコーチングスタッフにとって、レブロンが同年代で断トツに優れた選手であることは一目瞭然だった。同時に彼らは、レブロンの家庭生活が危険に満ちていたことも無視できなかった。グロリアとレブロンは、三カ月の間に五回も引っ越していた。「彼をいつも違う住所に迎えに行くのに疲れていた。廃墟のような場所へ迎えに行ったら、もう別の場所に引っ越していたということもあった」とケルカーは語る。

少なくともフットボールのおかげで、ある程度の規則正しい生活はできていた。しかしシーズンが終わると、レブロンはすっかり何をしていいかわからなくなった。その年、小学四年生だった彼は一〇〇日近く学校を休んだ。事態は機能不全に陥り、少年フットボールのコーチたちはレブロンを引き取りたいと考えた。しかし、コーチたちのほとんどは若い独身男性であり、責任を持って九歳児を引き取るには不十分だった。ただ一人の例外は、誰もが「ビッグ・フランキー」と呼ぶコーチのフランク・ウォーカーだった。

フランクはアクロン都市住宅局に勤めていた。妻のパムはオハイオ州の下院議員に仕えていた。二人は家を持ち、三人の子どもがいた。

フランクはレブロンのアスリートとしての能力よりも、彼の個人的な生活環境を気にかけていた。レブロンが傷つき、命綱を必要としていることを理解していた。レブロンがつらい経験をしてきたこと、それが人生の喜びの一部を奪い、彼を年齢以上に成熟させていたことは明らかだった。

ウォーカー夫妻はグロリアに、レブロンが自分たちと一緒に暮らすことを持ちかけた。難しい話だった。グロリアは、自分がレブロンに安定した家庭生活を与えられないことはわかっていた。自分の状況がレブロンに悪影響を及ぼしていることは、わざわざ言われるまでもなかった。「息子は普通の子ども時代を送れなかった。街の中でも一番ひどいところに住んでいた」とグロリアは語る。それでも、息子を他の夫婦に、特に他の母親の手に委ねることを考えると苦悩が収まらなかった。グロリアはパムのことをほとんど知らなかった。

ウォーカー夫妻にグロリアを批判するつもりはなく、ただレブロンに安心と家族生活を与えようとしていた。部屋はフランキー・ジュニアとシェアすればいい。食事は一日にきっちりと三食。寝る時間も決まっている。そして当たり前のように毎日学校に通うことができる。フランクは、レブロンのためを思ってのことだとはっきり言った。

助けが必要であることはグロリアもわかっていた。「息子をあんな風に育てるのが嫌だった。引っ越し、引っ越し、引っ越し。本当に嫌だった」と彼女は語る。「私たちが経験したようなことは、他の誰にも経験してほしいとは思わない。たとえ私にとって最悪の敵のような人であっても」

自分の母親が離婚を経験し、彼女と二人の弟を一人で育てることになってから二五年。グロリアは、それ以上のトラウマになるかもしれない決断を下そうとしていた。自分の生まれた年に発表されたワーウィックの古い歌の歌詞が彼女の気持ちを代弁していることを、いつかレブロンが理解する日が来ることを祈るしかなかった。

**あなたなしで生きるなんて、私の胸は張り裂けてしまうだけ**
**愛しい人よ、信じて**
**私にはあなたしかいない**

グロリアはウォーカー夫妻の申し出を受け入れた。

# CHAPTER 03 ボールをパスすれば

母親が、自分の生活をもっと良いものにする必要があるという話をしてきたのを、レブロン・ジェームズは困惑しながら聞いていた。それまでは、彼はウォーカー一家と暮らすことになるのだと言われた。母親がどこへ行くのか、正確なことはわからなかったが、要は離れ離れになるということだった。心を掻き乱される話だった。それまではずっと二人で世界と戦ってきた。グロとブロン。それが突然、ブロンだけになってしまう。

それが最善であることを、グロリア・ジェームズは説明しようと試みた。

最善だって？　レブロンにとっては想像を絶する恐ろしいことに聞こえた。

その状況が永遠に続くわけではない、と彼女は言い張り、ショックを和らげようとした。

母親に会えるのだろうか？

グロリアはできるだけ頻繁に会いに行くと答えた。

そして、生活が安定したらまた一緒に暮らすとも約束した。

九歳の少年にとって、頭の処理が追いつかない話だった。

＊＊＊

ウォーカー家に到着したレブロンには、何が待っているのかわからなかった。家はヒルウッド・ドライブにあり、ベッドルーム三室のあるコロニアル様式。レブロンは二人の娘に会い、自分の荷物をフランキー・ジュニアの部屋に置いた。レブロンはフランキー・ジュニアより一歳半年上で、スポーツ選手としての力も上回っていた。そのことでウォーカー夫人は自分を妬むだろうか？　姉妹はどうだろうか？　受け入れてくれるだろうか？　レブロンにはたくさんの疑問があったが、どれも声には出さなかった。

ルールもたくさんあった。毎朝六時に起きてシャワーを浴び、学校に行く準備をする。時間は守らなければならない。放課後はまず宿題を最優先。夕食は毎晩家族で一緒に食べる。それからゴミ捨てや皿洗い、掃除など家事の手伝い。寝る前にシャワーをしておけば、六時四五分まで寝ていてもいい。

レブロンにとってはすべてが異質なことだった。スケジュールも。日課も。家事も。ゴミ出しをしたことも、皿を洗ったことも、ほうきや掃除機を使ったこともなかった。家族の一員になるという考え方自体が新鮮だった。ウォーカー家の長女は彼と関わろうとはしなかったが、彼女は自分の弟に対しても同じような態度であることがすぐにわかった。フランキー・ジュニアとはすぐに仲良くなれた。そして、末娘からは尊敬されていると感じられた。レブロンはまるで妹ができたような気分だった。

レブロンは新しい学校にも通い始めた。ウォーカー夫妻は彼をアクロンで最も古い学校の一つであるポーテージ・パス小学校の五年生に編入させた。生徒の九〇％以上がアフリカ系アメリカ人で、そのほとんどが給食無料プログラムを受けていた。担任のカレン・グリンダルは彼に個人的な関心を寄せていた。過去にグロリアを教えていたことがあり、彼女が学校で起こした騒動もよく知っていたのだ。はじめは、グリンダルはレブロンが同じことを繰り返すのではないかと心配していた。しかし、彼はすぐに最も品行方正な生徒の一人になった。決して学校を休むことはなかったし、時間も守る。問題を起こすこともなかった。好きな教科は音楽、美術、体育だった。

学校に慣れていくのと並行して、少年フットボールの有力選手としてのレブロンの評判も高まっていった。新聞にも名前が載るようになった。『アクロン・ビーコン・ジャーナル』紙は、この年の秋にこう報じている。「先週の少年フットボール協会の試合で、イーストB1チームの攻撃プレーはわずか一一回だったが、そのうち五回で得点してパターソン・パークに三四対八の勝利を収めた。レブロン・ジェームズはタッチダウンを三回成功。うち二回はそれぞれ五〇ヤードと一八ヤードを走り、もう一つはマイケル・スミスからの二八ヤードのパスをキャッチしたものだった」

評価は自信につながった。特に大きな助けになったのは、フランク・ウォーカーがコーチであったことと、パム・ウォーカーが家で面倒を見てくれていたことだ。彼はもう、ユニフォームやパッドを誰かの車のトランクに保管する必要もないし、どうやって練習場まで往復しようかと悩む必要もなくなった。両親が共働きでスケジュール通りに進む忙しい家庭生活のリズムは、彼に合っていた。「どうしても欲しかった安定が手に入った。家族という流れの中にいるのが大好きだった……人生とはどう生きるべきものであるかが見えた」とレブロンは語った。

ある秋の日、フランクはレブロンとフランキー・ジュニアを連れて裏庭でバスケットボールをやってみた。レブロンがフットボールであまりにも簡単に才能を発揮するのを見て、バスケットボールもやらせてみることにしたのだ。レブロンに見せたのは基本のプレー。ドリブルのやり方、ジャンプショットの打ち方、レイアップの仕方といったものだ。

レブロンは父親的な存在から何かを教えてもらうという経験を喜んだ。地上三メートルの高さのリングにボールを通そうとする挑戦も、すぐに楽しくなった。バスケットボールをする感覚は、フットボールでエンドゾーンに到達するたびに感じる感覚に似ていた。

フランクは、レブロンのドリブルは初歩的でぎこちないが、左右どちらの手でもドリブルしようとする傾向があるようだと気づいた。普通の子どもであればわざわざ覚えようとはしないことだ。長い腕と跳躍力もフランクを感心させた。彼はレブロンと息子を対戦させてみることにした。レブロンは一対一でプレーしたことがなかったが、その挑戦を張り切って受け入れた。フランキー・ジュニアはバスケットボールが大好きで、数年前から父親と一緒にプレーしていた。彼はレブロンに勝った。だが、バスケットボールをまったくやったことのない九歳の少年があっさりとプレーを覚えるのを見て、フランクの予感は当たっていたことが確認された。彼はレブロンを体育館にも通わせる必要があると考えた。

＊＊＊

レブロンがウォーカー家に引っ越してきた年、ウォルト・ディズニーは『ライオン・キング』を公開し、瞬く間にアニメーション映画史上最高の興行収入を記録した。レブロンがその映画を初めて観たとき、スカーがムファサを殺すシーンは信じられなかった。その裏切り行為に衝撃を受け、涙を流した。レブロンはこの映画が大好きだったが、観るたびにそのシーンで同じ気持ちになった。

レブロンには、隠していたセンチメンタルな一面があった。幼少期からずっとあちこちをたらい回しにされた結果として、彼は感情を抑え、できるだけ言葉を発しないようになった。大人を信頼するのが苦手だった。そして、子どもたちと友情を築くことにも消極的だった。母親と一緒に別の場所に移るたびに、友人たちが皆いなくなってしまうのが怖かった。だが、ウォーカー家がそれを変えてくれた。そこは感情的に安全な場所であり、レブロンがそれまで見落としていたものに対して彼の目を開かせてくれた。彼は『ファミリー・マターズ』や『コスビー・ショー』を観るたびに、ウィンズロー家のような中流階級のアフリカ系アメリカ人家族、あるいはハクスタブル家のような上流階級のアフリカ系アメリカ人家族の一員になったとすればどんな感じなのだろうかと考えていた。ウォーカー家はそういった、レブロンが見たことのない架空の家族に最も近い存在だった。ウォーカー夫妻はお互いに誠実で、子どもたちの健全な暮らしを何よりも優先していた。家庭料理があり、畳まれた洗濯物があり、子どもたちへの期待と結果があり、誕生日パーティーも休日のお祝いもあった。家族は居心地の良い場所だった。

レブロンにとって、ウォーカー家に住むことは、父親という存在の行動を見て、長い間押し殺してきた感情を見つめ直す機会にもなった。グロリアの意思を尊重し、父親について訊ねることはなかったが、それでも父親がいない子どもは「なぜ父さんは私がいらなかったのだろう？」と悩まずにはいられない。フランクがレブロンを庇護していた頃、コメディ『ベルエアのフレッシュ・プリンス』で「パパの新しい言い訳」というエピソードが放映された。そのエピソードでは、ダメな父親のルーが、息子ウィル・スミスの前に一四年ぶりについに姿を現す。ウィルは叔父のフィルの家族と暮らしており、その生活が大好きだった。レブロンがフランクの家族との生活を気に入っていたのと同じだ。父親が現れ、息子を引き取りたいと言うと、ウィルはバッグに荷物を詰め込んで出発の準備を整えた。だが一緒に出発するはずだったその日、父親はウィルを見捨てた。ウィルの悲痛な表情を見てフィル叔父さんは、怒ってもいいんだ、とウィルを慰めた。ウィルは傷ついていないふりをしようとした。「毎晩遅くまで起きて、母さんに『パパはいつ帰ってくるの？』なんて言ったりはしない。私にあの人は必要じゃない。私に初めてのバスケットボールのショットを教えてくれたのはあの人じゃないんだから」と。

レブロンが番組を観ていると、ストーリーが胸を打った。まるでウィルが彼を代弁しているかのようだった。レブロンは初めて、彼が感じていた痛みを言葉として聞いた。怒りさえも本物だった。

「あのね、フィル叔父さん」と、ウィルは声を上げた。「私はあの人がいなくても立派な仕事につける。きれいな恋人と結婚して、たくさん子どももできる。あの人がなれなかった、もっといい父親になるんだ……子どもをどう愛するかなんて、あの人から教わるようなことは何一つないんだから！」

ウィルが泣き出すと、レブロンも泣き出した。

「どうしてあの人は、私のことがいらないんだろう?」。ウィルにそう聞かれると、フィル叔父さんは彼を抱きしめた。

このエピソードが放送された年は、レブロンにとって人生の分岐点だった。あらゆる意味で、フランクはレブロンのフィル叔父さんになった。彼はほとんど毎日レブロンを学校まで迎えに行った。レブロンにバスケットボールのプレーを教えた。そして、レブロンに自信を持たせるような褒め方をした。フランクはレブロンを指差しながら、他の人たちに向けて誇らしげにこう言うのだ。「ここにいる若者は、もし米国大統領になりたければ、米国大統領にだってなれる」と。それは、父親が息子を誇りに思って言うような言葉だ。しかし、フランクは本気だった。後年レブロンは、フランクについてこう語っている。「彼はしかるべき評価を受けていない。彼は、私に初めてバスケットボールをくれた人でもあったし、初めて本当に興味を示してくれた人でもあった」

バスケットボールを紹介したことを別とすれば、フランクがレブロンに与えた最も大きな影響はおそらく、アクロン市内の少年たちのことを必死に気にかけてくれる他の父親たちと出会えるような環境に彼を置いたことだろう。レブロンがウォーカー一家と暮らしている時期に出会った人物の一人が、ドルー・ジョイス二世だった。彼は、レブロンが天才バスケットボール選手として成長する過程で出会った中で、最も彼に強い影響を及ぼしたコーチとなった。

ドルーは若い頃、フットボールのコーチを目指していた。しかし一九七八年にオハイオ大学を卒業する頃には、妻を支えて家族を養うことが彼の最優先事項となった。プロのコーチになる夢は捨て、コナグラの子会社であるハント・ウェッソンに就職し、そこで上級販売員にまで昇進した。エリアマネージャーになったあと、ドルーは家族でアクロンに移り住んだ。妻のキャロリンとの間には二人の娘がいた。さらに、レブロンが生まれた一カ月後の八五年一月、ジョイス夫妻には息子も生まれた。ドルー・ジョイス三世と名付けられた息子は、早くから「リトル・ドルー」というニックネームで呼ばれるようになった。息子がフットボールよりもバスケットボールが好きであることがわかると、ドルーはアクロンのレクリエーションリーグで息子の少年バスケットボールチームのコーチを始めた。ドルーが若き日のレブロンに出会ったのはその時期だった。

レブロンが優秀なフットボール選手として評判になりつつあることをよく知っていたドルーは、彼が同じ年頃の少年たちとの試合でポイントガードを務めるのを興味津々で見守った。ボールハンドリングはまだまだ練習が必要だとドルーは思った。しかし、レブロンは他の誰よりも少なくとも一〇センチは背が高かった。そして彼は、体格の利点を活かしてコート上で相手DFを押し込み、比較的簡単に得点できる位置までドリブルしていた。スキルは粗削りだが、勘は鋭いようだった。

やがて、レブロンとリトル・ドルーは一緒にプレーするようになった。レブロンはすぐに彼のことが気に入った。リトル・ドルーはコート外ではほとんど口を利かない子だったが、コート上ではレブロンに指示を出すこともためらわなかった。コートで一番背が低いにもかかわらず、コーチのように振る舞っていた。レブロンは彼のことを「将軍」と呼び始めた。リトル・ドルーは四、五歳の頃からバスケットボールをやっていた。しかし、レブロンははるかに大きく強かったため、リトル・ドルーを一対一で打ち負かすことができた。負けるたびに、リトル・ドルーは再戦を要求した。何度も何度も。彼にはレブロンが言うところの「リトルマン・コンプレックス」があった。子どもたちはリトル・ドルーを笑い、アニメに出てくる小さな青い生き物にちなんで「スマーフ」と彼を呼んだ。それがリトル・ドルーにとっては大きな屈辱であり、自分を証明するために他のどの子よりも必死に努力するようになった。レブロンは、彼が体格的なハンデがあろうとも誰にでも挑んでいく姿勢を気に入った。レブロンには初めて、いなくなることを恐れなくていい同年代の友達ができた。

＊＊＊

小学五年生のとき、レブロンは学校が好きだと自覚した。一年間ずっと、一度も欠席することはなかった。皆勤賞はレブロンの誇りだった。特にうれしく感じられたのは、パムが「それでいい」というような表情を見せてくれることだった。彼女は一年間ずっと、成績を上げるようにと、高い目標を持つようにと彼に促していた。彼ほどの運動能力があれば、大学の奨学金を得ることができるとも言い続けてきた。それまでレブロンに大学の話をする者は誰もいなかった。奨学金などという言葉は彼の語彙にすらなかった。パムは、彼はどんな大学でも選ぶことができると断言した。ただ成績を上げ続ければいい。あとは彼の才能が何とかしてくれる。

レブロンは、パムが自分の運動能力を妬むのではないかと最初に考えていたことが根拠のない心配であったことを悟った。レブロンが息子よりスポーツが得意だからといって、パムは嫉妬することなどなかった。それどころか、彼女はレブロンを四番目の子どものように扱ってくれた。この一年間彼女は、レブロンの耳の後ろを洗うことから、涙を拭うこと、水疱瘡にかかったときに看病をすることまで、何でもしてくれていた。

パムは彼に、実子と同じように感じてほしいと願っていた。だからこそ、学年末になってグロリアがもう一度レブロンと一緒に住みたいと言ってきたとき、彼女は葛藤を感じたのだった。

レブロンもまた葛藤していた。ウォーカー家は彼にとって家族となっていた。彼らの家は自分の家だと思えた。安全だと感じていた。必要とされていると感じていた。「私たちが君のためにしてきたことは、君を愛しているからそうしたんだ」とフランクは言ってくれた。

レブロンは、彼らと一緒に暮らせることがいかに幸運なことであるか理解していた。「ウォーカー家で過ごしたあの時間がなかったら、私はどうなっていたか正直わからない」と彼は語る。母親が初めて彼をウォーカー家に預けたときに感じた痛みと戸惑いも、すでに薄れていた。彼をウォーカー家に預けようとした母親の意思に思いを馳せ、自分より息子のためになることを優先した「至上の犠牲」であったと考えることができたのは、のちにレブロン自身が親になりずいぶん経ってからのことだった。「母がそうしたくなかったことはわかる」とレブロンは語った。

グロリアはレブロンが戻ってきてくれることを熱望していたが、再会は波乱に満ちたものだった。彼が小学六年生になったとき、グロリアは住む予定だったアパートを失った。グロリアが次の引っ越し先を見つけるまで、レブロンは一時的にウォーカー家に戻ることになった。ニューヨークへ引っ越すという話もあった。

レブロンは、母親が自分を養っていくのがどれほど大変なことか、十分に理解できる年齢となっていた。グロリアは毎日何とか食卓に食べ物を用意してくれていたが、どうやってやりくりしていたのかは知らなかった。自分の力ではどうにもならないことがたくさんあった。ただ、母親の生活が楽なものではないことはわかっていたし、何とか母親が誇れるような息子になりたいと思っていた。「わかってはいても見えないこともあった。私には見えないものがあった。それでも知ろうとはしなかった。知りたくなかった」とレブロンはのちに振り返っている。

そんな不安の中、パムが手を差し伸べてきた。「彼をもう一度抱きしめたいと思うときもある」とパムは語る。しかし状況は複雑だった。グロリアとレブロンを一緒にアクロンに引き留めることが大事だと考えたパムは、スプリングヒル・アパートメントと呼ばれる場所を管理している友人に連絡を取った。さえない建物であり、近隣の環境も決して好ましいものではなかった。だがグロリアには低所得者向けの援助を受ける資格があった。ウォーカー家の助けもあり、グロリアはベッドルームが二つある部屋に落ち着くことができた。レブロンは生まれて初めて自分の寝室を持った。スプリングヒルは、二人にとってようやく家と呼べる場所に思えた。

小学六年生になっても、レブロンはウォーカー一家と会っていた。一方で、ドルーの家でも過ごすようになった。ウォーカー家に似た場所だった。両親は共働きで、子どもは三人。ベッドルームは三つあった。そしてドルーの家には、地下に娯楽室もあった。少年たちにとっては、集まってスポーツ談義に花を咲かせ、『NBAライブ』や『マッデンNFL』などのビデオゲームで遊ぶのに最高の場所だった。ジョイス夫人は厳格な女性であり、中学生の子どもたちがセックスやドラッグを覚えないよう教育する非営利団体で働いていた。彼女の方針はジョイス家に浸透していた。ジョイス家は日曜日になれば必ず全員揃って教会へ行く家族でもあった。

＊＊＊

ドルーは日曜学校で教えていた。同じ教区民のリー・コットンも一緒に教えていた。彼はグッドイヤー・ハイツと呼ばれる町の一角に妻と子どもたちと住んでいるFedExの配達ドライバーだった。リーにはシアンという息子がおり、リトル・ドルーやレブロンと同じ年だった。シアンはレブロンよりも大柄で、少年フットボールでは年齢別の体重制限を超えるほどだった。背もレブロンより高かったが、バスケットボールは上手ではなかった。しかしドルーは、シアンの父親が素晴らしい選手であったことを知っていた。彼はリーに少年バスケットボールチームのコーチを手伝わせるよう説得し、レブロンもチームに引き込んでリトル・ドルーとシアンと一緒にプレーさせようとした。チーム名は「シューティング・スターズ」。

レブロンは乗り気だったが、グロリアは懐疑的だった。レブロンはドルーとの関係について、それまでに会ったどの男性よりも強い絆で結ばれているように感じると言っていた。グロリアは、息子がチームに加わるかどうかを決める前に、練習を見学させてほしいと言った。ドルーは彼女を歓迎し、メイプル・ストリートにある救世軍のコートで練習を行うよう手配した。コートと周囲のコンクリート壁の間にはほとんど隙間がなく、コートはリノリウムで覆われていた。だがそんなことはグロリアにはどうでもよかった。息子を指導するのがどのような人たちであるかにしか関心がなかったのだ。

リーとともに、ドルーは少年たちに基本的な練習をさせた。練習は活気にあふれ、前向きな姿勢が感じ取れた。子どもたちの仲が良いことは一目瞭然だった。リトル・ドルーは天性のリーダーであり、しっかりと集中していた。シアンはリングの下で威圧感があった。そしてレブロンは最高のアスリートであり、どんなプレーでもやってみせた。コート上の三人の少年はまるで兄弟のようであり、他の子どもたちも彼らのエネルギーに触発されていた。

グロリアはレブロンに、チームに加わっていいと伝えた。

＊＊＊

ドルーはレブロンに天性の運動能力があることを知っていた。同年代の少年たちよりも背が高く足が速いことに加え、跳躍力と敏捷性もずば抜けていた。同年代に彼を一対一で止められる者はいなかった。年上の子どもたちを相手にしても、レブロンは簡単にゴールを決めることができた。リトル・ドルーはより規律正しく、基礎ができている選手だった。だがレブロンは基礎をマスターしていなくとも圧倒的なプレーができた。この状況にリトル・ドルーは苛立ち、レブロンに腹を立てることもあった。

しかし、ドルーはレブロンをさほど特別扱いすることはなかった。コーチとしての経験が浅かったドルーは、スポーツを愛する良き父親としてこの仕事に携わっており、レブロンや他の少年たちのことを大切に思う気持ちから、週末の時間を割いてまでチームワークの大切さをはじめとした人生の教訓を教えようとしていたのだ。もしドルーが、何十年にもわたって選手をスカウトして才能を評価し、ハイレベルな大会で指導した経験を持つようなコーチングの第一人者だったとしたら、レブロンにいつかプロ選手になれる才能があると見抜いていたかもしれない。ピアノ奏者によくあるような両手の器用さや、生まれついての自信、決して疲れることがないように見える不可思議なほどのエネルギーなど、レブロンの隠された資質が将来的に生み出しうる経済価値に気がついたかもしれない。しかし、たとえドルーがそのようなコーチングの第一人者であったとしても、彼の指導するレクリエーションチームに所属し、地下室で息子と一緒にビデオゲームに興じていた一〇歳の子どもが、正真正銘の天才児であるとは夢にも思わなかっただろう。

＊＊＊

ある日、練習を終えて家に帰る途中、レブロンはドルーから選手として上達するための方法を提案された。自分のプレーについて話せる父親がいなかったレブロンは、コーチがバスケットボールの話をしようとすると、いつも耳を傾けた。この日、ドルーがレブロンに勧めたのは、オフェンス時にチームメイトと協力することだった。「ブロン、君がボールをパスすれば、みんなが君と一緒にプレーしたいと思うようになる」と。

レブロンはその最後の一言に注目した。「みんなが一緒にプレーしたいと思うようになる」。天界からの啓示以上にインパクトのある言葉だった。ドルーは、スター選手が自己中心的ではないプレーをすればチーム全員がもっと頑張って良い結果を出せる、というチームスポーツの根本的な真理を教えるため、レブロンの友情と受容への渇望を利用したのだ。あまりにも長く孤独な時間を過ごしてきたレブロン少年にとって、自分が必要とされること以上に望むことはなかった。

レブロンはその後、二度とボールを仲間たちにも渡すように指示される必要はなかった。最も多感な時期に、彼は得点を取ることからパスを出すことにプレーの重点を移した。マジック・ジョンソンのような選手を見て、ノールックパスを得意技とするようになった。間もなく彼は、アクロンの少年バスケットボールリーグで最高のパサーに成長した。チームメイトへのお膳立てにこだわるあまり、ドルーから「もっとショットを打て」と言われることもあるほどだった。ボールを独占しようとしない癖はこの頃から始まった。NBAでプレーするようになってもその癖は変わらず、重要な場面でショットを打たずにパスをしたことで批判されることもあった。だがユース時代には、とにかくパスを出そうとする彼の姿勢はチームメイトに受け入れられた。ドルーのチームの戦い方は、アクロンのレクリエーションリーグの絶対的な模範となった。

「リトルリーグ時代のコーチは、いつも正しいバスケットボールのプレー方法を教えてくれた。『ボールホッグ（ボールを渡そうとしない選手）』という言葉が私たちは大嫌いで、絶対に許せない考え方だった」とレブロンは後年に語っている。

＊＊＊

チームがフロリダ州ココアビーチで開催される全米アマチュア・アスレチック・ユニオン（AAU）大会の出場権を獲得したとき、レブロンには何が待っているのか予想もできなかった。一一歳の彼は家族旅行に行ったこともなかった。だがシューティング・スターズは彼にとって家族のようであり、一緒にバスケットボールをするために遠出するというチャンスは、何か大きな冒険のように思えた。一九九六年夏のある日の午後、レブロンはリトル・ドルー、シアン、その他数人の選手たちとともにドルーのミニバンに乗り込んだ。ジョイス夫人と二人の娘は、食料と用具を満載した別の車で後に続いた。アクロンから、ケープカナベラル空軍基地付近に位置するホテルまで、一四〇〇キロの旅が始まった。

レブロンと友人たちにとって、車内に何時間も押し込められているのは、雑談をしたり夢を語ったりすることがいくらでもできる素晴らしい時間だった。フィラデルフィア市ローワー・メリオン出身の一七歳の高校生コービー・ブライアントが、NBAドラフト一巡目でシャーロット・ホーネッツに指名され、すぐにロサンゼルス・レイカーズにトレードされた頃だった。二六歳の新進気鋭のラッパーであるジェイ・Zはデビューアルバム『リーズナブル・ダウト』をリリースしたばかりだった。レブロンとリトル・ドルーとシアンはプロ選手になりたいと考えていた。「デッド・プレジデンツⅡ」や「キャント・ノック・ザ・ハッスル」などの曲を聞くと、早くプレーしたくてたまらなかった。

開会式はケネディ宇宙センターで行われた。全米から集まったチームが会場をパレードすると、レブロンは五輪に参加しているような気分になった。試合だけでなく、もっといろいろな体験があった。レブロンは初めて海を見て、その巨大さに圧倒された。彼はそれまでビーチに行ったこともなかった。足元に砂を感じたこともない。塩っ辛い海水の水しぶきを浴びたこともない。日差しが照りつけて暑かった。ビキニ姿の女の子もいた。アクロンに比べれば、ココアビーチは異国情緒にあふれる場所だった。

シューティング・スターズは六四チームが参加した大会で九位に終わった。他の相手は、彼らよりもっと長い時間一緒にプレーして練習に励んでいたチームばかりだった。大会を終えたあとドルーは、「君たちは何か特別なことを成し遂げようとしている」と誇らしげに語りかけた。

レブロンは、コーチが何を言いたかったのかよくわからなかった。だがフロリダへの旅を通して、リトル・ドルーとシアンは単なるチームメイトではなく兄弟であるという意識が強くなった。アクロンの外に飛び出し、同年代で全米屈指のバスケットボール選手たちと対戦するというのがどんなことであるかを、彼らは一緒に味わったのだ。自分たちはAAUの全国大会でも戦えると証明できた。次はもう一度参加して、優勝することがどんな気分なのかを確かめたいと彼らは考えていた。

＊＊＊

翌年、レブロンはドルーの家で過ごすことが多くなった。そこが彼の第二の家となった。レブロンが見ていると、ドルーはUCLAのジョン・ウッデンなど尊敬する偉大なコーチたちの本を読み始めていた。またレブロンはその頃、リーが毎週末に決まって息子を地元のYMCAに連れて行き、テクニック面の練習をさせたり、大きな体をコート上でうまく使う方法を教えたりしていることを知った。

父親の協力もあって、シアンもレブロンやリトル・ドルーと同じくらい選手としての自信をつけてきた。その夏、三人は一二歳の年代のサマーリーグで一緒に六〇試合に出場した。頑張れば頑張るほど報われた。他にも自分の役割をしっかりこなしてくれる選手が何人か加わり、シューティング・スターズはソルトレイクシティで開催される一二歳以下のＡＡＵ全米選手権大会への出場権を獲得した。

ユタへの旅は、フロリダへの旅とは大違いだった。チームはクリーブランドからソルトレイクシティまで飛行機で行けるだけの資金を集めた。レブロンは飛行機に乗ったことがなかった。ワクワクするような冒険になるはずだった。しかし、彼はフライトの間ほとんどずっと涙を流していた。「初めての飛行機だった。告白しなければならない。明日がないかのように泣きじゃくっていた。気が遠くなるほど怖くなり、高度のせいで耳の中もひどい感じだった」とレブロンは後年に回顧録で振り返っている。

怖かったのも確かだろうが、レブロンの涙の裏には、飛行機への恐怖以上のものがあったようだ。ドルーはこう語っている。「彼は母親を死ぬほど愛していた。母親がそばにいられないとき、彼はとても傷ついていた。彼が初めて飛行機に乗ったときのことを覚えている。ずっと泣いていた。母親にそばにいてほしかったんだ。胸が張り裂けそうな場面だった。彼の成長期の中でも決して忘れられない場面だ」

レブロンはこの状況について話したがらなかったが、リトル・ドルーとシアンは共感してくれた。彼らの両親はいつもそばにいた。遠征やトーナメントに参加するときは、ドルーとリーをいつも頼りにすることができたので、彼らが必ずいてくれることを当たり前のように思いがちだった。しかしレブロンにとっては違った。彼の人生には空洞があり、それを埋めてくれる人たちを常に意識していた。

だが飛行機の中では落ち着けなくとも、体育館に到着すればレブロンはもう元気だった。どこにいようとも、コートに一歩足を踏み入れれば、そこは自分の場所だと感じられた。

一二歳以下のトーナメントに出場するＡＡＵの選手たちは、シューティング・スターズが以前に対戦したチームよりも明らかに大きく、上手だった。対戦相手の中には、身長一九五センチの子が三人いるチームもあった。シューティング・スターズでは一八八センチのシアンが一番背の高い選手だった。だがそんなことは問題にならなかった。リトル・ドルーは大胆不敵なポイントガードだった。シアンは自分より背の高い相手を圧倒していた。そして、誰もレブロンを一対一で止めることはできなかった。他の選手たちもそれぞれの役割を果たした。チームはほとんどの試合に勝利し、七二チーム中一〇位で大会を終えた。ドルーは喜んでいた。チームは強くなってきている。

　こういった経験は、特にレブロンにとっては人生を左右するものだった。空の旅も悪くないと思えるようになった。そして、全国大会の歓声の中でプレーする高揚感を繰り返し味わうことで、プロ選手になることも想像しやすくなった。バスケットボールは、他の手段では経験することのできない人生への切符だった。アクロンのスプリングヒルのアパートに住む他の少年たちは、飛行機の搭乗券を手にすることも、モーテルの部屋にある小さな石鹸も、遠く離れた街の温水プールで水しぶきを浴びることも知りようがなかった。さらにバスケットボールは、チームという形の家族を彼に与えてくれた。レブロンが望んだことの多くが、それまで持っていなかったもので埋められてきた。「歴史の偉大な力は、私たちが歴史を自分の中に抱え込み、多くの点で無意識のうちに歴史に支配されているという事実から生まれる。私たちの行う文字通りすべてのことの中に歴史が存在しているのだ。私たちが頼りにする基準も、アイデンティティも、願望も、すべては歴史によって生み出されている」と作家のジェームズ・ボールドウィンは述べている。これは個人の歴史にも当てはまるものだ。

　レブロンの未来への目線には、間違いなく彼の過去が影響を及ぼしていた。学校で、年度の始めに教師が生徒たちに白紙を配り、大人になったらなりたいと思うものを三つ書くように指示したことがあった。レブロンはこう書いた。

NBA選手
NBA選手
NBA選手

用紙を回収したあと、教師はレブロンが指示を誤解していると指摘した。大人になったらなりたいものを、一つではなく三つ挙げるようにと言っていたのだ。

だがレブロンは誤解していたわけではない。彼がなりたいものは一つしかなかった。

＊＊＊

ドルーは、全米選手権で優勝するためには、チームを頂点に押し上げられるような選手をどうしてももう一人加える必要があると考えていた。同じ街の中でレブロンの次に優れた一三歳の選手は、アクロン・エリートというチームでプレーするウィリー・マクギーという名の少年だった。一三歳のAAU全国大会に向けた予選でシューティング・スターズがアクロン・エリートを打ち負かしたあと、ドルーはウィリーをスカウトすることにした。彼は兄のイリヤ・マクギーと同居しており、そのイリヤはバスケットボール奨学金を受けてアクロン大学に通っていた。ドルーはイリヤを探し出し、ウィリーをAAUチームに入れられないかと相談した。イリヤはそのアイデアを気に入った。弟はいろいろなことを経験しており、お手本となってくれる前向きな男性が率いる良いチームでプレーできるというのも良いチャンスだとイリヤは考えた。

ウィリーはシカゴ出身だが、両親が二人とも薬物中毒に苦しむのを目の当たりにしていた。両親が刑事裁判にかけられると、ウィリーは姉の家に身を寄せた。その姉は、まだオムツの取れていない二人の子どもを辛うじて養っている状況だった。彼女は弟がストリートで麻薬や暴力の犠牲になることを恐れ、弟の人生にはポジティブな影響を与えてくれる男性が必要だと考えた。そこで彼女はウィリーの服をポリ袋に詰め込み、兄と一緒に暮らすようにアクロンへ行かせた。イリヤはウィリーに食事と衣服を与え、学校でしっかり勉強させ、マナーと尊敬の気持ちを教えた。そしてバスケットボールも教えた。ウィリーが非常に良い選手であること、そしてそれ以上に良い子であることを、イリヤはドルーに保証した。問題を起こしたこともない。とにかく大人しかった。

＊＊＊

ドルーは、チームでの最初の練習にウィリーを車で送ることを申し出た。

その日の学校を終えたあと、レブロンは練習に行く時間までドルーの家でくつろいでいた。リトル・ドルーは宿題をしていた。もうすぐウィリーが連れてこられるはずだった。結束の固い彼らのグループにウィリーが溶け込めるのか、レブロンとリトル・ドルーにはわからなかった。ウィリーが家に入ってくると、二人とも口を利く雰囲気ではなかった。一八八センチのウィリーはレブロンより一〇センチ背が高かった。

リトル・ドルーは宿題から顔を上げようとしなかった。

「どうしたんだ？」とレブロンがつぶやく。

沈黙は気まずかった。レブロンの選手としての評判はウィリーも知っていたが、彼の性格については何も知らないし、リトル・ドルーのことも知らなかった。ドルーの車にバスケットボールを積み込むときになって、ようやくリトル・ドルーはウィリーに自己紹介をした。

練習に向かう車中では、ドルーが何か学校での出来事についてリトル・ドルーを叱っていたため、レブロンとウィリーはそれぞれ大人しくしていた。しかし体育館に到着し、音楽が鳴り始め、二人がレイアップを始めた途端、すぐに氷は解けた。レブロンとリトル・ドルーとシアンがバスケットボールを愛し、仲間意識を持っている姿は、ウィリーにもすぐに魅力的に映った。何も言うことなく、ウィリーも彼らの熱意に応えた。必死でプレーし、ルーズボールにも飛び込んだ。ボールさばきは上手かった。リバウンドを競り合い、ディフェンスもした。得点力もあった。

レブロンは彼を見て気に入った。さらに数回の練習を重ねたあと、レブロンはスプリングヒルの住宅街にある自宅に泊まりにくるようウィリーを招いた。シアンも泊まった。グロリアが夕食を作ってくれ、みんなで一緒にビデオゲームを楽しんだ。その途中、レブロンはウィリーに向かって言った。「君はなかなかクールだ」

ウィリーは何も言わなかったが、レブロンとのつながりを感じた。リトル・ドルーとシアンには安定した家庭があり、空いた時間をすべて子育てに向けてくれる真面目な父親がいた。一方でレブロンは、彼に似た境遇だった。どちらも父親がおらず、ギリギリの暮らしをしていた。

時が経つにつれて、レブロンは、ウィリーがドルーやリーを家族のように感じられるよう手助けをした。彼らは日曜日になるとウィリーとレブロンを教会へ連れて行った。宿題をするようにと急かした。金曜の夜にはお泊まりが恒例となった。レブロンにとって、練習や試合だけでなくあらゆる活動がバスケットボールチームでの楽しみの一部だった。

「ブロンについて、一つ。彼は一人でいるのが好きではなかった。私たちに出会ったことは、彼にとって家庭を見つけたということだった。父親的な存在を見つけた。そして、友情という、彼にとって最高のものを見つけたんだ」とドルーは語る。

その友情が深まるにつれて、レブロンは自分を表現することに自信を持てるようになった。ある夜、お泊まりのときにウィリーを見て「君と私はいい友達だ」と言った。ウィリーはまだ、どう反応していいかわからなかった。誰かから、ましてや他の少年から、そんな風に言われることに慣れていなかったのだ。だが、そういう話し方をしてくるのはレブロンだけではなかった。シアンもリトル・ドルーも自分の気持ちを口にした。「彼らは他人に何かを与え、他人を受け入れるタイプだった。私も居心地が良くなっていった」とウィリーは語る。

ウィリーはめったに何も言わなかったが、新しい友人たちを大事に思っていることはわかった。試合後に並んで握手をするとき、体格のいい相手選手がリトル・ドルーを突き飛ばしたのを見ると、ウィリーはリトル・ドルーをかばうように飛び出して相手を押し返した。ドルーはスポーツマンシップを大事にしていたが、ウィリーがチームメイトをかばおうとした姿は気に入った。レブロンも同じだった。それから彼とウィリー、シアン、リトル・ドルーは、自分たちを「ファブ・フォー」と呼ぶようになった。

＊＊＊

中学二年生の頃、レブロンは身長一八八センチにまで成長した。背が伸びてDFの上からの見晴らしが良くなり、コートの見え方が変わったことで、コートを走りながらパスを出すのがさらに上手くなった。また、レブロンは当たり前のように両手でダンクできるようにもなった。初めてダンクを決めたのは中学校の体育館だった。中学一年生だった彼は、友人たちから試合でダンクをやってみろよと言われていた。レブロンは、ボールをリングの上に乗せるのは簡単にできたが、試合でのダンクには気乗りしなかった。ショットはレイアップで決めていた。そんなある日、クリーブランドで開催されたAAUの大会で、彼はリングの上まで手を伸ばしてボールをネットに押し込んだ。運動場で助走を取って十分に勢いをつけ、ディフェンスもつけずにダンクを決めるのとはわけが違う。試合の流れの中でボールを持ってリングまで行き、上から叩きつけられる中学生はほとんどいなかった。

レブロンが新たに身につけたドリブル、ドライブ、そしてDFの上からダンクを決められる力により、シューティング・スターズはほとんど無敵になった。AAUの戦い慣れたチームは、レブロンがボールを持つたびに二人、三人のDFをつけるようになってきた。そういった状況から、彼はノーマークの味方にパスを送るのが得意になった。あとは自由にレイアップやジャンプショットを決めてもらうだけだ。一四歳にして彼らは、整備の行き届いた機械のようにプレーしていた。

その年のAAU全国大会では、シューティング・スターズは破竹の勢いだった。準々決勝の試合の中で、レブロンはコートが広く空いた状況でボールを持つと、リングに向かって走り出した。前には誰もいない。フリースローラインを少し過ぎるあたりまでドリブルし、あと一歩踏み出してから宙に舞い、バックボードを震わせるダンクを両手で叩き込んだ。彼はもはや、国内で最も競争の激しいユース年代のバスケットボール大会で最高の選手という評価を確立していた。そしてシューティング・スターズは、AAUの一四歳以下の部門で全国大会に出場した。三年前に設定した目標に、ついに手が届いたのだ。彼らは優勝候補の大本命である南カリフォルニア・オールスターズと対戦することになった。三年連続で全米チャンピオンに輝いていたチームだ。軽々と跳躍してダンクを決めてみせるエリート選手ばかりで、中にはすでに「スポーツ・イラストレイテッド・キッズ」に選ばれた者もいた。

ドルーには、何人かの選手がプレッシャーを感じているのがわかった。オールスターズは威圧的な集団だった。態度も偉そうだった。ウォームアップのとき、彼らはナイキのダッフルバッグを担ぎ、ナイキのスニーカーを履き、お揃いの赤と白のナイキのユニフォームを着てコート上を闊歩していた。シューティング・スターズにはスポンサーすらいなかった。レブロンとチームメイトたちは、ユニフォームを揃えるだけでも大変だった。車を磨いて回ったり、バーベキューを催したり、アクロン市内を一軒一軒訪ね歩いて寄付を募ったりしていた。オールスターズの隣で、彼らは持たざる者たちだった。試合開始が迫ったとき、ドルーはチームをロッカールームに集め、こう言い切った。「すべてを勝ち取りたいというみんなの夢は私の夢でもある。だがコーチとして、チームに求められるものはもうすべて与えてもらった。だからみんな、あとはとにかくプレーしてほしい。良いプレーをしてほしい。勝つ必要はない」

コーチのスピーチは、選手たちを楽にさせるためのものだった。しかし、彼らの胸は高鳴っていた。一九九九年七月八日、オーランドのディズニー・スポーツ・コンプレックスで、レブロンとチームメイトはコートに立って試合開始を迎えた。「アクロンから来たんだって？」と、オールスターズの一人が見くびるように言った。チームメイトたちも鼻で笑っていた。「お前ら田舎者か？」ともう一人が口を挟んできた。

レブロンは軽蔑されたと感じた。他の選手たちも同じだった。AAUの勢力図上で、確かにアクロンは無名の場所だった。それでもシューティング・スターズは、連携志向の実践的なバスケットボールで毎年トーナメントの上位に勝ち進み、確かな評価を勝ち得ていた。レブロンはAAU界隈のコーチや選手たちにとってよく知られた名前となっていた。南カリフォルニアから来た相手選手たちが、自分とチームメイトを田舎の二流選手のように見下していることには腹が立った。

試合の序盤、シューティング・スターズは追う展開となり、前半を終えた時点で三〇対四五と大きく引き離された。だが後半には猛追。チームを引っ張ったのはレブロンだった。リングへの道を切り開き、ノールックパスを通して味方がレイアップを決める。ディフェンスではショットをブロック。残り一分、彼はコート左サイドを左手のドリブルで駆け上がり、DFを避けるために右手に持ち替え、さらに二人のDFの間をすり抜けると、バックボードに跳ね返るレイアップを決めた。「ジェームズ、なんという動きだ！」とアナウンスの叫び声が響く。この派手なショットでオールスターズとの差は三点に縮まる。そして残り四秒の時点で、点差は二点。ドルーはタイムアウトを取った。インバウンズパス（スローイン）を成功させ、ショットが間に合うようにコートの手前から奥までボールを進めることが目的だった。作戦は単純。レブロンにボールを渡すことだ。

レブロンは長い間、ブザーが鳴った瞬間に勝負を決めるショットを打つことを夢見ていた。練習では何度そのシナリオを演じたか数え切れない。DFがいると仮定し、その上から時間切れと同時にショットを放っていた。彼の頭の中は、自分が何をしようとしているのか見えていた。タイムアウト直後、レブロンが頭を振ってコートを見渡すと同時に、シアンがレブロンの頭上を越えるインバウンズパスを送る。素早く振り返ったレブロンはボールを視界に捉え、大きく走りながらキャッチ。ドリブルでサイドコートを駆け抜けてＤＦ二人を抜き去る。ハーフコートを越えつつ、もう一つドリブルを入れると、空中へと跳び上がる。三人目のＤＦが駆け寄り、手を伸ばしながら飛び込んでくる。勢いに乗ってリングへ向かうレブロンは、ＮＢＡ級の一〇メートル以上の距離からスリーポイントを放つ。観客が静まり返る中、ボールは完璧な軌道を描いてリングの上に落ち、外側へ転がり落ちるところでブザーが鳴り響いた。オールスターズは安堵のあと喜びで跳ね回る。レブロンはショットを放った場所で固まって立ち尽くし、両手で頭を抱える。チームメイトたちは彼を見つめていた。六六対六八で、彼らは敗れた。

＊＊＊

アクロンへの帰路は長く静かなものだった。ドルーは、彼らを指導することはもうないと考えていた。年度末には、彼らは皆高校へと巣立っていく。素晴らしい旅の終わりのように感じられた。しかし、少年たちには別の計画があった。以前から彼らは、一緒にプレーを続けるため、同じ高校に進学することを真剣に話し始めていた。彼らの家は町中のバラバラな場所にあったが、アクロンには複数の高校があり、彼らが同じ学校を選ぶことは制度上可能だった。オールスターズに敗れたのは苦い経験となったが、だからこそ彼らは高校で一緒にプレーする決意をさらに固めた。

彼らにはやり残したことがあったのだ。

CHAPTER

# 04

# 私たちだけがすべて

リトル・ドルーは寝室に懸垂バーを取り付けていた。背が伸びることを期待しつつ彼がそれにぶら下がるのを、レブロン・ジェームズは見ていた。リトル・ドルーは、背を伸ばすため、そしてバスケットボールが上達するためなら何でもやるつもりだった。

息子が自分のプレーを向上させるためどれほど熱心に取り組んでいるかを知っていたドルー・ジョイスは、いつも息子の力になれる方法を探していた。アクロンのユダヤ人コミュニティセンターで日曜夜にバスケットボールクリニックが開催されていることを知ると、彼はリトル・ドルーをそこへ連れて行った。クリニックを主催するキース・ダンブロットは三八歳の株式仲買人で、過去にセントラル・ミシガン大学でバスケットボールのヘッドコーチをしていたことがあった。ドルーは彼のことをほとんど知らなかったが、三十代前半の頃にディビジョンⅠバスケットボールのコーチをしたことがあるというなら、かなりの人物に違いないと想像していた。

背が低く熱血漢のダンブロットは、リトル・ドルーをすぐに気に入った。中学一年生でクリニックに通い始めた頃のリトル・ドルーは一四七センチほどの身長しかなかった。ダンブロットはリトル・ドルーを見て、自分自身を見るようだった。つまり、練習熱心で、長距離のジャンプショットやボールハンドリング技術を磨くことで身長のなさを補おうとするような選手だ。ダンブロットはリトル・ドルーを指導し、彼の姿勢や競争心を褒め称えた。

リトル・ドルーはすぐにダンブロットを気に入り、定期的にクリニックに通うようになった。他のコーチたちは皆、高校でプレーしたいならもっと体を大きくしなければならないと口を酸っぱくして言っていた。だがダンブロットはリトル・ドルーの体格について何も言わなかった。ただ、ドリブルとパスの動き、そしてフットワークやシュート技術に重点を置いて指導するだけだった。彼はとにかく基礎のプレーを大事にしていた。リトル・ドルーはそれに応え、ダンブロットのクリニックで最も基礎のしっかりした選手として際立つ存在となった。

レブロンもすぐに、日曜の夜にリトル・ドルーと一緒に通い始めた。レブロンがまず気がついたのは、ユダヤ人スポーツクラブで黒人選手は彼ら二人だけだということだった。レブロンは白人と接したことがあまりなかった。そして、中学一年生だった彼の人種観は形成され始めたばかりだった。ダンブロットは、他の子どもたちに練習の正しいやり方を説明するとき、いつもリトル・ドルーをお手本に使っていた。レブロンはそれを見て、たった二人しかいない黒人のうち一人をいつも使うのは人種差別なのだろうか、と考えた。だが、その考えはすぐに捨て、ダンブロットはリトル・ドルーを気に入っているのだと結論づけた。そしてリトル・ドルー自身も、正しい技術を披露することは好きだった。リトル・ドルーとダンブロットの仲が良いのは明らかだった。彼らの間にはある種の化学反応があった。レブロンも新しい環境にすぐに順応し、やがてシアン・コットンとウィリー・マクギーもクリニックに来るようになった。彼ら四人はクリニックで最高の選手たちとしてすぐに目立つようになった。

一九九八年七月、ドルーが息子をユダヤ人スポーツクラブのダンブロットに預け始めてから約一年後のことだった。ダンブロットはアクロンにあるカトリック系の私立高校、セント・ビンセント＝セント・メアリー高校の新ヘッドコーチに採用された。このニュースにより、五年前にダンブロットが物議を醸す形でセントラル・ミシガン大学を去った際の報道が蒸し返されることになった。『アクロン・ビーコン・ジャーナル』紙は、ダンブロットが九三年に「Nワード」を使用したことが理由で解雇されたと報じた。その年、オハイオのマイアミ大学に悔しい敗戦を喫したあと、ダンブロットはロッカールームで選手たちに向けて「このチームにもっとニガーがいればよかったんだが」と言ったとされている。その数日後、彼の発言は学生新聞に掲載され、学内での抗議行動に発展した。そのときダンブロットは、人種差別的な言葉を使ったことを否定はせず、報道陣にこう語った。「人種差別的な意味で使ったのではない。チームは私が使った言葉のニュアンスを理解しており、侮辱されたと感じてはいなかった」

学校側が彼を解雇したあとダンブロットは、解雇は憲法修正第一条に基づく言論の自由と学問の自由の権利の侵害であるとして、大学を相手取って連邦訴訟を起こした。セントラル・ミシガン大学の黒人選手九人も、彼の使った「Nワード」により気分を害することはなかったと主張し、訴訟に加わってダンブロットを弁護した。「彼を解雇すべきだと言った人たちは誰も、彼がその言葉を言ったとき、その場にはいなかった。彼らは状況を理解していない。言葉の選択はよくなかったが、その場にいなければ理解できないことだ」と選手の一人は主張した。ダンブロットの訴えは最終的に判事によって棄却され、彼は五年間コーチの仕事に就くことができないようになった。セント・ビンセントが彼にチャンスを与えることを決めたのはそのあとだ。

ダンブロットは、『アクロン・ビーコン・ジャーナル』紙に次のように語っている。「私は明らかにミスを犯し、彼らに謝罪した。大きな代償を支払うことになり、それを受け入れた」。ダンブロットは、二度目のチャンスを与えてくれたセント・ビンセントに感謝した。同高校のジム・マイヤー体育部長は、学校の決定に問題はないと主張した。「私たちは彼のことを調べ、気に入った。彼は若いアスリートとうまくやっていける。それが私たちにとっては重要だった」とマイヤーは語った。高校バスケットボールのコーチにダンブロットを雇うという決断は、「贖罪の機会」と位置づけられた。
リトル・ドルーをダンブロットのクリニックに行かせたことで、ドルーは反発を受けた。あの男には近づくべきではない、と言ってくる者もいた。しかし、ドルーはダンブロットの過去について詳しくは知らなかったし、メディア報道を理由に彼を敬遠するつもりもなかった。彼が重視するのは自ら目にしたことだけだった。つまりダンブロットは優秀なコーチであり、いつも息子や他の選手たちを尊重して接してくれているということだ。リトル・ドルーはダンブロットの指導のもとで成長し、彼の夏期バスケットボールキャンプにも申し込んだ。レブロンたちも一緒だった。

当初は、ダンブロットを取り巻く騒動や、彼がセント・ビンセントのコーチに就任するという事実が、レブロン、リトル・ドルー、シアン、ウィリーに直接的な影響を与えることはなかった。彼らは中学二年生になるところだった。その後、四人はブフテル高校に進学するはずだった。アクロンにあるバスケットボールの強い公立高校だ。レブロンはすでに頭の中で、すべての道筋を描いていた。「スポーツの評判が高い学校であることは知っていた。アクロンの黒人の子はみんな知っていたことだ。私はもう、その先どうなるか空想していた。私たち四人が大型新人として入団し、ブフテルを州王者や全国王者に導く」とレブロンは語った。

ドルーの率いるＡＡＵチームの四人のベストプレーヤーが固い絆で結ばれており、高校でも一緒にプレーしたいと望んでいることは、アクロンの少年バスケットボール界隈では周知の事実だった。彼らを確実に入学させようと、ブフテルのバスケットボールコーチはドルーをアシスタントコーチとしてスタッフに加えた。これはブフテルの慧眼だった。リトル・ドルーがまだ中学二年生だった時点の話だ。ブフテルはドルーが息子を入学させ、その息子がレブロンと仲間たちを連れてきてくれると考えたのだ。

しかし中学二年生の頃、リトル・ドルーはブフテルへ行くことに乗り気ではなくなっていた。ブフテルの一軍は選手層が厚く、コーチングスタッフが自分を気にかけてくれるとは思えなかったのだ。リトル・ドルーは、自分が二軍でプレーすることになるとわかっていた。そして心の奥底では、ブフテルがシューティング・スターズから本当に欲しがっている選手はレブロンだけだという感覚も持っていた。彼はレブロンに、ブフテルへ行くことを考え直そうとしていると伝えた。「うまくいかないんじゃないか。私がチャンスをもらえるとは思えない」と。

レブロンは友人の不安についてあまり気にしてはいなかった。彼にとっては単純な話だった。この地区の子どもたちはブフテルに行くものだ。そこは黒人だけの学校だった。彼らはブフテルへ行くと誰もが考えていた。それにドルーがスタッフにいるのだ。他のところへ行くはずがあるだろうか？

しかし、リトル・ドルーは本気でブフテル行きを断念しようとしていた。父親と一緒に見学に行ったこともあったが、一軍の選手たちは彼にほとんど無関心な様子だった。体の小ささが主な理由だ。落胆したリトル・ドルーは、父親と腹を割って話した。

「父さん、ここでは私はチャンスをもらえないと思う」とリトル・ドルーは父親に言う。

ドルーは何とか息子を安心させようとした。

「父さん、私はブフテルには行かない」とついに彼は言った。

「どういう意味だ？」とドルーは問い詰める。「私がコーチングスタッフにいるんだ。何でも揃っているじゃないか」

「セント・ビンセントに行きたい」

ドルーは言葉に詰まった。

「ダンブロットコーチなら私にチャンスをくれるはずだ」と息子は続けた。

ドルーは、最初は腹を立てた。息子に対してではない。ダンブロットに対してでもない。この状況に対してだ。彼にアシスタントコーチのポジションが提供されたのは、レブロンやその他のＡＡＵのトッププレーヤーを連れてくると期待されてのことだった。だが彼はこれからヘッドコーチに、自分の息子すら入学させられないと伝えなければならない。屈辱的なことだった。

それでもドルーは、息子がダンブロットと絆を深めていることは認めていた。気持ちが落ち着くと、彼は息子の邪魔はしないと決めた。逆に、ブフテルのヘッドコーチに辞意を伝えた。

＊＊＊

レブロン、シアン、ウィリーの三人は、リトル・ドルーがセント・ビンセントに行くことを決めたと告げられると、異常者を見るような目で彼を見つめた。セント・ビンセントはバスケットボールではなく学業で知られる学校だった。そして、カトリック系の私立校であるため授業料は年間五〇〇〇ドルを超え、生徒はほとんどが郊外から通う白人の子ばかりだった。レブロンはそんな学校とは関わりたくもなかった。『白人なんかと一緒にするな、と思っていた。貧しい地域で育って、そういう考えが染みついていた。『白人たちは私たちの成功を望んでいない』みたいに」と、レブロンは後年に語っている。

彼と友人たちで一緒にブフテルへ行くという当初の計画を貫くべきだと確信していたレブロンは、リトル・ドルーに考えを改めるよう説得を試みた。全米選手権で優勝するという約束はどうなった？　一緒に頑張るんだろう？

リトル・ドルーは譲らなかった。友人を困らせたかったわけではないが、セント・ビンセントへ行くという固い決意は揺るがなかった。ダンブロットは、一年生でもレギュラーに入れるつもりがあると言い切っていた。もし上級生を上回るような一年生がいれば、起用することを躊躇しないとダンブロットは彼に話してくれていた。リトル・ドルーは、一軍でプレーできるチャンスが一番ある場所はダンブロットのチームだと感じていた。

数週間、レブロンは「ファブ・フォー」が本当に解散すると考えていた。しかし徐々に、ウィリーとシアンはリトル・ドルーの考え方に賛同し始めた。まずはウィリーがダンブロットに会い、チームに迎え入れたいと誘われた。一年生でもレギュラー入りを争えるチャンスがあると言われたのだ。続いてシアンは、ブフテルのコーチ陣が本当に関心を持っているのはレブロンだけだと感じ始めた。シアンは自分を必要としてくれるコーチのもとでプレーしたかった。同時に、「ファブ・フォー」を維持したいとも思っていた。彼はリトル・ドルーとウィリーを追ってセント・ビンセントへ行く決心を固めた。

レブロンは、ブフテルのコーチ陣がリトル・ドルーを軽視したのは間違いだったと思わずにはいられなかった。彼こそが「ファブ・フォー」のリーダーだった。ブフテルのコーチたちは、彼がバスケットボールの基準で言えば小柄だという事実にこだわるあまり、彼の心に秘めた決意や挑戦的姿勢を見抜けていなかった。そういった部分こそが、チームメイトにとってリトル・ドルーの魅力的な資質だったのだ。レブロンはまた、彼自身もブフテルのコーチ陣から過小評価されていると感じていた。彼らがレブロンをバスケットボール選手として気に入っていたことは確かだが、彼という人間のこと、仲間たちとの絆のことを理解してはいなかった。ブフテルのコーチたちは彼のことを、学業水準が高く服装規定も厳しいような白人だらけのカトリック校には通うことができない貧困地区出身の子どもだとしか見ていない印象だった。レブロンにとって、見くびられることは気に入らなかった。

レブロンは、居心地の良い場所から大きく外れて、自分がまったくの余所者となるような学校に通おうかと考えていた。もしセント・ビンセントへ行ったとすれば、白人の学生や教員たちが自分のことを見下すのは間違いないだろうと思っていたし、またブフテルへ行かなかったことでアフリカ系アメリカ人のコミュニティからも反感を買う可能性があるとわかっていた。単に流れに身を委ねるほうがはるかに楽だっただろう。だが、彼がまず優先する相手は友人たちだった。彼らは約束を交わしていたのだ。最終的に、決断はバスケットボールを超えた部分で下された。最後の決め手はお互いに誠実であろうとすることだった。「私たちだけがすべてだ」と、シアンはよく言っていた。レブロンも同じ思いだった。だが彼は、グループとしてセント・ビンセントに行くことは、人種的、階級的な意味を含んだ選択になることにも気がついた。単純に学校を選ぶということでなく、はるかに大きな意味のあることだという目で見られるようになる。彼にとっては、その後のバスケットボール人生を劇的に変えることになる決定的な瞬間だった。

＊＊＊

セント・ビンセントでの就任一年目、ダンブロットはチームを一六勝九敗の成績に導き、州大会への出場権を獲得した。彼のチームで最高の選手は、身長一九三センチのFW、マーベリック・カーターだった。二年生のマーベリックはチームの得点源であり、天性のリーダーシップを備えた素晴らしいオールラウンドプレーヤーだった。ダンブロットとマーベリックの二人は、セント・ビンセントのバスケットボールチームのイメージを急速に変えていった。

レブロンはマーベリックより四歳年下だったが、彼のことは小さな頃から知っていた。マーベリックの八歳の誕生日パーティーで知り合ったのだ。当時、レブロンはマーベリックの家の近所の団地に住んでいた。近くで暮らしていた時期はそれほど長くはなかったが、その後もアクロンで出会うことは何度もあり、二人には友情が芽生えた。どちらも珍しい名前の少年だった。マーベリックという名前は、ジェームズ・ガーナーが主演した五〇年代後半のテレビ番組『マーベリック』にちなんでつけられたものだった。ガーナーの演じるブレット・マーベリックは、ギャンブルに明け暮れた西部開拓時代のポーカープレーヤーだった。マーベリックの祖母はその番組が大好きであり、ギャンブルも大好きだった。彼女は夕暮れになると自宅の地下室を開放し、近所の人々がポーカーやサイコロ賭博を楽しめるようにしていた。

レブロンと同じく、マーベリックも主に母親に育てられた。母親は三〇年近く郡のソーシャルワーカーとして働いていた。マーベリックの父親は配布を目的とした麻薬所持の罪で服役していた。

ＮＢＡでプレーすることを望んでいたマーベリックは、バスケットボール奨学金を受けて大学に進学したいという決意を固めていた。彼はダンブロットのセント・ビンセント着任を歓迎し、彼の密度の濃い指導スタイルをすぐに受け入れた。マーベリックは、その指導が自分の願望をさらに押し進めてくれると考えていた。

一九九九年の夏、ダンブロットはユダヤ人コミュニティセンターでバスケットボールキャンプを開催し、マーベリックとその他数人の一軍選手たちにキャンプを手伝わせた。レブロン、リトル・ドルー、シアン、ウィリーも参加した。オーランドでＡＡＵ全米選手権を戦い、南カリフォルニア・オールスターズに二点差で敗れた同じ夏のことだ。そして彼らは、一緒にセント・ビンセントへ行くという決断を貫こうとしていたところだった。

マーベリックとレブロンは四歳の年齢差があるため、あまり一緒にプレーしたことはなかった。しかしキャンプ中に、マーベリックにはレブロンが他のどの少年とも違うことがわかった。彼はリングにボールを叩きつけ、フリーのチームメイトに正確なパスを通す。レブロンのプレーは、マーベリックが高校で競い合っていた選手たち以上に頭脳的だった。レブロンがセント・ビンセントのユニフォームを着ればどうなるだろう、と考えるだけで魅力的なことだった。

ダンブロットも同じことを考えずにはいられなかった。彼は長年にわたって、大学のコーチとして十代のバスケットボール選手をスカウトしていた。彼はレブロンに「それ」があることを見抜いた。ごくわずかな選手しか持たない、言葉で言い表しにくい資質だ。教えることも指導することも不可能な、内なる推進力と結びついた稀有な才能だ。その夏、レブロンと彼の仲間たちは、練習試合でダンブロットが率いる一軍選手たちと対戦した。ダンブロットのアシスタントコーチであるスティーブ・カルプという三十代の堅物も試合に加わり、レブロンと一対一で勝負した。そのときカルプはわざとレブロンを翻弄し、あえてスティールを誘うようなドリブルをした。レブロンが飛び込むと、カルプはすかさずドリブルを右手から左手に持ち替え、リングに向かってカットイン。レブロンはバランスを崩して尻餅をつかされた。そしてカルプが難なくゴールを決めると、誰もが笑った。次にカルプがボールを持ち上がったとき、彼はレブロンが尻込みすると考えていた。だがレブロンはカルプの目の前に迫り、もう一度あの動きをやってみろと挑発するようにプレッシャーをかけた。オフェンスに回ると、レブロンはカルプと勝負できる形になるようにボールを要求した。何度も。さらに何度も。試合を終えると、カルプはダンブロットに言った。「あの子はとんでもない選手になる」

ダンブロットも同感だった。他の子どもたちと異なり、レブロンはただ勝つためだけにプレーしていたわけではなかった。認められるためにプレーしていた。彼は何者かになりたかったのだ。あんな子を指導できたらどんなに素晴らしいことだろう、とダンブロットは考えた。しかし、彼はレブロンを勧誘しようとはしなかった。町中の誰もがそうであるように、彼もレブロンがブフテルに行くのは確実だと思っていたのだ。

レブロンはダンブロットに、彼のもとでプレーすることになりそうだと話してはいなかった。しかし、マーベリックがセント・ビンセントにいたことで、彼の考えはさらに固められた。レブロンはマーベリックのことを、アクロンのどのティーンエイジャーよりも尊敬していた。レブロンの欲しいものをすべて持っていた。自分の車も、可愛いガールフレンドも、タトゥーも。マーベリックはとてもクールで、歩く姿も堂々としていた。しかもマーベリックは、白人だらけの学校で活躍している貧困地区出身の子どもだった。彼の経験はレブロンに自信を与えた。自分にレギュラーで先発できるだけの実力があることはもうわかっていた。そして、最終学年になるマーベリックと同じコートに立つチャンスがあることは魅力的だった。「マーベリックは、私がセント・ビンセントに行った一番の理由だった」とレブロンは後年語っている。

＊＊＊

グロリア・ジェームズには、レブロンがセント・ビンセントに通う学費を払う余裕はなかった。だがそのことはダンブロットもわかっていた。学校には裕福でない学生のための奨学金制度があり、全校生徒五〇〇人のうち、約四分の一が学資援助を受けていた。レブロンと友人たちにとって、学費が障害になることはなかった。

ドルーのAAUチームのスター選手四人全員がセント・ビンセントに行くという情報がアクロンの少年バスケットボール界隈に広まると、すぐに反発が巻き起こった。シアンの家に電話をかけてきて、数年前にセントラル・ミシガン大学で選手たちに言ったとされる言葉をもとに、ダンブロットは人種差別主義者であるとほのめかすメッセージを残した者もいた。リー・コットンは、高校でダンブロットと対戦したことがあった。ダンブロットが言ったとされる言葉は問題だと彼は考えたが、自分の記憶しているダンブロットの姿とは矛盾しているとも感じられた。彼は抽象的な噂を当てにするよりも、解雇につながった事件についてダンブロットに直接話を聞いた。反省していたダンブロットは、自分が愚かだったことを認めたが、自分の言葉に誰かを侮辱する意図はなかったとも主張した。彼はリーに、セントラル・ミシガン大学に対する自分の訴訟の証言を見るよう勧めた。

リーの妻デブラは裁判書類を探し出した。裁判官の判決文には、次のような重要な一節があった。

**一九九三年一月、ダンブロットは、チームがオハイオのマイアミ大学に敗れたバスケットボールの試合のハーフタイム中あるいは試合終了後にロッカールームで行った選手やコーチングスタッフとの**

**セッション中に、「ニガー」という言葉を使った。ダンブロットの証言によれば、ダンブロットは選手たちが十分に必死なプレーをしていなかったと話したあと、「『Nワード』を使ってもいいか？」と言った。一人または数人の選手が構わないと示すような意思表示をしたあと、ダンブロットは言った。「我々のチームにはもっとニガーが必要なんだ……マクダウェルコーチは黒人だ……サンダー・スコットは全米的な学問家であり、白人だが、私はスコットは黒人だと言った。彼は強情で、タフで……」。彼はこの言葉を「肯定的で強調的」な意味で使うつもりだったと証言した。選手たちはしばしば試合中も、キャンパス内やロッカールームでも、お互いのことを「Nワード」で呼び合っていた。ダンブロットは選手たちが彼らの間で使っていたのと同じように、「恐れを知らず、精神的に強く、タフな人間を意味するつもりで」この言葉を使ったのだと言った。**

コットン夫妻はまた、ダンブロットの指導していた黒人選手の一人と電話で話をした。ダンブロットは、「Nワード」を使っていいかどうかをまず彼に訊ねたということが確認できた。

リーはダンブロットの説明を受け入れ、息子をダンブロットのもとでプレーさせても大丈夫だと感じた。ドルーもまた、この状況を落ち着いて受け入れていた。しかし、彼はダンブロットに相談し、彼とリーをコーチングスタッフに加えることを提案した。ダンブロットのスタッフを多様化する意図ではない。アシスタントコーチの中にはすでにアフリカ系アメリカ人が一人いたし、女性のアシスタントコーチも一人いた。ドルーは息子と友人たちが何に直面するのか理解していた。重要な移行期間に少年たちをサポートできるように、彼とリーが近くにいるのは良い案だと彼は考えていた。

ダンブロットはこれに同意し、二人の加入を歓迎した。何より彼らはシューティング・スターズを四年間指導しており、レブロン、リトル・ドルー、シアン、ウィリーのことをダンブロット以上によく知っているのだから。

ドルーはすぐに非難を浴びることになった。ある日、アクロンの路上にいた彼のそばに一台の車が停まった。ドルーはその運転手を知っていた。アクロンの公立学校に勤めていた男だ。「おい、ドルー。知ってるぞ、お前は今セント・ビンセントのポン引きをやっているらしいな」と男は言った。

リーはそれ以上に罵声を浴びせられた。「セント・ビンセントがお前の面倒を見ることなんてない。白人のやつらにお前の世話をするつもりはないだろう」と、ある男は言ってきた。

しかし、ドルーとリーにとって何より心苦しかったのは、自分たちのコミュニティの人々が息子たちに言った言葉だった。「お前たちはみんな裏切り者だ。お前のコーチはロリコン野郎だ」とシアンに言ってきた男もいた。

だがそんなことは問題にならなかった。低所得地区に住むアフリカ系アメリカ人の少年たち四人は、カトリックの学校へ行ってユダヤ人コーチのもとでプレーすることになった。

# CHAPTER 05
# 一年生

レブロン・ジェームズがセント・ビンセントへ行くのはバスケットボールをプレーするためではあったが、彼の初恋の相手はフットボールだった。セント・ビンセントにとってもフットボールはバスケットボールよりはるかに力を入れているスポーツであり、同校は過去一〇年間でフットボールの州選手権を三度制していた。当時のチームのコーチングスタッフには二人の元NFL選手もいた。シアン・コットンはフットボールの奨学金を受けて大学に行きたいと考えていたし、ウィリー・マクギーもフットボールをプレーしていた。友人たちと一緒にプレーしたいという思いから、レブロンは母親に相談した。

だがグロリア・ジェームズにとってそんな話は聞きたくもなかった。フットボールは野蛮だ。馬鹿な相手選手がたった一度レブロンの膝にヘルメットごとぶつかってくるだけで、彼のバスケットボール人生は危うくなる。バスケットボールと学業に集中しなさい、とグロリアはレブロンに言った。

この頃にはもう、レブロンの夢はグロリアの夢にもなっていた。彼女はバスケットボールこそが、息子を貧困から救い出し、人生を変えるキャリアへと導く正しい道だと考え始めていた。圧倒的多数の高校生アスリートにとって、プロスポーツ選手としてのキャリアは夢物語でしかない。しかし、レブロンが中学二年生のとき、グロリアは息子が普通の学生アスリートとは違うことに気がついた。単なる母親の贔屓目ではない。レブロンを指導していた男たち全員がレブロンについて、自分の息子にも言わないような賛辞を並べていた。

同じ頃、グロリアの長年の友人であるエディ・ジャクソンも、レブロンにはＮＢＡでプレーできる可能性があるという考えを熱狂的に支持していた。エディはレブロンが小さな頃から彼に関心を持っていた。しかし、エディはレブロンの近くにいなかった時期も長かった。レブロンが中学生の頃、エディはスクールゾーンでおとり捜査官に半オンスのコカインを売って逮捕され、起訴されたのだ。そして彼は刑務所で過ごすことになった。「私は間違った選択をしてしまった」とエディは、釈放後に『プレイン・ディーラー』紙に語っている。「神様に約束した。人間に対してではない。子どもたちにでも、友人にでも、妹でも、弟でも、母親でも、誰でもない。神様に約束したんだ。もし神様が自由を与えてくださるのなら、もう二度とあんなことはしないと、神様に誓った。それが正真正銘の現実だ」

レブロンが中学二年生のとき、エディはアクロン周辺で不動産業に携わり始めた。グロリアとも再会し、二人はレブロンのＡＡＵの試合を一緒に観戦するようになった。

エディはアクロンで高校スポーツをプレーした経験があり、レブロンがセント・ビンセントに通うという決断によって生じる人種間の力学についても理解していた。エディもグロリアも、キース・ダンブロットが過去に大学の選手たちに言ったとされる言葉のいくつかを聞いて、最初は不快感を覚えた。だがエディはダンブロットと思い切って一対一で話をし、ダンブロットは人種差別主義者ではないと確信することができた。さらにエディは、ダンブロットの指導に対する熱烈で真面目な姿勢は、レブロンが次のレベルへと進む準備を整えるために理想的だと考えた。「ディビジョンⅠカレッジのメンタリティを持って子どもたちを指導していた。彼が目を向けると、子どもたちは背を伸ばして真っ直ぐに直立していた」とエディは語った。

レブロンはエディを信頼していた。ＡＡＵの試合で観客席を見上げ、エディとグロリアがいるのを見つけるのが好きだった。ダンブロットのもとでプレーすると決めたのが正しい選択であるとエディが感じてくれたのも、母親がダンブロットのことを認めてくれたのも、レブロンにとっては大きな意味のあることだった。

それでも、レブロンのフットボールへの思いも消えることはなかった。学校が始まる数週間前、レブロンはフットボールの練習初日にキャンパスまで歩いて行った。フィールドの一つで、シアン・コットンやウィリー・マクギーが新入生チームの一員として準備運動をしていた。また別のフィールドでは、マーベリック・カーターがレギュラーチームでパスを受けていた。マーベリックはチーム最高のレシーバーだった。彼を見ていると、レブロンも自分のパスキャッチ能力を披露したいと思った。だが実際には、コーチの口笛と罵声が響く中、彼は傍観者としてサイドラインを歩き回ることしかできなかった。翌日も翌々日も彼はやってきて、チームが一日二回の練習をこなすかたわらで、フィールドの周りをブラブラと歩きながら午後を過ごした。

レブロンが何をしようとしているのか知っていたグロリアは、息子が自分を心変わりさせようと挑戦するため最後にもう一度話を聞くことに応じた。

友人たちがやっているんだ、とレブロンは言った。彼らと一緒にいたかった。それに、コーチも腕がいい。彼らはプロだった。マーク・マーフィーはグリーンベイ・パッカーズでセイフティとしてプレーし、ジェイ・ブロフィーはマイアミ・ドルフィンズでプレーしていた。

ブロフィーの名前はグロリアの注目を引いた。彼のことは知っていた。ブロフィーはグロリアより少し年上だが、この地域で育ってブフテルに通っていた。グロリアは彼と話をしてみることにした。

大きな肩と力強い腕を持つ屈強な元ラインバッカーのブロフィーは身長一九〇センチ。レブロンにはバスケットボール選手としての輝かしい未来があり、私はフットボールをさせることに乗り気ではなかった、と説明するグロリアの言葉に、彼は熱心に耳を傾けていた。そしてグロリアは、それでもレブロンに根負けしてフットボールをプレーすることを認めると伝えた。

「ジェイ、私のベイビーに怪我だけはさせないで」と彼女は言った。

ブロフィーはニヤリと笑って、「グロリア、見てほしい。彼はもうベイビーなんかじゃないだろう」と答える。

彼女はうなずき、微笑んだ。

「しっかり面倒を見る」とブロフィーは彼女に念を押した。

翌日、レブロンはクリーツとパッドを着けてロッカールームを飛び出した。身長一九三センチ、体重八二キロの彼は、すぐに強烈な印象を与えた。一年生のコーチからレシーバーをやるように言われると、ワンハンドキャッチから並外れたスピードと敏捷な動きでタックルを交わしてみせた。しかし、彼はすぐに練習の進め方に不満を感じるようになり、クオーターバックを志願した。初めて円陣に加わると、彼はチームメイトたちを見渡して「ここからは私がクオーターバックだ」と言った。

＊＊＊

高校に通い始めるだけでも十分に怖いことだった。そして、一四歳という年齢でまったくの異世界に足を踏み入れることは、レブロンをさらに不安にさせた。セント・ビンセントには服装規定が義務づけられていた。ベルト付きのスラックス、襟付きシャツ、フォーマルな革靴。レブロンはそんな服を持ってさえいなかった。身だしなみの基準も決められていた。タトゥー、イヤリング、ブレイズヘア（編み込み）、顔髭は禁止。だが彼にとって最大の不安の種は、大勢の白人と一緒に過ごすことだった。白人は黒人と関わりたくないのだと信じ込まされ、彼の側からも白人に対して同じ態度をとっていた。しかし、高校には白人の教師も白人の生徒もたくさんいた。彼らとうまくやっていけるのか、何を話せばいいのか、途方に暮れた彼は、リトル・ドルー、シアン、ウィリーと一緒に固まって過ごそうと決めた。「私たちは球技をプレーしにきた、それだけだ」と自分に言い聞かせた。

マーベリックの人種に関する考え方はもう少し進んでおり、彼は別のアプローチを示してくれた。マーベリックはセント・ビンセントで多くの白人学生たちとも友人になり、学校中の人気者になっていた。スポーツは垣根を取り払い、団結を築くための自然な環境になるというのがマーベリックの考え方だった。もともと楽観的なマーベリックは、レブロンもプレーを始めればセント・ビンセントのコミュニティに受け入れられ、この学校が大好きになるはずだと確信していた。それでもマーベリックは、誰もが新入りを大歓迎すると考えるほど楽天的だったわけではない。主にバスケットボールをプレーする目的でこの学校にスカウトされたアフリカ系アメリカ人の新入生四人の中で、リーダーはレブロンであるというのが、正しいかどうかはともかくとして周囲の一般的な見方だった。

レブロンはマーベリックに、どの教師が友好的で、どの教師が何かケチをつけて厳しく接してくるのかを教えてもらおうとした。また、彼を歓迎してくれる生徒と、余所者として扱おうとする生徒についてもマーベリックが教えてくれることを信頼していた。レブロンが入学して最初の頃に経験した最大のショックは、襟付きシャツを着てバックパックを肩にかけ絨毯の敷かれた学校の廊下を歩いていると、多くの見知らぬ生徒たちから視線を浴びることだった。自分がマイノリティであることをこれほど顕著に感じたことはなかった。

この時期にレブロンが受けた最高のアドバイスは、「セント・ビンセントの人たちと接するには、自分がされたいようにすればいい」というドルー・ジョイスからの言葉だった。レブロンに「もっとボールをパスすれば誰もが彼と一緒にプレーしたくなる」と伝えることで彼の自己中心的ではないプレースタイルを育てた男は、またしてもシンプルな教えによって彼に深い影響を与えることになった。ドルーは自身の信仰に基づき、イエス・キリストが山上の垂訓の中で教えた「人にしてもらいたいとあなたが望むことを、人々にしなさい」という黄金律を引き合いに出して、レブロンが高校の同級生や教師たちに対してそういった振る舞いをするよう指導した。

＊＊＊

パトリック・ヴァッセルはアクロンで育ち、小学校から中学校までカトリックの学校に通っていた。高校を選ぶとき、彼はこの地域のほとんどのカトリックの子どもたちと同じく、市内の三つのカトリック共学校を訪ねた。ウォルシュ・ジェズイット高校、アーチビショップ・ホーバン高校、そしてセント・ビンセントだ。母親と姉がセント・ビンセントに通っていたこともあり、ヴァッセルは同校に出願し、いくつかの奨学金を得て年間授業料に充てることができた。その上で、学費の差額を補うため両親がどれほど負担する必要があるかを計算した。セント・ビンセントには裕福な子どもたちも通っていたが、ヴァッセルは授業料補助を受ける約二五％の生徒に含まれていた。

優等生だったヴァッセルは芸術、特に演劇に夢中だった。しかし好きなスポーツはバスケットボールで、セント・ビンセントの新入生チームに入るつもりでいた。アクロンのカトリック青年団体リーグでプレーし、ダンブロットがユダヤ人コミュニティセンターで毎年開催する夏期バスケットボールキャンプにも参加している。キャンプではレブロン、リトル・ドルー、シアン、ウィリーとも知り合っていた。ヴァッセルはレブロンと同い年ではあったが、バスケットボールの技術という点ではまったくレベルが違っていた。ダンブロットは時々、レブロンにヴァッセルや他の子どもたちと一緒にグループ練習をするように指示することがあった。レブロンと彼の友人三人がセント・ビンセントに通うことを知ると、ヴァッセルは大喜びだった。

学校が始まって最初の週、レブロンはキャンプで知り合っていたヴァッセルを見つけて挨拶をした。二人は宗教のクラスが同じになり、自習室も一緒になった。ヴァッセルはすでにレブロンに好感を持っていた。しかし、一一五人の一年生のほとんどは、レブロンや三人の友人たちのことを知らなかった。レブロンがシアン、ウィリー、リトル・ドルーと廊下に集まると、ヴァッセルの友人の中には批判的なことを言う者もいた。「彼らはただ話して笑っているだけだ。何も悪いことはしていない」とヴァッセルは友人たちに言った。

ヴァッセルは内心、レブロンのことを尊敬していた。レブロンは確かな自信に満ちているように見えたし、すでに目的意識を持っているようにも見えた。それに比べてヴァッセル自身は、まだ何かを探そうとしていた。自分がどこへ行くのか、自分の人生で何をするのか、まったくわからないという事実に頭を悩ませていた。その点で、もっとレブロンのようになりたいと願っている部分もあった。

新入生チームのトライアウト実施が発表されると、ヴァッセルは姿を見せた。レブロン、リトル・ドルー、シアン、ウィリーがトライアウトを免除されたことは気にならなかった。ダンブロットは彼らを一軍に入れることを決めたのだ。それはつまり、新入生チームには四人分の空きができたということだった。ヴァッセルはチームに入ることができた。

＊＊＊

秋の終わり頃になってバスケットボールのシーズンが始まるときがきても、レブロンはまだセント・ビンセントに馴染めずにいた。しかし、グロリアがフットボールをプレーすることを認めてくれたおかげで、レブロンの適応は早まった。マーベリックや他の上級生たちと過ごす時間も増やすことができた。

フットボールシーズン序盤のある日の午後、ブロフィーとマーフィーはレギュラーチームの練習を離れ、新入生チームの様子を見に行った。彼らは、レブロンが他の同級生たちに圧倒的な差をつけていることに驚嘆せずにはいられなかった。彼が次々とパスを受けるのを見て、ブロフィーとマーフィーはレブロンをレギュラーチームに昇格させるべきだと感じた。「彼のプレーや、ボールをキャッチする際の走り方を見るだけで十分だった。レブロンを見れば、攻撃パターンに合わせて走れることがすぐにわかった」とブロフィーは語った。

ブロフィーとマーフィーはレギュラーチームのジム・マイヤーヘッドコーチに会い、レブロンを昇格させるよう訴えた。マイヤーは一年生をトップチームに入れることには反対だった。年齢的にまだ十分に体ができていないというのが従来からの常識的な見方だった。新入生を上級生たちと一緒にフィールドに出せば、ケガのリスクがある。しかしレブロンは、すでにレギュラーチームのほぼ全員より背が高かった。レシーバーとしての才能も上だった。「彼を下に置いておく意味はない」とブロフィーは言い、マイヤーも折れることになった。

だがチームのトップレシーバーはマーベリックであり、彼の下にも他の上級生たちが控えていた。その中にはヘッドコーチの息子もいた。レブロンにとっては、高校スポーツの政治的判断を味わう初めての体験だった。レブロンはサイドラインに追いやられ、プレーすることはなかった。シーズンが進んでいく中、マーベリックは友人として、諦めず練習に励み続けるようにと彼を励まし続けた。レブロンは決して不平を言わなかった。

そして一九九九年一一月一三日、セント・ビンセントは州のプレーオフでウィックリフ高校と対戦した。マーベリックが先発したが、体の不調を訴え、結局試合から退くことになった。彼を欠いたセント・ビンセントのオフェンスは何もできなかった。第三クオーター終了後、セント・ビンセントは〇対一五のビハインド。チームのクオーターバックは、レブロンがベンチにいるのを見て、もう黙っていられなかった。レブロンに何ができるかは練習で見てわかっていた。「レブロンを入れてほしい」とクオーターバックはコーチに言った。

マイヤーは即断できなかった。レブロンは一年間ずっと試合に出ていなかった。チームのプレーパターンをすべて熟知しているわけでもなかった。

「彼が一種類のプレーしか知らなくても構わない」とクオーターバックは懇願した。

ブロフィーも彼と同意見だった。

シーズンも残りわずかとなったところで、マイヤーはついに一年生の背番号を告げた。

アドレナリン全開のレブロンは、顎紐をパチンと鳴らして小走りでフィールドに飛び出していった。彼へ出された最初のパスを、ＤＦを振り切ってキャッチすると、ブロフィーは「あいつは止められない！」と叫ぶ。クオーターバックはレブロンにパスを送り続けた。何度も何度も。第四クオーターにレブロンは九本のパスをキャッチして一〇〇ヤード以上を稼ぎ、二度のタッチダウンを決めた。セント・ビンセントのサイドラインから見守る選手たちは大歓声を張り上げた。ファンも絶叫していた。レブロンの活躍は完全に流れを変えた。だがそれでもセント・ビンセントには時間が足りず、一四対一五の一点差で敗れる結果に終わった。

チームは意気消沈してロッカールームに引き揚げる。勝つべき試合だった。だがこれでシーズンは終わってしまった。レブロンは何も言わなかった。チームメイトはそれほど静かではいられなかった。彼らは皆、レブロンはシーズンを通してプレーすべきだったと感じていた。

＊＊＊

フットボールのコーチとは異なり、ダンブロットはレブロンを一年生のうちからバスケットボールの一軍に起用することに何のためらいもなかったし、そのことで誰かの説得を受ける必要もなかった。ダンブロットの唯一の疑念は、自分自身に向けられたものだった。レブロンが同世代を代表する選手であることを確信していた彼は、レブロンを指導することに怖気づいたのだ。自分のクリニックやキャンプにレブロンが参加することと、町中のすべての学校が欲しがっていた彼を自分のチームのロースターに加えることとは話が違う。レブロンの状況に関しては、もう一つダンブロットに重くのしかかることがあった。彼はレブロンが育った環境を理解していた。レブロンにとってバスケットボールは単なる遊びではない。人生で何か素晴らしいことを成し遂げるためのチャンスなのだ。レブロンのこれからの四年間に、多くのものがかかっていた。ダンブロットは、これほどの大きな可能性を秘めた選手を指導したことがないという事実も意識せずにはいられなかった。もし適切な指導ができなかったとしたら？　レブロンの才能を最大限に引き出すために、あらゆる手を尽くすことができなかったらどうなるだろうか？

レブロンがバスケットボールの練習初日に現れたとき、彼の態度はフットボールの練習初日とは大きく異なっていた。彼は自分のバスケットボールの実力を知っていた。新入生ではあるが先発メンバーになれることもわかっていた。そしてダンブロットのことも知っていた。バスケットボールの一軍でプレーするのは、簡単なことだとレブロンは考えていた。

そしてダンブロットは、選手たちに最初の練習メニューを指示した。

「さっきのあれはひどかった！」と、ダンブロットはレブロンに吠えた。

レブロンは愕然とした。ダンブロットがそんな風に言うのは聞いたことがなかった。そしてドルーからもそんな風に怒鳴られたことはなかった。他の誰からも。

ダンブロットはまだまだ止まらなかった。

「何なんだ、あれは一体？」。次にレブロンが要求に見合わないプレーを見せると、ダンブロットはレブロンに喚き立てた。

レブロンはコーチに暴言を吐くことなど考えたこともなかったが、そんな衝動が高まってきた。「こいつをどうにかしてやろう」と自分に言い聞かせた。

「この野郎！」とダンブロットは、また別のことで怒鳴った。

レブロンは、コート上の他の誰よりも多く大声での「Ｆワード」を浴びせられた。一方でダンブロットはシアンを臆病者呼ばわりし、リトル・ドルーにも厳しく当たった。リトル・ドルーは今にもコーチに殴りかかりそうだった。感情を表に出さないウィリーでさえ、殺意を込めるようにダンブロットを睨みつけていた。

練習はまるで二時間のブートキャンプだった。終了後のロッカールームは反乱勃発の寸前だった。ユダヤ人コミュニティセンターで教えていたあの温厚な男に一体何が起こったのか、レブロンは不思議でならなかった。結局レブロンは、ダンブロットは非常識なクソ野郎だと結論づけた。他の新入生たちも同意見だった。彼らは大きな間違いを犯したような気がした。ブフテルへ行くべきだった。

レブロンの入学前、マーベリックはチーム最高の選手であり、キャプテンを務められる状況を満喫していた。彼は注目を浴びるのが大好きであり、特にダンブロットに気にかけてもらうことを喜んでいた。ダンブロットがレブロンやその他の新入生たちの鼻柱をへし折っても、マーベリックは気にも留めなかった。やつらは生意気な連中だった。だが一方でマーベリックは、レブロンには自分以上の才能があること、新入生のレブロンがキャプテンである自分を凌駕するのは時間の問題であることもわかっていた。そのことに嫉妬するよりも、マーベリックは最上級生としてレブロンを導き指導することが自分の義務であると感じていた。

マーベリックは、レブロンと仲間たちを連れてくる上で極めて重要な役割を果たした。彼は、レブロンがドルーの指導法に慣れていることもわかっていた。決して選手たちに怒鳴ったり、口汚く罵ったりすることのないやり方だ。しかしマーベリックはまた、ドルーにはダンブロットほどのコーチ経験がないことも理解していた。ダンブロットが怒り狂ってみせるのは方法論の一つだった。彼らが一年生のうちから一軍でプレーしたいのなら、もっと逞しくなる必要があった。州選手権への出場に向けて争いたいのなら、もっと努力し、不平不満を漏らさないようにしなければならない。

レブロンの目には、マーベリックは信頼できる男だと映っていた。彼は天性のリーダーだった。満額のバスケットボール奨学金を受けてウェスタン・ミシガン大学に通うオファーもすでに受けていた。学校の少年たちは誰もが彼のようになりたがっていた。女性たちは彼とデートしたがっていた。そしてレブロンは、ダンブロットの暴言に耐えてでも、絶対に彼と一緒にプレーしたかった。

マーベリックが大人の対応をとってくれたおかげで、ダンブロットはレブロンをさらに厳しく追い込むことができた。「私は口うるさく言い続けた。彼としては気に入らなかったと思う。だが彼がそれを望んでいないと感じることはなかった。私が何をしようとしているのか、彼にはずっとわかっていたように感じられた」と、ダンブロットはのちに語っている。

セント・ビンセントは一二月初旬、カイヤホガ・フォールズ高校とのロードゲームでバスケットボールシーズンを開幕した。レブロンは先発メンバーの中で唯一の一年生だった。マーベリックは唯一の最上級生だった。彼らはそれぞれ一五得点を挙げ、チームを七六対四〇の大勝に導いた。他の三人の一年生もベンチに入り、貴重なプレー時間を得た。特にリトル・ドルーは十分にプレーすることができた。これから起こることを予感させる初戦だった。そこから一カ月、セント・ビンセントは勝ち続けた。レブロンとマーベリックは得点を重ね、一年生たちも試合を重ねるごとに良くなっていった。

チームが一〇勝〇敗の結果を残す頃には、レブロンの一試合平均得点はマーベリックを上回っていた。チームを追いかける現地紙記者も、「レブロンがチームを勝利に導いた」と書くことが多くなっていった。マーベリックも並外れた好プレーを続けていたが、コート上で観客に衝撃を与えるようなプレーを見せるのはレブロンのほうだった。ノールックパス。ダンク。ショットブロック。キャプテンはマーベリックだったが、レブロンはすぐに主役となった。

ダンブロットは、このことがマーベリックにどう影響するかを注意深く見守っていた。何と言っても彼は、最高の選手になりチームのリーダーとなるために、四年間努力を重ねてきたのだ。最上級生になり、今こそ彼の輝くときだったはずだが、新入生に追い抜かれようとしている。レブロンがコート上で最も才能のある選手であることは、ダンブロットも毎試合のように実感していた。しかしマーベリックのリーダーシップに対しては、レブロンも尊敬の念を抱いていた。チームのキャプテンを支えるために、ダンブロットはマーベリックに励ましの言葉をかけた。選手権を制することこそが目標だと念を押した上で、彼にシンプルな言葉を贈った。「上げ潮はすべての船を持ち上げる」と。

マーベリックは多くを語らなかった。ダンブロットには、メッセージが伝わったのかどうかは確認できなかった。

＊＊＊

レブロンは、授業時間や体育館に行く時間以外は、大抵図書館にいた。学校の司書であるバーバラ・ウッドに会いに行くことが主な目的だった。ウッドはセント・ビンセントと長い付き合いだった。彼女は一九六五年にこの学校を卒業し、彼女の子どもたち六人もセント・ビンセントを卒業していた。ウッドは学校の書店で働き、学校後援会を引き継ぎ、激励会を主催し、最上級生を送る会を始めた。図書館を訪れる多くの学生アスリートたちにとって、母親役のような存在だった。しかし、彼女は特にレブロンに関心を示した。レブロンは、あれほどの才能に恵まれた子どもにしては珍しいほど精神的に成熟しており、爽やかで謙虚であると彼女には感じられた。二人はよく話をしたが、彼女はレブロンに間違った言葉遣いを許さなかった。「『フィディ・セント』なんてものはない。フィフティ・セント（五〇セント）」と、彼女は笑顔で言うのだ。

レブロンはウッドを慕っていた。机に座って彼女と雑談をするためだけに図書館に通った。二人は一緒にコンピューターに向かい、Googleという名の新しいオンライン検索エンジンに彼の名前を入力してみることもあった。レブロンに言及した記事をどれだけ見つけられるか試していたのだ。時間が経ち、特にバスケットボールのシーズン末に近づくにつれて、Googleでレブロンの名前がヒットする数は徐々に増えていった。

レブロンはまた、ウッドの娘ミアのことも気に入っていた。セント・ビンセントで彼と接していた数人の女生徒と比べると、ミアとはいくつかの共通点があることにレブロンは気がついた。二人は同い年で、彼女はおそらく同学年で最高の女子アスリートだった。サッカーとバスケットボールの両方で活躍していた。そして何より、彼女がレブロンに興味を持ったのは、彼の人気が高まっていることを理由とするものではなかった。彼女は、レブロンが自分に敬意をもって接してくれることが気に入っていたのだ。

こういった経験は、マーベリックが早くからレブロンに話していた言葉を裏付けるものとなった。「スポーツは最も団結力を生み出すものだ」という言葉だ。

＊＊＊

一九勝〇敗という成績を残したセント・ビンセントは、二〇〇〇年二月下旬に学校の歴史上初めて『USAトゥデイ』紙の全米人気投票に割って入り、二三位にランクインした。その数日後、セント・ビンセントと宿敵アーチビショップ・ホーバンが対戦するレギュラーシーズン最終戦を観戦するため、ジェームズ・A・ローズ・アリーナには五〇〇〇人を超えるファンが詰めかけた。試合の序盤からレブロンは観客を沸かせ、相手を戦慄させた。まるで宙に浮くようにリングに向かって跳び上がり、速攻からのダンクを決めたのだ。レブロンは二七得点を挙げる活躍を見せ、チームは圧倒的な戦いぶりで九〇対五八の勝利。学校史上初めて無敗でレギュラーシーズンを終えた。試合後、ダンブロットは「彼は史上最高の一年生の一人だ」と記者団に語った。

レブロンは、記者たちが自分の周りに集まってくることがわかっていた。注目をマーベリックに向けるため、彼は自分のパフォーマンスについては謙遜し、マーベリックこそがチームの真のリーダーだと主張した。

「素晴らしい気分だ。私たちが何をやってのけるか、本当にわかっていた人は誰もいなかった。選手たちはみんな一致団結して、一年を通して必死に頑張ってきた。それが報われた」とマーベリックは記者団に語った。

ある記者は、二七得点を挙げたレブロンのパフォーマンスについてマーベリックに訊ねた。

「自分が二点取ろうが、二七点取ろうが関係ない。私はただ勝ちたい。チームに勝ってほしいんだ」と彼は答えた。

ダンブロットが以前に伝えたメッセージは、確かに伝わっていた。マーベリックは全力を尽くしていた。彼とレブロンとの間に嫉妬の楔が打ち込まれる可能性は、勝利によって完全に消し去られた。

＊＊＊

州選手権決勝前夜の時点で、セント・ビンセントは二六勝〇敗。ひどいものだった練習初日が、まるで遠い歴史上の出来事のように感じられた。レブロンがうれしかったのは、ダンブロットに声をかけられ、君はオハイオ州で最高の選手だ、とこっそり告げられたことだ。もはやダンブロットの怒鳴り声や悪態を恨むこともなく、むしろ歓迎していた。彼のコーチングスタイルは、レブロンをより賢く、より逞しくした。ダンブロットは、これまで彼が関わってきた中で最も熟練したコーチだと理解できた。そして彼は、マーベリックの率いるチームに四人の一年生を融合させる素晴らしい仕事をしてきたのだ。

『プレイン・ディーラー』紙がマーベリックをオハイオ州の年間最優秀バスケットボール選手に選出する

と、真っ先に彼を祝福したのはレブロンだった。まるで自分の兄が当然の栄誉を受けるのを見る気分だった。完璧なシーズンを締めくくるため最後に残されたのは、あと一試合に勝つことだけだった。

オハイオ州立大学のキャンパスで行われた州選手権決勝のセント・ビンセント対ジェームズタウン・グリーンビュー高校戦には、一万三〇〇〇人のファンが集まった。レブロンはダンクとロングレンジからのスリーポイントを含めて試合の最初の八得点を決めた。最終的には一二本中一〇本のショットを成功させ、チーム最多の二五得点と九リバウンドを記録した。だが主役の座を奪ったのは、ベンチから登場したリトル・ドルーだった。身長一六〇センチ、体重四三キロの一年生は、七本連続でスリーポイントを決めてみせた。リトル・ドルーの七本目のスリーポイントがネットを通り抜けると観客は熱狂した。レブロンは彼を強く抱きしめてコートから持ち上げ、タイムアウトのためベンチにまで運んだ。一一歳の頃まで遡ると、二人はシアン、ウィリーとともに三〇〇試合以上のバスケットボールの試合を戦ってきた。周囲の反感を買いながらもセント・ビンセントに来るという困難な決断を一緒に下してから一年近く。州選手権制覇が目前に迫り、その正しさが証明された気分だった。

試合時間が残りわずかとなったとき、レブロンはマーベリックのそばに立っていた。マーベリックはわずか六得点しか決めていなかったが、ほぼフルタイム出場を果たし、彼のリーダーシップが試合の流れを作っていた。レブロンは彼を抱きしめて言った。「何点決めようが、何をしようが関係ない。私はいつも君のことが大好きだ」

「私も大好きだ」とマーベリック。

二七勝〇敗で州チャンピオンとなった。そして、彼らはもはや親友だった。世界の頂点にいるような気分だった。

# CHAPTER 06 米国で一番曲がりくねった道

二〇〇〇年四月、インディアナポリスで開催されたNCAAファイナル・フォーに、クリス・デニスはVHSテープを宝石のように大事に抱えながらやってきた。カリフォルニア州オークランド出身のデニスは一九九八年、アクロンに住んでいた頃に弟の少年バスケットボールの試合を観戦した。しかしそこでデニスは、弟より大きくてはるかに実力のある別の少年に注意を引きつけられることになった。調べてみると、その子の名前はレブロン・ジェームズということがわかった。当時デニスは、国内屈指のAAUバスケットボールチームであるオークランド・ソルジャーズの共同創設者カルビン・アンドリュースと近しい関係にあった。レブロンのプレーを観たあと、デニスはソルジャーズのアンドリュースに電話をかけた。「ジェイソン・キッドよりもいい選手になる少年を見つけた」と。

アンドリュースはほら話に付き合う気分ではなかった。NBAで最高クラスの才能を持つポイントガードと比較されるに値する一三歳などいない、と彼は感じていた。

それでもデニスは、できるだけ何度もレブロンのプレーを観に行った。グロリア・ジェームズとエディ・ジャクソンとも親しくなった。レブロンがセント・ビンセントに入学して一年目のシーズンまで、その成長ぶりをつぶさに追い続けた。オハイオ州の高校バスケットボール大会でレブロンの試合を撮影すると、デニスはそのテープをインディアナポリスへと持っていった。バスケットボールシューズ界で最も影響力のある人物に見せることが目的だった。

＊＊＊

六〇歳のジョン・ポール・ヴィンセント・ヴァッカロは、「ソニー」と呼ばれることを好んでいた。バスケットボール業界の誰もが、ヴァッカロのことをシューズビジネスのゴッドファーザーだと考えていた。六〇年代、ヴァッカロは高校バスケットボールの全米オールスターゲームを立ち上げた。その後二〇年以上にわたって、彼は全米の一流大学のコーチやエリート高校の選手たちと親交を深めていった。やがて彼はナイキで働くようになり、八四年には二一歳のマイケル・ジョーダンと史上最高額のアスリートサポート契約を交わした。当時のシューズビジネスはコンバースとアディダスに独占されていた。未知数の存在だったルーキーイヤーのジョーダンに二五万ドルを支払うというナイキの決定は、業界内では無謀とみなされた。だがジョーダンがＮＢＡでプレーした最初の年に、ナイキは彼のシグネチャーモデルであるエア・ジョーダンのスニーカーで一億二六〇〇万ドル以上に相当する売上を叩き出すことになった。ナイキはあっという間に競合他社を抜き去り、ヴァッカロは先見の明を持つ人物として頭角を現した。

ヴァッカロがジョーダンと契約したのと同じ年、彼にはもう一つナイキを説得した事業があった。毎年開催されるエリート高校生プレーヤーのためのバスケットボールキャンプをスポンサーとして支援し始めることだ。ヴァッカロは「ＡＢＣＤバスケットボールキャンプ」という名称を考案した。「Academic Betterment and Career Development（学業向上とキャリア開発）」の頭文字をとったものだ。ナイキにキャンプ資金を提供させ、ヴァッカロが名称の権利を保持したのは、まさに抜け目のないビジネスだった。当時、エリート選手向けのキャンプは数多く開催されていたが、どこも参加費を取っていた。ヴァッカロはその料金を廃止した。代わりに彼は大学のトップコーチをキャンプに招待し、彼らにナイキのウェアを着せた。さらに、キャンプに参加した高校生のエリート選手全員に一〇〇〇ドル相当のシューズとウェアをプレゼントした。あとは時間の問題だった。ヴァッカロのサマーキャンプは全米の高校バスケットボール選手にとって格好のショーケースとなり、ナイキは大学バスケットボール界ですっかり定番ブランドに定着した。コーチたちとシューズ契約を結び、大学やカレッジも巻き込んでアパレル契約を結ぶようになった。これはヴァッカロにとって、大学からＮＢＡ入りして将来のスターとなるような選手とサポート契約を交わすための最短ルートを手に入れることを意味した。

ジョーダンと作り上げたストーリーに加えて、キャンプを支配下に置くことで、ヴァッカロはシューズ業界のキングメーカーとなった。やがて彼はナイキを去り、ＡＢＣＤバスケットボールキャンプの権利をアディダスへ移管した。そこで彼は、コービー・ブライアントやトレイシー・マグレディといった高校生アスリートたちと次々とサポート契約を交わしていく。アディダスでヴァッカロが活用したのは、ＡＡＵコーチやスカウトのネットワークだった。彼らは優れた高校生を発掘してアディダスファミリーに勧誘する助けとなった。ＡＡＵ関係者の中で特にヴァッカロと長い付き合いだったのが、オークランド出身のアンドリュースとマーク・オリヴィエの二人だ。

＊＊＊

インディアナポリスで開催されたファイナル・フォーでは、アンドリュースとオリヴィエに加えてデニスもアディダスのスイートルームで過ごした。そこでデニスは、レブロンのテープをビデオデッキに入れて再生ボタンを押した。アンドリュースとオリヴィエはそれを観てどちらかが「うわっ！」と声に出した。

ヴァッカロがスイートルームに入ってくると、男たちがテレビの周りに群がっているのを見て、何をしているのかと訊ねた。「彼はレブロン・ジェームズという名前らしい」とオリヴィエが言った。

ヴァッカロは無表情だった。

「オハイオ州アクロンの一年生だ。クリスは彼がジェイソン・キッド以上の選手になると思っている」

目を見開いたヴァッカロがテレビに歩み寄ると、他の男たちは道を空けた。ヴァッカロは目をしかめるようにしながら、デニスが離れた位置から撮影したレブロンのビデオを一分ほど観ていた。「ピーナッツのようだ」とヴァッカロは言った。

デニスはヴァッカロに、レブロンは本物だと断言し、アディダスのＡＢＣＤキャンプに招待するべきだと提案した。「おいおい、クリス」とヴァッカロはテレビから離れた。「キャンプに招待はできないだろう」「どうして？」「どうしても何も。まだ一年生だろう！」。ヴァッカロは苛立っていた。

＊＊＊

ヴァッカロを説得するには時間がかかると悟ったデニスは、アンドリュースとオリヴィエに狙いを定め、レブロンをオークランドにある彼らの強豪ＡＡＵチームに入れるよう働きかけた。彼らは一七歳以下のチームと一六歳以下のチームを持っており、どちらも十分に将来のＮＢＡ入りが期待される選手たちであふれていた。レブロンはまだ一五歳だったが、デニスは彼がどちらのチームでも圧倒できると信じていた。デニスはすでにキース・ダンブロットとも話をしていた。レブロンが全米のどの高校生にも負けないだけの実力を持っているというデニスの主張にはダンブロットも同意見だった。そしてダンブロットも、ソルジャーズに加入するのはレブロンの成長のために良いことだと考えた。

レブロンをチームに加えるという見通しに興味をそそられたアンドリュースは、その夏に行われるエリート・エイト・トーナメントでレブロンにロースター枠を与えることに同意した。だが彼は、ソルジャーズにはレブロンの往復の飛行機代や宿泊費を負担する予算はないとも告げた。

オリヴィエが協力を申し出て、レブロンを自宅で受け入れても構わないと言った。デニスとダンブロットは航空券を手配することで話がまとまった。

問題はもう一つあった。アンドリュースは、自分のチームの子どもたちが部外者にロースターの座を奪われることをおそらく快く思わないとわかっていた。

彼らを納得させられるかどうかはレブロン次第だ、という意見に全員が賛同した。だがそのことをレブロンに伝えるつもりはなかった。

レブロンは、オークランドへ行って大会に出場するというアイデアを気に入った。だが彼は一人で行きたくはなかった。ロースターに空きはなかったが、リトル・ドルーにも一緒に来てほしいと頼んだ。二〇〇〇年七月下旬、二人はサンフランシスコ国際空港に降り立った。ターミナルの外でオリヴィエに会い、彼の車の後部座席に乗り込む。家から遠く離れ、空港を出てハイウェイを走っていく中で、二人は一言も言葉を発しなかった。

オリヴィエにもなかなか会話の糸口がなかった。しばらくしてようやく、バックミラーに映った二人を見ながらオリヴィエは言う。「君たち、米国で一番曲がりくねった道について聞いたことがあるかい？」

二人ともオリヴィエが何を言っているのかわからなかった。「行きたいか？」とオリヴィエが訊ねた。

レブロンは肩をすくめた。間もなく彼は、車窓からサンフランシスコのロシアン・ヒル地区の壮麗な家々を眺めることになった。丹念に周囲を見回す彼に、オリヴィエがツアーガイドを務める。

「ここはロンバード・ストリートだ」とオリヴィエが言った。

レブロンは、この街で最も有名な通りに立ち並ぶビクトリア様式の大邸宅はもちろんのこと、曲がりくねったカーブやスイッチバックのようなものを見たことすらなかった。

オリヴィエは彼らを案内して回ったあと、質素な自宅へ連れて行き、二人の子どもと妊娠中の妻を紹介した。バークレーまでピザを食べに連れて行ってもらったあと、少年たちはゆっくりと落ち着くことができた。その夜はオリヴィエの家のリビングルームのソファで寝た。

オリヴィエ一家はとても歓迎してくれたが、オリヴィエの率いるＡＡＵチームの選手たちはそうではなかった。ソルジャーズの一七歳以下のチームで中心となっていたのは、NBA入りが確実視されていたチャック・ヘイズだった。一六歳以下のチームはレオン・パウがエース。一六歳のパウはオークランド工科高校の二年生で、二〇〇三年卒業組では全米ナンバーワンの選手と目されていた。

高校生プレーヤーをランク付けする全米のライターたちは、レブロンのことを知らなかった。アクロンは高校バスケットボールの僻地だったし、その中でもセント・ビンセントは一流校ではなかった。そのため、レブロンは二〇〇三年組の中で上位にはランクされていなかった。それにもかかわらず、ソルジャーズのコーチ陣は彼をヘイズのいる一七歳以下のチームに入れた。サンフランシスコ湾岸地域出身ですらない一五歳が突然自分のチームに入ってきて、ヘイズの気分が良いわけはなかった。パウはさらに落胆した。年下の選手が自分を飛び越えて、年上のチームでプレーすることになったのだ。

レブロンは最初の試合から注目の的となった。他のメンバーやプレーにまったく慣れていなかったにもかかわらず、すぐに彼らがどうプレーしているかを理解し、溶け込むことができた。スティールし、チームメイトにボールを供給し、ジャンプショットやレイアップ、ダンクなど多彩なプレーで得点を量産した。ヘイズが感心している一方で、パウは不安に駆られていた。ある時点で彼はオリヴィエに、個人的に話がしたいと告げた。

「どうした、大男」とオリヴィエが訊ねる。

「あいつは私と同年代では？」とパウは言った。

「大男、残念ながらそうだ」

「私がナンバーワンでいられる場所はなくなったということだね」とパウは答えた。

＊＊＊

ベイエリアへの遠征は基本的に、レブロンがソルジャーズのシステムに合うかどうかを確かめるための試運転だった。彼のパフォーマンスはコーチ陣に、レブロンが必要だと確信させた。レブロンの利他的なプレーも他の選手たちの心を掴んだ。パウでさえも、レブロンがチームメイトとして理想的な選手であることを否定できなかった。

レブロンもすぐにパウを気に入った。彼らはバスケットボールに同じような姿勢で打ち込んでおり、また似たような人生経験も積んでいたため、すぐに打ち解けることができた。パウは七人兄弟の長男として生まれ、シングルマザーに育てられた。七歳のときに家が全焼し、家族とともに路上生活を余儀なくされた。一家はホームレスとなり、その後の六年間で二〇回引っ越した。パウが一〇歳のとき、母親は食料品を盗んで捕まり、九〇日間の禁固刑を最終的には廃車の中で暮らした。パウと兄弟たちは里親に引き取られた。

言い渡された。パウと兄弟たちは里親に引き取られた。

パウにとってバスケットボールは命綱だった。コートに足を踏み入れると、母親の生活が自分の双肩にかかっているかのようにプレーした。レブロンはそれに共感し、パウとはうまくやっていけると思えた。

オリヴィエとアンドリュースも、デニスも大喜びだった。アクロンに戻る飛行機にレブロンを乗せる頃には、ソルジャーズでの彼の居場所は確固たるものになっていた。レブロンは、セント・ビンセントでの二年目のシーズンを終えたあと再びソルジャーズに加わり、西海岸で開催される全米トーナメントに出場するという計画が立てられた。

その間、デニスはヴァッカロに説明し、何とかレブロンのプレーを観にセント・ビンセントを訪れるようプッシュし続けた。

「アクロンなんかには行かない」とヴァッカロは言った。

その代わり、ヴァッカロはセント・ビンセントとのシューズ契約を交わすことを認めた。レブロンの加入二年目のシーズン、チームはアディダスのシューズを履くことになった。

ヴァッカロにとっては簡単な決断だった。アクロン出身のその少年がソルジャーズで圧倒的にプレーできるほど優秀なら、彼と高校のチームメイトたちに早いうちからアディダスのシューズを履かせておくのは理にかなっている。高校にシューズを供給するコストは、アディダス全体から見ればほとんどタダ同然だ。その見返りとして、ヴァッカロはレブロンとの接触ルートを確立できる。

＊＊＊

二〇〇〇年の夏のある夜、シアン・コットンはレブロンのアパートに泊まった。朝になり、二人は冷たいシリアルを食べていた。レブロンは、シアンが訝しげな表情で自分を見つめているのに気づいた。

「夜の間に五センチ背が伸びた！」とシアン。レブロンはシアンのユーモアセンスが気に入った。

しかし、シアンはふざけていたわけではない。彼は一晩のうちにレブロンの背が伸びたと本気で思っていた。実際、レブロンはこの夏に成長期を迎えていた。高校二年目を迎える頃には、身長一九八センチ、体重九一キロにまでなっていた。これだけ大きくなれば、フットボールのレギュラーチームのレシーバーとしてもさらに魅力的な存在になる。シーズン序盤に左手人差し指を骨折したにもかかわらず、レブロンは欠場しようとはせず、結局フットボールチームでもパスレシーブ四二回、獲得距離八二〇ヤード、タッチダウン七回というチームトップの数字を残した。

ワイドレシーバーとしてオハイオ州選抜チームにも選ばれたレブロンは、大学のスカウトからも強い関心を集めていた。ある日の授業の合間に、フットボール部のコーチが彼をアーバン・マイヤーに紹介した。マイヤーはノートルダム大学の若手ワイドレシーバーコーチであり、選手勧誘のためセント・ビンセントを訪れていた。

レブロンは彼と握手を交わし、自己紹介をした。マイヤーは彼の身長と手の大きさに驚嘆した。

「ノートルダムに来ないか？　ぜひ君と話がしてみたい」とマイヤーは言った。

「ありがとう」とレブロン。

レブロンが急いで次の授業に向かったあと、フットボール部のコーチは期待を持たないようにとマイヤーに釘を差した。「彼は次のマイケル・ジョーダンなんだ」とコーチは告げる。マイヤーは、彼が出会ったのはバスケットボールの天才児であることに気がついていなかった。

レブロンはノートルダム大学を訪れることを真剣に考えてはいなかった。スカウトからのオファーを受けることにも本気で興味を持っていたわけではない。フットボールも楽しんでいたし、フットボールにより得られる称賛もうれしくはあったが、それと同じくらい彼はバスケットボールに集中し続けていた。そして彼は彼で、バスケットボールのためのスカウト活動を行っていた。

高校二年目の開始前に、彼はロメオ・トラヴィスという選手の話を耳にした。彼はアクロンにある公立校の優秀なバスケットボール選手の一人だったが、転校を考えていた。レブロンはロメオのことを知っていた。二人は同い年であり、ロメオはレブロンと同じ団地に住んでいたことがあった。ロメオは屈強な外見で、いつも怒っているという評判だった。その怒りの大部分は、彼の生い立ちと幼少時の経験に起因していた。父親はおらず、母親は生活保護を受けていた。ロメオはいつも自活することを強いられていた。

ロメオは人を信用せず、なかなか打ち解けられないタイプだった、それでもレブロンは彼にセント・ビンセントへの転校を持ちかけた。セント・ビンセントはカトリック系の私立校で、圧倒的に白人の生徒が多く、規則も厳しい。ロメオとしては市内の他の公立校を希望していた。しかし彼は、レブロンがこの街で最高の選手であることもわかっていた。レブロンが彼のチームに加わることを望んでくれたという事実には大きな重みがあった。結局彼はセント・ビンセントへの転校に同意した。

レブロンにとってそれ以上に困難だったのは、ロメオを歓迎するようチームメイトを説得することだった。リトル・ドルー、シアン、ウィリーは彼を嫌っていた。少年バスケットボールの試合で何度も衝突したことがあった。彼らは皆、ロメオはろくでもないやつだと感じていた。だがレブロンは、身長一九八センチのロメオは野獣のように並外れたアスリートであり、チームに激しさを加えてくれると主張した。マーベリック・カーターが去ったチームには、コートで存在感を示すことができる選手が必要だった。ロメオとシアンがリングの下で一緒にプレーすれば、セント・ビンセントがどれほど威圧的なチームになるかは想像に難くなかった。

「ファブ・フォー」は渋々、部外者をチームに加えるという案を受け入れた。

＊＊＊

もう一度州選手権で優勝することに執念を燃やすダンブロットは、ロメオの加入を歓迎した。しかし、指導に手心を加えることはなかった。最初の一週間で、ダンブロットはロメオを徹底的にしごき尽くした。

ロメオはセント・ビンセントで要求されるフィジカルトレーニングに慣れていなかった。また、ダンブロットの正面からぶつかってくるコーチングスタイルにも面食らった。体格も運動能力も優れていたロメオだが、ベンチプレーヤーとしてシーズン開幕を迎えることはすぐに悟った。ダンブロットは彼に、自分の力で先発メンバーに割って入ることを期待していた。何も与えてやるわけではない。

一方、リトル・ドルーは先発ポイントガードに指名された。彼とロメオの間ではすぐに摩擦が起こった。二人は練習中に何度も言い争い、罵り合った。リトル・ドルーはロメオを怠け者だと考えていた。ロメオはリトル・ドルーを「威張り散らしたクソ野郎」と見ていた。あるとき、二人が言い争ったあと、ロメオがリトル・ドルーの顔面を殴ったこともあった。シアンはロメオのことが許せず、いつもリトル・ドルーをかばっていた。ウィリーでさえロメオの態度には我慢がならなかった。彼らはロメオに「ストリートの乱暴者」とあだ名をつけた。

チーム内でロメオと争いを起こさなかった者は、レブロン以外にほとんどいなかった。

＊＊＊

ロメオをセント・ビンセントに誘ったことは、レブロンにとってチーム作りに乗り出した最初のきっかけだった。当初は、この状況がチーム内に亀裂を生じさせただけでなく、ロメオの存在はアクロンの黒人コミュニティがセント・ビンセントに対して抱いていた恨みを再燃させた。非難の対象となったのは選手たちだけではない。ダンブロットも、公立学校からまた一人「助っ人」を連れてきたとして、さらなる批判に晒された。またセント・ビンセントのコミュニティ内には、バスケットボールの一軍のロースター枠が、家族ぐるみで学校と長年関わり続けてきたような層の少年たちからまた一つ奪われてしまったという憤りもあった。

ロメオはセント・ビンセントが嫌いだと公言することもあり、それも火に油を注いだ。「この学校は白人が多すぎる」と大声で叫び、何人かの白人生徒に聞かれたこともあった。答えたくないような質問をされたときには、「お前は誰に口を聞いているんだ?」と言い返すこともためらわなかった。ロメオは頭が良く、学校の学業水準についていくことはできたが、服装規定には反発し、学校をサボることも多かった。謹慎処分とバスケットボールチームからの出場停止処分の危機が迫るようになってから、ようやくロメオは出席日数を満たして成績を回復させた。

このような状況でも、レブロンはロメオのことを理解しているつもりだった。ロメオは友人をうまく作る方法を知らない孤独な子どもだと考えていた。それでも彼は、チームの勝利に貢献できるとんでもないプレーヤーだった。一緒にプレーして勝利を積み重ねていけば、反感が冷めていくのは時間の問題だとレブロンは考えていた。

二〇〇〇―〇一シーズンの幕を開けたセント・ビンセントは、まずバージニア州とウィスコンシン州の強豪二チームを一蹴した。レブロン、シアン、リトル・ドルーの上達と成熟ぶりには目を見張るものがあった。ベンチから投入されるロメオも加えて、チームは前年よりもさらに強くなっているように見えた。シーズンが始まって約一カ月でセント・ビンセントは九勝〇敗を記録し、全米三位にランク付けされた。レブロンとチームメイトたちは、前年の一年生シーズン開幕から三六連勝中だった。そして〇一年一月一三日、彼らは全米ランク一位のバスケットボールチームであるオークヒル・アカデミーとの対戦を迎えた。ダンブロットがこの名門校と試合を組むことができたという事実自体が、短期間でチームがどれだけ前進を遂げてきたかを示すものだった。

オークヒルはバージニア州のマウスオブウィルソンにある高校で、四学年の総生徒数は二〇〇人にも満たなかったが、事実上の「バスケットボール工場」と化しており、毎年のようにエリート大学に優良な新人選手たちを輩出していた。先発のガード二人はどちらも最上級生で、ケンタッキー大学とシラキュース大学に進学が内定していた。それからもう一人、セネガル出身のデサガナ・ジョップは身長二一三センチ、体重一三六キロの巨漢だった。大学のスカウトたちに混じって、数人のＮＢＡスカウトもジョップを視察に来ていた。

セント・ビンセントははるかに若いチームであり、体格的にもかなり劣っていたにもかかわらず、試合開始早々からオークヒルを圧倒。序盤から点差をつけると、そのままほとんどの時間リードを守り続けた。リングの下ではロメオとシアンがジョップとやり合った。リトル・ドルーはスリーポイントを何本も決めた。だがやはり、チームを引っ張るのはレブロンだ。ゲームハイの三三得点を挙げ、大学行きの決まっているオークヒルの二人のガードを圧倒した。レブロンは止めようがなく、六〇〇〇人近く集まったファンがスタンディングオベーションを送ることもあったほどだ。

しかし最終的には、第四クオーターに入ってオークヒルが逆転した。レブロンは脱水症状に陥り、足は立っているのもつらいほど痙攣していた。残り数秒となった時点で、セント・ビンセントは一点ビハインド。ボールを受けたレブロンがランニングジャンプから放ったショットはリングの周りを転がり、外へ転げ落ちたところでブザーが鳴り響いた。セント・ビンセントは七八対七九で敗れた。

疲れ果てたレブロンは泣き始めた。他の選手たちも続いた。ロメオでさえ感情を露わにし、アシスタントコーチの一人に抱きかかえられながら泣きわめいていた。

ダンブロットは負けることが嫌いだった。それでも、目の前の光景を美しいと感じた。

「つらいのは当然だ。負けるのはいつも痛いものだ」と、彼は試合後、選手たちにスピーチした。

レブロンは自分を責めた。試合終了まで残り二分、セント・ビンセントが一点リードで耐えていたとき、レブロンは重要なフリースロー二本を外してしまった。決められなかった自分を責めていた。

ダンブロットはレブロンに、あのフリースローのミスが敗因ではない、と言い聞かせた。レブロンは人生最高の試合をしてみせたのだ。しかも全米最高のチームを相手に。ダンブロットはこれ以上ないほど誇らしかった。

＊＊＊

セント・ビンセントがオークヒルに敗れた数日後、ニュージャージー州カムデン高校のデュワン・ワグナーが一試合で一〇〇得点を挙げた。彼のチームが一五七対六七で勝利した試合だった。カムデンは全米ランキングで五指に入るチームであり、ワグナーは全米最高の高校バスケットボール選手だと広く評価されていた。最上級生だった彼は、メンフィス大学へ進学してジョン・カリパリヘッドコーチのもとでプレーする誓約書にすでにサインしていた。一〇〇得点を挙げた試合で、ワグナーは六〇回以上もショットを放った。試合後に『スポーツ・イラストレイテッド』誌は、彼を「世紀のプレーヤー」と呼んだ。しかしその一カ月前には、ワグナーとその他の二人が学校の廊下で別の学生を殴るという事件が起きていた。被害生徒は目の上を縫うなどの治療が必要になった。単純暴行および生徒に対する脅迫の罪で有罪となり、保護観察処分を言い渡されたワグナーは、「次代のアレン・アイバーソン」と呼ばれるようになった。アイバーソンは超絶的な才能に恵まれる一方で、NBAきっての悪童としても知られるポイントガードだった。

ワグナーはその一〇〇点ゲームとコート外での言動で全米の注目を集めた。だがダンブロットは、セント・ビンセントを取材する地元メディアに対し、レブロンはそういったタイプではないことを強調した。「レブロンはレブロンだ。彼はまったく自己中心的ではない。三五点決めることもできるが、そうはしない」と彼はメディアに語った。

レブロンにとって、一試合で六〇本のショットを打つという考えは受け入れがたいものだった。彼は一〇〇得点を決めるよりも、一〇〇アシストすることを望んでいた。このチーム第一主義は、彼の性格の延長線上にある。彼は無欲で、他人を、特に友人たちを喜ばせるのが好きだった。したがって、ボールを共有すること、成功に対する称賛を分かち合うことは、彼にとって自然なことだったのだ。同時に彼のプレーは、個人の成果よりチームワークを重視することを教えた少年時代のコーチたちからの流れを汲む副産物でもあった。ダンブロットは、レブロンが異常に高いバスケットボールIQを持っていることを見抜いていた。彼がこれまで見てきた中でも最も才能に恵まれた選手である彼が、指導を受け入れるどころか、きつく当たることさえも受け入れるのはダンブロットにとって驚きだった。ダンブロットがセント・ビンセントを大学チームのように扱うことができた最大の理由は、レブロンが彼の指導法を支持してくれたことにあった。レブロンは、特に試合の序盤には自ら得点することを控え、ボールを独占しないことの大切さをプレーで示そうとすることも多かった。

コート外でのレブロンの行動は、母親を喜ばせたいという願望に突き動かされていた。つらい時期にも、いつか心配しなくていい日が来ると母親に言い聞かせた。立派な家も、いい車も、母親の生活を楽にするものなら何でも、いつか買ってあげると。母親からタトゥーを入れていいという許しを得ると、彼は

「Gloria」という文字を腕に刻み込むことを選んだ。自分の優先順位を忘れないための強いメッセージだった。高校の二年目を迎える頃までには、ドラッグには決して手を出さないと心に決めていた。盗みを働こうと思えば機会はいくらでもあったが、決して他人の物を盗まないとも決心していた。そして、仲間たちよりはるかに威圧的な体格を持ちながらも、彼は争いを仲裁する役割を好んだ。自分の運動能力が多くの人々の注目を引きつけていることを自覚した上で、悪い意味でニュースになるようなことは絶対にしないと決意していた。「自らトラブルを求めるようなことはしなかった。トラブルは嫌いだった」と彼は自身の思春期について語ったことがある。

＊＊＊

オークヒルとの試合は、レブロンが世の中に知られる瞬間となった。それまでのベストパフォーマンスであり、ＮＢＡのスカウトや大学のコーチたちもその姿を目撃した。彼らはオークヒルの選手たちを観に来ていたが、レブロンが注目を引きつけることになった。それから数週間、ダンブロットにはレブロンについての問い合わせが殺到した。ＮＣＡＡ（全米大学体育協会）の規則により、三年生になるまでレブロンと話すことは禁じられていたにもかかわらず、百人以上のコーチがレブロンを大学バスケットボール界に誘いたいという関心を伝えるため手紙を送ってきた。突如として、レブロンは米国中のあらゆるトッププログラムから注目される存在となった。

オークヒル戦は、セント・ビンセントが認められる機会にもなった。二年生を多く起用したダンブロットのチームは、全米のどんなレベルのチームとも勝負できる力があることを証明した。その後は一度も敗れることなく、レギュラーシーズンを一九勝一敗で終えた。この時期にセント・ビンセントは、外見的にもエリート校のような様相を呈してきた。主にレブロンがアディダスからの関心を引きつけたことによるものだ。同社はスウェットスーツやジムバッグ、練習用シャツなど、より多くのアイテムを提供してくれるようになった。

デニスにとっては大ヒットだった。彼はずっとレブロンとグロリアの機嫌を取ろうとしてきた。レブロンのチームにシューズやウェアを提供するパイプ役になったことは、デニスにとって大きな手柄だった。ダンブロットは首を縦に振るしかなかった。大学コーチ時代の彼はいつも、シューズの供給契約をなかなか取りつけられずに苦労していた。レブロンのおかげで突然のように、セント・ビンセントは大学チームのような装いとなった。

＊＊＊

レブロンの高校二年目は、一試合平均二五得点、七リバウンド、六アシスト、四スティール。二〇〇一年三月はじめには、『USAトゥデイ』紙の全米ファーストチームに選ばれた初めての二年生となった。この栄誉により、レブロンは米国で最高の高校二年生として評価を確立させた。

州選手権が残っていたため、ダンブロットは、まだレブロンにこの栄誉を意識させるべきではないと考えた。「何が国内最高の高校二年生だ。ディフェンスもできないくせに」とダンブロットは彼に言った。

レブロンがチームを引っ張り、セント・ビンセントはプレーオフを勝ち抜いていった。優勝決定戦には一万七〇〇〇人以上の観客が詰めかけ、オハイオ州の高校バスケットボールの観客動員数新記録を打ち立てた。チーム一丸となって戦い、セント・ビンセントは州選手権二連覇を成し遂げた。ロメオでさえもチーム最優先のスタイルを受け入れ、一度も先発出場がなかったにもかかわらず、チーム屈指の得点数とリバウンド数を記録した。相変わらず文句ばかり言っていたロメオだが、本心では州選手権を優勝して得られた満足感に浸っていた。一度頂点に立つ気分を味わったことで、もう一度やってみたいと思うようになった。全員がそうだった。何しろ彼らには素晴らしいコーチがいたし、州最高の選手もいるのだ。二年生だったレブロンは、史上最年少でオハイオ州のミスター・バスケットボールに選ばれることになった。

しかしレブロンには、州選手権の優勝も個人としての栄誉も味わっている時間はなかった。高校バスケットボールのシーズンを終えるとすぐに、彼はロサンゼルス行きの飛行機に乗った。ソルジャーズの一員として、自身初のＡＡＵ全国大会に出場するためだ。

＊＊＊

試合前のレイアップ練習中に、レブロンは片手にコーンのアイスクリームを持ち、もう片方の手でドリブルをした。チームメイトのパウは笑わずにはいられなかった。レブロンはＡＡＵバスケットボールを楽しくしてくれた。体育館から飛び出していくこともあったし、いつもニヤニヤした顔で馬鹿馬鹿しいことをやって雰囲気を明るくし、チームメイトを笑わせていた。

レブロンはいつもふざけてばかりだったので、ソルジャーズのコーチたちは、レブロンが彼らの要求に見合うレベルの必死さでプレーしていない場合があると感じていた。レブロンに全力でプレーさせるためには、外的要因が必要となることもあった。ロサンゼルスで開催されたパンプ＆ラン・トーナメントの序盤、ショットを放とうとしたレブロンに対して相手選手が頭上から一撃を食らわせ、あえて威嚇するような態度を見せてきたことがあった。レブロンのコーチたちが気にすることはなかった。厳しいファウルによってスイッチが入ったと感じられたからだ。レブロンの様子は一変し、コーチ陣が大会主催者に申し訳なく感じるほど圧倒的に試合を支配し始めた。ソルジャーズはこのトーナメントを制し、パウもレブロンのサポート役を務められることに心から満足だと実感した。

ロサンゼルスでレブロンの見せたパフォーマンスによって、ソルジャーズのコーチ陣も、デニスも、ダンブロットも、ドルー・ジョイスも、誰もがレブロンをヴァッカロの目の前に連れて行くべきだと確信した。この頃にはもう彼ら全員が、レブロンには高校からそのままＮＢＡへ行けるだけの十分な才能があると考えるようになっていた。だがそのためには、レブロンの知名度をさらに高めることが欠かせなかった。

カギとなるのは、その夏にニュージャージーで開催されるアディダスABCDキャンプに彼を参加させることだ。全米のトッププレーヤーが勢揃いする機会だった。まだ若いレブロンにとっては、ヴァッカロの推薦を得ることが重要だった。もしヴァッカロがレブロンの後ろ盾になってくれれば、彼の世界は一変するだろう。

ヴァッカロはアクロンまでわざわざ飛行機で来たがらなかったので、彼らは協力して西海岸でレブロンのための個人オーディションを開くことにした。大掛かりなものだったが、誰もが手を貸してくれた。オリヴィエとアンドリュースは、会場を手配し、エキシビションゲームにAAUの一流選手数人を参加させることに同意した。

ダンブロットとドルーはアクロンでの移動を担当し、レブロンが授業を休まないで済むようにした。レブロンの遠征に同行することにも同意した。

デニスはアディダスのマーケティング担当者と協力し、レブロンがオーディションで履く特注のシューズをデザインしてもらった。

そしてアディダスは、レブロンとグロリアとエディの飛行機、ホテル、食事の費用を負担してくれることになった。

レブロンがやるべきことは、バッグに荷物を詰め込み、週末にまた西海岸へ行くことに気持ちを集中させることだけだった。そうするためには、お気に入りの曲であるトゥーパックの「カリフォルニア・ラブ」に勝るものはなかった。

**みんな、ワイルド・ワイルド・ウェストへようこそ**
**エリオット・ネスのように手がつけられない場所だ**

**胸に銃弾を受けるように音楽が鼓膜を打つ**
**セックスの街だ、ゴムはしっかり持っておけ**

南カリフォルニアの自宅で、ヴァッカロは胸に少しコロンをつけ、宿泊用バッグに荷物を詰めた。部屋のサウンドシステムからはボビー・ダーリンの曲が流れていた。

**歩道の上、晴れた朝**
**血を流す死体が横たわる**
**誰かがこっそりとあの角を曲がっていく**
**その誰かとはマック・ザ・ナイフなんだろうか?**

ヴァッカロはデニスや他の者たちの説得に応じて観に行くことには同意したが、彼らが思うほどレブロンが優れていると本当に確信できていたわけではない。だが彼が本当にそれほどすごい選手であるのなら、ヴァッカロはそういった子どもたちをスカウトするための心理に誰よりも精通している男だった。何より重要なのは選手本人ではなく、母親の心を掴むことだ。そしてヴァッカロは、そのための究極の秘密兵器も持っていた。妻のパムだ。彼女は選手を連れてくることにも、シューズ契約にも、金にも関心はなかった。ただ、他の人々を大切にし、人間関係を大切にしているだけだ。だからこそヴァッカロにとっては理想的なパートナーだった。

二〇〇一年五月のある金曜日の夜、ヴァッカロとパムはバーバンクで飛行機に乗り込み、オークランドへと向かった。

その夜遅く、レブロンとグロリアがオークランド・ダウンタウンのマリオットホテルの部屋にいると、デニス、アンドリュース、クリス・リバースが訪ねてきた。アディダスで働くリバースは、靴箱を小脇に抱えていた。歓談を交わしたあと、彼は靴箱の蓋を開け、グリーンとゴールドのカスタムデザインのシューズを取り出した。

レブロンは大きく目を見開いた。

リバースは彼に靴の片方を投げる。

レブロンはそれをキャッチすると、自分のイニシャル「LBJ」と背番号「23」がシューズのかかとに刻み込まれていることにすぐ気がついた。

「なんてこった」と彼は、シューズを陶磁器の銘品のように大事に抱えながら言った。

アディダスが高校生プレーヤーのために特注シューズを作ったのはこれが初めてのことだった。高校から直接NBA入りした三大スター選手のケビン・ガーネット、コービー・ブライアント、トレイシー・マグレディでさえも、高校時代からカスタムシューズを履いてはいなかった。

グロリアも満足げにうなずいた。

レブロンは笑顔を抑えられなかった。「明日はこれでプレーしたい」と彼は言う。

「君がアディダスファミリーの一員であることに全員が同意できるなら、もう片方の足の分もあげよう」とリバース。

「私はファミリーの一員だ」とレブロンは答えた。

リバースは彼にもう片方の靴を投げた。

＊＊＊

予定では、ホテルで合流して朝食を食べることになっていた。レブロンはグロリアと一緒にロビーで待ちつつ、マイケル・ジョーダンやコービー・ブライアントとシューズ契約を結ぶ立役者となった伝説の人物に会うのはどんな感じだろうかと考えていた。やがて彼は、黒いタートルネックを着た男が、魅力的な女性と並んで彼のほうへ歩いてくるのを見つけた。

ヴァッカロは自己紹介をし、片手を差し出した。

レブロンは笑顔で握手を交わした。

パムはグロリアと抱擁を交わし、ヴァッカロも彼女を抱擁した。

グロリアはあまり人を信用するタイプではなかった。しかし、ヴァッカロとパムが自分の体に腕を回してくれたとき、彼女は息子の夢が実現しようとしていると感じられた。まるで、溝の中に落ち込んでいたところに手が伸びてきて、彼女と息子を引き上げようとしてくれるかのようだった。

四人は朝食の席に座った。レブロンがたっぷりと食事をとり、ヴァッカロがコーヒーを飲んでいる傍らで、話をしていたのはほとんどグロリアとパムだった。主な話題となったのは、レブロンが直面しているプレッシャーに関するものだ。彼には三〇歳の大人のような振る舞いをするように誰もが求めている、とグロリアは説明した。

ヴァッカロは驚きはしなかった。

「それでも息子は、まだ子ども」とグロリア。

「一五歳の子は一五歳にしかなれない」とパムが答える。

レブロンはヴァッカロに対してすぐに心を許した。あと二時間も経てば、彼はヴァッカロの見守る中でエキシビションゲームを行ってパフォーマンスを披露することになる。だがレブロンに恐怖心はなく、むしろ安心していた。ある時点で、ヴァッカロのことを「ソニーおじさん」と呼ぶほどだった。

ヴァッカロは微笑んだ。この子のことは好きだ、と彼は思った。

立ち上がり、移動しようとしたところで、パムとグロリアはもう一度抱き合った。

＊＊＊

アディダスのショートパンツとアディダスのジャージを着たレブロンは、カスタムシューズの紐を締める。彼と他の九人の選手たちが体育館でウォーミングアップを行うのを、アディダスの代表者とＡＡＵ、高校のコーチらが見守っていた。体育館は雑談の声で賑わっていたが、それもヴァッカロが入ってくるまでだった。突然あまりにも静かになったので、張り出した観覧席の最前列にまでヴァッカロが降りて行くと、硬い靴底と床材の鳴らす音が響きわたるほどだった。パムは二列ほど後ろに座っていたグロリアに向けて手を振って微笑んだ。

ダンブロットはレブロン以上に緊張していた。たった一人のティーンエイジャーがヴァッカロの目の前でオーディションを受けるというのがどれほど異例のことであるか、彼は理解していた。コービーでさえも、高校時代にシューズ会社の幹部の前でエキシビションゲームを行ったことなどなかった。このチャンスを最大限に活かすために、レブロンは普段慣れていないことをやらなければならなかった。それは自己中心的にプレーすることだ。今回に限っては、レブロンに得点力を見せつけてほしいとダンブロットは望んでいた。

一試合目が始まると、レブロンはいつも通りだった。チームメイトたちをプレーに巻き込み、自分のパス能力を見せようとしていた。誰もがやきもきしている様子だった。最初の試合が終わると、ダンブロットはレブロンに向けてコートを離れるように身振りで伝えた。

レブロンはダンブロットを追って廊下へと入っていった。

「レブロン、ええと、どうしろとか言うつもりはないんだが、今日はあんな大物が観ているのに、お前はただコートにいるだけじゃないか。『プレー』しないと」と、ダンブロットは言う。

「コーチ、パンツが気になって……」とレブロンは、ショートパンツの紐を引っ張りながら言う。紐には結び目ができており、腰を締めることができていない。そのためパンツはいつも腰から滑り落ちそうになっていた。

ダンブロットはそんなことを聞きたくはなかった。「パンツで遊ぶのは終わりにしたほうがいい。もっと必死にプレーしろ。彼がお前のことをどう考えるか次第で、莫大な金が動くことになるんだ」

結び目を締めて、レブロンは小走りでコートに戻った。第二試合が始まるとすぐに、彼はジャンプショットを決めた。続いて、相手選手がパスを出そうとするところを読んでパスコースに飛び込み、ボールを奪うと、少しドリブルを入れたあとリングに向かって舞い上がり、バックボードを震わせる豪快なダンクを叩き込む。さらに今度は、ボールを持ってコートの端から端までドリブルで運んだところからノールックパスを送り、チームメイトが難なくシュートを決める。その次はまたダンクを決めてみせた。

ヴァッカロは一瞬、レブロンがリングに頭をぶつけるのではないかと思った。第二試合が始まってから一〇分ほど経ったところで、ヴァッカロは立ち上がって歩き出した。

「ソニー？」とパムが言う。

ヴァッカロは振り返らずにそのまま進み、体育館を出て行った。

試合は一時的に止められた。何が起こっているのか誰もわからなかった。

パムもグロリアを見て、手を振って別れを告げたあと体育館を去って行った。

数分後、ヴァッカロはタクシーを呼び止めた。

「どこへ？」と運転手が聞く。

「空港だ」。ヴァッカロは吠えた。

パムは何かただならぬ状況だとわかっていた。後部座席で隣に座り、彼が窓の外を眺める姿を見ながら

「ソニー?」と問いかけた。

ジョーダン以来、高校からNBA入りしてスーパースターとなった選手は、ガーネット、コービー、マグレディの三人だけだった。ヴァッカロは、レブロンには彼ら三人の誰よりも才能があると確信していた。「君には説明できないが」とヴァッカロは言う。「パム、彼には信じられないほどの才能がある。とにかく誰も教えられないようなことをやっている」

ヴァッカロは、レブロンの獲得に向けてシューズ会社の間で争奪戦が巻き起こるとわかっていた。法外な金額が飛び交うことになる。ヴァッカロの最大の競争相手はナイキになるだろう。だがナイキが本気でレブロンを追いかけ始める頃には、ヴァッカロはもうポールポジションに立てるという計画を立てていた。

その夜、ヴァッカロは同僚たちに電話をかけ、レブロンは彼がそれまで見てきた中で最も素晴らしい高校生プレーヤーだと伝えた。彼ほどの才能があれば、高校の最上級生になる前からNBAでプレーすることも可能だとヴァッカロは感じていた。レブロンを七月のアディダスABCDキャンプに参加させるべきであることは間違いない。そのときには、彼がどれほどの選手であるのか、誰もが目撃することになりそうだった。

もう一つ伝えるべきことがあった。ヴァッカロは、セント・ビンセントを本格的にアディダスの学校にしたかった。シューズとウェアを提供するだけでなく、アディダスの特注ユニフォームを着てほしいと考えた。レブロンが三年生になる頃には、セント・ビンセントを米国中で最も格好良く着飾ったチームにするべきだと。

デニスは天にも昇る心地だった。

ヴァッカロは満足気に電話を切り、お気に入りのボビー・ダーリンのレコードをかけると、自分のグラスに飲み物を注いだ。

# CHAPTER 07 その若者

ウェスタン・ミシガン大学一年生のとき、マーベリック・カーターは、自分がＮＢＡでプレーすることはないという事実を理解した。彼はこの年、二八試合中七試合に先発出場。一年生にしては悪くない。しかし、ウェスタン・ミシガン大学がインディアナ大学、テキサス工科大学、ミシガン大学と対戦した試合で、マーベリックはＮＢＡ級の大きい体格や運動能力を持つ相手とマッチアップして思い知らされた。いくら必死に努力しようとも、そういった選手たちのように大きくも上手くもなれないと痛感したのだ。将来に向けた現実的な選択として、彼は春学期が終わると退学してアクロンに戻った。アクロン大学に編入し、学業に専念するつもりだった。

マーベリックにとって、アクロンに戻るもう一つの魅力はレブロン・ジェームズだった。自分自身のプロバスケットボール選手としての未来に幻想を抱くことはなかったが、レブロンが大物になることは確信していた。レブロンはすでに、彼が対戦したインディアナ大学やミシガン大学の誰よりも優れた選手だった。シューズ会社やスカウトたちもすでにレブロンを追いかけており、マーベリックは友人として彼の近くで残り二年間の高校生活の手助けをしたいと考えていた。アクロンに戻ったマーベリックが最初にしたことの一つは、レブロンの所属するＡＡＵチーム、ノースイースト・オハイオ・シューティング・スターズの指導をしたいという話を彼にすることだった。レブロンはその案を気に入り、他の選手たちも賛成だった。彼らは皆マーベリックのことを、コーチとしてもコート外での模範的存在としても尊敬していた。

だがレブロンにとって、マーベリックの帰還という朗報と同時に、思わぬ悪いニュースも重なった。キース・ダンブロットがセント・ビンセントのヘッドコーチを退任し、アクロン大学のアシスタントコーチに就任するというのだ。レブロンはその話を記者から聞いた。リトル・ドルーとシアン・コットンも記者から聞いた。青天の霹靂だった。彼らはとてつもない量の非難を浴びてまで、彼のもとでプレーするためにセント・ビンセントに入学したのだ。彼の指導法も全面的に受け入れていた。二シーズンで合計五三勝一敗の成績を残し、二年連続で州選手権を制した。三年目には全米ナンバーワンのチームになる勢いだった。それなのにダンブロットは、彼らを見捨てようというのか?

ダンブロットの退任が特に大きな痛手となったのはリトル・ドルーだ。ダンブロットは彼に、四年間指導を続けるつもりだと言っていた。それを信じて、リトル・ドルーはレブロン、シアン、ウィリー・マクギーを説得してセント・ビンセントに入学させたのだ。リトル・ドルーにとっては、ダンブロットは彼にも友人たちにも嘘をついていたことになる。

シアンも同意見だった。「彼は私たちを利用した。大学に戻るためにうまく使われたんだ」と。

ロメオ・トラヴィスにとっては、ダンブロットは、ついに自分の可能性を存分に引き出してくれるコーチが現れたと信頼し始めた相手だった。また一人、大人は約束を破って彼の前から姿を消してしまうのか。

レブロンは軽蔑され、欺かれたと感じた。彼はダンブロットに信頼を置いていたのだ。全員がそうだった。彼らはダンブロットに忠誠を誓っていた。その忠義心がいとも簡単に捨て去られてしまうことにレブロンは怒りを覚え、二度とダンブロットに会いたくない、話したくないと思った。ダンブロットがようやくレブロンと接触できたとき、レブロンは彼のことを「ダンブロットさん」とよそよそしく呼ぶことで憤りを示した。

このジャブはダンブロットに刺さった。彼のバスケットボール人生で最大の栄誉は、彼の指導した最高の選手であるレブロンから「コーチ」と呼んでもらえることだった。だがそんな日々は終わってしまった。レブロンと友人たちは疎外感を感じるあまり、別の学校への転校を考え始めた。リトル・ドルーはブフテルを提案し、誰も反対しなかった。

ドルー・ジョイスも、自宅に電話をかけてきたダンブロットから退任を告げられると、唖然とする他なかった。ダンブロットが自分にとってこれまでで最も難しい決断の一つだと話すのを、ドルーは信じられない思いで聞いていた。少年たちは彼のキャリアを蘇らせてくれたが、それでも大学でのコーチ業に復帰することがずっと自分にとっての夢だったとダンブロットは説明した。レブロンの周囲に代理人たちやシューズ会社が殺到する状況で、彼はスキャンダルが起こる可能性を恐れていた。レブロンの動向に、あまりにも多額の金がかかっていた。そして、すでに大きなスキャンダルを一つ経験していたダンブロットとしては、二度目のスキャンダルに巻き込まれるリスクは冒せなかった。「私はここから離れなければならない」と、彼はドルーに語った。

ドルーが考えるのは当然ながら、誰がダンブロットの後任を務めるのだろうか、ということだった。

「君に後を継いでほしい」とダンブロットは言った。

ドルーにその気はなかった。次のシーズンに向けて、レブロンにも、他の選手たちにも、学校にも、あまりにも期待が大きすぎた。そのプレッシャーは計り知れない。「ダメだ。私がすべてを台無しにするわけにはいかない」と彼はダンブロットに答えた。

それでもダンブロットは、ドルーこそが後任に理想的な人物だと強く感じていた。

「彼らは君の子どもたちだ。君が連れてきてくれたんじゃないか。君のためなら必死でプレーしてくれるはずだ」とダンブロット。

ドルーはダンブロットの言葉をうれしく思ったが、国内最高の選手を擁して全米ランクに名を連ねるチームを引き継ぐことが持つ意味の大きさについて、最初に感じた予感を無視することはできなかった。そして、たとえ彼が関心を持ったところで、セント・ビンセントが彼にそのポストのオファーを出してくるとも考えにくかった。

ダンブロットは彼に、学校側のことは心配するなと言った。「私は理事会に君を推すつもりだ」と。

その夜、ドルーは妻に状況を話した。ダンブロットが支持してくれるとしても、やはり彼はこの機会を辞退するつもりだと伝えた。

「ドルー、断るなんて嘘でしょう?」と妻は言う。「あなたがあの子たちと一緒に過ごした年月を、神様が認めてくださっているということなの。ハイウェイを何度も往復した時間も、全部」

彼女の指摘に反論することはほとんど無理だった。小学校時代まで遡れば、彼らのためにドルー以上に時間を費やし犠牲を払ってきた者は他に誰もいなかった。そして彼は、シューティング・スターズを全国各地の大会へ連れて行くために費やした数千時間に対して一銭も受け取ったことはなかった。ダンブロットのもとでアシスタントコーチを務めた二年間も無報酬だった。すべてをボランティアとして行っていた。

妻はさらに主張を強めた。「今があなたの番なの!」

彼女の後押しを受け、ドルーは仕事を受けることに決めた。セント・ビンセントの理事会でダンブロットの推薦を受け、学校は彼にヘッドコーチの役職をオファーした。

レブロンは、ドルーがセント・ビンセントの指導を引き継ぐことを知ると、他校への転校について考えを変えた。他の選手たちも全員が同じだった。彼らはセント・ビンセントで過ごした二年間で大きく成長し、自分たちがバスケットボール以上に大きな何かの一部になろうとしていることを認識していた。「ドルーコーチがセント・ビンセントの歴史上初のアフリカ系アメリカ人ヘッドコーチに選ばれるなら、誰もどこかへ出て行く理由はないじゃないか」と、レブロンは説明した。

＊＊＊

レブロンの夏のスケジュールには、全国各地で行われる大会が詰め込まれていた。早い時期に参加した大会の一つは、シカゴで開催されたＡＡＵトーナメントだった。レブロンのチームは決勝まで進んだが、最後は敗戦に終わった。その大会中に、グレッグ・ライアンと名乗る男がマーベリックに接触してきた。彼は市内の「フープス」と呼ばれる場所で、マイケル・ジョーダンのトレーナーと一緒に仕事をしているのだという。そこはジョーダンのプライベートジムであり、オフシーズン中には多くのプロ選手がトレーニングをしていた。ライアンは、マーベリックとレブロンをその場所に案内することを申し出た。

レブロンはライアンの申し出に乗り気だった。試合の合間にマーベリックと一緒にフープスを見に行くと、一歩足を踏み入れた瞬間、バスケットボール天国に入ったような気分だった。二面のコートがあり、小さなトレーニングルームには最先端の器具が揃っていた。ここで、ジョーダンがトレーニングをしているのだ。

ライアンはジョーダンのトレーナー、ティム・グローバーを二人に紹介した。ジョーダンは引退していたが、当時もグローバーと一緒にトレーニングをしていた。

レブロンはそれまで、ウエートリフティングにあまり時間を費やしてはいなかった。グローバーはこの機会に、ウエートリフティングがなぜ重要であるかを説明してくれた。彼はレブロンにテクニックに関する話もした。

レブロンは畏れ多いような気持ちだった。ジョーダンは彼の憧れだった。レブロンの寝室の壁にはジョーダンのポスターが貼られていた。セント・ビンセントでつけていた背番号「23」もジョーダンにちなんだものだ。そのジョーダンのトレーナーが肉体強化の方法について教えてくれているなんて、信じられないような話だった。

訪問を終えたレブロンとマーベリックは、また来るようにとライアンに誘われた。夏の終わりになれば大勢のNBA選手たちがここに集まってきてトレーニングや練習試合をする。レブロンも一週間程度通うことができれば、良い機会になるだろう。ライアンはマーベリックとレブロンに、シカゴ滞在中は自分の家に泊まってくれて構わないとも伝えた。

マーベリックにとっては信じられないような提案だった。レブロンも同じだった。AAUトーナメントのあと、二人はそれぞれの母親に、ライアンからの招待について話をした。もう一度シカゴへ行って彼のもとに数日間滞在することを認めてほしいと訴えた。往復のガソリン代以外には費用はかからない。そしてレブロンは、プロ選手たちと一緒にトレーニングすることができる。最終的にグロリア・ジェームズもマーベリックの母親もその話に同意した。日程は八月後半に決まった。

だがその前にレブロンは、コロラドに行かなければならなかった。全国から優秀な高校生プレーヤー二四人が招待された全米バスケットボール男子ユース育成フェスティバルに参加するためだ。到着したレブロンは、ルームメイトになるカーメロ・アンソニーに出会った。ボルチモアから来た身長二〇一センチのFWで、「メロ」のニックネームで呼ばれていた。彼はボルチモア郊外のカトリック高校に通っていたが、最終学年からはオークヒル・アカデミーに移ることになっており、それからバスケットボール奨学金を得てシラキュース大学に進学する予定だった。

レブロンとカーメロはすぐに意気投合した。コート上では、二人は最も抜きん出た選手だった。両者ともに大会最多の一試合平均二四得点を記録し、フィールドゴール成功率も同じ六六%だった。レブロンのチームは金メダル、カーメロのチームは銀メダルを獲得した。しかし、彼らがお互いのことを知って絆を築くことができたのは、二人きりで過ごして語り合った時間だった。カーメロも母親に対して、レブロンがグロリアに抱いているのと同じような感情を持っていることがわかった。「圧倒的に最高の母親だ」と、カーメロは自分の母親を表現していた。

レブロンは、カーメロが二歳のときに父親を癌で亡くしたことを知った。父親がカーメロに残した唯一のものは、イエス・キリストの紋章のついた金のチェーンだった。カーメロはそれをどこでも身につけていたが、一番の親友に盗まれてしまった。少年時代のカーメロはブルックリンに住んでいた。子ども時代の特に懐かしい思い出は、レッドフックのアパートから母親と一緒に長い時間電車に乗ってマンハッタンを訪れ、米国自然史博物館で自然科学の展示を見たり、メトロポリタン美術館で絵画を見たりしたことだった。母親が一家を連れてボルチモアに移る前のことだ。やがて彼は、自分はプロのバスケットボール選手になることを運命づけられていると知る。高校三年生になる頃にはボルチモア市の年間最優秀選手に輝き、全米で二番目に優れた高校生プレーヤーという評価が一般的となった。しかしその夏になると、彼はバスケットボールが単なるゲームではなく、ビジネスであることを学び始める。レブロンと出会ったとき、カーメロはオークヒルに行きたいとは思っていなかった。ボルチモアで高校生活を終えたかったのだ。しかしシラキュース大学のコーチングスタッフは、この年に二五六件の殺人事件が発生していたボルチモアに有望な新人が残るのは危険すぎると力説し、バージニア高校で卒業することを強く勧めた。

レブロンに会うと、カーメロは兄弟を見つけたと感じた。優勝決定戦ではレブロンに敗れ、誰もがレブロンのことをジョーダンの後継者と称えていたが、カーメロが嫉妬することはなかった。後年、彼はレブロンとの出会いをこう振り返った。「私がレブロンのことを知り、彼のスキルを見て興奮したのと同じように、彼も私のプレーを見て興奮していた。一緒にプレーした時間は素晴らしいものだった。レブロンのことはずっと昔から知っていたかのように感じられた」

レブロンもカーメロに対して同じような感情を抱いていた。アクロンに戻ると、「メロ」という少年に会ったこと、彼はフェスティバルで見た中で最高の選手であったことを友人たちに話した。レブロンは内心、いつかカーメロとチームメイトになれたらいい、と願っていた。

大半の選手獲得サービスでカーメロより上位にランクされていた国内唯一の選手は、ニューヨーク出身の一八歳、レニー・クックだった。ストリートの伝説的存在であり、高校から直接ドラフト上位指名でNBA入りすることが見込まれていた。レブロンにとって二〇〇一年夏のカレンダーで最も重要な予定は、ニュージャージーで行われるソニー・ヴァッカロのアディダスABCDキャンプに参加する日であり、クックもそこに参加する予定だった。あらゆる主要大学のバスケットボールコーチが視察に訪れ、NBAのスカウトも大勢やってくる。『スポーツ・イラストレイテッド』誌をはじめ、バスケットボールを扱う多くの全国紙も取材に訪れる。会場にいる誰もが、前年度のABCDキャンプでMVPに輝いたクックと、キャンプ創立者がこれまで見た中で最高の選手と称えるアクロン出身の新人の対決を期待していた。

「今の年齢の時点で、(レブロンは)コート上で最も成熟しており、コート上で最も才能に恵まれている。すべてが終わる頃には、彼はバスケットボール史上最も偉大な選手の一人になっている可能性がある」とソニー・ヴァッカロは、キャンプを前にしてメディアに語っていた。

レブロンは、ヴァッカロが自分について話したことを知らなかった。クックのことも、彼がどうやら大物であり、前年のMVPに輝いたという事実以外はよく知らなかった。ニュージャージーに向かう少し前から、レブロンは日記をつけ始めた。最初のページには、アディダスABCDキャンプに臨む心構えをこう綴っている。

**このキャンプ全体のMVPを目指すつもりだ。自分の力を証明しなければならないとは思っていないが、私に疑問を持っている人がいるならプレーを観に来てくれればいい。**

ニュージャージー州ティーネックにあるフェアリー・ディキンソン大学でのキャンプが始まる前夜、コービー・ブライアントは、体育館に集まった二二〇人の高校生たちにこう語りかけた。「君たちに一番伝えたいことは、すべての卵を一つのカゴには盛るなということだ」。コービーは少年たちに大学進学を勧めた。拠り所になる何かを持つことが大事だと彼は語った。

レブロンは熱心に耳を傾けていた。コービーが聴衆に質問を求めても、彼は黙っていた。だがクックは、コービーに挑戦状を叩きつけることで、早速存在感を示した。「いつになったら私とワンオンワンで勝負してくれるのか？」と彼はコービーに言った。

クックの自信ありげな態度に、誰もが注目の目を向けた。

コービーは苦笑し、「ＮＢＡに来たらいろいろな方法でやっつけてやる」とクックに答えた。

クックは体が大きく、声が大きく、生意気だった。彼は大学にはまったく興味がないとも公言していた。いつもカメラクルーを従えており、ＮＢＡのスターになるまでの道のりを追うドキュメンタリー映画制作のための撮影が行われていた。

だがクックがいかに脚光を集めようとしても、大会を取材する全米メディアはレブロンに引きつけられており、レブロンが高校の最終学年を迎える前にＮＢＡドラフトに挑戦するのかどうかという疑問に興味津々だった。ヴァッカロはバスケットボールライターたちに、レブロンにはそれだけの力があると語っていた。ヴァッカロが話をした記者の一人は、『ニューヨーク・タイムズ』紙のコラムニスト、アイラ・バーコウだった。米国で最も影響力のあるスポーツライターの一人である。

大会が始まる頃、バーコウはグロリアと話をし、息子にどのような期待をしているかと訊ねた。

「私がレブロンに望むのは、幸せでいること」とグロリアは答えた。「息子はバスケットボールを愛しているが、私としては、少なくとも高校の自分の学年で卒業してほしいと思っている。それでも、決めるべきときが来たら一緒に決める。レブロンは落ち着いた子で、私に面倒をかけたことはまったくない。行儀よく、礼儀正しい子なの」

バーコウはレブロンとも話し、彼自身の計画を聞いてみた。

「大学は重要だ。一生バスケットボールをすることはできないので。他のことも準備する必要がある」と彼は答えた。

レブロンとグロリアが、全国メディアの人間、とりわけバーコウほどの大物メディア関係者と交流するのは初めてだった。彼は『ニューヨーク・タイムズ』紙の「米国で人種はどう生きるか」というシリーズの一編として掲載された「マイノリティ・クオーターバック」という画期的記事でピューリッツァー賞を受賞したばかりだった。今後のレブロンを待ち受ける誘惑と地雷を敏感に察知した上で、バーコウは、その一カ月前に起こっていた歴史的事件についてレブロンに話題を振った。NBAドラフトでワシントン・ウィザーズが、高校生選手としては初となる全体一位でクワミ・ブラウンを指名したのだ。ブラウンは三年総額一二〇〇万ドルの契約にサインしたばかりだった。

「大金だ。でも、私たちはこんなに長い間苦労してきた。あと二年くらいでは大して変わらない」とレブロンはバーコウに答えた。

レブロンの返答に含まれた「私たち」という言葉は、大半の選手が「私」という視点からあらゆるものを見るように仕向けられている大会の中で、灯台のように際立つ存在感を放っていた。レブロンとグロリアと話をしたあと、バーコウは「高校三年でロッタリー?」と題したコラムを書いた。アディダスABCDキャンプに集まった世界最高の二二〇人の高校生プレーヤーたちの中で、一人の選手が一際目立っていたという内容だ。

**彼はオハイオ州アクロンのセント・ビンセント＝セント・メアリー高校に在学する一六歳。秋には三年生になる。レブロン・ジェームズという名のその若者は、身長二〇一センチ、体重九五キロのポイントガード、シューティングガード、スモールフォワード。彼はその三つを一つに併せ持ったようなプレーをすることもある。バスケットボールのスイスアーミーナイフのようなものだ。キャンプに集まった目利きたちは、彼が次回のＮＢＡドラフトで一巡目に、おそらくはロッタリーピック（上位指名）で指名されることになると考えた。**

このコラムは、レブロンが全国的に広く読まれている出版物で取り上げられた初めての機会だった。グロリアにとっては、これ以上ないほど反響が大きく上質な形で息子がスポーツの世界に紹介されたことを意味していた。バーコウはレブロンのことを「髪がふさふさで、ズボンがブカブカな子ども」と表現しつつ、バスケットボール界の大物たちによるコメントも引用。その中には、レブロンはすでにＮＢＡのスーパースターであるビンス・カーターやトレイシー・マグレディをも上回る試合感覚を持っているという言葉もあった。

バーコウのコラムが掲載された数時間後、レブロンのチームは大会の目玉となる試合でクックのチームと対戦することになっていた。ルイビル大学ヘッドコーチのリック・ピティーノや、ミルウォーキー・バックスのＧＭ、アーニー・グランフェルドらを含む何百人ものコーチやスカウトが集まり、クリップボードと鉛筆を手にしてコートに近い最前列の席に座っていた。ジャーナリストたちもメモ帳を片手にコートサイドに陣取った。別のコートでプレーしていた他の高校生トップ選手たちも試合を止めて見守った。そしてヴァッカロは、まるで信者たちに信託を伝えようとする預言者のように体育館の周囲を歩き回っていた。

試合前のウォームアップでは、ニューヨークから来たクックの友人たちの一団が大声を張り上げて存在をアピールした。レブロンは大会期間中を通して、クックを止めるのは無理だと周囲から言われ続けていた。レイアップの練習中に、レブロンはチームメイトのパウのほうを向いて静かにこう言った。「見てみればわかる。試合が始まるのを待とうじゃないか」

クックのチームがジャンプボールを制し、ボールはすぐにクックに渡った。

レブロンはディフェンスの姿勢で膝をかがめる。

細かなステップを踏んだあと、クックはまったくチームメイトたちを見ようとはせず、ドリブルを二九回突いたあとボールを持ってレブロンの上からジャンプショットを決めた。クックのサポーターたちは熱狂した。

次のオフェンスでもクックがボールを持ち、再びレブロンがディフェンスにつく。そしてまた、一切チームメイトを見ることなく、クックはボールを一六回ドリブルしてもう一本ジャンプショットを決めた。二本目を決めたあと自陣に戻りながら、クックは観客に向かって叫び、レブロンをあざ笑う仲間たちをあおり立てた。

もう一方のエンドでは、レブロンがトップ・オブ・ザ・キー（フリースローサークルの上部エリア）で跳び上がってスリーポイントを放ち、スウィッシュで決める。さらにもう一度ボールを要求し、今度はコーナーからスリーポイントを決める。またもスウィッシュだ。二本目が決まると観客全体から「ワオ」と声が上がった。次は速攻からダンクを決めた。そしてオフェンスリバウンドを奪い、リバースダンク。両手でボールをリングの中へ叩き込む。立て続けに一〇得点を挙げた。そしてディフェンスでもクックを締めつけ、トップクラスの評価を得ていた相手の明らかな弱点を露呈させる。クックは自分と同じくらい大きく強い相手に密着ガードされると、自分自身でもチームメイトにもオフェンスショットを生み出すことができなかった。逆にレブロンが圧倒的なオフェンス力を披露することで、クックのさらに致命的な欠点が浮き彫りにされた。彼は単純に、自分より優れた敏捷性やボールハンドリング技術を持つ選手をガードすることができない。

レブロンとともにプレーしたパウも二〇得点以上を叩き出し、クックのチームで二番目に得点力のある選手をシャットアウトしてみせた。しかしそのパウも、レブロンには脱帽するしかなかった。レブロンはクックに容赦なく勝負を仕掛け、ゴールを狙い、思うがまま得点を重ね、大学のコーチやNBAスカウトたちをも唖然とさせるノールックパスをチームメイトに通してみせた。レブロンはこの試合最多の二四得点を挙げ、クックを九点に抑えた。

残り六秒となったところで、レブロンのチームは八二対八三とリードされていた。インバウンズパスがレブロンに渡ることは体育館にいる誰もがわかっていた。クックは疲れ切っていた。そして、試合中ずっとレブロンにやられっぱなしだった彼は、もうレブロンを一対一でガードしたいとは思わなかった。だがチームメイトたちもレブロンをガードしたがらず、クックがやるしかなかった。

クックを抜き去り、レブロンはドリブルでコートを縦断。そしてクックを振り切りながら、まだスリーポイントラインから大きく離れたところで膝を持ち上げ、足を後ろへ蹴り上げる。通り過ぎていくクックを横目に空中へ浮き上がり、レブロンが約九メートルのショットを放つと、宙を切り裂いたボールがリングに触れることなくネットを揺らした。試合時間が終了し、体育館は熱狂に包まれる。レブロンのチームは八五対八三で勝利を収めた。

クックは開いた口が塞がらない。「一体どうやったんだ?」

とてつもないショットだった。コートサイドで観ていたヴァッカロも、目撃したばかりのプレーに驚嘆し、凍りついたように立ち尽くしていた。「まるで神が触れたかのようだった」と彼はのちに語った。

大学のスカウトもプロのスカウトたちも、誰もが同じものを目にした。レブロンは、すべての視線が彼に注がれているときこそ最高の力を発揮する。一六歳という若さで、彼はプレッシャーを味方につけているようだった。彼が全米で最高の高校生プレーヤーであることに誰も疑いはなかった。レブロンはクックに勝利しただけでなく、完膚なきまでに叩きのめしたのだ。

＊＊＊

試合後、レブロンはクックが友人たちのグループと一緒に立っている姿を見つけた。レブロンが彼らに向かって歩いてくるのを見ると、クックは仲間から離れた。レブロンは「いい試合だった」とクックを称え、彼と握手を交わした。レブロンは、クックと彼のプレーに敬意を持っていることをクックにわかってほしかったのだ。

クックはうなずいた。

そしてレブロンは立ち去っていった。

友人たちのところに戻ったクックは、「あいつはすごい」と告げた。

「レブロン・ジェームズ?」と友人の一人が訊ねる。

「そう、レブロン・ジェームズ。あいつは本物だ」とクック。

このニュージャージーでの週末に、レブロンは米国最高の高校生バスケットボール選手として名乗りを上げ、クックは完全に打ちのめされた。彼は結局NBAでプレーすることはなかった。

# CHAPTER 08 違っているコート

ドルー・ジョイスは、その頃起こっていたことに圧倒される感覚を覚えずにはいられなかった。まず、レブロン・ジェームズが西海岸のトップＡＡＵチームにスカウトされた。そして、ソニー・ヴァッカロが個人的に彼に興味を持ち、セント・ビンセントにはあらゆるシューズやウェアが無償で提供された。突然、マイケル・ジョーダンの関係者がレブロンをワークアウトに招待してきた。そしてレブロンは『ニューヨーク・タイムズ』紙で紹介され、全米最高の高校生プレーヤーを王座から引きずり下ろし、国内で最も権威あるサマーキャンプでＭＶＰを受賞した。まだ髭も生えておらず運転免許も持っていない一六歳の子どもが、携帯電話を取り出してヴァッカロに電話をかけたり、ジョーダンのプライベートジムでトレーニングする時間を決めるために誰かに連絡を入れたりできることに、ドルーは驚きを隠せなかった。ドルーはこのような世界に関わることに慣れてはいなかった。だが彼は、レブロンがすでに非常に大きな価値を持つ商品となっており、これからますます多くの人間が彼に近づこうとしてくることは十分に理解できていた。

コーチを務めていた頃のキース・ダンブロットはいつもレブロンに、高校生のうちは誰からも金を受け取るなと忠告していた。特に、関わりをもとうとしてくる「野良代理人」のことは避けるようにと。

ドルーはダンブロットが残したものを引き継ぐ責任を感じていた。彼自身がアクロンの救世軍の殺風景な体育館で教え始めた少年は、今や新進気鋭のスーパースターとなっている。レブロンを保護するため、ドルーは彼に、金銭を持ちかけてくる者と関わらないことの重要性を繰り返し説いた。

レブロンはアドバイスに感謝した上で、何も心配する必要はないと断言した。彼は誰からも一銭ももらったことがないし、そのやり方を変えるつもりもないと。

レブロンの周囲で巻き起こる騒動や、それに付随する金銭の問題について心配していたのは、レブロンのコーチたちだけではない。エディ・ジャクソンも強い主張を持っていた。しかし、エディがこの状況を見る視点は異なっていた。この頃彼は、レブロンが自分のことを父親的な存在として見ており、実際に彼を指して父と呼び始めてさえいることを知っていた。それは最高の賛辞であり、エディは自分にとって勲章のように思っていた。だが、レブロンのようなチャンスを目の前にした経験のないエディにとっては重い勲章でもあった。エディは「フォーチュン五〇〇」に名を連ねるような企業やメディアを相手にしたこともなければ、セレブリティとなる重荷を味わったこともなかった。

それでもグロリア・ジェームズは、エディのサポートを頼りにしていた。そしてエディは、父親であれば果たすような積極的な役割を果たそうとした。例えばレブロンがキャンプや大会に参加する費用を負担することもそうだ。彼はまた、アディダスやナイキとの間で予定されている話し合いにも参加したいと考えた。しかし、エディは資金繰りに窮していた。自ら思い描いた役割を果たすためには、旅費などに充てる資金が必要だった。そういったことを考えながら、彼はレブロンがアディダスのＡＢＣＤキャンプに参加する数日前に、ある旧友に会いに行った。

ジョセフ・ベリッシュはかつて、男性ストリップ・パフォーマンスで知られるダンス集団「チッペンデールズ」のダンサーだった。エディとは九〇年代初頭にアクロンのＹＭＣＡで知り合い、そこで一緒にバスケットボールをしていた。友人になって間もなく、エディはベリッシュをグロリアとレブロンに紹介した。レブロンは中学生になった頃だった。その後、ベリッシュはグロリアのアパートを何度も訪れ、彼女のことを友人だと思っていた。

エディがベリッシュに会いに行ったのは二〇〇一年七月初旬。ベリッシュあるいは彼の友人に、レブロンのバスケットボールキャリアをさらに進めていくため、レブロンとグロリアに資金援助をしてくれる者はいないだろうかと訊ねるためだった。何とか力になりたかったベリッシュは、エディをジョセフ・マーシュに紹介した。マーシュはベリッシュの親友であり、チッペンデールズのダンサーたちのプロモーターとして働いていた。アクロン地区に住むマーシュは、オハイオを拠点として「マジック・アーツ＆エンターテインメント」という会社を設立しており、マジシャンのデビッド・カッパーフィールドのプロデューサーも長年務めていた。エディは彼に感銘を受けた。

マーシュはレブロンのことをよく知らなかったが、ベリッシュとエディは徹底的に説明をした。そしてエディは、一〇万ドルの融資を要請する理由を語った。

レブロンが本当にＮＢＡでの将来を期待される選手であるとマーシュが認めるのに時間はかからなかった。そこで彼は、エディへの融資に同意した。だが一括で全額を貸すのではなく、まずは二万五〇〇〇ドルを前払いし、秋にまた同額を渡すことをマーシュは提案した。残りの五万ドルは、そのあと毎月二五〇〇ドルずつエディに送られ、最後の送金は二〇〇三年六月となる。ちょうどレブロンが高校を卒業する時期だ。マーシュは融資の金利を一〇％とすることも提案した。

エディの側からは、レブロンの将来のスポンサー契約にマーシュを加えることを約束した。また、マーシュがレブロンのドキュメンタリー映画を制作することにも同意した。

エディは約束手形に署名し、七月末に二万五〇〇〇ドルを受け取った。同じ頃、エディはアクロンのバーで何者かと口論になったことがあった。結局彼は治安紊乱行為で起訴され、起訴内容について争わないことを決めた。しかし、この挫折に屈するつもりはなかった。

エディとマーシュは、すでにビジネスパートナーとなっていたのだ。

＊＊＊

リン・メリットは、ナイキバスケットボールのシニアディレクターとして、同社が世界中のバスケットボール選手たちと交わすスポンサー契約を担当していた。ナイキはおよそ七五人のプロバスケットボール選手に同社の製品を提供する契約を結んでいた。ナイキ最大の部門のトップ幹部として、メリットは将来の才能に常に目を光らせることをとりわけ期待されていた。そしてメリットの目から見て、レブロンほど際立つ存在はいなかった。ジョーダンはナイキ史上最高のセールスマンだったが、レブロンは次世代の最高のセールスマンになれる可能性があるとメリットは考えていた。

メリットは、ヴァッカロが絡んできた直後からレブロンを追っていた。ナイキがレブロンを獲得しようとする上で、ヴァッカロとアディダスが手強いライバルになるだろうとメリットは考えていた。几帳面なメリットは念入りに下調べをした。アクロンを訪れもしたが、決して強引な手段はとらなかった。レブロンの周囲にいる人々と親しくなり、純粋に彼らに興味を持った。メリットが特に関心を示した相手はマーベリック・カーターだ。

マーベリックがメリットに出会ったのは、自分がNBA選手にはなれないと悟ったのと同じ頃だった。マーベリックにとってナイキはずっと、ステータスやデザインといった点で、至高のシューズという位置づけだった。少年時代の彼はエア・ジョーダンを履くことを夢見ていた。十代の頃、ナイキを履いてコートに立つと、力が湧いてくるのを感じた。ナイキで働く人々について考えたことはなかったが、メリットに出会うと、マーベリックには俄然好奇心が湧き上がってきた。彼はメリットを会社に関する質問攻めにした。「ナイキは誰にシューズを提供したいかをどうやって決めるのか？」「CMはどうやって作るのか？」「誰がシューズをデザインしているのか？」「どうデザインしているのか？」と。

メリットはマーベリックの質問に感心した。本気で学ぼうとする姿勢を示すものだった。そして彼は、マーベリックが並外れた聞き上手であることにも気づかずにはいられなかった。マーベリックはまるでスポンジのように情報を吸収していた。二、三度の交流を行ったあと、メリットはマーベリックにインターンシップを提案した。

マーベリックは衝撃を受けた。メリットほどの人物のもとでインターンをすることに気後れもあった。だがナイキとのつながりが持てるというのは夢が現実になるような話であり、レブロンと友人であることが生んでくれた恩恵でもあった。自分に自信を持つことにして、マーベリックはこのチャンスに飛びついた。

二〇〇一年の秋、マーベリックはナイキでのインターンシップを開始する。メリットがマーベリックの指導役となった。

＊＊＊

この夏、ジョーダンが三八歳にして二度目の現役復帰を表明するかもしれないという情報が漏れてきた。噂が渦巻く中、レブロンとマーベリックは「フープス」で働くグレッグ・ライアンのもとで一週間を過ごすためシカゴを再訪した。到着した彼らは、アンファニー〝ペニー〟ハーダウェイ、ロン・アーテスト、ポール・ピアース、ジェリー・スタックハウス、アントワン・ウォーカー、ティム・ハーダウェイ、マイケル・フィンリー、ジュワン・ハワード、チャールズ・オークリーなど、十数人ものNBA選手たちと出会うことになった。リーグでも屈指の大きくタフな強者たちや、バスケットボール界屈指の才能を持ったオフェンスプレーヤーたちの集まりだった。彼らは毎日やってきてはトレーナーたちと一時間ほどウエートリフティングを行い、それから集まった者たちでトレーニングゲームをするのだった。

ジョーダンはいなかった。しかし、彼のパーソナルトレーナーであるティム・グローバーがその場を仕切っていた。レブロンにとっては、ジョーダンの聖域に足を踏み入れ、世界最高の選手たちのトレーニングを見ることができるまたとないチャンスだった。高校生たちのいる世界ではないことがすぐにわかった。彼らは「男たち」だった。筋肉で鍛え上げられた体を汗まみれにする彼らは、プレーしていたのではない。走って、撃ち合って、彼らだけの独特の言語でトラッシュトーク（マッチアップしている選手に対しての挑発）を交わし合っていた。

ＮＢＡの選手たちはレブロンにあまり関心を示しはしなかった。しかし週の途中で、グローバーはレブロンが一度ゲームに参加できるよう手配した。レブロンはシューズの紐を締めた。場違いに感じながらもコートに足を踏み入れると、それまで自分がプレーしたことのあるどのコートとも違っていることにすぐに気がついた。サイズは同じだった。だが選手たちがあまりにも大きいので、リングへの道筋が見えにくい。全員の腕があまりに長いので、パスコースははるかに狭く感じられる。コートが縮んでしまったかのようだった。

レブロンはスタックハウスをガードすることになったが、毎回のようにゴールを決められてしまった。レブロンはこのレベルでディフェンスをするレベルに達していないことを見せつけられた。ウォーカーは終始汚い言葉を吐き続けており、レブロンはＮＢＡでプレーする感覚を体験することになった。

それでもレブロンは、冷静さを保ち続けた。ディフェンスではＮＢＡの選手たちを抑え切れなかったが、オフェンスではやり合うことができた。何本か印象的なパスを通し、ショットも二、三本決めてみせた。ＮＢＡのスター選手からパスを受けてリングに収めることは、とんでもなく大きな自信になった。

マーベリックとしては、レブロンが近々本格的に住むことになる世界を訪れてみた様子を目の当たりにして、誇らしさが込み上げてくるのを抑えられなかった。レブロンは、高級車を乗り回し、美女と結婚し、家庭を築いているような大富豪たちと並んで走っていた。彼らはプロ選手だった。彼らと一緒にプレーする姿を見ることで、レブロンの将来を実際にイメージしやすくなった。

一日が終わり、選手たちが全員帰っていったあと、レブロンとマーベリックは裏手に残ってライアンとグローバーの後片づけを手伝った。週の終わりが近づいたある日の午後、二人は建物を出ようとしたところで、赤いフェラーリが通りを走ってくるのに気がついた。車が停まると、運転していた人物が誰なのかわかった。ジョーダンだ。

「なんてこった」とマーベリックが言う。

レブロンは、車から降りてくるジョーダンを凝視したまま動けなくなった。憧れの存在をこれほど近くで見るのは初めてだった。ジョーダンは地面から浮き上がっているかのように見えた。

このときジョーダンには、考えるべきことが多かった。三年間プレーから遠ざかっていたが、復帰に向けて準備を加速させていた。年齢を考えれば、引退した頃に人々が見慣れていたのと同じようなレベルのプレーはおそらくできないと理解していた。彼がキャリアを通して学んだことの一つは、他人の期待に応えるのは不可能だということだった。彼にできるのは、自分自身の期待値を設定し、それに応えようとすることだけだ。もう一つ学んだことは、沈黙の力だった。彼はまだ復帰の計画を誰にも話してはおらず、すべてを秘密裏に進めていた。

ジョーダンはジムに近づくと、レブロンを見て声をかけ、彼とマーベリックをもう一度中に招き入れた。二人はジョーダンに続いてトレーニングルームに向かった。グローバーとライアンも加わった。他には誰もいなかった。

ジョーダンはレブロンに微笑みかけた。彼の後継者になると誰もが言っている高校生に。

レブロンは彼の視線を受け止めた。

ジョーダンはウエートマシンに囲まれながら、ＮＢＡについての話やプロフェッショナルであることの意味について、一般的な言葉を用いて気軽な調子で話し続けた。

レブロンは耳を傾け、うなずいた。あまりにも非現実的な体験に頭の処理が追いつかなかった。会話は一五分ほど続いた。ジョーダンは何もアドバイスをすることはなかったが、彼はレブロンに言葉よりも価値のあるものを与えた。携帯電話の番号だ。

マーベリックは茫然としていた。

レブロンは何を言えばいいのかわからなかった。足にはジョーダンの靴を履いている。そして、ポケットの中にはジョーダンの電話番号がある。レブロンは一六歳にして、世界でもごくわずかな、ジョーダンに直接連絡できる人間の一人となったのだ。

＊＊＊

レブロンとマーベリックがシカゴを出発し、車で五時間以上かけてアクロンに戻ったのはもう遅い時間だった。朝になればレブロンは、休暇明けの学校初日のためセント・ビンセントに行かなければならない。眠る時間はあまりないだろう。それでもマーベリックがハンドルを握る隣で、助手席のレブロンはＤＪを務め、ステレオから音楽が脈打つ。州間高速九〇号線を飛ばす車はサウスベンドを過ぎてオハイオ州に入る。曲の合間になれば、二人の頭からはジョーダンに会ったという事実が離れなかった。

「神様の言葉を聞いているようだった」とマーベリックは言った。

レブロンは空を飛んでいるような気分だった。この数カ月、彼はまるで一生分の時間を過ごしたかのようだった。この夏が終わってほしくなかった。とにかくこのまま飛び続けていたかった。

レブロンは日記の中で、シカゴでの経験を手短にまとめている。

**ジョーダンと一緒にプレーはできなかったが、他の大勢のＮＢＡ選手たちとは一緒にやれたし、ジョーダンと少し話もできた。特にアドバイスはなかったが、とにかく真っ直ぐとした意識を持ち続けるよ**

**うにと言ってくれた。みんなで彼のレストランに食事にも行った。ステーキとマッシュポテトが最高だった。**

パムの作るイタリア風チキンパスタの香りが、カラバサスのヴァッカロ家に漂っていた。二〇〇一年八月二五日、ヴァッカロはリビングルームで膨大なレコードコレクションに目を通し、そのときの気分に合うアーティストを探していた。アクロンから飛行機でやってきたグロリアとエディは、ランチを食べにきていた。この旅行はエディの発案だった。ヴァッカロはレブロンの家族を自分の家族と同じようにもてなすと決めていた。自宅に迎え入れ、手料理を振る舞い、良質な音楽を流すのだ。ヴァッカロがムードに合わせて選んだのはレイ・チャールズだった。

グロリアとエディが到着すると、ヴァッカロは彼らに敷地内を案内した。彼の持っていたエルビス・プレスリーのオリジナルのジュークボックスや、屋外のジャグジー、プール、菜園にたっぷりと実った真っ赤なトマトを見せた。裏庭にはブランコまであり、ヴァッカロは二人に乗ってみるよう促した。裏庭全体に届く最新のサウンドシステムからは「ゼム・ザット・ゴット」などのジャズナンバーが流れ、まさにその曲のようにすべてが牧歌的に思えた。

**長い車に乗って上等な服を着た人たちが見える**
**だから彼らは名士と呼ばれるんだ**
**なぜなら彼らは手に入れられるから**
**持てる者だけが手に入れられるうちに**
**そして私はまだ何も手に入れていない**

グロリアは、こんな立派な家は見たことがないと言った。

エディも、敷地内にプールがありジャグジーがあるような家を訪れたことはなかった。

二人は午後いっぱいヴァッカロ家で過ごした。昼食後、ヴァッカロとエディは裏庭で話をした。グロリアはパムの皿洗いを手伝った。いろいろな話をした中で、レブロンが高校フットボールのプレーを続けたいと思っているという話もした。グロリアはすでにレブロンに反対だと伝えていた。一年生と二年生のうちは許していたが、彼のバスケットボールキャリアの見通しを考えると、そろそろ限界だと考えたのだ。

レブロンは母親の決定を受け入れた。しかし、グロリアとエディがヴァッカロ家を訪れる前日の夜、レブロンはセント・ビンセントの今シーズン最初のフットボールの試合を観戦していた。シアン・コットン、ウィリー・マクギー、ロメオ・トラヴィスがチームを勝利に導くのを見守ったが、観客でいるのは嫌な気分だった。

グロリアはレブロンの気持ちを知っていた。パムはどう思うだろうかと考えた。

「フットボールはさせないほうがいい」とパムは言った。

グロリアは、自分がどれだけレブロンを愛しているか、息子をがっかりさせたくないと思っているかについて話した。レブロンにとってベストなことをしたいと言い張った。同時に、時々どうすればいいのかわからなくなることもあるとグロリアは認めた。

パムは、もしレブロンにフットボールをさせると決めるのなら、必ず彼に保険をかけておく必要があると伝えた。

＊＊＊

ヴァッカロ夫妻と一日過ごしたあとエディとグロリアはオレゴンへ飛び、ナイキのフィル・ナイト会長に会い、メリットと過ごした。ナイキのビーバートン本社では、ナイキ・キャンパスも見学した。吸収すべきことはたくさんあった。しかし、メリットのそばで時間を過ごせば過ごすほど、二人は彼のプロ意識と、レブロンの将来に対するナイキの考え方に感激した。彼らはレブロンが素晴らしい立場にいることを確信して帰ることになった。

エディとグロリアがアクロンに戻ってくると、レブロンはフットボールのことについて母親と話をした。グロリアが西部へ行っている間に、R&B歌手のアリーヤがバハマの島を離陸した直後の飛行機事故で亡くなっていた。彼女は二二歳だった。レブロンは母親に、このポップスターが亡くなったと聞いたことが彼の考え方に影響を与えたと話した。「人生は短い」というのは、ありふれた言い回しではあるが真実だ。

「明日は誰にも約束されていない」とグロリアは言った。

レブロンも同意した。だからこそ、彼はこの機会を逃したくなかったのだ。友人たちと一緒にフットボールをプレーして、とてつもなく大きな喜びを得て、高校生活の経験をより充実したものにできるという機会を。

グロリアはエディに目を向けた。保険契約を手配する必要があった。

エディはノースカロライナで、バスケットボール奨学金を受けているデューク大学のNBA候補生たちに保険をかけたことのある代理人を見つけた。その代理人にとっても、高校三年生に保険をかけるなど聞いたこともない話だった。しかし、彼はエディと協力してレブロンに数百万ドルの保険をかけることができた。

＊＊＊

シーズン二戦目に間に合うようにチームに加わることをレブロンから伝えられると、ジェイ・ブロフィーは大喜びだった。グロリアもわざわざブロフィーに電話をかけ、「ジェイ、うちのベイビーをよろしく」と言った。レブロンの怪我のリスクを最小限にするため、ブロフィーはチームの他のメンバーに対して、練習中にレブロンに強く当たらないことを徹底させた。またブロフィーはレブロンに対し、フィールドの中央を横切るパスパターンの走りはさせたくないと伝えた。激しい衝突が起こりやすいプレーだからだ。

レブロンはブロフィーのもとでプレーすることを気に入っており、夏の間に彼がフットボールチームの新ヘッドコーチに任命されたときも喜んでいた。二〇〇一年のシーズンを開始するにあたって、ブロフィーは二人のクオーターバックを交代で起用することを決めていた。一人はウィリーだった。レブロンがチームに復帰すると、ブロフィーは二人のクオーターバックに、新たなプレーパターンを追加することを伝えた。迷ったらレブロンにフェードを投げろと。

ウィリーはそのプレーをよく知っていた。彼とレブロンは少年フットボール時代から一緒にプレーしてきた。そして二〇〇一年のシーズンを通して、二人の間では何本ものパスが通った。もう一人のクオーターバックもレブロンとうまく連携を取ることができた。

シーズン序盤、チームはオハイオ州の片田舎アーミッシュ・カントリー近くに位置する高校と対戦するため、一時間かけて出掛けていった。この日の試合でレブロンは大暴れし、六度のパスを受けて一五〇ヤード近くを稼いだ。中でも、特に観客を沸かせたプレーが一つあった。セント・ビンセントのクオーターバックが投げたミスパスがラインを割ろうとしていた。ブロフィーがボールを捕ろうと腕を上げたところで、突然レブロンが空中に飛び出し、片手でボールをキャッチすると、両足でライン内に着地した。ブロフィーにとっては、NFLの名選手ランディ・モスが何度もやっているようなサーカスキャッチだった。

試合を終えると、アーミッシュの人々がセント・ビンセントのバスを取り囲んだ。あまりの人数に、バスの運転手は発進することができなかった。それだけの群衆がなぜチームを引き止めているのか理由を理解したブロフィーは、後部座席へと向かって呼びかけた。「LJ、何人かにサインをしてくれてもいいか。そうすれば出発できる」

レブロンはアーミッシュの人々と接したことはなかったし、ロメオもシアンもウィリーも同じだった。チームメイトに見つめられながら、レブロンは立ち上がってバスを降りていった。

見知らぬ人々が、すぐに彼に群がった。

群衆の中に高くそびえ立つレブロンは、人々が目の前に差し出してくるすべてのものにサインをした。ゲームプログラムや衣服、紙切れ、手の肌にまで。

眺めていたロメオは、自分の目にしている光景に衝撃を受けた。非常に閉鎖的だと言われているアーミッシュの人々がレブロンを受け入れ、ひいてはセント・ビンセントのチーム全員を受け入れているのだ。ロメオは後年、そのときのことを振り返ってこう語った。「あの人たちは私たちに愛情を示してくれた。レブロンが超越したアスリートであること、普通であれば彼らが誰にも越えさせないような障壁を越える存在だということを示してくれたんだ」

レブロンは笑顔でバスに乗り込み、汗まみれのチームメイトたちと一緒に帰路についた。こういう時間が終わってほしくはないと彼は考えていた。

＊＊＊

毎週のようにダブルチームで守られながらも、レブロンはレギュラーシーズン中に出場した九試合で一三回のタッチダウンを記録し、パスレシーブから一二〇〇ヤード以上を獲得した。二年連続でフットボールのオール・オハイオに選ばれる栄誉に輝き、大学のスカウトたちは彼に会いたがっていた。ブロフィーにはオハイオ州立大学、アラバマ大学、マイアミ大学、フロリダ州立大学、ノートルダム大学、ＵＳＣ、サウスカロライナ大学、その他多くの学校から電話がかかってきた。ブロフィーはずっと、レブロンが大学フットボールでプレーすることはないと考えていた。しかし、フットボール選手としてのレブロンに対する周囲の関心の強さは、ブロフィーにとってもそれまで見たことのないレベルだった。彼はレブロンがフットボール奨学金には興味がないと思っていたが、少なくともそのことを本人に確認する必要はあると考えた。そうすれば、スカウトたちにも無駄な手間をかけさせずに済むようになる。

ある日の午後、彼は図書館でレブロンを見つけた。バーバラ・ウッドに会っていたところだった。ブロフィーはレブロンに、大学でフットボールをする気はないかと訊ねた。彼はスカウトたちから何度も電話を受けていている状況だった。

「コーチ、私は九九％NBAに行くことになると思う。それでも、可能性を完全に否定はしない」

否定しない？　ブロフィーはそれを聞いて驚いた。

しばらくして、レブロンは真剣な表情を崩すと笑い出した。「いや、コーチ、冗談だ。私はバスケットボールをするつもりだ」

ブロフィーは微笑んだ。フットボールのシーズンが終われば、残念だがレブロンとは離れることになる。彼はレブロンのことを、大人びていると感じていた。七〇年代や八〇年代のNFL選手について深い話ができる相手は、チーム内にはレブロン以外に誰もいなかった。もしセント・ビンセントにNFL史の授業があったとすれば、レブロンはAプラスの成績を取っていたことだろう。あるとき彼は、シカゴ・ベアーズの殿堂入りランニングバック、ウォルター・ペイトンについて長々と話していたこともあった。話を終えたあとブロフィーは、レブロンが三歳の頃に引退した選手についてどうやってそんなに詳しくなったのかと聞いてみた。

「コーチ、私はESPNクラシックを持っている」と、彼は微笑みながら言った。

＊＊＊

バスケットボールのシーズンはまだ始まっていなかったが、ドルーは新しい仕事のための雑務ですでに手一杯だった。手始めに、レブロンとチームメイトたちの試合を観戦するチケットの需要が手に負えないほど高まってきたため、学校側は二〇〇一―〇二シーズンのホームゲーム一〇試合の会場をアクロン大学のジェームズ・A・ローズ・アリーナに移すことを決めた。ここなら五二〇〇人を収容できる。セント・ビンセントは一二〇ドルのシーズンチケットパッケージまで用意したが、一七〇〇枚以上が売れた。セント・ビンセントのいくつかのロードゲームのチケットも「チケットマスター」で販売されるようになった。

同時にドルーは、セント・ビンセントを全国的な強豪校に定着させることを視野に入れてダンブロットが組んでいたスケジュールも受け継いだ。ペンシルベニア、ミズーリ、ニューヨーク、バージニアのエリートチームと対戦し、いくつかの全国大会にも参加する予定だった。ドルーと選手たちは何千マイルものマイレージを貯めることになりそうだった。ホテルを押さえ、バスを予約し、欠席を最小限にできるように授業のスケジュールを調整する必要があった。

しかしドルーにとって、ヘッドコーチ就任一年目のシーズンに向けた最大の不安材料は、期待の大きさだった。チームはダンブロットの率いた二シーズンで五三勝一敗の結果を残していた。そして今や、レブロンは国内最高の高校生プレーヤーとして広く認められている。ドルーにミスは許されない。もしチームが全国優勝を逃せば、彼は一生悔やみ続けることになるだろう。さらなる問題として、セント・ビンセントが予定している最初の三試合のうち二試合は、『USAトゥデイ』紙のプレシーズン全国投票でランキング一〇位以内のチームとの対戦だった。しかも、レブロン、シアン、ロメオ、ウィリーがシーズン開幕からプレーできるかどうかわからない状況だった。フットボールチームは好成績を収め、セント・ビンセントは州プレーオフに進出していた。フットボールのシーズンが終わるまで、四人はバスケットボールの試合出場はおろか、チームの練習に参加することすら認められない。

レブロンは、フットボールをすることをドルーが快く思っていないのは知っていた。そして、フットボールチームを州プレーオフの一回戦で勝利に導いたあと、ドルーをさらに不安にさせる知らせがレブロンから届いた。レブロンはその状況について、自分の日記に次のように書いている。

**プレーオフ初戦で左手の人差し指を骨折してしまった。骨折は初めてだ。みんな大騒ぎしている。でも私は違った。秘密にしていたんだ。バスケットボールが始まる一週間前くらいまで公表しなかった。また痛めないように小さなギプスをしていたが、もう大丈夫だ。ショットを打たないほうの左手だから、バスケットボールにはそんなに問題にならない。少し時間が経って治ってきたし、ドルーコーチもそれはわかってくれていた。**

スプリングヒルの最上階にあるアパートの窓から外を眺めれば、レブロンはセント・ビンセント・フットボールスタジアムを見下ろすことができた。そこでプレーするのは大好きだった。フットボールが大好きだった。彼にとってフットボールは、自然に身についたゲームだった。しかし、バスケットボールは彼にとって単なるゲーム以上にはるかに大きな意味を持っている。毎晩眠りに落ちる前に最後に目にするもの、そして毎朝目覚めるたびに最初に目にするものは、寝室の壁から自分を見下ろすジョーダンの姿だった。レブロンにとって、ジョーダンは究極のアスリートだ。フットボールのシーズン中に、レブロンはESPNでニュースを聞いた。「もう憶測ではない。噂ではない。史上最高の選手が戻ってくる。そして彼が着るのはウィザーズのユニフォームだ」。一カ月前、ジョーダンが復帰を計画していた頃に彼と一緒にいたことを考えると、レブロンはジョーダンの歴史に特別なつながりを持てたような気分だった。いつか彼のようになりたい、子どもたちの寝室の壁に自分の写真が飾られるようになりたい、という願望がさらに掻き立てられた。バスケットボールは彼の人生だった。

オハイオ州のフットボール準決勝を数日後に控え、レブロンはシアン、ロメオ、ウィリーらチームメイトと練習場に集まった、スウェットスーツ、クリート、ヘルメットに身を包み、チームのプレーを一通りおさらいしていく。

レブロンがフットボールチームに混じってフィールドで動きを確認している頃、セント・ビンセントのバスケットボールチームは体育館にいた。シーズン初戦まで一週間を切ったこの日、ドルーは非公式の紅白戦を行った。だがチームの主力メンバーのうち四人が欠場しており、体育館は冷めたムードに包まれていた。

そのとき、レブロンが体育館のドアを突き破るように入ってきた。ロメオも後を追っていた。レブロンはスウェットパンツを脱ぎ、スウェットシャツを投げ捨て、コートに足を踏み入れる。リトル・ドルーをガードしていた選手に、交代するよう身振りで伝えた。フットボールの練習が終わるとすぐに、レブロンはクリートとヘルメットを捨てて体育館へ走ってきたのだ。

リトル・ドルーはトラッシュトークを繰り出し、持ちこたえられるだろうかと思いながらもレブロンを挑発した。

レブロンはスプリントし、ボールを奪い、コートを駆け上がって跳び上がり、腕を後ろに振り上げ、リングを揺るがすダンクを叩き込んだ。その場にいた誰もが大歓声を上げた。一瞬にして体育館にエネルギーが漲った。

「ふん、お前には負けない、ばかやろう」とレブロンは、リトル・ドルーに顔を突きつけながら言った。

リトル・ドルーはボールを奪い、すぐにレブロンにやり返した。

ロメオもゲームに加わり、次々と相手選手を打ちのめし始めた。

全員がリバウンドを取り合い、ルーズボールを奪い合い、スクリーンプレーでお互いに激しくぶつかり合った。それはまさに、ドルーとスタッフがチームに切望していたエネルギーそのものだった。

やがて全員が一息ついたところで、選手の一人がレブロンに声をかけ、少し前に失敗に終わったプレーの一連の流れについて話をした。

レブロンは、どのプレーの話なのか正確に把握していた。

「なぜあのプレーはうまくいかなかったんだろう?」とチームメイトが訊ねた。

「スタートが早すぎたんだ」とレブロンは答え、指導モードへと入っていく。

コーチ陣が見守る中、選手たちはレブロンの周りに集まり、彼は少し前に起きていた出来事について全員に向けて振り返った。その上で、何が良くなかったのかをチームメイトに向けて説明した。「君はローポストにいた。ハイポストにいるべきだった」とレブロン。

その選手はうなずき、二人は拳を合わせた。

ドルーはフットボールのシーズンが終わるのが待ち切れなかった。

＊＊＊

秋になると、エディはマーシュから二回目の二万五〇〇〇ドルを受け取った。マーシュはすでにレブロンのドキュメンタリー制作を見据えていた。マーシュが資金を出した以上、彼は映画の権利を管理できることを期待していた。収益の五〇%を受け取りたいとも考えていた。エディにとってはすべてが初めてのことだった。だがマーシュが資金を提供している以上、主導権は彼にあった。

マーシュに促され、エディはライオネル・マーティンと会うことに同意した。マーティンはニューヨークで活動する映像作家であり、トゥーパック、スヌープ・ドッグ、ホイットニー・ヒューストン、その他多くのアーティストのミュージックビデオを監督していた。マーシュは、レブロンの映画の監督を任せるのにマーティンは適任だと感じていた。

エディとマーティンが計画を練っている頃、レブロンは一六歳の若者であれば誰もが経験するような毎日の予定をこなすことで手一杯だった。例えば授業の課題を提出し、成績を維持し、車の運転を覚えるといったことだ。ちょうど成績表が渡されたばかりであり、彼の成績はまずまずだった。特に好きな教科である地球科学は上々だった。フットボールのシーズンが終わろうとする頃には運転免許試験にも合格し、免許を取得できた。

エディはそのお祝いとして、マーシュから借りた金でレブロンに中古のフォード・エクスプローラーを買ってやった。感謝祭の夜、レブロンはマーティン・ローレンス主演の『ブラックナイト』を観るために車で映画館に向かった。席に向かう途中、レブロンは誰かが小声でささやくのを聞いた。「あれ、レブロン・ジェームズだ」と。

自分の車を持ち、自分で運転して好きな場所へ行けるようになったことで得られた自由な感覚も、公共の場で見知らぬ人に見つかって名前を呼ばれることも、これまでになかった経験だ。特に、自分がレブロンだと気づかれることは良い気分だった。バスケットボールのシーズン開幕に向けて、ウズウズする気持ちがさらに高まるかのようだった。

その二日後の二〇〇一年一一月二四日、セント・ビンセント・セントのフットボールチームは州プレーオフでリッキング・バレー高校に敗れた。試合を終えるとレブロンはヘルメットを返し、クリートも捨てた。彼がチームでフットボールをプレーすることはもう二度となかった。

『アクロン・ビーコン・ジャーナル』紙は、二〇〇一―〇二シーズンのバスケットボールプレビューの中でこう書いている。

**ある朝目覚めると、ダウンタウンのオフィスビルの壁に、こちらを見つめながら跳躍してくるようなレブロン・ジェームズの姿が描かれているのを目にするようになるだろう。今日はアクロンで。そ**

**して明日には、タイムズスクエアで。**

期待はどこまでも高まっていた。しかし、レブロンとチームメイトたちに対する憎しみも同じくらい積み重なっていた。セント・ビンセントは嫌われもののチームになっていた。彼らは国内最高の選手を擁している。アディダスのシューズを履き、アディダスのユニフォームに身を包み、アディダスの特注ヘッドバンドをつけ、最も格好良く着飾ったチームだ。メディアの寵児でもある。州選手権では二連覇を果たし、無敗で三度目の優勝を果たすと予想されていた。スポーツの世界では、頂点に立つチームはいつも標的にされる。

レブロンの態度はこうだった。「私たちを傲慢な勝者だと思いたいのなら、勝手にそうさせておけばいい。私たちが生意気だと思いたいのなら、そうさせておけばいい」

試合前のロッカールームで、セント・ビンセントの選手たちはジェイ・Zのニューアルバム『ザ・ブループリント』を爆音で流して気分を高揚させた。特に「テイクオーバー」のような曲は、セント・ビンセントの選手たちが勝負事について抱いている感覚を反映していた。

**俺たちは殴り合いにナイフを持っていく、ドラマなんか殺してしまえ**
**俺たちはクソみたいなアリどもをハンマーで叩き殺すんだ**

セント・ビンセントの選手たちは、体育館に入って相手チームの視線を浴びる瞬間を楽しみにしていた。相手がスター選手を目の前にして見とれているのか、それとも戦いたくてウズウズしているのか、瞬時にわかる。彼らに畏敬の念を抱いている相手は、目を合わせるのを嫌がる。挑戦を叩きつけたい相手は凝視し、睨みつけてくる。「どちらの姿勢であっても問題にはならない。試合が始まればどうなるかわかっていたから」とレブロンは語る。

シーズン開幕戦、セント・ビンセントはクリーブランド郊外の高校を四一点差で下した。その後は『USAトゥデイ』紙のトップ10に入っていたチームとの連戦。まずはジャーマンタウン・アカデミーとの対戦だった。フィラデルフィア郊外の私立高であり、最上級生にはフロリダ大学に進む一九八センチ、デューク大学に進む二〇一センチ、そしてヴァンダービルト大学に進む二一一センチの選手を擁していた。高さでは大幅に負けていたセント・ビンセントだが、それでもレブロンは三八得点と一六リバウンドを記録。ロメオと、体重一二九キロにまで鍛え上げていたシアンは、リングの下で誰にも競り負けはしなかった。セント・ビンセントは七〇対六四で勝利を収めた。

ランキング七位に位置するセントルイスのバション高校も敵ではなかった。レブロンは二六得点。セント・ビンセントはディフェンスで彼らを抑え込み、四九対四一で勝利した。

ジャーマンタウンとバションを倒したあと、レブロンは、セント・ビンセントがメディアで国内屈指の強豪チームと評されていることを知った。否定するつもりはなかった。だが彼は、自分のチームと他のエリートチームとの間には大きな違いがあると考えていた。「オールアメリカンの選手は四人もいない。私一人だけだ」とレブロンは自分の日記に記している。それでも彼はチームメイトたちと、彼らのプレーが大好きだった。

しかし、ドルーは自分の見ているものが気に入らなかった。勝利を重ねるごとに、彼のチームの選手たちはより傲慢に、より生意気になっていった。試合では彼の指示を無視することもあった。練習ではコーチの彼と口論し、選手たちもお互いにいがみ合った。選手たちが集中し、最大限の努力をするように仕向けるのは非常に骨の折れる作業となることもあった。あるときドルーは、練習の様子に嫌気が差し、選手たちに「走ってこい」と命令したことがあったが、彼らは従わなかった。さらに気分を害したドルーは練習を中止してしまった。ドルーは汚い言葉遣いを禁じたが、そのルールを破った選手たちを叱らなければならないことは一度や二度ではなかった。ロメオが練習中に汚い言葉を連発した際には、ドルーは彼に腕立て伏せ一〇〇回を命じた。

選手がウォーミングアップ中にどんな音楽を選ぶかさえも問題の種となった。些細な内輪もめや規律の欠如にうんざりしていたコーチのリー・コットンは「Fワード」や「ビッチ」などの言葉を一切認めないと選手たちに伝えた。シアンとのつながりがなければ、彼はチームを辞めていたことだろう。

チーム内の不和の一因は、ドルーのコーチングスタイルへの反発だった。本人たちは認めたくなかったとしても、レブロンとチームメイトたちはダンブロットを恋しがっていた。彼が出て行ったことには依然として腹を立てていたが、それでも彼の挑戦的な、正面からぶつかってくるような指導のやり方を懐かしんでいたのだ。ダンブロットの叫び声も、汚い言葉を交えた暴言さえも恋しかった。何よりもダンブロットは彼らに、勝ち方を知っている大学チームのコーチのもとでプレーしているような感覚を持たせてくれた。ドルーの場合は、まるで父親の指導を受けてプレーしているようなものだった。子どもの頃はそれでよかった。だが彼らは今や年齢を重ね、勝つことを経験してきた。自分たちは無敵だと感じていた。だからこそ、格下のチームに足元をすくわれる危険があるとドルーが繰り返し警告しても、彼らは耳を貸そうとはしなかった。

デラウェア州で開催されたホリデートーナメントでセント・ビンセントは七勝〇敗を記録し、優勝決定戦でロングアイランドのアミティビル・メモリアル高校と対戦することになった。試合日はちょうどレブロンの一七歳の誕生日だった。ニューヨークの州チャンピオンであるアミティビルは、そのパーティーを台無しにしてやろうと意気込んでいた。セント・ビンセントが三点ビハインドで残り五秒となったところで、レブロンがスリーポイントを決めてファウルをもらった。レブロンがフリースローも成功して一点リードとなり、ドルーはタイムアウトを取った。

円陣を組み、ドルーはインバウンズパスにプレッシャーをかけるよう指示した。しかし、選手たちには別の考えがあった。明らかに指示とは異なるやり方で相手のプレーを守ろうとしていた。

インバウンズパスで、スピードのあるアミティビルのポイントガードがフリーになった。レブロンは彼にファウルをする。ポイントガードは二本ともフリースローを決め、セント・ビンセントはわずか一点差で敗れた。

ドルーは不満を募らせながらも、この敗戦で選手たちの膨らんだ自尊心が少しでも萎んでほしいと願うばかりだった。

それは希望的観測だった。

# CHAPTER 09

# 車に乗って

アディダスはレブロン・ジェームズ獲得競争で優位に立っていた。しかし、ナイキも長期戦の構えだった。そしてナイキにはマイケル・ジョーダンという切り札があった。二〇〇二年一月三一日、ジョーダンを擁するワシントン・ウィザーズはクリーブランドでクリーブランド・キャバリアーズと対戦する予定だった。エディ・ジャクソンはキャバリアーズのヘッドコーチ、ジョン・ルーカスに電話をかけ、レブロンと数人の友人たちのためにチケットを用意してくれるよう頼んだ。試合後にはレブロンがジョーダンと会う約束も取りつけた。

その日の午後、レブロンが練習をしていると、体育館に見慣れない顔を見つけた。練習後のロッカールームでセント・ビンセントの運動部スタッフが話しかけてきて、彼にグラント・ウォールを紹介した。『スポーツ・イラストレイテッド』誌の二八歳のライターだ。

同誌でサッカーと大学バスケットボールの取材を任されたウォールがレブロンのことを知ったのは、前年の夏に行われたアディダスABCDキャンプの直後だった。ある同僚の書いたコラムが、レニー・クックと対戦したレブロンのパフォーマンスに触れていたのだ。興味をそそられたウォールは、いろいろと調べてみた。何人ものNBAスカウトたちが、レブロンには高校三年生でもドラフトで一位指名されるだけの実力があると教えてくれた。そういう話を聞けば聞くほど彼は、バスケットボール関係者たちが「ジョーダンの正統後継者」と評するアクロンの高校生についてますます詳しく知りたくなった。レブロンを特集するため彼に接触してもいいという編集部からの承認を得ると、ウォールはすぐに飛行機に飛び乗ってオハイオ州へ向かった。掲載に向けてタイミングはギリギリであり、ウォールがレブロンを納得させて話を聞けるかどうかにすべてがかかっていた。

ロッカールームで友人たちに囲まれながら、レブロンは突然やってきた見ず知らずのウォールに疑いの目を向けてこう思った。「こいつは何者だ？　何が望みなんだ？」

ウォールは自分が場違いであると感じ、騒がしいロッカールームはレブロンと知り合うために理想的な環境ではないと悟った。レブロンが乗り気ではないことも感じ取りつつ、二人だけで少し話ができないかとウォールは訊ねた。

レブロンは彼と一緒に静かな場所へ移動した。

ウォールはまず、事前に連絡を入れないまま現れたことを詫びた。その上で、自分の目的を説明した。『スポーツ・イラストレイテッド』誌の読者に、レブロンについて、また彼がどのような高校生活を送っているのかについて、もっと知ってもらえるような記事を書くことだ。

「これは本当に素晴らしい記事になると思う」とウォールは熱弁した。

耳を傾けるレブロンに対してウォールは、正しい話を伝えるためには、二人がしばらく一緒に時間を過ごす必要があると説明した。そしてウォールには、それを実現するための独創的なアイデアがあった。

「聞いたんだけど、今夜の試合を観にクリーブランドに行くそうじゃないか。レンタカーがあるから、ぜひ送らせてくれないか」

レブロンはためらった。ウォールが彼と友人たちをクリーブランドまで乗せて行ってくれるというのは予想外であり、異例の提案だった。自分がウォールに付き添ってもらいたいのかどうかもよくわからなかった。この男のことはまったく知らないのだ。

「チャンスをもらえればすごくうれしいんだけど」とウォール。

チャンスだって？　レブロンは校舎の隅に立ち尽くしたまま、見ず知らずの男の車に乗って行くべきかどうかを考えていた。まだ一七歳だった彼には、ウォールの提案が人生を左右するかもしれないような意味を持つものだと予測することはできなかった。母親にも、コーチにも、他の大人にも相談することなく、レブロンは一分もかけずにウォールを見定めた。不安もあったが、それ以上に、米国で最も影響力のあるスポーツ雑誌に掲載されるチャンスがあることが大きかった。彼は車に乗ると決めた。

＊＊＊

その日の夜、レブロンはアディダスのストッキングキャップをかぶり、黒いコートを着て、ＣＤの詰まったバインダーを持ってアパートを出た。彼はウォールが運転するレンタカーの助手席に乗り込み、マーベリック・カーターとフランキー・ウォーカー・ジュニアが後部座席に座った。レブロンがフランキーの寝室に居候していたのはもう七年も前だが、二人の仲は変わらず、レブロンが何か楽しいことをするときはいつも旧友の彼を巻き込もうとしていた。レブロンは、ウォールが彼の人生を垣間見たいと考えているのなら、友人たちのことや、彼らの日常のサウンドトラックとなっている音楽について知ったほうがいいのではないかと考えた。彼はジェイ・Ｚの『ザ・ブループリント』をバインダーから取り出し、カーステレオに入れるとボリュームを上げた。

ウォールは出発するとすぐに、近々数千万ドルもの価値を持つことになる十代の若者を同乗させることの意味を実感し始めた。音楽が鳴り響く中、ウォールは走ったことのない道路を運転していく。不安を抱えながら彼は、「こいつを絶対に無事に帰宅させなければならない」と自分に言い聞かせていた。

町を出る途中で、彼らはファーストフード店に立ち寄った。ドライブスルーの列に並びながら、ウォールはレブロンに目をやる。この記事は巻頭特集になる可能性もある、と彼は告げた。

レブロンは目を見開いた。

しかし、ウォールには問題があった。どうすれば自分が試合に入場できるかわからなかった。記者証もチケットも持っていないのだ。

ガンド・アリーナに着くと、マーベリックは一行を指定された場所へ連れて行き、そこでレブロンとフランキーとともに写真付きの身分証明書を提示してコートサイド席に座れることになった。それからマーベリックとレブロンは、ウォールを見ながら警備員に「彼も一緒だ」といった意味の言葉を伝えた。

多少のやり取りはあったが、ウォールも入場することができた。

レブロンの後を追ったウォールは、コートサイド席へ向かうレブロンがサインをしたり写真撮影に応じたりするのを見守っていた。

試合は劇的な結末を迎えた。ジョーダンがブザーと同時に勝利を決めるショットを沈めたのだ。それからしばらくして、鋭い身なりの謎めいた男がレブロンとマーベリックの名を呼び、ウィザーズのロッカールームに続く通路についてくるようにと招き入れた。

レブロンとマーベリックは、まるで昔からの家族ぐるみの付き合いであるかのように、その男に接した。男が立ち去ると、「あれは誰?」とウォールは訊ねた。

「ウェズおじさん」とレブロンが言う。

ウォールはそれまで、ウィリアム・ウェズリーに会ったことはなかった。彼はＮＢＡの舞台裏で最も影響力のあるブローカーだと広く考えられていた男だ。ジョーダンやナイキと密接な関係にあるウェズリーは、『シカゴ・サンタイムズ』紙の記者にこう評されていた。「彼はシークレットサービスかＦＢＩかＣＩＡのために働いているのかと思った。それから次に、選手たちに女をあてがう女衒ではないかと考えた。それとも高利貸しか、ボディガードか、リーグの副コミッショナーなのかと」

だがレブロンにとって、ウェズリーはただのウェズおじさんでしかなかった。広がりつつあるレブロンの交友関係の新たな存在だ。ウェズリーはエディと親交があった。彼はお忍びでセント・ビンセントを訪れてレブロンの試合を何度か観戦したこともあった。さらに、前年の夏にはレブロンをジェイ・Zに紹介したこともあった。しかし、レブロンはそういったことを一切ウォールには話さなかった。

やがてウェズリーはジョーダンを伴って再び現れた。ジョーダンは完璧な仕立ての青いスーツ姿で、大股でレブロンに向かって歩いてきた。

レブロンは笑顔で握手を交わした。

ジョーダンはグロリア・ジェームズがいないことに気づいた。「ママは?」と訊ねる。「ニューオーリンズにいる」とレブロン。

ウォールは自分が見ているものに驚嘆した。一六歳のビル・クリントンが、一九六三年にホワイトハウスのローズガーデンで憧れのジョン・F・ケネディ大統領に会った有名な写真を思いださせる光景だった。レブロンと数分間バスケットボールに関する話をしたあと、ジョーダンは急いで立ち去らなければならなかった。

「ドリブルを一つ突いて、止まってジャンプショット。私が見たいのはそれだけだ」とジョーダンは言う。

レブロンはうなずいた。

そしてジョーダンは去っていった。

「さすが私の憧れだ」とレブロン。

ウォールは物語が繰り広げられるのを目にした。

アクロンに戻る車の中で、レブロンはウォールに質問を浴びせた。「記者をやるのはどんな感じ?」「家族はいるの？」と。

ウォールはレブロンに感銘を受けた。彼は気取ってもいないし、調子に乗ってもいない。そして、仲間たちを兄弟のように大切にしている。

アクロンに戻る頃には夜一一時近くになっていた。明日も学校だ。だがレブロンはお腹が空いたと言い、みんなでアップルビーズに行こうと提案した。

ウォールは乗り気だった。

＊＊＊

レブロンはすでに、プロバスケットボール選手であるためには、単に試合をしたり練習したりするだけでなく、それ以上にいろいろなことがあると理解していた。多くのアスリートたちが負担に感じている、大きな責任を伴うフルタイムの義務的活動。例えばメディア対応などだ。レブロンは高校に入学した頃から、『アクロン・ビーコン・ジャーナル』紙や『プレイン・ディーラー』紙の記者たちに囲まれることには慣れていた。彼らはレブロンのフットボールとバスケットボールの試合をすべて取材し、彼らの書く記事はオハイオ州内でレブロンの知名度を高める上で重要な役割を果たしてくれた。レブロンはそういう記者たちのことが好きだったし、彼らとの話し方も学んでいた。だが『スポーツ・イラストレイテッド』誌に協力することになった今、彼はさらに貴重な教訓を学ぼうとしていた。イメージを形成する上では、一枚の写真が多くの言葉よりもはるかに強力になりうるということだ。

朝八時前、レブロンはセント・ビンセントの駐車場に車を停めた。その日はスーパーボウルが行われる日曜日で、高校は閑散としていた。レブロンもこのあと、圧倒的優位が予想されるセントルイス・ラムズがニューイングランド・ペイトリオッツと対戦する試合を観るのを楽しみにしていた。不利が予想されるペイトリオッツには、スーパーボウルに初めて出場するトム・ブレイディというあまり知られていないクオーターバックがいた。だがその前にレブロンは、全国誌による初めての写真撮影に集中しなければならなかった。彼が暗いビルの中に入って行くと、マイケル・レブレヒトが撮影機材を準備していた。二五歳のレブレヒトは駆け出しのカメラマンで、普段は機材アシスタントとして働いていた。

レブレヒトに雑誌の表紙撮影の経験はなかった。しかし、彼は前年の夏にアディダスＡＢＣＤキャンプでレブロンと出会っていた。レブレヒトの一番の長所は、若者と接して彼らを安心させられる力だった。グロリアは自分や息子に対する彼の接し方に特に好印象を受けていた。彼はまた、ポートレート写真を撮る素晴らしい目を持っていた。

レブロンはレブレヒトの撮影のため、さまざまな場所を背景にしてポーズをとった。机で、ロッカーで、体育館で、ドリブルやダンクをしながら。レブレヒトのアシスタントはレブロンの顔に霧吹きで水をかけ、汗をかいているように見せたりもした。作業全体には何時間もかかった。

ドルー・ジョイスも撮影の一部に立ち会った。これほど手の込んだものを見たのは初めてだった。「これはクレイジーだ」と彼は思った。

だがこの日の狙いは、最終的に一枚の写真を生み出すことだった。レブロンを世界に紹介する、表紙用の決定的な一枚だ。最終的にレブレヒトは、効果的に見せるためスプレーで金色に塗ったバスケットボールをレブロンに持たせた。

セント・ビンセントのユニフォームに身を包み、緑色のヘッドバンドをつけたレブロンは、右手にボールを持って腕を頭の後ろに回す。まるで黄金色の地球をダンクしようとしているかのごとく。左腕は、人の波をかき分けるかのように、前へ伸ばして指を大きく広げる。大きく目を見開き、口を開く。「見ろ、私が来た！」と言わんばかりに。遊び心とカリスマ性を備えたレブロンに、指示は必要なかった。

黒い背景に、レブロンを照らすのは小さなライトが二つだけ。そしてレブレヒトは、渾身の一枚を撮影した。

＊＊＊

学年度のはじめにバスケットボールのスケジュールを見たレブロンには、うれしい驚きがあった。自分のチームが二年連続でオークヒル・アカデミーと対戦することがわかったのだ。それはつまり、新しい友人であるカーメロ・アンソニーと対戦できることを意味していた。レブロンはその試合に丸をつけ、一番楽しみな試合になった。

オークヒルの成績は二四勝一敗、全米ランキング四位に位置していた。セント・ビンセントは一五勝一敗で全米ランキング五位だった。

両チームはペンシルベニア州ラングホーンの同じホテルに滞在していた。試合前夜、レブロンはロビーでカーメロと落ち合った。二人は前年の夏にコロラドで同室になったときの会話をそのまま再開した。この頃カーメロは、兄弟のような関係になれる友人を探していた。一方レブロンも、彼らが築きつつある友情は長く続くものになると感じていた。夜も遅くなり、二人で過ごして二時間以上が経った頃、オークヒルのコーチが近づいてきた。

「君たちが友人であることはわかっている。でも、明日は試合があるだろう？」

翌日、ニュージャージー州トレントンのソブリンバンク・アリーナで開催されたプライムタイム・ショットアウトの雰囲気は、単なる高校バスケットボールの試合というより、ずっと大きなもののように感じられた。一万一〇〇〇人を超える観客と大勢のバスケットボール記者たちが、全米最高の高校生プレーヤー二人の対戦を見守るために集まっていた。

前年の夏、レブロンとカーメロがアディダスＡＢＣＤキャンプに参加していたとき、レブロンはＮＢＡオールスターのトレイシー・マグレディから個人的なアドバイスをもらっていた。「コートに入れば友人なんていない。相手が誰だろうがやっつけてしまえ」と。レブロンはレニー・クックに対してそのつもりで戦った。その年にセント・ビンセントが戦った試合でも、いつもそういう意識を持ち続けていた。だがカーメロは友人であり、レブロンは彼を友人としか見ることができなかった。セント・ビンセントとオークヒルの試合が始まるやいなや、最もバスケットボールＩＱの高い二人が、観る者すべてを魅了するような神業を披露し始めた。二人だけの舞台に立っているかのように勝負を繰り広げ、レブロンは三六得点、カーメロは三四得点を記録。試合のＭＶＰにはレブロンが選ばれたが、カーメロは七二対六六でチームを勝利に導いた。この試合は、高校バスケットボール史上最高の試合の一つと評されることになった。

セント・ビンセントは一五勝二敗となった。しかし、レブロンとチームメイトは状況を理性的に受け止めていた。レブロン以外のチーム全員のショットが不調だったにもかかわらず、バスケットボール奨学金を受けてディビジョンＩの大学に進学する選手が六人もいるチームに、わずか六点差で負けたのだ。

＊＊＊

『スポーツ・イラストレイテッド』誌が高校生アスリートを表紙に起用するのは珍しいことだった。同誌の四二年の歴史の中で、それまでわずか七回しかなかったことだ。編集の立場からすれば、何百万人もの大人が読む雑誌の表紙に十代の若者の起用を避けることには常識的な理由があった。その最たるものが、世界で最も広く読まれている雑誌の一つに未成年者を載せてしまうと、応えることがほぼ不可能なほどの大きすぎる期待を抱かせてしまうと考えられることだ。同誌が初めてこの実験を試みたのは一九六六年。リック・マウントというインディアナ州レバノン出身の高校生が、赤い納屋と白いフェンスのある農場に立っている写真を表紙にしたときだった。キャッチコピーは「高校バスケットボール界の最も有望なスター」。だが結局マウントはパーデュー大学でプレーしたあと、プロでは短く目立たないキャリアを送るにとどまった。高校生が特集された前回の例は八九年。テキサス州ブレンハム出身の一八歳の投手、ジョン・ピータースだ。高校通算五一勝〇敗の成績を収め、「スーパーキッド」という見出しで表紙に起用されたが、ピータースがMLB入りすることはなかった。奨学金を受けてテキサスA&Mでプレーすることになったが、腕の手術を四回受け、二一歳になる前に野球人生を終えた。

高校生アスリートが最後に表紙に起用されてから、もう二〇年以上が経っていた。最上級生にもなっていない高校生が表紙を飾ったことは一度もなかった。同誌が「新しいメアリー・ルー」と呼んだ体操選手、クリスティ・フィリップスは一四歳だったが、彼女はその後、米国代表の資格を得ることができず、チアリーディングの奨学金を受けてルイジアナ州立大学に進学することになった。そのフィリップスを除けば、レブロンは最年少で表紙を飾ることになる。

編集部にとっては大きな決断だった。だが当時の編集長ビル・コルソンはこのアイデアを気に入った。リスキーで尖った決断だ。レブロンのカリスマ性は話題を呼ぶに違いない。コルソンが考え出した見出しはこうだ。「選ばれし者：高校三年生のレブロン・ジェームズは今すぐにでもNBA上位指名に値する」

ウォールは興奮する一方で、不安も拭えなかった。「この子の人生を台無しにすることにならなければいいが……」と考えていた。

＊＊＊

ニューヨークからロサンゼルスまで、キーウェストからスポケーンまで、米国全土の新聞スタンドや郵便受けにレブロンの顔が写った表紙が届き始めた二月一三日、レブロンは学校にいた。ESPNから、スポーツを扱う各ラジオ局まで、他にも全国のメディアがその表紙を話題に取り上げた。『トゥデイ』誌や『ティーン・ピープル』誌からレブロンに電話がかかってきた。オハイオ州では、ウォールが地元のラジオ番組で電撃インタビューを行った。レブロンは学校の一室に座って雑誌を開き、中に目を通すと、こう書かれてあった。

**オハイオ州の高校三年生、レブロン・ジェームズは非常に優れた選手であり、すでにエア・ジョーダンの後継者と言われている。**

重い称賛だった。『スポーツ・イラストレイテッド』誌の宣伝効果は抜群であり、レブロンはスポーツ界の時の人となった。

セント・ビンセントにもすぐに影響が現れた。レブロンが廊下を歩くと、同級生たちは改めて畏敬の眼差しで彼を見つめた。運動部には、彼を取材したいという全国の記者からの電話が殺到した。練習中のレブロンを一目見ようと、ファンが学校に押しかけてきた。雑誌では「選ばれし者」と呼ばれていたが、セント・ビンセントでの彼は「キング」だった。レブロンも自分自身を「キング・ジェームズ」と呼び始めるほどだった。

「考えが甘かったかもしれないが、『スポーツ・イラストレイテッド』の表紙を飾るということの本当の意味を理解していなかった」とレブロンは、このときの経験をのちに振り返った。「傲慢になって、自分をキング・ジェームズと呼んでいた。調子に乗っていた。今思えば、大人しくしているべきだった。未熟な十代だったことも理由の一つだ。世界中の記者が一斉に自分に向かって押し寄せてくるようだった」

周囲からもてはやされ、レブロンとチームメイトたちは大変な状況になった。雑誌が発売された四日後、セント・ビンセントはペンシルベニア州にある恵まれない青少年のための全寮制矯正学校ジョージ・ジュニア・リパブリックと対戦した。試合はヤングスタウン州立大学で行われたが、アリーナには六七〇〇人を超える立ち見のファンが詰めかけた。相手のコーチは選手たちに二つのシンプルな指示を与えた。トランジションでレブロンにファウルしろ。彼をリングに近寄らせるな。

選手たちは忠実にゲームプランを実行に移した。レブロンがリングに向けてドライブすると、意図的に激しく当たられ、彼はコートに叩きつけられた。さらにもう一度倒される。二度目のファウルはレブロンが負傷してもおかしくないほどひどいものだった。激怒したグロリアがコートに飛び込み、周囲の制止を受けることになった。

その後レブロンはドライブを封印し、ジャンプショットを打つようにした。セント・ビンセントは延長戦の末、格下のチームに五七対五八で敗れる結果となった。オークヒル戦に続いての敗戦であり、レブロンとチームメイトたちにとっては高校に入ってから初の二連敗。試合後のロッカールームの雰囲気は最悪であり、ドルーは詰めかけた記者たちに向けて選手は誰もコメントできないと告げた。しかしレブロンが姿を現すと、『スポーツ・イラストレイテッド』誌を手にしてサインを求める百人ほどの観衆に囲まれた。試合前のアリーナ外では、一冊五ドルで雑誌を売っている男がいたのだ。

翌日にも、サインを求める少人数の集団がセント・ビンセントの体育館に押し寄せてきて練習を中断させた。学校側がレブロンとチームメイトを守るために何か対策を取る必要があるのは明らかだった。次のロードゲームでは、警察がチームバスをアリーナまで先導した。レブロンとチームメイトがバスから降りると、出迎えるファンが長蛇の列を作っていた。中には何時間も待っていた者もいた。「レブロン、大好き！」と声がかかる。見物人の多くは少女たちで、金切り声を上げながらレブロンの気を引こうと競い合っていた。

チームメイトたちは熱狂に巻き込まれてしまった。

「まるでNBAでプレーしているようだった。女の子たちはチームのホテルにまで来て、部屋にまで上がり込もうとしていた」とシアン・コットンは振り返る。

セント・ビンセントの試合には有名人まで現れるようになった。『スポーツ・イラストレイテッド』誌の記事が掲載された数週間後、ロサンゼルス・レイカーズがクリーブランドでキャバリアーズと対戦した際には、シャキール・オニールがレブロンのプレーを観るため姿を見せた。シャックが登場すると大騒ぎになり、試合を一時中断しなければならなかった。シャックに憧れていたシアンは驚きを隠せなかった。シャックとの握手を求めるファンはまるで蟻の山のように彼に群がった。数日後、ＥＳＰＮは制作クルーをセント・ビンセントに派遣し、ロッカールームを中継用の即席セットに変えた。レブロンとチームメイト、そしてドルーのインタビューを撮影し、二月末に『スポーツ・センター』で特別コーナーとして放映する予定だった。

一方、チームに対する憎しみもエスカレートする一方だった。チケット完売のローズ・アリーナで行われた、同じ町のライバルチームであるアーチビショップ・ホーバンとの試合では、相手の選手たち全員が「選ばれし者」とプリントされたＴシャツを着て試合前のウォームアップに姿を現した。この挑発に燃え上がったレブロンとチームメイトたちは、試合の序盤からホーバンを懲らしめるように大量リードを奪った。するとホーバンのコーチは、フットボールのラインバッカーのような体格の控え選手を投入してきた。彼はすぐにレブロンを手こずらせ、何度か激しいファウルを食らわせてきた。コートサイドでセント・ビンセントのベンチの隣に座っていたエディはそれが気に入らず、立ち上がってホーバンのベンチへ向かうと文句を言い始めた。警備スタッフが割って入るとエディはさらにヒートアップし、最終的には警官が彼を連れ出すことになった。試合は三九点差でセント・ビンセントの圧勝に終わった。

チームは勝っていたが、ドルーは圧倒される気分だった。彼がコーチを引き受けた時点では、『スポーツ・イラストレイテッド』誌やＥＳＰＮのインタビューに応じることなど考えてもいなかったのだ。選手たちがセレブリティとして扱われ、写真撮影のために奮闘したり、有名人であるかのようにテレビで語られたり、サインを求める者たちやカメラマンや女の子たちに追いかけられるなんて思ってもみなかった。また彼は、キース・ダンブロットが過去二年間に経験していたことをはるかに超えるレベルで注目され憎悪を向けられる覚悟もできてはいなかった。コーチングに関する本は数多く読んでいたドルーだが、サーカスのような目まぐるしい雰囲気に包まれたとき、どう対処すればいいかというマニュアルはなかった。

メディアに取り上げられるだけでなく、チームは練習でもうまくいかなくなっていることがドルーにはわかった。連敗からは立ち直り、大差で相手チームを打ち負かすようにはなったが、セント・ビンセントは緊迫感を失っていた。選手たちはドルーよりもうまいやり方を知っているかのように、練習ではいつも彼の指導に疑問を投げかけるようになった。そしてコートを離れれば、彼らはパーティーに興じていた。

レブロンもそういった流れに巻き込まれてはいたが、彼は状況を把握することもできていた。『スポーツ・イラストレイテッド』の表紙を飾ったことは、私たちをロックスターのようにした。自分たちは無敵だという感覚は強まるばかりだった」と、彼は後年に振り返っている。

シーズン終盤のある出来事は、ドルーにとって事態がいかに困難なものになっていたかを浮き彫りにするものだった。練習中に何度も「Fワード」を口にしたロメオ・トラヴィスに、ドルーは腕立て伏せを命じた。

ロメオの口癖は「ファック・ユー」だった。

万策尽きたドルーは、彼を練習から追い出した。

＊＊＊

パトリック・ヴァッセルは、一年生を終えた時点で、セント・ビンセントでバスケットボールをする日々は終わったと理解していた。チームはあまりにも才能にあふれ、あまりにも競争が激しかった。その代わりにヴァッセルは、優等生クラスで学業に励み、演劇クラブで活動し、そして生徒会活動への関心も芽生えていた。一方でヴァッセルは、レブロンとは引き続き学校でいつも顔を合わせていた。廊下のロッカーが隣同士だったのだ。

ヴァッセルは自分の成績や、大学選びのプレッシャー、そして残りの人生をどう生きていけばいいのかをひたすら気に病んで悩み続けていた。考えるべきことはたくさんあった。レブロンを見ると、彼は自己肯定感と自信を感じさせ、自分の進むべき方向に集中し、人生をどう生きていくか正確にわかっている男だと思えた。ある日、二人がロッカーにいたとき、レブロンが一枚の紙を落とした。ヴァッセルは見下ろして、すぐにそれが標準テスト前のレポートだとわかった。大学受験に備える学生たちにとっては重要な書類だった。

ヴァッセルは用紙を拾い上げ、レブロンに手渡した。

レブロンはそれを見ることなくロッカーに入れ、ドアを閉めた。

ヴァッセルは彼のその態度を羨ましく思った。

「私は上級クラスにいて、中西部の白人らしく世の中のいろいろなことに不安を抱えていた。自分のロッカーに鍵がかかっていることを確認しようとしたところだった」とヴァッセルは語る。「彼は私とは完全に正反対だった。彼にとって標準テストは、『自分にとって重要な紙切れじゃない。こんなものは気にしていない』というものだった。私にはそれが理解できなかった。彼は何が本当に重要なのか、そして何が本当に重要ではないのかを意識していた」

しかし、レブロンの人生にもストレスがなかったわけではない。彼は単に、自分の人生のより複雑な側面を切り離すことが得意になっていたのだ。彼には、自分の触れるものすべてが諸刃の剣のように思えることもあった。例えば彼は、『スポーツ・イラストレイテッド』誌の表紙を飾った自分の姿を見るのが大好きだった。寝室にその号を山積みにするほど誇りに思っていた。しかし、ジョーダンと比較されることは、褒め言葉どころか呪いのように感じられた。何より問題なのは、彼の経験していることに共感できる者が誰もいないことだった。史上最高のバスケットボール選手の再来と表現される者など、他には誰も存在しないのだから。

彼が感じたプレッシャーは計り知れないものだった。友人たちとマリファナを試したことも一度や二度ではなかったが、その感覚は好きにはなれなかった。特にコートに出ると最悪な感覚だったので、すぐにやめることになった。バスケットボールのことは大好きだったが、例えば自習室に行くといったようなごく日常的な行動さえも常に舞台上で演じているかのように感じられる重圧に苦しめられていた。

重圧から逃避するために役立ったものの一つは、他人の演技を観ること、特に映画やテレビ番組だった。高校三年生になると、セント・ビンセント校内の演劇やミュージカルにまで興味を持つようになった。バスケットボールの州大会が間近に迫っていた頃、レブロンは校内で上演された『アニー』を観に行った。

この上演に関わっていたヴァッセルは、レブロンが観客席にいるのを見て感激した。

レブロンにとって、億万長者のオリバー・ウォーバックスに引き取られた孤児の少女が主役のミュージカルを生で観劇するのは初めてだった。大騒ぎになっていた生活からの一時的な逃避となった。

レブロンからの歓声に、ヴァッセルは誇りと達成感を感じた。

＊＊＊

州選手権の準決勝が行われたクリーブランドのガンド・アリーナには二万人以上のファンが詰めかけた。オハイオ州の高校の試合としては史上最多の観客数だ。キャバリアーズでさえも、この年に全席完売したのはジョーダンのウィザーズが訪れた試合だけだった。レブロンはジョーダンと同じくらい注目の的だった。この少し前には『パレード』誌の年間最優秀選手賞を受賞し、全米のトッププレーヤーに選ばれた初の高校三年生となっていた。『AP通信』からオハイオ州のミスター・バスケットボール賞も二年連続で受賞することが決まっていた。だがそれ以上に、ファンたちが彼とチームを高校バスケットボールチームというより人気音楽グループのように扱うのは、やはり『スポーツ・イラストレイテッド』誌の表紙を飾った余波によるものだった。ファンはチケット販売開始前から路上でキャンプを張り、試合開始直前になるとダフ屋が一枚二〇〇ドルもの値をつけるようになっていた。

セント・ビンセントは四〇点差で勝利した。その後の試合でも観客は増え続け、セント・ビンセントは勝ち続けた。誰もがセント・ビンセントの州選手権三連覇を期待していた。

ドルーはチームの過信に警鐘を鳴らした。

しかし、レブロンとチームメイトは彼の懸念を打ち消した。セント・ビンセントは二月中旬の二試合を落として以来、負けなしだった。相手チームを圧倒し続けた。そして優勝決定戦ではロジャー・ベーコン高校との対戦が決定。シーズン中にすでに倒したことのあるカトリック校だった。レブロンの態度はこうだ。「私たちはセント・ビンセント＝セント・メアリーなんだ。誰も手出しはできない。あいつらは黒人が数人いるだけの、ほとんど白人のチームだ。私たちに勝てるわけがないだろう？」

試合前夜、選手とチアリーダーたちはホテルで真夜中過ぎまで盛り上がった。ドルーは怒り狂った。全員を怒鳴りつけ、チアリーダーたちを部屋に戻すよう命じ、選手たちの姿勢に疑問を投げかけた。だがコーチがベッドへと戻ったあとも、選手たちは夜明けまで遊び続けた。こっそり女の子を部屋に連れ込む者もいた。

試合は予想通りには進まなかった。ロジャー・ベーコンは臆することなく、前半を一点リードで折り返す。最終クオーターに突入する時点では五点リード。ロメオは第四クオーターでファウルアウトとなった。残り一七秒となってロジャー・ベーコンが三点リードを守っている状況で、セント・ビンセントはスリーポイントを外し、リバウンドを取ろうとする相手にファウルを犯す。苛立ちのあまり、リトル・ドルーはボールをリングに投げつけてテクニカルファウルを取られた。

「何をやっているんだ？」とレブロンは、リトル・ドルーを揺さぶりながら叫んだ。「まだ時間はある」

だがテクニカルファウルにより、ロジャー・ベーコンはフリースロー二本とボールを獲得。もはや勝敗は決した。屈辱に打ちひしがれ、ドルーの目は潤んでいた。シアンが大きな両腕を彼の体に回した。ウィリーは泣き出した。ロメオは目に涙を浮かべ、怒りのあまり誰かにケンカを吹っかけそうだった。

泣かなかったのはほぼレブロンだけだった。彼とチームメイトが責めるべき相手は自分たち自身しかいない。彼らは相手より優れたチームだったが、エゴを大きく膨らませてしまっていた。生意気な態度を取ることもあった。何度もコーチを無視し、彼の警告に耳を貸さなかった。

レブロンはロジャー・ベーコンの選手たちに近づき、一人ひとりと握手した。

長く、疲れ果てるシーズンだった。その結末は、彼の口に苦い味を残した。

# CHAPTER 10 ハスラー

レブロン・ジェームズとマーベリック・カーターは一緒に過ごす時間が増えていった。二人は毎日話をした。逃げ出したい気分になったレブロンから電話がかかってくれば、マーベリックはアクロン大学のキャンパスを飛び出し、彼を乗せてドライブに連れて行ってくれた。『スポーツ・イラストレイテッド』誌の巻頭特集が掲載されたあと、二人はレブロンに近づこうと群がってくる者たちへの対処方法について話し合った。二〇〇二年の春頃までには、レブロンとマーベリックは「インナーサークル」という言葉を使い始めた。レブロンはインナーサークルを形成する必要があると二人は考え始めていた。レブロンは黄金のようなものだというのがマーベリックの考え方だった。触れられれば触れられるほど輝きを失ってしまう。マーベリックは、レブロンに接触できる人間の数を制限したかった。

自分を取り巻く人間関係を縮小し、親しい友人と家族に限定するときがそろそろ来たという考えにはレブロンも同意した。「最初から輪に入っていない者は決して加われない」という感覚だ。マーベリックは、そのインナーサークルの理想的な門番になってくれると信頼していた。

二〇〇二年三月末、二人はアトランタで開催されるファイナル・フォーに行くことを決めた。高校のシーズンは過酷なものであったため、気晴らしとして楽しみにしていた。クリーブランドから飛行機で行くのではなく、彼らはアクロン・カントン空港で地方路線のフライトを待っていた。そこでレブロンは、背が低く細身の黒人青年を見かけた。ヒューストン・オイラーズの古いモデルのフットボールジャージを着ており、背中には背番号1と「ムーン」という名前が入れられていた。背番号とネームは白い文字に、クラシックなスタイルの赤い縁取りがしてあった。

レブロンとマーベリックはその男に向かって歩いていった。

「それ、どこで手に入れたの？」とレブロンが訊ねる。

男は自分で販売しているのだと答えた。

感心したレブロンは、自分もそういったものを集めていると伝えた。

数分後、搭乗時間になった。

アトランタに降り立ったレブロンとマーベリックは、手荷物受取所でまた同じ男に出くわした。

君たちの目的地がここなら、「ディスタント・リプレイズ」へ行くべきだ、と男は言った。

レブロンはディスタント・リプレイズという名前を聞いたことがなかった。

その男によれば、ヴィンテージのスポーツジャージを扱う店らしい。男が商品を入荷している場所でもあった。彼はその店の住所を書いた名刺をレブロンに渡してくれた。裏面には彼の携帯番号と名前も書かれていた。リッチ・ポールという名だ。

「私の名前を言うといい。安くしてくれるはずだ」とリッチは二人に伝えた。

＊＊＊

マーベリックは、レブロンの周辺に近づいてくる部外者全員を懐疑的に見るようになっていた。ウォーレン・ムーンのジャージを着た男が、手荷物受取所で名刺を渡してくるというのはどうなんだろうか？

レブロンはディスタント・リプレイズを見てみたいと思ったので、その週末に彼とマーベリックは店を訪れた。ロサンゼルス・レイカーズのヴィンテージジャージを選んだあと、レブロンはレジに行き、リッチの友人だと店員に告げた。

店員に呼ばれた店主は、疑うような目でレブロンとマーベリックを見つめる。デタラメを言っているのだと思って、彼はリッチに電話をかけた。「おい、うちに来た子どもたちが君の名前を言っているんだが？」

リッチは彼らを知っていること、この店を紹介したことを認めた。

満足したオーナーは電話を切り、レブロンに「リッチ・ポール割引」を適用してくれた。

リッチはある程度の影響力を持っているようだ。マーベリックは心に刻んだ。

数日後、レブロンはアクロンに戻るとリッチに電話をかけた。マジック・ジョンソンのジャージが気に入ったことを伝え、店を教えてくれたことに感謝するためだ。

うまくいってよかった、とリッチは喜んだ。

レブロンはリッチに、アクロンに遊びにこないかと誘った。

リッチはいくつかジャージを持っていこうと考えた。

＊＊＊

州選手権で敗れたあと、ドルー・ジョイスはさまざまな分析を行っていた。自分が周囲からどう言われているかは知っていた。国内最高の選手を擁する全国ランクのチームの監督を務めるにはふさわしくないと。ある地元のコラムニストはこう書いていた。「今年のセント・ビンセントと過去二年のチームとの最大の違いは、率いる者。つまりドルー・ジョイスだ」

セント・ビンセントが二三勝四敗の成績を残し、全米屈指の強豪チームをいくつか破り、州選手権の決勝にまで進み、『ＵＳＡトゥデイ』紙のトップ20にランクされてシーズンを終えたことなど誰も気に留めなかった。ドルーのコーチとしての仕事は期待を下回ったと見なされ、彼があまりにも大きなものを引き受けていたことは見落とされていた。彼の引き継いだスケジュールは、過去二年よりもはるかに厳しいものだった。レブロンによって引き起こされた前例のない全国的なメディア露出は選手たちの集中力を大いに乱したが、それもキース・ダンブロットの頃にはなかったものだ。そしてドルーの選手たちは、もはやダンブロットが指導していたような従順な子どもたちではなくなっていた。彼らは膨れ上がったエゴと無敵感を持つ若者へと変化していた。「このグループが新入生の頃のように戻ることは二度とない」とドルーは、もっと気軽に指導できていた時代を懐かしんでいた。

シーズンを振り返ると、ドルーは高校生たちの成長に目を向けるよりも勝ち負けにとらわれすぎていた自分を責めずにはいられなかった。「私の仕事は彼らが大人になるのを助けることだ」と自分に言い聞かせた。その点において、彼は自分の力不足を感じていた。

リトル・ドルーは、高校三年時の自分やチームメイトたちが指導の難しいチームだったと自覚していた。周囲が父親について何を言っているかもわかっていた。記者たちが父親について伝えている記事もいくつか読んでいた。

「お父さん、心配しないで。来シーズンは見返してやろう」と彼は父親に言った。

ドルーの妻も息子と同意見だった。「あなたたちの本当の姿を見せて」と。

家族の応援に勇気づけられたドルーは、目の前の仕事に打ち込むことを決意した。小学生時代から指導してきた高校生たちに、人生を肯定できるような高校最終学年を経験させようと誓ったのだ。優勝への道のりが容易になるような楽なスケジュールを組もうとするのではなく、ドルーはその逆を選んだ。チーム史上最も厳しいスケジュールを組んだのだ。それは、彼が長年一緒にやってきた中心メンバーたちに、AAUでバスケットボールをプレーし始めた子ども時代から彼らの追い求めていたもの、つまり全国優勝を達成するチャンスを与えるものだった。

彼は二〇〇二―〇三シーズンに向けて、全国の強豪チームと対戦する試合の準備に取りかかった。バージニア州のオークヒル・アカデミー、シカゴのパーシー・L・ジュリアン高校、カリフォルニア州サンタアナのマター・デイ高校、デトロイトのレッドフォード高校、ノースカロライナ州セーラムのリチャード・J・レイノルズ高校など、全米トップ25にランクインするチームもいくつか対戦相手に含まれていた。

これなら誰も、ドルーとセント・ビンセントが楽な道を選んだと言うことはできないだろう。

＊＊＊

レブロンの招待を受け、リッチはアクロンへの旅に出発した。レブロンの友人たちは、最初から彼のことが気に入らなかった。彼らにとってリッチは部外者であり、アクロンで旧モデルのジャージを売りつけるためにレブロンを利用するやつだと考えていた。

しかし、レブロンはリッチに何か違うものがあると感じ取っていた。彼は自立した男だ。まだ二一歳で、大学を中退しながらも、自分の車のトランクだけで儲けになるビジネスをやっていたのだ。彼はアトランタの卸売業者からヴィンテージのジャージを一着一六〇ドルで仕入れ、クリーブランドに持ってきて一着三〇〇ドルで売っていた。普通の週なら一万ドルから一万五〇〇〇ドル相当のシャツが売れ、この年は五〇万ドル以上を売り上げる勢いだった。ビジネスが好調だったため、彼はクリーブランドのショッピングモールに出店しようと考えていた。ビジネスの学位を持っていないことなど問題にならなかった。一六歳のときには彼はもう車を二台持っていた。一九歳で最初の家を購入した。二一歳で自分の店を開くなど大したことではなかった。

レブロンはリッチのような人物に会ったことがなかった。彼のことを知れば知るほど、レブロンはリッチをそばに置きたくなった。レブロンはいつも、友人は多いに越したことはないという感覚だった。エディ・ジャクソン、ドルー、マーベリックなど彼に道を示してくれるインナーサークルがあり、リトル・ドルー、シアン・コットン、ウィリー・マクギーなどの親友もいたが、レブロンには世界旅行者がパスポートのスタンプを集めるように新しい友人を集める習慣も以前から身についていた。オークランドでAAUのチームメイトだったレオン・パウ、セント・ビンセントの図書館司書バーバラ・ウッド、コロラドのサマーキャンプで同室になったカーメロ・アンソニーなどがそうだ。レブロンはまた、部外者と仲良くなるコツも心得ていた。ロメオ・トラヴィスにセント・ビンセントへの転校を説得するのも、彼にチームに入るよう納得させるのも、他の誰にもできないことだっただろう。

リッチが最終的にどのポジションに収まるのかは不確定だが、レブロンは彼に対する友人たちの見方を気に病むことはなかった。カレンダーに何か予定があればリッチに知らせた。レブロンは直前に連絡を入れることが多いタイプだったが、リッチはいつも同じように応えてくれた。「すぐそこへ行く」と。

レブロンが二〇〇二年六月にシカゴで行われたAAUトーナメントにリッチを招待すると、彼は迷わず出掛けていった。しかし、事態は両者の予想通りには進まない。チームが大きくリードしていた状況で、レブロンはダンクを狙いにいったが、宙に浮いた瞬間に相手選手に下半身をすくわれてしまう。足が体の下から押し出され、強く手を突く形で着地したレブロンは手首を骨折してしまった。

審判はすぐに相手選手のフレグラントファウルを取り、退場を命じた。

コート上で痛みに悶えながら、レブロンはこう叫んだ。「なぜ私なんだ。なぜ私なんだ?」

グロリア・ジェームズはもう限界だった。レブロンの周囲の喧騒が彼を標的に変えてしまった。それが忌々しい現実だった。彼がマイケル・ジョーダンと会っていたり、シューズ会社から熱心に誘われていたりするといった話題も、さらなる妬みや恨みを生んで状況を悪化させるものでしかなかった。しかし、グロリアが気にしていたのはもっと根本的な部分だ。ライバルたちが息子の将来の邪魔をしようとしている。そんな馬鹿なことは止めなければならない。

レブロンは救急車で近隣の病院に運ばれ、ジョーダン専属の整形外科医が治療にあたった。左手首の骨を接ぎ直し、ギプスをはめたあと、レブロンは八週間ほどプレーできなくなると告げられた。

＊＊＊

レブロンは夏の残りの期間、戦列を離れてＡＡＵの試合や大会に参加できない間、リッチと過ごす時間が多くなった。怪我をしたことで、リッチのことを知る時間が増えたことは、不幸中の幸いだった。

リッチにとって、シカゴで見た光景は、レブロンが足を踏み入れた熾烈な世界を覗き見たようなものだった。だがそれも、リッチの出自に比べれば生易しいものでしかなかった。

一九八一年にクリーブランドで生まれたリッチは、市内のグレンビルという埃っぽい地区にあるアパートで育った。しかし、彼が実際に育ったと言える場所は、アパートのすぐ下で父親が経営していたＲ＆Ｊコンフェクショナリーという名のボデガ（小さな雑貨店）だった。リッチ・ポール・シニアはそこで、ビールやタバコ、宝くじ、スナック菓子など人々の必要とする物を売っていた。焼きたてのドーナツまで扱っていた。ボデガは近所の中心となる場所であり、あらゆる種類の人間を引きつけた。麻薬の売人と常習者、娼婦とその客、サイコロ賭博師や数字屋。泥棒や殺し屋までいた。ポール・シニアがいつも銃を携帯していたのもうなずけた。しかし、そういった客層を織りなす人間たちの中に、彼の息子に手を出すものはいなかった。むしろ育てる手助けをしてくれたし、実際に面倒を見てくれることさえあった。彼らに「リル・リッチ」と呼ばれた息子は、父親の仕事を手伝う少年であり、カウンターの裏で高級ライフスタイル雑誌『ロブ・レポート』を眺めるのが好きな少年であり、どの客がどのタバコを吸うか、どのくじで遊ぶのが好きなのかをすべて覚えている少年だった。

ポール・シニアはリルに仕事のやり方や、あらゆる種類の人々とうまくやっていく方法を教えただけでなく、八歳になる頃にはサイコロの振り方やトランプの遊び方も教えた。それは、将来困窮に陥ることがあったとすれば金を生み出してくれる道具なのだ、と父親は彼に語った。リルは幼くしてサイコロが得意になった。あちらで一〇〇ドル、こちらで一〇〇ドルと勝ち始めた。ポケットの中に現金があることには慣れっこになった。そうして一三歳になったある日、彼はサイコロゲームの最中に銃を突きつけられて強盗に遭った。その瞬間もリルは冷静さを失わず、父親の教えを思いだした。「銃を持ったやつからは目を離すな」と。人殺しというものは、相手の目を見ながら引き金を引くことができるのだと彼は学んでいた。だが銃を持った男が目を合わせてこないのなら、おそらく引き金を引く度胸はない。そのとき銃を持ってサイコロゲームに乱入してきた男は、リルの目を見ようとはしなかった。だからリルは、金を置いて後ずさりした。

レブロンはリッチの話を聞くのが大好きだった。同じような学校に通っていたとわかったのもうれしい驚きだった。ポール・シニアは家族を養うために必要な仕事をしていたが、息子にはもっと良い人生を歩んでほしいと考え、正しい教育を受けさせようとした。そのために高い授業料を支払い、リッチを町の反対側にあるベネディクティン高校に通わせた。主に白人生徒が通っており、学業水準が高く、厳しい服装規定もあるカトリック系の学校だ。だがリッチはそれが気に入らず、自分は場違いだと感じた。そこで彼は、一年生の時点でわざと落第しようとしていた。ある日の午後、放課後にリッチを迎えにきた父親は家へ向かう車の中で、マーヴィン・ゲイの死因を知っているかと息子に訊ねた。

「薬のやりすぎで」とリッチは答える。

「違う。父親に殺されたんだ。お前が今やっているように私のことを尊重しないのなら、同じことが起こる」とポール・シニアは話した。

リッチが父親からそんな言い方をされたのは初めてだった。

「しっかりしろ、成績を上げろ。さもないと、お前をこの世から放り出す」

リッチは平均成績三・七で卒業した。それから間もなく、彼の父親は二〇〇〇年に癌で亡くなった。父親を英雄視していたリッチの大きな喪失感は、母親には埋められないものだった。リッチは母親とまったく親しくなかったが、それは彼自身が選んだことではなかった。母親はリッチがまだ幼かった頃から麻薬に溺れ、彼の幼少期の間もずっと薬を常習し続けていた。中毒に陥った母親が薬を我慢し切れず、リッチと家族は食べ物を買う金に困ることもあった。母親を心配するあまり、リッチは性的暴行を扱うテレビ番組や映画を観なくなるほどだった。そういった内容は、母親が外出している際に起こるかもしれないことへの恐怖を引き起こすからだ。

レブロンは、彼との間に多くの共通点があることを無視できなかった。「貧しい地区に住み、父親が亡くなり、もちろん母親はいつも一緒にいてくれるわけじゃない。そういうことに、すぐに共感を覚えた」と彼は語る。

レブロンはまた、リッチの仕事に対する姿勢にも感銘を受けた。リッチは自分のことを「ハスラー」と呼んでいた。状況によってはよくない意味合いも持つ言葉だ。だがレブロンは、リッチ流のハスラーとはどのようなものであるかをわかっていた。早いうちから他の者たちを出し抜く術を覚え、自活できるようになった人間を表すものだ。リッチは父親からそういった特徴を受け継いでいた。レブロンもまた、ハスラーの遺伝子を持って生まれてきたようだった。幼い頃、夜に独りぼっちにされた頃から、彼は夢を描き始めた。ビッグ・フランキーが彼の手に初めてバスケットボールを握らせたときから、努力を続けてきた。ドルーにボールを全員で共有するように促されて以来、彼は利他的になった。そして彼はリスクを恐れなかった。白人だらけの学校に行くことも、過去に物議を醸したコーチのもとでプレーすることも、そして『スポーツ・イラストレイテッド』誌のライターに心を開くことも。

二〇〇二年の夏にレブロンは、自分は孤独ではなかったのだと感じさせてくれる人物に出会うことができた。後年に彼は、この時期を次のように振り返っている。

「私たちがしていた会話は、バスケットボールだけでなく、もっと大きなもの。人生そのものだった。ファッションや、ハスラーのメンタリティや、家族や、自分たちがどう育ってきたか、そして音楽……。『なあ、今日の試合のプレーは最高だった』とか、そんなことだけではない。そんなものは退屈で古臭いだけだ。あの男が教えてくれることは、私がもう知っているつもりのことだった。でも彼のほうが何年も先に進んでいた」

だからこそレブロンは、彼のインナーサークルにもう一人分の空きを作るべきではないかと考えるようになった。リッチ・ポールに。

＊＊＊

当時三六歳のバーク・マグナスは、ＥＳＰＮで男子大学バスケットボールの番組を監督する責任者を務めていた。彼は同局で放送される男子の全試合のスケジュールを組んでおり、その放送に関わる権利の管理も行っていた。二〇〇二年の時点で、ＥＳＰＮは高校バスケットボールの試合を放送してはいなかった。高校スポーツを放映しようという提案は何年も前から何度もあったが、すべて却下された。高校生の試合を放映して金を稼ぐのは搾取的だ、という考え方が最大の理由だった。

マグナスは、この状況を違った角度から見るべきときが来たと考えていた。彼にとって転機となったのは、レブロンが『スポーツ・イラストレイテッド』誌の表紙を飾ったことだ。この出来事は、高校バスケットボールのレギュラーシーズンをゴールデンタイムに放映するという、ＥＳＰＮが計画する大胆な実験を完全に正当化してくれるものだとマグナスは感じた。「我々がやっているのはライブスポーツビジネスだ。レブロンのことは誰もが話題にしている。人気者だ。だから我々は彼の試合をライブ中継するべきだ」とマグナスは考えを巡らせていた。

ＥＳＰＮの全員が賛成していたわけではない。最初にマグナスが番組編成会議でアイデアを出したときには、反発も起こった。「なぜこんなことをするのかわからない。この子にスポットライトを当てるのを急ぎすぎている」と、ある同僚は言った。

「スポットライトを急ぎすぎているだって?」。マグナスは信じられなかった。マグナスは当時を次のように振り返っている。「嘘だろう、と思った。あの選手は『スポーツ・イラストレイテッド』の表紙に載っていた。君たちは気づいていないのか? って」

とはいえ、ESPNには経済的な側面から疑問を抱く者もいた。「こんなことをやるべきだろうか?」と。マグナスの同僚たちの一部には、当時のレブロンにこんな大騒ぎをするだけの価値が果たしてあるのだろうかという疑問もあった。「この選手は、本当にそこまですごいのか?」

それでもマグナスは進み続けた。彼はレブロンが正真正銘のNBAの有望株であると断言できたわけではない。マグナスはレブロンのプレーを生で観たことはなかった。バスケットボールの戦術に詳しいわけでもない。だが彼は、レブロンから印象的な何かを感じ取っていた。オークヒル・アカデミーのように、有望な高校生プレーヤーを工場のように輩出するエリート校へ行くのではなく、レブロンは地元に残ってほぼ無名のカトリック校で幼なじみたちと一緒にプレーすることを選んだのだ。自分のキャリアを追い求めるだけの傭兵ではない、彼は仲間と一緒に地元の学校でプレーしているのだ、とマグナスは考えていた。

自身もジャージーのカトリック校に通っていたマグナスは、レブロンに魅力を感じた。そして、上司の後押しもあり、二〇〇二—〇三シーズンにレブロンの試合をテレビ放映する許可を得ることができた。セント・ビンセントのスケジュールに目を通せば、最も魅力的な試合に丸をつけるのは簡単だった。セント・ビンセント対オークヒル戦だ。

試合を選ぶのは簡単だったが、どのように放映するかを考えるのは別の問題だった。どこから手をつければいいのか、ESPNの誰にもわからなかった。高校の試合を放送する権利を得るには誰に頼めばいいのだろうか、とマグナスは思案した。

＊＊＊

エディはグラント・ウォールに不満を抱いていた。レブロンについての巻頭特集記事で、ウォールが彼を評した内容が気に入らなかったのだ。エディはウォールに電話をかけ、二つの文章について不満をぶつけた。一つは、レブロンがウォールとのインタビューの中で自分の幼少期について語った話に基づく部分だ。「ドラッグや銃や殺人を目の当たりにした。それでも母は私に食べ物や着る服を与えてくれた」とレブロンは話していた。この言葉は雑誌の中で、レブロンの「不安定な家庭生活」がもたらした困難を紹介する部分に掲載された。それを踏まえ、ウォールは次のように書いている。

**レブロンが二歳の頃からグロリアと交際していたエディも、一九九一年に犯した悪質なコカイン密売の容疑で有罪を認めて三年間を刑務所で過ごし、力にはなれなかった。**

エディは、彼の過去の話がレブロンについての記事に含まれる必要があるとは思えなかった。なぜ一〇年以上も前のことを蒸し返すのだろうか？

エディを憤慨させたもう一つの箇所は、彼とグロリアがナイキのフィル・ナイト会長と面会したことに触れた段落から続く部分だ。そこにはこう書かれていた。

**エディはレブロンが主導的立場にいることを知っているが、同時に彼は、刑務所から多国籍企業の会長室までの距離が想像以上に短いことも身をもって知っている。ナイトと面会する少し前には、エディは昨年七月にアクロンのバーで起こした口論に対する治安紊乱行為容疑に不抗争の答弁をし、執**

行猶予付き三〇日間の判決を受けていた。

グロリアも、エディに関する書き方が気に入らなかった。この記事はレブロンに焦点を当てたものであるはずだと彼女は考えていた。それなのに、なぜエディが地元のバーで騒動を起こしたことが取り上げられるのか。レブロンも罪に関わっているような印象を生み出してしまう。そもそも、誰であっても友人や家族に前科があったり酒癖の悪い者がいたりするのではないだろうか？

レブロンはグロリアとエディの気持ちを理解しており、それが彼自身の気持ちにも影響を与えた。彼は例の表紙が気に入り、それが生み出した影響も喜んでいた。背中の上部に「Chosen 1（選ばれし者）」のタトゥーも入れたほどだ。だが彼も、雑誌の中に、自分が父親代わりだと思っている人物を侮辱するような内容が書かれていたことは気に入らなかった。

一つ確かなことがあった。レブロンにスポットライトが当たっている今、彼の身近にいる誰もがその影響を受けざるを得ないということだ。この夏にはさらにそのことが明確になった。連邦当局がエディを住宅ローン詐欺で告発したのだ。彼は汚職、記録改竄、偽造、マネーロンダリングに関与した罪に問われた。エディは公人ではなく、レブロンとのつながりさえなければ、彼の事件は地元メディアも報じるほどのものではなかっただろう。だが、エディの新たな訴訟トラブルに全国メディアまでもが注目するのに時間はかからなかった。

近々刑務所行きとなることを恐れつつ、エディはレブロンに、もうすぐ空き家になる自分の家を使ってくれていいと伝えた。レブロンは、アクロンのモーリー・アベニュー五七三番地にあるその場所をよく知っていた。ブフテルから一ブロックも離れていない、質素なレンガ造りの一戸建てだ。

エディは苦境に立たされ、運命を覆すために彼にできることはほとんどなかった。しかし、親友のランディ・ミムズが彼のところにやってきて、一時的に滞在する場所が必要だと言われると、エディは迷わなかった。彼はランディに、モーリー・アベニューにある家に引っ越してきてくれて構わないと伝えた。しかし、エディは友人に一つだけ注意を促した。レブロンが時々そこに泊まりにくることになるだろう。そのときは、レブロンに主寝室を使っていいと約束している。ランディはゲストルームを使わなければならない。

レブロンは、自分とランディがどちらもエディの家を使えることを知り、大喜びした。ランディのことは四、五歳の頃から知っていた。ランディはレブロンより一〇歳年上だが、まるでもう一人の家族のような存在だった。大柄でたくましく、謙虚で信頼できる男だ。彼は携帯電話会社のシンギュラー・ワイヤレスで働いていた。そして、ランディがエディの家に引っ越してきてすぐに、レブロンは彼がいつもシャツにネクタイ姿で、まったく休みを取らないことに気づいた。見た目も行動もとてもビジネスライクだった。

マーベリックもランディが好きだった。少年時代にはランディの祖母と同じ通りに住んでいた。マーベリックは、ランディほど信頼できる人物をほとんど知らなかった。

レブロンはランディを見れば見るほど、あることを考えるようになった。「もしNBAに入ったら、私のために働いてくれないか」と、ある日ランディに伝えた。

ランディは光栄に思った。しかし、レブロンのために働くというのがどのような仕事になるかは想像できなかった。結局のところ、彼は携帯電話会社で働き続けた。

レブロンはそんなことは気にしなかった。彼は信頼できる人間を探していたのだ。具体的な仕事はあとから考えればいい。

それはマーベリックも同じ考えだった。

＊＊＊

二〇〇二年の夏、コービー・ブライアントはアディダスから離れることを決めた。彼が去ったことで、二三歳のオールスター選手トレイシー・マグレディがアディダスの看板選手の座に滑り込んだ。ソニー・ヴァッカロにとって、レブロン獲得へのプレッシャーは高まっていた。彼はかつての弟子の一人がその力になることを頼りにしていた。

デイビッド・ボンドは、ナイキでヴァッカロからシューズビジネスを学んだ男だった。そのままナイキで出世し、バスケットボール事業部の責任者となった。ナイキ在籍中にボンドは、主要なバスケットボールキャンプのトップ選手が誰なのかを常にチェックしていた。エリート選手とのパイプ役となるAAUのトップコーチたちとも緊密に連絡を取り合っていた。それらはすべて、ナイキの文化として浸透した「次は誰だ?」というメンタリティの一環だった。

しかし、ヴァッカロがナイキを去って間もなく、ボンドもその後に続いた。契約に競業避止義務条項があったため、彼は一年間ビジネスから離れて過ごした。レブロンが全米バスケットボールシーンに登場したのは、彼がこの世界を離れていた時期のことだった。そして二〇〇二年の秋、ボンドはアディダスに重役待遇で迎え入れられる。新会社に移った初日、彼はシューズが山積みになっているのを目にした。マグレディのシグネチャーモデル「T-Mac 2」だと思ったが、すべてのシューズが緑色と金色であったことは彼にとって合点がいかなかった。マグレディはオーランド・マジックでプレーしており、チームカラーは青と白だ。「これは何だろう?」とボンドは不思議に思い、シューズを確認してみた。

そのシューズは、レブロン・ジェームズと彼の高校チームのものだと同僚が説明してくれた。

「本当か?」とボンドは言う。「高校生の子どもにシグネチャーシューズを作っているのか?」

ヴァッカロはボンドの入社を喜んでいたが、彼に早急に現状を理解させる必要があることに気がついた。ナイキでは、バスケットボール選手とシューズ契約を結ぶかどうかの判断基準は、外見と好感度に大きな比重がかかっていた。マイケル・ジョーダンはまさに典型的だった。身長一九八センチで、超絶的な運動能力を持ち、レイアップやフィンガーロール（指先を使ってボールを弾きながら打つレイアップ）さえも堂々として見えるほどセンスが良かった。加えて彼は模範的な笑顔の持ち主であり、バスケットボール選手になっていなければモデルをやれるくらいハンサムだった。もう一つ非常に重要だったのは、政治や社会問題に口を出して米国の半分を敵に回したりはしないことだ。

ボンドは、レブロンにそのような資質があるのだろうかと考えた。

「そんなことは全部忘れてしまえ」とヴァッカロはボンドに言う。「レブロンは素晴らしい選手、圧倒的な選手になる。だからそんなことはどうでもよくなる。『スポーツ・イラストレイテッド』の表紙を一〇〇回は飾るだろう。『スポーツ・センター』で週に四日は最初に取り上げられる」

ボンドはヴァッカロをバスケットボール界のノストラダムスだと考えており、言い争うつもりなどなかった。ただ彼は、ナイキでジョーダンとの最初の契約を結んだヴァッカロが、レブロンにジョーダンのようなカリスマ性が備わっていると考えているのかどうかを疑問に思ったのだ。「彼はマイケルより高くつくことになるのか？」とボンド。

「おい、デイビッド、私を信じろ。全力でやるんだ。レブロンと契約すれば、業界の流れが変わる」

「私はあなたの味方だ。わかった」とボンドは答える。

ボンドが本当に理解するには、レブロンに会う必要があるとヴァッカロは思った。彼はボンドに、一緒にアクロンに行くことを告げた。ボンドはレブロンがプロになったときに履くシグネチャーシューズの開発を監督することになるのだから、レブロンの才能を知っておかなければならない。

＊＊＊

レブロンが最上級生になったばかりの九月、ヴァッカロとボンドは空港で借りたレンタカーで町に乗り入れてきた。ヴァッカロはアクロンの商店に立ち寄り、ビッグサイズのピザを一二枚テイクアウトした。ボンドは、なぜヴァッカロがそんなにたくさん買うのか理解できなかった。そいつはどれだけ食べるんだ？

二人がスプリングヒルの団地に着き車から降りると、人が集まっており、ぞろぞろと建物に出入りしていた。ボンドが見たところ、白人は彼とヴァッカロ以外に見当たらなかった。それぞれピザの箱を山積みに抱えて駐車場を横切りレブロンの住む建物へ向かっていく二人を、大勢の人々が奇異の目で見ていた。ヴァッカロの後に続き、母親や子どもたちを追い越して階段を登っていきながら、ボンドは自分が馴染めない場所にいると感じていた。三児の父親である三五歳の彼は、ポートランド郊外のモダンな家に住んでいた。団地の中に入ったことはなかった。黒人のティーンエイジャーの家に入ったこともなかった。

レブロンのアパートのドアは開け放たれており、近所の人たちの半分が中に詰め込まれているかのように見えた。

ヴァッカロはこの場所を熟知しているようで、まるでプレゼントを届けにきたサンタクロースのように入っていった。

グロリアは彼とハグを交わし、ピザを受け取り、一緒に食べようと近所の人たちを誘った。

ヴァッカロが残りの箱を置くと、人々はそれぞれカットしたピザを手に取り始めた。ボンドは、なぜヴァッカロがこんなにたくさん買ってきたのかすぐに理解できた。彼らは同じ建物の住人たちに食料を供給していたのだ。

レブロンは運動用の短パンを履き、野球帽を後ろ向きにかぶって、五〇インチのテレビの前にあるソファに座った。画面に『スポーツ・センター』が映し出される傍ら、レブロンは隣人や友人たちのため『スポーツ・イラストレイテッド』誌にサインをしていた。窮屈な部屋の壁には、リーボック、ナイキ、アディダスの靴箱が山のように並んでいた。

「ソニーおじさん」とレブロンは、ペンを片手に顔を上げ、ニヤリと笑った。

「やあ、レブロン」とヴァッカロは言う。

レブロンは立ち上がり、ヴァッカロを抱きしめた。

「彼はデイビッドだ。新人だ」と、ヴァッカロは周囲の喧騒の中で告げる。

レブロンはボンドを見て、軽く頭を下げた。

「こいつが君の製品を作ることになる。君のことを知りたがっているんだ」とヴァッカロは続けた。

レブロンは手を伸ばして挨拶した。

緊張していたボンドは、レブロンの大きさに圧倒された。彼はこれまで、ナイキのトーナメントで、背が高く細身な高校生プレーヤーは何人も見てきた。しかしレブロンのような体格の選手は見たことがなかった。「なんてこった、こいつはまるでポール・バニヤンだ」と彼は思った。

ヴァッカロがマーベリックやレブロンの友人たちと雑談している間、ボンドはレブロンと世間話をしつつ、シグネチャーシューズに何を求めているかと訊ねた。

やがて、グロリアが隣人たちを帰らせると、ボンドは本題に入る。テーブルの上に小さな三脚を立て、ビデオカメラを取り付けた。ファインダー越しにレブロンの顔にピントを合わせる。

リラックスしてピザを一切れ頬張りながら、レブロンはレンズを見つめた。

アディダスにいる開発チームの参考になるように、情報を得るためのインタビューをすることが目的だとボンドは説明した。彼はレブロンを知るための質問集を用意していた。まずは緊張をほぐすためにも、ありきたりな質問から始めた。「ＮＢＡでプレーすることになったら、どのポジションをやると思う？」

レブロンはアトランタ・ホークスのスターター五人の名前を挙げ、「あのチームなら、私は三番だ」と言った。次にボストン・セルティックスの先発五人を挙げ、「あそこなら私は二番か三番だと思う」

さらにシカゴ・ブルズ、クリーブランド・キャバリアーズ、ダラス・マーベリックスの先発メンバー五人の名前を挙げていった。

それを見て、ヴァッカロは軽くうなずいた。

ボンドは仰天していた。

それから数分間、レブロンは二九チームすべてのスタメンを挙げた上で、それぞれのチームのどこに自分が入るのがベストであるかを提案した。リーグの中でも戦力の劣るチームの先発五人を挙げたあと、彼はこう冗談を飛ばした。「ああ、このチームならどのポジションでもプレーできる」

周囲が苦笑する中、ボンドは感嘆していた。この男はＮＢＡのすべてを暗記している。しかもアルファベット順に！

インタビューの最後に、レブロンはボンドに握手とハグをしたあと、両手で背中をポンポンと叩いた。ボンドもレブロンの体に手を伸ばして背中を叩こうとしたが、「やれやれ、背中が大きすぎる」と思うことになった。

車の中でボンドはヴァッカロを見て言った。「あなたの言う通り。彼は特別だ」

アディダス本社に戻り、ボンドと彼のチームはレブロンのインタビューを見直した。スタッフの一人が、二九チームすべての先発メンバーを調べ、レブロンがスラスラと挙げた一四五人と照らし合わせていった。

「とんでもない。彼はまるでレインマンだ」とチームメンバーの一人が言う。

「彼の意識は普通とはかなり違っている。別のやり方で記憶を保持しているんだ」とボンド。

彼はヴァッカロの言っていたことを理解し始めていた。「この勝利のためにはどんな代償も支払わなければならない。レブロンをアディダスに連れてこなければいけない」

# CHAPTER 11 ゴールデンタイム

グロリア・ジェームズは、特に息子に関することでは、問題の核心に切り込んでいく女性として知られていた。二〇〇二年、彼女は少女たちがレブロン・ジェームズに対し、まるで金持ちへの切符を見るような視線を向けていることに気づき始めた。少女だけではなく、二十代の女性も。レブロンと付き合いたいという三〇歳前後の女たちまでいたほどだった。「レブロンと子作りをして既成事実にしたい女性がたくさんいる」とグロリアは、息子が高校の最終学年を始める頃に記者に話していた。

レブロンは心配していなかった。

だがグロリアはレブロンに、世の中には彼を利用しようとする人間がいることを警告した。彼はすでに有名人だった。近いうちに金持ちにもなる。名声と富の組み合わせは、笑顔でドアを開ける方法を知っている抜け目のない少女たちにとっては、特に危険な魅力を持つものだ。レブロンくらいの年齢では、もし誰かを妊娠させてしまえば人生を台無しにしてしまいかねないとグロリアは感じていた。

レブロンは、少女たちから注目されることを危険だとは思っていなかった。むしろ、そういう状態を気に入っていた。中学二年生の頃から彼は、高校で州チャンピオンになったらどんな感じだろうかと夢想していた。当時の彼はブフテルに通うつもりでいたが、校内でも特に可愛い女の子たちと知り合うチャンスが生まれれば最高だと思っていた。結局はセント・ビンセントに通うのだが、そこで彼は、大胆に夢見ていたことをもはるかに上回る現実を経験することになった。『スポーツ・イラストレイテッド』誌の表紙を飾った頃には、レブロンは行く先々で最高に可愛い女の子たちから声をかけられるようになっていた。オハイオ州の田舎町からクリーブランド郊外、さらにはシカゴ、ロサンゼルス、ラスベガスといった遠方の街まで。レブロンのチームメイトたちまでもが彼の名声の恩恵に与り、女の子たちの間で人気者になったことをうれしがっていた。

しかし、息子がNBAドラフトで指名されるまで高校生活残り一年という状況で、グロリアはこの先数カ月が危険に満ちたものになると考えていた。「自分の身を自分で守りなさい。賢く行動しなさい」と彼女はレブロンに告げた。

レブロンは、他の街を訪れたり遠く離れたバスケットボール会場に足を踏み入れたりするたびに女性たちから受ける視線に満足感を覚えてはいたが、彼が目をつけていた女性はアクロンの近くに住んでいた。最上級生になったばかりの頃、彼はフットボールの試合で彼女を目に留めた。ブフテルでチアリーディングとソフトボールをやっていた彼女は、圧倒的に学校一の美少女だった。レブロンにとっては皮肉なことだった。当初の予定通りにブフテルへ進学していれば、彼女から応援してもらうこともできたし、もともと抱いていた夢がその通りに叶うはずだった。それでもレブロンは、ブフテル一番の美少女と付き合うことを現実にするのはまだ間に合うと願いたかった。

レブロンの友人の一人がそのチアリーダーの名前を知っていた。サバンナ・ブリンソン、一学年下の一六歳だった。

どうしても彼女に会いたかったレブロンは、友人にサバンナの電話番号を聞いてくれるよう頼んだ。

だがサバンナは応じなかった。「いや。彼の番号をこっちに教えて」と、彼女はレブロンの友人に言った。

この返事を聞いてレブロンはますますサバンナに会いたくなり、自分の電話番号を渡した。

しかし、数週間経ってもサバンナから電話はかかってこなかった。

彼女の沈黙から、レブロンにはいくつかのことがわかった。彼女はレブロンのことが好きなわけではないようだ。レブロンのことをよく知っているのかどうか、NBAに行きそうだということを知っているかどうかも定かではなかった。つまりサバンナは、グロリアが不安がっていた少女たちのような行動は取らなかったということだ。

レブロンは希望を捨てはしなかった。

＊＊＊

バーク・マグナスとESPNが調べた結果、どのテレビ局もセント・ビンセントの許可がなければレブロンの試合を放送できないことがわかった。放映権は学校が所有していたのだ。レブロンは大きな注目を浴びていたため、セント・ビンセントはすでにタイムワーナー・ケーブルと利益分配協定を結び、オハイオ州北東部の加入者に八ドル五〇セントのペイパービューで一〇試合の放送を提供していた。しかしマグナスは、セント・ビンセントがオークヒル・アカデミーと対戦する試合にしか興味はなかった。両校はその試合を、一二月一二日にクリーブランドの中立地で行うことで合意していた。

ESPNとセント・ビンセントは、高校スポーツ界の裏表を知り尽くしたプロモーターを通じて、同局がオークヒルとの試合をゴールデンタイムに放送できるという合意に達した。学校はESPNに放映権料を請求しなかったが、合意を仲介したプロモーターは一万五〇〇〇ドルを受け取った。

ESPNはこの試合の実況に、同局のトップタレントであるディック・ヴァイタルとビル・ウォルトンを起用することを決めた。マグナスはまた、レブロンを特集する三〇分番組も用意し、試合中継に続いて放送することにした。さらに、ESPNの全プラットフォームで試合を宣伝し、『スポーツ・センター』でも何度も言及する予定だった。

この試合の放送に多くのことがかかっていたため、『ESPNザ・マガジン』誌にもクロスプロモーションが依頼された。同誌はレブロンを一二月号の表紙に起用する予定だった。ちょうどオークヒルとの試合に間に合うタイミングで店頭に並ぶことになる。執筆を任されたのはトム・フレンド。彼はプレシーズン中にアクロンを訪れ、レブロンとチームの周辺で時間を過ごしていた。同時に、『ニューヨーク・タイムズ』紙もバスケットボールライターのマイク・ワイズをアクロンに派遣し、レブロンを取材させた。レブロンが次回のNBAドラフトで一位指名されることは当然と予想されていた。ESPNがレブロンの高校の試合を放映するという異例の対応を決めたため、『ニューヨーク・タイムズ』紙はその放映に先んじてレブロンのことを伝えようとしたのだ。

レブロンは自分の試合がESPNで放送されることを喜んでいた。全米の視聴者の前でプレーを見せる初めてのチャンスなのだ。『スポーツ・センター』で試合が紹介されるのを観るのは不思議な感覚だった。しかし彼は、フレンドとワイズがそれぞれ申し込んできたインタビューに応じるかどうかは決めかねていた。マーベリック・カーターに相談すると、彼も同じように懸念を抱いていた。

レブロンは二人のライターと話すことに渋々同意したが、何か秘密を漏らすようなことは言わないよう気をつけた。ワイズに対しては、レブロンよりもマーベリックが主に話をした。フレンドが「自分の父親について何か知っている？」と聞いてきたときには、レブロンは完全に口を閉ざすことにした。自分の母親と話すにもデリケートすぎるような話を、ペンとメモ帳を持った見知らぬ相手に話すつもりなどなかった。「その話はやめておく」と、レブロンはフレンドに言った。

グロリアとエディ・ジャクソンも二人のライターと話をした。レブロンの父親の素性が話題になると、グロリアはワイズにこう言った。「エディが彼の父親。ずっとそうだった。彼は素晴らしい父親であり、私にとって素晴らしい友人でもある。レブロンは彼のことが大好きで、信頼している」。ワイズはその答えを受け入れた。

フレンドはもっと厄介な相手だった。彼はグロリアの性的パートナーとされる人物の経歴を調査し、グロリアが警察沙汰になった過去を探るためにアクロンの裁判記録を調べた。最終的に彼はグロリアに電話をかけ、自分の調査結果を突きつけた。フレンドはエディの犯罪歴も調べ、彼がレブロンに接する動機に疑問を呈した。

レブロンは、話が向かおうとしている方向性が気に入らなかった。バスケットボールのシーズンが始まってもいないのに、家族が裁判にかけられているような気分だった。

＊＊＊

学校関係者は、レブロンがセント・ビンセントで過ごす最後の年に向けて全力を尽くしていた。ロッカールームには、厚いパッドの入った真新しい黄金色のカーペットが敷かれた。表面には「ファイティング・アイリッシュ」の文字が浮き彫りにされていた。光沢のあるダークグリーンに塗装された新しいロッカーも設置された。チームはホームゲームをアクロン大学で開催していたが、選手たちは毎日の練習でも快適な環境で着替えられるようになった。

レブロンは一人でいるのが好きではなかったが、ある日の午後にロッカールームの仕上がりを見るため訪れたときには、他に誰もいなかった。新しいカーペットと新しいペンキの香りが彼を迎え入れた。そして、学校のマスコットであるレプラコーンを壁に描いている男を見つけた。レブロンは何も言わなかったが、その絵が本当に生き生きとしていることに感心した。

しばらくすると、その男はレブロンの存在に気がついた。彼はジョー・フィリップス。あまり有名ではない地元のアーティストで、セント・ビンセントの卒業生だった。肩越しに振り返ったフィリップスは、レブロンの姿を見て驚いた。レブロンは彼の作品を褒め、自分も絵を描くのが大好きだと言ってきた。フィリップスは喜びながらも、アクロンで最も有名な人物とアートの話をするのは非現実的な気分だった。

レブロンにとってロッカールームの大改装は、チームが必要としていたもの、つまり新鮮なアプローチを象徴するものだった。彼は前年度の結果と展開、特に終わり方を恥ずかしく思っていた。セント・ビンセントは絶対に州選手権で敗れるべきではなかった。チームメイトたちと話し合うと、全国大会優勝という夢を達成するために何をすべきかという点では、全員が同じ考えを持っていた。気持ちを引き締め、そしてドルー・ジョイスのやり方に従うことだ。

ドルーはすぐに最上級生たちの決意を試してきた。シーズン開幕戦を数日後に控え、彼は選手たちを監督室に呼び出した。ドアを閉めると、耳にした噂について単刀直入に訊ねた。彼らがアクロンのホテルに女の子を連れ込み、酒を飲み、マリファナを吸っているという噂だ。

レブロン、ウィリー・マクギー、リトル・ドルー、シアン・コットンはマリファナを認めた。ロメオ・トラヴィスは飲酒を認めた。

「明日のニュースの見出しになるのが想像できるか？　セント・ビンセントの先発メンバー五選手をホテルで逮捕。マリファナ所持」とドルーは言う。

彼らは頭を垂れた。ドルーが正しいとわかっていた。

「君たちはもっと賢くならなければならない」と彼は言った。

選手たちはうなずいた。

ドルーの話はまだ終わらなかった。彼は汚い言葉遣いにも、試合前のラップミュージックにもうんざりしていた。そこで彼は、試合前のロッカールームでの音楽禁止という新しいルールを導入した。そんな時代は終わったのだ。

しかし、ドルーが選手たちに伝えた最も厳しい知らせは、二〇〇二—〇三シーズンの先発メンバー五人に関する決定だった。

**リトル・ドルー**
**レブロン・ジェームズ**
**シアン・コットン**
**ロメオ・トラヴィス**
**コーリー・ジョーンズ**

コーリー・ジョーンズは唯一の三年生だった。途中加入した選手でもあり、自分のことを、ジャンプショットがそれなりに得意な一八五センチの白人だとよく表現していた。だが彼のジャンプショットはそれなりどころではなく、特にスリーポイントの距離からは、純粋なシューターとしてはオハイオ州の高校生プレーヤーの中でトップクラスだった。しかしコーリーは、レブロンや彼の友人たちの近くで育ったわけではなく、セント・ビンセントと深いつながりがあったわけでもなかった。一年前の二年生時に転校してチームに加入するまでは、セント・ビンセントの試合を観たことすらなかった。レブロンと仲間たちがコーリーを歓迎したのは、彼がプレーできるからだった。とはいえ、ウィリーから先発の座を奪うというのはただごとではない。

レブロンは、ウィリーがこの通告をどう受け止めるか心配していた。前年からウィリーはプレーがうまくいかず苦しんでいた。セント・ビンセントでプレーすること自体も彼へのプレッシャーになっていた。レブロンは試合後に彼がチームバスで泣いているのを見たこともあった。ウィリーは仲間全員にそんな姿を見られる前に平静を装おうとしていた。だがレブロンは、友人が傷ついていることを察知して「大丈夫か?」と声をかけた。

ウィリーはあまり話そうとはしなかったが、レブロンは何が起こっているのかを理解できた。シアンはフットボールチームから勧誘の手紙を受けていた。リトル・ドルーとロメオはバスケットボールの勧誘の手紙を受けていた。そして、レブロンがどこへ行くのかは誰もが知っている。スカウトを受けていないのはウィリーだけだった。そのことを自覚すると、米国で最も注目される高校バスケットボールチームでプレーする重圧にはさらに拍車がかかった。

ウィリーにとって唯一救いになったのは、彼が生徒会長に立候補したことだった。当選する見込みは薄かったが、自分が単なるスポーツだけの生徒ではないことを示したかったのだ。チームメイトたちの協力もあって、結局ウィリーは当選を果たし、セント・ビンセントでは七〇年代以来初めて学年委員長に選ばれたアフリカ系アメリカ人生徒となった。

最終学年の先発メンバーになれないと知ったとき、ウィリーは多くを語らなかった。それでもレブロンとチームメイトたちは、彼のことを心配せずにはいられなかった。

選手だけを集めたミーティングが行われ、そこでウィリーが口火を切った。彼はレブロン、シアン、リトル・ドルーに向けて、自分たちが子どもの頃からの友人であることを改めて強調した。そして、今年は一緒にプレーする最後の機会になる。AAUで一緒にバスケットボールをプレーし始めた頃から追い求めていたもの、つまり全国優勝を達成するための最後のチャンスだ。

「今年が一緒にやれる最後の年だ。もし誰かドルーコーチに文句があるやつがいるなら許さない。私には文句はない」とウィリーは言った。

チーム第一を貫く彼の姿勢は、全員を勇気づけた。

「ウィリーは先発から外れたとき、泣いたり愚痴をこぼしたりしてもおかしくはなかった。だが彼はそうはしなかった。その様子を見て、個人よりも大きな何かがあると気がついた。私たち全員よりも大きな何かだ」とロメオは語った。

ロメオは感激のあまり、チームにこう語りかけた。「今日は私たちの人生でも大きな、大事な日だ。一つのつながりが切れるだけで、すべてがバラバラになってしまう。チェーンのない自転車には乗れない。わかるかい？『私たち』だと考えてほしい。一つのまとまりなんだ」

レブロンはロメオがこんな話をするのを聞いたことがなかった。全員がそうだった。それはウィリーの影響力の証しだった。部屋を見渡して、レブロンはみんなが感動しているのがわかった。

シアンも初めてロメオへの仲間意識を感じた。みんなそうだった。

「とにかくやるべきことをやって、全米チャンピオンになろう」とレブロンは言った。

選手ミーティングを終えたあと、レブロン、リトル・ドルー、シアン、ウィリーの四人が集まり、「ファブ・フォー」の名前を「ファブ・ファイブ」に変えることを決めた。ロメオが仲間に加わった。

数日後、セント・ビンセントはジョージ・ジュニア・リパブリックと対戦した。前年に故意のファウルでレブロンを痛めつけて彼らを憤慨させたチームだ。ドルーは、相手コーチが今回も同じ汚い手を使ってくるつもりだとチームに伝えた。

セント・ビンセントはフルコートプレスでゲームを開始し、決して手を緩めなかった。大差をつけた状況になっても、最後の一秒までひたすらプレスをかけ続けた。最終スコアは一〇一対四〇。今度は戦術について文句を言ってきたのは相手コーチのほうだった。

しかし、ドルーは気にも留めなかった。まずは一勝〇敗。汚名返上のシーズンが始まったのだ。

＊＊＊

二〇〇二年一二月一一日、レブロンは『USAトゥデイ』紙の一面と『ESPNザ・マガジン』誌の表紙を飾った。同じ日、クリーブランドの裁判所に出廷したエディは住宅ローン詐欺と、一六万四〇〇〇ドル相当の盗難小切手を使ってソロモン・スミス・バーニー社に個人管理口座を開設した容疑を認めた。「エディは酒を飲むたびに間違った決断を下してしまうようだ」と彼の弁護人は法廷で語った。

裁判官はエディに、一月から連邦刑務所で三年間服役するよう言い渡した。それまではアクロンの自宅での軟禁を命じられた。

エディが法廷に立っている頃、レブロンは学校にいた。英語の授業で『マクベス』を学んでいるところだった。権力欲の強いスコットランドの族長が王を殺害して王位を簒奪する物語の内容を、レブロンはそれまで知らなかった。多くのティーンエイジャーたちと同じく、彼にとってもシェイクスピアの言葉を解釈するのは容易ではなかった。マクベスが奴隷の内臓を抜き、首をはねる場面でさえ、その生々しい暴力は簡単に読み流されてしまう。

**やつの腹から顎まで斬り上げて**
**その首を我々の城壁に晒し上げたのだ**

レブロンの教師であるショーン＝ポール・アリソンは、マクベスに命を吹き込んだ。特に野心や権力、裏切りに関して警鐘を鳴らす部分を生き生きと伝えた。しかし、アクロン出身のティーンエイジャーであるレブロンとしては、何よりも自分に強く語りかけてくるように感じられるものはラップアーティストの歌詞だった。レブロンが九歳のとき、ラッパーのクリストファー・ウォレスは名盤『レディ・トゥ・ダイ』をリリースした。その三年後、ノトーリアス・B.I.G.の名で活動するようになっていたウォレスは、ロサンゼルスで車に乗っていたところを銃撃され、二四歳の若さで命を落とした。その直後からレブロンは、ウォレスの曲「シングス・ダン・チェンジド」の歌詞に心を引かれるようになった。

**もし俺がラップをやってなければ**
**クラック・ゲームに膝までどっぷり浸かってただろう**
**ストリートなんて長居する場所じゃないからな**
**クスリを捌くか、ヤバいジャンプショットを決めるか**
**スラムの若者は楽じゃないぜ**
**五セントのガムを食って、どこからメシが出てくるかもわからない**

ウォレスは韻を踏みながら、シェイクスピアの書いたどんな言葉よりも共感できることをレブロンに語りかけてきた。ビギー・スモールズ（ウォレスの愛称）はレブロンにとって詩人だった。エディが刑務所に入ると知ったときのようなつらい日には、レブロンは寝室で一人、ビギーを爆音で聴き、歌詞の意味をかみしめていた。彼がラッパーでなければ、選択肢は麻薬の売人かバスケットボール選手だった。レブロンには、それを自分に置き換えて理解するために教師は必要なかった。自分にとってバスケットボールがストリートからの避難所となったことはわかっていた。

あと数カ月もすればプロのバスケットボール選手になれるとわかっていたレブロンは、学校で集中力を保つのに苦労していた。一応は共通テストも受けた。平均成績三・二という数字はNBAのチームには関係のないものだろうが、それでも彼は成績を上げようとし続けた。チームの遠征時には、罪悪感を抱きながらどうにか宿題をこなした。英語教師からの提案に応じ、追加の単位をもらうためマクベス王の絵をスケッチしたこともあった。

幼い頃にグロリアから初めてスケッチブックを与えられて以来、レブロンは絵を描くのが好きだった。はじめは、鉛筆と画用紙は逃避を助けてくれる道具だった。今回も大して変わりはない。猜疑心が強くなり誰のことも信用しなくなった王様の姿を描くことは、学校の課題というより、ストレス解消のように感じられた。

レブロンが作品を提出すると、英語教師はスケッチに感激し、教室の壁に貼ることにした。そのスケッチは、何年も経ってレブロンが「キング・ジェームズ」として広く知られ、世界中の若者たちにとってマクベス王以上に馴染みのある存在となるまでそこに貼られ続けていた。その頃になると教師はスケッチを壁から外し、銀行の金庫に保管するようになった。

＊＊＊

エディが実刑判決を受けた翌日、レブロンとチームメイトたちはオークヒルと対戦するためクリーブランドへ向かった。アリーナの外では、コートを着込んだファンたちが入場ゲートを次々と勢いよく通り抜け、イベントスタッフがチケットを回収していた。屋内ではＥＳＰＮの中継チームが、全国でチャンネルを合わせる視聴者に向けて舞台設定を説明していた。「今夜、ここクリーブランドでは高校生の試合が一万人の観衆を集めている。しかし、単なる高校の試合ではない。天才レブロン・ジェームズが、全米ランキング一位のチーム、オークヒルと戦う。レブロン・フィーバーは、今夜全国区になる」

ウォームアップ中、チームメイトと一緒にレイアップの列に並んでいたレブロンが肩越しに後ろを見ると、ヴァイタルとウォルトンがコート中央付近でマイクを持ってカメラに向かっていた。彼らが自分のことを話しているのはわかっていた。この瞬間がどれほど大きな意味を持つものであるかも実感できた。チームメイトの一人がウォームアップにあまり集中できていない様子を見ると、レブロンは彼の耳元で「注意して」とささやき、ヴァイタルに向かってうなずいた。

レブロンは、ヴァイタルがテレビ視聴者に向けた試合前の話を終えたことに気づくと、彼のほうに歩み寄る。ハグを交わし、来てくれたことに感謝を述べた。

ヴァイタルは、レブロンから圧倒的なフィジカルの存在感を感じた。厚く広い肩、力強い胸板、岩のように硬い上腕二頭筋。だがそれ以上に強い印象を受けたのは、レブロンの成熟した態度だ。「あの少年が私に、『来てくれてありがとう』だなんて」と、彼は思った。

ヴァイタルには、レブロンが少年たちの中にいる大人であることがはっきりとわかった。単に優れた選手であっただけではない。彼はテレビの力と、全米の視聴者の前でパフォーマンスを見せることの持つ大きな意味を理解している様子だった。そして彼は、ヴァイタルのような者たちがこのスポーツに大きな影響力を及ぼす役割を果たしていることも十分に理解していた。

オークヒルとの試合は、接戦にはならなかった。過去に二度敗れていたが、今回はレブロンとチームメイトたちが見事なパフォーマンスを見せた。序盤のうちに、レブロンはファストブレイクからのノールックパスで観客を魅了した。

「本気か？　本気なのか？　トランジションであんなパスを出せる選手が大学やＮＢＡにどれだけいる？」と、ヴァイタルは放送の中でコメントしていた。

あらゆる角度からカメラを向けられることに、レブロンは強い喜びを感じていた。眉をひそめることもない。トラッシュトークもない。身構えることもない。彼はスポットライトを浴びながら、伸び伸びと、自分にとって自然なプレーをしていた。観衆の前で空中を飛び回った。初めてゴールデンタイムに中継されながらプレーした試合で、レブロンは三一得点、一三リバウンド、六アシストを記録することになった。そしてセント・ビンセントは、全米ナンバーワンのチームを六五対四五で撃破してしまった。

「彼は本物だ。完全に本物だ。本物以外の何でもない」と、ヴァイタルは放送で言った。

それを観ていたマグナスも心を奪われた。彼は自分をバスケットボールの専門家だと考えていたわけではない。戦術に精通していないことは確かだ。しかし彼には、地平線の向こう側を見渡す不思議な能力があった。レブロンを目の当たりにして、彼は将来のテレビスターを観ていると確信していた。レブロンは単に素晴らしい選手というだけでなく、素晴らしいパフォーマーだった。彼にはカリスマ性があった。あらゆる層の人々が金を払ってでも観たいと思う稀有なタレントだ。視聴率もそれを裏付けた。セント・ビンセント対オークヒル戦は、過去二年間のESPN2で最も視聴されたイベントとなり、同局の歴史の中でも史上三番目に高視聴率のバスケットボールの試合となった。

しかし放送後には、ESPNは高校生の試合を中継したことに対する批判に改めて直面した。CBSで長年にわたって大学バスケットボールのアナウンサーを務めていたビリー・パッカーは、ヴァイタルとウォルトンはこの試合の実況を断るべきだったと語った。TNTのチャールズ・バークレーは、「彼らはあの子たちにお金を渡してはいない。高校生の子どもたちを搾取するのは間違っていると思う」と述べた。『ボルチモア・サン』紙のスポーツコラムニスト、ローラ・ヴェチェイは「昨夜のテレビの全国放送で、一七歳の高校生がバスケットボールの試合をするのを観ることに、どんなもっともらしい理由をつけられるというのだろうか」と論評した。

レブロンの試合を放送するという決定については、ESPNの放送局でさえ議論されるほどだった。マグナスはコネチカット州の自宅で妻と並んで、ESPNネットワークが米国の若者を搾取していると訴えるコメンテーターたちを観ていた。

「あなたのことを話してるわ」と妻は言った。

妻は冗談めかしていたが、マグナスは彼らのコメントに真実があることもわかっていた。それでも彼は、すでにレブロンの新たな試合の権利を確保しようと躍起になっていた。一月上旬にロサンゼルスで予定されていた、ランキング四位のマタ―・デイとの対戦だ。

短期的には、オークヒル戦がきっかけとなり、ＥＳＰＮではレブロンを可能な限りテレビで取り上げようという機運が高まった。長期的には、レブロンの実験は、ＥＳＰＮがＥＳＰＮＵという新規チャンネルを立ち上げることにつながった。このチャンネルでは年を重ねるごとに高校生の試合が何度も放送されるようになり、子どもたちからの搾取だという議論は下火になっていった。

＊＊＊

バスケットボールチームがＥＳＰＮに登場したことで、セント・ビンセントでは誰もがざわめいていた。レブロンとクラスメイトたちは、図書館で、司書のバーブ・ウッドがビデオデッキをつなげたテレビの周りに群がった。ある時点でレブロンは席を立ち、その試合のお気に入りのプレーまでテープを早送りした。「見てくれ」と言いながら再生ボタンを押す。画面上に現れた彼はノールックパスを出し、チームメイトがレイアップを決めた。

自分自身をテレビで観るという体験に、彼は酔いしれていた。

しかし内心では、レブロンはＥＳＰＮが試合に合わせて雑誌で公開した自分に関する特集記事に傷つけられてもいた。冒頭で「ナルシスト」呼ばわりされたのもひどかったが、本当に腹が立ったのは、彼の家族に関する記述だ。グロリアは「癇癪持ちで小柄な女性」で、「一六歳で妊娠した」と書かれていた。記事では、レブロンの実父はグロリアのセックスフレンドだったという説が唱えられた。その男は放火と窃盗の前科があり、「州郡内の司法関係では有名な人物」だったという。

レブロンの父親がグロリアの気軽なセックスフレンドだったという確証のない説は読むに耐えないものであり、特にグロリアの品位を貶めるものだった。自分の母親がこれほど残酷な形で話題にされるのを見たいと思う者はいないだろう。スポーツとエンターテインメントに特化した全国誌であればなおさらだ。

記事はこう続く。

**グロはいつも寝るのが遅く、起きるのも遅かった。「私は朝型じゃない」と彼女は言う。トラブルにもよく巻き込まれ、合計七日間を郡拘置所で過ごしたこともある。アクロンの裁判記録によれば、彼女は長年にわたり、大音量での音楽演奏、不法侵入、法廷侮辱罪、治安紊乱行為で出頭を命じられている。「クスリはやっていない」と彼女は何気なく言うが、息子にとっては決して些細なことではなかった。恥ずかしさのあまり、息子は小学校にも行かなくなった。「小学四年生のとき、私は一六〇日間のうち八二日間学校を休んだ」とレブロンは言う。**

何より胸が痛んだのは、自分が記者に話した言葉が、彼が母親のことを恥じているかのように思わせるために使われたことだ。レブロンは、『ESPNザ・マガジン』誌に話をしなければよかったと思った。グロリアとエディも呆れ返っていた。記事はエディについて、グロリアの過去に絡んでいた「前科者」であると何度も繰り返し、中学二年生になったレブロンが才能あるバスケットボール選手として頭角を現してきた頃に再び姿を見せ、その成功に便乗しようとしてきたと述べていた。記事内ではグロリアとエディは、ウォーカー一家や地域の人々と対立関係に置かれ、レブロンの人生はエディの再登場によってますます混沌としたものになったとされていた。さらに、レブロンはエディに自分のファイナンシャルアドバイザーになるよう頼んだと主張し、それでレブロンの人生は「サーカス」のようになったと書かれていた。

レブロンは、ESPNがテレビでは彼を持ち上げながら、誌面では彼と家族を徹底的に貶めていることが理解できなかった。彼はもう、ジャーナリストたちを以前と同じ目で見ることはできなくなった。

＊＊＊

サバンナは、何ももったいぶっていたわけではない。単純に、セント・ビンセントの男子生徒から電話番号を渡されたことを忘れていたのだ。バスケットボールのシーズンが始まって数週間後、彼女はその番号を見つけ、彼に電話しようと考えた。

彼女の声を聞いて興奮したレブロンは、冷静を装いつつ彼女を試合に招待した。

サバンナはレブロンのバスケットボールを観たことがなかった。彼のアスリートとしての才能も、バスケットボール界でのステータスも知らないまま、試合への招待に応じた。アリーナに入ると、数千人の観客が観にきていたのが彼女のポケットに電話番号が入っている男であることに、ほんの数分のうちに気がつくことができた。「わあ。あいつはすごく人気者なのか」と彼女は思った。この状況に圧倒されると同時に、痛快な気分にもなった。

その後、レブロンは友人たちと一緒にアップルビーズに行かないかとサバンナを誘った。男たちはすぐに彼女のことを歓迎した。その夜の終わりに、レブロンは彼女をデートに誘った。彼女のことを知りたかったのだ。

一九八六年八月二七日生まれのサバンナ・ブリンソンは、ジェニファーとJKブリンソンの末娘。母親は看護師をしていた。父親はブリヂストンで守衛を務め、BFグッドリッチで一九年間を過ごしたあと、アクロン・ペイント&ワニス・エンジニアド・コーティングス社に入社した。両親はともに労働者階級であり、不運な目に遭っている人々や苦境に立たされた人々を受け入れることで町の評判になっていた。二人はサバンナがレブロンと付き合うことを認めた。

レブロンがサバンナをアウトバック・ステーキハウスに連れて行こうと迎えに行ったとき、彼女は黒とピンクのツーピースの服を着ていた。レブロンはサバンナのあまりの美しさが信じられない気分だった。あまりにも興奮しすぎて、その日の夕食で何を話したかも覚えていなかった。しかし、彼女が着ていた服のイメージは記憶に焼きついた。

サバンナの父親に好印象を与えたかったレブロンは、彼女が必ず門限までに帰宅できるようにした。サバンナの両親はそのことを気に入った。

レブロンはただ、自分が彼らのルールを尊重していることをわかってほしかったのだ。

サバンナを送り届けたレブロンは、彼女がテイクアウト用の容器を車に置き忘れているのに気がついた。しばらくして、サバンナは彼が玄関に戻ってきたのを見て驚いた。

彼は微笑みながら、彼女の忘れ物を手渡した。

ささやかなジェスチャーだった。しかしサバンナにとっては、バスケットボールのコート上で見ていた彼のどんな姿よりもはるかに印象的だった。デートをするような関係の中で些細なことにまで気を配ってくれる男性は滅多にいない。彼女はレブロンにまた会うのが待ち切れなくなった。

爽快な気分でレブロンは車を走らせた。すべてが目まぐるしく進んでいく中で、スピードを出さずにはいられなかった。

# CHAPTER 12 大逆転

雪が降る中、フィラデルフィアのパレストラ外側にあるチケット売り場の窓には「完売」と書かれた紙が一枚貼られていた。季節はクリスマス間近。レブロン・ジェームズは近くのホテルの部屋で宿題に追われていたが、どうしても集中できない。ESPNの一件は彼の母親とエディ・ジャクソンをひどく動揺させ、アクロンでは大きな波紋が広がっていた。雑誌の取材に応じたウォーカー家などの人々は、その決断を後悔していた。レブロンにとって紙媒体の関係者はますます信頼できなくなってきた。一方で、ディック・ヴァイタルのようなタイプのテレビ関係者は違っていた。彼らはエンターテイナーに近かった。ビル・ウォルトンとジェイ・ビラスはバスケットボールのプレー経験があり、現在はメディアでゲームを分析することで飯を食っている。彼らのことは気に入っていた。だがライターたちの中には、別のゲームをしている者もいるようだった。いわゆる「ガッチャ・ジャーナリズム」だ。

『アクロン・ビーコン・ジャーナル』紙のデイビッド・リー・モーガンは、数少ない例外の一人だった。レブロンとチームを扱う彼の報道には、ひねくれた感じがなかった。そしてモーガンの文章は、レブロンがまだ十代の若者であり、コートに立つたびに人々に期待を抱かせる才能をたまたま持っているだけだという事実を反映していた。

モーガンのような記者がもっといてくれればいいのに、と願いながら、レブロンはクリスマスカードを取り出してこう書いた。

**親愛なるモーガンへ**
**いつも応援してくれてありがとう**
**レブロン**

そしてそのカードを、フィラデルフィアの郵便ポストに投函した。「彼のような記者は味方でいてくれたほうがいい」と、レブロンは考えていた。

それからしばらくして、レブロンとチームメイトたちは、九〇〇〇人のファンが見守る前でストロベリー・マンション高校との試合に臨んだ。フィラデルフィア76ersのガード、アレン・アイバーソンまでもがレブロンを一目見るため立ち寄った。フィラデルフィアの熱狂的な観衆は地元チームを応援し、レブロンを序盤から揺さぶろうとした。しかし、レブロンはそのエネルギーを自分の力にしてしまう。相手のショットを弾き飛ばし、観る者を驚かせるようなパスを放ち、観客を総立ちにさせるダンクを叩き込んだ。セント・ビンセントは相手を突き放し、残り五分で七四対三四とリード。それでも席を立つ観客は誰もいなかった。ウィルト・チェンバレンが高校得点記録を樹立したこの街で、バスケットボールの愛好家たちは王を称えるようにレブロンに喝采を送った。

＊＊＊

グロリア・ジェームズは、レブロンの一八歳の誕生日に何か大きなことをしようと決めていた。しかもサプライズにしたかった。そのことを、彼女とレブロンにとって相談役を務めるようになっていたボストン・セルティックスのスター選手、アントワン・ウォーカーに相談していた。ウォーカーは、デンゼル・

ワシントン、ジェニファー・ロペス、アイス・キューブ、クイーン・ラティファ、ジャスティン・ティンバーレイクなどを顧客に持つロサンゼルスの専門カーディーラーから高級車を購入していた一握りのNBA選手の一人だった。グロリアはディーラーのオーナーと直接商談を行ってシルバーグレーのハマーH2を注文し、テレビ画面、プレイステーション2、DVDプレイヤー、スピーカー、レザーシート、そして「キング・ジェームズ」の特注ロゴなどを追加装備させた。ディーラーは、その車をロサンゼルスからアクロンまでトラック輸送するよう手配した。グロリアはハマーを自分の名義で登録した。

ハマーの基本価格は五万ドル。すべての追加装備と配送料、税金、保険料などを加えると、総額は八万ドル近くになる。購入資金を調達するため、グロリアはオハイオ州コロンバスのU.S.バンクに相談した。彼女には収入も担保もなかった。しかし、レブロンが次回のNBAドラフトで一位指名される見通しであることは、『ニューヨーク・タイムズ』紙から『ウォール・ストリート・ジャーナル』紙、『スポーツ・イラストレイテッド』誌、ESPNまで、全国のあらゆる一流メディアがNBA関連の情報源を引用して伝えていた。NBAの団体協約により、ドラフト一位指名された選手には自動的に三年分の年俸が支払われ、その金額は一三〇〇万ドル相当となる。レブロンがシューズ契約でどれだけの報酬を得られるかは不確定だったが、NBAのサラリーを上回る金額となることに疑いはなかった。

銀行にとって何より重要なのは、レブロンと母親が数カ月のうちに車のローンを問題なく完済できると見込めることだった。グロリアのローン申請は承認され、彼女は約束手形にサインした。

誕生日の少し前に、派手に飾り立てられた軍用クラスの車両が到着し、レブロンは唖然とするしかなかった。セント・ビンセントの学生用駐車場には派手な車も何台かあったが、ハマーほど大胆な車に乗っている者は誰もいなかった。友人を乗せて街をドライブするだけで冒険になりそうだった。助手席にサバンナ・ブリンソンがいてくれれば、さらに素晴らしいことになりそうだ。

＊＊＊

フレデリック・R・ナンスは、おそらくクリーブランドで最も尊敬されている弁護士だった。彼はまた、この街で最も知性に優れる交渉役・訴訟役の一人でもあった。国際法律事務所スクワイア・パットン・ボッグスのシニアパートナーであるナンスが弁護士を志すようになったのは六〇年代。暴動が起きるクリーブランドの街中を、マシンガンを積んだ車両が走っていくのを目にしたときだった。変化をもたらすにはもっと良い方法があるはずだと信じて、ナンスはミシガン大学で法律の学位取得を目指した。帰郷した彼は、街で最も有名な法律事務所の一つで働き、出世を果たす。そして、クリーブランド経済の活性化を助ける開発事業の最前線に立つことになった。九五年、クリーブランド・ブラウンズのオーナーであるアート・モデルがフランチャイズをボルチモアに移転させ、この街に壊滅的な打撃を与えたとき、ブラウンズの名前とチームカラーをクリーブランドに残すことを助ける役目にナンスが選ばれたのは当然の成り行きだった。激しい法廷闘争の中で、ナンスはクリーブランド市、ボルチモア市、モデル、そしてNFLの間で複雑な交渉に携わった。最終的にクリーブランドは新しいフットボールチームと、九九年にオープンする真新しいスタジアムを手に入れることになった。

NFLはナンスに強い感銘を受けていた。コミッショナーのポール・タグリアブエが引退を表明したときには、次期コミッショナー候補としてチームオーナーがナンスの名前を挙げたほどだった。実現すれば、ナンスはアフリカ系アメリカ人初のコミッショナーになるはずだったが、結局はロジャー・グッデルに敗れる結果となった。

二〇〇二年一二月下旬、ナンスは一風変わった依頼を受けた。弁護士を必要としている高校生の子どもに会ってほしい、という依頼だ。その高校生とはレブロンであり、依頼を出したのはグロリアだった。ナンスに依頼するようグロリアに勧めたのは、エディの長年の友人だった。

ナンスはレブロンのことをよく知らなかった。そして、彼は普段であれば十代のクライアントを引き受けることはなかった。さらに、レブロンが特にトラブルに巻き込まれてはおらず、具体的な法的問題に対応する必要があるわけでもないことがすぐに明らかになった。グロリアは、レブロンがもうすぐ一八歳になること、そしてシューズ契約とＮＢＡドラフト入りへの準備を助けてくれるチームを編成しようとしていることを説明した。息子には、複雑なビジネス取引対応に精通した優秀な弁護士が必要だった。グロリアとエディは、クリーブランドで頼りになる弁護士といえばナンスだと聞いていた。

興味をそそられたナンスは、一二月二八日にコロンバスのオハイオ州立大学に出向き、グロリアの隣に座ってレブロンのプレーを初めて観た。一万八〇〇〇人のファンの声援を受けながら、レブロンは二七得点をマークし、セント・ビンセントを延長戦の末に勝利へ導いた。

試合後、ナンスはレブロンの代理人を務めることに同意した。

＊＊＊

二〇〇三年一月二日の昼下がり、ロサンゼルス国際空港を出たレブロンとチームメイトたちを待っていたのは、スモークガラスで覆われた全長九メートルの白いキャデラック・エスカレードだった。スーツを着た運転手がドアを開ける。レブロンはリーボックのジャケットを着てアディダスのバックパックを背負い、ナイキのスニーカーを履いた姿で乗り込んで車内を見回した。水道付きのミニバーが二つ、スピーカー八つを備えたステレオシステム、衛星放送テレビ、そして豪華な革張りのシート。サンルーフまであった。目が回るような大声で騒ぎながら、グロリアとチームメイトもレブロンの後に続いた。

エディ・マーフィーが『大逆転』で初めてリムジンに乗り込んだとき、彼はビリー・レイ・バレンタインの役を演じていた。金持ちの株式ブローカーと入れ替わる、ストリート出身の架空の貧乏人だ。レブロンにとって、これは映画ではない。現実世界だった。彼と母親は今も公営団地の狭いアパートに住んでいるが、レブロンが未来を夢見る必要はもうなくなった。プロモーターの説得を受けたセント・ビンセントがドリーム・クラシック・トーナメントに出場を決めたおかげで、レブロンは自分を別の人生へと連れて行ってくれる車に乗ることができた。母親と友人たちも一緒に乗れるほど大きなものだった。

サンタモニカのP.F.チャングスで夕食を終えたあと車が再び走り出すと、レブロンはサンルーフから顔を出した。手に持ったビデオカメラを海に向け、ファインダー越しに夕日を眺めた。怖がりで孤独な少年だった頃には、こんな風に見える場所が世界にあるなんて想像もできなかった。チームメイトにカメラを渡し、レブロンはシャツを脱ぎ捨てた。太平洋の熱い空気が胸に吹きつける。ジェイ・Zの音楽が窓を揺らすほどの大音量で鳴り響く中、レブロンがラップを口ずさむと、チームメイトたちは彼を盛り上げた。

グロリアは喜びでいっぱいだった。これが彼女の息子なのだ。

＊＊＊

カレッジフットボールの全米選手権を目前に控え、テレビではオハイオ州立大学対マイアミ大学の試合が放映されていた。だが音量は絞られており、ソニー・ヴァッカロは放送を気にも留めていなかった。ドリーム・クラシック・トーナメントの前夜なのだ。ヴァッカロはUCLAキャンパスの隣にあるホテルのスイートルーム内をうろうろと歩きながら、レブロンとグロリアがドアをノックするのを待っていた。この二年間、アディダスはレブロン獲得レースの先頭に立っていた。しかし、マイケル・ジョーダンの影響力とリン・メリットの人脈を活用し、ナイキが追いついてきた。リーボックも追いかけていたが、ヴァッカロが警戒しているのはナイキだけだった。忌々しいことに、メリットはマーベリック・カーターを二年近く指導していた。メリットの下で働くナイキのスタッフ数人は、レブロンが最上級生になった年度のはじめから、いつもアクロンに姿を見せていた。「ナイキの担当者どもはずっとアクロンに住んでいる。あいつらはオハイオ州税を払うべきだ」と、ヴァッカロは同僚に皮肉っていた。

アディダスも引き続きあらゆる手を尽くしていた。ヴァッカロの部屋の隣のもう一つのスイートルームには、アディダスのスウェットスーツ、シューズ、タオルが詰め込まれていた。いずれも新品であり、「セント・ビンセント＝セント・メアリー」の名前が入れられている。各選手の名前が背中に入った特注のTシャツも。そして、マター・デイ戦のために特別製作された真新しい白いユニフォームもラックに吊るされており、その背中には各選手の名前が縫い付けられていた。セント・ビンセントがコートに出るとき、レブロンとチームメイトたちはロサンゼルス・レイカーズにも匹敵する装いでプレーすることになる。

だが結局のところ、派手なユニフォームや格好良いグッズがアディダスを勝たせてくれるわけではない。ヴァッカロがエア・ジョーダンの魅力に打ち勝とうと思うのなら、彼に残された道は一つしかないとわかっていた。大きな賭けに出ることだ。業界関係者の間では、ナイキにはレブロンとの契約に二五〇〇万ドル以上を投じる用意があるというのが共通認識だった。シューズ会社がバスケットボール選手と契約するために提示する金額としては史上最高額になる。ジョーダンでさえも、ナイキとの契約で受け取った金額はこれに遠く及ばなかった。『ウォール・ストリート・ジャーナル』紙は「彼との契約の裏で破産する者もいることだろう」と論じていた。

しかし、ヴァッカロは納得しておらず、限界にまで挑戦する覚悟があった。この勝負に勝つために何が必要なのか、彼は同僚のデイビッド・ボンドやアディダスの他の幹部たちと話し合っていた。

オハイオ州立大学がマイアミ大学に勝利する番狂わせを演じた直後、ドアをノックする音が聞こえた。

＊＊＊

チームの非公式練習、記者会見、ビバリーヒルズでの昼食会など、レブロンは忙しい一日を過ごしていた。さらにフットボールの試合を三時間も観て、すっかり遅くなった。それでも宵の口のような感覚だったレブロンは、バギージーンズにTシャツという出で立ちで、母親に続いてヴァッカロのスイートルームに入っていった。

グロリアは少し緊張してしまうのを抑えられなかった。これはビジネスミーティングであり、いつもなら彼女はエディに頼るところだった。しかしエディはオハイオを離れられない。

ヴァッカロとパムに案内されながら、二人はボンドの前を通り過ぎて個室へ招き入れられ、ドアが閉められた。レブロンはベッドに座り、背中をヘッドボードに預ける。グロリアはその隣に座った。

アディダス、ナイキ、リーボックから間もなく正式なオファーが提示されることに関して少しやり取りがあったあと、ヴァッカロは本題に入った。

「レブロン、この先どうなると思う？」

「年収五〇〇万ドルくらいかな？」

「そう思っているのか？」とヴァッカロは訊ねた。

レブロンはうなずいた。

ヴァッカロは微笑む。「レブロン、君は銀行を破綻させる」

レブロンは目を見開いた。

「そんなものじゃない。君ははるかに大きな価値を持つことになる」とヴァッカロは続ける。

グロリアはレブロンを見つめた。

「君には一億ドルの価値がある」とヴァッカロ。

一億ドルだって？　レブロンとグロリアは言葉を失った。

「君はそこまで行くはずだ」。ヴァッカロはレブロンに告げる。

レブロンとグロリアは同時にベッドから飛び上がり、ヴァッカロとパムに抱きついた。

ドアの裏から聞いていたボンドにも、祝福の言葉が聞こえた。「ソニーがやった」と彼は思った。

しばらくしてドアが開き、グロリアが手を震わせながら出てきた。

「一杯やるにはいい時間」と彼女は言った。ボンドは同意し、彼女をミニバーに案内した。

＊＊＊

レブロンはUCLAのロッカールームで椅子に座って着替えをしており、シャツを脱いだところだった。少し離れたところではマーベリックが、レブロンの笑顔の写真を切り抜いたものを貼り付けた棒を持っていた。レブロンの顔で自分の顔を隠して遊びながら、マーベリックは気分上々だった。レブロンは世界の頂点にいるのだ。セント・ビンセントは七勝〇敗で全国ランク九位。そして四位のマター・デイと対戦するためにロサンゼルスを訪れていた。

しかし、レブロンは緊張していた。この相手には勝たなければならないという特別な思いがあったのだ。マター・デイのメンバーの中心となっているのは、中学二年生のときにAAU全米選手権でレブロン、シアン・コットン、リトル・ドルーを倒したのと同じ選手たちだった。アクロンから来たという理由で彼らを見下していた連中だ。

レブロンは借りを返したかった。だがセント・ビンセントはそれを、シアン抜きで実行しなければならない。シアンはこの週末に開催される高校オールアメリカンボウルに招待されていた。全米から七八人の高校生フットボール選手しか招待されないイベントだ。シアンにとってはフットボール奨学金こそが大学への切符であり、欠場するわけにはいかなかった。つまりバスケットボールチームは、シアンを欠いて戦うしかない。「みんな、今夜は何も魔法は使えない」と、ドルー・ジョイスはチームに伝えた。

魔法だって？　レブロンはニヤリと笑った。彼には何か秘策があった。

ESPN2ではビル・ウォルトンが、ダン・シュルマンとジェイ・ビラスとともに試合の実況を務めた。試合が始まった直後、ロメオ・トラヴィスがマター・デイのエースプレーヤーのショットをブロック。ボールはマター・デイのフリースローライン上にいるレブロンへと渡る。振り向きざまにコートを駆け抜け始めたレブロンは、視界の隅にロメオが追いかけてくる姿を捉えていた。ドリブルでコート中央を突破したレブロンの前には、相手DFがあと一人だけ。レーンに飛び込み、リングに向かって加速したところでDFが目の前に滑り込んでくると、レブロンはボールを両足の間からバウンドさせ後ろへ戻す。勢いに乗ったレブロンの体がバックボードを通り過ぎてラインの外へ出る頃、猛烈に駆け上がってきたロメオがフリースローラインのわずか手前でボールをキャッチ。ドリブルを入れずに跳び上がったロメオは両手でダンクを叩き込んだ。観客はどよめく。「ここはウォルト・ハザードからグレッグ・リー、マジック・ジョンソンまで、衝撃的なパスを目撃してきた街だ。そして今度はレブロン・ジェームズがやってくれた！」とウォルトンは実況した。

コートサイドでメリットの横に座っていたナイキのCEO、フィル・ナイトは感嘆を覚えた。コーチは選手にパスの仕方を教えることはできるが、「見ること」は教えられない。肩越しに振り返ることもなく、追いかけてくるチームメイトに完璧なバウンドパスを出してみせたレブロンは、後頭部に目がついているかのようだった。滅多にお目にかかれない芸術的なバスケットボールだが、ロサンゼルスのファンにとっては、ロサンゼルス・レイカーズの「ショータイム」時代（八〇年代、レイカーズが5回のチャンピオンに輝いた時代）に見慣れたマジックのプレーのようだった。

コートサイド席から、ヴァッカロはナイトがレブロンを観る様子を見ていた。チームメイトをスターに変える超越的な能力を持った、別の惑星から来たアクションスターを見るかのようだった。

セント・ビンセントはまたも勝利し、三週間のうちに全米トップ10のチームを三つ撃破した。

試合が終わると、ヴァッカロはナイトに近づき、耳元でささやいた。「戦う覚悟を決めろ」

ナイトは微笑んだ。ヴァッカロは微笑まなかった。

# CHAPTER 13 優等生

リッチ・ポールはまだ若いが、成熟した考え方を持っていた。「人は、自分ではどうすることもできない状況でこの世に生まれてくる。自分では選びたくないような状況だ。だがどんな状況であれ、それにどう向き合ったかによって、大人になってから世界をどう進んでいくかが決まることになる」と、リッチは話していたことがあった。

マーベリック・カーターは、レブロン・ジェームズの新たな友人に感銘を受けずにはいられなかった。大学を中退しているにもかかわらず、リッチはこれまでマーベリックが出会ったほとんどの大人よりも賢く見えた。そして、リッチと出会ってから一年も経たないうちに、マーベリック自身もレブロンがＮＢＡでのキャリアを進んでいく手助けに専念するため大学を中退しようとしていた。マーベリックはリッチに親近感を抱き始めていた。両者は同じような人生経験をしており、将来への展望も共有していた。二人とも野心にあふれており、父親の人生の限界を決めるものとなった壁を打ち破ろうと決意していたのだ。そして二人は、レブロンを守るため、彼の利益になるために必要なことは何でもしようと固く決心していた。

マーベリックとリッチが協力してレブロンを初めてサポートしたのは、レブロンがロサンゼルス遠征を成功させたあとのことだった。レブロンとグロリア・ジェームズがアクロンに戻った翌日、二人はエディ・ジャクソンに別れを告げた。エディはピッツバーグから一四〇キロ東にあるペンシルベニア州の刑務所に向かわなければならない。これから三年間、受刑者番号三八九八〇―〇六〇として生きることになる。エディは手紙を書くと約束した。

グロリアは気が気でなかった。息子がどこまでも登っていく一方で、盟友は離れていく。レブロンは、何が起きているのか、なかなか理解し切れなかった。親が刑務所に入るのを見送るというトラウマに対処するための取扱説明書は存在していなかった。

マーベリックもリッチも、レブロンがエディを父親として見ていることを知っていた。そして、指をパチンと鳴らすだけで喪失感や困惑を消し去ることができるわけではないとしても、愛する者が刑事司法制度の牙にかかるのを見るという経験は、二人にとっても共感できるものだった。マーベリックの父親にも起こったことであり、彼は親が収監されることによって生じるさまざまな感情を、身をもって知っていた。一方でリッチは、警官が若い黒人たちを手荒に扱うことが日常茶飯事である地域で育った。あるとき、二人の警官がリッチ・ポール・シニアの店に入ってきて、リッチの兄を拘束したこともあった。少し言葉を交わしたあと、警官の一人がリッチの兄の顔を銃で殴った。ポール・シニアは両手にピストルを持ってカウンターの裏から飛び出し、警官に向き合うと、「ロドニー・キングのようにはさせない」と告げる。結局、警官は引き下がった。

今度はレブロンの番だった。愛する者が司法制度の矢面に立たせられる。マーベリックとリッチは、二人からのメッセージとして、「私たちは君の味方だ」とレブロンに伝えた。

＊＊＊

エディが収監されたのと同じ日、『ＵＳＡトゥデイ』紙は新たなランキングを発表した。マター・デイに勝利したばかりのセント・ビンセントは、ナンバーワンの座に躍り出た。セント・ビンセントが全米のトップチームになったというニュースは学校中を揺るがし、祝福の波が広がった。校長から校内放送で発表が行われたあと、その日の最後には臨時の激励会が開かれた。生徒たちは顔を緑と黄色にペイントしていた。トロンボーン奏者を中心としたマーチングバンドが学校の応援歌を演奏する。バスケットボールチームの選手たちは、あらゆる敵を打ち負かした征服者のように祭り上げられた。セント・ビンセントはバスケットボール界で知られる存在となった。

シアン・コットン、リトル・ドルー、ウィリー・マクギー、ロメオ・トラヴィス、その他の選手たちにとって、人生最高の日の一つだった。

レブロンは、かつてないほど学校全体が団結した瞬間を楽しんだ。しかし、内心では傷ついてもいた。歓声がやむと、レブロンはドルー・ジョイスに会いに行った。

ドルーはレブロンの心の内を十分に理解しており、何とか彼を励まそうとした。「残りのシーズンをお父さんに捧げなさい」とレブロンに伝えた。

レブロンにとっては、考えもしなかったことだった。

「そうすれば、お父さんを悪く思っている人たちにメッセージを送ることができる」と、ドルーは続けた。

その夜、セント・ビンセントはクリーブランドのヴィラ・アンジェラ＝セント・ジョセフ高校と対戦した。ドルーの言葉を胸に、レブロンは七本のダンクを含めた四〇得点を記録。そのうちの一本は、おそらく彼の高校生活でも最も強烈なダンクだった。第三クオーター終盤、レブロンは跳び上がりながらボールを両足の間に通し、両手でボールをリングに叩きつけた。観客からはスタンディングオベーションが沸き起こった。試合後、デイビッド・リー・モーガンは『アクロン・ビーコン・ジャーナル』紙にこう書いている。「レブロン・ジェームズのショーは……う～ん……ええと……そうだな……言葉にできない」

バスケットボールはずっと、レブロンにとって魔法の絨毯だった。周囲で起こるあらゆることから彼を連れ去り、至上の幸福へと運んでくれる。その飛行の中でも最高なのは、観客からの視線が彼に釘付けになっているのがわかる瞬間だった。拍手の音によってアドレナリンが湧いてくる感覚に比べられるものなど何もない。認められることは何度でも味わいたい。

しかし、四〇得点の大活躍に喜んでいられる時間はわずかだった。数日後、オハイオ州高校体育協会（OHSAA）からセント・ビンセントに連絡が入り、レブロンのハマーについて問い合わせてきた。グロリアが公営団地に居住していることを知った上で、OHSAAのコミッショナーであるクレア・マスカロは、誰が車両を購入したのか、またその資金源がどこであるかについて、学校側に書類を要求してきたのだ。同協会の内規では、学生アスリートは「競技上の名声を利用し、金銭または金銭的価値のある贈呈品を受け取った」場合には、アマチュアの地位を失うとされていた。マスカロは、他校への責任を果たすためこの件を調査する義務があると主張した。「もし彼が規則に違反したのなら、車両が納車された時点からアマチュア資格を返上しなければならない」と、マスカロは『AP通信』に語った。

その日の午後には、レブロンのハマーが調査対象となっていることをESPNの『スポーツ・センター』が報じた。この話はすぐにスポーツ紙の枠を超えて広まった。米軍がアフガニスタンに駐留し、ジョージ・W・ブッシュ政権がサダム・フセインを退陣させるためイラク侵攻の動きを強めていた頃、『ニューヨーク・タイムズ』紙は二〇〇三年一月一四日付で「レブロン・ジェームズのSUVが調査対象に」と見出しを掲げた。同日、CNN『ウルフ・ブリッツァー・リポート』は、レブロンのハマーの件をあたかも国家的関心事であるかのように報道した。

グロリアは憤慨していた。大会プロモーターも、ESPNも、『スポーツ・イラストレイテッド』誌も、ケーブルテレビ業者も、メディアも、そしてセント・ビンセントまで、誰もが彼女の息子を利用していたのだ。それなのに、彼女が息子のために何か特別なことをしたからといって、息子の出場資格を剥奪すると脅すやつが出てくるなんて。「これが金持ちになるということ」と彼女は思った。

怒りと困惑を抱えつつ、グロリアは弁護士のフレデリック・R・ナンスに電話をかけた。彼はこの問題に対処することを承諾してくれた。

レブロンも怒っていた。『ニューヨーク・タイムズ』紙は、グロリアが公営住宅に住んでいることを指摘していた。「家族の状況を知る人物が匿名を条件に取材に応じてくれた。どうすれば彼女がそんなローンを組めるだろうかと訊ねると、『レブロン・ジェームズを担保にすれば十分だ』という答えだった」と同紙は伝えた。レブロンには、マスコミがわざわざ母親を困らせようとしているように感じられた。しかし、レブロンが侮辱や逆境に対処するやり方は母親とは違っていた。グロリアが思ったことを口にするのに対し、レブロンはコートに出るときまで感情を封じ込めるタイプだった。

アクロン大学で行われたセント・ビンセントの次のホームゲームに、レブロンはハマーのラジコン車を持って現れた。試合前のウォームアップ中に、彼はそのおもちゃをコートに持ち込み、コート中を高速で走り回らせた。チームメイトは笑い、記者たちはその光景に見入っていた。ＯＨＳＡＡや、母親について質問をしてくるような者たちに中指を立てる代わりの遊び心だった。

相手チームのファンは「ママにハマーを買ってほしい」と書かれたＴシャツを着ていたが、レブロンはその相手から五〇得点を奪った。スリーポイントを一一本決めたのは新記録だった。プレー時間残り一分となり、セント・ビンセントが三〇点以上リードしている状況でドルーがレブロンをベンチに下げると、ホームの観衆はレブロンに長く盛大な喝采を送った。一方でグロリアは、「レブロンのママ」と書かれたジャージを着てスタンドのビジター席のほうへと歩いていき、レブロンの顔写真をうちわにして自分をあおいだ。セント・ビンセントの戦績は一一勝〇敗となった。

『アクロン・ビーコン・ジャーナル』紙のモーガン記者は、レブロンの視点からこの状況を見ようとした。試合後にモーガンのインタビューを受けたドルーは、こう語っている。「品位の問題だと思う。レブロンはそれなりの立場にいるのだから、彼にあんなことがあってはならない。戦争が始まろうとしており、多くの若者を命が失われる場所へ送ろうとしているのに、彼の誕生日プレゼントにこだわるなんて」

＊＊＊

ナンスは贈呈品に関するOHSAAの内規を精査し、マスカロの調査は大騒ぎするほどのことではないと結論づけた。親が子どもに贈り物をすることは禁止されていない。その贈り物がグロリアの経済的余裕を超えるものであったかどうかは関係がない。唯一の問題は、グロリアが本当にその車を購入したかどうかだった。そして、コロンバスのU.S.バンクの副頭取がその答えを提供してくれた。車両の購入に充てられた資金をグロリアに融資したことを証明する書面をファックスで送ったのだ。

OHSAAが銀行から書類を受け取ったあとも、マスカロはレブロンの潔白を認めようとはしなかった。「私が言えるのは、調査はまだ継続中だということだけだ」と、彼は報道陣に語った。

ナンスはグロリアとレブロンに、心配する必要はないと告げた。何も悪いことはしていない。騒ぎが終われば、問題は彼らに有利な形で解決することになると。

レブロンとグロリアにとって、強力な弁護士を味方につけるのは初めての経験だった。だがレブロンは、弁護士を必要とすることに不慣れでもあった。それまでトラブルに巻き込まれたことはなかった。何らかの調査を受けたことすらなかった。結果論としては母親が彼にハマーをプレゼントするのをもう少し待ったほうが賢明だったとも思うが、あと数カ月もすれば彼は大金を手にするのだから、母親が息子に高級車を贈ることをサプライズにするチャンスも失われてしまうのだと気がついた。母親が自分への愛情を表現しようとしてやったことが、自分のプレー資格に疑問を呈するために使われたことに腹が立った。特に、ジャーナリストたちがこの状況を大げさに伝えるのを見ると、とりわけ腹立たしかった。

数年後にレブロンは、この一件について次のように書いている。「全米のメディアが、自動車事故に興奮した野次馬のように飛びついてくる一方で、オハイオ州高校体育協会も同じくらいしつこく、母が受けた融資を精査しようとしてきた。まるで国税庁がマフィアの税還付を調べるような厳しさだった」

しかし、グロリアを追いかけていたのは全国メディアだけではなかった。一部の地元紙記者たちまでもが嗅ぎ回ってきた。『アクロン・ビーコン・ジャーナル』紙のコラムニストは、「レブロンの問題は母親の見当違いから始まった」と題した記事で次のように書いた。

**レブロン・ジェームズは孝行息子であり、母親を愛情深い目で見つめ、称賛の言葉でしか彼女のことを語らない。だが彼が見抜けていないのは、母の目の中にあるドルマークだ。グロリア・ジェームズは裕福であったことがない人間であり、何百万ドル、何千万ドルという大金を手にするという見通しが、彼女の判断を曇らせてしまった。**

レブロンはハマーに関する調査を脅威に感じることはなかった。自分は何も悪いことをしていないとわかっていた。しかし、このときの経験やメディアの取り上げ方を通して、ジャーナリストは自分たちの一面しか見ようとせず、何かをタダで手に入れようとしているだけだと、レブロンとグロリアは確信することになった。

＊＊＊

エディは獄中にあったが、外にはまだ多くの友人がいた。手紙を書いたり、時折電話をかけたりして、彼はその友人たちの多くと連絡を取り続けようとしていた。エディの友人の一人にジョセフ・ハソーンがいた。ヴィンテージジャージを扱うクリーブランドの小売店、ネクスト・アーバン・ギアで働いている男だ。同時にハソーンは、大人のリテラシーを向上させることを目的とする非営利団体「プロジェクト：ラーン」

の評議員でもあった。ハマーの一件の調査中に、ハソーンはレブロンに連絡を取り、レブロンが成績優秀生の表彰を受けたと聞いたことを伝えた。彼はレブロンを祝福し、友人たちと一緒に店に来るよう招待した。

数日後、レブロンは友人たちをハマーに乗せてクリーブランドに向かった。彼らが店に入ると、ハソーンは多くのプロスポーツ選手や有名人がここに買い物に来たことがあると話してくれた。彼は店内に飾られているサイン入りの写真を一つひとつ指差した。

ハソーンの提案で、レブロンも自分の写真にサインをしたものを壁に貼り付けた。

レブロンが店内を回っている間に、ハソーンはいくつかのジャージを手に取って値札を外した。

店を出ようとするレブロンに、ハソーンは紙袋を手渡した。「君へのプレゼントだ」と彼は言った。

中を見たレブロンは、二枚のヴィンテージジャージが入っていることに気づいた。ゲイル・セイヤーズとウェス・アンセルドのものだった。彼は顔を上げ、「こんなことはしてくれなくていいのに」と言う。

ハソーンは、レブロンが優等生の表彰を受けたことを誇らしく思うと言った。

「ありがとう。私がいい生徒だと誰かに認めてもらえてうれしい」とレブロンは言った。

礼儀正しいレブロンは、アンセルドのジャージをすでに持っていることはハソーンに言わなかった。

＊＊＊

二〇〇三年一月二七日、OHSAAコミッショナーのマスカロはようやく、誕生日に母親からハマーを贈られたレブロンは何の規則違反も犯してはいなかったと結論づけた。その三日後、マスカロは『プレイン・ディーラー』紙で、レブロンが最近ネクスト・アーバン・ギアを訪れたことに触れた記事を読んだ。店員の話によれば、レブロンは店の壁に飾る自分の写真にサインをする代わりに、ヴィンテージジャージ二枚を受け取ったのだという。

マスカロは自分を抑えられなかった。彼は店に電話をかけ、記事に載っていた店員と話をした。店員は、レブロンにジャージを渡したのは自分ではないと言いつつ、二枚のジャージは八四五ドルの価値があるものだったと認めた。彼はさらに、レブロンと、彼にジャージを渡した店員との間でどんなやり取りがあったのか確かなことは言えないとも付け加えた。マスカロは店の共同経営者にも話を聞いた。レブロンの来店に関する新聞記事には不正確な部分があるかもしれない、と彼は注意を促した。共同経営者は、店員たちと話をした上で、何が起こったのかを調べてみると申し出た。だが全員と話をするためには、その日の終わりまで時間が必要だった。

マスカロはセント・ビンセントに電話をかけ、レブロンと話をしたいと要求した。

マスカロから電話があったとき、レブロンは授業中だった。マスカロがヴィンテージジャージと新聞記事について話したがっているという知らせを受けると、レブロンは信じられなかった。また新たな騒ぎになるのを避けたいと願いつつ、彼は学校を出て帰宅すると、二着のヴィンテージジャージを持ってクリーブランドに向かい、店に返却した。

一方でグロリアは、レブロンがマスカロと話をすることはないと学校に伝えた。この件はナンスが対応するので、OHSAAからの連絡はすべて彼を通すようにと。

セント・ビンセントは、レブロンに接触するため学校に二度目の連絡を入れてきたマスカロに、その情報を伝えた。

マスカロはハマーの調査の件でもナンスと接触したばかりだったが、レブロンの言い分を聞くためにナンスを通そうとはしなかった。代わりにマスカロは、その日の午後三時過ぎにナンスの事務所に電話し、決定を下したことを通告した。数分後、マスカロはレブロンを今シーズンの終わりまで出場停止にすると発表する公式声明を出した。「同店の担当者と話をしたところ、一月二五日に同店はレブロンにその服を無償で直接渡したことが確認できた。ゆえに、レブロンはこれらの贈呈品を得るために競技者としての名声を利用したのであり、アマチュアリズムに関するＯＨＳＡＡの内規に直接的に違反するものである」とマスカロは述べた。

ＯＨＳＡＡが贈呈禁止規定を発動し、学生に資格停止を宣告したのは、一四年ぶりのことだった。

レブロンは、店を出てアクロンへ戻る途中で携帯電話にナンスからの連絡を受けた。ナンスから知らせを受け、レブロンは言葉を失った。

レブロンは耳に伝わる話を受け止め切れなかった。彼の高校でのキャリアは終わったのだ。

マスカロが早まった行動を取ったことは、ナンスには明らかだった。数日で終わるはずのハマーの調査に三週間近くも費やしたあげく、今度は二着のヴィンテージジャージに関する短い記事を読んでからわずか二四時間でレブロンに罪を着せたのだ。しかし、ナンスが今後の方針を練るためには、マスカロがやらなかったことをやる時間が必要だった。つまり、すべての事実を集めることだ。

＊＊＊

セント・ビンセントはその日、午後五時半から練習の予定だった。それまでには、レブロン追放というマスカロの決定はすでに全米に伝わっていた。ニューヨークからロサンゼルスまで、スポーツラジオのトークショーで取り上げられていた。ＥＳＰＮの『スポーツ・センター』ではトップニュースとなった。レブロンが学校の駐車場に車を停めると、テレビの衛星中継車が道の向こうに並び、記者たちや野次馬が体育館の外に集まっているのが見えた。トレンチコートを着て、目の部分に穴を空けた箱を頭にかぶった男が、「ＯＨＳＡＡは最悪だ」と書かれた手作りのボードを掲げていた。

涙を拭いながら、レブロンはハマーから降りて騒動の中に入っていった。カメラマンやテレビカメラの一団が彼の周囲に殺到した。それを振り切ってレブロンは、裏口から校内に飛び込んでいった。チームはロッカールームに集まっていた。

レブロンが部屋に入ると、ドルーが選手たちに何が起こっているのか話しているところだった。ＯＨＳＡＡは、レブロンに今シーズン中の資格停止を宣告したことに加えて、セント・ビンセントがブフテルに勝利を収めていた直近の試合も敗戦扱いにすると通告していた。レブロンがヴィンテージジャージを受け取った翌日に行われた試合だったためだ。結果として、セント・ビンセントの戦績は一四勝〇敗から一三勝一敗に変わった。

高校生たちは当惑していた。どのチームも自分たちに勝てないのに、何だか知らないやつにシーズン無敗記録を阻まれるなんてことがあっていいのか？

レブロンは両手で顔を覆った。

四方八方から攻撃されている気分の中、今はチームに集中しなければならないとドルーは選手たちに話した。団結し、レブロン抜きでプレーすることを学ばなければならない。彼はまた、練習終了後に待ち構えている大勢の記者たちにどう対応するかについてもアドバイスを与えた。「誰とも話はするな」と彼は言った。

＊＊＊

その夜、レブロンは動揺していた。マスカロのことは、勝利に満ちた最終学年のシーズンを台無しにし、子どもの頃からの友人たちと一緒に全国制覇を成し遂げるという夢を潰した悪役だとしか思えなかった。しかし鏡を覗き込むと、レブロンはチームメイトたちを失望させたことへの罪悪感も覚えずにはいられない。自分自身に腹が立ち、あんなジャージなんか受け取らなければよかったと思った。もっと賢く立ち回るべきだったと自分に言いたかった。

レブロンのバスケットボールシーズンが突然打ち切られたことは想像を絶する結果であり、マーベリックもリッチも覆す術を知らなかった。エディであれば知恵を授けてくれるかもしれないが、彼は塀の中にいる。そしてグロリアは取り乱していた。何より最悪なのは、学校関係者がＯＨＳＡＡの決定を甘んじて受け入れた様子であったことだ。たった一日で何もかもが大混乱に陥ったかのようだった。

ナンスは異なる視点を持っていた。激しい対立や大きなエゴに長年対処してきた経験に基づく視点だ。彼は、クリーブランド・ブラウンズが真夜中のうちに大型トレーラーに荷物を積み込んでボルチモアへと去って行った翌朝がどのようなものであったかを思いだしていた。残されたのはシャッターの閉ざされた事務所、空っぽのスタジアム、途方に暮れるファンたち。当時、この街の精神と経済を実際に大混乱に陥れたのは、ブラウンズのオーナーであるアート・モデルという一人の男だった。大局的に見れば、レブロンのケースはそれほどの影響を引き起こすものではない。だがナンスは、レブロンが、特に一人の高校生としては異常な事態に巻き込まれていることも認識していた。そして全米のメディアは、この状況をまるでスポーツイベントのように取り上げていた。

レブロンの追放を法的観点から見れば、彼のクライアントが被害を被ったことは確かだとナンスは感じていた。性急すぎる判断が、過剰な罰則を生み出していた。ナンスの世界観に従えば、マスカロの決定は恣意的で気まぐれなものだった。対応手段はさほど複雑なものではない。だがその第一歩として、レブロンは、自分が不当な扱いを受けたと感じる者にとっては容易に受け入れがたいことをしなければならない。悔い改めた姿勢を見せることだ。

その夜、眠りにつく前に、レブロンはマスカロに手紙を書いた。

**まず、この一件と、私に関するその他の最近の騒動について謝罪したい。ご想像の通り、有名人になったことに関連して、プラスになることと同じくらいマイナスになることも数多くある。そのせいで私は、個人的なライフスタイルに非常に大きな調整を加えなければならなくなっている。**

手紙の中で、レブロンは自分の行動に責任を負うこと、店を訪れてジャージ二枚を受け取ったことを認めた。しかし、その価値を認識してはいなかったと述べ、規則に違反した可能性があると認識してすぐにジャージを返却したとも説明した。手紙の最後は、本心からの思いを綴って締めくくった。

**コミッショナー、私は二つの夢を実現するために長い間頑張ってきた。いい学生であること、そして優れたアスリートであることだ。バスケットボールは私の人生だ。最終学年は私にとって非常に重要な一年であり、名誉と栄誉ある形で終えたい。**

ナンスは感心した。大人であってもこんな手紙を書けるほどの謙虚さを持ち合わせていない者が大勢いることを彼は知っていた。

レブロンは、手紙が変化をもたらすことを願っていた。

だが、そうはならない。OHSAAは手紙の中から、レブロンがジャージを受け取ったことを認めた一文に注目し、彼がアスリートとしての名声を利用したことを認めたと判断した。つまりOHSAAはこの手紙を、罪の自白であるかのように扱ったのだ。マスカロには一歩も譲るつもりがなかった。

レブロンは、手紙は何の役にも立たなかったと結論づけた。

しかし、ナンスは裁判官がレブロンの手紙をどう見るか、そしてさらに重要なこととして、マスカロがどう反応するかに注目していた。これほどの厳しい処分、そして十代の若者が書いた謝罪の手紙に対する傲慢な対応。法的な異議申し立てを行うには十分な材料となる。

ＯＨＳＡＡによるレブロンの資格剥奪を阻止するため、ナンスは暫定的な処分差し止め命令の申し立てを準備した。

セント・ビンセントの図書館司書バーバラ・ウッドは、メディアの注目を集めるような人物ではなかった。そして、彼女は問題に巻き込まれるのを避けてきた。しかし、ＯＨＳＡＡがレブロンを追放したことを知ると、彼女はもう黙っていられなくなった。「人々は彼の失敗を心待ちにしていた」と、彼女は『アクロン・ビーコン・ジャーナル』紙のモーガン記者に語った。「彼が打ちのめされるのが待ち遠しかったようだ。ただただ悲しいこと。私は、彼が毎日登校して、授業でどれだけ頑張っているかを見ている。このことを知ると、私はとにかく胃が痛くなるばかりだった」

＊＊＊

パトリック・ヴァッセルも同じ気持ちだった。彼はキース・ダンブロットの夏季バスケットボールキャンプで一緒だった中学校時代からレブロンのことを見ていた。ヴァッセルにとって、高校のロッカーメイトの周囲で起こっているあらゆることの重大さを理解するのは、年々難しくなっていた。レブロンはセント・ビンセントを新たな高みに引き上げ、学校にアイデンティティを与えたというのがヴァッセルの感覚だった。彼個人の成功は、校内の大勢の他生徒に輝くチャンスを与えた。ヴァッセルもその一人だった。彼は学生自治会の主要メンバーとして、レブロンについての記事を書くため学校を訪れる全国メディアの関係者たちとやり取りする機会が多かった。この年、『ニューヨーク・タイムズ』紙の特集記事ライターがアクロンを訪れた際には、ヴァッセルが案内役を務めた。彼自身もインタビューを受け、その言葉が『ニューヨーク・タイムズ』紙に掲載された。現実だと思えないような体験だった。

ヴァッセルにとって、国内でも特に評価の高い出版メディアの記者に会える機会は、教科書から学ぶ以上に勉強になるものだった。二月二日、ヴァッセルはバスケットボールチームを応援するためローズ・アリーナに向かった。満員の会場で、レブロンはストリートファッション姿だった。そして、スター選手を失ったセント・ビンセントの初戦がどのような結果となったかを伝えるため、多くの記者が駆けつけていた。試合開始から少し経ったところで、ヴァッセルは学校の理事に肩を叩かれた。

「ハーフタイムにディオン・サンダースと会ってみないか？」と理事は彼に言う。

ヴァッセルは言葉を失った。ディオン・サンダースは九〇年代にMLBとNFLの両方で同時にプレーし、「プライム・タイム」や「ネオン・ディオン」の異名を取った男だ。ヴァッセルは彼のプレーを観るのが大好きだった。

サンダースはCBSニュースの取材で来ているのだと理事は説明した。彼は『アーリー・ショー』のコーナーでレブロンにインタビューするためにこの町を訪れていたのだ。学校は、試合中にサンダースと一緒に過ごすことのできる生徒を探していた。

「もちろん」とヴァッセルは言った。

＊＊＊

レブロンは、観客となるには向いていないタイプだった。黒いシャツの上にクリーム色のスーツを着て、二軍チームと一緒にベンチに座り、チームメイトたちを応援した。カントン・マッキンリー・ブルドッグス高校との試合は激戦となった。セント・ビンセントは負けそうな展開の時間が長かったが、最終的には一点差で勝利を収めた。

試合後、レブロンはサンダースとCBSのカメラクルーを伴って会場を出ることになった。少年時代、レブロンはサンダースのプレーを観るのが大好きだった。彼はお気に入りの選手の一人だった。今、彼はそのサンダースからインタビューを受けている。

サンダースはレブロンが話したことのあるライターたちとは違っていた。一九八九年、当時二二歳だったサンダースは、ニューヨーク・ヤンキースのユニフォームを着てホームランを打ち、同じ週のうちにアトランタ・ファルコンズのユニフォームを着てタッチダウンを決めた。脚光を浴びながらキャリアを過ごした元アスリートとして、サンダースは他の記者たちとはまったく別の道を歩んできていた。彼はレブロンを尋問するような質問をしてくるのではなく、レブロンの経験していることに共感し、話したいことを話すよう促してくれた。

レブロンは心地良くサンダースに話をした。「何か違反しているとわかっていれば、絶対にしなかったはずだ。自分のプレー資格を危険に晒すようなことは絶対にしない。チームを危険に晒したりもしない。私はただ友人たちと店に行っただけだ。そうしたら彼が、『成績優秀生になったご褒美にジャージ二着をあげよう』と言ってきたんだ」。サンダースは共感していた。

＊＊＊

レブロンとサンダースの対談がCBSで放映されたその日、ESPN.comには新たな見出しが掲載された。「レブロン・ジェームズのために泣かないで」と。執筆はまたも『ESPNザ・マガジン』誌のトム・フレンド。今度は容赦のない意見記事だった。レブロンは被害者ではないと主張しつつ、フレンドはこう書いた。「彼が（ジャージを）催促しなかったとは言わせない。手を伸ばしていた」。さらに彼は、オハイオ州裁判所はレブロンの金銭面を問い質すべきだと主張した。「目に見える以上のものがある。我々の知っている以上のことがある」と彼は書いた。

レブロンとグロリアは、一カ月前のフレンドの記事に傷つけられたと感じていた。今回の意見記事は、その傷に塩を塗ろうとしているかのようだった。「レブロンには、ダメだと強く言ってくれる親がいない。だからといって、彼が歪んでいるということではない。ただ、彼は彼なのだ」とフレンドは書いていた。

このような記事は、レブロンの活字ジャーナリストに対する不信感を深めた。『ESPNザ・マガジン』誌は彼のブラックリストに入れられることになった。

＊＊＊

ジェームズ・R・ウィリアムズは、サミット郡民事裁判所で初めて判事となったアフリカ系アメリカ人だった。キャリア初期には、ジミー・カーター大統領からオハイオ州北部地区連邦検事に任命された。彼には民権運動の指導者としての優れた実績があった。レブロンの資格回復に向けた申し立てについて検討を行うのは彼の役割となった。

法廷に記者が詰めかける中、ナンスが主張を展開した。

マスカロはレブロンに調査が進行中であることを通知しなかった。

マスカロはレブロンに告発の事実を知らせなかった。

マスカロはレブロンに聴取を行わなかった。

マスカロはレブロンにシャツを渡したジョセフ・ハソーンに話を聞かず、授受に関与していない店員の言葉を鵜呑みにした。

ナンスはその後、クリーブランドの衣料品店の従業員たちによる宣誓供述書を提出した。そこにはハソーンによるものも含まれており、明らかになった事実に関する彼の証言は、ＯＨＳＡＡによる推測より完全なものであった。

要約すれば、レブロンは彼の学業成績を称えようとした家族の友人から贈り物を受け取ったということだとナンスは主張した。「ハマーの購入に関して違反が確認されなかったことで、マスカロは世間からのプレッシャーを感じていたに違いなく、その状況が、本件に関する判断が否定不可能なほど急がれたことに影響したはずである。わずか四日間の間隔で起きた二つの出来事が、明らかにマスカロの判断に影響を与えた」とナンスは述べた。

ＯＨＳＡＡの弁護士は、マスカロの決定は規則に沿って下されたものであると主張した。さらに、マスカロの決定は、レブロン側の要求する処分差し止めに応じるか否かの基準となる「回復不能な損害」をレブロンに与えたわけではないとも訴えた。「彼がＮＢＡで将来有望であることは広く知られており、アマチュアの身分を失うことが悪影響を及ぼすものではない」とＯＨＳＡＡの弁護士は主張した。

二四時間後、ウィリアムズ判事は判決を下した。「レブロン・ジェームズの資格は本日二〇〇三年二月五日付で回復され、彼はチームでの練習を開始することができる」

ナンスの対応は、まるで柔らかなハンマーを一匹の蚊の上に振り下ろすようだった。レブロンにとってこの経験は、逆境に対応する上での最高の教訓となった。また、彼の優れた運動能力と、それに伴って得られる巨万の富が、権力のシフトレバーを握らせてくれることを予見させるものでもあった。そのレバーを動かせば、正義の車輪をより速く回転させ、自分に有利な結果をもたらすことができることがわかった。今後のシューズ契約に向けた交渉やＮＢＡでのキャリアに向けて、レブロンはナンスを家族に引き合わせる役割を担ってくれたエディへの感謝を抱いた。ナンスは自分を守ってくれる存在だとレブロンは考えていた。

＊＊＊

マーベリックもナンスを称賛していた。レブロンがウェストチェスター高校とのトーナメント戦に間に合うよう復帰に導いてくれたことにも感謝していた。ウェストチェスターは全米七位にランクされているロサンゼルスのチームであり、セント・ビンセントにとって非常に楽しみな試合だった。ウェストチェスターのエースは、バスケットボール奨学金を受けてＵＣＬＡへ進学することになっていたスター選手のトレバー・アリーザ。マーベリックは、今後のスケジュールの中で、ウェストチェスターは現実的にセント・ビンセントから勝利を狙える唯一のチームだと考えていた。

レブロンは最初から気合十分だった。だがマーベリックは試合前に、アリーザの母親がレブロンの悪口を言っていたことを彼に伝えた。マーベリックによると、レブロンの出場停止期間中に、アリーザの母親はロサンゼルスの新聞にこう語っていたという。「あのレブロンという男が出場停止になった。よかった。これで息子はようやく力を見せられる。息子こそが全米ナンバーワンの選手なんだから。ずっとレブロンなんかより上だった」。マーベリックがどこから情報を得たのか定かではないが、そんなことはどうでもよかった。彼がレブロンにそれを伝えたことは、狙い通りの効果をもたらした。

ニュージャージー州トレントンのソブリンバンク・アリーナはチケット完売。レブロンがウォームアップのためスキップするようにコートへ出て行くと、カメラのシャッター音が鳴った。アクロンからバスに詰め込まれてやってきたファンたちが大歓声を上げた。彼らは退職した自動車工や、整備工や、警備員や、その他ブルーカラーの労働者たちであり、往復七〇ドルの費用を何とか捻出した者たちだった。取材許可を受けた百人以上の記者たちも、復帰を果たすレブロンに近づこうと競い合っていた。路上ではダフ屋が一枚二五〇〇ドルでチケットを売りさばいていた頃、レブロンはエミネムの新たなヒット曲「ルーズ・ユアセルフ」の歌詞を口ずさみながら気分を盛り上げていた。

**この世界は俺のものだ**
**俺を王にしろ、俺たちは新秩序の世界へ向かう**
**平凡な人生は退屈だが、スーパースターになっても屍同然だ**
**ただキツくなっていく、仲間は熱くなっていく**

「今夜はやってやる」とレブロンはチームメイトに言った。

コートに足を踏み入れると、「何か見せてくれ、レブロン」とファンの一人が叫んだ。

早くも第一クオーターから、レブロンはジャンプショットを決め、レイアップを決め、一分間で三度もダンクを決め、約一一メートルからのスリーポイントも沈めた。ハーフタイムまでには三一得点を決めていた。

ドルーはただ黙って、レブロンを自由にさせておくことにした。

高校生活で最も爆発的なオフェンスを披露したレブロンは、五二得点の大活躍。残り二分半になってレブロンがようやく試合から退いた時点でウェストチェスターは四三点しか取れておらず、レブロン一人でそれを上回っていた。疲れ果てたレブロンは、観客からの歓声に迎えられながらベンチへと向かっていった。

アクロンから駆けつけた観客の中には、ビッグ・フランキー・ウォーカーもいた。彼は誇らしげに、小学五年生の頃に一緒に住んでいた少年に向かって叫んだ。「これがお前のバスケットボールだ！」

試合後には記者たちがレブロンに詰め寄った。

「レブロン、教えてくれないか。今夜、君やチームメイトたちはプレッシャーを感じていたのか？」と、ある記者が訊ねる。

「プレッシャーなんてまったく。私たちに全米ナンバーワンチームになれるだけの力があるかどうかと疑問を持っていた人が多かったが、今夜は力があると証明できたと思う」とレブロン。

「騒動の件についてなんだが。いろいろな報道に対してプレッシャーを感じていた？」

「いや」

「メディアに不満を言っていたようだが」と、別の記者が言う。「不満を言うのは正しいと思うか？　あなたを有名にしたのも結局はメディアなのだか」

「メディアに文句を言ったことはない。一度も。ただ必死にやっただけだ。何時間もかけて。どちらにしても、あなたたちが私を有名にしたわけじゃない。自分で有名になったんだ」

＊＊＊

セント・ビンセントはその後のスケジュールを難なくこなしていった。ケタリング・アーチビショップ・アルター高校と対戦した州選手権決勝は、勝負というより戴冠式のようだった。レブロンはまたもや圧倒的なパフォーマンスを見せ、最多得点を記録した。時計が最後の一秒を刻んだとき、リトル・ドルーはボールを宙に舞い上げ、ドルーは涙を流した。選手たちはお互いに抱き合った。彼らはもう『ＵＳＡトゥデイ』紙のランキングで文句なしのナンバーワンチームだった。全米チャンピオンなのだ。

リトル・ドルー、ウィリー・マクギー、シアン・コットン、ロメオ・トラヴィスを見回しながら、レブロンの心は思い出であふれていた。父親不在で育ったこと、母親が家に帰らず完全に独りぼっちになってしまうのではないかという恐怖、ウォーカー家、ドルー、兄弟のような「ファブ・ファイブ」。黒人だらけの公立校ではなく白人だらけの私立高を選んだことで、アクロンの黒人社会が彼らを裏切り者として非難したとき、団結し続けたことがいかに重要であったかを思わずにはいられなかった。

ネットカットが行われ、レブロンは優勝決定戦のＭＶＰに選ばれた。

「ＭＶＰに選ばれてうれしい」とレブロンは、賞を受け取りながら言った。「でも、私よりずっといいプレーをした選手が一人いる。この賞をコーリーに贈りたい。彼にはその資格がある」

コーリー・ジョーンズは二番目の得点数を記録し、完璧なプレーを見せた。恐縮しながらも、彼はレブロンのほうへ歩き出した。

高校生活の最後に、主役はトロフィーを脇役の一人に渡した。

「ファブ・ファイブ」は、ジャンプショットが得意な背の低い白人少年に腕を回した。

翌日、『アクロン・ビーコン・ジャーナル』紙は「LeGone with the Win（レブロン、勝利とともに去りぬ）」と見出しを打った。

CHAPTER

# 14

# 部屋の中で

三月下旬の月曜日の朝だった。いつもならレブロン・ジェームズは制服を着て、教科書の入ったリュックサックを肩にかけ、セント・ビンセントのホームルームにいるはずだった。だがこの日は、クリーブランド郊外にあるレクリエーションセンターのロッカールームで、彼にとっての仕事着に着替えていた。しばらくすると、彼はコートへ足を踏み入れる。マクドナルド・オールアメリカン高校バスケットボールの試合に向け、前日練習に参加するためだ。

NBAの全二九チームのスカウトがワークアウトに参加していた。オールアメリカンの他の選手たちはまだ誰も体育館に入ってきておらず、すべての視線はマクドナルドの赤いジャージを着たレブロンに集中した。身長二〇三センチ、体重一〇九キロの体躯は肩から胸、太腿まで厚い筋肉に覆われている。彫刻のようなスタイルには体脂肪の欠片さえついていないかのようだった。超人的な運動能力にも目を奪われずにはいられない。垂直跳び一一二センチという常人離れした跳躍力で、ダンクを叩き込むレブロンの頭の先はリングの上にまで飛び出す。一八歳にして、レブロンはすでにNBAのどの選手よりも高く跳ぶことができた。

他の高校生たちがコートになだれ込んでくると、彼らとレブロンの違いは明らかに際立っていた。選手たちは全員がプロ予備軍であり、長身で上手い。だがレブロンのフィジカルは圧倒的であり、少年たちの中に大人がいるようなものだった。スカウトたちは、他にも微妙な違いがあることに注目していた。レブロンには、練習で誰よりも先にコートに入り、誰よりも後に出る習慣があることに気がついた。卓越した技術と不屈の意欲を併せ持つレブロンは、プロスポーツの世界では稀有な存在だった。

有望な選手の意識の内面で何が起こっているかというのは、おそらくスカウトにとって最も確かめにくい部分だろう。マクドナルド・オールアメリカンに参加した選手の中には、翌年からどの大学でプレーするのかまだ決めかねている者もいたが、レブロンの頭の中にはもっと重大なことがあった。彼はずっと、母親に快適な家や車や、生涯の経済的保障を提供することが自分の責任だと考えていた。そして、全体一位指名が確実視されるドラフトに参加することをNBAに書面で正式に通知するべきときが来ていた。また、彼は自分を獲得しようとする三つのシューズ会社の一つを選ばなければならない。それは、NBAのどのチームに入団するかということ以上に、彼の総資産にはるかに大きく影響する決断となる。しかし、NBAや、早くも彼に巨額のスポンサー契約を提示しようと列をなしている各企業と取引を行う前に、レブロンには今後の動きを導いてくれるスポーツエージェントを選ぶ必要があった。高校生にとっては考えるべきことが多すぎた。

しかし翌日、オールスターに出場したレブロンに、そのような雑念はまったく感じられなかった。新記録を更新する二万人近くの観衆の中には、ジェイ・Zの姿もあった。レブロンは、コートサイドから自分のプレーを見守る彼の音楽を人生のサウンドトラックとしていた。レブロンは研ぎ澄まされた集中力を発揮してスキルを見せつけ、MVPの栄誉に輝いた。ESPNで放送された試合後のセレモニーでは、UCLAの伝説的コーチであるジョン・ウッデンがレブロンを祝福し、トロフィーを授与した。自分のパフォーマンスについてコメントを求められたレブロンは、「まず父に感謝を伝えたい」と答えた。

エディ・ジャクソンは、この時点で収監されて三カ月。それでも彼はレブロンの心の中に存在し続けていた。二人は電話で連絡を取り合っていた。エディはレブロンとグロリア・ジェームズに手紙も書いた。レブロンが自分の人生における最大の決断を迫られているとき、エディは熱心にその動きを追いながらも、疎外感を覚えていた。何とか自分も関わり続けるため、エディはナイキ、リーボック、アディダスの代表者たちに電話をかけ続けた。彼はまた、レブロンが誰を代理人に選ぶべきかについても考え続けた。

NBA関係者の多くは、レブロンはアーン・テレムのような人物と契約するだろうと考えていた。テレムはリーグで最も力のある代理人の一人だと考えられており、バスケットボール界最大のビッグスターらも含めて、リーグ内の選手の一五%以上を管理していた。彼はソニー・ヴァッカロとも親交があり、ヴァッカロもテレムはレブロンに合うだろうと考えていた。もう一人の有力候補は、NBAの大物ブローカーであるウィリアム・ウェズリーと親しいレオン・ローズだった。レブロンはヴァッカロのこともウェズリーのことも尊敬していたが、両者ともレブロンの代理人選びに口を出そうとはしなかった。

結局、レブロンは別の方向へ進んだ。春になると彼は、四二歳のアーロン・グッドウィンを代理人に決めた。静かな決断だった。表面的には、レブロンの選択は型破りなものだと感じられた。グッドウィンが代理人を務めるクライアントの数は比較的少なく、ドラフト全体一位指名の選手の代理人を務めたこともなかった。市場トップレベルのスポンサー契約に携わった経験も限られていた。より実績のある代理人たちに比べれば、グッドウィンはまだ新進気鋭だった。それでもグッドウィンは、レブロン獲得に向けたレースで常に競争相手の二歩先を進んでいた。二〇〇一年の時点で、彼はオークランドで行われたAAUの試合でプレーするレブロンを観ていた。その頃に彼はエディと出会い、二人はグッドウィンがレブロンの代理人を務めるという見通しについて話をし始めた。その話は一八カ月間に及ぶものとなった。

二〇〇三年に行われた貴重なインタビューの中で、グッドウィンは次のように語っている。「レブロン・ジェームズに一年以上誘いをかけていたが、私がいることに誰も気がついていなかった。私を探している人たちもいたし、記者たちも私を探していたが、私がどういう見た目なのか、誰もまったく知らなかった。そういうやり方が好きなんだ。自分の続けてきたやり方が」

レブロンが最上級生になる頃には、グッドウィンは事実上アクロンに住むようになっており、グロリアとも関係を育んで彼女の信頼を得ていた。エディやグロリアとの関係を築いたあと、グッドウィンは彼のクライアントである数人のNBA選手たちもレブロンと親しくなれるよう手配した。最終的にはフレデリック・R・ナンスがグッドウィンを審査し、レブロンの代理人を務める上での彼の能力に感銘を受けた。「この一生に一度のチャンスを与えてくれたグロリアとエディにいつも感謝している」と、グッドウィンは正式にレブロンのチームに加わったあと、そのように話していた。

＊＊＊

グッドウィンは前例のない状況に足を踏み入れた。レブロンはNBAでの初めての試合に出場する前から、世界屈指の裕福なアスリートになる可能性があったのだ。代理人は、スポンサー契約が結ばれるたびに手数料を得ることになる。ナイキ、リーボック、アディダスとの交渉が未知の領域に進んでいこうとする状況で、グッドウィンはオファーへの対応を助けてくれるようフレッド・シュレイヤー弁護士に依頼した。これはグッドウィンにとって的確な選択となった。

シュレイヤーは、プロフットボーラー協会（PBA）の顧問弁護士兼最高財務責任者だった。なおかつ、PBAに加わる前にはナイキの上級幹部を務めており、ナイキとアスリートたちが交わす重要なシューズ契約を担当していた。ナイキと取引を行うにあたって、シュレイヤーほど事情に精通した人物はいなかった。そしてアディダスとリーボックからの競合オファーを精査する上でも、シュレイヤーは非常に貴重な存在となった。

グッドウィンはシューズ会社との交渉会議に奔走する一方で、レブロンが巻き込まれかねない厄介な状況にも足を踏み入れることになった。エディが刑務所に入ったとき、彼はジョセフ・マーシュおよびマジック・アーツ&エンターテインメント社との間で未解決の問題を数多く残していた。エディがマーシュに近づき、彼とグロリアがレブロンの代理としてシューズ会社の重役たちと会う旅費に充てるための融資を依頼してから、二年近くが経過していた。その間に、レブロンの名声は急上昇してきた。結果として、レブロンの人生を題材とする映画の製作権も大幅に価値が上がっていた。マーシュにとって、その映画を製作できることは、エディに貸した一〇万ドルの利子よりもはるかに価値のあるものとなっていた。

エディが刑務所に収監されると、マーシュはグロリアのみと取引を行う回数を増やした。ドキュメンタリーの製作に意欲を燃やし、ビジネス面・マーケティング面の計画を練ったマーシュは、その映画に『キング・ジェームズ：レブロン・ジェームズ・ストーリー』と仮タイトルをつけた。マーシュが最初に推薦した監督はうまくいかなかった。グロリアと相談したあと、マーシュは映画監督のスパイク・リーに企画書を送り、マジック・アーツ&エンターテインメント社を通してレブロンのドキュメンタリーを製作することを伝えた。「レブロンの母親であるグロリア・ジェームズは、このドキュメンタリーにあなたが重要な形で参加することに興味を示している。おそらくはディレクター、あるいはプロデューサーとして」と、マーシュは二〇〇三年四月付でリーに書いている。

一カ月後、マーシュはグロリアに現状を報告する手紙を書いた。

**あなたの要請により、私たちはスパイク・リーに、あなたの息子レブロンのドキュメンタリーを監督することを打診した。残念ながら、リーは現時点で、このプロジェクトの監督を引き受けられる状況にはないと聞いている。あなたは以前にリーと直接話をしたと言っていたが（中略）彼が参加してくれるよう説得できることを期待して、連絡を入れてみてはくれないだろうか。もしリーの都合がつ**

**かないのであれば、あなたとレブロンから私たちに監督として要請したい他の人物のリストを送ってもらえるだろうか？　それが無理なら私たちは、非常に才能があり、すぐにでもこのプロジェクトに取りかかれる人物に何人か心当たりがある。**

マーシュは、夏前にこのプロジェクトに監督をつけるよう画策しつつ、グロリアに四月と五月の二回支払いを行った。二回の合計額は五〇〇〇ドル。これでマーシュはもともとエディに渡す予定だった総額の融資を完了し、レブロンを題材とする映画の独占製作権を得たというマーシュの見方はさらに強固なものとなった。

グッドウィンは、今後衝突が起こる可能性を予感しながらも、目の前の問題に集中し続けた。レブロンの最初のスポンサー契約を完了させることだ。

レブロンはエディがマーシュと取引を行っていることを知っていた。母親がマーシュと連絡を取り合っていることにも気づいていた。しかし、レブロンは自分のことで精いっぱいだった。彼はドキュメンタリーを作るよりも、限られた自由な時間をサバンナ・ブリンソンと一緒に過ごしたかった。

レブロンとサバンナは交際を始めてまだ半年ほどだったが、レブロンが彼女の最も魅力的な資質の一つに気づくには十分な時間だった。彼女が、年齢を考えれば特に、珍しいほど落ち着いているということだ。レブロンはドラマ女優もそれなりに見てきたが、サバンナはその対極にあった。彼にとって、二人で一緒にいる時間は避難所のようなものだった。彼女の前では警戒を解き、一人のティーンエイジャーになれる。彼女は信頼できる相手だった。

サバンナにとっては、レブロンとのデートには非現実的な部分もあった。特に、カメラマンやテレビカメラ、サインを求める人たちがひっきりなしにやってくることだ。八万ドルの高級車でデートに出掛けるのは、刺激的な旅行のようだった。自分のボーイフレンドが雑誌の表紙やテレビ画面に登場するのを見ることも同じだった。そして、クリーブランドの有力弁護士を自分の顧問につけている高校生になど出会ったことがなかった。

しかし、サバンナがレブロンに惹かれた理由は、そういった部分ではない。彼女はレブロンの自信と、しっかりした方向性を持っていることに惹かれていた。彼ほどの目的意識を持った十代の高校生と一緒にいるのは心強かった。彼はすでに人生の道筋を描いていた。そして、レブロンの気を引こうと競い合う女性たちは他にも大勢いたが、彼の心は、一旦は電話番号を教えることを断って彼を拒絶した一人の女性だけに向けられていた。レブロンは、彼女に絶対後悔させないつもりだった。

だがレブロンには、二人の関係を隠しておかなければならない理由も数多くあった。彼は徹底的な注目の目の中で生きているのだ。レブロンの近くにいる者は、誰でもメディアに晒されてしまう。彼は絶対にサバンナを、すでに母親が受けているような厳しい監視の目の対象にしたくはなかった。メディアには、彼に恋人がいることさえ知られないのが一番だった。彼女のためにも、サバンナは匿名の存在であるべきなのだ。

二人のティーンエイジャーにとって、困難だらけの状況だった。レブロンは出世街道を進み出そうとしている。サバンナにはアクロンでの高校生活がもう一年残っていた。一体どうなっていくのだろうか？　二人に何が起こるのか。このまま一緒にいられるのか？

レブロンには、ごく単純な合言葉があった。「心配ない」

＊＊＊

四月末、レブロンはセント・ビンセントの体育館の演壇に立ち、大学には進学せずＮＢＡドラフトにエントリーすると宣言した。友人たち、同窓生たち、そして全国から集まった五〇人以上のジャーナリストたちを見渡しながら、レブロンは言葉を止め、興味のある職業を三つ挙げなさいと教師に言われて「NBA」と三回カードに書いた中学生時代のことを思いだしていた。「長年の目標だった。ついにそれが叶うことをうれしく思う」と、レブロンは聴衆たちに向けて語った。

数日後、レブロンはボストン郊外にあるリーボック本社の役員室に足を踏み入れた。代理人と弁護士に付き添われたレブロンは、見たこともないような長いテーブルで母親の隣に座った。マーベリック・カーターも席に着いた。

リーボックのポール・ファイアマンCEOは全員に歓迎の言葉を述べ、同社にはレブロンをリーボックの歴史上最も重要なアスリートとして扱う準備があると最初から明確に伝えた。明らかに、リーボックをナイキと差別化するための手段だった。ナイキでは、レブロンは他にもスーパースター揃いのアスリートたちの一人となるのだ。

リーボックの衣料品・靴部門の重役であるトッド・クリンスキーは、流行に敏感な若い消費者にアピールするため、音楽とスポーツを融合させるという同社の新しい取り組みについて説明した。リーボックはジェイ・Zとスポンサー契約を結んだばかりであり、彼のシグネチャーシューズ「S．カーター」を制作することもその一環だった。ファレル・ウィリアムスとの契約も進めていた。そしてリーボックは、レブロンを彼らのようなエンターテイナーと同じカテゴリーに位置づけていた。レブロンは、分野の垣根を越えて大きな訴求力を持つ次世代のアスリートだった。

プレゼンテーションに続いて、リーボックはオファーを提示した。一〇年間で一億ドルという条件だ。

部屋は静まり返った。

レブロンは驚いていた。ヴァッカロは彼に一億ドルの価値があると言っていたが、その数字は文字通りの意味というより、魔法の数字であるかのようにいつも感じていた。

グロリアは目を潤ませた。

グッドウィンは平静を保とうとした。リーボックが九ケタのオファーを提示してくるとは彼も予想していなかった。

シュレイヤーも同じだった。彼は、タイガー・ウッズが一九九六年にプロに転向する際、ナイキが彼と五年間で四〇〇〇万ドルのスポンサー契約を交わしたときのことを思いだしていた。アマチュアアスリートに提示されたものとしては史上最も高額なシューズ契約だった。リーボックがレブロンに提示した条件は、ウッズの契約も軽く吹き飛ばしてしまう。

ファイアマンは手元を見渡してペンを取り出し、小切手に手を伸ばした。

レブロンには、ファイアマンがテーブルの向こう側で何をしているのかわからなかった。

ファイアマンは右下隅にサインをすると、小切手をテーブルの反対側に滑らせた。

グッドウィンはそれを手に取り、金額を記した。一〇〇〇万ドル。支払先はレブロン・ジェームズ。

グッドウィンはそれをレブロンとグロリアに見せた。

グロリアは泣いていた。

レブロンは並んでいるゼロを見つめた。

ファイアマンからレブロンへの提案はシンプルなものだった。今ここでリーボックとのサインを交わせば、彼は一〇〇〇万ドルの前金を受け取って部屋から出ることになる。

立ち尽くすマーベリックは汗をかいており、シャツの一番上のボタンを外した。なんてこった。これはとんでもない現実だ。そう彼は思った。

グッドウィンとシュレイヤーには、クライアントであるレブロンと相談する時間が必要だった。

ファイアマンは彼らに部屋を貸すことにした。ファイアマンとクリンスキーは外へ出て行き、ドアが閉まった。

グロリアは大声を上げていた。相談する必要などどこにあるのか、彼女にはわからなかった。リーボックのオファーは全員の予想を上回るものだ。レブロンは今すぐにでも、百万長者どころか一千万長者になって部屋を出ることができる。

レブロンは言葉に詰まった。彼はアクロンから出てきたばかりだった。公営住宅に住んでおり、補助金を差し引いた家賃は月に二二ドルほどだった。母親は失業中で、食料品はフードスタンプで支払わなければならなかった。彼が手にした小切手で、そんな生活のすべてから逃れることができる。新たな人生への直行切符だった。ただイエスと答えるだけでいい。

グロリアは小切手を持って外に出ようと考えていた。

グッドウィンは、みんな一旦落ち着いてほしいと思っていた。リーボックのオファーはケタ外れだ。そしてファイアマンは、一〇〇〇万ドルをテーブルに載せるという大胆な行動に出てきた。だがこれは、先手を打とうとする入札だ。レブロンがアディダスやナイキと話をするのを阻止するためのものだ。グッドウィンはレブロンに、三社すべてと会ってから決める予定であったことを改めて思いださせた。

シュレイヤーも同意した。一〇〇〇万ドルを断るのは神経がすり減るようなことではあるが、アディダスとナイキが何を提示してくるかを待つのが賢明だと彼も考えていた。

小切手を手に、レブロンは胸が張り裂けそうだった。

ファイアマンとクリンスキーが部屋に戻り、席に着いた。

レブロンはストイックに、小切手をファイアマンのほうへ返した。

ファイアマンと彼のチームは落胆していたが、感銘も覚えずにはいられなかった。クリンスキーはその日、リーボック本社を去って行くレブロンを、驚きを込めて見送った。彼はもう一人前の男だ、自分にこれから何が起こるかわかっている、とクリンスキーは思った。

＊＊＊

翌朝、ホームルームに向かう道すがら、レブロンは思った。「なんてこった！　アレをテーブルに置いてきたなんて信じられない」

レブロンはそのことを長くは考えないようにした。その日は金曜日であり、クラスメイトたちは週末に卒業パーティーを控えていた。しかし、レブロンには別の予定があった。学校が終わるやいなや、急いで飛行場に向かった。彼を待っていたのはプライベートジェット。アディダスとの交渉会議に臨むレブロンをロサンゼルスへ運ぶため、ヴァッカロがチャーターしたものだった。豪華な機内にはレブロンの友人やアドバイザーたちの席も用意されており、全員が乗り込んでいった。

ヴァッカロは以前から、レブロンが何をするにも高校のチームメイトたちを巻き込もうとする姿に感心していた。レブロンからの要望により、ヴァッカロはその夜に行われるプレーオフのサンアントニオ・スパーズ対ロサンゼルス・レイカーズ戦のコートサイド席を確保していた。ロサンゼルス空港ではリムジンがレブロンと友人たちを迎え、ステイプルズ・センターまで送り届けた。両耳にフェイクのダイヤモンドをつけ、レイカーズのキャップを後ろ向きにかぶり、ファスナーを開けたスタジアムジャンパーを白いTシャツの上に羽織ったレブロンは、まるで未来の自宅に足を踏み入れるかのようにアリーナに入った。コート際の席はハリウッドの大物、ポップスター、俳優、そしてアスリートたちで埋まっていた。レイカー・ガールズが踊り、音楽が鳴り響く。コービー・ブライアントとシャキール・オニールはレイカーズをNBA四連覇に導こうとしていたが、デビッド・ロビンソンとティム・ダンカンの率いるスパーズが立ちはだかる。魅惑的な雰囲気だった。

第二クオーターの途中、シャックが二つ目のファウルを取られた。黒い服を着てレイバンのサングラスをかけたジャック・ニコルソンがコートサイドの席から立ち上がり、審判に詰め寄る。新作映画『N．Y．式ハッピー・セラピー』が興行成績トップに立っているニコルソンは、まるで役になりきっているかのように叫びながら指を差し、観客を盛り上げる。審判から座るように言われると、ニコルソンはさらに声を張り上げた。「NBAってやつは！　私に座れだなんて」と吠える。

ニコルソンの挑発的な態度に後押しされてファンも立ち上がり、彼に声援を送り、審判にブーイングを浴びせた。会場内の緊張感は高まり、審判団はコートに足を踏み入れたオスカー俳優をアリーナ外に追い出すかどうか警備員と協議する。だが警備員は、暴動につながる可能性を懸念して反対意見を述べる。結局、審判団はニコルソンに、これ以上コートに入らないようにと警告を与えた。

「あいつらに私を追い出すことなんてできない」と、ニコルソンはあざ笑う。「追い出せるわけなんてない。私はここにいたければいていいんだ。高いチケット代を払ったんだから」

ニコルソンの爆発が観衆に火をつけたことも、コービーがレイカーズを引っ張るプレーも、レブロンはすべてを受け止めていた。それはレブロンにとって、自分が主役になりたいと願い続けていたような場面だった。NBA最高の選手として、世界的に有名なエンターテイナーたちが見守る大舞台で勝負し、観客を熱狂させる。レブロンは、すでに理解していたことを改めて強く印象づけられた。プロスポーツとは本質的に、単なるゲーム以上のものだ。ショービジネスなのだ。

突然、TNTのプロデューサーがレブロンに声をかけた。コートサイドレポーターのクレイグ・セイガーが彼にインタビューしたいというのだ。

レブロンはそれに応じた。白い光の中に足を踏み入れ、カメラに向き合うと、レブロンはレイカーズファンの視線が自分に集まるのを感じた。

「こちらは、おそらく高校バスケットボールの歴史上最も高い評価を受けている選手だ」とセイガーは言う。「レブロン・ジェームズ、まずは素晴らしいキャリアと全国選手権優勝、おめでとう。大きな注目を集めてメディアに露出する状況に対処するのは難しかった？」

「普通の人にとっては、かなり難しいことだと思う。でも、ここまで成長してきたことも、人生の中で多くの逆境があったことも、私にとってはそれほど大変だったとは思っていない。チームメイトたちやコーチが、すごく楽にさせてくれたから」とレブロンは答える。

「ドラフトに参加するが、どこでプレーすることになるかはまだわからない。希望のチームはある？」

「ずっと目標にしていたことなので。どのチームでもプレーする」

アクロンで試合を観戦していたセント・ビンセントの生徒や教師たちは、レブロンがロサンゼルスでテレビの生中継に出演しているという事実が信じられない思いだった。その日の午後には、彼は学校にいたのだ。九・一一以降の世界では、通常運行の航空便でアクロンからロサンゼルスまでそれほど速く移動することは不可能なはずだった。しかしレブロンは、普通であれば大物実業家だけに許されるような高速移動にはもう慣れっこになっていた。生中継のインタビューも十分にこなすようになった。

「今夜はなぜここに？」。セイガーはレブロンに訊ねた。

危険の潜む質問だった。レブロンは自分の言葉をしっかり吟味する必要があった。

「コービーとシャックを観に来た。シャックは二年前、私の試合に来てくれたので。彼らが勝利を目指す姿を観に来たんだ」とレブロンは言う。

レブロンの言葉はすべて真実だった。しかし、ロサンゼルスを訪れてこの試合を観戦するきっかけとなったアディダスへの言及は巧みに避けていた。

テレビを見つめながら、ヴァッカロはうなずいた。賢い子だ、と彼は思った。

レブロンが席に戻ると、コービーがドライブを仕掛けてアクロバティックなショットを決めた。しかし、

ＴＮＴアナウンサーのマイク・フラテロとマーブ・アルバートはレブロンに注目していた。「マーブ、今クレイグが話していた若者についてだが」とフラテロが言う。「彼は今年、プレッシャーがかかる中で素晴らしい対応をとってきた。本当によくやっている」

＊＊＊

レブロンは明るい日差しと暖かい空気、そして海を見渡す景色で目を覚ました。ヴァッカロは彼とグロリアを、サンタモニカのビーチ沿いのホテルに泊めてくれたのだ。レブロンは、ヴァッカロがいつも手を尽くしてグロリアをＶＩＰのように扱ってくれていることを知っていた。ジャーナリストたちがグロリアを金目当ての女というイメージで伝えたとき、ヴァッカロが公然と彼女を擁護したことも知っていた。

グロリアに批判的な記事のほとんどは、貧困の実体験を持たないジャーナリストたちが書いたものだった。そういったスポーツライターたちはほとんどが白人男性であり、一六歳の黒人少女が自分の力だけで子どもを育てるというのがどういうことなのか、理解する術を持ってはいなかった。ヴァッカロもそういったことを理解していたわけではない。しかし、彼はグロリアのことをよく知るようになった結果、彼女にはメディアが目を向けない一面があることがわかるようになっていた。「グロリアは、さまざまな人々から何十万ドルも受け取ることだってできるはずだった。代理人からファイナンシャルマネージャー、投資を持ちかける人間まで、グロリアやレブロンが欲しいものや必要なものがあれば何でも差し出そうとする者ばかりだった。グロリアは何も要求せず、何も受け取らなかった」と、ヴァッカロは二〇〇三年の春に『アクロン・ビーコン・ジャーナル』紙に語っている。

アディダスがレブロンを獲得するための最大のアドバンテージは、ヴァッカロがレブロンとグロリアとの間で築いていた関係にあった。

正午頃、レブロンとグロリアはリムジンに乗り込み、マリブにある豪邸へと迎えられた。とある音楽業界の有力者が所有する邸宅であり、ヴァッカロがこの週末のために借りていたのだ。そして、演出を凝らしていた。ヴァッカロがドアを開け、レブロンとグロリアを出迎えると、ＢＧＭにはボビー・ダーリンの「ビヨンド・ザ・シー」が流れていた。

「さあ」とヴァッカロは言う。「この海の眺めを見てみるといい」

レブロンとグロリアは大理石の床を歩いていく。ケータリングされた料理と、氷の上に無限に置かれた飲み物が並ぶ横を通り過ぎ、広々とした部屋へと向かった。床から天井までの高さがある窓からはプールが見渡せ、太平洋が一望できる。まるで未来を見るようだった。

アディダスとの交渉は、リーボックの会合よりもはるかにリラックスした雰囲気だった。グロリアとグッドウィンに挟まれ、レブロンは海に面したソファに座った。アディダスチームはその向かい側に座る。両者の間には長いガラステーブルが置かれていた。

ヴァッカロは同席したデイビッド・ボンドのほうを振り向く。ボンドはブランディングプラン、マーケティングプラン、プロダクトプランについて説明を行った。やがて、話は金銭面へと移る。アディダスの弁護士がファイルを手に持って部屋に入ってきた。彼はファイルから契約書を取り出し、グッドウィンに確認を促す。そこにはリーボックのオファーよりもはるかに多くの法律用語が書かれていた。

アディダスはレブロンに、七年間で一億ドルを提示しているようだった。しかし、細かな記載事項をよく見てみると、その金額の多くがロイヤリティに関連していることがわかった。レブロンが一定数の試合に出場したり、一定数の得点を挙げたりするなど、さまざまな指標を達成することが条件となるのだ。保証される金額は七〇〇〇万ドル前後であり、ヴァッカロがレブロンとグロリアに信じ込ませていた金額とはかけ離れていた。

グッドウィンはヴァッカロを見て、オファーの中にある付随条項を指差した。「こういう話はしていなかった」とグッドウィンは彼に言う。

ヴァッカロはその文言を見て唖然とした。彼は立ち上がると、アディダスの弁護士とボンドについてくるよう合図した。

「君は一体何をやっているんだ？」と、ヴァッカロは弁護士に向かって言う。

激しいやり取りの中で、ヴァッカロとボンドは、成果に基づく条項を契約書に盛り込むことがドイツの本社で土壇場になって決定されたことを知った。アディダスのリスクを軽減するためだ。

ボンドは耳を疑った。彼らはレブロンに一億ドルを保証することで事前に合意していたのだ。

しかしアディダスのCEOは、まだNBAの公式戦でプレーしてもいない一八歳に一億ドルを投じることが賢明な行動であるとは、ヴァッカロやボンドほど確信が持てていなかった。オファーが変更されたのはそのためだ。

これは、会社の歴史を変えることになる運命的な決断だった。

激怒したヴァッカロは、これが何を意味するのかわかっていた。アディダスは脱落してしまった。リーボックのオファーは無条件で全額保証だった。成功報酬型のオファーを出したアディダスに勝ち目はない。

ヴァッカロは恥ずかしく思いながら、グッドウィンと二人だけで相談を始めた。

ソファに二人残されたレブロンとグロリアは、水辺を見に外へ出た。足元で地面が歪んだかのような感覚だった。楽観的だったムードは突如として気まずいものになってしまった。

数分後にもう一度全員が集まると、「今回はここまでだ」とヴァッカロは告げた。

それからヴァッカロと夫人のパムは、レブロンとグロリアに個人的に話をした。寂しそうな表情を浮かべながら、ヴァッカロはアディダスのオファーについて謝った。「こんなことになるはずじゃなかったんだ」と彼は言う。

レブロンはうなずいた。

ヴァッカロとしては、レブロンの離陸の準備を助けるために三年間を費やしてきたようなものだった。その間ずっと彼は、シューズ業界を変革することになりそうな挑戦を進めていると考えていた。しかし、いざ点火のときが来ると、これまでに自分がスカウトしてきたどのアスリートよりも愛着を持っていた子と一緒にはやっていけないことをヴァッカロは悟らされた。二度と戻ってくることのない家族の一員に別れを告げるような思いだった。

グロリアも同じ気持ちだった。パムもそうだった。

ヴァッカロはレブロンを見て言った。「次の交渉へ行くといい。だが、私たちの数字のことは他の者たちに伝えるな。出来る限り高い金額で交渉しろ。君にとってベストなことをするんだ」

レブロンは彼を抱きしめた。

「ソニー、あなたがしてくれたことを私たちはわかっている。絶対に忘れない」とグロリア。

パムはグロリアを抱きしめ、「愛してる」と言った。

＊＊＊

その帰り道、ヴァッカロは「アディダス」という言葉を口にする気にもなれなかった。

「やつらは私に嘘をついた」

パムはうなずいた。

「私がどうするか、わかっているんだろ」

「辞めるんでしょう?」とパムは言う。

「その通り。もう終わりだ」

＊＊＊

一週間後、ナイキはレブロン、グロリア、マーベリックをオレゴン州ビーバートンに連れて来るためにプライベートジェットを送った。ナイキの本社には、海辺の豪邸のような華やかさはなかった。しかしレブロンにとって、ナイキ・キャンパスを訪れるのは、まるでおとぎ話の世界に入るようなものだった。マイケル・ジョーダン、タイガー・ウッズ、ボー・ジャクソンといった不滅の偉人たちが、実物以上に大きく描かれた建物が並んでいた。レブロンはミア・ハムの建物に入り、長い廊下を歩く。両側にはガラスケースが並び、エア・ジョーダンや、ＮＢＡのスター選手たちが履いていたその他の有名モデルのシューズが収められていた。ホールの最後には、ライトで照らされた空のケースが一つあった。レブロンは、神聖な通路に自分のシューズが置かれる情景を容易に想像することができた。

レブロンがフィル・ナイトの会議室に入ると、そこはさまざまな商品で飾られていた。練習ウェア、水着、バスローブ、タオル、ソックス、アンダーウェア、バスケットボール、ジムバッグ、サングラス。すべてがレブロンの名前入りだ。部屋にはレブロンがお気に入りの朝食用シリアル、フルーティ・ペブルズも用意されていた。

リン・メリットはあらゆることを考え抜いていた。彼はまた、シューズ自体に関してもリーボックとアディダスの一歩先へ進んでいた。レブロンに、自分のシューズがどのようなものになるかのスケッチを見せるのではなく、実際に履いてみることができるサンプルをメリットは用意していた。ナイキによるレブロンのシグネチャーシューズは「ズーム・ジェネレーションⅠ」と呼ばれ、彼のハマーをイメージして作られていた。ナイキのストライプはハマーの車輪格納部の飾りを思わせ、靴紐の穴はハマーのドアハンドルに似ていた。

グロリアはそのデザインを気に入った。

レブロンはシューズを履いてみた。まるで自分の足に合わせて作られたかのようにフィットした。これを履いてＮＢＡでプレーする自分の姿が目に浮かぶようだった。

グッドウィンは、これほど説得力のある売り込み方を見たことがなかった。

金額の話になると、レブロンとグロリアは席を外すことになるとナイキ側は考えていた。代理人と条件交渉をする際に、アスリートが同席する習慣はなかった。

しかし、レブロンは同席を主張した。彼は母親にも、マーベリックにも同席してほしいと望んでいた。

ナイキのナイトＣＥＯは、レブロンが交渉のあらゆる段階に関与したいと考えていることを理解すると、それに応じてレブロンを弁護士たちのいる個室へと招き入れた。

しかし、交渉自体は期待を下回るものだった。ナイキの提示額は、契約ボーナスの五〇〇〇万ドルを含めて約七〇〇〇万ドル。だがナイトはその場で小切手にサインはしなかった。もしレブロンがナイキのオファーを受け入れれば、彼は手ぶらで帰宅することになる。ボーナスが支払われるのはもっと後になってからだ。

グッドウィンは、ナイキのオファーに満足はできないという意思を伝えた。

その夜、レブロンと彼のチームはメリットの自宅で夕食をとった。それからレブロンがメリットの息子とテレビゲームをしている間に、グッドウィンとシュレイヤーはメリットと交渉した。両者の間に大きな隔たりがあるのは明らかだった。

ビーバートンからの帰りの機内は、哀愁の漂う雰囲気となった。

＊＊＊

マーベリックはナイキで二年間インターンをしており、メリットから多くを学んだ。だがマーベリックはビジネスの学位も持っていなければ、法律や金融の知識があるわけでもない。交渉術の経験を積んでもいなかった。それでもマーベリックは、リーボック、アディダス、ナイキとの交渉に同席していた。レブロンは、友人である彼に席を用意してほしいと主張してくれた。マーベリックにとっては、ファイアマンやナイトなどのCEOたちがどのように仕事をしているのか垣間見る特別な機会となった。マーベリックはまた、レブロンがどれほどのプレッシャーに晒されているかを、より深く理解することもできた。ファイアマンが一億ドルの小切手をテーブルに置いたとき、マーベリックは圧倒された。「私だったら断れたとは言い切れない」と彼は、のちにレブロンに認めた。「この小切手を持って早くここから出て行こう！」というのが、あの瞬間のマーベリックの考えだった。

レブロンが人生の岐路となる場面で自分の道を切り開こうとする姿を目にした経験から、マーベリックは親友の成功を助けるためもっと努力しようという思いを強めた。これらの機会を通してマーベリックは、いつの日か自分自身も重要な役割を演じる存在になりたいという願望を掻き立てられた。それまで彼は、同席して学ぶことに満足してしまっていた。

マーベリックが経験不足であることは、レブロンもわかっていた。だがマーベリックは忠実であり、信頼できる存在だった。レブロンには法的な面や金銭面で助言を与えてくれる弁護士と代理人がいたが、彼はマーベリックを腹心として頼りにしており、弁護士や代理人と話さないようなことも彼とは相談していた。オレゴンから戻ると、二人はナイキとリーボックについて、そして未来について話し合った。

レブロンは、重大な決断を迫られていることを理解していた。

マーベリックもその重みを感じていた。

レブロンの心はナイキに傾いていた。しかし、頭の中ではリーボックも消せなかった。単純にナイキの提示額のほうが高ければ、簡単な選択だっただろう。だが残念ながらそうではなかった。

その間にグッドウィンは、リーボックと再び交渉を行った。レブロンがオレゴンから戻った二日後、リーボックは契約を結ぶために重役と弁護士のチームをアクロンに派遣してきた。ホテルの一室にこもり、リーボックのグループは新たな契約書の作成に取りかかった。最終的な金額は七年間で一億一五〇〇万ドルにまで引き上げられるという契約書だった。

同じホテルの近くの部屋で、レブロンはグッドウィンとシュレイヤーに会った。レブロンの要請を受けたグッドウィンはナイキに最後のアタックをかけ、五月二一日の終業時間を回答期限としていた。その日の夕方、ナイキは新たなオファーをファックスで送ってきた。七年間で九〇〇〇万ドル。契約時にレブロンは一〇〇〇万ドルを受け取る。

ナイキは大幅に条件を引き上げてきた。しかし、リーボックも同じだった。詰まるところ、リーボックと契約するのであれば、レブロンはおよそ二五〇〇万ドル多く受け取ることができる。

その夜遅く、レブロンはホテルの裏手にあるレストランで、マーベリックと一緒に自分の置かれた状況を考えていた。一八歳にして、彼には夢を実現するチャンスがあった。ずっと前から、自分も憧れの選手たちと同じ特別な空へ舞い上がりたいと思い描いてきた。レブロンの少年時代には、ジョーダンこそが現実に存在するスーパーヒーローだった。ナイキもそこに深く関わっていた。ジョーダンの象徴的なロゴをデザインし、壮大なCMをいくつも制作することで、彼をスポーツ界で最も輝かしいスターにしたのだ。

レブロンはジョーダンのように輝きたいと願っていた。しかし、望んでいた場所に辿り着くためには、二五〇〇万ドルを捨てなければならない。それまでの人生を通してずっと貧困にあえいでいた少年は、フライドポテトをつまみながら、心を決めた。決定的な瞬間だった。

真夜中過ぎ、グッドウィンとシュレイヤーがレストランに入ってきて、レブロンたちの席に加わった。彼らはレブロンの決心を聞く必要があった。

「ナイキに行きたい」と、レブロンは二人に言った。

# CHAPTER 15 盛り上がってきた

クリーブランドのスポーツチームが最後にタイトルを獲得したのは、クリーブランド・ブラウンズがNFLチャンピオンシップで優勝した一九六四年。スーパーボウルが初開催されるより二シーズン前のことだった。それ以来、この町は三九年間に及ぶ無冠の時期を過ごしてきた。近代スポーツ史に残る悲劇的な敗戦を味わったことも何度かあった。八七年には、ブラウンズがAFCチャンピオンシップ優勝とスーパーボウル出場の目前にまで迫った。だがデンバー・ブロンコスのクオーターバック、ジョン・エルウェイが一五プレーでチームを九八ヤードドライブし、レギュラータイム残り数秒のところで同点に持ち込んだ。クリーブランドでは「ザ・ドライブ」として知られるようになった痛恨のプレーだ。ブラウンズはオーバータイムで敗れ、クリーブランドの町は落胆に沈んだ。その一年後には、フットボール史に「ザ・ファンブル」として名を残すプレーもあった。AFCチャンピオンシップの優勝決定戦、ブラウンズは勝利を決定づけるタッチダウンを決めようとしていたが、残り時間一分のところで、チーム最高のランニングバックがゴールライン上でボールを奪われてしまう。ブラウンズはまたしてもスーパーボウル行きのチャンスを逃す結末となった。さらに八九年、クリーブランド・キャバリアーズがシカゴ・ブルズとの五試合のプレーオフシリーズをあと一秒でものにしようとしていたところで、マイケル・ジョーダンが「ザ・ショット」を決めた。彼のチームを一点差勝利に導いた有名なブザービーターだ。九七年には、リリーフ投手ホセ・

メサの「ブローン・セーブ」がクリーブランド・インディアンスのワールドシリーズ進出を阻んだ。

クリーブランドから六〇キロほど南で育ったレブロン・ジェームズは、この町の苦悶に満ちたスポーツの歴史をよく知っていた。そして彼は、クリーブランドの人々が、レブロンがこの町の不運を覆してキャバリアーズをバスケットボール界の栄光へ導く姿を見たいと願っていることもわかっていた。その夢の実現は、NBAのロッタリー次第となる。成績の悪かったチームがNBAドラフトの上位指名権を確保できる可能性が高いように設定された抽選だ。キャバリアーズは前シーズンを一七勝六五敗で終え、デンバー・ナゲッツと並んでリーグワーストの成績だった。プレーオフ進出を逃し、その結果としてロッタリー参加の権利を得た一三チームの中で、キャバリアーズとナゲッツはレブロンを指名できる権利を獲得できる可能性がそれぞれ二二・五%だった。

「キャブスファンは希望を抱いている」と、あるスポーツコラムニストはロッタリーの前夜に書いた。「この呪われたフランチャイズが、もしNBAロッタリーで十分な幸運に恵まれ、ランダム抽選で二二・五%という確率を引き当てることができたとすれば、どんなことも起こり得るかもしれない。たとえば、あなたが生きているうちにNBAファイナルへ旅することも」

ナイキとの契約を交わした数時間後、レブロンはアクロンのホテルで、高校のチームメイトとコーチのためにパーティーを開いた。彼らはそこでロッタリーを一緒に見る予定だった。高校を卒業し、それぞれ人生の次の段階へと向かっていく前の、最後の楽しみだった。シアン・コットンはフットボール奨学金を受けてオハイオ州立大学へ行くことになった。ウィリー・マクギーもフットボール奨学金で、ウェストバージニア州のフェアモント州立大学へ向かう。ロメオ・トラヴィスとリトル・ドルーはアクロン大学へ進み、バスケットボールチームでキース・ダンブロットと再会することになる。そして、『USAトゥデイ』紙の年間最優秀コーチに選ばれたドルー・ジョイスは、セント・ビンセントでの確かな未来を固めていた。あとは、レブロンの行き先を知るだけだった。

ABCのスポーツキャスター、マイク・ティリコがニュージャージー州セコーカスのNBAスタジオから生中継を開始すると、全員がテレビの周りに集まった。「今日、レブロン・ジェームズがシューズスポンサー契約にサインした。金額は……九……〇〇〇万ドル」とティリコは告げる。「言うまでもなく、彼らはレブロンに、どこまでも大きな期待をかけているということだ」

ホテルの部屋にはグロリア・ジェームズもいて、セント・ビンセントの図書館司書バーバラ・ウッドの隣に立っていた。バーバラはレブロンが大きなことを成し遂げると最初からわかっていたが、それでも彼女が目にしているものは想像を絶していた。

ロッタリーチームの代表者たちがいるスタジオで、リーグ関係者が壇上に立ち、封をされた一三の封筒の束を丁寧に開けていく。最後の一通に手がかかると、アクロンのホテルのパーティー会場に大歓声が響き渡った。「二〇〇三年NBAドラフトの一位指名権は、クリーブランド・キャバリアーズのものとなった」とNBAオフィシャルが宣言する。

NBAスタジオも拍手に包まれる中、キャバリアーズのチームオーナー、ゴードン・ガンドが喜んでいるところにティリコが近づいていく。

「ミスター・ガンド、おめでとう。レブロン・ジェームズがオハイオ州アクロン出身ということで、チーム内はさぞかし盛り上がっていることだろう」とティリコ。

「まあ、我々が誰を指名するかはまだわからないんだが」とガンドは真顔で言う。

スタジオの全員が割れんばかりに笑った。

ガンドも笑い、言葉を続けた。「クリーブランドのファンを思うととても興奮している。彼らにとっても、アクロン、クリーブランド、オハイオ州北東部全体のスポーツ市場にとっても素晴らしい一日だ。クリーブランドのスポーツ界にとって大きな日だ」

翌朝、キャバリアーズのフロントオフィスの電話は大混雑だった。NBAで観客動員数が最も少ないチームのチケットが、飛ぶように売れていった。それからの三週間で、キャバリアーズは何千枚ものシーズンチケットを販売した。アクロン出身の少年が正式にキャバリアーズの一員となる前から、クリーブランドのファンは彼が町の救世主になることを期待していた。

レブロンは、その期待の重みをまったく感じていないようだった。少年時代の彼は、町を見守り、悪者をやっつけるスーパーヒーローになれたらどんな気分だろうかと思い描いていた。お気に入りのアクションヒーローはバットマン。ブルース・ウェインのような役割を演じたいと強く願いながら、レブロンはNBAドラフトのためニューヨークにやってきた。レブロンと、カーメロ・アンソニー、ドウェイン・ウェイド、クリス・ボッシュなどドラフト一巡目指名候補の何人かは、NBAの手配した活動の一環としてニューヨーク証券取引所を訪れ、リチャード・グラッソ会長に面会した。トレーダーたちは「レブロン！」と叫び、グラッソ会長と並んでトレーディングフロアを歩いていくレブロンにサインを求めた。

「君はドラフト一巡目か二巡目か、どのラウンドで指名されると思う？」とグラッソは笑顔で訊ねる。

「たぶん二巡目だろう」とレブロンは口にした。

しばらくして、トレーディングフロアの上のバルコニーから、レブロンが開会ベルに手を伸ばした。高校の卒業証書のインクもほとんど乾いていないうちから、彼の資産はすでにニューヨーク証券取引所のCEOと肩を並べていた。ベルが鳴り響き歓声が取引所を包む中、レブロンは階下を見下ろし、騒然とするトレーダーたちに微笑みかけた。

ニューヨークがプレーをする場所として最高であることは、レブロンにも否定できなかった。ニューヨークはバスケットボールのメッカだ。エディ・ジャクソンはレブロンがニューヨーク・ニックスでプレーすることを望み続けていた。世界で最も有名なアリーナでプレーする名門フランチャイズだ。しかし、二〇〇三年六月二六日、ドラフトの行われるマディソン・スクエア・ガーデンに足を踏み入れたレブロンは、クリーブランドの救世主としてそこにやって来た。キャバリアーズの新たなユニフォームに袖を通し、ニックスやリーグ内の他の全チームと戦う覚悟はできていた。オハイオ州北部をバスケットボール界の中心地に変えることが彼の目標だった。

白いスーツ、白いシャツ、白いシルクのネクタイに身を包んだレブロンは、主賓席の一つで母親の隣に座り、爪を噛みながら最初の指名選手が発表されるのを待っていた。コミッショナーのデイビッド・スターンが彼の名を呼ぶと、レブロンは立ち上がってグロリアにキスをし、大歓声を受けながらステージを横切っていった。スターンと握手を交わしたあと、レブロンはESPNのミシェル・タフォヤからインタビューを受けた。

「あなたはNBA史上、最も注目されるルーキーになることがほぼ確実になっている」と彼女は言う。

会場にいたニューヨークのファンたちは、「過・大・評・価！　過・大・評・価！」と唱え始めた。

レブロンは動じることなく微笑み、自分のものとなったキャバリアーズのジャージを片手で掲げると、テレビカメラを見て指を差す。「よろしく、地元にいるキャブスファンの皆さん」と、拳で胸を叩きながら言った。

スポーツ界の正真正銘のスーパースターをクリーブランドが手に入れたのは、一九六六年に俳優のキャリアを進むためNFLを引退したジム・ブラウン以来となった。

＊＊＊

NBAドラフトの一週間後、レブロンはジェイ・Zの招待を受けて再びニューヨークを訪れた。彼と一緒に一週間を過ごしつつ、ハーレムの名高いラッカー・パークで毎年夏に開催される全米一のストリートバスケットボール大会、エンターテイナーズ・バスケットボール・クラシックを観戦するのだ。本名をショーン・カーターというジェイ・Zは、この大会に参加する「チーム・S・カーター」というチームを所有していた。大会の優勝タイトルは、ストリートでは「ザ・チップ」という名で知られており、ジェイ・Zのチームは優勝候補の一角だった。春に行われたマクドナルド・オールアメリカンの頃に一緒に過ごして以来、ジェイ・Zと定期的に連絡を取り合っていたレブロンは、彼からの招待を快諾した。マーベリック・カーターも連れてきた。

ジェイ・Zは以前から、ラップアーティストとバスケットボール選手は強く結びつく存在だと感じていた。しかし、レブロンとの間に感じたつながりはそれとは違っていた。単純に二人のセレブリティが近くで過ごすことをお互い気に入ったというだけでなく、もっとはるかに深いものだった。レブロンと同じく、ジェイ・Zもマーシー・ハウスという公営住宅で育った。ブルックリンのベッドフォード＝スタイベサント地区で六ブロックを占めていた住宅地だ。レブロンと同じく、ジェイ・Zも父親との関係が皆無だった。父親はジェイ・Zが少年だった頃に彼と母親を捨てたのだ。そしてこれもレブロンと同じく、ジェイ・Zも母親との距離が近く、その母親は偶然にもグロリアという名前だった。彼は母親の庇護者となり、母親を養っていた。

レブロンにとってジェイ・Zは、同じ魂を持つ者だった。だがジェイ・Zは彼より一五歳も年上だ。レブロンがジェイ・Zと知り合ったのは、三三歳のアーティストである彼が、自分の若い頃の人生を振り返っている時期だった。レブロンが一緒にいる間に、ジェイ・Zは自分の誕生日にちなんだ「一二月四日」というタイトルの新曲を書いていた。この曲は、「父親が消えて心を引き裂かれた子ども」であったことに起因する、彼の中の「悪魔」に言及している。生々しい自伝的歌詞は、ジェイ・Zが十代の頃の心境を明かすものだ。

**父親が僕を見なくなったときの痛みと同じくらいつらかった**
**だからその軽蔑を体の奥に刻んで**
**自分のポン引きゲームを始めた**
**世界なんてクソ食らえ、俺を守るものがやって来た**

レブロンは、ジェイ・Zが少年時代に本を読むのが大好きだったこと、韻を踏む言葉を書き留めていたことを知った。マイケル・ジャクソンの真似をしていた彼は、言葉遣いがあまりにも上手かったので、近所の子どもたちから「ジャジー」とあだ名をつけられていた。しかし、父親が家を出て行ったあと、ジェイ・Zはドラッグの売買に手を染める。そこから自分の道を見つけ出し、二六歳で最初のレコードを作った。音楽が自分を救ってくれた、と彼はレブロンに話した。だがジェイ・Zは厳しい教訓も学んだ。「部屋に入れば、自分の履歴書も一緒についてくる。だから（今でも）部屋に入るたびに、『あれがジェイ・Zだ。もともとはマーシー団地で麻薬の売人だったやつだ』といったことを言われる」と彼は、ある記者の取材に答えていた。彼はそういう目を遮断する術を学んだ。

レブロンは、ジェイ・Zをそういった目で見たことはなかった。彼はジェイ・Zの芸術性を崇め、彼の率直さをリスペクトしていた。

ジェイ・Zがレブロンに感銘を受けたことの一つは、父親なしで育ったことによる軽蔑心や永続的な苦痛を彼が表に出さないことだった。そして、彼と母親が経験した苦難にもかかわらず、レブロンは少年時代に自分を守るための手段として世界を憎むような考え方に陥ることは一度もなかった。むしろレブロンは、父親代わりの人間からバスケットボールを手渡された小学五年生の時点で自分の道を見つけ出せたのだ。そして、その道から決して外れることはなかった。一八歳となったレブロンの履歴書に書かれることはたった一つ。「並外れたバスケットボール選手」ということだけだ。

レブロンとジェイ・Zの人生が交差したのは、ジェイ・Zがアーティストとしても自身のキャリアの岐路に立たされていた時期だった。世界で最も成功したラッパーとして以前から確かな評価を固めていた彼は、自身のレコードレーベルであるロカフェラ・レコードを共同設立していた。これにより彼は、自分の音楽から得られる利益と印税の取り分を他のレコーディングアーティストよりもはるかに大きくすることが可能になった。彼はカニエ・ウェストのような新進気鋭のアーティストとも仕事をしており、カニエのデビュー作となるスタジオアルバムを制作中だった。同時にジェイ・Zは、ロカウェアというアパレルラインを立ち上げ、音楽業界以外のビジネスにも手を広げようとしていた。彼はまた、二一歳のポップスター、ビヨンセと交際しており、二人は世界でも屈指の注目を集めるカップルとなっていた。さまざまな面で、ジェイ・Zはレブロンよりも複雑な人生を送っていた。

しかしジェイ・Zは、レブロンの人生がこれからさらに複雑になる運命であることを見抜いていた。レブロンは、ジェイ・Zよりはるかに早く名声を経験しているのだ。そしてジェイ・Zは、レブロンを自分の庇護下に置く機会を得られることを喜んでいた。

同じくレブロンも、弟子としてジェイ・Zの世界を見ることができる機会を喜んで受け入れた。ニューヨークに到着して数日後、レブロンはブルックリンからブロンクスへと向かうチーム・S・カーターのバスに乗り、ジェイ・Zの隣に座っていた。雨のため、大会主催者はその日の試合会場を有名なガウチョ・ジムに変更せざるを得なかった。スモークのかかった窓からレブロンが外を見渡すと、バスの停車を待つ大勢の人々が見えた。選手たちがバスを出たあと、レブロンが降りてくると、群衆は前方に押し寄せた。

まるでプロボクサーをリングに連れて行くかのように、ジェイ・Zはファンやビデオカメラや警備員たちの狭い隙間を縫ってレブロンを導いていった。この大混乱の光景は、二人のスターが一緒に公の場に姿を見せた初めての機会だった。ジム内では、レブロンはベンチでジェイ・Zの隣に座り、チーム・S・カーターを応援した。NBAのドラフト一位指名選手が、ヒップホップ界の象徴的存在とコンビを組んでいる様子に、ファンたちは驚嘆していた。

レブロンがニューヨークにいる間に、ジェイ・Zはマンハッタンに自分がオープンする高級スポーツバー「40／40クラブ」の盛大なオープニングイベントにも連れて行った。裕福な人々が詰めかけたメインフロアには、バーの上に巨大なプラズマテレビが設置され、ガラスケースにはスポーツ関連の貴重な記念品の驚異的なコレクションが収められていた。レブロンは上階のVIPラウンジにいた。ビリヤードをする何人かのセレブリティや、豪華な革のソファに座ってトランプに興じるNBA選手たちがいるところに、ミニスカート姿のセクシーなホステスがコニャックやシガーを届けていた。レブロンはジェイ・Zと一緒にいたが、ジェイ・Zはティモシー・ザケリー・モズレーと個人的な話をしているところだった。ラップ業界ではティンバランドとして知られる、強い影響力を持つレコードプロデューサーだ。時間はすでに真夜中を大きく過ぎている。ジェイ・Zは、ノトーリアス・B.I.G.とトゥパック・シャクールが早すぎる死を遂げて以来、ヒップホップ業界がいかに変わってしまったかを嘆いていた。二人はどちらも九〇年代に車に乗っているところを撃たれて殺害された。

「ビッグやパックがいたときとは違う」とジェイ・Zは言う。

携帯電話を覗き込むレブロンに、葉巻の煙が漂ってきた。彼はVIP席の中でも、ヒップホップ業界の二人の王者が交わす内密の会話を聞くことができる特別な空間にいるのだ。

祝うべきことはいくらでもあった。数日前にはビヨンセが初のソロアルバム『デンジャラスリィ・イン・ラブ』の収録曲を初披露しており、大ヒットシングル「クレイジー・イン・ラブ」もその一つだった。この曲のミュージックビデオは、「イエス！　フー！　盛り上がってきた」とジェイ・Zのラップで始まる。

赤いヒール、タイトなジーンズのショートパンツ、白いホルタートップという官能的な姿のビヨンセが街中の通りを闊歩し、「準備はいい？」と誘惑するように言う。それから彼女が「ウーオ、ウーオ、ウーオ」と歌うと、映像はスローダウンしてカメラがビヨンセにズームアップし、彼女は倉庫の搬出入台の上で踊って腰を振り始める。歌詞はジェイ・Zとビヨンセの共作であり、二人のロマンスの現状を大胆にアピールするものだった。

ジェイ・Zは、ビヨンセとの関係や、急上昇していく彼女のキャリアに胸を躍らせる一方で、自分自身のキャリアの方向性に変化を起こそうともしていた。彼はすでにヒップホップ界の頂上に到達していた。実際のところ、彼こそが山となっていた。しかし、彼は他にも山があることを知っており、その山に登りたくてウズウズしていた。

「ヒップホップはもう陳腐だ」と彼はティンバランドに言い、次のアルバムが自分の最後のレコードになるだろうと打ち明けた。

レブロンは、何を聞いたのか決して漏らすことはない。権力と名声の回廊を渡り歩くには、慎重であることが重要だと彼はすでに理解していた。

レブロンがニューヨークを離れてアクロンに戻る頃には、ジェイ・Zは、彼がすでにファミリーの一員だという扱いを明確にしていた。

＊＊＊

レブロンはナイキから最初の小切手を受け取るとすぐに、母親に向けて、必要とするものは何でも自分が与えると言った。手始めに、新しい家を買ってあげたいとも伝えた。ただの家ではない。「芝生のある家だ」と、笑顔で語りかけた。

グロリアは生まれて初めて、金の心配をする必要がなくなった。

レブロンはまた、マーベリック、リッチ・ポール、ランディ・ミムズのための計画も考えていた。レブロンは彼らそれぞれと個別に会って、将来について話し合った。

最初に話をしたのはマーベリックだった。特にナイキに関する会話が中心となった。

「あそこで働いてほしい」とレブロンは言う。

マーベリックにとっては予想外だった。

しかし、レブロンにとってはさまざまな面で理にかなう動きだった。まずレブロンは、信頼のおける誰かに、ナイキの内部で自分にとっての目となり耳になってほしかった。その役にマーベリックを選ぶのは当然の選択だ。彼はすでにナイキで過ごした経験があり、そこでノウハウを学び、リン・メリットと確かな関係を築いていたのだ。第二に、レブロンはマーベリックの将来に大きな可能性を見出していた。そして彼は、友人が貴重な仕事を経験する手助けをしたいとも思っていた。

「君を雇ってくれるようにと、すでにナイキに働きかけた」とレブロンはマーベリックに言った。

マーベリックは、ナイキに「働きかける」影響力を持った友人がいるのは信じられないほど幸運なことだと感じていた。マーベリックにとって、ナイキ・キャンパスは遊び場のようなものだった。そこでフルタイムの仕事ができるなんて、夢が現実になるようだった。同時に、怖くもあった。インターンをするのと、ビーバートンに移ってナイキの社員になるのとでは、まったくわけが違う。業界屈指の才能と経験を持つマーケターやデザイナーたちと一緒に働くことが予想されるのだ。もし自分が、その域に達することができなければどうなる？

レブロンは心配していなかった。

レブロンが太鼓判を押してくれることに勇気づけられながら、マーベリックは祖母の言っていた言葉を思いだした。「予感がしたなら大きく賭けなさい」と。マーベリックは、ナイキに入社するのは最も確実な賭けであると、予感以上に強く感じていた。彼は大学を中退し、荷物をまとめてオレゴンに向かった。

レブロンがランディと話したことは主に、一年前に始めた話の続きだった。レブロンがランディに、いつか彼を雇いたいと言ったときの話だ。さあ、そのときが来た、とレブロンは彼に言った。ランディへの誘いは、フルタイムの個人アシスタントについてほしいというものだった。ニューヨークにCM撮影に行くのであれ、ナイキの人たちと会うためにオレゴンに行くのであれ、NBAシーズン中の遠征であれ、レブロンはランディにどこにでも一緒に来てほしいと望んでいた。

レブロンの門番役を務め、またレブロンが必要とするあらゆる場所に彼を連れて行く役目を果たすことを光栄に思ったランディは、仕事を辞めてレブロンに雇われることになった。

レブロンは、リッチにも雇いたいと伝えた。しかし、彼の具体的な役割はまだ考えついていないということも話した。一緒に考えよう、とレブロンは彼に言った。それまではリッチに年俸五万ドルを提供することにし、最初の二週間分の給料にあたる小切手を手渡した。

リッチは、レブロンが今や億万長者であることをよく知っていた。彼はリッチに年間五万ドル以上を支払う余裕も十分にあった。実際のところレブロンは、友人たちが欲しがるものを何でも与えることができるほど大金を手にしていた。だがそうはせず、彼はマーベリックに環境を変えてナイキで新入社員になるよう促した。そこで彼は、長時間仕事をして平凡な賃金を得ることになる。同様にレブロンは、ランディに対しても事実上、控えめな報酬で週七日二四時間働くことを求めていた。そして今度は、自らのビジネスを経営しているリッチに対して、彼がヴィンテージジャージを売って稼ぐよりも低い給料で働くよう頼んでいる。

それでもリッチはレブロンを恨むどころか、彼に惹かれていった。権利意識というものは危険だという考えが、リッチにはあった。それは怠惰を生み、必死に働こうとする意欲を奪い去ってしまう。レブロンは友人たちに特別な待遇を与えるのではなく、特別な機会を与えようとしていた。もしレブロンが別の方法をとっていたら、リッチは彼の誘いを断っていただろう。ヴィンテージジャージのビジネスは順調だったが、彼はレブロンに尽くすことを決めた。

マーベリックは二二歳。リッチは二一歳。ランディは二四歳だった。レブロンが自分に一生に一度のチャンスを与えてくれたという信念のもとに団結し、彼らは一八歳の友人への忠誠心が深まったことを感じていた。彼らは自分たちのことを、「四騎士」と呼び始めた。

＊＊＊

レブロンは、キャバリアーズと一三〇〇万ドルの三年契約を交わした。契約には四年目のオプションが付帯されており、レブロンの稼ぎは総額一九〇〇万ドルとなる。彼は七月中旬にボストンで開催されるリーボック・プロ・サマーリーグでキャバリアーズの一員としてプレーするのにちょうど間に合うように書類手続きを終えた。この大会は、ルーキーやFAを対象としたNBAの育成活動の一環である。ボストン・セルティックスと対戦する試合前のウォームアップでレイアップの列に並んでいたとき、レブロンはリーボックの重役であるトッド・クリンスキーがコートサイドに座っているのを見つけた。

レブロンは、代理人とリーボックとの交渉が後味の悪い終わり方になったことを知っていた。リーボックのほうが高額のオファーを提示していたが、レブロンはナイキを選ぶことを決めた。アーロン・グッドウィンがアクロンのリーボックのホテルの部屋を訪れ、そのことを伝えたときには、辛辣な言葉の応酬があった。

トッド・クリンスキーは、レブロンがナイキを履いてウォームアップしているのを見ると、いまだに悔しさが晴れなかった。

レブロンは列から外れ、彼のところへ歩み寄った。

「あの、あなた方が出してくれた提案は素晴らしいものだったということは伝えたいと思う」とレブロンは言った。

クリンスキーの気持ちは和らいだ。

「何も個人的に悪くは思っていない。結局のところ、私はただ自分の心に従って、自分にとって正しいと思うほうへ進んだだけだ」とレブロンは続けた。

クリンスキーはレブロンの率直さと誠実さに心を打たれた。「しまった、こんなことをさせる必要はなかったのに。この子は一八歳なんだ」と、彼はレイアップの列へ戻っていくレブロンを見ながら思った。

レブロンの成熟ぶりにはリン・メリットも目を見張った。ナイキでは、レブロンと契約すべきであることを誰よりも強く主張し続けたのが彼だった。二〇〇三年に、ナイキは七五人のバスケットボール選手と合計二億七四〇〇万ドルのスポンサー契約を結んでいた。ナイキの観点で言えば、レブロンに対する入れ込み方は、リーボックの提示した大金よりもはるかに実質的なものであった。レブロンと九〇〇〇万ドルの契約を交わすことで、ナイキは彼をナイキファミリーの他の誰とも一線を画す存在としたのだ。メリットにとっては、レブロンへの破格の投資は正常な判断だった。高校時代から、レブロンは全米のアリーナを完売させ、テレビではほとんどの大学の試合より、さらには多くのプロの試合よりも高い視聴率を叩き出していた。レブロンは大衆にアピールできるプレースタイルと個性を証明していたというのがメリットの見方だった。マイケル・ジョーダンでさえ、レブロンほど鳴り物入りでＮＢＡ入りしたわけではなかった。「マイケルの場合は、二年目になるまで本格的なところは見えなかった。だがレブロンの場合は最初からだ。大きな名声と知名度を持った状態で入ってきたんだ」と、メリットは『ニューヨーク・タイムズ』紙に語っていた。

ナイキがレブロンに史上最高額のシューズ契約を提示したのが、ジョーダンが引退を表明し、今度こそプロバスケットボールを離れてからわずか一カ月後であったことは、決して偶然ではなかった。ジョーダンはナイキの存在を知らしめ、二〇年以上にわたってスポーツシューズ業界で最大の影響力を持ち続けた。エア・ジョーダンのブランドは、世界中で他に類を見ないものとなった。しかし、ナイキのビジネスプランは二つの言葉を中心に据えている。「オーバー（その上）」と「ネクスト（その次）」だ。ジョーダンの時代は終わった。次はレブロンの時代なのだ。

レブロンと合意を交わした一カ月後、ナイキがコービー・ブライアントとスポンサー契約を結んだことも偶然ではなかった。ナイキの視点では、コービーはジョーダン時代とレブロン時代をつなぐ架け橋だった。ジョーダンが引退すると、コービーはNBA最高の選手という称号を受け継いだ。二四歳にして、彼はすでに三度のNBAチャンピオンに輝いており、プレースタイルもジョーダンに酷似していた。二〇〇三年の時点でレブロンがコービーより優れた選手であったとは誰も主張できないだろう。しかし、レブロンはコービーがNBA入りした頃と比べれば明らかに先を行っていた。そして、ほとんどのNBA関係者は、レブロンがコービーを超えてバスケットボール界最高の選手になるのは時間の問題だと感じていた。ナイキはすでに、レブロンをコービーよりも優れたセールスマンだと考えていた。それを示すように、ナイキがコービーに提示することを決めたスポンサー契約料は四年間で四〇〇〇万ドル。レブロンにはその二倍以上の金額を支払っていたし、二倍近い期間にわたってビジネスを続けていく約束を交わしていたことになる。

「シューズの広告塔としてのブライアントの実績は散々だ」と、『ウォール・ストリート・ジャーナル』紙は論評していた。「アディダスでの彼の最後のシグネチャーシューズは、イグルーを彷彿とさせる近未来的なデザインだったが、店頭でまったく売れなかった。シューズの不振の一因は、ミスター・ブライアントが、スポーツシューズの最大の購買層である都市部ストリートのティーンエイジャーたちの心を掴んでいないことにあったと考えられている」

　これに対してレブロンは、まさに典型的な都市部のティーンエイジャーだった。そして彼は、自身の都会的ルーツを大事にしており、記者会見やインタビューでは自分の住む地域や、母親や、アクロンで経験してきた苦難についてわざわざ話すこともあった。加えて、ジェイ・Zとの関係が芽生えたことで、レブロンは音楽界でもスターになりつつある稀有なアスリートとして存在感をさらに高めていた。七月中旬、ジェイ・Zの「ロック・ザ・マイク」ツアーがクリーブランドを訪れると、レブロンはツアーバスでしばらく彼と一緒に過ごした。ジェイ・Zは緑色のTシャツに緑色のベースボールキャップ。レブロンは白いTシャツの上にアレックス・イングリッシュのヴィンテージジャージを重ね、首からはイエスのゴールドジュエリーを下げていた。二人がソファでくつろいでいるところに、MTVのヒップホップレポーター、スウェイが訪ねてきた。

「見てもらいたい、ここにいる彼を」とスウェイは言う。「たまたまバスの中に落ちてきてジェイにつきまとうタイプの猫たちのように。この国で今一番ホットな男、レブロン・ジェームズ」

「その通り」と、ジェイ・Zは言う。

「どうしてコンサートに?」とスウェイが訊ねた。

「コンサートに連れて来てくれたのは、もちろんこの男。隣に座ってる彼さ」とレブロンは答える。

ジェイ・Zは笑ってレブロンにうなずいた。「彼は大きなファミリーの一員だ」

「対戦を楽しみにしている相手は？　コービー・ブライアント？　それともトレイシー・マグレディ？」とスウェイ。

「NBAと戦う準備はできている。キャブス対どのチームでも、その日の相手と。チームとしてプレーオフを目指していく。個人的なことには何の意味もない。チームがすべてだ」

「これだからこいつのことが大好きなんだ」とジェイ・Z。

「シャック、コービー、クリス・ウェバー。NBA選手が何人かラップレコード制作に挑戦してるけど、君はジェイと組んでいるようだ」とスウェイは言う。

レブロンはニヤリと笑った。

「これはMTVなんだが。そうなったら、アルバムを作ることもあり得るかな？」とスウェイ。

レブロンは血相を変えたような様子で彼を見た。「いやいや。それはあり得ない。絶対にない」

「絶対に？」とスウェイが訊ねる。

「私が神様から授かったものは一つ、バスケットボールなんだ」とレブロンは言うと、ジェイ・Zを指差す。「そっちのことは彼に任せる」

ジェイ・Zは微笑んだ。「それが本当の家族ってやつだ。こいつは私の息子だ」

まだNBAの試合に出場もしていないレブロンだが、ヒップホップ界隈での彼の地位は急上昇していた。ナイキのメリットにとっては、非常に心が安らぐ状況だった。ナイキがフォーカスグループインタビューと市場調査を行った結果、その両方から、レブロンが消費者の間で年齢、民族、人種を超えてアピールしていることが明らかになった。

ナイキにとって、ジョーダンは特別な事象であり、再現するのは難しい。しかし、コービーとレブロンは次世代の二大スターだった。

NBA自体も、ジョーダンが表舞台から去ることについて同じように捉えていた。コービーとレブロンが未来のリーグの顔となっていくのだ。

ナイキからもNBAからも、レブロンへの要求はますます強まろうとしていた。

# CHAPTER 16
# プレッシャー

二〇〇三年七月一八日、コービー・ブライアントは、彼が滞在したロッキー山脈のリゾートホテルで働いていた一九歳の女性に性的暴行を加えたとしてコロラド州当局に起訴された。地元の病院で治療を受けた告発者は、警察に生々しい証言を提供した。コービーを起訴した地方検事は、コロラド州における性的暴行重罪の法的定義について、「性的侵入または性的挿入」および「身体的な力または身体的な暴力を実際に加えることにより被害者を服従させる」ことであると説明した。もし有罪になれば、コービーは懲役四年から終身刑までの可能性があった。

起訴されてから数時間後、コービーはロサンゼルスで記者会見を開いた。「私は無実だ。彼女の意思に反して何かを強要したわけではない。無実だ」と彼は言う。第一子を出産したばかりだったコービーの妻も付け加えた。「夫が過ちを犯したことは知っている。不倫という過ちを。彼と私は結婚生活の中でこのことに対処しなければならないが、彼は犯罪者ではない」

起訴のニュースはＮＢＡに衝撃を与えた。バスケットボールのトップ選手とレイプ容疑を結びつけるニューススタイルがインターネット上にあふれ、世界中の新聞に掲載された。『スポーツ・イラストレイテッド』誌はコービーの顔写真を表紙に掲載し、顔の下には「被告人」と文字を入れたほどだった。スポーツ記事の話題にはとどまらない、はるかに大きな話だった。

コミッショナーのデイビッド・スターンは声明を出した。「犯罪的行為に関するあらゆる容疑と同様に、司法手続きの結果を待ってから何らかの行動を取ることがＮＢＡの方針である」と。しかし、世論はそれほど忍耐強くはなかった。コービーのスポンサー契約パートナーも、すぐさま広告キャンペーンの中止に踏み切った。例えば、コカ・コーラ社はコービーを起用したＣＭの放送を中止した。そして数週間後、コカ・コーラはレブロン・ジェームズと六年間で一二〇〇万ドル相当のスポンサー契約を交わした。

ＮＢＡのイメージにとっても痛手だった。

『ニューヨーク・タイムズ』紙は次のように報じている。「ミスター・ブライアントの起訴は、かつては傷一つなかった彼のスポンサーからの評判に計り知れないダメージを与えただけでなく、ＮＢＡの抱えるイメージ問題を深刻化させた。昨年と一昨年の夏にも、フィラデルフィア76ers のアレン・アイバーソンを含むリーグの主力選手たちが法的トラブルに巻き込まれていた」

＊＊＊

コービーの評判が地に堕ちる一方で、レブロンは初のナイキＣＭを撮影するために西海岸へ飛んだ。クリーブランド・キャバリアーズはこの秋、サクラメントのアルコ・アリーナで行われるサクラメント・キングスとの試合でレギュラーシーズンを開幕する予定だった。ナイキはＣＭに両チームの選手たちを起用し、ファン役として数百人のエキストラも集めて、アルコ・アリーナでのキャバリアーズ対キングス戦を演出した。キングスの実況アナウンサーも起用された。

ナイキが「プレッシャー」と題したこのＣＭは、レブロンがＮＢＡデビュー戦で初めてボールを扱うシーンから始まる。キングスのポイントガード、マイク・ビビーにガードされ、レブロンは立ち止まってコートを見渡す。「彼はやれるのか？」と、アナウンサーの一人がもう一人に言う。カメラは立ち止まっているレブロンの顔へとズームしていく。そこから、レブロンが固まったままアリーナが静寂に包まれる時間は実に五二秒間。テレビCMでは永遠にも相当する時間だ。「彼がプレッシャーに耐えられないと言うのか?」と、アナウンサーの一人がささやく。「冗談だろう!」とファンの一人が観客席から叫ぶ。「行け、若造」と、コートサイド席でつぶやくのは殿堂入りプレーヤーのジョージ〝アイスマン〟ガービン。最後に、レブロンが笑顔を浮かべる。画面は黒くフェードアウトし、ナイキのロゴが映し出される。

このCMと、劇中で投げかけられた「彼はプレッシャーに耐えられるのか」という問いは、レブロンの背負う重荷は彼にとって大したものではないと言いたげだった。だが、コービーが法的トラブルを起こす以前からすでに、NBAはレブロンに対してリーグ史上のどんなルーキーよりも大きな期待を寄せていた。この夏、レブロンのユニフォームはNBAの全ライセンス商品の中で最も売れた商品となっていた。チーム別では、NBAストアでキャバリアーズのグッズ売上を上回っていたのはロサンゼルス・レイカーズのグッズだけだった。テレビ放映に関しては、NBAは二〇〇三―〇四シーズンに一三回の全国放送でキャバリアーズの試合を扱う予定となっていた。その前のシーズンには、キャバリアーズが全国放送に登場した試合は一度もなかった。テレビ解説者を務めるチャールズ・バークレーは、レブロンの扱い方に関してNBAに苦言を呈した。「NBAが彼をこんなに早いうちからあれほど見世物にして、いつもテレビに出し続けるのは、ひどい扱いだと思う」とバークレー。「彼は三、四年後にはすごいやつになれる可能性が十分にあると思う。だが今の時点では、まだまだこれからだ」

夏の終わりに、レブロンはニューヨークへ行き、NBAの長年の放送パートナーであるTNTのテレビCMを撮影した。NBAが撮影を依頼したのは映画監督のスパイク・リーだ。子どもたちが子守唄「ロック・ア・バイ・ベイビー」を歌う中で、レブロンがベビーベッドからぶら下がるという内容となる。レブロンにとっては、最も尊敬する映画監督と一緒に過ごすチャンスだった。リーは『ラストゲーム』『ドゥ・ザ・ライト・シング』『モ・ベター・ブルース』などの映画製作に加えて、マイケル・ジョーダンの有名なナイキCMも制作し、自らも出演していた。一九八六年の映画『シーズ・ガッタ・ハヴ・イット』では、リーはマーズ・ブラックモンという架空の人物を作り出していた。ブルックリンで生まれたニューヨーク・ニックスのファンで、エア・ジョーダンのシューズが大好きな男だ。その映画の公開から間もなく、リーはジョーダンのナイキCMシリーズでブラックモンを演じた。リーとジョーダンのCMは大人気となり、「It's gotta be da shoes（シューズのはずだ）」というフレーズを世に広めただけでなく、二人はスニーカー業界に革命を起こしたとまで言われた。エア・ジョーダンを世界的なブランドにまで押し上げたのだと。

リーはレブロンに、彼が今置かれている状況の重大さを強調した。リーは、コービーの性的暴行事件がトップニュースをにぎわすことに強い悲しみを抱いていた。リーから見れば、レブロンはアフリカ系アメリカ人アスリートにとって極めて重要な時期にNBAに加わったのだ。コービーの件も一因となり、黒人アスリートのイメージは悪化しつつある状況だった。

コート上でしっかりとしたパフォーマンスを見せることが重要だと念を押すリーの言葉に、レブロンは耳を傾けた。だが同じくらい、コート外で活躍することも彼にとって重要であるとリーは語った。

レブロンは、リーが友人のように話してくれていることを認識していた。そしてリーの言葉は彼の心に響いた。レブロンはナイキ本社を訪れたとき、一九九三年に放映された悪名高いCMを見て驚いたことがあった。バークレーが象徴的にこう語っていた。「私は模範ではない。模範になるのは親たちであるべきだ。私がバスケットボールをダンクできるからといって、あなたたちの子どもを育てなければならないということではない」。レブロンは納得できなかった。のちに彼はこう語っている。「あれは馬鹿げている。私は模範になっても構わない。ぜひなりたいと思う。子どもたちは私に憧れてくれている。そういう子どもたちが良いことをするように影響を与えたい」

リーにとっては、レブロンの考え方は新鮮に映った。リーは長い間セレブリティの世界に身を置き、いろいろなものを見てきた男だ。しかし彼は、今目の前にいる若者は自分が経験してきたよりもはるかに多くのことを見て、経験することになりそうだと感じていた。おそらくは、同世代の黒人アスリートの誰よりも。非常に大きな可能性があった。非常に大きな危険もあった。

ドラッグや、悪い仲間との付き合い、そして何より女遊びといった、セレブリティ男性が陥りやすい落とし穴についてはレブロンも誘惑として認識していたし、自己防衛策も取っていた。高校時代にマリファナを試したことはあったが、気に入ることはなかった。それ以上に強いドラッグにも、アスリートとして最高のパフォーマンスを追求する上で妨げになるような他のどんなものにも、手を出そうという気にはならなかった。友人選びという点では、レブロンの近くにいたのはマーベリック・カーター、リッチ・ポール、ランディ・ミムズだ。三人とも、身辺を綺麗にして自分の名前を守りたいというレブロンの決意を尊重して称賛していた。女性関係については、レブロンの近くに魅力的な女性が大勢いることは多かった。だが、美しい女性を目に留めることはあっても、レブロンの意識は常にサバンナ・ブリンソンへと向いていた。バスケットボールとビジネスのスケジュールが忙しく、彼が望んでいるほどサバンナと一緒に過ごす時間は持てなかったが、彼の心はいつもソウルメイトである一七歳の高校生のものだった。

レブロンはリーにそういった話をしたわけではない。だが自分自身に対しては、「子どもたちが見ている」といつも言い聞かせていた。

とはいえ、コービー逮捕の余波の中ということもあり、リーはレブロンの代理人アーロン・グッドウィンにも自分の考えを伝えておいた。

「台無しにするわけにはいかない」とリーはグッドウィンに話した。

＊＊＊

獄中でエディ・ジャクソンは、ますます孤独と落胆を感じていた。レブロンのキャリアは軌道に乗りつつあった。グロリア・ジェームズの経済状況は一変した。グッドウィンは次々と契約を成立させていた。誰もが順調に見えた。唯一、エディ以外は。シューズ会社の担当者も、もはやエディと連絡を取り合うことはなかった。レブロンに近づこうとする者たちが彼を煩わすこともなくなった。グロリアですら三カ月以上も彼に連絡を入れていなかった。今やエディに近づく人間は、しびれを切らしたジョセフ・マーシュしかいないようだった。

マーシュは、エディとグロリアに一〇万ドルを貸したことで、自分の側からの約束は果たしたと思っていた。しかし、ドキュメンタリー製作はまったく進む気配がない。そしてレブロンがプロになって以来、マーシュはグロリアと連絡を取ることにも苦労していた。マーシュにとっては思わしくない状況だった。彼はエディに手紙を書き、貸付を返済してもらうべきときが来たと明確に告げた。

七月下旬にエディはマーシュに手紙を書き、この状況を謝罪しつつ、グロリアとはもう何カ月も話をしていないと伝えた。さらにこう付け加えている。

**それでも私は、彼女に手紙を書いて、あなたに電話をして事態を処理するように伝えた。つい先ほど代理人のグッドウィンに電話をして、彼がいつここに来て私と話ができるか確認した。そういった諸々に取りかからせてほしい。これまで対処できておらず申し訳ないが、これからだ。あなたが私と私の家族のためにしてくれたことには本当に感謝している。**

エディはそれからグッドウィンと連絡を取ることができた。そしてグッドウィンはマーシュと接触した。しかし、グッドウィンとマーシュのやり取りは、すぐに行き詰まった。九月になると、マーシュはエディに貸付金と利息の合計一一万五〇〇〇ドルあまりを全額支払うよう要求した。

数日後、エディはマーシュにもう一通手紙を書いた。

**電話で伝えたように、私たちはこの件を処理しようとしている。処理できたと思っていた。グッドウィンと話をしたところ、彼はただあなたに、返済後もメディアに話をしないという契約書にサインしてほしいのだと言っていた。あなたがしてくれたすべてのことには本当に感謝していたので、こんなことになって申し訳なく思う。**

一〇月、マーシュはエディとグロリアを契約不履行および不当利得で訴えた。その直後、マーシュはレブロンも訴えた。マーシュはエディとグロリアを契約不履行および不当利得で訴えた。その直後、マーシュはレブロンも訴えた。レブロンは口頭契約に反し、ドキュメンタリーの製作に協力することや、マーシュとのその他のいかなるビジネス的関係に参加することも拒否したという主張だ。マーシュはドキュメンタリーに関して一〇〇〇万ドル、その他のビジネス関係に関して五〇〇〇万ドルの損害賠償を要求した。

トレーニングキャンプの開始前夜、レブロンは突然被告となった。集中力を乱すものとなるこの訴訟を、レブロンはフレデリック・R・ナンスに委ねた。ナンスが訴状に対して提出した答弁書の中で、レブロンはエディに行動の権限を与えてはいなかったと主張した。また、グロリアが自分の代理人であったことも、彼女に行動の権限を与えたこともなかったと主張した。

＊＊＊

ポール・サイラスは、六〇年代から七〇年代にかけて輝かしいNBAキャリアを送った男だった。リーグ屈指のDFとして確かな立場を固め、三度のチャンピオンに輝いた。現役引退後、サイラスはNBAのコーチとして一五年以上を過ごしてきた。二〇〇三―〇四シーズン、キャバリアーズはサイラスを新たなヘッドコーチに任命した。彼の最も重要な役目の一つは、レブロンの導き手となることだった。

サイラスは何事にも驚きはしなかった。とはいえ彼も、これほど大げさな宣伝文句と期待を背負ってNBAにやってきたルーキーを見たことはなかった。あれほどの大金を手にしたルーキーに出会ったこともなかった。レブロンが初めてトレーニングに姿を見せたとき、サイラスはベテラン選手たちが彼について話しているのを見かけた。「こんなに騒がれるほど、あいつが何をやったのか?」と彼らは言っていた。

サイラスはレブロンに、全員が彼のことを狙っていると伝えた。「全員」というのは、一部のチームメイトたちも含めてのことだ。ドラフト前からすでに、サイラスはチーム内に苛立ちの感情が漂っているのを感じ取っていた。「うちのチームには彼より良い選手がすでにいる」と、キャバリアーズのFW、カルロス・ブーザーは当時語っていた。

しかし、レブロンに最も脅かされる選手になるとサイラスが考えていたのはリッキー・デイビスだった。彼はチーム最多の得点を記録し、ロースター内で最高の選手とみなされていた。彼自身も自分をチームのリーダーだと考えていた。プレシーズン中に、デイビスは『スポーツ・イラストレイテッド』誌のNBAプレビュー号で特集記事を担当していたライター、ジャック・マッカラムと話をした。「レブロンは私を助けてくれるだろう。私のような素晴らしいアスリートと、彼のような素晴らしいアスリートなら、何でも一緒にうまくやれる」とデイビスはマッカラムに語った。

デイビスは、自分がキャバリアーズのロースターで最も重要な選手である状況に慣れていた。しかしNBAプレビュー号が発売されると、表紙にはレブロンが起用され、「レブロンであることの重要性」という見出しがつけられていた。それは、デイビスとその他すべての者に対する明確なメッセージだった。レブロンは単にキャバリアーズで最重要な選手であるだけでなく、NBA全体で最も重要な選手なのだ。

サイラスはトレーニングキャンプ中、レブロンと一対一で過ごす時間を多く取り、対戦相手が彼に仕掛けてくることへの対処法を準備させた。「生ぬるい対応はダメだ。相手が仕掛けてきたら、すぐにやり返してやるんだ」と、サイラスはレブロンに語った。

レブロンは、自分がマークされる存在であることを自覚していた。だが「これが私の選んだ人生だ」と自分に言い聞かせていた。

普通であれば、キングスがレギュラーシーズンの試合でメディアパスを発行する記者数は二〇、三〇人といったところだった。しかし、二〇〇三年一〇月二九日に行われたキャバリアーズとの開幕戦では、キングスは三四〇人分のパスを発行することになった。レブロンの初戦に対するメディアの関心は、一般的なNBAプレーオフの試合に対する関心をも上回るものだった。

その日、レブロンはセント・ビンセントのチームメイトたちに電話をかけた。彼らはアクロンで一緒に試合を観るため集まっていた。NBA入りした今でも、レブロンは親友たちと密に連絡を取り合っていた。彼らとはキャバリアーズの誰よりも親しい仲だった。レブロンは彼らに、準備はできていると告げた。

レブロンが紹介されると、全席完売のアルコ・アリーナの観客席からブーイングが浴びせられた。レブロンはその雑音を遮断しようとした。「落ち着くんだ。コートに集中しろ。一分一分全力で頑張るんだ」と自分に言い聞かせた。

試合開始の直前、ナイキはレブロンのCMを流した。試合開始から一分あまりが経ったところで、レブロンは初めてコート上でボールを前へ運んだ。しかし、CMのように動きを止めることはなかった。彼は加速していく。「走っていく。これが彼の真骨頂だ」とアナウンサーが言う。レブロンはキングスの密集の中へ飛び込んでいくと、トップ・オブ・ザ・キーからノールックのアリウープパスを放った。猛然と走り込んだデイビスが跳び上がってパスを掴み、ダンクを叩き込んで観客を震撼させる。「そしてこれが、彼の初アシスト。美しい！」とアナウンサーは言う。

それから一分あまりが過ぎたところで、レブロンは約四・五メートルからのジャンプショットを沈め、プロとして初の二得点を挙げた。直後にももう一本ジャンプショットを決めた。

「さすがだ」と、アクロンにいるチームメイトたちは誇らしげだった。

キャバリアーズが次にボールを持つと、スクリーンから抜け出したレブロンは、キングスの二一一センチのセンター、ブラッド・ミラーにガードされる形となった。一対一でミラーに勝てる自信があったレブロンは、エンドラインへ向かい、キャバリアーズのベンチ近くのコーナーへドリブルしていく。ミラーが向かってきたところでレブロンは、ミラーとリングから遠ざかる角度へ跳躍する。その勢いで後方へ、サイドライン方向へと向かいながら右足を蹴り出し、ギリギリまで溜めて最後の瞬間、ミラーの伸ばした手のわずかに先を越えていくショットを放つ。ボールが弧を描いて上昇していき、アナウンサーは「バランスを崩しつつ、巨体の頭上へ」と伝える。

素人目には、レブロンのショットは不用意で、まるでルーキーらしいミスのようにも見えた。子どもが遊び場で挑戦するようなサーカスショットの類いだ。だがレブロンは、バスケットボールのやり方を遊び場で学んだわけではなかった。都市的環境の中で育ちながらも、アスファルトの上で人を集めてバスケットボールに興じた時間などほとんどなかった。それよりも彼は、体育館で何千時間も過ごし、硬い木製のコートの上でトレーニングを積んできた。気がついている者はほとんどいなかったが、レブロンの人生にはコーチたちの存在が舞台裏で決定的な役割を演じていた。ドルー・ジョイス、フランキー・ウォーカー、リー・コットン、キース・ダンブロットは、家族と信仰と自分の仕事に尽くすことに加えて、バスケットボールの純粋主義者でもあった。彼らは得点よりもパス、個人主義よりもチームワークを教えようとした。しかし結局のところ彼らは皆、レブロンがボールを持てば、誰も教えられないプレーができる天才であることを認めていた。レブロンには、彼らが見てきたものを超えるほどの本能があり、身体能力にも恵まれていた。ドルーや他のコーチたちが行ったことの中で最も重要だったのは、レブロンと彼の友人たちをストリートから引き離し、体育館で過ごさせることで、レブロンにひたすら練習を重ねる場を与えたことだった。彼の素晴らしさは、極めて難しいことを簡単に見えるようにやってのけることにあった。

レブロンがラインの外に着地し、ベンチに座っていたキャバリアーズのチームメイトたちの足に引っかかる頃、完璧に弧を描いた彼のショットはネットを通り抜けて落下していった。「そしてこれを決めた！」と、アナウンサーは驚いたように言う。

アクロンで観ていたチームメイトたちは誇らしげだったが、驚きはしなかった。

「あのショットは練習でいつもウィリー相手に打っていた」と誰かが言った。

他のメンバーは笑い始めた。彼らは皆、レブロンがあのフェイダウェイショットをウィリー・マクギーの上から打つ練習を何度も何度もしていたことを思いだしていた。レブロンがキングスに対してやっていたことは、サーカスの演技ではない。それは絶え間ない努力の成果だった。

止まらないレブロンは、リング下でキングスのパスミスをインターセプト。ドリブルで選手たちの間を抜けてコートを縦断するとノールックでバウンドパスを通し、チームメイトのブーザーがダンクを決める。次にキングスがボールを持つと、コート中央でレブロンがパスをインターセプトし、リングに向かって疾走。フリースローライン上から宙へ舞い上がる。リングの上にまで頭を出し、片手でダンクを叩き込んだ。さらにレブロンは次のキングスのポゼッションでまたしてもボールをスティールし、完全に一人でコート上を駆け抜けていく。だが今度はダンクを決めるのではなく、立ち止まってデイビスを待ち、ボールを渡されたデイビスが派手なリバースダンクを成功させた。

サイラスも目の前の光景にご満悦だった。結局キャバリアーズは試合には敗れたが、レブロンは全選手中最多の二五得点を挙げ、ゲームハイの九アシスト、さらに六リバウンドと四スティールも記録した。

ＥＳＰＮのジム・グレイは、コートを後にしようとするレブロンにインタビューした。

「個人としては自分で期待していた以上にやれたのか?」とグレイは訊ねる。

「負けたのだから、そういうことは考えないようにしている。今夜は本当に勝てるチャンスがあったと思うが、思い通りにはいかなかった」

グロリアはスタイリッシュな黒のスーツに身を包み、キャバリアーズのロッカールームの外で待っていた。選手たちが出てきてチームバスに向かおうとすると、彼女はレブロンを呼び止め、彼に腕を回した。レブロンは母親を強く抱きしめた。そして、空港へ向かうバスに乗り込んでいった。

チームは午前二時半にフェニックスに降り立った。

レブロンのNBA人生が本当の意味で始まった一日だった。

＊＊＊

レブロンのNBAデビュー戦のテレビ視聴率はケタ外れだった。オハイオ州北部では、視聴率は前シーズンのキャバリアーズの開幕戦から四三三%上昇。全国的にも、ESPNが前年に放送した試合の視聴者数を、わずか一試合を除いて上回った。東海岸では午後一〇時三〇分から放送された試合としては上々だ。

アメリカ・ウェスト・アリーナで行われたフェニックス・サンズとの試合前のロッカールームで、レブロンはTNTのスタジオにいるアナリストたちがキングス戦での自分のパフォーマンスについて話しているのに気がついた。ボリュームを上げたレブロンは、彼がボールをスティールしてデイビスのダンクをお膳立てした場面のハイライトをTNTが流しているのを見て微笑んだ。「今の見た?」とレブロンは、ロッカールーム内にいる数人の記者たちを指差しながら言う。「味方思いのプレーでしょ?」

記者たちは列をなしてサイラスのいる部屋に入っていった。

レブロンは首をかしげ、サイラスに話をまとめてほしいと頼んだ。

「まあ落ち着け」とサイラスはレブロンに言い、それから記者たちのほうを見た。「彼は自分の仕事場を返してほしいだけなんだ。私としては構わない。何も問題はない、ミスター・キング・ジェームズ」

その夜、レブロンはサンズ相手に二一得点。さらに一二リバウンド、八アシストを記録した。チームはまたも敗れた。

＊＊＊

キャバリアーズの三試合目、デイビスはレブロンが自分にパスを出さなかったとして彼を責めた。これ以降サイラスは、レブロンがオフェンスプレーを控え始めたことに気がついた。レブロンは、デイビスより目立ってしまわないように自分を押し殺しているように見えた。サイラスとキャバリアーズ上層部にとって、レブロンが自制するのは何よりも見たくない姿だった。

二〇〇三年一二月一五日、キャバリアーズはデイビスと他の二選手をボストン・セルティックスにトレードした。それは、キャバリアーズがレブロンを中心としてチームを構築するためロースターの総入れ替えに取りかかった第一歩だった。

デイビスのトレードと同じ頃、ナイキは「エア・ズーム・ジェネレーション」と名付けられたレブロンのシグネチャーシューズを正式リリースした。シューズ発表を後押しするため、ナイキはレブロンのCM第二弾「ブック・オブ・ダイムス」も公開した。このCMは教会に改築された体育館を舞台としており、コメディアンのバーニー・マックが牧師を演じる。信徒を演じるのは、NBAの殿堂入り選手であるジェリー・ウェスト、モーゼス・マローン、ジュリアス・アーヴィング、ジョージ・ガービンなど。WNBAのビッグスターであるスー・バード、タミカ・キャッチングス、シェリル・スウープス、チャミーク・ホールドスクロー、ドーン・ステイリーらが聖歌隊を務める。

「キング・ジェームズ・プレイブック（チーム内におけるさまざまな取り決めを書いたノート）」の一節を読み上げながら、牧師のマックはレブロンを称える。

「バスケットボールの『選ばれし者』は、ゲームの御魂がコート上に顕現することを求め、叶えられた。皆さん、レイアップを」とマックは言う。

「レイアップ！」と信徒たちが唱える。

ほどなくして、ゲームの御魂が近づいてきたのが感じられるとマックが叫ぶと、ドアが開け放たれ、ドリブルしながら教会に入ってきたレブロンが信徒たちへノールックパスを送る。彼のパスを受けた者は誰であれ、天から授けられた得点力を付与される。人々は空中を飛び回り、ダンクを決め、そして「パス！パス！　パス！　パス！　パス！　パス！　パス！」という聖歌隊の歌声でCMは締めくくられる。

このCMは、ナイキというよりレブロンのアイデアだった。レブロンは、自分の個性を正しく反映させたCMを作りたいということをリン・メリットと盛んに話していた。彼はパスが大好きだった。だがユーモアも大好きだった。そしてレブロンは、幼少期に憧れていたドクターJやアイスマンなどの選手たちや、女子のトッププレーヤーたちと共演する案も気に入った。だがそれ以上に楽しみだったのは、彼のお気に入りのコメディアンの一人が牧師を演じることだった。

このCMは一二月に行われたNFLの試合中に初めて放送され、確実に多くの視聴者の目に入ることになった。その反応は、NBAにとって非常に喜ばしいものだった。「ナイキの方向性が明確になったことがわかった」と、『スレート』誌は伝えた。「ナイキはレブロンに笑顔を浮かべさせている。まったくギャングスター的ではない。そして、おそらく最も興味深いのは、CM全体のテーマがレブロンのチーム優先主義にあることだ。シューズを売るためによく見られるような、圧倒的な個人技などではない」

レブロンのシューズには一一〇ドルの値がつけられた。一二月中旬に全米で発売されると、クリスマス前にはどこも完売した。同時に、レブロンのユニフォーム販売数もルーキーイヤーの最初の数カ月で六〇万枚を超え、推定六九〇〇万ドルを売り上げた。また、NBAの試合のテレビ視聴率はESPNで一五%

アップ、TNTでは二〇%アップを記録した。

＊＊＊

ルーキーシーズンの真っ最中にレブロンが一九歳になった直後、サバンナは自分が妊娠していることを知った。彼女はすぐにこの事態が怖くなった。両親にどう言えばいいかわからず悩んだ。レブロンへの影響も心配になった。彼のキャリアはどうなってしまうのだろうか?

泣きながら、サバンナはレブロンに彼の子を身ごもっていることを告げた。

それは二人にとって、身の引き締まる瞬間だった。どちらにとっても予定外のことだった。レブロンはナイキとリーグからの重圧を背負っていた。サバンナはか弱い一七歳の高校生だった。しかし、二人とも絶対に子どもを失いたくはないと決意していた。

状況は複雑だったが、レブロンは何とかなると感じていた。

「私が足を引っ張られることにはならない。君もそうはならない」と、レブロンはサバンナに告げる。

サバンナは圧倒されるような思いを感じずにはいられなかった。

「二人ともやるべきことをやり続けるんだ」とレブロンは言う。

それから数カ月、レブロンに引っ張られたキャバリアーズは終盤戦にかけて調子を上げていった。三五勝四七敗でシーズンを終え、わずか一ゲーム差でプレーオフ進出を逃す結果となった。レブロンはチーム最多の出場時間、得点、アシスト、スティールを記録し、NBA史上最年少で新人王に選ばれた。

シーズンが終わるとすぐにレブロンはアクロンに向かい、サバンナを彼女の卒業パーティーへと連れて行った。ホルタートップにマーメイドスカート、ラインストーンをあしらった彼女の装いは自らデザインしたものであり、その美しさをレブロンは褒め称えた。

彼女は妊娠五カ月だった。二人は親になろうとしていた。

# CHAPTER 17
# 恨みはない

二〇〇四年アテネ五輪の数カ月前、レブロン・ジェームズは米国男子バスケットボールチームへの思いがけない招集を受けた。五輪代表は、当時混乱に陥っていた。一年前のＦＩＢＡアメリカ大陸五輪予選大会では優勝を飾ったが、予選で米国代表メンバーを構成していた一二人のＮＢＡ選手中九人はギリシャに行かないことを決めていた。ロースターの穴を埋めるため声をかけられたＮＢＡのスター選手たちの多くも、さまざまな理由により参加を辞退していた。コービー・ブライアントは裁判を控えて頭がいっぱいだった。ＮＢＡのオフシーズン中には家で体を休めたいという選手たちもいた。また、ＮＢＡの一部の著名選手たちは、九・一一以降初めて行われる五輪でプレーすることに安全面の不安を抱いていた。当時、米軍はサダム・フセインを捕らえたばかりだったが、九・一一の首謀者オサマ・ビン・ラディンはまだ潜伏していた。そして、ジョージ・Ｗ・ブッシュ大統領によるイラク侵攻を受け、ヨーロッパや中東地域で反米感情が高まっていた。

レブロンは、特に身の安全を心配してはいなかった。米国の対外政策やブッシュ政権の対テロ戦争の政治的意味についても、あまり考えていなかった。だが一方で彼は、五輪でプレーすることについてもあまり意識していたわけではない。「アフリカ系アメリカ人としては、子ども時代にはとにかく『ＮＢＡに入りたい』ということばかり考えるものだ」と、レブロンは自身の経験について後年に語った。「国のためにプレーすることの重要性などというものは理解していない。そんなことは教えられない。話題にもならないし、誰かに示されることもない」

しかし、レブロンは忠誠心とチームワークの重要性を理解していた。そして、自分が米国代表に必要とされているという感覚は、彼の心に響いた。前シーズンのNBAオールスターのうち、アテネへ行く選手はティム・ダンカンとアレン・アイバーソンだけだった。レブロンは、チームが金メダルを持ち帰る上で自分が重要な役割を果たすことができるかもしれないと考えた。しかも一九歳の彼は、NBAプレーヤーたちが五輪で戦うようになった一九九二年以降では米国男子代表チームに選ばれた最年少選手となる。この栄誉を光栄に思い、米国代表の仲間たちと力を合わせて世界最高のバスケットボール選手たちとぜひ戦いたいと思ったレブロンは、フロリダ州ジャクソンビルで行われるトレーニングキャンプへと向かった。自分が何に巻き込まれたのか、まったくわかってはいなかった。

到着すると、レブロンにはうれしい驚きがあった。チーム内にルーキーは自分だけではなかったのだ。友人であるカーメロ・アンソニーと、マイアミ・ヒートのポイントガード、ドウェイン・ウェイドも直前にロースターに加えられていた。彼ら三人は、NBAのルーキー勢の中でもトップクラスの選手たちであり、自分たちを「ヤング・ガンズ」と呼ぶようになった。ベテラン選手たちを見渡すと、レブロンとカーメロは、自分たちがダンカンやアイバーソンとともに先発に加わるチャンスが十分にあると考えた。

「やってやろう」と、レブロンはカーメロに言った。

ただ、ベテラン選手の全員がルーキーたちの姿勢を評価していたわけではない。ニューヨーク・ニックスのポイントガードであるステフォン・マーブリーは、レブロンとカーメロは少し生意気で、馴れ合いすぎていると思っていた。レブロンと同じく、マーブリーも高校時代から騒がれた選手だった。九〇年代の彼はコニーアイランドで地元のレジェンドだった。しかし、NBAでスーパースターへの道を歩むことはなかった。それまで八年間で四つのチームを渡り歩いており、レブロンがすでに手にしているほどの名声も大金も手に入れたことはなかった。そしてニューヨークでは、カーメロでさえもマーブリー以上の称賛を集めていた。ニックスのファンであれば、マーブリーとカーメロを交換できるならすぐにでもしたかっただろう。

一部のベテラン選手とルーキーたちは、お互いに不満を抱き合っていた。レブロンとカーメロは、ベテランがもっとうまくチームの仲間意識を高めるべきだと感じていた。「彼らは傲慢だった。『よし、若いの、私が面倒を見てやろう』といった感じじゃない。みんなバラバラにそこにいるだけだった」と、カーメロは当時の経験を振り返っている。

ヘッドコーチのラリー・ブラウンも苛立っていた。彼が一年前の予選大会で指揮した選手たちは経験豊富なベテラン選手であり、団結したチームとしてプレーしていた。現在のロースターは、委員会によって選抜されたメンバーだ。ブラウンはまったく噛み合わない寄せ集めの選手たちを押しつけられたようなものだった。米国代表は、大会に臨む前にわずか一五回の練習しかしていなかった。自身のコーチングスタイルに基づき、ブラウンは試合時間の大半をベテラン選手たちに頼るつもりだった。ドイツ、セルビア、トルコで開催された一連のエキシビションゲームで、ブラウンが固めた先発メンバーは以下のような顔ぶれだった。

**アレン・アイバーソン**（ガード）
**ステフォン・マーブリー**（ガード）
**ティム・ダンカン**（センター）
**リチャード・ジェファーソン**（フォワード）

## ショーン・マリオン（フォワード）

レブロンは不満だった。子どもの頃にチームに入ってバスケットボールを始めて以来、自分が先発になれないチームに所属したことはなかった。練習相手になるために五輪チームに参加したわけではないのだ。カーメロも満足していなかった。彼とレブロンはFWだったが、どちらもジェファーソンやマリオンよりも実力が上だとカーメロは信じていた。「どうして彼らが私たちより先にプレーするんだ?」と、カーメロはレブロンに言った。

レブロンとカーメロは、自分たちがスターターではないことに気がつくと、毎回の練習の前に一つの約束をした。「もし今日、先発の選手たちが不甲斐なければ、あいつらを叩きのめしてやろう」と。

アテネに向かう前の最後のエキシビションゲームの前夜、レブロンとチームの他のメンバーはイスタンブールの高級ホテルで眠りについていた。その夜、イスタンブールの別の場所にある二つの観光ホテルで爆弾が爆発し、二人が死亡、一一人が負傷した。クルド人分離主義者の犯行が疑われた。米国の選手たち数人のグループは前日に、爆発が起きた地区を観光に訪れていた。その一人だったロサンゼルス・レイカーズのFW、ラマー・オドムは、テロ攻撃の話を聞いて不気味な感覚を覚えた。

レブロンはオドムと一緒にツアーには参加していなかった。しかし、爆弾テロの翌朝に米国政府関係者がチームへの報告を行った際には、レブロンは誰よりも多くの質問を投げかけた。彼は何が起こったのかを知りたかった。そして、チームの安全を確保するための計画を知りたかった。その日、警察車両の隊列が五輪チームのバスをホテルから護送した。アリーナでは、レブロンとチームメイトたちは、暴徒鎮圧用の装備を着用した警官の列の間を歩いてコートに向かうことになった。ダンカンを中心として、米国代表はエキシビションゲームに勝利した。しかし、トルコのファンは米国に対して手厳しい反応だった。

アテネでは、米国に対する敵意はさらに熱を帯びていた。ギリシャにいる間、米国はピレウス港に停泊する世界最大の客船クイーン・メリー二号に滞在していた。当時、この豪華客船での大西洋横断の一等客室料金は一人あたり約二万七〇〇〇ドルだった。チームがそこに滞在したのは、船内では選手たちに最大限のセキュリティが提供されたからだ。しかし豪華客船に滞在することは、五輪に向けて、米国の男子バスケットボールチームは傲慢で甘やかされた選手たちで構成されているという考えが広がっていることにさらなる拍車をかけた。

開幕戦では、圧倒的優位が予想された米国をプエルトリコが九二対七三の大差で破った。米国にとっては、ＮＢＡ選手が五輪に出場するようになった一九九二年以降では初めての敗戦となった。ギリシャの観客は歓喜に沸いた。

レブロンはプエルトリコ戦でわずか一三分のプレーにとどまり、シュート三本を打って五得点を挙げただけだった。試合最後の数分間、アリーナは彼がそれまでにプレーしたどの会場よりも大きな歓声に包まれていた。レブロンはベンチの一番端に座り、タオルを頭からかぶって両手で顔を覆っていた。

試合後、ブラウンはチームを叱咤激励し、選手の努力に疑問を呈し、他のチームがどれだけ強く彼らを倒したいと思っているか理解していないと非難した。国内のスポーツライターたちは米国を嘲笑した。ある著名なバスケットボールライターは、この試合を「ジョーク」と評した。ギリシャを訪れた各国のファンは、米国バスケットボールの破滅を喜んでいた。「誰も米国を応援なんてしていない。米国が世界中でやっていることを、誰も気に入っていないから」と、あるリトアニア人ファンはＥＳＰＮに語った。

哀れなレブロンは、地球の裏側で、船内の自分の部屋に閉じこもってほとんどの時間を過ごしていた。試合の時間が来るとベンチを温めた。コーチはマーブリー、ジェファーソン、マリオンなどの選手たちへの依存度をますます高めていた。一方で、ギリシャのファンは米国の敗北を喜んでいた。レブロンはこんなことをするために参加を決めたわけではなかった。家族が恋しかった。友人たちが恋しかった。オハイオが恋しかった。

リトアニア戦にも敗れたが、米国は三試合に勝利し、メダルラウンド進出を決めた。だがアルゼンチンに八一対八九で敗れ、米国が金メダルを獲得できないことは確定した。レブロンにとって、アルゼンチン戦の敗戦は特に見ていられないものだった。チームが試合中ずっと追いかける展開を強いられる中、レブロンはベンチに座り続け、わずか三分間しかプレーすることはなかった。チームで最も運動能力に優れたバスケットボール選手がほとんど出場時間を得られないのは、アイバーソンにとってさえも理解できないことだった。

結局、米国は銅メダルを獲得した。

意気消沈し、恥ずかしい思いを抱えながら、レブロンは空港へ向かうチームバスに乗り込んだ。彼は五輪を通して一試合平均わずか一一分の出場で平均五得点にとどまった。カーメロと話していると、マーブリーが二人を追うようにバスに乗り込んできた。

「お前らなんか大したことはない。チームを救えなかった！」とマーブリーは叫んだ。

レブロンとカーメロは、すぐにマーブリーに言い返した。口論はすぐにエスカレートしていった。

「お前らはずっと馴れ合っていたいんだろ。そんなものはクソ食らえだ」とマーブリー。

レブロンとカーメロに、マーブリーを相手にするつもりはなかった。マーブリーも二人に関わりたくはなかった。

「お前が成功することなんてない」とマーブリーは叫んだ。

もうたくさんだった。三五日間の海外生活を終えて、レブロンはＮＢＡに戻るのが待ち遠しくてならなかった。

＊＊＊

二〇〇四年秋、『GQ』誌はレブロンの紹介記事を掲載したいと考えた。ハリウッド俳優を表紙に起用することで知られるこの人気男性ファッション&スタイル誌が、NBA選手を特集するのは滅多にないことだった。だが同誌の編集者はバスケットボールファンであり、一九歳のレブロンがNBAでのプレッシャーのかかる生活にどのように対処しているのかを探りたいと考えていた。アーロン・グッドウィンは、協力するのはレブロンにとって良い案だと考えた。

レブロンも同意した。ナイキの次のCM撮影のためロサンゼルスに行ったあと、レブロンはクリーブランド・キャバリアーズがトレーニングキャンプを開始する前にニューヨークへ向かい、『GQ』誌のインタビューに応じた。マーベリック・カーター、リッチ・ポール、ランディ・ミムズも彼に同行した。グッドウィンのエージェンシーで広報部長を務めるメアリー・フォードも加わった。レブロンはチューインガムを噛みながら、バギーショーツにTシャツ、黒いナイキのスカルキャップをかぶった姿で、マンハッタンのミッドタウンにあるWホテルのロビーに立ってフォードと一緒にライターの到着を待っていた。

『GQ』誌はラリー・プラットにレブロンの記事の執筆を依頼した。プラットは『フィラデルフィア』誌の編集者であり、フィラデルフィア76ersのポイントガード、アレン・アイバーソンの伝記を書いたばかりだった。鋭い目でNBAを観察していたプラットは、『GQ』誌でレブロンについて記事を書くというチャンスに飛びついた。プラットは、NBAが本格的な苦境に陥っていると感じていた。コービーは、この夏の終わりに性的暴行容疑が晴らされていた。告発者が最終的に法廷で証言しないことを決め、検察が訴訟を取り下げたためだ。しかし、一年にわたる法廷闘争の間にニュースを賑わせた下世話な報道の数々は、コービーとNBAに影を落としていた。同じ頃、コービーとシャキール・オニールとの間に摩擦が生じ、ロサンゼルス・レイカーズはシャックをマイアミ・ヒートにトレードする結果となった。リーグで最も力強いコンビの解散だった。これらに加えて、アテネ五輪での大失態もあった。プラットは、レブロンがＮＢＡの救世主になれるだろうかと考えていた。

フォードがレブロンをプラットに紹介したとき、レブロンは本格的に心を開くつもりはなかった。彼は自分の私生活を、特にジャーナリストたちからは守ろうとするようになっていた。

手っ取り早く打ち解けようとしたプラットは、共通の知人という定番の手法を試した。ウィリアム・ウェズリーの名前を出したのだ。

レブロンは驚いた。「ウェズを知っているのか？」

「フィリーに紹介してもらったので」とプラット。

レブロンは微笑むと、ロビーの反対側にいた友人たちを呼んだ。「なあなあ、この男はウェズを知っているんだって！」

マーベリックとリッチは歩いてきて、ウェズに関する笑い話を語り始めた。

プラットは入り込むことに成功したのだ。

一行は隣にあるタイムズスクエアのレストラン、ブルーフィンに向かった。プラットはそこで昼食をとりながらレブロンにインタビューするつもりだった。到着するとレストランには誰もおらず、午後の閉店時間だと店員に告げられた。

チューインガムを大きく膨らませながら、レブロンは前に出た。「シェフに会わせてくれ」と言う。

しばらくしてマネージャーが現れた。レブロンがレストランにいるのだとわかると、マネージャーはテーブルを用意した。コックが呼ばれ、メニューが運ばれてきた。昼過ぎではあったが、レブロンは朝食メニューを注文した。他の全員はランチを頼んだ。

料理が運ばれてくるのを待つ間、レブロンは容赦なくリッチをからかった。

リッチは、レブロンが登場する発売間近のコミックの早刷り版を取り出して応戦した。レブロンの描写を指差しながら、リッチは言う。「見てみろ。こんなに頭が小さくて耳がデカい」

男たちはレブロンを見て笑った。

レブロンはリッチを指差しながらプラットに言う。「このチビ野郎はコメディアンなんだ」

プラットはマーベリックのことも、リッチのことも、ランディのことも何も知らなかった。しかし、アイバーソンの取り巻きたちと彼らの関係があまりにも対照的であることに衝撃を受けた。アイバーソンの伝記を執筆するにあたり、プラットはアイバーソンの周囲にいた何人かの男たちが彼に良くない影響を与えたと結論づけた。そのうち一人はいくつもの前科がある。別の一人は、アイバーソンの私物を盗んで質屋に売ったことで捕まった。三人目も不誠実だったためアイバーソンに解雇された。しかしレブロンの友人たちは、プラットには一緒に遊び回る子どもたちにしか思えなかった。リッチは間抜けな男のように見えた。アイバーソンのグループと比べれば好ましい違いではあったが、プラットはレブロンのグループを真剣に受け止めるのが難しいことに気がついた。

プラットは、もう一つ重要な違いを見て取った。アイバーソンは、自分の取り巻きを対等に扱うことはなかった。彼らは給料をもらっている身であり、アイバーソンとの間にある雰囲気もそのことを反映したものだった。レブロンのインナーサークルは、むしろ対等な兄弟関係のように見えた。

ウェイターが現れ、パンケーキとソーセージが盛られた皿と、スライスされたバナナの山をレブロンの前に置いた。食べている最中に、レブロンは尻を持ち上げ、雷のような屁を放った。「おい、メアリー」とレブロンはフォードを見て言った。「屁をこくな」

マーベリックとリッチは大笑いし、ハイタッチを交わした。

フォードは無表情だった。しかし、プラットは笑わずにはいられなかった。仲間の家でくつろいでいるようなレブロンと友人たちのやり取りが、この場面を楽しげなものとしていた。しかしプラットは、レブロンから真剣な話を聞き出せるかどうか、疑問に思い始めていた。そこでプラットは彼にバスケットボールの質問をした。

顔から笑みが消え、レブロンはプラットの目を見た。

「周囲の環境に慣れてしまうと、何もかもスローダウンするように思えてしまう」とレブロンは言う。「こう言うと生意気に聞こえるかもしれないが、動きがあらかじめ見えているみたいなんだ。ディフェンスがどこへ行くかとか、チームメイトがどこへ行くかとか、何となくわかるような感じだ。本人すら気づいていないうちにわかることもある」

テープレコーダーを回しながら、プラットはレブロンの口調の突然の変化に驚いた。彼の声は深みを増していた。遊び好きなティーンエイジャーのように振る舞っていたかと思えば、ほんの数秒のうちに、学者のような語り口で話し始めた。

レブロンは続けた。「私のプレーは、本当に時間を超越している。自分が自分の時間の先に進んでいるというようなことを言っているわけじゃない。それよりも、例えばコート上でパスを出したら、私の投げたボールが、チームメートをまさに行くべき場所へと導いていく。彼自身はそこが自分の行くべき場所だとわかってもいないうちに。私は、何が起こるかを自分でコントロールできるくらいまで時間を遅くさせることができる」

プラットは思った。「ああ、この男は本当に天才なんだ」

インタビューが終わる頃には、プラットは、ＮＢＡの未来はレブロンに委ねられていると結論づけていた。リーグの主役になるというプレッシャーをかけられながらも、一九歳の彼は、プラットの目には驚くほど屈託がないように映った。そんな観察をしている時点では、プラットはレブロンに高校生の恋人がいること、そして二人が親になろうとしていることなど知るよしもなかった。

数週間後、トライベッカにあるロフトで『GQ』誌の写真撮影を行うためニューヨークを再訪したレブロンに、プラットは追加のインタビューを行う予定だった。レブロンがポーズをとっている間、プラットは用意されたランチの中にフルーティ・ペブルズの箱がたくさんあることに気がついた。訊ねてみると、レブロンが唯一リクエストした食事が、その朝食用シリアルだったとのことだ。プラットは、もしアイバーソンの写真撮影だったとすれば、アイバーソンはクリスタルのシャンパンを要求しただろうという考えが頭に浮かんだ。

＊＊＊

キャバリアーズのコーチ、ポール・サイラスは、レブロンが高卒ルーキーから一気にＮＢＡのスターダムにのし上がったことに感銘を受けていた。しかしそれ以上に驚かされたのは、二〇〇四―〇五シーズンのトレーニングキャンプが始まり、オフの間にレブロンがどれほど変わったかを目の当たりにしたときだ。彼はさらに筋肉をつけていた。アウトサイドのショットも格段に上達していた。ダブルチームをされたときにフリーの味方を見つけるのもうまくなった。そして、以前よりもはるかにコート上で声を出し、采配を振るい、チームメイトに指示を出していた。サイラスは長年のコーチ生活で、これほど短期間にこれほど劇的な変化を遂げた選手を見たことがなかった。彼はレブロンに、ポジションをシューティングガードからスモールフォワードに変えることを伝えた。そして、全力でオフェンスに専念する許可を与えるとも告げた。チームは彼のものだ。

レブロンはキャバリアーズに戻り、慣れ親しんだプレーを再開することを喜んでいた。そして、彼の才能を高く評価し、コート上で熱心に指導してくれるサイラスのもとでプレーすることを楽しんでいた。レブロンはサイラスに強い感謝の気持ちを伝え、決してコーチを失望させないと約束した。

しかしキャンプ終盤、レブロンはサバンナ・ブリンソンと一緒に過ごすために数日間チームを離れた。二〇〇四年一〇月六日、レブロンはサバンナが男児を出産する瞬間に立ち会った。レブロンにとって、それはアスリートとして経験してきたどんなことよりもはるかに深い、人生を変える瞬間だった。レブロンは彼の人生において、ずっと父親を切望していた。それが突然、彼自身が父親になった、誇りに満ちあふれた彼は、息子に自分と同じ名前をつけることを望んだ。レブロン・レイモン・ジェームズ・ジュニアと。

まだ一八歳のサバンナは、レブロンの胸で眠る新生児を見ていた。

赤ん坊を腕に抱いた今、レブロンには新たな責任の重さがのしかかった。彼は家族のことを考えなければならなくなった。これまでもずっと、名誉ある評判を築いて維持するために必死に頑張ってきた。だが、今後はそれがさらに重要になってくる。「家族の評判を傷つけるようなことは一切できない」と、彼は自分に言い聞かせた。

レブロンはチームに戻るまでの三日間、サバンナと息子のもとに滞在した。出発する前に二人は、レブロンがサバンナと息子を世間の詮索から守ることを決めた。

報道陣に息子の誕生について訊ねられても、レブロンは多くを語らなかった。サバンナの名前も息子の名前も明かそうとはしなかった。『ニューヨーク・タイムズ』紙は、サバンナのことを単に「アクロン出身の母親」と伝えた。『AP通信』はレブロン・ジュニアを「男の赤ちゃん」と呼んだ。レブロンは、詳細には立ち入らないながらも、『アクロン・ビーコン・ジャーナル』紙に対して次のように語った。「私の大きな目標は、自分の父親よりも良い父親になろうとすることだ。私は父を知らなかった。父の置かれていた状況も知らなかった。だが私は、ベストを尽くして自分の仕事をこなすつもりだ」

＊＊＊

このシーズンのクリーブランドのホームゲーム第二戦、キャバリアーズはフェニックス・サンズに第三クオーター終了時点で六六対八五とリードされていた。レブロンは、トレーニングキャンプでサイラスと交わした約束を果たすことにした。第四クオーターにレブロンは一七得点を挙げて一人でサンズの総得点を上回り、試合をオーバータイムに持ち込んだ。そしてキャバリアーズが勝利。レブロンは最終的に三八得点を挙げた。さらに数日後、ゴールデンステート・ウォリアーズ戦では三三得点。続いてキャバリアーズはシャーロットに移動し、シャーロット・ボブキャッツと対戦。試合の中で、レブロンは味方が高く出しすぎたパスを受けるため空中へと舞い上がる。跳躍の頂点に達すると、彼の右手はバックボードのトップ付近にまで上がっていた。ワンモーションでボールをキャッチし、そのまま振り下ろしてゴールに押し込んだ。試合後、一人の記者がダンクについて彼に訊ねた。

「私は飛べると言っただろう。あの場所が好きなんだ。あの上まで私についてこれる人は多くはないから」と、レブロンは笑顔を浮かべながら言った。

キャバリアーズがチームとして完成するにはまだ先が長かったが、レブロンは毎晩のようにクリーブランドのファンを魅了し、リーグの他の都市でも完売の観客を集めていた。

＊＊＊

デトロイト・ピストンズはNBAチャンピオンとして君臨するチームだった。前年には、イースタン・カンファレンス決勝で過酷な六試合の末にインディアナ・ペイサーズを破ってNBAファイナルに進出していた。二〇〇四年一一月一九日、両チームはパレス・オブ・オーバーン・ヒルズで対戦した。このときはペイサーズがピストンズを圧倒する展開となった。残り一分を切りチームが一五点リードしている状況で、ペイサーズのFW、ロン・アーテストが、レイアップを打とうとしたピストンズのセンター、ベン・ウォレスの頭を叩いた。怒ったウォレスはアーテストの顔面を突き飛ばす。ホイッスルが鳴り響き、両チームの選手たちが割って入って二人の衝突を止めようとした。審判団が集まって退場処分を協議するかたわら、アーテストはスコアラーズテーブルに横たわる。そこでピストンズのファンがソーダの入ったコップをアーテストに投げつけ、アーテストはスタンドに飛び込んでいった。乱闘が巻き起こり、すぐに事態は手に負えなくなった。ペイサーズの選手たちもスタンドでアーテストと一緒になってファンと揉み合った。拳が飛び交う。ファンの一人はペイサーズのセンター、ジャーメイン・オニールに金属製の椅子を投げつけた。ペイサーズのラジオアナウンサーは踏みつけられ、椎骨を五本骨折した。ファンはコートにまでなだれ込み、警官たちが護衛しながらコート外へ連れ出そうとしていた選手たちと睨み合った。ESPNが試合を放送していたため、選手の子どもや他の一般の観客らが恐怖のあまり泣き叫ぶ光景が全米の視聴者のリビングルームに流された。

NBAはこの事件を「衝撃的で忌まわしく許しがたい行為」と断罪し、リーグとして九選手に出場停止処分を下した。そのうち数人は無期限の出場停止処分となった。五人の選手が暴行の軽犯罪で起訴され、最終的に起訴内容について争わないことを決めた。彼らは保護観察処分を言い渡され、アンガーマネジメント・カウンセリングを受けるよう命じられた。数人のファンもこの乱闘に関与したとして有罪判決を受け、試合観戦を永久に禁じられた者もいた。「パレスの騒乱」と呼ばれるようになったこの一件は、NBA史上最悪の乱闘事件であり、リーグのパブリックイメージがどん底に沈んだことを象徴する場面となった。

デトロイトの光景はレブロンにとって受け入れがたいものだった。選手間の暴力、ましてや選手とファンの間の暴力など、スポーツに存在していいものではない。少年時代に地元アクロンのレクリエーション・リーグでプレーしていた頃、レブロンは相手選手とケンカしたことはなかった。年齢を重ね、一部の相手選手が彼を狙って激しいファウルを仕掛けてくるようになってもレブロンはただプレーを続け、拳ではなくプレーで復讐することを選んだ。ファンから中傷的な言葉を浴びせられることもあったし、高校の最後の二年間には人種差別的な罵倒が交じることさえあったが、それでもレブロンは冷静さを保ち続けた。コート上で最も大きく強い選手であることが多かったレブロンだが、決していじめをする側になることはなかった。小さな頃から、いじめは大嫌いだった。

しかし、レブロンは自分を見下してくる相手と心理戦を演じるのが大好きではあった。デトロイトでの乱闘から五日後、キャバリアーズはクリーブランドでピストンズを迎え撃った。試合前のレブロンへのインタビューで、ある記者が、ピストンズのヘッドコーチであるラリー・ブラウンが五輪で彼をベンチに置いていたことを話題にした。記者は、五輪での経験がブラウンのチームと戦う上でのモチベーションになるかと訊ねた。

「もう終わったことだ。プレーするためにそんなモチベーションは必要ない」とレブロンは答える。

レブロンに外部からのモチベーションが必要ないのは事実だった。しかし、彼の中の競争心は熱く燃えていた。彼はアテネのことを忘れたわけではなかった。「もっと自分の力を見せられるチャンスがあれば良かったとは思う。それがすべてだ。恨みがあるわけじゃない」と、試合前のインタビューにレブロンは付け加えた。

試合開始前にレブロンは、ブラウンが一カ月前に贈ってくれた新生児用プレゼントに対する返礼のカードを彼に手渡した。そして、レブロンはピストンズを粉砕した。手始めに、暴力的なまでに激しい両手ダンク。続いてあらゆる位置からジャンプショットの爆撃を食らわせた。ペイントを突き進み、ダブルチームを突破し、芸術的にフィンガーロールを決める。さらに二本のスリーポイントを沈めて勝利を決定づけたあとには、何か盛んに喋っている様子も見せた。試合時間残り二分でレブロンがコートを去ると、クリーブランドのファンは総立ちになり、万雷の拍手を送った。キャリアハイの四三得点を挙げた試合だった。

サイラスは微笑んでいた。「恨みはない、だって？」

＊＊＊

一カ月後にレブロンが二〇歳の誕生日を迎えた頃、『GQ』誌は彼の紹介記事を掲載し、レブロンのことを「問題続きのリーグを再び約束の地へと導く唯一の男」と呼んだ。同じ月、『スポーツ・イラストレイテッド』誌はレブロンを再び表紙に起用し、今度は大胆な質問を投げかけた。「史上最高か?」と。決して大げさな表現ではなかった。まだ二年目のシーズンの半分を終えたところで、レブロンはすでに二〇〇〇得点、五〇〇アシスト、五〇〇リバウンドをNBA史上最年少で記録した選手となっていた。

平凡な選手たちがレブロンを羨む理由はいくらでもあった。しかし、レブロンのエリート選手としての資質を疑う者は誰もいなかった。二〇〇五年二月一九日にデンバーで行われたNBAオールスターゲームでは、彼はイースタンチームの先発に選ばれた。試合前のアリーナ地下通路で、レブロンはシャキール・オニール、コービー・ブライアント、ティム・ダンカン、アレン・アイバーソン、ヤオ・ミン、トレイシー・マグレディ、ケビン・ガーネットらに囲まれていた。

アイバーソンはレブロンに目をやった。続いて、オールスターゲームに初めて出場しようとしている他の選手たち、ドウェイン・ウェイド、ギルバート・アリーナス、アマーレ・スタウダマイヤーにも視線を向けた。

「初めてのやつらばかりだな」と、アイバーソンは言った。

アイバーソンが振り返り、メンバー最年少のレブロンを見つめると、ガーネットが笑った。

レブロンは全員からの視線が集まるのを感じた。

「あいつはまだ一六歳ってことはないだろうな」とアイバーソンはジョークを飛ばす。

ベテランたちは笑っていた。

東西のスターターたちが試合を始めるためコートに立つと、彼らはどちらのリングがどちらのチームのものなのかと言い争いを始めた。「あっちへ行こう」とレブロンは、指差しながら主張を繰り出した。

選手たちは相変わらず騒ぎ続けている。

審判はレブロンを見た。「どちらのリングがいい？」

「あのリングだ。私たちはあっちに行く」

審判はうなずいた。

試合が始まると、レブロンがイーストのオフェンスの中心となった。遠めの距離からのジャンプショットを決めたレブロンに、チームメイトのビンス・カーターは「よくやった、お前。それでいいんだ！」と声をかける。

レブロンはカーターの伸ばした手を叩いた。

ディフェンスでは、レブロンが動きを指示した。チームメイトのシャックが、スクリーンから抜け出してきた相手選手をガードするためペイントを離れようとすると、レブロンは彼を呼び止めた。

「スイッチ、シャック！　そこにいるんだ」と、レブロンは叫ぶ。

タイムアウト明けにも、レブロンはコート上のコーチのように振る舞い、誰が誰をガードするか指示を出した。

「君はナッシュに」とレブロンはアイバーソンに言う。

さらにウェイドをつかまえ、「君はレイ・アレンに」と伝える。

二〇歳にして、レブロンはオールスターのリーダーだった。

レブロンがキャバリアーズをプレーオフに導くのは時間の問題だと、誰もが理解していた。

# CHAPTER 18

# 十分な年齢

ダン・ギルバートは二二歳だったロースクール一年目在学中に自身の最初の会社ロック・ファイナンシャル・コーポレーションを設立し、全米屈指の独立系住宅ローン銀行に育て上げた。その後クイッケン・ローンズと改名されたギルバートの会社は、二〇〇四年の時点で業界トップのオンライン個人向け住宅金融業者となっており、その年には総額約一二〇億ドルの住宅ローン融資を実行した。その頃、ギルバートはクリーブランド・キャバリアーズの買収に目をつけていた。キャバリアーズがレブロン・ジェームズをドラフト指名する直前、同フランチャイズの評価額は二億二二〇〇万ドルだったが、レブロンがルーキーイヤーを終える頃にはチームの価値は大幅に高まっていた。ギルバートは三億七五〇〇万ドルでチームを買い取ると申し出た。そして〇五年二月、ＮＢＡはキャバリアーズのギルバートへの売却を承認した。

レブロンはギルバートのことも、彼がどうやって財産を築いたのかもほとんど知らなかったが、彼が前オーナーよりもはるかに手腕を発揮してくれることは疑わなかった。ギルバートがレブロンを、三億七五〇〇万ドルの投資の柱だと考えていることも明らかだった。オーナーとなった初日に、ギルバートはレブロンに言及してこう語った。「彼を中心に優勝できるチームを、願わくば何度も優勝できるチームを作ることが、オーナーとして、経営者としての我々の仕事だ」

その約二週間後、レブロンはトロントでのトロント・ラプターズ戦で五六得点を叩き出す人生最高のゲームを見せた。リック・バリーの記録を塗り替え、NBA史上最年少の五〇得点プレーヤーとなる見事なパフォーマンスだった。レブロンの得点数はキャバリアーズのフランチャイズ記録を更新するものでもあった。しかし、キャバリアーズはそれでも試合に敗れ、ロードでは九連敗となった。

翌日、キャバリアーズはヘッドコーチのポール・サイラスを解雇した。レブロンはサイラスを気に入っていたが、解任されたことに驚きはしなかった。彼のコーチングスタイルに選手たちが応えていなかったからだ。レブロンにとって予想外だったのは、サイラスの解任のタイミングだった。レギュラーシーズンは残りわずか一八試合であり、チームはまだプレーオフ進出圏内の第八シードにしがみついていた。アシスタントコーチの一人が臨時ヘッドコーチに任命され、ギルバートは自ら正式な後任探しに乗り出した。

ギルバートがバスケットボール界の事情にどれほど通じているかは未知数だった。しかし、本気で勝利を求める彼の姿勢は紛れもないものだった。彼はアリーナのグレードアップに何百万ドルも投資するつもりだった。ロースター強化のためFA選手に十分な資金を投じる準備もあった。チームのために新たな練習施設を建設することさえ計画していた。

レブロンには提案があった。ギルバートがやってきて最初の頃に交わした会話の中で、前オーナーグループに提起して受け入れられなかった話を持ち出した。チームの飛行機に不満を抱えていたことだ。飛行機での移動があまりスムーズではなかったことが何度かあった。レブロンは高校時代にももう少しましな飛行機に乗っていた。アップグレードするべき時期だと彼は考えていた。機体の外観を見るだけでもわかる。いまだに古いチームロゴがついており、しかも色あせて消えかけていた。「もっと良いフランチャイズにする手助けを始めたいと思ってもらえるなら、私たちには新しい飛行機が必要だ」と、レブロンはギルバートに語った。

レブロンの口調や表情には、ギルバートを微笑ませるような何かがあった。ギルバートは飛行機の件を心に留めた。

＊＊＊

キャバリアーズは二〇〇四―〇五シーズンを四二勝四〇敗で終えた。レブロンが加入する前年にはわずか一七勝しかできていなかったチームが、着実な前進を遂げてきたことを示す成績だ。しかし終盤戦に息切れし、二年続けてプレーオフ出場をあとわずか一勝の差で逃すことになった。シーズン終了の翌日、ギルバートはGMのジム・パクソンを解雇した。「新オーナーチームは、バスケットボール運営のビジネス面で新たなリーダーシップの方向性を示すときが来たと考えている」とギルバートは語った。

ギルバートがキャバリアーズの改革に忙しく動いている頃、レブロンはNBAを揺るがそうとしていた。父親となった今、彼はそれまで以上に責任を感じていた。自分の若い家族の経済面を長期的に安定させることに焦点を当てなければならない。「男になるべきときだ」と、レブロンは自分に言い聞かせた。ビジネス面を自ら管理することも、そのためにやるべきことの一つだった。彼は携帯電話に手を伸ばし、マーベリック・カーターの番号を打ち込んだ。

マーベリックが電話を受けたとき、彼はちょうどオレゴンから飛んできたところだった。

「街にいるのか？」とレブロンが訊ねる。

「ああ」とマーベリック。

「君に会いたい」とレブロンは言った。

マーベリックは母親とランチに行く途中だった。しかし、レブロンの口調から、何かあったのだと察した。彼はレブロンに、母親の家で会おうと告げた。数時間後、二人はキッチンのテーブルで向かい合った。

近況報告に続いてレブロンが話し始めたのは、自分が選手としてどのようになれると考えているかについてだった。彼はNBA全体二位の得点数でシーズンを終えたところだった。アシストとスティールもリーグトップクラスだった。数字的には、二年目の選手としては誰一人成し遂げたことのない偉業を達成している。マイケル・ジョーダンでさえも。だがレブロンは、自分自身にさらなる大きな期待を寄せていた。バスケットボール史上最高の選手になりたいと思っていたのだ。同時に、彼はコート外の事業でも同じくらい成功したいと考えていた。その面での進展には満足していなかった。

「マブ、私は今代理人と一対一で会えていない」とレブロンは言った。

マーベリックは、エディ・ジャクソンとグロリア・ジェームズがレブロンの代理人にアーロン・グッドウィンを選んだことをよく知っていた。

「母さんのことは愛している。でも、この決断は自分でしなければならない」とレブロンはマーベリックに告げた。

マーベリックは、レブロンが深く考えた末のことだとわかった。

「そのときが来た。もう十分な年齢になった。二〇歳だ。一二月には二一歳になる」

これほど大胆な行動が意味するところは、マーベリックにはすぐにわかった。こいつは何かとんでもなく大きなことになる。

しかし、レブロンは冷静だった。彼には計画があった。

「今まで誰もやったことのないような形でやりたい」とレブロンは言う。

マーベリックは、それが自分にどう関係するのか計りかねていた。

レブロンにとっては単純なことだった。コート上での彼は完璧主義者だった。だからこそ、自分のバスケットボール選手としての成長に完全に集中する必要があった。余計なことに気を取られはしない。同時に、彼は自分のマーケティングとビジネスを監督する独自の会社を設立する計画を立てていた。必要なのはそれを運営する人間だ。信頼できる誰かだ。

レブロンはマーベリックを見て、ナイキの話を持ち出し、マーベリックが二年間ナイキで働いてどれだけ多くのことを学んだかを語った。ビーバートンでの経験を通して、マーベリックはもっと大きなことをする準備ができたとレブロンは感じていた。マーベリックにはビジネスの素養があったわけではないが、彼は毎朝目を覚ますたびに、自分の力を証明しなければならないと強く思っていた。自分のやるべきことをリスト化し、リストの全項目にチェックを入れられずに一日の終わりを迎えれば失敗だと感じていた。レブロンは、彼の友人が金に執着してはいないことを知っていた。彼は何かを成し遂げることに執着していたのだ。マーベリックの仕事に対する姿勢と誠実さを目にして、レブロンは彼こそが信頼すべき男だと確信していた。

マーベリックは深呼吸をした。彼はすでに自分の夢見ていた仕事をしていた。職場には屋内外の陸上トラックがあり、キャンパスにはフットボール場も野球場もあった。昼休みには仲間を集めて最新鋭のコートでバスケットボールに興じることもできた。ナイキブランドの宣伝に従事する才能豊かなストーリーテラーたちと一緒に仕事をして報酬を得ていた。そして何より、マーベリックは太平洋岸北西部に魅了されていた。人生は順調だった。残りのキャリアをビーバートンで過ごすことになったとしても満足だろう。

しかし、母親の台所のテーブルに座って親友を見つめていると、マーベリックは好奇心と興奮が湧いてくる感覚を無視できなかった。レブロンが話していたのは、NBAでは前例のないことをやるという話だ。代理人との関係を断って独立し、自分自身のスポンサー契約を管理して自らのビジネスベンチャーを成長させる会社を設立する。その舵取りをマーベリックに託そうとしていたのだ。

マーベリックは自分に言い聞かせた。「これはやるしかない。挑戦するべきだ」と。

大きな賭けだった。レブロンは代理人のもとを去り、マーベリックはナイキを去ることになる。

レブロンに不安はなかった。

マーベリックは多少の不安を抑え切れず、「もしこれをしくじったら……」と考えていた。

＊＊＊

グロリアは激怒した。レブロンが代理人をクビにするよう仕向けたのはマーベリックだと思い込み、彼に電話をかけて罵声を浴びせた。

マーベリックは不意を突かれた。しかし、彼はグロリアのことをよく知っていた。彼女のことは家族のように大好きだった。「グロおばさん」とさえ呼んでいた。だから、グロリアが熱くなったときには、同じように熱くなって争うのは得策ではないことも十分に承知していた。

レブロンとマーベリックは自分たちが一体何をしているのかわかっていない。自分たちだけで勝負する準備などできていない。何しろ経験がないのだから。グロリアはそう主張した。

マーベリックが攻め手に回ることはなかった。むしろ、彼女に落ち着くよう促した上で、彼らはレブロンの弁護士と緊密に協力し、専門家を雇うつもりだと説明した。むやみに突っ走るわけではない。言い換えれば、彼らは自分たちが何を知らないのかわかっていた。それでもレブロンには自分の将来に向けての創造的なビジョンがあり、それを実行するために彼らは適切な人々と協力するつもりだった。

グロリアが機嫌を直すには時間がかかるだろう。

グッドウィンも虚を突かれた。ある時点では、彼は世界屈指の裕福なアスリートの代理人として波に乗っていた。しかし五月初旬、彼はレブロンの代理人ではなくなることを書面で知らされた。大きな敗北を喫したかのような気分だった。呆然としつつ、一体何が起こっているのか不思議でならなかった。彼とレブロンにとって、物事はこれ以上ないほど順調に進んでいると思っていた。グッドウィンの事務所近くにあるシアトルのレストランへの投資を一緒に開始したばかりでもあったのだ。

しかし、そのシアトルのレストランはまさに問題を象徴していた。レブロンは、スポーツ選手が代理人と一緒によくやるような月並みな事業に手を出したいとは思っていなかった。スポーツバーに資金をつぎ込んだり、単にいろいろなところに自分の名前をつけたりといったことだ。レブロンにはもっと大きな願望があった。世界で最も裕福なアスリートの一人であることに満足はしていない。彼は世界で最も裕福な人間の一人になりたかったのだ。そして、自分の仲間たちと一緒にそこへ辿り着く計画があった。

「ジェームズが代理人を解雇」といったような見出しは、グッドウィンにとっては恥ずかしいものだった。ESPNはこう報じた。「ジェームズの親友であり、高校時代のチームメイトでもあるマーベリック・カーターが、契約関係の責任を引き継ぐチームの一員になる見通しだ」

レブロンは何も語ろうとはしなかった。

マーベリックも同じだった。

NBA選手組合は、レブロンが今後は代理人を持たないことを確認しただけだった。

グッドウィンは正しく対応した。彼は次のような声明を出している。「三年近く、私はレブロン・ジェームズの代理人を務めるという素晴らしい機会を得た。レブロンおよびグロリア・ジェームズと共に仕事ができたことに感謝している。グッドウィン・スポーツ・マネジメントを代表して、レブロンと彼の家族の幸運を心よりお祈りする」

リーグ関係者らは、一体何が起こっているのかと訝しんでいた。伝えられた報道によれば、レブロンの三人の友人が引き継いだと推測されているが、彼らは誰も代理人として登録はされていない。それどころか誰一人として大卒ですらない。多くのメディアがその点にハイライトを当て、レブロンの行動は愚かなものだと言いたげだった。レブロンがグッドウィンを解雇したのは、マイアミ・ヒートでのデビュー二年目でプレーオフ進出を果たしたドウェイン・ウェイドの成功に対する嫉妬が原因ではないか、という憶測さえあった。『ニューヨーク・タイムズ』紙のコラムニスト、ハーヴェイ・アラトンは次のように書いている。「単なる憶測にすぎないが、グッドウィンを高校時代の同級生と交代させたジェームズは、スケープゴートを必要としていたのではないだろうか。そして、プレーオフを戦い抜いたウェイドと同じものを手に入れるまで、つまりシャックのような強力な盾を得てボールを受けられるようになるまでに、さらに何人かに難癖をつけることになるのだろう」

レブロンは自分自身について書かれた文章を読むと、人々はくだらないことを山ほど話題にするものなのだと思い知らされることもあった。難癖をつける、だって？ レブロンに問題があるとすれば、むしろ何も言わなさすぎることだった。ウェイドへの嫉妬？ ウェイドは友人だった。どうでもいい。レブロンは少なくとも、NBAの古株たちやメディアがマーベリック、リッチ・ポール、ランディ・ミムズをどう見ているかわかった。彼の高校時代の友人たち、と。

＊＊＊

レブロンは、金融の世界を案内してくれる専門家のアドバイスが必要であることはわかっていた。しかし、アスリートがスポーツエージェントから受けるようなありきたりの意見ではない。それよりもレブロンは、彼がバスケットボールのコート周辺の世界を知り尽くしているのと同じように、金融の世界を熟知している人物を求めていた。一流の敏腕が欲しかった。

二〇〇五年、レブロンは投資銀行家のポール・ワッチャーと出会った。彼はウォール街のキダー・ピーボディ&カンパニー社とベアー・スターンズ・カンパニーズ社で研鑽を積んだあと一九九七年に独立し、裕福で力のある顧客を対象とした金融・資産管理会社メイン・ストリート・アドバイザーズを設立した。カリフォルニア州知事のアーノルド・シュワルツェネッガー、トレーダーのジョン・W・ヘンリー、ネットワークTVプロデューサーのトム・ワーナーなども彼の顧客だった。ワッチャーがシュワルツェネッガーのアドバイザーを始めたのは、彼がハリウッドを代表する俳優として推定二億ドルの資産を築いた頃だった。ヘンリーとワーナーの会社ニューイングランド・スポーツ・ベンチャーズが二〇〇一年にボストン・レッドソックスを史上最高額となる七億ドルで買収した際にも、ワッチャーは彼らのアドバイザーを務めていた。

レブロンはワッチャーの顧客層に感銘を受けずにはいられなかった。そして、世界で最も有名なプロスポーツチームの一つを所有する人物にワッチャーが投資アドバイスをしているという事実は、とりわけ興味をそそった。裕福なチームオーナーたちと同じような一流の財務ガイダンスを受けているNBA唯一の選手になれるかもしれないという見通しは、レブロンにとって非常に魅力的だった。

ワッチャーは、基本的にはアスリートを顧客に迎えるつもりはなかった。だがレブロンは並のアスリートではない。NBAのサラリーに加えて、彼は約一億二五〇〇万ドルのスポンサー契約を結んでいた。レブロン以上のスポンサー収入を得ているアスリートは、世界でも三人しかいなかった。タイガー・ウッズ、ドイツのF1ドライバー、ミハエル・シューマッハ、そして英国のサッカースター、デイビッド・ベッカムだ。ウッズとベッカムはキャリアの全盛期、シューマッハはキャリアの終盤だった。レブロンはまだスタートしたばかりだ。

しかしワッチャーの心に訴えかけたのは、単にレブロンの稼ぐ能力だけではなかった。むしろ、レブロンの起業家的なアプローチと、彼の意識の働き方だ。ワッチャーにとって、レブロンの言葉はスポーツ選手というより数学者のように聞こえた。彼は銀行家や投資家がするような質問をしてきた。「数字に強そうだ」と、ワッチャーは思った。

ワッチャーはマーベリックからも好印象を受けた。マーベリックは金と投資に関しては素人だったが、彼は柔軟だった。いい質問をしてきたし、学ぶことに熱心だった。ワッチャーに言わせれば、レブロンがマーベリックをパートナーに選んだのは賢明な選択だった。

長期的な影響という点では、レブロンがワッチャーを個人投資銀行家に選んだことは、おそらく彼のバスケットボール選手としてのキャリアの中でも最も重要な行動だった。ワッチャーの登場により、レブロンはNBAで最も質の高いファイナンシャルアドバイザーを得られただけでなく、彼とインナーサークルのメンバーが、エンターテインメント産業の大物や、ウォール街の巨人たち、業界の主要人物らと知り合えるパイプを確保することにもなった。より短期的には、ワッチャーはレブロンがスポンサー契約に関する新たな考え方に目を向ける助けとなった。単に自分の名前を商品に貸すのではなく、レブロンは自分のイメージを所有できるようになった。

ワッチャーからの戦略的アドバイスとフレデリック・R・ナンス弁護士からの法的アドバイスを頼りに、レブロンはLRMRマネジメント・カンパニー有限責任会社を設立した。社名はレブロン、リッチ、マーベリック、ランディの頭文字を取ったものだ。この四人が会社のパートナーであり、マーベリックがCEOに就任した。まったくの型破りな動きだった。これによりレブロンは、単に商品を売りたい企業に自分のイメージを貸して使用させることで報酬を得るだけではなくなる。将来的には、株式保有を通して企業とのパートナーシップを築く形を探ることになるだろう。そのようなことをしているアスリートは他にいなかった。

一方、レブロンは新しい代理人にレオン・ローズを指名した。ウィリアム・ウェズリーの親友であるローズには、レブロンのやり方を受け入れる意志があった。つまり、彼は名目上の代理人ではあるが、采配はLRMRマネジメントが振るうということだ。

ローズはまた、スポーツエージェントになることに興味を持ち始めていたリッチを指導することにも前向きだった。レブロンの後ろ盾があれば、リッチはローズの下で働きながらビジネスを学ぶことができる。ちょうど、マーベリックがナイキで雇われる前にリン・メリットの下でインターンをして学んだのと同じように。

レブロンに関する限り、物事はうまくいっていた。リッチはローズと一緒に仕事をしている。マーベリックはLRMRマネジメントのCEOを務めている。そして、レブロンの伝手により、ランディは選手連絡係という役職でキャバリアーズに雇用される手続きが進んでいるところだった。「四騎士」はキャリアを高めていた。

＊＊＊

NBAのリーグ関係者はレブロンの決断に懸念を抱いていたが、ナイキのフィル・ナイト会長の見方は異なっていた。二〇〇五年七月、二人があるイベントに出席したとき、レブロンがナイトに話しかけた。

「フィル、少しいいだろうか？」

「もちろん」

彼らは二人だけになれる場所へ移った。

「最初に契約したとき、私はナイキの歴史についてそれほど知らなかった。だから勉強したんだ」とレブロンは語る。

「ほう？」とナイト。

「あなたは創設者だ」

「まあ。共同創設者だ。確かに、そのことに驚く人は多い」

「ナイキは一九七二年に生まれた」

「そうだ。生まれた？　まあ、そうだろう」

「そこで、宝石店に行って、一九七二年製のロレックスを探してもらった」

レブロンは彼に時計を渡した。

ナイトはそれを見て、レブロンが入れた刻印に気がついた。「私に賭けてくれたことに感謝を」と。ナイトは唖然とした様子で、何を言えばいいのかわからなかった。ナイトの意識では、レブロンに賭けるのはほとんど確実な勝負だった。だが一方でナイトは、さまざまな人物に賭けることを好んでもいた。彼にとっては、それこそがビジネスのすべてだった。そして、レブロンが同じような起業家的姿勢を持っていることが気に入った。

レブロンとナイキの関係は深まるばかりだった。レブロンがナイトに会った直後、ナイキはレブロンを東京、香港、北京へと向かわせた。各都市でレブロンは子どもたちにバスケットボールクリニックを開き、販促イベントに参加し、報道陣に話をした。骨の折れる仕事ではあったが、彼は世界的なブランドになることを決意していた。そして、ナイキの後ろ盾があることを幸運に感じていた。中国のどこへ行っても、彼のシューズを履き、彼のユニフォームを着て、彼の名前を歌うファンに出会うことができた。

＊＊＊

ニュージャージー州イースト・ラザフォードにあるコンチネンタル・エアライン・アリーナでは、全席完売の観客が立ち上がっていた。その日は二〇〇五年一〇月二七日。ジェイ・Zは贅を尽くした「宣戦布告」コンサートのセットリストを終えたところだった。ステージは大統領執務室を模して設営されていた。このショーは、大統領用デスクの後ろにいるジェイ・Zの両側をシークレットサービスが固めているところに、サウンドシステムから「公共広告」が大音量で流れて劇的に幕を開ける。そしてショーが進んでいくにつれて、ヒップホップ界を代表する大物たちがゲストとしてステージに姿を現した。P・ディディ、カニエ・ウェスト、ナズ。観客にとっては驚きの連続だった。何千人ものファンが絶叫しながら、両手を合わせてロカフェラ・レコードのシンボルであるダイヤモンドの形を作る。ファンはアンコールを求めていた。あともう一回サプライズを味わいたかった。

舞台裏で、レブロンは気持ちを昂らせていた。満員の観衆の前でバスケットボールのユニフォームを着てパフォーマンスを見せることには慣れていたが、この夜の彼はストリートウェアにブーツ姿。ジェイ・Zに招かれて彼はステージに上がり、カニエやP・ディディ、ナズらに加わると、ジェイ・Zのヒット曲「アンコール」を一緒に歌った。

**アンコールしてくれ、もっと欲しいか?**
**ブルックリン育ちの俺を生で料理して**
**それじゃあ最後にもう一度、お前ら全員で叫んでくれ**

レブロンは次のフレーズを知っていた。「さあ、何を待っているんだ?」

観客は熱狂した。

レブロンにとって、夢見心地の経験だった。ジェイ・Zとの友情は深まり、彼は他のアスリートならあり得ないようなことにも招待された。彼らはほとんど毎日連絡を取り合っていた。ジェイ・Zはマーベリックやリッチやランディとも親しくなった。グロリアやサバンナ・ブリンソンとも親しくなり、レブロンもジェイ・Zの取り巻きたちと、そしてビヨンセとも非常に親しくなった。レブロンと友人たちや家族は、いつでもジェイ・Zのショーに招待され、バックステージパスを与えられる。ジェイ・Zとビヨンセには、いつでもレブロンの試合のコートサイド席が用意されていた。

レブロンとジェイ・Zは、アフリカ系アメリカ人の中でも特に強い影響力を持つ二人として台頭し、ポピュラーカルチャーのメインストリームを形成するようになってきた。二人はお互いを奇跡のような存在だと見ていた。一人はマイケル・ジャクソンの真似をして育ち、ベッドフォード=スタイベサントから抜け出してきた。もう一人はマイケル・ジョーダンを模倣し、スプリングヒルから出てきた。そして、彼らはいつもお互いを気遣っていた。例えば、レブロンが代理人を解雇して友人たちとビジネスを始めたことでメディアから批判されていた頃には、ジェイ・Zは彼をソニー・ミュージックの企業広報担当上級副社長であるキース・エスタブルックに引き合わせた。

エスタブルックはソニーの世界的なメディア対応を統括していた。レブロンはナイキやキャバリアーズの広報チームに協力を仰ぐことはいつでもできたが、ジェイ・Zは、彼の友人は専属の専門家を使うべきだと考えた。

二〇〇五年の夏、レブロンはエスタブルックを個人的な広報担当として雇った。ナイキやキャバリアーズとのやり取りだけでなく、エスタブルックはマーベリックとも緊密に協力し、レブロンの国内メディアからのインタビューや公の場への露出をすべて管理することになった。

ジェイ・Zはレブロンのインナーサークルにもアイデアを提供した。イースト・ラザフォードで開催された「宣戦布告」コンサートでは、ジェイ・Zはマーベリックに、P・ディディの個人スタイリストであるレイチェル・ジョンソンを紹介した。この紹介は絶好のタイミングであり、幸運でもあった。

その一週間前、NBAコミッショナーのデイビッド・スターンは、全選手に対して新たなドレスコードを課すことを発表して物議を醸していた。チームやリーグのあらゆる活動において、選手は全員が襟付きシャツまたはタートルネックを着用し、フォーマルなパンツとシューズ、靴下を履かなければならないというものだ。ヘッドギア、Tシャツ、スニーカー、ワークブーツは認められない。チェーン、ペンダント、メダル飾りも禁止された。『ニューヨーク・タイムズ』紙はこの方針について、「NBAは、選手をギャング風ではなく、もう少し上品に見せようという新たな試みを推進している」と評した。

この新たな義務に公然と反発する選手もいた。だが主流メディアは、ほとんどがコミッショナーを支持した。「間違いなくリーグには、リーグを代表する若者たちに一定レベルの身だしなみを要求する権利がある」と、NPRのスポーツコメンテーター、フランク・デフォードは『モーニング・エディション』で述べた。「率直に言おう。NBA選手のコート外での外見といえば、マイケル・ジョーダンは非の打ち所がないほど上品だった。それがごく短期間のうちに、『ニューヨーク・ポスト』のフィル・マシュニックの言葉を借りれば、ストリートギャングのスカウト役のように成り果ててしまっている」

マーベリックがレイチェルと知り合ったのは、こういった背景の中だった。マーベリックはすぐに彼女の経歴に感銘を受けた。多くの点で、彼女はマーベリックと同じ起業家精神を持っていた。

レイチェルは、伝統的に黒人学生主体の大学であるフロリダA&M大学に通う三年生だった頃、ショーン・コムズ（P・ディディ）の下で働くヒップホップスタイリストのグルーヴィー・ルーと出会った。レイチェルは、ニュージャージー州エングルウッドの高校でベストドレッサーに選ばれて以来、ファッションに興味を持っていた。彼女はルーにファッションを褒められたのに加えて、セレブリティ男性のスタイリングを担当している黒人女性たちがいると聞いてハッとさせられた。触発されたレイチェルは、英語教師になる計画を捨てることを決めた。代わりに、大学卒業後には『エッセンス』誌に就職し、そこでラッパーのP・ディディやノトーリアス・B.I.G.と仕事をしていたスタイリストたちに出会った。そのスタイリストたちから学んだあと、レイチェルはセレブリティ担当のワードローブスタイリストとしてファレル・ウィリアムスやジェイミー・フォックスと仕事をするチャンスを得た。レイチェルのキャリアはそこから飛躍していった。

レイチェルの歩んできた経歴はマーベリックだけに響いたわけではない。レブロンも彼女から強い印象を受けた。身長一八三センチのレイチェルは、プロのバスケットボール選手になっていてもおかしくなさそうだった。しかし彼女にはファッションに関して、そしてファッションをどう使えば人種の壁を打ち破ることができるかについて先見の明があった。彼女はレブロンに、歴史ある有名ブランドを身につけるべきだと言った。さらにレイチェルは、人種の多様性がほとんどないようなファッションハウスにレブロンを連れて行きたがった。意識を啓発し、ファッションデザイナーやブランドがより包括的になる手助けをするチャンスだった。その過程で、レブロンはトレンドセッターとなり、NBA選手のファッションスタイルを完全に変える人物になれると彼女は考えていた。

「ランウェイを流れてくる服を目にしても、着ているのが細身すぎるモデルだったら、自分も着てみたいとはあまり思わない男性もいるでしょう?」とレイチェルは言う。「でも、普通の九時五時のビジネスマンがレブロン・ジェームズの着ているものを見て、『私にもできるんじゃないかな? 彼も同じような感じなんだから』って言うこともあると思う」

彼女から好印象を受けたとはいえ、ジェイ・Zを通じてレイチェルに会った時点では、レブロンは彼女の計画していることにあまり賛同はできなかった。しかし、ヒップホップ界屈指の大物たちを担当しているスタイリストに服を選んでもらえるという考えはレブロンにとって魅力的だった。彼はレイチェルを個人スタイリストとして雇った。

＊＊＊

レブロンは、二〇〇五年一一月二日にNBA三年目のシーズン開幕をホームで迎えるのが待ち遠しかった。ガンド・アリーナに車を停めると、その名称はクイッケン・ローンズ・アリーナに改められていた。ファンは「ザ・Q」と呼んでいた。ギルバートがフランチャイズに自らの刻印を入れたことを示す明らかなサインだった。それでも、レブロンはクリーブランドにおいてギルバートよりも大きな存在だった。通りを挟んでアリーナの向かいにあるシャーウィン・ウィリアムズのビルには、ナイキが一〇階分の高さの壁画を描いていた。レブロンがダンクを決めようと舞い上がる姿に、「我々全員が目撃者」というキャッチフレーズが添えられたものだ。レブロンがアリーナに入ると、ギルバートが約束を守り、オフシーズンに数百万ドルを費やして設備をグレードアップしてくれたことがわかった。頭上には真新しいスコアボード。ファンは新しいワイン色のシートに座る。そしてロッカールームは、レブロンの好みに合わせて全面改装。全選手のロッカーにテレビ、Xbox、ステレオが設置されていた。

ギルバートはキャバリアーズの人事も一新した。新たなヘッドコーチには、サンアントニオ・スパーズのアシスタントコーチだったマイク・ブラウンを招聘。大胆な起用だった。アフリカ系アメリカ人のブラウンに、ヘッドコーチの経験はなかった。しかも三五歳で、リーグで二番目に若いヘッドコーチとなる。またギルバートは、元キャバリアーズの選手であるダニー・フェリーを新たなGMに任命した。

ギルバートからFA獲得のゴーサインを得て、ブラウンとフェリーはオフシーズンに六人の新たな選手と契約した。全員がレブロンの同意も得た上での補強だった。その中には、ラリー・ヒューズとドニエル・マーシャルも含まれていた。ともに経験豊富なベテランであり、レブロンの周りのサポートメンバーを強化することになると期待されていた。さらにギルバートは自らブラウンとフェリーに同行し、ジードルーナス・イルガウスカスを文字通り追いかけて空港へと向かった。イルガウスカスはキャバリアーズに所属する二二一センチのセンターで、FAとなって他チームとの交渉に向かおうとしていたところだった。彼は人気の高いリトアニア人選手であり、NBA最多のオフェンスリバウンドを記録していた。レブロンは、「Z」と呼ぶ彼をクリーブランドに引き留めるべきだと主張していた。ギルバートは、報道によれば六〇〇〇万ドルでの五年契約を提示して彼を説得した。

ギルバートはチームオーナーになってまだわずか七カ月だが、彼はすでにプロスポーツにおけるスターシステムの重要な教訓を学んでいた。生観戦であれテレビ観戦であれ、ファンはスター選手に惹かれるものだ。そして、スターが強く輝けば輝くほど、引きつける力はより大きくなる。ギルバートは、NBAで最も明るく輝くスターがチームにいることを認識した上で、ときには自分のエゴを捨ててまで、そのスター選手にふさわしい陣容を維持するために必要なことは何でもやるつもりだった。結果として、ギルバートはレブロンのために、他のどの選手とも別格の便宜を図った。例えば、マーベリックとリッチには、チームの制限エリアに自由に立ち入ることが認められた。彼らには全ホームゲームでのコートサイド席も与えられた。そしてランディには、キャバリアーズのベンチの真後ろの席が与えられていた。

試合前、サバンナはキャバリアーズのベンチ近くにいたレブロンに近づき、一歳の息子を渡した。レブロンは息子を抱きかかえ、額にキスをしたあとサバンナに返した。

試合が始まろうとするとき、レブロンはスコアラーズテーブルに近づき、両手をチョークの粉で覆う。そして手を叩くと白煙が舞い、満員の観客から歓声が上がった。コートサイドにはマーベリックとリッチがいるのが目に入った。ベンチの裏にはランディが見えた。エンドライン際の最前列にはグロリアが座っており、その隣にはサバンナ、彼女の膝の上には一歳のレブロン・ジュニアがいた。レブロンの母親と、高校時代からの愛する女性と、レブロンの息子は、これからいつも最前列にいることになる。仕事場に出れば家族や友人たちが周りにいてくれるとわかっているのは、最高の気分だった。裏方には弁護士も、投資銀行家も、広報担当者も、スタイリストもいてくれる。彼は子どもの頃から夢に見ていた理想的な人生を作り上げていた。誰もが安全で、誰もが守られており、誰もが目の届く場所にいる。

審判がティップオフのボールを投げ上げた。

# CHAPTER 19
# たかがバスケットボール

二〇〇六年一月二二日、クリーブランド・キャバリアーズがソルトレイクシティに降り立ったのは真夜中過ぎ。レブロン・ジェームズはひどい気分だった。その数時間前、彼はゴールデンステート・ウォリアーズ戦で膝をひねっていたのだ。しかもインフルエンザにかかっていた。チームはロードで五連敗を喫したところだった。そしてつい先ほど、グロリア・ジェームズが故郷で飲酒運転のため逮捕され起訴されたという知らせを受けた。

チームのホテルにチェックインしたレブロンは、膝のレントゲンを撮るため近くの病院へ向かった。腫れはあったが、レントゲンは異常なし。MRI検査はクリーブランドに戻ってから受けることになった。それまでは、ロード連戦の最終戦を欠場して膝を休ませるのがベストだ。一晩休めばインフルエンザからの回復も早まるだろう。レブロンは、アクロンの状況についても新たな知らせを受けた。弁護士が対応し、母親は保釈金を支払ったとのことだ。

その日レブロンは、夜に行われるユタ・ジャズとの試合のため、チームに同行してデルタ・センターを訪れた。レポーターの一人が彼に母親の逮捕について訊ねる。「何が起こっているのか、全部聞いてるわけではない。状況がわかって、家族とゆっくり話ができたら、もう少し何かコメントができるだろう」とレブロンは答えた。

レブロンは口にしている以上のことを知っていた。しかし、家族のことになると、彼はいつも守りの姿勢を取ろうとしてしまう。「ジェームズの母親が飲酒運転で逮捕」という『ワシントン・ポスト』紙の記事などが、インターネット上にはすでに出回っていた。それ以上何を言っても無駄だった。余計な注目を集めてしまうだけだ。

レブロンは疲労と痛みがあり、欠場を勧められたにもかかわらず、膝の状態を試してみることにした。ヘッドコーチのマイク・ブラウンに、出場するつもりだと伝えた。

レブロンの体調不良を知らないジャズファンは、先発メンバーが発表された瞬間からレブロンにブーイングを浴びせ始めた。

レブロンはその雑音を遮断し、ゾーンに入った。レイアップ。ダンク。スピンムーブ。フェイダウェイ。長距離スリーポイント。彼が放つすべてのショットが入るかのような感覚だった。だから彼はショットを打ち続けた。ジャズは打ちひしがれているように見えた。ヘッドコーチのジェリー・スローンは、レブロンの圧倒的な力に、彼のチームは「怯えていた」と試合後に認めた。試合終了まで二分を切り、チームが十分なリードを奪った状況で、レブロンは五一得点を残してプレーを終えた。彼の虜になったユタの観衆は立ち上がり、王者にふさわしい喝采を送った。二一歳の若さで、レブロンはコービー・ブライアントを超え、NBA史上最年少でキャリア通算五〇〇〇得点を達成した選手となった。

ユタでの勝利から、キャバリアーズは七連勝を挙げた。二月のオールスターブレイクの時点で三一勝二一敗を記録し、セントラル・ディビジョンでデトロイト・ピストンズに次ぐ二位。そしてレブロンは、相手ディフェンスを粉砕し続けた。シーズン前半戦の活躍により、ヒューストンで開催されたNBAオールスターゲームではイースタン・カンファレンスの最多得票選手となった。キャバリアーズの他の選手たちは投票用紙に名前が載ることすらなかった。

ダン・ギルバートは、週末のオールスターゲームのために、レブロンと家族、友人をヒューストンまで飛行機で送ることを申し出た。さらにギルバートは自分の家族も、キャバリアーズの幹部たちも連れて行った。一行はチームの飛行機に乗り込む。この旅は、レブロンを長期にわたってキャバリアーズのファミリー内に縛りつけておきたいというギルバートの決意の表れだった。

ヒューストンへのフライト中、レブロンがメインキャビンで友人たちとトランプをしていたところで、飛行機が突然激しい乱気流に遭遇した。照明がちらつき始めた。キッチンの調理場からは煙が上がった。当時妊娠中だったギルバートの妻を含めて、嘔吐した乗客も多かった。客室乗務員の一人は足首を骨折した。

「なんてこった！　こんなことになるなんて」とレブロンは思った。

混乱が極まった時点では、機内の誰もが命の危険を感じた。

しかし、パイロットは最終的に飛行機を安定させることに成功した。

レブロンは、チームが新しい飛行機を入手する必要があることについて、これ以上ギルバートに何も言う必要はないだろうと思った。それよりも、まだ全員が生きた心地がしない状況で、レブロンはその場の空気を和ませようとした。

「くそったれ、カードを配れ」と彼は叫ぶ。「私はトランプをやりに来たんだ」

みんな大笑いした。

飛行機はヒューストンに無事着陸。レブロンはイーストチームを勝利に導き、オールスターのMVPに選ばれた。そしてギルバートは、チームのために最新鋭のジェット機を発注した。彼がメディアに語ったところによれば、チームの新型機では給油のために必要な着陸回数が減り、勝利の文化の促進につながることで、キャバリアーズがFA選手にとってそれまで以上に魅力的な移籍先となることを期待しているということ。それも事実ではあったが、実際のところは、レブロンが普通であればチームオーナーだけに独占された特別な領域にまで進入したという話だ。ＮＢＡであれ、他のどのアメリカンスポーツリーグであれ、レブロンとギルバートのように一人の選手がチームオーナーと台頭に渡り合うような関係は存在しなかった。

ギルバートの姿勢にも助けられ、レブロンはキャバリアーズの組織内で急激に変貌を遂げていた。ルーキーイヤーのレブロンは、あえて自分を主張しすぎないようにして、それよりもチームに溶け込むことに努めていた。三年目のシーズンになると、チームは完全にレブロンに合わせて作り直されていた。

同じ頃、レブロンはオハイオ州での生活環境も変えつつあった。二〇〇三年には、彼はアクロン北部のバース・タウンシップにある二万四〇〇〇平方メートル近い土地に立つ三三〇坪以上の家を二一〇万ドルで購入していた。二年ほど経つとその家を取り壊し、自分の夢見ていたような家を建てた。自ら設計を手伝った一〇〇〇坪近い豪邸だ。レブロンの設計図には、数十坪のスイートルーム、ボウリング場、理髪所、ホームシアター、三階建てのアクアリウム、壁一面のテレビスクリーンを備えたスポーツバー、レコーディングスタジオ、ゲームルーム、そして六台分のガレージが計画されていた。邸宅の建設には一五〇〇万ドル以上を要すると見積もられた。彼はまた、自宅の近くに母親のための新しい家も購入していた。

ヒューストンへの旅を終え、大胆なデザインとなる邸宅の建設について郡からの最終認可を待つ一方で、レブロンはコート上で起こるあらゆる動きを掌握していた。三月初旬からの重要な時期に、キャバリアーズは一九試合中一五試合で勝利を収めた。この頃レブロンは、ＮＢＡキャリアの中で初めて選手兼コーチとしてのメンタリティを発揮し、対戦相手とチームメイトに自分の意志を押しつけるような場面が見られた。チームメイトのドニエル・マーシャルがスランプに陥りショットが入らなくなったとき、レブロンは彼にボールを出し続けた。ある試合では、トップ・オブ・ザ・キーでフリーになったマーシャルに対し、レブロンは「ショットしろ」と叫んだ。

マーシャルはためらった。

「そのボールをショットだ」とレブロンは叫ぶ。

マーシャルは試合後に、自身を後押ししてくれたレブロンに感謝した。三二歳のベテランであるマーシャルは、レブロンを助けるためにクリーブランドに連れて来られたのだが、レブロンが彼を助けていた。

ベンチでは、レブロンはヘッドコーチにも遠慮なく指示を出していた。しかし、ブラウンに恥をかかせないようにユーモアを交えた接し方だった。シカゴ・ブルズがレブロンを手こずらせた試合中のタイムアウトで、ブラウンは使い慣れたホワイトボードを取り出し、プレーを図示し始めた。そして描いたものを消した上で、新しいプレーを描き出す。そうしているうちにタイムアウトは終わろうとしていた。結局レブロンはブラウンを見て、「コーチ、私たちは五人しかいないし、二四秒しかない」と言う。

選手たちは大笑いだった。ブラウンはホワイトボードを片付けた。

レブロンとブラウンのやり取りを目撃していたのは、『スポーツ・イラストレイテッド』誌のバスケットボールライター、クリス・バラードだった。彼はレブロンの新たな紹介記事を準備するためクリーブランドに滞在していた。バラードはコート上でのレブロンの成長を最前列で観ることができただけでなく、レブロンの周囲に形成された新たな広報体制も体験することになった。バラードが彼に行うインタビューは四五分までと厳しく制限されていた。取材の間、バラードにはキャバリアーズの広報担当者三人と、ニューヨークから駆けつけたキース・エスタブルックが同行していた。エスタブルックは「容赦なくクライアントのイメージ管理を行っていた」と、バラードはのちに書いている。

しかし、バラードはレブロンがビデオテープを観るところに同席することを許された。レブロンは、おそらくＮＢＡのどの選手よりも自分と対戦相手のビデオを研究していた。ルーキーシーズンに身につけた習慣だった。三年目になると、彼はリモコンをまるで操縦桿のように駆使していた。再生、一時停止、巻き戻しと、何百時間もの試合映像を観て、自分のプレー精度を完璧に高め、少しでも相手より優位に立とうとしていた。

「ザ・Q」の中にある窓のない部屋に座って、レブロンは一カ月前のボストン・セルティックス戦のテープを観ていた。セルティックスのFW、ポール・ピアースにガードされていたプレーで一時停止を押して、レブロンはバラードのために、その場面で何を観ていたかを説明した。

「特に注意しているのは自分をガードしている相手ではなく、二列目のディフェンスだ。一人目は交わせると感じているから。でも、弱い相手がダブルチームを仕掛けてくることもある。人数をかけてくる。ここだ」と、レブロンは画面を指差す。「ポールのことはあまり見ているわけじゃない。彼が目の前にいるのはわかっているけど、見ているのはレイフ・ラフエンツと（ライアン・）ゴメスだ。彼らが私のほうを見ているのか、私の動きを決めつけているのかを見ている。この瞬間、（セルティックスは）バックサイドで何をしているのかよくわかっていない。だから私には、相手より先にエンドラインにドライブできるチャンスが十分にある」

ビデオ研究のセッションを終えたあとバラードは、レブロンはコーチから指導を受けるにはハイレベルになりすぎているのではないかと思案した。そして彼は、ブラウンがマイケル・ジョーダン時代のシカゴ・ブルズの元コーチに連絡を取り、他の誰よりもはるかに先へ進んでいる選手のモチベーションを十分に引き出すにはどうすればいいかアドバイスを求めたと報じた。その元ブルズコーチは、レブロンを練習中に控えメンバーの中に入れることで、彼を難しい状態に置くことを提案した。ブラウンは知らなかったが、レブロンは高校時代、練習中にわざと控えチームでプレーしていた。そしてドルー・ジョイスに、一軍チームが二〇点リードしていると仮定して制限時間を設定し、試合の終盤をシミュレートするように頼んでいた。レブロンは時間切れになる前に控えチームを勝利に導くため必死にプレーするのだ。ブラウンが練習でレブロンにハンディキャップをつけ始めると、キャバリアーズでも効果がもたらされた。

ブラウンにとっては難しい仕事だった。コーチは決断を下すものだとされている。だがヘッドコーチ一年目であるブラウンはむしろ、デビュー作でオスカー俳優と仕事をする映画監督のようなやり方を学ばなければならなかった。レブロンがバスケットボールの巨匠であることを理解した上で、ブラウンはスター選手である彼が奔放に創造する自由を持てるようにした。

ギルバートは、ブラウンのレブロンに対する扱い方に満足していた。肝心なのはチームが勝っていることだ。キャバリアーズはレギュラーシーズンを五〇勝三二敗で終えた。イースタン・カンファレンスでこの成績を上回ったのはデトロイト・ピストンズとマイアミ・ヒートの二チームだけだった。ギルバートにとってオーナー一年目、ブラウンにとってコーチ一年目のシーズンに、キャバリアーズはプレーオフへ向かうことになった。

＊＊＊

レブロンは緊張していた。彼は高校の最終学年以来、プレーオフの試合を戦ったことがなかった。今回ははるかに大きなものが懸かった試合となる。クリーブランドでプレーオフの試合が行われるのは九〇年代以来のことだった。ファンは熱狂のあまり、試合前のウォーミングアップの時点ですでに立ち上がり、歓声と合唱を送っていた。NBAプレーオフ一回戦の第一戦を戦うためにこの町を訪れた相手はワシントン・ウィザーズ。「ザ・Q」のチケットは完売。アリーナには楽観的なムードが充満していた。

白いヘッドバンドをしたレブロンはスコアラーズテーブルの前に立ち、観客たちの目を見渡す。チョークの粉を空中にまき散らし、救世主のように両腕を掲げた。結果を出さなければならない、と自分に言い聞かせていた。それから四五秒後、レブロンはトップ・オブ・ザ・キーでボールを受けるとDFを抜き去り、跳躍してゴールを決める。観客を熱狂させ、緊張を払拭してみせた。

レブロンのゲーム用ジャージを着てリング下で見ていたグロリアは飛び上がり、レブロンのほうを指差して歓声を送った。その隣ではサバンナ・ブリンソンが、席に座ったまま拍手をし、レブロンがディフェンスに戻るのを見守った。彼女は四年間、レブロンを陰から密かに応援し、スポットライトを巧みに避け続けてきた。テレビ局のカメラがグロリアに向けられても、サバンナの存在は見逃され、彼女は注目されないままでいることができた。

しかし、レブロンにとってサバンナは見えない存在ではなかった。コートサイドにいつもいてくれる彼女は、まるで安心毛布のようだった。物静かで控えめな女性だが、彼の非凡な人生を安定させる影響力を持っていた。レブロンが有名になればなるほど、彼の試合には多くの美女が現れるようになった。それでも、いつもグロリアの隣に座っているのはサバンナだった。

レブロンにとって、サバンナは最初から単なる美人以上の存在だった。彼女は高校時代に彼の心をとらえた女性だ。そして今、家に帰れば彼女は毎晩のように待ってくれている。レブロンの一日の楽しみは、彼らの小さな男の子が小走りで彼に向かってくるところを抱きかかえて宙に浮かせる瞬間だった。レブロンが郊外に建設していた大邸宅は、彼のためのものではない。彼らのためのものだった。レブロンとサバンナは、一緒に家族を築こうとしていた。ときが経ち、レブロンの有名人としてのステータスがさらに高まるにつれて、自分の家という聖域はますます貴重なものとなっていくだろう。それまでは、サバンナが毎回ホームゲームにいてほしいと彼は望んでいた。グロリアの隣の、彼女のものである場所に。

ウィザーズ戦で最初のゴールを決めたあと、レブロンは止まらなかった。同じ状況を過去に何度も経験してきたかのように、レブロンは自身初のＮＢＡプレーオフの試合で意のままに得点を重ねた。しかし、会場に割れんばかりの大歓声を起こさせたのは第三クオーター終盤のプレーだ。レブロンはドリブルでＤＦを抜き去り、レーンに跳躍すると、右に視線を向けてウィザーズのセンターを欺いたところから左へノールックパス。味方選手が難なくレイアップを決めた。

「やった！」。ＡＢＣ解説者のヒュービー・ブラウンが叫んだ。

「ああ、美しいパスだ。ジェームズからマレーへ」と、実況アナウンサーのマイク・ブリーン。

「Ｍ・Ｖ・Ｐ、Ｍ・Ｖ・Ｐ」というチャントがアリーナに響き渡った。

ギルバートも雰囲気に飲まれており、立ち上がって拳を握りしめると、ファンと一緒になって叫んだ。

キャバリアーズは一一点差で勝利。レブロンは三二得点、一一リバウンド、一一アシストで試合を終え、ブリーンは放送でこう宣言した。「レブロン・ジェームズのプレーオフデビュー戦は一級品だった」

眉間から汗を滴らせながらコートを立ち去るレブロンは、ＡＢＣのサイドラインレポーターに呼び止められた。

「夢に見ていた舞台はどうだった？」と彼女は訊ねる。

「ああ、そうだね」と言いつつ、レブロンは笑顔を浮かべる。「前にも素晴らしい夢のようなことがいくつかあった」

数メートル先では、キャバリアーズのユニフォームを着た子どもたちがロープの後ろに立ち、口を開けて彼を見上げていた。

「でもこれは、最高の夢の一つだ」とレブロンはレポーターに言った。

そしてコートを出ると、ファンの間を潜り抜け、ロッカールームへと向かって歩き出した。

それから二週間、彼はウィザーズとのシリーズで暴れ続けた。

ワシントンＤＣのベライゾン・センターで行われた第三戦では、残り五・七秒のところで勝利を決めるショットを沈め、キャバリアーズを二勝一敗の勝ち越しに導いた。

クリーブランドに戻った第五戦では、オーバータイムの残り〇・九秒で決勝ショットを決め、チームはシリーズを三勝二敗とリードする。

そしてベライゾン・センターでの第六戦、レブロンはウィザーズのオールスターポイントガード、ギルバート・アリーナスと撃ち合いを演じる。レブロンは、試合をオーバータイムに持ち込む同点スリーポイント弾を含めて三二得点を挙げた。アリーナスは三六得点。そしてオーバータイム残り一五秒、ウィザーズが一点リードを守っていた状況で、アリーナスがフリースローラインに立つ。勝利を決定づけ、シリーズを第七戦に持ち込むチャンスだった。

アリーナスが並外れたフリースローの名手であることは誰もがわかっていた。しかしレブロンはアリーナスについて、コート上の他の誰も知らないことを知っていた。彼らはコート外では友人であり、レブロンはアリーナスを何度も自宅に招待してトランプで遊んでいた。アリーナスが来るたびに、レブロンはキャバリアーズの控えガード、デイモン・ジョーンズも一緒に誘った。ジョーンズはトランプが下手くそで、いつもアリーナスに大きく負ける結果となるのだった。アリーナスはまだジョーンズから負け分の賭け金を受け取っていなかった。レブロンは、これは優位に立つチャンスだと考えた。

一本目のフリースローでらしくない失敗に終わったアリーナスは、気を取り直すためにフリースローラインから一歩下がった。

そこでレブロンが動き出し、背後から歩み寄ってアリーナスの胸を叩いた。「このフリースローを外したら、誰があれを打つのかわかってるだろ?」とレブロンは言う。

アリーナスはうなずいた。

言いたいことを言うと、レブロンはもう一度アリーナスの胸を叩き、離れていった。

NBAでは、フリースローライン上にいる相手選手に近づいてはいけないという暗黙のルールがある。アリーナスのチームメイトたちは、レブロンが無礼な行為を働いたと思った。また、レブロンがアリーナスに告げたのは彼自身のことだろうと考えた。「誰があれを打つのか」の「あれ」とは、試合を決定づけるショットを指していた。

しかしアリーナスは、レブロンが自分のことを言ったのではないと知っていた。レブロンは、ジョーンズが決勝ショットを打つという見通しを示してアリーナスを脅したのだ。そして、アリーナスは気持ちを乱された。ギャンブルの借金のことが頭に浮かんだからだ。それに、ジョーンズは試合に出ておらず、この日はまったくプレーしていなかった。「それなら、ジョーンズがどうやって決勝ショットを打つというんだ?」

動揺したアリーナスは、二本目のフリースローをリングの奥に当ててしまった。

「アリーナスが二本とも外した!」。ESPN実況のブリーンが言う。「アリーナスは非常に良いプレーをしてきて、ビッグゲームだった。しかしここで二つのミス」

ウィザーズの選手たちは混乱に陥った。キャバリアーズがリバウンドを制してタイムアウトを取ると、アリーナ内は不穏な空気に包まれた。

サイドラインで、キャバリアーズのブラウンは、最後のショットはレブロンの手にボールを委ねたいと明確に告げた。だがレブロンは、ジョーンズを出場させてほしかった。自分がボールを持てばすぐに相手がダブルチームに来るとわかっていた。逆にジョーンズは、最後のショットを決めることが最も予想できない選手だ。マークはつかずフリーになる可能性が高い。

ジョーンズはスウェットパンツを脱いだ。

レブロンは、ジョーンズが準備万端であることを確認した。

両チームがコートに戻ると、アリーナスはジョーンズがゲームに入ってきたことに気がついた。これは一体……?　アリーナスはレブロンを見た。

レブロンは彼に微笑みかけた。

アリーナスは首を左右に振っただけだった。

会場内の誰一人として、選手たちも、コーチも、アナウンサーも、レブロンとアリーナスが繰り広げていた心理戦を知る者はいなかった。ジョーンズでさえも、レブロンが少し前にアリーナスに何を言っていたのか知らなかった。

インバウンズパスのあと、レブロンがスリーポイントアークの外へボールを持ち出したところで、すぐに二人のDFに捕まる。DFの間を縫って味方選手にバウンドパスを通すと、そこから素早くジョーンズへ。コーナーでフリーになっていた彼はスリーを放つ。

「デイモン・ジョーンズ」とブリーン。ボールは空中を進んでいく。「入れた！」

レブロンは拳を突き上げた。キャバリアーズは残り四秒で二点のリードとなる。

アリーナスはボールを必死に相手コートまで持ち上がり、チームメイトに渡す。最後の一秒に何とか放たれたショットは届かず、ブザーが鳴り響いた。

レブロンはジョーンズに駆け寄り、タックルを食らわせた。キャバリアーズのチームメイトたちも積み重なった。

ＥＳＰＮのブリーンは唖然とした様子で言う。「この試合ずっと一秒もプレーしていなかったデイモン・ジョーンズがウイニングショットを沈めた。信じられない結末だ！」

キャバリアーズはウィザーズを退けた。自身初のプレーオフシリーズで、レブロンは一試合平均三五得点以上を記録。しかし、イースタン・カンファレンスのチャンピオンとの激突となる次のラウンドへチームを導いたのは、彼のポーカーゲームだった。

＊＊＊

デトロイト・ピストンズは、ベン・ウォレス、リチャード・ハミルトン、ラシード・ウォレス、チャウンシー・ビラップス、テイショーン・プリンスと実戦慣れした選手たちを先発ラインナップに揃え、チャンピオンとなるために必要なことを知り尽くしたエリートチームだった。キャバリアーズのロースターには、NBAチャンピオンになった経験のある選手は一人もいなかった。予想された通り、ピストンズはホームでの最初の二試合に勝利し、シリーズを二勝〇敗とリードする。ピストンズのFW、ラシード・ウォレスは早くも、彼のチームがシリーズを制すると公言した。そのとき、キャバリアーズに連絡が入った。キャバリアーズの先発ガードであるラリー・ヒューズには二〇歳になる弟がいて、生まれつき心臓に障害があり幼少期に心臓移植を受けていたが、その弟がセントルイスで亡くなったとのことだ。ヒューズと弟は非常に仲が良かった。

そのことを知ったレブロンは、自分に関わりのある人間が大切な人を亡くしたとき、誰もが思い悩む疑問に直面した。一体何を言えばいいのだろうか、と。レブロンがヒューズに伝えたのは短い言葉だった。

「家族はバスケットボールよりも大事だ」

ヒューズはセントルイスで家族のそばに付き添うためチームを離れた。レブロンは、ヒューズがシリーズ終了前に戻ってくるとは思っていなかった。しかもキャバリアーズはピストンズにすでに二ゲーム差をつけられているのだ。

クリーブランドに戻っての第三戦、キャバリアーズは第三クオーターを終えて三点差で追っていた。だが第四クオーターではレブロンが一五得点を挙げ、最後はピストンズの自滅によりキャバリアーズが勝利をもぎ取ることができた。試合後、ラシード・ウォレスはこの日の敗戦にさほど意味はないと主張した。

「私たちが勝てることはわかっている。明日の夜がこの会場での今年のラストゲームになる。この言葉を伝えてくれて構わない。裏面でも一面でも、どこにでも書いてくれ」

その二日後の夜、同点で試合がどちらに転んでもおかしくない状況からレブロンがキャバリアーズの最後の四得点を挙げ、七四対七二でキャバリアーズが勝利を収めた。この勝利でシリーズは二勝二敗となり、両チームは第六戦を戦うためもう一度クリーブランドに戻ってくることが決まった。しかし、デトロイトで行われる第五戦に向けて、ラシード・ウォレスのビッグマウスは止まらない。「あいつらのことなんか気にしてはいない。シリーズで私たちに勝てるわけはない」

レブロンは予測を口にするような人間ではない。しかし、口うるさい相手に対して優位に立つために挑発を繰り出すことを躊躇するタイプでもなかった。「あまり表立っていろいろと喋りすぎるのは嫌いだが」と、レブロンは、ピストンズが第六戦を戦うためもう一度クリーブランドを訪れなければならないことについての質問に答えた。「でも、もしホテルが埋まっているなら、一人残らず私の家に泊まってくれていい。試合の時間になったら鍵をかけて閉じ込めておくから」

キャバリアーズは第五戦も、三試合連続で先発ガードのヒューズを欠いて戦った。レブロンはこのシリーズで最高のプレーを見せ、ピストンズのトップクラスのディフェンスを切り裂いてゲームハイの三二得点を挙げた。キャバリアーズは八六対八四で勝利し、パレス・オブ・オーバーン・ヒルズを沈黙させた。

ピストンズのファンは、自分たちが目にしているものが信じられなかった。前年王者がロープ際にまで追い詰められ、スポーツメディアは逆転ムードを漂わせていた。「無敵のピストンズが陥落」とESPNは伝えた。

レブロンはチームが三勝二敗とリードしても、冷静に見ていた。試合後には次のように語っている。「考えてみれば、たかがバスケットボールじゃないか。生きるとか死ぬとか、そういうものじゃない。相手は大きな悪いオオカミではないし、私たちも三匹の小さな子豚なんかじゃない」

クリーブランドのファンは、デトロイトの王座陥落を祝おうと準備していた。だがレブロンは違う。彼は、仕事を仕上げるために必要な冷静さをチームが保てないのではないかと心配していた。キャバリアーズのロースターに、このような状況を経験したことのある選手はいなかった。一方でピストンズは、プレーオフで「やるか、やられるか」の試合を何度も戦ってきたチームだ。

レブロンは第六戦で自分の役割を果たし、チームの得点の半分近くを稼いだ。しかしピストンズは経験豊富なチームらしく地道なディフェンスで、絶対に勝つべきロードゲームをものにした。そしてデトロイトに戻っての第七戦、レブロンは前半に爆発し、ほぼ意のままに得点を重ねた。しかし後半になるとピストンズはディフェンスを調整し、レブロンを徹底マークしてボールを持たせなかった。キャバリアーズはわずか六一得点で試合を終え、逃げ切ったピストンズが勝利を飾った。

手が届きかけた勝利を逃したのは悔しいが、それと同じくらい、チームが頭を垂れる必要はないとレブロンは感じていた。キャバリアーズがレブロンを擁して初めて戦ったプレーオフで、彼らは一回戦の相手に完勝し、ディフェンディングチャンピオンをギリギリまで追い詰めたのだ。レブロンはシャワーを浴びるとすぐに、次回の対戦を見据えつつピストンズを甘い言葉で称えた。「罠にかけられた。彼らはいい仕事をした。だからこそ勝ち続けている。ディフェンスに関しては最高のチームだから」と、試合後にコメントしている。

そして、「いつか私たちもデトロイトのライバルになれるといい」と付け加えた。

ピストンズは騙されなかった。ビッグマウスのラシード・ウォレスでさえも。彼らは、キャバリアーズがすでに正真正銘のライバルに上り詰めてきたことを痛感していた。レブロンの猛攻を受けながらもピストンズが生き延びられたのは幸運によるものだった。二一歳のレブロンは、経験の浅いチームを率いて、あと少しでカンファレンス王者を破る番狂わせを起こすところだった。「ジェームズの才能は、クリーブランドにいつでも、どんな相手にも勝つチャンスを与えている」と、『ニューヨーク・タイムズ』紙は評した。

レブロンはピストンズに恐怖を味わわせた。これから何が起こっていくのか、NBA全体が予感していた。

# CHAPTER 20 四人のレブロン

プレーオフはダン・ギルバートにとって爽快なものだった。しかし楽しむ時間は終わり、ギルバートは自分の仕事に着手し始めた。レブロン・ジェームズとクリーブランド・キャバリアーズとの契約は残りわずか一年。もし夏の間に契約延長のサインを交わさなければ、二〇〇六—〇七シーズン終了後にレブロンはFAとなる。ギルバートにとって、レブロンが他のチームへ行ってしまうというのは絶対に許されない未来だった。だが彼は、レブロンがジェイ・Zと親交があることをよく知っていた。ジェイ・Zは最近、ニュージャージー・ネッツの株式を購入したばかりだった。他の多くのNBAオーナーたちと同じく、ジェイ・Zもレブロンをキャバリアーズから引き抜きたいと考えていることを認識した上で、ギルバートはレブロンに五年契約で八〇〇〇万ドルの完全保証を提示した。二〇一一—一二シーズンまでキャバリアーズのユニフォームに袖を通す契約となる。

レブロンにクリーブランドを離れる気はなかった。クリーブランドで家族を養っていくつもりだった。しかし、彼はNBAの新しい団体協約についても調べていた。家族の将来的な経済面に特に関係してくる重要な条項が設けられていたのだ。協約によれば、二〇〇三年にドラフト指名された選手は、最大で八〇〇〇万ドル相当の五年間の契約延長が可能とされている。これはギルバートが提示した条件の通りだ。しかしレブロンを含めた〇三年ドラフト組には、六〇〇〇万ドル前後で三年間という、より短い契約を交わす選択肢もあった。三年延長を選んだ選手は二〇〇〇万ドルの年俸保証額を失うが、二年後にＦＡとなることで、将来的にはより多くの収入を得られる状況となる。

通常、代理人は選手たちに、長期契約を交わして最大限の年俸保証額を得られるように勧めるものだ。だがレブロンの代理人であるレオン・ローズは、その逆を選ぶよう彼に勧めていた、ギルバートの提示した五年契約を拒否し、三年の延長契約を結ぶべきだと。そうすれば、二〇〇九―一〇シーズン終了時にレブロンは完全な主導権を握ることができる。この方向性は、レブロンの投資銀行家であるポール・ワッチャーが彼にアドバイスしている基本戦略にも沿ったものだ。ワッチャーは、レブロンが自分自身を会社として運営するという考えを支持し続けていた。前提としてギルバートは、ＮＢＡの他のすべてのオーナーたちと同じく、自分自身にとって最大限の経済的利益につながることをしていた。つまり、最大の資産であるレブロンを可能な限り長く囲い込もうとしているのだ。レブロンも同じ考え方に沿って自分自身のビジネスの決断を下す必要があった。たとえそれが、ギルバートの意にそぐわないものであったとしても。

レブロンは争いを好まない。しかし彼は、自分自身と家族にとって最善の選択をすることを恐れてはいなかった。アドバイザーに提示されたすべての情報を読み込んだ結果、彼は自分と家族の将来の経済面に決定的な意味を持つ決断を迫られていることがわかった。自分がどちらに傾いているかはわかっていたが、最終的な決断を下す前に、自分自身で熟考する時間がほしいと思っていた。

しかし、レブロンに時間の余裕はない。ギルバートが回答を待っている間に、山ほどの活動をこなしていかなければならなかった。米国バスケットボール協会と交わした合意により、オフシーズンには韓国と日本への海外遠征もある。ナイキはレブロンがアジアで各国の要人や報道陣と会うことを望んでいた。また夏のうちに、これまでで最も大掛かりなテレビＣＭを撮影する予定もあった。彼の会社ＬＲＭＲはウェブサイトを立ち上げ、同社にとって最初の大規模マーケティング会議をアクロンで主催することになっていた。自身の不動産に関してはすべての認可が下り、工事は八月に着工予定。つまり彼とサバンナ・ブリンソンは、数え切れないほどの詳細項目について建築家や請負業者と相談しなければならなかった。

それら諸々に加えて、レブロンは母親の訴訟問題にも自ら対応していた。グロリア・ジェームズが一月に逮捕され世間に恥をかかされたあと、レブロンは母親が必要な助けをすべて得られるように、そして困難な状況をできるだけ早く有利な形で解決できるように、舞台裏でさまざまな働きをしていた。キャバリアーズがプレーオフで敗退した直後の五月下旬、『AP通信』は次のように報じた。

**昨日、クリーブランド・キャバリアーズのレブロン・ジェームズの母親が、四件の容疑に関して有罪判決を受けた。彼女はSUVを運転していた際、アクロン警察の車両に衝突しそうになり、パトカーの窓を蹴っていた。グロリア・ジェームズ（三八）は無謀運転、スピード違反、治安紊乱行為、および当初の飲酒運転から引き下げられた酒気帯び運転の容疑について争わないことを決めた。警察の所有物を損壊したという五番目の訴因は棄却された。リン・キャラハン判事は、六カ月の懲役刑のうち三日を除く全期間を執行猶予とし、ジェームズは薬物とアルコール使用の危険性に関する講習を受けることで残り三日間の服役に代えることができると述べた。彼女の運転免許は停止された。**

レブロンは母親にとって最大の擁護者だった。彼にとってそれは最初から自然な役割だった。しかし、自分自身がケタ外れの財産を持つ若い親になると、レブロンは、経済的余裕のない片親として自分を育てるために尽くしてくれた母親への感謝をより深めるようになった。父親になったことで、息子として親への共感が強まったのだ。義務に縛られながらも、彼は母親の一番の保護者であることに大きな満足感と生きがいを感じていた。

レブロンはそれまで以上に多くの異なる役割を演じるようになり、そのすべてが一日に重なることもあった。目まぐるしくなった生活の中で、彼はいつもバスケットボールコートに安らぎを見出していた。二〇〇六年の夏、彼はオハイオの慌ただしい毎日を離れ、米国代表チームのメンバーと練習するためラスベガスへ向かった。アテネ五輪の銅メダルから二年。そして、〇八年の北京五輪まであと二年。レブロンは米国代表でプレーを続けることを決断し、次の国際大会に向けて準備を始めていた。カーメロ・アンソニーとドウェイン・ウェイドも一緒にやると決めていた。彼ら三人だけがアテネで戦ったメンバーからチームに残っていた。新たに加わったのはクリス・ボッシュ、ドワイト・ハワード、クリス・ポールなど、NBAの若きスター選手たちだ。

レブロンにとって、NBAでも特に仲の良い選手たちと一緒にコート上で過ごす時間は、何よりのエネルギー源となった。しかし、米国代表のユニフォームを着た前回と比べると、変わった部分も多かった。アテネでの大失態を受け、NBAコミッショナーのデイビッド・スターンが介入してきた。バスケットボールの世界的リーダーとしての米国代表の評判を回復させるため、NBAのスター選手たちが二〇〇八年の北京五輪でプレーすることを促すように、彼は改革の断行を決意していた。スターンはフェニックス・サンズの元オーナーであるジェリー・コランジェロに接触し、彼が米国バスケットボール協会の新ディレクターに就任するよう説得した。

コランジェロの最初の仕事は、新しいヘッドコーチを任命することだった。それを実行するためには、NBA界のコーチたちのエゴを巧みに制御することが必要となる。五輪チームはトラブル続きだとはいえ、米国バスケットボール代表チームのヘッドコーチという肩書きは依然として名誉あるものだった。自分自身を守るため、また選考過程にいかなる贔屓や政治の影響も感じさせないようにするため、コランジェロはマイケル・ジョーダン、ラリー・バード、ジェリー・ウェスト、ジョージタウン大学コーチのジョン・トンプソン、ノースカロライナ大学コーチのディーン・スミスを引き入れて選考委員会を構成した。グループ内では最終的に、デューク大学ヘッドコーチのマイク・シャシェフスキーを中心に意見がまとまった。五輪チームの監督を大学バスケットボール界に求めるのは異例に思えた。しかし、デューク大学にとっては宿敵であるスミスとジョーダンが手を組んでシャシェフスキーを推すのであれば、異論を唱える者はいなかった。二〇〇五年一〇月、シャシェフスキーは正式に米国代表のヘッドコーチに任命された。

シャシェフスキーはチャレンジ精神旺盛だった。しかし彼は、ノースカロライナ州ダーラムで大きな成功を収める要因となったコート上での熱血漢ぶりを、この仕事ではある程度抑えなければならないともわかっていた。デューク大学には毎年のように全米屈指の高校バスケットボール選手たちが集まってきているとはいえ、シャシェフスキーがこれから相手にするのは世界でもトップクラスの選手たちなのだ。優れた学生アスリートを指導することと、スター選手を指導することとは、完全にダイナミズムが異なる。エゴを操ったり、人間関係を管理することも必要だろう。あまりにも層の厚い選手たちを、どうやって一体化させ機能させるかも考え出さなければならない。

レブロンはシャシェフスキーを直接は知らなかったが、「コーチK」と呼ばれる彼の評判は知っていた。UCLAの伝説である「ウェストウッドの魔法使い」ジョン・ウッデンと同等の評価だった。レブロンは大学バスケットボールでプレーすることを本格的に考えはしなかったとはいえ、デューク大学は大学バスケットボール界の最高峰であると考えており、コーチKのもとでプレーするのはどんなものだろうかと、好奇心が湧いてくるのは抑えられなかった。

それ以上にシャシェフスキーは、レブロンをコーチすることに興味をそそられていた。レブロンが高校生だった頃、シャシェフスキーは彼が直接プロへ進むことを知っており、わざわざ勧誘しようとはしなかった。そしてシャシェフスキーはＮＢＡの試合をほとんど観戦しなかったため、二〇〇六年夏にレブロンに会うまで彼のプレーを直接見たことはなかった。シャシェフスキーはまず、レブロンの肉体が持つ存在感に衝撃を受けた。まるで港湾労働者のような肩だった。それでも彼は、誰よりも高く跳ぶことができた。そして練習が始まるとすぐに、シャシェフスキーはレブロンが一流の達人であり、コート上で圧倒的に最も才能があり最も賢い選手であることを見て取った。

レブロンとの関係を築くため、シャシェフスキーは頭脳的なアプローチをとった。彼がレブロンにやってほしいと思ったことの一つは、コート上でリーダーシップを示すツールとして、声をもっと効果的に使うことだ。ある時点でシャシェフスキーは練習を止め、レブロンに近づいた。

「立っているとき、君の肩幅はこれくらいだろう?」とコーチKは言う。

レブロンは彼を見ていた。

「腕が下がっている。話し始めると、腕はどうなる?」

レブロンは腕を上げた。

「そう、腕が上がる。腕を下げたまま話をする者はいない。腕が開く」とコーチKは続けた。

レブロンは、NBAのコーチからこのように指導を受けることはなかった。まるで教室にいるような気分だった。

「ディフェンスのときに声を出せば、何も言わない場合と比べて体の幅は三倍になる」とコーチKは言い、伝えたいことを実演した。「足も大きく開くことになる。腕は外に出る。バランスが良くなる」

すべては、レブロンがもっと威圧感を出せるようにすることを目的としたものだった。

「だから私としては君に、話す力、リードする力をもっと見せてほしい」とコーチKは言う。

他の選手たちもコーチKのやり方に応えていた。アシスタントコーチを務めるのがシラキュース大学のヘッドコーチ、ジム・ボーハイムだったことも助けになった。ボーハイムはカーメロをスカウトし、全米選手権で優勝させたコーチだった。カーメロとボーハイムの絆は強く、そのことがコーチングスタッフの選手たちに対する信頼と、選手たちのボーハイムに対する尊敬心を確立するのに役立った。

ラスベガス滞在中に、レブロンはキャバリアーズとの契約をどうするかについて結論を出した。カーメロ、ウェイド、ボッシュも皆、同じ問題に直面していた。ただ違うのは、レブロンの周りにはより大規模で質の高いアドバイザーチームがいたことだ。その彼らと数週間にわたって熟考した結果、レブロンは自分で納得できる決断を下した。「キャブスはビジネスを営んでいる。私もビジネスマンだ」と、自分に言い聞かせた。彼は代理人に、キャバリアーズに三年間の延長契約を結ぶと伝えるように指示した。

レブロンのスタンスはギルバートを困難な状況に追い込んだ。彼はレブロンをクリーブランドに長く引き留めるため、自分の力の及ぶ範囲であらゆる手を尽くしてきた。スター選手である彼の生活の快適度をさらに高めるため、レブロンの新居の近くにチームの新しい練習施設を建設することにまで同意していた。それでもギルバートはこのとき、レブロンの希望に沿って契約を三年間延長するか、それとも強硬に五年契約を主張するかの選択を迫られることになった。

ギルバートはレブロンに無理強いすることはできなかった。しかし、いよいよとなれば、レブロンは折れて五年間の延長契約にサインするだろうとギルバートは感じていた。レブロンはオハイオ州に強く結びついており、ここを離れることはできないだろうと。彼は州外に住んだことがなく、夢のマイホームも建設中だった。またギルバートは、レブロンはチームやクリーブランドのファンに本気で尽くすつもりがないと見られるリスクを冒すくらいなら、二年間長く契約を延長することになるだろうとも考えていた。しかし、ここで一線を引いてしまうことはギルバートにとってもリスクとなる。街全体のお気に入りであるアスリートと、契約問題で衝突する形となるのだ。ギルバートは、この問題をどのようにファンに伝えるかを頭の中で思案した。まずはキャバリアーズのファンに、自分がいかにレブロンを愛しているか、そして、彼を中心に据えてクリーブランドに優勝をもたらすチームを作り上げることにオーナーとしていかに全力を尽くしてきたかを伝えよう。だが一方で、レブロンの側も長期契約を約束するという形で一歩進んでみせなければならないということを、ファンに確実に理解してもらう。そして、レブロンにもし長期契約を結ぶ意志がないのであれば、ギルバートは、本当にクリーブランドにいたいと思ってくれる選手たちと彼をトレードすることを模索しなければならないだろう。

レブロンとの契約紛争が長くもつれてしまうのは危険だと予想できた。熟考の末、ギルバートは瞬きをすると、強硬な交渉戦術の道を歩むことを不本意ながらも断念した。三年間の契約延長にサインし、チームがその後の三年間で、二〇一〇年にもう一度レブロンと契約を延長できるほどの成功を経験できると信じることにした。ギルバートにとっては、「決して力を緩めるな」という自身のビジネスにおける基本的ルールの一つを破らなければならない決断だった。

二〇〇六年七月一八日、ラスベガスにいたレブロンは三年間の延長契約にサインした。今後四年間はキャバリアーズにとどまることを保証し、二〇一〇年夏にはＦＡになるということだ。

ウェイドとボッシュもレブロンと同じ選択をした。二人とも三年間の契約延長にサインし、二〇一〇年夏にＦＡとなる。

カーメロは八〇〇〇万ドルの保証を選び、デンバー・ナゲッツと五年間の延長契約にサインした。

＊＊＊

レブロンは、ウェイド、ボッシュ、カーメロ、そして米国代表のメンバーとともに、夏の大半を海外で過ごした。韓国ではエキシビション大会で圧倒的な力を見せた。続いて日本で開催されたＦＩＢＡ世界選手権では、より厳しい戦いを強いられ、銅メダルを獲得して大会を終えた。三位という結果ではあったが、レブロンはチームが進んでいる方向性を気に入っていた。特に、彼とウェイドとボッシュとの相性は抜群だった。そしてコーチKのもとで、以前とは異なる文化が形作られつつあった。米国のためにプレーするという特権に誇りを抱く文化だ。

レブロンはまた、アジアで自分のステータスが急上昇していることにも満足していた。何よりナイキのおかげで、中国人選手のヤオ・ミンを別とすれば、レブロンはアジアで最も人気のある選手となっていた。そして帰国後、彼はハリウッドに向かい、国内外での人気を劇的に高めることになるナイキの新CMを制作した。ナイキは、二〇〇六―〇七シーズン開始時に予定されるシューズ「ナイキ・ズーム・レブロンⅣ」の発売に合わせて、前例のないマーケティングキャンペーンを展開する計画だった。キャンペーンの目玉は、レブロンが「少年レブロン」「選手レブロン」「ビジネスマン・レブロン」「賢者レブロン」の四パターンの自分自身を演じるテレビCMだ。

コンセプトを聞いたレブロンは、すぐにそれを受け入れた。「この四人は、私がいつものように演じている四人だ」と彼はナイキに言った。

ナイキが撮影を開始すると、レブロンは脚本をより本物らしくするためアドリブを入れ始めた。CMの冒頭では、クール＆ザ・ギャングのインストゥルメンタル「サマー・マッドネス」が流れる中、選手レブロンがプールでトレーニングに励み、賢者レブロンはプールデッキに座ってレモネードを飲んでいる。少年レブロンはプールのはるか上の飛び込み台に立っており、その隣ではビジネスマン・レブロンが携帯電話で女性に甘く語りかけている。「ベイビー、いつでも行ける。いつなら都合がいいか教えてくれ」

レブロンは次のセリフを思いついた。賢者レブロンが選手レブロンに言う。「プールで練習してもデトロイトは倒せない。マイケル（ジョーダン）がプールで練習すると思うかい？　私は思わない」

このコミカルなやり取りは、レブロンが誰よりもよく知っていた事実を反映している。キャバリアーズがNBAファイナルに進むためには、デトロイト・ピストンズを倒す方法を見つけなければならない。そして、レブロンがどんなに良いプレーをしようとも、彼は必ずマイケル・ジョーダンと比較されることになるのだ。

ナイキは、自分自身を皮肉る彼の姿勢を歓迎した。

レブロンにとって、ナイキのCM撮影は仕事というより遊びのようなものだった。彼にはスクリーンの中で自分らしく創造的に振る舞うライセンスが与えられていたのだ。レブロンが水泳を非常に得意としており、異常なほど長く水中で息を止められるというのは有名な話だった。飛び込みもかなり得意だった。CM内で少年レブロンは飛び込み台からジャンプし、選手レブロンのそばに着水して賢者レブロンに水しぶきを浴びせる。「おっと、おっさんが濡れちまった」と、ビジネスマン・レブロンは携帯電話越しに女性に言う。

「私をこの席から降りさせないでくれ」と賢者レブロンは言い、少年レブロンを叱る。

少年レブロンは、ビジネスマン・レブロンにプールに飛び込むよう勧める。新たな冒険に挑戦しようとするレブロンの意欲を象徴するものだ。賢者レブロンがビジネスマン・レブロンを「かわいい坊や」と馬鹿にすると、ビジネスマン・レブロンは、このCMの代表的なセリフを口にする。

「ちょっと待ってて、かけ直す」とビジネスマン・レブロンは言うと、彼は携帯電話を閉じ、大きなアフロヘアーを整え、BGMが盛り上がる部分に達するタイミングで飛び込み台からバク宙で飛び込んでいく。

このCMの最終カットを見たナイキのリン・メリットは、レブロンの演技に強い衝撃を受け、将来的に彼はハリウッドで大きな成功を収めることになるのではないかと考えたという。ナイキはこのCMを「スイミングプール」と題し、各局で放送枠を購入し始めた。

＊＊＊

マーベリック・カーターとワッチャーと話をする中で、レブロンは、バークシャー・ハサウェイ社CE

〇のウォーレン・バフェットが四四〇億ドルの個人資産の八五％を五つの慈善団体に寄付すると二〇〇六年夏に発表したことを知った。一件の寄付としては史上最大規模のものとなる。バフェットは、その大部分にあたる三一〇億ドルをビル＆メリンダ・ゲイツ財団に寄付することも明らかにした。バフェットとビル・ゲイツは親友だった。彼らは世界で最も裕福な二人の男でもあった。

レブロンは、口に出すことはほとんどなかったが、内心ではいつか世界一の富豪になりたいと思っていた。そういった空想をする者はたくさんいるだろう。しかし、レブロンはそれを一つの目標にしていた。達成に向けて、一五年から二〇年という時間軸での構想も練っていた。バフェットのような大金持ちになりたいと夢見る他の者たちとは異なり、レブロンは世界で最も成功した投資家と個人的に会って助言を求められる状況にあった。

ワッチャーはバフェットのことを知っており、彼に電話をかけた。そして九月下旬、ウォール街で「オマハの賢人」と称えられる人物との対面を楽しみにしながら、レブロンとマーベリックはネブラスカに飛んだ。

レブロンを見上げると、バフェットは陽気な笑顔で挨拶し、自分のバスケットボールの腕前について自虐的なジョークを飛ばした。彼はバスケットボールが大好きで、若い頃にはプレーしていたが、「あまりうまくはないが」と口癖のように言っていた。

レブロンは自分のキャバリアーズ公式ユニフォームをバフェットにプレゼントした。

バフェットは喜んで受け取った。

レブロンとバフェットは、バークシャー・ハサウェイ本社ロビーの大理石の床に、向かい合うように立っていた。意外な組み合わせだった。レブロンは二一歳、バフェットは七五歳。レブロンはアクロンの貧困地区出身のバスケットボール選手。バフェットはオマハ出身で、株式仲買人から投資家へと転身した。レブロンはヒップホップを好み、ファンで埋まった大音量のアリーナでジェイ・Zと共演することもあった。バフェットはゴルフを好んでおり、閑静なオーガスタ・ナショナルで定期的にゲイツとプレーを共にしていた。

もう一つの大きな違いは、レブロンのキャリアは軌道に乗ったばかりであり、バフェットのキャリアは頂点に達していたことだ。しかしレブロンとバフェットは、つまり「キング」と「賢人」は、どちらも数多くの強力なコネクションの中心となる存在だった。バフェットはレブロンに対し、彼が過去五〇年間にわたって魔法のような仕事を執り行ってきたオフィスを自ら案内した。二人はすぐに打ち解けた。そして、バフェットの成功が魔法により生み出されたものではないことはすぐにわかった。むしろ、何か一つのことに卓越するための地道な努力の成果であった。

それを読み取ることができたのは、レブロンとマーベリックがバフェットの後に続き、額縁に入った写真や思い出の品が並んだ狭い廊下を歩いたときだった。その中には、一九五六年に設立された彼の最初の会社であるバフェット・パートナーシップ有限会社の貸借対照表もあった。バフェットの最初の仕事仲間だったのは、家族と、彼が「ギャング」と呼ぶ大学時代のルームメイトの計六人。書類には、そのパートナーたちがそれぞれ当時どれだけの株式を保有していたかが記されていた。バフェットの持ち分は一三五九・一六ドルだった。その後バフェットは最初のパートナーシップを清算し、資金をバークシャー・ハサウェイに再投資する。彼の計算によれば、バフェット・パートナーシップに対する最初の一万ドルの投資は、バークシャー・ハサウェイへ再投資され、五〇年を経て約五億ドルの価値を持つようになっていたとのことだ。

レブロンとマーベリックにとって、バフェットと並んで歩くのは何かが大きく変わるような経験だった。彼らの生きてきた時間の二倍の年月の間、バフェットは同じオフィスで働き、同じデスクから投資を行ってきたのだ。それは、長期にわたる一貫性と規律が持つ力を強烈に印象づけるものだった。
バフェットのオフィスの出入り口の上に、レブロンは見覚えのある黄色い看板を見つけた。そこには青い文字で「今日、チャンピオンのように投資せよ」と書かれている。「今日、チャンピオンのようにプレーせよ」という有名な青文字の黄色い看板にそっくりだった。ノートルダム大学フットボールチームのロッカールーム外側、階段の吹き抜けの上に掲げられているものだ。ノートルダム大学の選手たちは皆、フィールドに入る前にこの看板に触れるのが慣例だった。バフェットはバークシャー・ハサウェイでも従業員たちに、毎朝オフィスに入るたびにこの看板を触らせていた。

バフェットがレブロンに与えたアドバイスの一つは、これからキャリアの残り期間とその先まで毎月、低コストのインデックスファンドに投資することだった。バフェットは、レブロンが自分で安心できるだけの十分な手元資金を残しておくべきだと考えていた。だがそれを越える部分については、レブロンは米国の一部を、さまざまな形のピースとして、時間をかけて入手し、三〇年や四〇年にわたって保有し続けるべきであると感じていた。バフェットの「米国の一部を保有する」という言葉が指し示すものとは、レブロンのスポンサーでありバークシャー・ハサウェイが第三位の株主であるコカ・コーラ社のような企業がまさにそうだ。収益は年月を重ねるごとにどんどん上がっていくものだと彼は感じていた。

バフェットは、レブロンにも関連するような、彼とゲイツのエピソードについても教えてくれた。バフェットとゲイツが一九九一年に出会って間もない頃のことだ。二人はビル・ゲイツ・シニアから、自分の成功の理由をそれぞれ一言で書くように言われた。バフェットとゲイツは同じ言葉を書いた。「集中」という言葉だ。ゲイツは、一三歳から一八歳までの間に夢中になってやったことこそが、世界で一流になれる可能性が最も高いことだと信じていた。ゲイツは十代の頃、ソフトウェアに集中していた。バフェットは投資に集中していた。「非常に若いうちに始めたことが、大きなアドバンテージになった」とバフェットは説明した。

メッセージはシンプルであり、かつ深遠なものだ。バフェットやゲイツのように、レブロンがバスケットボールで世界トップクラスになったのは、彼が若い頃からバスケットボールに夢中になったからでもある。実際のところレブロンは、バフェットとゲイツがそれぞれ投資とコンピューターソフトウェアに集中し始めるよりも、さらに早い年齢から完全にバスケットボールに集中していたのだ。

昼食時、バフェットはプレゼントされたばかりのキャバリアーズのユニフォームを白いシャツの上に重ねた姿で、レブロンとマーベリックを連れて、彼が街中で気に入っているスポットの一つであるクレセント・ムーン・エール・ハウスに行った。大きな木製の梁、年代物の壁掛け、多種多様なクラフトビールを宣伝するネオンサインのあるレストランは、西部劇のサルーンのような雰囲気だった。バフェットはここの常連だった。普段は彼がいても驚かれることはない。しかし、レブロンが彼と一緒に入ってくると、誰もが目を向けた。

レブロンとマーベリックは木製のテーブルでバフェットと向かい合わせに座った。くつろいだ気分で、レブロンはウェイトレスと言葉を交わし、ベーコンチーズバーガーとフライドポテト、レモネード入りアイスティーを注文した。

バフェットは、レブロンが気さくに人々と関わっていることに感心した。あれほどの体格と財産を持つ人間にしては珍しいほど謙虚であるとバフェットには感じられた。ランチを共にしながら、バフェットは推測した。「この男は、私が二一歳の頃よりも多くのことを知っている」と。

食事を終える前に、バフェットは消化を助けるためミルクシェイクを飲むようレブロンに勧めた。レブロンはオレオクッキーシェイクを選んだ。そして、レストランにいた客たちとの写真撮影に応じてポーズを取り、サインをした。

オマハを去る前に、レブロンはバフェットにクリーブランドまでキャバリアーズの試合を観に来るようにと言った。

バフェットはもう何年もプロの試合を観戦したことがなかったが、この招待を非常に喜び、行きたいと伝えた。そして、そのときにはプレゼントされたキャバリアーズのユニフォームを着て行くと。

レブロンはコートサイドの席を約束した。

バフェットの側からも要望があった。毎年春にオマハで開催されるバークシャー・ハサウェイの株主総会で、バフェットは数千人の出席者を楽しませるために、冒頭に面白いビデオを上映することを慣例としていた。彼は、レブロンと一対一でバスケットボールの試合をし、それを株主たちに見せたら面白いだろうと考えた。

レブロンは、手配できると答えた。

バフェットからは一つだけ条件があった。自分に勝たせてほしいと。

レブロンは笑って話に乗った。

飛行機がオマハを離陸するとき、マーベリックは笑顔を浮かべていた。彼の最高の友人は、あのウォーレン・バフェットと関係を築くことができたのだ。そして、彼らは間もなくニューヨークに降り立ち、レブロンは『レイト・ショー・ウィズ・デイビッド・レターマン』に初めて出演する予定だった。多くのことがあっという間に起こっていた。

帰宅して間もなく、レブロンはもっと大きなことを考えなければならなくなった。サバンナ・ブリンソンが第二子を妊娠していることがわかったのだ。カレンダーを確認すると、赤ん坊が生まれそうなのは二〇〇七年六月、ちょうどＮＢＡファイナルが開催される時期だった。

二〇〇七年六月は、忙しい月になりそうだとレブロンは考えていた。

# CHAPTER 21 孤独なキャバリアー

高校生のレブロン・ジェームズがナイキとの契約を交わそうとしていた頃、彼は消費者保護活動を行う弁護士のラルフ・ネーダーから手紙を受け取ったことがあった。そこにはこう書かれていた。

**あなたは今、国際商取引の世界に身を投じることを選択しようとしている。複雑で困難な課題と決断の数々を伴うことは避けられない。**

そして、レブロンがナイキと九〇〇〇万ドルの契約にサインしたあと、ネーダーはレブロンに対してさらに公然と警告を発した。彼は二〇〇三年夏、『ニューヨーク・タイムズ』紙にこう語っている。「世間は、一八歳の若者に社会意識を求めるのは不公平だと言う。だが私に言わせれば、彼は一八歳らしい給料を受けてはいない。この契約は、彼に絶大な訴求力があることを示している。スーパースターの実体的イメージだ」

レブロンはネーダーを知らなかったし、彼の警告に注意を払うこともなかった。当時のレブロンは、高校卒業やNBAドラフトの準備など、より差し迫った課題に追われていた。しかし、レブロンが実際に国際商取引の世界に足を踏み入れるまで時間はかからなかった。ルーキーシーズンを終えるとすぐに、彼はナイキの広告塔として、中国をはじめとする各国を訪れ始める。オフシーズンの海外出張は彼にとってすぐに習慣的なこととなった。そしてレブロンはナイキファミリーの中で、わずか三年でタイガー・ウッズに次ぐ国際的な影響力を持つ存在となる。海外にいる間ずっと、レブロンはあらゆる政治的な罠を回避することには成功していた。しかし、スーパースターである以上、面倒な論争を強く引きつける力を持ってしまうことは避けられない。NBA四年目のシーズンを始めようとする頃、彼は知らず知らずのうちに、プロキャリアで最初の大きな政治的ジレンマに直面しようとしていた。

二〇〇八年の北京五輪まであと二年を切り、〇六年秋頃にはすでにレブロンに重い義務がのしかかっていた。米国バスケットボール協会と、コーチのマイク・シャシェフスキーは、レブロンを米国五輪チームのリーダーにする考えだった。NBAコミッショナーのデイビッド・スターンは、リーグの人気を中国に拡大したいと願いつつ、レブロンが北京でNBAの大使となることを期待していた。ナイキもすでに、レブロンを五輪関連の包括的マーケティングキャンペーンの目玉とすることを計画していた。

その一方で、人権擁護団体や一部の有名人たちは、二〇〇八年夏季五輪を大きく異なる視点で見据えていた。中国の非常に深刻な人権問題を白日の下に晒すという考えだ。特にアフリカのスーダンでは、政府の支援を受けた民兵組織が中国製の武器を使ってダルフール地方で何十万人もの非アラブ系アフリカ人を虐殺し、二〇〇万人以上の難民を隣国チャドの強制収容所に押し込めていた。中国とスーダンは経済的パートナーだった。スーダンは中国にとって最大の海外石油生産地であり、スーダン政府は中国への石油販売利益を使って中国製の武器や軍需品を購入していた。そして、それらの武器は民兵組織であるジャンジャウィードの手に渡り、ダルフールの村人たちを虐殺するために使われていた。

この危機に対する認識を高めるため、俳優のジョージ・クルーニーは二〇〇六年にダルフール地方を訪れ、当時上院議員だったバラク・オバマとともにワシントンのナショナル・プレス・クラブで会見を行った。オバマ上院議員はダルフールの状況を「ゆっくりと進行する大量虐殺」と表現した。またクルーニーは報道陣にこう語った。「私たちは、顔を背けて目をそらし、この事態が何らかの形で消えてしまうことを願うわけにはいかない。私たちが行動するからこそ、そうなるのだ。消えてなくなるのだ」

マサチューセッツ州ノーサンプトンのスミス・カレッジ教授であり活動家のエリック・リーブスは、ダルフールに長く滞在し、現地の避難民を支援することに人生を捧げていた。リーブスは中国を激しく非難し、「ジェノサイド五輪」と名付けたキャンペーンを展開し始めたところだった。中国に公然と恥をかかせることを通して圧力をかけることが目的だった。女優のミア・ファローもダルフールを訪れ、当地で中国が演じている役割に注目を喚起するために必要なことなら何でもする決意を固めていた。リーブスとファローは、知名度の高い者たち、つまりアーティストやスポーツ選手、企業スポンサーなどには、中国が大量虐殺を支えてきた役割を告発する義務があると感じていた。彼らの目標は、中国で開催される二〇〇八年五輪を通して世界の意識に訴えかけることだった。彼らはまず、北京で開会式の演出に協力することになったアカデミー賞受賞監督のスティーブン・スピルバーグに対し、中国がスーダンで果たした役割について発言するように働きかけることから始めるつもりだった。

レブロンはダルフールの状況を認識してはいなかった。彼はクルーニー、ファロー、スピルバーグとも何のつながりもない。だがスターとしての力という点では、レブロンは彼らと同じ限られた階層に属していた。そしてレブロンは、中国での知名度の高さによって、数年前にネーダーが言及した「複雑で困難な課題と決断」に直面しようとしていた。

＊＊＊

クリーブランド・キャバリアーズは二〇〇六年一一月一日、ホームでＮＢＡ開幕を迎えた。ナイキは、その日の夕方六時から放送されるＥＳＰＮ『スポーツ・センター』の広告枠を買い占めていた。単一の広告主が『スポーツ・センター』放送回全体のスポンサーとなるのは、同局史上初めてのことだった。そしてナイキはその放送時間のすべてを、レブロンと、彼の新作シューズ「ナイキ・ズーム・レブロンⅣ」の宣伝に使った。広告キャンペーンの目玉は「スイミングプール」。その夏に撮影されていた、レブロンの四つの個性に焦点を当てたCMだ。ナイキはまた、レブロンと彼のシューズを宣伝するため、「ESPN.comおよびMTV.comホームページのデジタル占拠」と呼ぶものも計画していた。そして、レブロンの広告看板が全米の主要都市に掲げられた。

映画的で陽気なレブロンのプールCMは、まるでショートムービーのようだった。彼がそれまでに出演したどのCMよりも、レブロンがバスケットボールを超越したポップカルチャーの中心人物であることを決定的なものとした。あまりの人気に、ナイキはこのCMをすべての主要テレビ局で年末年始まで放映する予定を立てた。一一月中旬、キャバリアーズがニューヨーク・ニックスと対戦するためにニューヨークを訪れた際には、ナイキはマンハッタンにレブロンのポップアップストアまでオープンし、またマディソン・スクエア・ガーデン外側のデジタル看板を買い取ってレブロンがダンクする映像をノンストップで流し続けた。

レブロンは飛ぶ鳥を落とす勢いであり、キャバリアーズも同様だった。二〇〇七年一月初旬の時点で、キャバリアーズはイースタン・カンファレンスの最高成績を残していた。

その同じ月、NAACPやアムネスティ・インターナショナルを含む人権団体がワシントンDCに集まり、中国による人権侵害にどう対処するかを議論した。リーブスはその会合で講演し、ダルフールにおける中国の役割を中心としたキャンペーンを展開するという彼の考えを力説した。「ダルフール擁護活動のためには、世界の意識の中で『ダルフール』と『中国での二〇〇八年五輪』を不可分に結びつける必要がある。中国はすでに歓迎の準備を整えている。断固とした姿勢を取る者たちは、国連軍と文民警察のダルフール進駐を受け入れるようハルツーム（スーダンの首都）を説得できないのであれば、五輪が巨大な抗議の場になることを確信しているはずだ」

リーブスの方針は、参加団体からは攻撃的すぎるとして却下された。その上、大半の活動家たちは、中国政府に働きかけてもダルフールを変えることは不可能だと感じていた。

業を煮やしたリーブスはその場を立ち去った。

しかし、ジル・サヴィットという活動家が会場外まで彼を追いかけ、有力NGOであるヒューマン・ライツ・ファーストのキャンペーンディレクターであると自己紹介した。彼女はリーブスの講演を聞き、彼と協力したいと思っていることを伝えた。

助けが必要だと思っていたリーブスは、サヴィットの申し出に感動した。彼女は経験豊富なオーガナイザーであり、拷問と尋問に関する米国の政策を国内法と国際法に準拠させるため、軍の指導者たちを取り込んでキャンペーンを展開していた。サヴィットはメディアにも精通していた。また、チャリティ財団「ミズ・ファウンデーション・フォー・ウィメン」の「私たちの娘を職場に連れて行こう」キャンペーンのメッセージ発信も担当していた。

リーブスとサヴィットは協力し、春の間に五〇万ドルの助成金を獲得すると、それを原資として「ドリーム・フォー・ダルフール」を設立した。中国政府に対し、民間人のためにダルフール紛争に介入するよう圧力をかけることを使命とする非営利団体である。ファローもドリーム・フォー・ダルフールに参加し、サヴィットとともに働くことに同意した。サヴィットは全国的なメディア戦略の展開に着手した。目標は、中国がスーダン政府を保護して資金提供を行うことをやめなければ、北京五輪は同国に汚点を残す大会になると示すことだ。

リーブスとファローがスピルバーグに対して中国に反対する発言をするよう求める圧力を強める一方で、

サヴィットはスポーツ界に食い込もうとした。国際五輪委員会に中国の責任を追及させることができるようなアスリートを見つけたいという考えによるものだった。

＊＊＊

二〇〇七年三月下旬の金曜日の夜、キャバリアーズはクリーブランドにニックスを迎えた。第四クオーターに入り大きくリードしている状況で、マイク・ブラウンは先発メンバーを交代させ、レブロンはベンチに座った。それから少しして、二歳半のレブロン・ジェームズ・ジュニアがエンドライン際に座っていたサバンナ・ブリンソンの隣の席から滑り下り、キャバリアーズのベンチに向かって歩いてきた。試合はまだ進行中だったが、レブロンは自分の息子が近づいてくるのを誇らしげに見守った。息子がベンチに到着すると、レブロンは「坊や、どこへ行くつもりだい？」とでも言うように真剣な表情を装った。レブロン・ジュニアは父親の横にある空いた椅子に座る。やがて、カメラマンやテレビカメラが移動してきて、レブロンがベンチで息子に腕を回してくつろぐ姿を捉えた。

それは、自分自身の作り上げた世界にいるアスリートを象徴する一枚だった。他のキャバリアーズの選手がこのような場面に出くわすことはない。コートサイド席が家族のために用意されている選手など他にはいないからだ。そしてレブロンの息子は、試合中にコートに迷い込んでも許される唯一の子どもだった。「ザ・Q」のコートサイドの警備員たちは全員が彼のことを知っていて、可愛がっていた。そしてキャバリアーズ関係者の誰一人として、リーグの方針により試合中に家族がベンチに出入りすることは禁止されているなどという事実をわざわざ持ち出そうとはしなかった。誰もそんなルールをレブロンに強制する気にはなれなかった。

ある意味で、試合中にレブロン・ジュニアが父親の隣に座ることをサバンナが許したという一件は、四人のレブロンが登場するナイキのCM以上に強力な宣伝となった。偶発的に発生したことではあったが、選手がスタンドに乗り込んでファンと乱闘を繰り広げるというイメージに対抗するものとしては、NBAがこれ以上の脚本を書くことは不可能なほどのシーンだった。レブロンが頂点に立ったことで、NBAの評判は引き上げられていた。にもかかわらず、ニックス戦の翌日には、リーグ事務局からキャバリアーズのGM、ダニー・フェリーに電話がかかってきた。試合中に子どもをベンチに入れるのはリーグの方針に反するという連絡だった。

レブロンは、その電話が形だけのものだとわかっていたため、気にすることはなかった。もし本当に問題があったなら、コミッショナーのスターンからレブロンに電話がかかってきただろう。だがスターンは、レブロンがクリーブランドで起こしているすべてのことに熱狂していた。ニックス戦の翌日には、レブロンはウォーレン・バフェットをクリーブランドに迎える準備をしていた。彼はその翌日の試合のためクリーブランドを訪れたのだった。

オマハを訪れて以来、レブロンはバフェットとメールのやり取りをしていた。二人の連絡は仕事上のものでもあり、個人的なものでもあった。そしてレブロンは、ぜひとも彼を「ザ・Q」に迎えたいと思っていた。

レブロンは、バークシャー・ハサウェイ社が買収したいと考えるタイプの企業を経営する者たちと同じ特徴を持っている。そのことはバフェットにとって明らかになりつつあった。バフェットはその投資キャリアの初期から、圧倒的な巨大ビジネスをゼロから立ち上げるような人物に必要とされるものが何であるかを理解するようになっていた。絶え間なく仕事に専念し、週末も休日も働き、休暇を返上し、ビジネスを自分の一部にすることだ。バフェットの観点では、レブロンはまるでビジネスそのものだ。起業家がアイデアを巨大ビジネスに変えるのと同じように、彼はバスケットボールへの愛を巨大帝国に変えようとしていた。そのために必要なのは、昼夜を問わず集中し続けることだ。

バフェットと一緒にいることで、レブロンは投資ポートフォリオの多様化に向けた取り組みを強め、家族の長期的な経済的安定を熱心に計画するようになった。レブロンがそういったことを優先する姿勢はマーベリック・カーターにも伝わった。レブロンはマーベリックに、自分の性格に向いている投資機会を探すことを任せていた。二〇〇七年のはじめに、マーベリックはあるアイデアを思いついた。レブロンは自転車会社に投資すべきだということだ。レブロンがどこにでも自転車で出掛けることを彼は知っていた。オフシーズンになると一日六〇キロ以上走ることも珍しくなかった。レブロンは毎年、アクロンで「キング・フォー・キッズ・バイカソン」という自転車イベントまで開催していた。彼は、自分にとってそれほど大事に思っているものに投資すればいいのではないかとマーベリックは考えた。

マーベリックは投資銀行家のポール・ワッチャーにこのアイデアを持ちかけた。しばらくして、ワッチャーはレブロンに検討対象とする候補を伝えてきた。キャノンデール社である。キャノンデール・バイシクル・コーポレーションはコネチカット州ベセルに本社を置き、高性能自転車に特化している。同社を保有するのは、コネチカット州グリニッジの未公開株投資会社であるペガサス・パートナーズⅡ。彼らはレブロンのようなパートナーを歓迎する姿勢だった。これはレブロンにとって、キャノンデールの少数株主権を獲得するチャンスだった。

マーベリックは未公開株やその仕組みに詳しくはなかった。しかしワッチャーの提案をレブロンに伝えると、レブロンは単純に新たなスポンサー契約を結ぶよりも、会社の一部を保有するという見通しを気に入った。

キャノンデールに資本参加するという決定と同じ頃、レブロンの代理人であるレオン・ローズは、ハリウッド屈指の規模を誇るタレントエージェンシーであるクリエイティブ・アーティスト・エージェンシー（ＣＡＡ）へと移籍した。ＣＡＡはローズを新設のスポーツ部門代表者に抜擢した。ローズの最も重要な顧客であったレブロンは、彼との代理人関係を継続することを選んだ。ローズがCAAに移ったことで、レブロンはハリウッドとのより直接的なつながりを得られることになる。さらに、リッチ・ポールには、ローズとともにCAAへ行ってノウハウを学ぶチャンスが提案された。リッチはその話を受けることにした。

マーベリックがワッチャーと協力してキャノンデールとの契約の詳細を詰め、リッチがローズとともにCAAへ移ろうとしていた頃、レブロンは二〇〇七年三月二五日にバフェットをクリーブランドに迎えた。レブロンにとっては、バフェットを家族に紹介する機会にもなった。黒いナイキのTシャツを着たバフェットは、コートサイドでマーベリックの隣に座り、友人に声援を送った。キャバリアーズは試合に敗れたが、バフェットの存在はスコア以上の注目を集めた。全米のテレビ視聴者に、レブロンが世界で最も強力な投資家と手を組んでいることが示されたのだ。

レポーターがバフェットに、なぜレブロンの試合を観戦するためにクリーブランドまで来たのかと訊ねられると、彼は冗談混じりに答えた。「彼は私にバスケットボールのコツをいくつか聞きたかった。私は金についてちょっとしたアドバイスがほしかった」

バフェットがクリーブランドを去った翌日、マーベリックはレブロンとキャノンデールの新たなパートナーシップを発表した。二二歳にして、レブロンは初めて企業の一部を手に入れたのだ。

＊＊＊

バフェットがクリーブランドを訪れたのと同じ週、『ウォール・ストリート・ジャーナル』紙は「ジェノサイド五輪」と題した辛辣な論説を掲載した。この物議を醸す見出しは、活動家リーブスの手によるものだ。執筆したのはミア・ファローと、息子のローナン・ファロー。一九歳のローナンはイェール大学法学部の学生であり、最近ユニセフの広報担当としてダルフールを訪れたばかりだった。この記事は、中国が二〇〇八年五輪のスローガンとして掲げる「一つの世界、一つの夢」という言葉はダルフールの悪夢を覆い隠すものだと主張し、また意図的にスピルバーグを標的としていた。彼らはこう書いている。

**同様に失望させられるのは、スティーブン・スピルバーグ監督のような芸術家たちが、北京のイメージを浄化しようと決断したことだ。スピルバーグ監督は今月、五輪のセレモニー演出に協力する準備のため静かに中国を訪れた。一九九四年にはホロコースト生存者たちの証言を記録するためショアー財団を設立したスピルバーグだが、彼は中国がダルフールの大量虐殺を資金援助していることを知っているのだろうか。**

この論説はスピルバーグを非難し、彼を「ジェノサイド五輪」という言葉と結びつけようとした。ミアとローナンは鋭く問いかけている。「スピルバーグは本当に、北京大会のレニ・リーフェンシュタールとして歴史に名を残したいのだろうか?」と。レニ・リーフェンシュタールは高名なドイツの映画監督だが、ナチスのプロパガンダ映画を製作し、その後は悪名を背負って転落のキャリアを辿っていった。

この記事が掲載されたあと、スピルバーグは中国の胡錦濤国家主席に手紙を書き、ダルフールへの介入を求めた。彼の手紙をきっかけに中国は特使をハルツームに派遣し、国連安保理決議が可決されたあとスーダン政府が国連平和維持軍のダルフール入りを許可するかどうかの見通しについて協議することになった。しかし、ファローとリーブスは、中国特使がスーダンを訪問するだけで満足はしていなかった。スピルバーグにはもっと多くのことができたはずだと二人は考えていた。

これを受けてリーブスは、『ボストン・グローブ』紙に「芸術家たちは大量虐殺を幇助している?」と題する論説を寄稿した。ここでも彼はスピルバーグを厳しく非難した。「スピルバーグにとって問題なのは、中国の罪が彼にとってどれほどの意味を持つのかということだ。なぜスピルバーグや他の者たちは、とりわけハルツームへの支援に関して、北京のプロパガンダに加担しようとするのだろうか」とリーブスは書いている。

＊＊＊

この時点では、レブロンはダルフールに注目する活動家たちの視野に入ってはいなかった。しかし、レブロンのチームメイトであるアイラ・ニューブルは、ダルフールの状況について調べていた。ニューブルは過去二シーズン、レブロンとともにスターターを務めていたが、今は三二歳。キャリアの終盤を迎えつつあり、今シーズンはほとんどベンチに座っていた。コートの外では、主に六〇年代に公民権運動をしていた父親の影響によって、彼は高い社会意識を持っていた。ある朝、キャバリアーズの施設での練習に向かう途中、ニューブルは『USAトゥデイ』紙を手に取った。リーブスについて紹介されていた。リーブスは白血病を患っており、ダルフールでの大量虐殺を止めるために病院のベッドから活動していたこともあったという。

この記事に感動したニューブルは、リーブスの連絡先を調べてほしいとキャバリアーズのスタッフに頼んだ。

ニューブルからメールを受け取ったリーブスは驚いた。さらにもう一通届いた。リーブスはバスケットボールの大ファンで、大学でのプレー経験もありバスケットボールをよく知っていた。しかし、ニューブルという選手は聞いたことがなかった。連絡を受けて興味をそそられ、リーブスはニューブルに電話をかけた。ちょうどキャバリアーズのレギュラーシーズンが終わろうとしていた頃だった。

ニューブルは、ダルフールについて多くの質問を用意していた。

リーブスは、ダルフールでは大量虐殺が起きていると説明した。チャド東部を中心に、二五〇万人以上が避難している。リーブスの推計によれば、チャド東部には三五万人の非アラブ・アフリカ系ダルフールは説明した。

難民がいるという。「目には見えないが、世界最大級の難民人口であり、絶望的な状況にある」とリーブス

ニューブルは力になりたいと思った。

リーブスは「ドリーム・フォー・ダルフール」について、また中国に対応を促すため五輪に焦点を当てたキャンペーンを展開していることについて彼に伝えた。またリーブスは、ニューブルが仲間のサヴィットと連絡を取れるようにも手配すると言った。

サヴィットからの連絡を受けたニューブルは、「私に何ができる?」と訊ねた。

「中国政府に手紙を書いてもらえないだろうか?」と彼女は言い、下書きは準備すると申し出た。

ニューブルは彼女の協力を歓迎した。

「そして、もし可能ならチーム全員に署名してもらえれば」とサヴィットは言った。

ニューブルは最善を尽くすと約束した。

＊＊＊

キャバリアーズは二〇〇六―〇七シーズンをイースタン・カンファレンス二位の成績で終えた。最高成績はデトロイト・ピストンズだった。イースタン・カンファレンス決勝でのピストンズとの再戦を見据えつつ、レブロンはキャバリアーズを率いてNBAプレーオフ一回戦に臨むと、〇七年四月二二日の初戦ではワシントン・ウィザーズに大勝を飾った。翌日、サヴィットはニューブルに手紙の草稿を送り、チームメイトたちに見せてほしいと頼んだ。中国政府に宛てられた手紙には、次のように書かれていた。

**中国は、今日まで続く悲惨な被害と破壊に加担している限り、スポーツの世界における最高の国際イベントである夏季五輪の正当な開催国となることはできない。**

**我々はプロのアスリートとして、また憂慮を抱く人間として、ダルフールの苦悩を終わらせるため、および国連平和支援要員の立ち入りを可能とするため、中国が利用可能なあらゆる外交的手段と経済的圧力を行使することを求める。**

ニューブルはこの手紙を彼の代理人であるスティーブ・カウフマンと共有した。カウフマンはクライアントの活動を歓迎し、彼自身もこの問題に取り組み始めた。カウフマンはサヴィットとリーブスとのネットワークを作り始め、自分の人脈とコネを使って彼らのメディアキャンペーンを支援することを申し出た。彼らは協力し合い、ニューブルの手紙について記事を書いてくれるバスケットボールライターやその他のスポーツジャーナリストのリストを作成した。カウフマンはまた、チームメイトたちに手紙の話題を切り出す最善の方法についてニューブルと戦略を練った。

カウフマンの助言に沿って、ニューブルはブラウンヘッドコーチに話を通し、ダルフールについてチームメイトに話す許可を得た。

キャバリアーズはウィザーズを四戦全勝でスウィープした。その一日か二日後、ニューブルは練習後のロッカールームでチームに語りかけた。スーダンの人々の苦しみについて話すと、彼らは熱心に耳を傾けた。中国はスーダン政府から石油を買うだけでなく、スーダンの軍隊が罪のない人々を虐殺するために使用する武器も売っているとニューブルは話した。

キャバリアーズの選手たちはショックを受けた。彼らのほとんどはダルフールについて聞いたことがなかった。アフリカの人々が虐殺されていることも知らなかった。

ニューブルは選手たちにもっと学んでほしいと促し、一人ひとりに小包を配った。その中には、ニューブルが自ら選んでコピーした資料が入っていた。ファクトシートもあった。彼はチームメイトたちに、資料を読んで、質問があれば連絡してほしいと伝えた。

ニューブルは、レブロンを個人的に呼び止めた。彼はレブロンにプレッシャーを感じさせたくはなかったのだ。「君がレブロンであることによって、いろいろと大きなものを背負っているのはわかっている。あらゆることに君の名前を貸す必要はない」とニューブルは語った。

レブロンはニューブルを気に入っていた。彼は四年間チームに在籍しており、コート内でもコート外でも一流の選手だった。しかしニューブルは、「レブロンであること」がどのようなことであるかを本当に理解できていたわけではない。誰も理解はしていなかった。フランチャイズの重みと、チームをNBAファイナルに導いてほしいというクリーブランド市の期待がレブロンの双肩にかかっていた。米国バスケットボール協会、NBAコミッショナー、ナイキからの期待も積み重なっていた。そして個人的な面でも、チームメイトの誰も気がついていないことが起こっていた。最近、レブロンの父親だと名乗る男が現れたのだ。弁護士が対応しており、まだ表沙汰にはなっていなかったが、いつ公になってもおかしくはなかった。そうなれば彼の母親と、父親の正体に関して踏み込んでくるような新たな質問の数々に直面することになるとレブロンはわかっていた。

レブロンがバランスを取りながら対応しているすべての事柄について理解していたのは、サバンナだった。しかし彼女は妊娠八カ月で、第二子を出産しようとしていた。レブロンは二二歳にして、仕事上もプライベートでもあまりに多くのことを抱えているというのが実情だった。したがって、プレーオフの真っ最中にニューブルが彼に語りかけ、ダルフールの大量虐殺について説明した時点では、レブロンはすべてのタスクを切り分け、一試合一試合に勝利するという目の前のタスクに何とか集中し続けようとしている状況だった。

それでもレブロンはニューブルに、手紙のことについて考えると伝えた。

サヴィットは苛立っていた。彼女はダルフールと中国の関係について書いてもらうため、何週間も全米のメディアと話をしていたが、うまくいってはいなかった。しかし、明るい話題もあった。キャバリアーズはチームぐるみで、ニューブルの手紙のキャンペーンに非常に協力的だった。そしてカウフマンは、メディア報道を促進するため大きな助けになってくれた。サヴィットはニューブルの手紙に添えるプレスリリースを作成し、彼女とカウフマンはその記事を『プレイン・ディーラー』紙の記者に独占提供した。あとは、サヴィットはニューブルがレブロンの署名を手に入れられるのを待つだけだ。

その件についてカウフマンはニューブルにアドバイスし、レブロンが自分自身で決断するための余裕と時間を与えるという戦略をとっていた。それまでカウフマンは、記事を早く出したがっている『プレイン・ディーラー』紙の記者を抑えておかなければならなかった。五月五日に、カウフマンとサヴィットとリーブスはテキストチェーンを立ち上げた。

**カウフマン：一五人中一三人が署名してくれた。独占記事を約束した記者は日曜日に記事を出したがっている。**

**サヴィット：エリックと私はこの一週間、スピルバーグ関係者への対応が少し大変だった。ハリウッドの人たちを相手にするのはイライラする……記者の邪魔が入らないことを祈る……。**

**カウフマン：近々選手のリストを送る。レブロンを待っているところだが、すぐにわかるはずだ。**

キャバリアーズはイースタン・カンファレンス準決勝でニュージャージー・ネッツと対戦した。親しい友人同士であるレブロンとジェイ・Zは、二人のチームの直接対決に興奮していた。しかし、ひとたびシリーズが始まると、レブロンは自分の仕事に専念した。ネッツのメンバーにはベテランのジェイソン・キッドとビンス・カーターが名を連ねていた。オールスターゲームの常連である二人は、レブロンよりもずっと長く、NBAチャンピオンになれる日を待ち望んでいた。五月六日の「ザ・Q」での試合は大接戦となったが、レブロンは終了間際にキッドを抜き去ってランニングショットを決め、キャバリアーズを八一対七七での第一戦勝利に導いた。

その前日、オマハではバークシャー・ハサウェイ社の年次株主総会が二万七〇〇〇人以上を集めて開かれていた。開会を告げるため、バフェットがレブロンと一対一で対決するビデオが上映された。ヘッドバンドを巻いて白いバスケットボール用ソックスを履いたバフェットがドリブルでレブロンを抜き去ると、株主からは大笑いが巻き起こった。しかし、笑いが収まったあとバフェットが株主に向けて行ったスピーチでは、バークシャーが中国の石油会社「ペトロチャイナ」に投資するという決定が物議を醸していることが取り上げられた。中国石油天然気集団公司の子会社であるペトロチャイナは、ダルフールでの大量虐殺に加担しているという批判があった。バークシャーの株主の一部も批判に同調していた。

バフェットは、バークシャーの投資が持つ地政学的な意味については認識していた。彼は以前に、スーダンの状況について「遺憾である」と発言したこともあった。しかし彼は、中国やスーダンの地政学的状況に影響を与えることは不可能であり、ペトロチャイナとの取引関係は間違いなく継続するつもりであると主張した。

バフェットのスピーチが終わった数時間後、ニューブルはサヴィットに電話をかけ、手紙にチームメイトたちの署名を集める試みの現状を報告した。「一人を除いて全員に署名してもらった」と彼は言う。ニューブルはまだ、レブロンから返事を受けてはいなかった。

サヴィットは、ニューブルの声から失望の色を感じ取った。

突然、サヴィットは気がついた。「ちょっと待って、これはとんでもないチャンスかもしれない！」

この数週間、サヴィットは国内メディアに中国とダルフールを結びつけて報道させることができずにいた。しかし、もしレブロンが手紙に署名しなければ、彼とナイキとのシューズ契約を通して中国とダルフールを結びつけることができるかもしれない。

しかし、サヴィットはニューブルにそんなことは言わなかった。それよりも彼に対し、レブロンに働きかけを続けるようにと励ました。一方で、彼女は『スポーツ・イラストレイテッド』誌のコラムニスト、リック・ライリーにメールを送った。ライリーはファローと、スピルバーグに対する彼女の圧力キャンペーンについてのコラムを執筆中だった。「クリーブランド・キャバリアーズのアイラ・ニューブルは、チームメイトのうち一三人を集めて五輪／ダルフールに関する中国政府への書簡に署名させた。あなたの締切はわからないが、もし記事にニューブルの件を加えることに興味があれば連絡してほしい」と、サヴィットはライリーに伝えた。

翌日、キャバリアーズの地域広報マネージャーは、サヴィットに次のようなメールを送った。「アイラ・ニューブルより、『ダルフールに五輪の夢を』の手紙にチームメイトたちが署名したもののスキャンを添付にてお送りする。名前を読み取れるように、選手たちの名前のコピーも、彼らが手紙に署名を行った順番で添付している」

サヴィットは、レブロンの名前がまだリストにないことに気づいた。しかし、キャバリアーズはニューブルの活動を全面的にバックアップしていた。

その夜、レブロンは三六得点を挙げ、キャバリアーズはネッツに対してシリーズ二勝〇敗とリードを広げた。

第三戦と第四戦のためにニュージャージーに向かう前の休みを利用してレブロンが自宅にいた五月一〇日、『プレイン・ディーラー』紙には「ニューブルがスーダンでの大量虐殺に抗議」という見出しが躍った。

「私はこの米国にいて、豊かに暮らせる財産を持っているし、苦しんでいるわけでもない。しかし女性や子どもが犯されたり殺されたりし、スーダン政府とジャンジャウィードが暴力をふるっていると聞くと、何かをしないわけにはいかなかった」とニューブルは同紙に語っていた。

『プレイン・ディーラー』紙は、ニューブルが中国と国際五輪委員会に手紙を書いたこと、そこにチームメイトのほとんどが署名したことを報じた。同紙はまた、大きな疑問を投げかけた。レブロンは手紙に署名するのだろうか？

レブロンは、ニューブルの手紙についてどうすべきかわからなかった。キャバリアーズの選手たちは、彼を除いてほぼ全員が署名していた。しかし、彼を悩ませたのはそのことではなかった。彼にとっての問題は、自分が状況を把握していないと自分自身でわかっていたことだ。ダルフールの話を初めて聞いたとき、彼はダルフールがどこにあるのか知らなかった。地図で探してみる必要があった。地理だけではなく、政治や紛争の歴史にも疎かった。

レブロンがわかっていたのは、署名をすれば、ニューブルの手紙は一瞬にして国際的な論争に発展するということだった。手紙は明らかに中国を糾弾している。ニューブルと政治活動家がそういったことを行うのは構わない。しかし、それはレブロンにとって正しいアプローチなのだろうか？

説明をすることなく、レブロンはニューブルに、手紙には署名をしないことを決めたと伝えた。

ニューブルに説明は不要だった。彼もナイキと契約していたのだ。レブロンの契約には遠く及ばないものだとしても、ナイキとの契約はニューブルにとっては高額なものであり、だからこそレブロンが置かれた困難な状況について理解することができた。ニューブルはレブロンに、彼の決断を尊重すると伝えた。

キャバリアーズは第三戦と第四戦のためにニュージャージーに向かった。

＊＊＊

レブロンが持っていたバスケットボール選手としての天性の才能の一つは、コート上で何が起こるかを予測し、プレーを操り、相手の一歩も二歩も先を行くことができる能力だった。しかし人権運動は、政治の舞台で行われる。はるかに大きなものを巡っての争いであり、参加者たちはすべてを手に入れるか、すべてを失うかという勝負に出る。審判など存在しない。メディアは天秤を傾けて重みをつけ、物語を形成する。このような環境では、ニュアンスが入り込む余地はほとんどない。言葉はまるで、子どもの手に握られたマッチのようなものだ。政治の初心者が発する言葉であればなおさらである。ニュージャージーで行われる第三戦と第四戦の間に、レブロンはある記者から、なぜニューブルの手紙に署名しなかったのかと訊ねられた。「基本的に、十分な情報がなかったということだ。どんな決断を下すにしても、幅広い知識を得た上で下さなければならない」とレブロンは答えた。

プレーオフに集中していたレブロンには、彼の周囲で形成されつつある物語は目に入っていなかった。自分の言葉がその中でどのように位置づけられるのかも理解できていなかった。レブロンには広報担当者もいるし、経験豊富なアドバイザーもたくさんいる。しかし、この状況では彼らはほとんど力になれなかった。ハリウッドで最高の広報担当者たちを使えるスピルバーグでさえ、中国とダルフールとの関係について発言しなかったことでマスコミから非難を浴びていたのだ。中国政府への手紙に署名をするには十分な情報がなかった、とレブロンが話したのと同じ日に、スピルバーグは『スポーツ・イラストレイテッド』誌のライリーから非難を浴びた。「監督界のキングコングは、北京五輪の『芸術顧問』の一人であり、開会式と閉会式の演出に協力している。しかし、自身の最高傑作である『シンドラーのリスト』でホロコーストを断罪した男が、別の新たなホロコーストを資金援助している国とどうして手を結べるのだろうか?」とライリーは書いていた。

ライリーのコラムは、リーブス、サヴィット、そしてファローの仕事ぶりを表していた。最初から彼らの戦略は、有力者を味方につけ、「こういう人たちがみんな私たちを支持している。正しいことをしてほしい」と中国に言えるようにすることだった。そして、スピルバーグのような者たちを味方につけるために、彼らはまず飴を使った。だがそれがうまくいかなかったとき、鞭を使うことも厭わなかった。「やるならやるで、徹底的にやる」とサヴィットは語った。

スピルバーグが鞭を受ける一方で、レブロンは第四戦で最多得点の活躍を見せ、キャバリアーズはシリーズ三勝一敗と大きなリードを保ってクリーブランドに戻ることになった。

＊＊＊

五月一六日、レブロンは自分のベッドで清々しく目覚め、ネッツをその夜で片付けてしまうつもりになっていた。だがレブロンが「ザ・Q」へと向かう前に、『ニューヨーク・タイムズ』紙は「キャバリアーズがダルフールのために選手たちの支援を求める」という記事を掲載した。ベテランのバスケットボールライター、ハワード・ベックが書いた包括的で骨太な記事は、ダルフールの流血をレブロンの玄関口に持ってきたようなものだった。「罪のない人々が命を落としている。彼らがやっていることを黙って見過ごすのは悲劇でしかない」と、ニューブルは『ニューヨーク・タイムズ』紙に語っていた。

ベックの記事には、ニューブルが中国政府に宛てた手紙の一節と、ニューブルがスポーツ界を変えるきっかけになったことを称賛するリーブスの言葉が掲載されていた。だが記事の大きな注目点は、手紙にはレブロンが署名をしていないという部分だった。『ニューヨーク・タイムズ』紙は、ダルフール問題に関してレブロンのシューズ契約に焦点を当てる一文を記した。

**ジェームズはNBAで最も派手に売り出されているスター選手の一人であり、ナイキと九〇〇〇万ドルのスポンサー契約を交わしている。ナイキは中国での取引も多い。**

記事には、レブロンのシューズ契約への言及に続いて、彼が手紙に署名しなかった理由について答えた数日前の言葉が掲載された。「基本的に、十分な情報がなかったということだ」

まさにこうして、レブロンの足下で地面が大きく動いたのだった。

『ニューヨーク・タイムズ』紙の記事が掲載されるやいなや、サヴィットの電話が鳴り始めた。ダルフールについての記事を書くよう彼女が働きかけていたあらゆるジャーナリストが、突然のように彼女に電話やメールをよこしてきたのだ。

レブロンはその夜、調子を崩していた。そして試合終盤には、ルーズボールを取ろうとして膝をひねり、試合を終えなければならなかった。そしてネッツはキャバリアーズを倒し、シリーズはニュージャージーに戻ることが決まった。

一方、サヴィットはブルームバーグのライターからメールを受け取った。ダルフールについて書いてもらおうとしていたライターだった。「ジル、これがコラムだ」と、彼が送ってきた記事のタイトルは、「レブロン・ジェームズは最も称賛すべき騎士（キャバリアー）ではない」。第五戦の終了後にオンライン掲載したこの記事で、ブルームバーグはレブロンを次のように非難していた。

**レブロンとは異なり、ニューブルはナイキと九〇〇〇万ドルのスポンサー契約を交わしてはいない。ニューブルの顔写真はダウンタウンのクリーブランド・ランドマーク・オフィス・タワーに貼られてはいない。テレビCMに出演することもないし、ましてや主演などありえない。だがニューブルこそが持っているものもある。それは「勇気と信念」だと、女優で人道主義者のミア・ファローは言っている。**

キャンペーンは飴から鞭へと変わった。レブロンは今や、スピルバーグと同じ扱いを受けている。ブルームバーグの記事内で、リーブスは、ニューブルと彼の手紙を称賛することでレブロンにプレッシャーをかけた。「この手紙には、良心ある選手なら誰でも署名できるはずだ。ニューブルはプロのアスリートで、現実の世界とつながっている。彼はNBAで一握りのスター層に含まれているわけではないからこそ、人々が苦しむのを見ていられないのだ」とリーブスは述べている。

元米国上院議員でバスケットボールの殿堂入りを果たしたビル・ブラッドリーも、直接名前は出さないながらもレブロンに鋭く焦点を当てた。「セレブリティとしての立場をどう使いたいかを決断しなければならない。何もしないことを選ぶ者もいると考えられるが、それは残念なことだ。もっと大きな人生を生きていけるはずだ」と、ブラッドリーはブルームバーグに語った。

レブロンは不意を突かれた。それから数日で、NPR、FOX、『ワシントン・ポスト』紙、『ボストン・グローブ』紙など、各メディアが次々と口を出し始めてきた。ブルッキングス研究所の専門家やその他の外交政策アナリストたちは、レブロンの動機について憶測を述べていた。レブロンの人生で初めて、人々は彼のことを政治的なレンズを通して見るようになった。そしてレブロンは、プロキャリアで初めて、身動きが取れなくなった。

騒動の中、キャバリアーズは最終的にネッツを倒すことができた。しかし、チームがNBAファイナル進出を懸けてデトロイトに向かおうとするとき、レブロンは傷つき疲れ果てていた。バスケットボールをするのがこれほど大変だったことは過去になかった。

# CHAPTER 22 史上最高

イースタン・カンファレンス決勝第一戦は、レブロン・ジェームズが予想していた通りの展開となった。どちらのチームも楽な戦いはできず、点差を広げられない接戦だ。残り一五秒、デトロイト・ピストンズが二点リードでクリーブランド・キャバリアーズのボール。タイムアウト中にヘッドコーチのマイク・ブラウンは、レブロンの手にボールが渡るようなプレーを指示した。その直後、レブロンはトップ・オブ・ザ・キーでボールを受け、DFのテイショーン・プリンスに向けて迫る。他に二人のDFが距離を詰めてきたことで、レブロンはドニエル・マーシャルがコーナーで完全にフリーになっているとわかっていた。本能的に彼はショットを中断し、ボールをマーシャルへと送る。マーシャルは勝負を決めるはずのスリーポイントを放った。

ボールはリングに当たって外れ、大きくリバウンドしたボールを確保したピストンズが勝利を収めてシリーズ一勝〇敗とリードした。

レブロンの判断はすぐに批判を浴びた。試合後の記者会見で彼は、なぜ同点に追いつくショットを打たなかったのかと質問された。「私は勝つためにプレーしている。相手二人が向かってきてチームメイトがフリーになっているなら、ボールを渡すことが勝つためのプレーだ。単純なことだ」

彼の答えはすぐに批判の対象となった。

「コート上で最高の選手が、土壇場でそういうショットをまったく打たないのは理解しがたい。私がもしコート上のベストプレーヤーなら、ショットを決めなければならない。これは批判ではなく事実だ」と、TNTの解説を務めたチャールズ・バークレーは語った。

他のNBA記者たちも、レブロンは試合を決めるかどうかの状況でパスを出すべきではなかったというバークレーの見方に同意した。「コービー・ブライアントなら間違いなくそうはしなかっただろう。マイケル・ジョーダンなら、他に選択肢がない場合だけそうしただろう」と、あるライターは指摘していた。

レブロンは批判を聞いた。批評を読んだ。しかし、彼は自分の判断を後悔していたわけではなかった。ドルー・ジョイスのもとでプレーしていた小学生の頃、彼はボールをパスすることの大切さを学んでいた。今では、フリーの選手にボールを渡すことは彼のプレーにすっかり染み込んでいたため、筋肉の反射のようなものだった。相手ディフェンスに自動的に反応するのだ。重要なのは試合に勝つことであり、彼が最後のショットを打つことではなかった。

休養日が明け、レブロンとチームメイトたちがデトロイトでの第二戦に向けて準備をしていたとき、『クリスチャン・サイエンス・モニター』紙は「ダルフールの件で、レブロン・ジェームズはボールを落とした」と題する記事を掲載した。アイラ・ニューブルを称賛し、一方でレブロンを「臆病者」と呼ぶ辛辣な記事だった。

**政治問題に声を上げるプロスポーツ選手は、もちろんニューブルが初めてではない。テニスの名選手アーサー・アッシュは南アフリカのアパルトヘイトを非難した。ボクサーのモハメド・アリは、米国のベトナム戦争中の徴兵に抵抗し、ヘビー級の王座を捨てた。しかし、世界最高のバスケットボール選手の一人であるレブロンは、ダルフールのために指一本動かすことはない。この点でレブロンは、**

**彼の若き日に圧倒的なバスケットボール選手であったマイケル・ジョーダンと共通している。理念より収益を優先した過去を持つジョーダンと。**

ナイキのリン・メリットは怒っていた。レブロンがニューブルの手紙に署名しようとしないことをめぐる論争は、二週間前から本格化していた。収まる気配はまったくなかった。それどころか、新たな報道や意見記事が出るたびに、ライターたちはレブロンをますます厳しく非難し、より個人攻撃を強めるようになっていった。メリットは、自分自身の政治的テーマをキャバリアーズのロッカールームに持ち込んだニューブルを非難した。それを助長したスティーブ・カウフマンにも非難を向けた。

業を煮やしたメリットは、カウフマンに電話をしてニューブルに関して激論を交わした。「こんなものを職場に持ち込んで、彼はキャブスにとってとんでもない厄介者になった」とメリットはカウフマンに言う。「私が君の職場に行って、イスラム国への入信を勧めるようなものだ」

メリットが不満をぶつけている間、弁護士であるカウフマンはメモを取っていた。彼はまた、ナイキ関係者から文句を言われたくもなかったので、反論も繰り出した。カウフマンに言わせれば、ニューブルは立派なことをしているのだ。そしてナイキは、もう少し協力的になるべきだ。

ピストンズは第二戦に勝利し、シリーズを二勝〇敗とリードした。

クリーブランドに戻ると、レブロンは第三戦で三二得点、第四戦で二五得点を挙げた。キャバリアーズは両試合とも勝利し、シリーズを振り出しに戻す。どの試合も、結果はレブロン次第だった。ピストンズが彼を追いかけ囲い込む守備戦術が機能すれば、ピストンズが持ちこたえて勝利する。ピストンズの対応をレブロンが凌駕すれば、キャバリアーズの勝利となる。

シリーズがデトロイトに戻り、運命の第五戦が行われるとき、優勢だと考えられ勝利が予想されていたのはピストンズのほうだった。その週、『スポーツ・イラストレイテッド』誌は、ジョーダンは八〇年代末から九〇年代初頭にかけてピストンズとプレーオフで四年連続対戦してようやく彼らの倒し方を見つけたと振り返った。もう一人のスター選手スコッティ・ピッペンと働き者のホーレス・グラントが登場して初めて、ジョーダンは彼のチームをNBAファイナルへ導くことができたのだ。「実際のところ、ジョーダン時代からの最大の教訓は、一人では何も成し遂げられないということだ」と、『スポーツ・イラストレイテッド』誌は述べた。

レブロンは、ピストンズを倒すために四年も待ちたくはなかった。二〇〇七年五月三一日、彼はこのロードゲームに勝利することだけに気持ちを集中させてパレス・オブ・オーバーン・ヒルズに乗り込んだ。

第三クオーターまで、レブロンはプレーオフでの自己最高クラスのプレーを見せてチームを引っ張った。しかし、第四クオーター終盤にピストンズは連続一〇得点の猛攻を繰り出し、残り三分で八八対八一とリード。勢いは完全に反転し、キャバリアーズは急激に失速していた。レブロンはレーンにドライブを仕掛け、レイアップを打とうとしたところでラシード・ウォレスの手が目の前にかかる。ショットは決まり、レブロンが獲得したフリースローも決めて点差は八四対八八に縮まった。

その直後、ピストンズがミスを犯したあと、レブロンが長距離のスリーポイントを決める。八七対八八と、わずか一点差まで詰め寄った。

キャバリアーズが次にボールを持つと、レブロンはまたも顔面に激しい一撃を食らう。続いてタイムアウト後には、一対一でガードされながらトップ・オブ・ザ・キーでボールをドリブル。左へフェイクを入れてクロスオーバーで右へ向かい、DFを抜き去ってレーンへドライブ。強烈な勢いに乗り、ピストンズのDF五人全員より高く飛び上がる。FWのテイショーン・プリンスは、何が来るのかを察知すると、両腕で頭をかばいながら身を逸らす。レブロンはリングにまで舞い上がり、バックボードを揺らす凶暴なワンハンドダンクを繰り出した。「そして、押し込んだ！」とアナウンサーのマーブ・アルバートは叫んだ。

キャバリアーズは八九対八八と逆転し、残り時間は三一秒。

しかし、チャウンシー・ビラップスがこの大事な場面でスリーポイントを決めて応戦。再びピストンズの二点リードとなった。

残り一五秒。レブロンはトップ・オブ・ザ・キーでドリブルし、パスコースを探していた。彼とリングの間にピストンズの五人がいる状況から、プリンスを抜き去る。

「ジェームズがステップを踏む」とアルバートは言う。

加速したレブロンはあまりにも速く跳躍し、アルバートが言い終える前にまたもダンクを叩き込んだ。

試合は九一対九一の同点でオーバータイムに突入する。

＊＊＊

キャバリアーズのベンチで、レブロンはチームメイトたちに、ピストンズがボールを持ったときに守るのは君たちの仕事だと伝えた。「あとは私に任せろ。オフェンスはやってやる」と彼は言う。

ピストンズのベンチでは、コーチは選手たちに向けて、レブロンを苦しめるため全力を尽くせと伝えていた。ビラップスは、ピストンズがオーバータイムでレブロンを止めようとした作戦について、のちにこう語っている。「彼はコートに激しく倒れるはずだった。床に叩きつけようとしていたんだ。強く！」

レブロンがオーバータイムで初めてボールに触れたとき、彼は激しく当たられた。だがそこから延長戦でのチームの七得点すべてを決め、キャバリアーズに九八対九六のリードをもたらす。残り四〇秒、レブロンはドリブルでスリーポイントアークを回り、リングへの侵入路を探す。しかし、存在しない。三人の選手が彼を追い回し、ショットクロックは刻一刻と迫っていた。

「レブロンは打たないといけない」とアルバート。

一人のＤＦを跳ね除け、ドリブルを続けたままスリーポイントラインのすぐ内側に入り込み跳躍したところで、ビラップスが突進してくる。レブロンは空中で体勢を整え、リングに真っ直ぐ向き合うと、ボールを飛ばした。

「そして決めた」。ショットがリングを通過した瞬間、アルバートはそう言った。

「なんてこった！」と、解説者のダグ・コリンズも続く。

「レブロン・ジェームズ、何というショット！　バランスを崩して、ショットクロック残りわずか。角度もない。それでも打ち込んだ！」とアルバート。

レブロンはこれで連続一六得点となり、キャバリアーズは一〇〇対九六とリードする。オーバータイムは残り三三秒。

しかしタイムアウト後、反撃に転じたピストンズは連続四得点を挙げて同点。試合はダブルオーバータイムにもつれ込んだ。

＊＊＊

今度はチームがベンチに向かっても、レブロンはチームメイトに何も言う必要はなかった。彼らは何をすべきかわかっていた。レブロンにボールを与え続けて邪魔をしないことだ。

ダブルオーバータイムの最初にレブロンは、ピストンズのベンチに向かってドリブルし、ステップバックからジャンプショットを決めた。彼がライン際のピストンズベンチそばに着地すると同時に、ボールはネットを潜った。チームは再び二点リードとなり、レブロンはコートを戻りながらピストンズのベンチを睨み下ろす。これでレブロンはチームの直近二三得点のうち二二点を決めていた。

ピストンズも二本のゴールを決めて応酬し、一〇四対一〇二と逆転する。

敵陣内で一対一のガードを受けながら、レブロンはトップ・オブ・ザ・キーでドリブルし、チームメイトがフリーになるのを待っていた。ピストンズの他の四人がレーン周りに密集しているのを見て、レブロンは左に行くふりをしてDFをそちらに寄せる。そこから逆方向へと進むと、背中側でボールを左手から右手へとバウンド。自分についているDFとの間に跳躍できるだけの隙間を取り、ジャンプショットを決めてスコアを同点とした。

ベンチにいたピストンズの選手たちは、腕を組み、口を開け、信じられないと思いながら見守っていた。軽く走って自陣へ戻ると、レブロンは頬を膨らませて息を吸い、腕立て伏せの真似をするかのように腕を動かした。

ピストンズは一〇七対一〇四と再びリードを奪う。

ダブルオーバータイムも残りわずか一分あまり。レブロンは再びピストンズのDF五人を睨みつけながらトップ・オブ・ザ・キーでドリブルし、そこからピストンズのベンチ方向に向かって飛び出す。DF二人に追いかけられながら、彼はリングから離れる方向へ跳躍し、またも長距離のスリーポイントを放った。勢いに乗った体がラインを割り、ボールはリングを通り抜ける。

「やった！」とアルバート。「これで試合は一〇七対一〇七の同点！」

「信じられない。まるでジョーダンだ」とコリンズは続ける。

レブロンは二三連続得点であり、チームの直近二八得点のうち二七得点を挙げていた。

ピストンズのミスでボールを奪い返したキャバリアーズは、ダブルオーバータイム残り一一・四秒のところでタイムアウトを取る。

疲労困憊のレブロンは、チームメイトたちの隣でベンチに横になった。肩にタオルをかけ、手にはゲータレードのカップ。

ブラウンはホワイトボードを取り出し、インバウンズパスでどうプレーしてほしいかを図式化した。スクリーンを使ってレブロンをフリーにし、ボールを受けられるようにする。「ここにセットだ」とブラウンは言い、リング下のレーンに円を描く。「レブロンをトップに持ってくるんだ」と続け、スクリーンからスリーポイントアークの先まで、レブロンの進路を示す線を引いた。

レブロンの目はブラウンのペンを追っていた。

ブラウンはサイドラインからレブロンに向けて点線を引き、インバウンズパスのコースを示す。そしてレブロンを見上げた。「必ずドライブしろ。最後のショットを打つんだ」と、レブロンを指差しながら叫ぶ。会場にいた誰もが、ボールはレブロンに渡るとわかっていた。キャバリアーズの他の選手たちは、一八分間近くもフィールドゴールを決めていなかったのだ。唯一の問題は、レブロンがピストンズの五人をもう一度ドリブルで破れるかどうかだった。

＊＊＊

スクリーンを使ってフリーになったレブロンは、トップ・オブ・ザ・キーから外へ飛び出し、コート中央でインバウンズパスを受けた。ピストンズのロゴのすぐ内側に足を踏み入れ、左手にボールを抱えてコートを見渡す。チームメイトたちはコートの遠いサイドでフリーになっていた。ビラップスはレブロンの前で体を下げ、両腕を伸ばしている。ピストンズの他の四人のＤＦは、リング前でボックスを作っていた。レーンは大きく開いていた。

レブロンは動かず、ビラップスの頭越しにバックボード上の時計を見た。

「ジェームズが進めていく。あと五秒……」とアルバートが言う。

レブロンは左へスプリントし、コートぎりぎりの低いドリブルでビラップスの横を抜き去った。

「四秒……」

右後方にビラップスを引きずりながらレーンを切り裂き、三人のＤＦが前を固めてきたところで、レブロンは宙に舞う。

「三秒……」

空中で、誰もショットを止めようとジャンプしてきていないことに気づいたレブロンは、ボールを自分の左手から右手へと移した。

「二秒……」

下降しながら、レブロンは足がコートにつく直前にスクープショットを放ち、ボールはバックボードに当たってリングを捉える。

「ジェームズが決めた！」とアルバートは叫んだ。

ピストンズはタイムアウトを取る。ラシード・ウォレスはうんざりした様子で両手を振り上げた。残り二・二秒、キャバリアーズが一〇九対一〇七でリード。

観客は呆然としていた。レブロンはキャバリアーズのベンチに駆け寄り、アシスタントコーチの一人が床に倒れそうになるほど激しく胸をぶつけた。エレクトリック・ライト・オーケストラの「ドント・ブリング・ミー・ダウン」がパレス・オブ・オーバーン・ヒルズに鳴り響く中、ピストンズのファンはショックで動けなかった。

「レブロン・ジェームズは四八得点」とアルバートが言う。「彼はクリーブランドの直近二五点を決めている。直近三〇点のうち二九点……まだ二・二秒残っているが、ここから何が起こったとしても、これはNBA史上最高のパフォーマンスの一つとして語り継がれるだろう」

ブザーが鳴り、ピストンズの最後のショットが届かなかったとき、レブロンは「デーモン・ドロップ」で急降下しているような気分だった。クリーブランドの西にある、一〇階分の高さから落下するジェットコースターであり、自由落下のような感覚を味わうことができるものだ。体力を消耗し、立っているのもやっとだった彼は、体を前へ傾けて両手を膝に置き、パレス・オブ・オーバーン・ヒルズのコートを見下ろした。

彼はこの試合五八分のうち五〇分をプレーした。

二度のオーバータイムの全一八得点も含めて、キャバリアーズのラスト二五得点を挙げ、四八得点、九リバウンド、七アシストで試合を終えた。

そして彼は、一人の力でＮＢＡの勢力図の入れ替えを先導してみせたのだ。

＊＊＊

この夜、レブロンはデトロイトでピストンズを粉砕した。

脱水症状と痙攣を起こしたレブロンは、クリーブランドに戻るフライト中に点滴を受けなければならなかった。だが彼はかつてないほど上機嫌だった。クリーブランドの街が間もなく、歴史上初めて、イースタン・カンファレンスの優勝トロフィーの持ち主になるとわかっていたのだ。

二日後の夜、「ザ・Ｑ」の外の通りを何万人ものファンが埋めた。会場内ではキャバリアーズが快進撃。第六戦は、フランチャイズ史上最大の試合となった。キャバリアーズは九八対八二で勝利し、試合終了のブザーが鳴ると、アリーナは耳をつんざくような歓声に包まれた。紙吹雪が舞い散り、ファンが歓喜の声を上げる中、レブロンはサバンナを見つけた。

いつ出産してもおかしくない彼女は、レブロンに駆け寄った。

レブロンは彼女に腕を回した。そして、まるでボディガードのように、並ぶカメラの間を縫って彼女をコートの外へ連れ出した。二二歳のレブロンは、わずか四年目のシーズンでチームをＮＢＡファイナルに導いた。そして彼にはもう一人子どもが生まれようとしていた。

「ああ、これ以上素晴らしいことはない」と、彼は思った。

CHAPTER
# 23
# 来るべき王国

クリーブランド・キャバリアーズのロースターには、NBAファイナルでプレーしたことのある選手は一人もいなかった。一方でサンアントニオ・スパーズにとって、NBAファイナルはほとんど毎年の恒例行事となっていた。NBAシーズンMVPに二度輝いたティム・ダンカンを中心に、スパーズは過去七年間で三度の優勝を飾っていた。ヘッドコーチのグレッグ・ポポビッチが率いるチームには、ダンカンの他にもオールスターポイントガードのトニー・パーカーや、ベテランのマヌ・ジノビリ、ブルース・ボウエン、ロバート・オーリーらがずらりと並ぶ。彼らのファイナル出場回数の合計はリーグ内の他のどのチームをも上回っていた。ラスベガスのオッズメーカーから全国のNBAライターまで、事実上誰もがキャバリアーズの惨敗を予想していた。

しかし、NBAファイナルの結果はほとんど重要ではなかった。そもそもキャバリアーズは、最初からそこにいるはずですらなかったのだ。少なくとも、これほど早いうちに、サーシャ・パブロビッチ、ジードルーナス・イルガウスカス、ダニエル・ギブソン、ドリュー・グッデンといった顔ぶれの先発メンバーでここまで来るはずではなかった。レブロンがプロとしてわずか四年目のシーズンでこのチームをファイナルに導いたことは、とてつもない偉業だった。メディアはダンカンとスパーズに注目する以上に、レブロンがデトロイト・ピストンズとの第五戦で見せた歴史に残るワンマンショーについて騒ぎ続けていた。

『ニューヨーク・タイムズ』紙は「催眠術」的だと表現し、『スポーツ・イラストレイテッド』誌は「不滅」と評した。まだ若手の部類に入るレブロンだが、キャリアの絶頂にあるスーパースターが自身の最高傑作となるパフォーマンスを見せた際に贈られるような最上級の賛辞を得ていた。

熱狂的な騒ぎの中で、ダルフールの一件はもう古いニュースとなっていた。第五戦でレブロンの成し遂げた偉業はあまりにも特別で栄光に満ちたものであったため、話題の方向性を完全に変えてしまった。もはやレブロンは何も質問を受けはしない。批判も受けはしない。今やすべての焦点は、バスケットボールの新時代の幕が開けることに集中していた。レブロンの時代だ。

ナイキのリン・メリットは誰よりも安堵した。メリットは最初からナイキ社内でレブロンの最も熱心な支持者であり、レブロンを獲得するため記録的な資金を投じることを主導し、そして土壇場で契約を成立させた。ナイキ社内の誰もがメリットのようにレブロン獲得に強気だったわけではない。メリットは金を使いすぎだと感じている者も社内にはいた。しかし、デトロイトでの第五戦以降は、そう考える者は誰もいなくなった。第五戦以前には、ナイキ社内でレブロンと彼のブランドのためにフルタイムで働いているスタッフはおよそ六人ほどだった。第五戦のあと、その数は一五〇人に増えた。インディアナポリスで毎年開催されるナイキのオールアメリカン・キャンプまでもがレブロン・ジェームズ・スキル・アカデミーと改称され、二〇〇七年七月からはアクロンに開催地を移した。それも、レブロンがアクロンをバスケットボール界の中心地に変えつつある証拠の一つだった。

ナイキ社内では、新時代は「ＡＧＦ」と呼ばれた。「アフター・ゲーム・ファイブ（第五戦以降）」の頭文字である。

＊＊＊

レブロンのＮＢＡファイナル初出場とときを同じくして、ジェームズ・ガンドルフィーニはトニー・ソプラノとしての最後の演技を披露しようとしていた。一九九九年から二〇〇七年までの八年間にわたって八五のエピソードが制作されてきた『ザ・ソプラノズ』。「テレビの歴史上最も豊かな業績」と『ニューヨーカー』誌の編集者デイビッド・レムニックが評したシリーズは、最終話を迎える。最終話の放映日は、NBAファイナル第二戦と同じ夜だった。反吐が出るほど残忍であるにもかかわらず愛すべき存在となった冷酷なマフィアのボス、ソプラノの複雑な人生が、米国文化に与えた影響は計り知れない。NPRやPBSの識者たちが、この番組が人気作品となったことが米国という国について何を意味するのか議論するほどだった。そしてタブロイド紙の記者からテレビ評論家まで誰もが、ソプラノが最終話を生きて終えられるのかどうか推論を繰り広げていた。

NBAとその放送パートナーであるABCは、HBOの超大作と真っ向から対決することを歓迎する気分にはなれなかった。視聴率の観点から言えば、詰まるところレブロン対ソプラノの勝負だった。NBA側の主役にテコ入れするため、ABCはレブロンにインタビューの事前撮影を申し込んだ。同局はそれを短くカットし、シリーズを通して少しずつ合間に挟み込んで流したいという考えだった。

レブロンは『ザ・ソプラノズ』の大ファンで、ガンドルフィーニの名優ぶりに心酔していた。多くの米国国民と同じく、レブロンもソプラノを応援せずにはいられなかったし、「指図をするのはこの俺様だ」といったような伝説的な名台詞を堪能していた。しかし、レブロンはソプラノのアンチテーゼでもあった。ソプラノの家族生活はひどく苦痛に満ちたものであり、母親が彼の殺害を依頼したことさえあった。レブロンはといえば、ABCから母親との関係について訊ねられると、喜々としてこう語った。

「私は自分のこと以上に母のことを誇りに思っている。母が助けてくれたおかげで一人前に成長できたから。そして、自分で子どもを持ってみると、母がどうやって私を一人で育ててくれることができたのかわからない。世界中のシングルマザーたちに最大限の賛辞を送りたい。どうやっているのかわからない。私にはうちの二歳半の子を一人で育てるなんて無理だった」
バスケットボールの試合を宣伝するためのコメントがこんな内容になるのは、ＡＢＣにとっても異例のことだった。

＊＊＊

サンアントニオで開幕したファイナルは、誰もが予想していた通り、スパーズが二勝〇敗でリードする展開となった。第一戦も接戦にはならなかったが、日曜夜に行われた第二戦はそれ以上に一方的だった。スパーズは前半で二八点のリードを奪い、その後も一切手を緩めなかった。「日曜日には、スパーズが二時間近くにわたってキャバリアーズを圧倒した。またしてもレブロン・ジェームズにファイナル初出場を祝うことを許さず、ＮＢＡの全米テレビ視聴率を壊滅させたこともほぼ間違いない」と、『ニューヨーク・タイムズ』紙は記している。

レブロンとキャバリアーズがＮＢＡ最大の舞台で足場を固められず苦しんでいる頃、ＨＢＯではソプラノがホルステンズ・アイスクリーム・パーラーの客席に静かに座り、ジュークボックスにコインを二、三枚入れ、ジャーニーの「ドント・ストップ・ビリーヴィン」をかけて妻と子どもたちが来るのを待っていた。幸福な家庭の一場面のように見えたが、最後の晩餐のようにも感じられた。ガンドルフィーニと共演したイーディ・ファルコが、テレビ史上最も悪名高いものとなったシリーズ最終話を演じたあと、スクリーンは暗転してクレジットが流れた。

レブロンはそのすべてを見逃してしまった。クリーブランドに戻る機内で、彼はキャバリアーズが勝利できるとまだ信じていた。

そして、「ザ・Ｑ」で行われた第三戦の終盤にかけて、レブロンが台本を書き換えてしまうのではないかと感じさせた。残り五・五秒、スパーズが辛うじて三点リードを守っていた状況で、マイク・ブラウンはレブロンに同点スリーポイントを打たせるプレーを計画していた。スパーズのサイドライン際では、ポポビッチがディフェンスのスペシャリストであるボウエンに、レブロンがショットを打つ前にファウルするよう指示を出した。

レブロンは何が起こるかわかっていた。インバウンズパスを受けるためトップ・オブ・ザ・キーへ彼が疾走すると、ボウエンが自分に向かって駆け寄ってくるのが見えた。

レブロンが左へ一つドリブルを入れたとき、審判のボブ・デラニーはすぐ近くにいた。

ボウエンは突進し、両手でレブロンにしがみついた。ボウエンの右手はレブロンの右上腕二頭筋をとらえ、左手はレブロンの背中側へ伸ばされてユニフォームの後ろを掴んだ。

すでにジャンプを始めていたレブロンはボウエンを振り払い、スリーポイントショットを放ったが、これは惜しくも届かない。

デラニーは笛を吹かなかった。

試合終了のブザーが鳴り、スパーズは歓喜のあまりコートに走り出した。

レブロンはデラニーのほうを振り向いた。「ファウルされた!」

デラニーは首を左右に振り、レブロンの訴えを退けた。

「ボブ、あいつはファウルしたんだ。ここに!」とレブロンは、自分の腕を指差しながら叫ぶ。

ABCはリプレイをスローモーションで流した。レブロンがファウルを受けたのは明らかだった。

「レブロン・ジェームズが不満を言うのも無理はない」と、解説者のマイク・フラテロは放送内で言った。

だがもはやどうにもならない。キャバリアーズはまたも敗れ、シリーズは三勝〇敗でスパーズのリードとなった。

試合後にレブロンは、最後に笛が吹かれなかったプレーについて質問を受けた。

その時点で、レブロンは審判を非難することに何の意味も見出せなかった。それよりも責任を引き受け、もっと良いプレーをするべきだったと答えた。

アリーナを去るやいなや、レブロンは家族モードに入った。翌日にサバンナ・ブリンソンはアクロンのすぐ北にあるカヤホガ・フォールズ総合病院に向かう。そして六月一四日の真夜中を少し過ぎた頃、彼女は次男を出産した。二人は次男をブライス・マキシマス・ジェームズと命名した。ミドルネームは、レブロンが特に気に入っている映画の一つ『グラディエーター』に登場するマキシマス・デシムス・メレディウスにちなんだものだ。

＊＊＊

眠れぬ夜を過ごしたあと、レブロンは第四戦のために「ザ・Q」に現れた。疲れてはいたが、足取りは弾んでいた。何よりブライスの誕生が大きな理由だった。また、トム・ブレイディとジゼル・ブンチェンが飛行機で駆けつけ、その夜の試合をコートサイドで観戦してくれるおかげでもあった。レブロンとブレイディは、スポーツファンが考えている以上にお互いをよく知っていた。二人の間には友好的なライバル関係が存在しており、レブロンはブレイディの前でプレーすることに意気込んでいた。彼は米国のチームスポーツ界で、レブロン以外では、歴代で最も偉大な選手と比較されるのがどのようなことであるかを知っている唯一のアスリートだった。レブロンがマイケル・ジョーダンに憧れて育ったのと同じように、ブレイディは史上最高のクオーターバックと言われるジョー・モンタナに憧れて育った。そしてレブロンと同じように、ブレイディも憧れの存在と同じ高みに到達することを目指していた。プロのアスリートとして、レブロンもブレイディもまだ上り坂にある。二人は個々に歴代最高の座を追い求めつつ、お互い手を取り合っていた。

しかし、私生活に関してはレブロンとブレイディは大きく異なっていた。ブレイディとジゼルは共通の友人を通じて、グリニッジ・ヴィレッジの高級レストランでのブラインドデートで知り合った。ブラジル生まれのスーパーモデルであるジゼルは「世界で最も美しい女性」と『ローリング・ストーン』誌に評され、他のどのモデルよりも多く雑誌の表紙を飾っており、推定一億五〇〇〇万ドルの価値を持つとされていた。レブロンとサバンナが初めてデートをしたのは十代の頃、アクロンのアップルビーズだった。二人はそれ以来ずっと一緒にいて、自分たちの育った土地のすぐ近くに夢のマイホームを建設中だった。サバンナは専業主婦として子育てに専念していた。もうすぐ三〇歳になろうとするブレイディはスーパーボウルのリングを三度獲得したが、子どもはいなかった。レブロンは二二歳で二人の子どもがいたが、初優勝にはまだ手が届いていなかった。

選手紹介のあと、あるファンが掲げたサインボードには「ブライスのためにやってやれ」と書かれていた。それがアリーナの巨大スクリーンに映し出されると、ティップオフのためコート中央に向かうレブロンに歓声が上がった。

ダンカンは、レブロンに第二子が誕生したことを祝福した。

レブロンは喜び、両腕をダンカンに回して抱きしめた。

スパーズの他の選手たちも、一人ひとりレブロンを祝福した。

「ジェームズは父親を知らなかった。母親が彼を育てた。そして彼は、母親が自分のためにしてくれたことに強い愛情を抱いている」と、ＡＢＣの実況アナウンサー、マイク・ブリーンは語った。

ＡＢＣの画面は、一週間前に収録されたインタビューの一場面に切り替わった。レブロンは笑顔を浮かべながら、シングルマザーたちを称賛している。「どうやっているのかわからない。私にはうちの二歳半の子を一人で育てるなんて無理だった」

「そして、彼の子どもは二人になった。今や二児の父。レブロンと彼の家族に、おめでとう」とブリーンは言う。

病院で眠れない夜を過ごしたにもかかわらず、レブロンは第四戦でも九〇秒を除いてほぼフルタイム出場を果たした。二四得点、一〇アシスト、六リバウンドを記録し、まさにマキシマスのような活躍だった。しかしキャバリアーズはあと一点届かず、八二対八三で敗れた。

スパーズのポイントガード、パーカーがキャバリアーズにとどめを刺し、ファイナルMVPに輝いた。試合終了のブザーが鳴るやいなや、パーカーの婚約者である女優エヴァ・ロンゴリアがコートに飛び込んで彼の腕に飛びつき、両足を絡みつけてキスをした。ジノビリはボウエンの手を叩く。ダンカンはポポビッチに抱きついた。

レブロンには、そのどれもが見るに耐えなかった。彼は無言で振り返り、通路へ向かった。自分にファイナルでプレーするための精神的な準備ができていなかったことを痛感していた。ファイナルでのプレーを夢に見ていたし、望んでいた。しかし、それで経験の差を埋めることはできなかった。ダンカンとポポビッチは、これで四度目のタイトルをともに勝ち取ったのだ。レブロンは今、その偉業の大きさをより深く理解していた。

ユニフォームから着替えたレブロンは、ロッカールームの外の廊下でダンカンを祝福した。

「よくやった」。ダンカンはそう言ってレブロンを抱きしめ、やり方を変える必要はないと励ました。「もう少しすれば、ここはお前のリーグになるんだから」と。

「感謝する」とレブロン。

「それでも、今年は私たちのものにさせてもらったけど」とダンカンはニヤリと笑った。

レブロンも笑うと、ダンカンは彼の尻を叩いた。

＊＊＊

レブロンはファイナルのことをあまり引きずりはしなかった。数日後にはマーベリック・カーターとともに、LRMRのイベントとしてアクロンで二日間のサミットを開催した。主催者はマーベリック、レブロンは盛り上げ役だった。ナイキ、コカ・コーラ、マイクロソフト、アッパーデッキ、バブリシャス、その他多くのパートナー企業など、レブロンと取引のあるすべての企業から代表者が参加することになった。サミットの目的は、レブロンのブランドを世界的に、特に中国で拡大すること。パネルセッションとして「中国101：ポップカルチャー、メディア、スポーツ」「ブランドのグローバル化」「中国におけるレブロンブランド」などが開催された。

レブロンはマイク・シャシェフスキーにサミットでのスピーチを依頼していた。コーチKには、どうしてもレブロンと直接会って話をしたいと強く考えていたことがあったのだ。サミットはその絶好の機会となるため、コーチKは招待を快諾してアクロンに飛んだ。

サミット開催の前夜、レブロンとマーベリックはスポンサー企業をアクロン・ヒルトンでのプライベートディナーに招待した。メインコースが供される前に、コーチKが乾杯の音頭をとった。「これから二日間は、皆さんの個々の会社ではなく、レブロン・ジェームズに集中する必要がある」と、彼はテーブルを見回しながら言った。

コーチKは、米国代表に関してもレブロンについて同じように考えていた。レブロンはチームで最も重要な選手だった。しかしチームが前年の夏に日本での大会で三位に終わったあと、コーチKは、米国を世界のバスケットボール界で再び序列の頂点に定着させるという自分の使命が当初の予想以上に険しい道となることを悟っていた。トップに返り咲くためには、まずチームを取り巻く新たな文化を作り出す必要がある。そのために、若手スター選手たちで構成された米国代表のロースターに、リーダーシップのあるベテランを少し加えたいと彼は考えた。コーチKが頭に描いていたベテラン選手はチャウンシー・ビラップス、ジェイソン・キッド、そしてコービー・ブライアントの三人。しかし、まずレブロンと話し合ってからでなければ大きな動きを取るつもりはなかった。

ディナーのあと、コーチKとレブロンは二人きりで会った。

コーチKは自分の抱いている懸念と、その解決のためベテランを数人加えたいことについて話をした。まずはキッドの名前を出した。

「彼が入るとすればどう思う?」とコーチK。

「いいね」とレブロン。「キッドはNBAで最高のパサーだ。私もかなり得意ではあるけど、彼からは学ぶことがあるだろう」

レブロンは、ビラップスを加えるというコーチKの提案にも賛成した。レブロンはビラップスを、屈強なメンタリティを持つ優れたDFだと考えていた。

話題をコービーに移す際には、コーチKはそれまで以上に態度に気を遣った。彼はコービーとレブロンを、NBAの二人のボスだと考えていた。暗殺者のようなメンタリティでプレーするコービーは、実力のピークに達していた。彼は究極の勝負師だった。レブロンは世界で最も才能に恵まれ、筋肉、敏捷性、パワー、スピードを完璧に体現する選手だった。究極のアスリートだ。二人にコンビを組ませることは、米国代表を北京五輪で再びバスケットボール界の超大国とするために最も確実な方法だとコーチKは考えていた。しかし、『トップガン』のアイスマンとマーベリックのように、コービーとレブロンが米国代表の内部で最も優れているのはどちらなのか争うことになってしまう可能性もあった。コーチKは、コービーもレブロンも脇役を務めるタイプではないことはわかっていた。彼がとにかく望んでいたのは、二人がお互いをチームメイトとして受け入れるようになってくれることだ。

レブロンはバスケットボールの生徒だった。そして彼は、コーチKがこのゲームの偉大な教師の一人であることを認めていた。二〇〇四年の敗戦が米国代表にとって大きな痛手であったこともわかっていた。彼とコービーが力を合わせることで、チームは猛威を振るうことになるだろう。

「コービーほどしっかり準備をする選手はいない」と、レブロンはコーチKに語った。

レブロンはそれ以上多くを語らなかった。

しかし、コーチKはその言葉を聞けば十分だった。彼はNBAの二人のトップ選手を指導する機会を得ることができそうだった。

翌朝、マーベリックは全参加者をサミットに歓迎した上で、壇上をレブロンに譲った。アクロン大学の大きなセミナールームに集まった六五人の企業幹部に向けて、彼は演説を始めた。「この機会にとても興奮している。あなた方をオハイオ州アクロンに迎えることができるなんて、誰が想像できただろうか。子どもの頃は、この古く小さな街に誰も連れて来ることはできなかった」

誰もが笑顔を浮かべていた。特にコーチKは。

＊＊＊

レブロンは、たとえ好ましくない状況に対処しなければならないとしても、いつも平静を保つことができていた。エディ・ジャクソンとグロリア・ジェームズがジョセフ・マーシュから受けた融資に関して訴訟問題に巻き込まれたときも、レブロンは不満を言わなかった。恨みを抱くことなくエディとグロリアのためになるよう動いた。マーシュからの数百万ドルの要求は、レブロンの弁護士であるフレデリック・R・ナンスが無事に退けたが、それでも最終的にレブロンはマーシュがエディとグロリアに貸した金が確実に全額返済されるようにした。エディが刑務所から釈放されると、レブロンは彼を家族の一員として扱い続けた。

しかし、実父の身元に関する疑問は依然として未解決のままだった。NBAファイナルが終わって間もなく、レブロンは密かにクリーブランドの医療専門家に会い、DNAサンプルを提出した。二〇〇七年になって、ある男がナンスに連絡を入れ、自分がレブロンの生物学上の父親である可能性があると伝えてきたのだ。一九八四年にグロリアと一度だけ性的関係を持ったと主張するその男は、レブロンの出生証明書で空白とされていた父親の欄に自分の名前が入る可能性について話し合うためグロリアに会いたいとナンスに伝えてきた。グロリアはその男と会ったことはないと主張し、関わり合いを持ちたくないと望んだ。だが何度もやり取りを経て、ナンスは男とグロリアとの電話会議を手配することになった。話し合いは荒れ気味だった。「レブロンのお金は彼の子どもたちのもの」とグロリアは男に伝えた。この電話のあと、レブロンは親子関係を調べるDNA検査を受けることに合意した。男も合意し、ナンスは検査を手配した。

バスケットボールの才能が全国的に知られるようになった頃から、レブロンは父親の身元に関する質問に対処することを強いられてきた。最も立ち入った質問を突きつけてきたのは、レブロンが一八歳だった二〇〇三年にボブ・コスタスがＨＢＯで行ったインタビューだった。

**コスタス：君は実の父親の居場所を知っているのか？**

**レブロン：いや、知らない。そのことはあまり気にしていない。父と母を一人に合わせたような存在が私にはいるので。グロリア・ジェームズがそれだ。今のところ、他には誰も必要ない。**

**コスタス：君の実の父親については、いろいろな話があった。服役中なのかもしれない。実際には亡くなっているのかもしれない。一〇年ほど前に撃たれたのかもしれない、と。**

**レブロン：（うなずく）**

**コスタス：そういう話に興味はあるか？**

**レブロン：いや。まったく頭に浮かびもしない。今は素晴らしい友人たちと家族が私にはいるので。世**

**界中の他の何にも代えられない人たちだ。**
**コスタス：それでは、もしこの男がまだ存在していて、いつか姿を現したとしたら、どうなるか考えてみたことはあるか？**
**レブロン：いや、まったく考えたことはない。**

レブロンの姿勢は、当時からあまり変わってはいなかった。父親に関する疑問にこだわるよりも、自分が息子たちにとっていつもそばにいる父親になることを何より重視していた。ナンスは親子鑑定を受ける男に対して、レブロンは彼の主張に「無関心」であるとまで伝えていた。それでもレブロンは、親子鑑定を受けることを恐れてはいなかった。

サンプルはシンシナティのＤＮＡ研究所に送られた。
夏の終わりまでに結果が返ってきた。彼が父親である確率はゼロだった。
ナンスはその男に、グロリアとレブロンに関わらないよう伝えた。

＊＊＊

キャバリアーズがクリーブランドでトレーニングキャンプを開始する数日前、レブロンとマーベリックはニューヨーク市のタイムライフビルに入った。九月下旬の秋の日のことだ。レブロンは『フォーチュン』誌の写真撮影を行うのだった。同誌がスポーツ選手を表紙に起用することは稀であり、九〇年代ではマイケル・ジョーダンとタイガー・ウッズだけが数少ない例だった。そして今回はレブロンの番だ。だが『フォーチュン』誌は、レブロンをアスリートというよりもむしろ正真正銘のビジネス界の大物として紹介しようと考えていた。スティーブ・ジョブズをはじめとして、ルパート・マードック、ウォーレン・バフェット、ビル・ゲイツ、Googleの共同ＣＥＯたちなど、ビジネス界で最も影響力のある二五人をランク付けする特別号の表紙にレブロンを起用する計画だった。ジョブズではなくレブロンを起用することに疑問の声が上がることは承知の上で、『フォーチュン』誌はレブロンの表紙写真に何らかの気の利いたコピーを添えようとしていた。

## なぜレブロン・ジェームズかって？
## 「もし彼が新規公開株なら、私にとっては『買い』だ」

**――ウォーレン・バフェット**

レブロンはここが重要な場面だと認識していた。スタイリストのレイチェル・ジョンソンも同じだった。そのため彼にチャコールグレーのスーツを着せ、シルバーのポケットチーフを合わせた。『フォーチュン』誌はポートレート写真家のベン・ベイカーにレブロンの撮影を依頼していた。ベイカーは米国在住だが豪州出身だった。この週には、ベイカーの父親が息子と一緒に過ごすため豪州から出てきていた。有名人や権力者の写真撮影に慣れているベイカーは、撮影に誰かを同行させることはほとんどなかった。だが父親とは非常に仲が良かったため、このときは一緒に行こうと父親を誘った。レブロンが現れるのを待つ間、ベイカーは父親に部屋の奥でくつろいでいてくれと伝えた。

レブロンが『フォーチュン』誌のスタジオに入ってくると、ベイカーはどこに立ってほしいかを彼に伝えた。

ベイカーがレンズを覗いてレブロンのサイズを確認しているとき、レブロンは部屋の中を見渡し、奥のほうにいる男を見つけた。

「あれはあなたのお父さん？」と、レブロンはベイカーに言う。

ベイカーは微笑んだ。「そう、父なんだ」

「お父さん、調子はどう?」。レブロンはベイカーの父親に向けてうなずきながら言った。

ベイカーの父親は元気そうな様子を見せた。

レブロンは、ベイカーが父親を仕事に連れて来たという事実が気に入った。

ベイカーは、レブロンが父親に気がついたことに感激した。それ以上に感激させられたのは、レブロンがいとも簡単にリラックスしてみせ、撮影を楽しんでいたことだ。途中でベイカーは、レブロンとマーベリックに一緒にポーズを取ってもらった。ベイカーの目には、二人は爽やかなコンビだと映った。世界を手に入れようとしている二人の若者たちだ。

撮影を終えると、レブロンとマーベリックは通りの向かい側にあるGEビルディングへと向かった。レブロンはここで、出演を予定している『サタデー・ナイト・ライブ（SNL）』のリハーサルを行うことになっていた。

ベイカーも、別の場面設定でレブロンの写真を撮影したかったので二人についていった。レイチェルは、レブロンの装いを『SNL』のムードにふさわしいものに変えさせた。今度は上品な黒のスーツと、その下にベスト、柄入りの赤いネクタイ、そしてテイストを合わせたポケットチーフ。

レブロンはリハーサルを楽しんだ。満員のアリーナでライブパフォーマンスを披露し続けてきた彼にとって、小さなスタジオで聴衆の前に立って台本を読むことには何の問題もなかった。放送当日の夜、レブロンは待ち切れなかった。

「今夜ここにいることをうれしく思う」と、レブロンはステージの端から言う。「私の名前はレブロン・ジェームズ。クリーブランド・キャバリアーズでバスケットボールをしている」。一旦言葉を止めたレブロンに拍手が送られる。

「バスケットボールを観ない人のために。昨シーズン、私たちはNBAファイナルに進出し、サンアントニオ・スパーズに四試合でストレート勝ちしたんだ」

聴衆は笑い声を上げる。

「それから、バスケットボールを観ている人は、落ち着いて黙っていてほしい。他の皆さんのために、わざわざ台無しにしなくてもいいだろう」

六〇〇万人以上がチャンネルを合わせ、レブロンの『SNL』を視聴した。彼はポップカルチャーの象徴的存在として、ますます急激に頭角を現してきた。

＊＊＊

ボストン・セルティックスのGMであるダニー・エインジは、レブロンの『SNL』は見逃したものの、長い間レブロンに注目し続けてきた。レブロンが高校三年生だった頃、カーメロ・アンソニーとの直接対決となったセント・ビンセント・セント対オークヒル・アカデミー戦を、エインジは観戦していた。当時の彼はフェニックス・サンズのヘッドコーチを辞任したばかりだった。レブロンを見て、エインジは『スポーツ・イラストレイテッド』誌のライター、グラント・ウォールにこう語った。「もし私がGMだったとして、今すぐ彼を手に入れられるのなら、トレードに出したくないと思うような選手はNBA全体でも四、五人しかいない」。この言葉は、ウォールがレブロンを取り上げて大反響を呼んだ「選ばれし者」の特集記事内で引用された。レブロンより優れたNBA選手が五人しかいないと示唆する発言に対し、エインジは激しく批判を浴びた。「彼は高校生の子どもだ。君は何を言っているんだ？」と、エインジはNBA関連の複数の友人から言われた。

それから数年後、エインジは偶然会ったウォールから「レブロンについてはあなたの言った通りだった」と言われた。「いや、私は間違っていた。レブロンとのトレードに出したくない選手は『誰もいない』と言うべきだった」とエインジは答えた。その頃にはエインジは、セルティックスのバスケットボール運営担当エグゼクティブディレクターの役職に就いていた。就任したのは二〇〇三年の夏、NBAドラフトの約一カ月前だった。セルティックスに雇われたとき、エインジはオーナーに、レブロンを獲得するためならチームのロースター全員とトレードしても構わないと話した。冗談で言っていたのではない。しかし彼は、キャバリアーズに決してレブロンをトレードするつもりがないこともわかっていた。

エインジは、ジョーダンを倒そうとすることにキャリアの大半を費やした元選手だった。二〇〇七年の夏頃になると彼は、おそらくチーム幹部としてのキャリアの大半を、レブロンを倒そうとする挑戦に費やすことになりそうだと気づき始めていた。最下位だったキャバリアーズが、レブロンを加えてからわずか四年でNBAファイナルにまで辿り着いたのを見ると、よほどのスーパーチームでなければ彼を止めることはできないとエインジは結論づけていた。

七月、ラスベガスで行われる米国代表のミニキャンプで初めてコービーと一緒に練習する準備をレブロンが整えている頃、エインジはイースタン・カンファレンスでレブロンとキャバリアーズに対抗できるロースターを作り上げるためボストンで奮闘していた。セルティックスは前年わずか二四勝を挙げるにとどまっており、オールスターFWのポール・ピアースは負け続けることに嫌気が差してトレードを希望していた。だがエインジは、他の選手三人をシアトル・スーパーソニックスに譲り渡すのと引き換えに、リーグ最高のペリメーターシューターであるオールスター選手レイ・アレンを獲得。そしてエインジはアレンに、友人であるケビン・ガーネットを口説くため協力を求めた。同じくオールスター選手であるパワーFWのガーネットは、ミネソタ・ティンバーウルブズからの退団を希望していた。そして七月三〇日、エインジは、セルティックスのロースターに残っていた選手の半分近くにあたる五人と、ドラフト一巡目指名権二回、さらに金銭を加えて、ティンバーウルブズからのトレードでガーネットを獲得した。

事態が急転し、ピアースも出て行きたいとは思わなくなった。のちに殿堂入り選手となるピアースは、レブロンのことも、彼の受けている称賛も苦々しく思っていた。そしてエインジの積極補強により、ピアースは同じく将来的に殿堂入りを果たす二人と一緒にプレーできることになった。これほどの火力を誇るチームはＮＢＡに他に存在しない。ピアース、ガーネット、アレンのトリオはすぐに「ビッグスリー」と呼ばれるようになった。ヘッドコーチのドック・リバースは、三人と初めて顔を合わせると「今年はチャンピオンになる！」と言い放った。

ＮＢＡの専門家たちもリバースと同意見だった。『スポーツ・イラストレイテッド』誌は、毎年恒例のＮＢＡプレビュー号でアレン、ガーネット、ピアースを特集し、「ボストンに真新しいグリーンマシン」とタイトルをつけた。

ボストンで起こっていることは、レブロンも注意深く見守っていた。過去二年間はピストンズとの間でイースタン・カンファレンスの覇権争いを繰り広げてきたキャバリアーズだが、新たな競争相手が登場してきた。緑色の軍団がレブロンに襲いかかろうとしていた。

## CHAPTER 24

# ファッション

ジル・デムリングは『ヴォーグ』誌のエンターテインメント・ディレクターだった。数ある職務の一つとして、彼女は同誌の表紙に起用するセレブリティの手配を担当していた。ファッション業界のトップモデルやハリウッドの一流女優たちとすぐ近くで仕事をする機会を得られる役割だった。二〇〇七年には、デムリングはアンジェリーナ・ジョリー、ケイト・モス、キーラ・ナイトレイ、スカーレット・ヨハンソン、シャーリーズ・セロンらの撮影を手配していた。彼女は自分の仕事が大好きではあったが、根っからのスポーツファンでもあった。彼女にとって最も憧れる存在はアスリートたちだった。

四年に一度、『ヴォーグ』誌は米国チームの女性アスリートを起用した大規模な五輪特集を制作していた。北京大会まで一年を切ったタイミングで、今回は数人の男性五輪選手も登場させることをデムリングは決定した。彼らを女性モデルとペアにして誌面に登場させる計画だった。表紙には究極の五輪選手であるレブロン・ジェームズを起用したいと考えたデムリングは、二〇〇七年末にかけてレブロンの代理人に連絡を取った。

レブロンは『ヴォーグ』誌を読んではいなかったが、彼のスタイリストであるレイチェル・ジョンソンにとっては、同誌は至高の書物だった。表紙を飾る写真を撮影することは、画期的なチャンスであるとレイチェルは彼に説明した。創刊から一一六年の歴史の中で、『ヴォーグ』誌が黒人男性を表紙に起用したことは一度もなかった。それまでに表紙を飾ったことのある男性は、リチャード・ギアとジョージ・クルーニーのみ。ギアは一九九二年、当時の妻だったスーパーモデルのシンディ・クロフォードとともに起用された。クルーニーは二〇〇〇年、ヴィクトリアズ・シークレットの「エンジェル」だった当時一九歳のジゼル・ブンチェンとともに登場していた。

レブロンは、世界で最も影響力のあるファッション誌の表紙を飾る写真の撮影に乗り気ではあったが、少し遊び心も加えたかった。そこで彼はデムリングに、一つ条件があるというメッセージを送った。彼女が世界最高のアスリートを『ヴォーグ』誌の表紙に起用したいと言うのなら、彼は世界最高のモデルであるジゼルとペアを組みたいと。

デムリングはジゼルのことをよく知っていた。当時彼女は、トム・ブレイディと交際して一年ほど経っていたところだった。ブレイディとジゼルは、ジゼルが一緒に撮影をする相手に強くこだわっていた。撮影相手がスポーツ選手である場合には特に。デムリングは、このアイデアの実現にはブレイディの承認が必要になると理解していた。

レブロンがジゼルとの共演にこだわるのは、無理難題のように思えた。しかしデムリングはすぐに、ブレイディからこのアイデアへの賛同を得ることは、予想よりもずっと簡単なことだとわかった。レブロンは、ブレイディとジゼルがニューヨークでのブラインドデートで初めて会った頃から、ブレイディと知り合っていたのだ。デムリングが聞いた話によれば、ブレイディはその頃にジェイ・Zとレブロンと一緒に何らかのギャンブルに興じ、以来彼らは友人関係を続けているのだという。ただしブレイディは、レブロンとのギャンブルに負けたらしかった。

レブロンとブレイディの間に何があったかは、デムリングにとって重要ではなかった。重要なのは、レブロンがジゼルと一緒に撮影することは「ブレイディ公認」だということだ。そしてジゼルは、レブロンの故郷で写真撮影を行うため、アクロンまで足を運ぶことにも応じてくれた。デムリングは、夢のような表紙を撮影できることになった。そのために彼女は、世界で最も成功したポートレート写真家であるアニー・リーボヴィッツに撮影を依頼した。

リーボヴィッツが注目されるようになったのは、『ローリング・ストーン』誌の創刊者であるヤーン・ウェナーによって、七〇年代初頭に創刊された同誌の初代チーフフォトグラファーに抜擢されたときだった。ベトナム戦争への抗議、アポロ一七号の打ち上げ、リチャード・ニクソン大統領の辞任などを取材した他、リーボヴィッツはモハメド・アリ、ミック・ジャガー、キース・リチャーズ、ジョーン・ディディオン、ブルース・スプリングスティーンなどを撮影してきた。一九八〇年にジョン・レノンを撮影した際には、彼に服を脱ぐよう頼んだ。オノ・ヨーコが上半身裸になりたいと申し出ると、リーボヴィッツは彼女には服を着たままでいるように言った。裸になったレノンがオノの隣で体を丸め、二人のアパートメントの床に横たわるポラロイド写真は、彼が暗殺される数時間前にリーボヴィッツによって撮影されたものだ。『ローリング・ストーン』誌の表紙を飾った中でも最も有名な写真となった。さらに九一年、女優のデミ・ムーアが妊娠七カ月だったとき、リーボヴィッツは体の曲線を見せつける黒いタイトドレス姿で彼女を撮影した。『ヴァニティ・フェア』誌の編集者ティナ・ブラウンに写真を見せつつ、リーボヴィッツは「でも、私が撮った写真は他にもある。デミとブルース・ウィリスのためだけに撮ったものだけど」と言った。ムーアが裸になった写真だった。ブラウンはひと目見て、「これが表紙」と決めた。この写真は大きな論争を引き起こし、米国最大の小売業者ウォルマートは、「わいせつ」であると判断してこの号の販売を拒否した。それでも、『ヴァニティ・フェア』誌の歴史上最多の販売部数記録を打ち立てる号となった。ムーアも喜んでいた。「あの写真が世界に、女性たちに、私たちは妊娠した姿の自分を受け入れていいんだと思えるようになることに、どれほどの影響を与えたかわかっている」と、彼女は語った。

レブロンは、スポーツジャーナリズム界の最高の写真家たちに撮影されてきた。しかし、リーボヴィッツのような人物と仕事をしたことはなかった。二〇〇八年一月の寒い日、レブロンは準備を整え、子どもの頃にバスケットボールをしていたレクリエーションセンターへと向かった。リーボヴィッツ、ジゼル、デムリングはすでにそこに到着し、撮影の準備をしていた。レイチェルはレブロンがトレーニングウェアを着ているのを見ると、彼を着替えさせた。

「こんな短パンとTシャツ姿で入ってこない」とレイチェルは彼に言った。

レブロンは、大したことだとは思わなかった。彼が現地到着後に着替える服が、ナイキから『ヴォーグ』誌に提供されていることは知っていた。到着時にどんな服を着ていようと、何も違いはないのではないだろうか?

レイチェルにとっては、大きな違いがあった。レブロンが訪れたのは子ども時代に通っていたレクリエーションセンターだったとしても、彼はファッション界の上流階級に足を踏み入れようとしているのだ。その古い体育館にいたのは、業界でも最も大きな力を持つ三人だった。そして彼女たちは、レブロンが入り口を通ってきた瞬間に第一印象を抱くことになる。「バスケットボール選手として行くんじゃない。『紳士』として行きなさい。ドアを通って、彼女たちが最初に目にするのは、そういう姿じゃないと」と、レイチェルはレブロンに話した。

レイチェルはレブロンに、カシミアのセーターを着せデザイナーズパンツを履かせた。

レブロンが入ってくると、ジゼルは顔を輝かせ、デムリングは興奮し、リーボヴィッツは楽しい撮影になりそうだと思った。レブロンはすぐにおどけてみせ、まるで何年も前から旧知の仲であるかのように全員と接し始めた。レブロンはナイキのバスケットボールウェアに着替え、「ナイキ・ズームソルジャーII」のシューズを履いた。ジゼルは体にフィットしたドレスを着た。リーボヴィッツは次に何をするべきか指示を出した。

レイチェルは、何か忘れられないようなことが起こりそうだと感じていた。

＊＊＊

シーズン中盤の時点で、レブロンはリーグ最多得点を記録していた。コービー・ブライアントは二位だった。二〇〇八年一月二七日、クリーブランド・キャバリアーズはロサンゼルスでロサンゼルス・レイカーズと対戦した。ＡＢＣはこの試合を、バスケットボール界の二人のトップスター対決と宣伝した。

レブロンとコービーは期待を裏切ることなく、試合の大半の時間帯でゴールの応酬を続けた。残り二〇秒あまりでキャバリアーズが一点リードという状況で、レブロンはコービーにガードされながらペリメーターでドリブル。ショットクロックが迫る中、レブロンはちらりと顔を上げ、リングに向かってジャブステップを刻むと、一歩下がって跳躍し、コービーが飛び込んでくる瞬間にジャンプショットを放った。完璧な弧を描いたボールはコービーの伸ばした手をわずかに越えてネットを揺らし、ステイプルズ・センターの観衆を黙らせるとともに、キャバリアーズの勝利を決定づけた。

レブロンは四一得点、九リバウンドでフィニッシュ。コービーは三三得点、一二リバウンドだった。キャバリアーズにとっては大きな勝利だった。しかし、イースタン・カンファレンスのトップ争いでは、依然としてボストン・セルティックスに大きく引き離されている。ポール・ピアース、ケビン・ガーネット、レイ・アレンは圧倒的だった。開幕からの四一試合で、セルティックスはわずか七敗。一方でキャバリアーズはすでに一九敗を喫していた。

危機感を覚えたオーナーのダン・ギルバートは、三チームによる大型トレードにゴーサインを出した。キャバリアーズは、スターターのドリュー・グッデンとラリー・ヒューズ、控え選手のドニエル・マーシャル、アイラ・ニューブルを含む七人の選手をシカゴ・ブルズとシアトル・スーパーソニックスに移籍させた。代わりに獲得したのは、NBA最優秀守備選手賞を四度受賞しているベン・ウォレス、ベテランのジョー・スミスとウォーリー・ザービアック、そしてデロンテ・ウェストという若いシューティングガード。「このトレードによって我々が最大の目標とするものは、シーズン終盤戦とプレーオフに向けてポジティブなインパクトを生み出すことだ。ダン・ギルバートがこのチームとクリーブランドに尽くそうとする姿勢が改めて示された」と、GMのダニー・フェリーは語った。

＊＊＊

レブロンがNBAを見渡すと、同世代の選手たちの多くが、バスケットボールをプレーする以外のことに挑戦するのを恐れていると感じられた。レブロンにとってもバスケットボールがずっと運命の道であったことは確かだが、スポーツ選手としての実績を通して得られるさまざまな機会も彼は喜んで受け入れていた。三月初旬、キャバリアーズはニューヨーク・ニックスと対戦するため、刷新されたメンバーでニューヨークにやって来た。試合前夜にチームメイトたちとの練習を終えたあと、レブロンは五八歳のアナ・ウィンターと夕食を共にした。長年『ヴォーグ』誌の編集長を務めてきた彼女は、グリニッジ・ヴィレッジにあるウェーバリー・インを予約していた。『プラダを着た悪魔』でメリル・ストリープが演じた役のモデルと言われる彼女は、ファッション界で最も影響力を持つ人物だった。

レストランの奥の席にレブロンが到着すると、二人はあらゆる話題について語り合った。ラルフ・ローレンのことから、ひとり親家庭の恵まれない子どもたちを支援するためレブロンとサバンナ・ブリンソンが設立した家族基金のことまで。数日後に店頭に並ぶ『ヴォーグ』誌四月号のことも話題となった。ウィンターはその号の表紙として、リーボヴィッツがこれまでに撮影してきた中でも特に衝撃的な一枚を使うことに許可を出していた。黒いアスレチックウェアに身を包んだレブロンが咆哮するかのように口を開け、右手でボールをドリブルし、左腕はジゼルに巻きつけている。ストラップレスドレスを着たジゼルは、今にもどこかへ連れ去られそうだ。そして表紙のコピーは「ベストボディの秘密：ジゼル＆レブロン」

レブロンとウィンターのディナーは、思いがけない友人関係の始まりとなった。

翌日、キャバリアーズがニックス戦への準備をしていたとき、レイチェルはレブロンに『ヴォーグ』誌四月号の見本版を見せた。

彼が表紙を見つめると、レイチェルは誇らしげに目を潤ませた。「これがどういうことかわかる？」と彼女は訊ねる。

レブロンは微笑みながら言った。「レイチ、大げさに考えすぎだ」

レイチェルはそうは思えなかった。レブロンは今、ファッション業界で最も羨望の的となる場所にいるのだ。レブロンをジゼルと一緒に『ヴォーグ』誌の表紙に載せることで、ウィンターは時代が変わろうとしていることをファッション界に向けて告げたも同然だった。

その夜、ウィンターはマディソン・スクエア・ガーデンでマーベリック・カーターとともにコートサイドに座った。コートはジェイ・Zやスパイク・リーをはじめとするセレブリティやウォール街の大物たちで埋め尽くされていた。だがウィンターの存在こそが、レブロンが真の意味で文化的な社会現象となったことを示す最大のサインだった。会場内は熱狂的な雰囲気に包まれており、もしレブロンがニックスのユニフォームを着ることになればガーデンは毎晩どんな様子となるのか、魅力的な予感を抱かせていた。

レブロンはキャバリアーズとの契約をあと二シーズン残していたが、二〇一〇年にはＦＡとなる予定であり、ニューヨークの街は彼がニックスに加入する可能性について早くも騒ぎ始めていた。タブロイド紙が記事を書き、スポーツラジオの司会者たちも話題にせずにはいられなかった。裕福なニックスファンのグループは、「nycforlebron.net」というウェブサイトまで立ち上げていた。ヤンキー・スタジアムの専用スイートルーム、グロリア・ジェームズのためのコートサイド席、そしてレブロンのためのフェラーリを提供し、彼がニックスに来るよう誘いをかけることを目的とするサイトだった。

レブロンがウォームアップをするかたわら、ニックスのガードであるステフォン・マーブリーは、四九日ぶりに記者団に話をしていた。かつて二〇〇四年五輪でレブロンの仇敵となった男は、ニックスのヘッドコーチ、アイザイア・トーマスと確執を起こしていた。なぜ一カ月半も試合に姿を見せなかったのか、と質問攻めにあったマーブリーは、「それについてはノーコメントだ」と答えた。そして、サーモン色の格子柄のコートを着た姿でニックスのベンチに座った。トーマスとの関係は悪化しきっており、このチームでのマーブリーの将来は絶望的と思われた。

マーブリーの騒動に気を取られることもなく、レブロンはニックスを打ちのめし、前半だけで二〇得点という猛攻でファンを魅了した。息を呑むような豪快な両手ダンクもあった。二人のDFを左へ交わし、ブザーが鳴った瞬間に放った一〇メートル以上のジャンプショットもあった。ボールがネットを揺らすたびに観客はどよめいた。後半にもレブロンは暴れ続け、最終的に五〇得点、一〇アシスト、八リバウンド、四スティールを記録。試合時間残り二三秒でお役御免となると、ニックスのファンはスタンディングオベーションで彼を称えた。意気揚々とレブロンがベンチに戻ったところに、彼のユニフォームを着た一人のファンがコートを横切って彼のほうへ走ってきた。警備員が近づいてくる。そのファンはレブロンに、彼のプレーが大好きだ、お気に入りの選手だ、と伝えた。レブロンは喜び、そのファンの手を叩いて感謝を表す。直後にファンは警備員に連行され、逮捕されることになった。

レブロンは、ニューヨークでプレーするときに味わう爽快感を無視できなかった。

「バスケットボールのメッカで起きたことだと考えると、今日の試合は本当に上位に入る」と、レブロンは試合後にレポーターに語った。「この会場で活躍できることを夢見ていた。世界で最も素晴らしいバスケットボールアリーナでスタンディングオベーションを受けるのは、私にとって夢が現実になったようなものだ。これまで私に起きたことの中でも最高の出来事の一つだ」

彼の言葉は、キャバリアーズのオーナー、ギルバートには悪夢のように聞こえた。

ニックスのファンは恍惚としていた。レブロンがFAになる日が待ち遠しくてならない。

＊＊＊

『ヴォーグ』誌が店頭に並ぶ頃には、レブロンはニューヨークを去っていた。表紙は衝撃的なインパクトをもたらした。すぐに人種差別だと批判された。「ジェームズの取った動物的なポーズは、キングコングの残忍さを思い起こさせ、黒人男性の攻撃性というステレオタイプを持続させるものだ」と、『タイム』誌のメディア批評家は非難を繰り出した。ESPNのジャメル・ヒルは、レブロンを起用した表現をさらに強く批判して次のように語った。「彼は獣のように見える。キングコングの歴史を勉強したことがあったり、三〇年代頃の古い映画の一場面を見たり、映画のポスターを見たりしたことがあれば、この写真はまさに、キングコングを宣伝するために使われた写真の大部分と同じように見える」

ジゼルのドレスは、映画のクライマックスシーンでキングコングが女優のフェイ・レイをエンパイアステートビルの頂上まで運んだとき、彼女の着ていた服と同じ色だと主張する批評家までいた。誰もがそれぞれの意見を持っているようだった。「用いられているステレオタイプ以上に、私はそのエロティックな価値に衝撃を受けた」と書いたのは、ピューリッツァー賞を受賞した批評家のウェスリー・モリスだ。「ホットなイメージだ。これがセクシーだと思えるのは、人種よりもセレブリティの問題だ。ブンチェンは怯えているようには見えない。彼女は浮かれ気分のようだ。ジェームズも、狂っているようでもなければサルのようでもない。勝ち誇っているように見える」

レイチェルは、キングコングとの比較は見当違いだと考えていた。そういった批判は、特に声高に訴える者たちの無知を物語っているように感じられた。より大きなポイントを誰もが見逃していた。レブロンは壁を破ったのだ。デムリングと協力し、ウィンターと関係を築くことで、レブロンは道を拓いた。これからレイチェルは、彼を世界中のファッションハウスへ連れて行くことができる。「大きなチャンスがあった。特に、黒人男性たちがショーに参加するチャンス。それまではまったく、一切の多様性がなかったのに」と、レイチェルは語っていた。

レブロンのおかげで、他のNBA選手たちもファッションに関心を持つようになった。積極的にデザイナーズウェアを着こなそうとするレブロンの姿勢は、間もなくリーグ全体へ浸透していった。レイチェルは他のNBA選手たちもファッションハウスへ連れて行くようになった。一方でウィンターは、他のNBA選手たちを『ヴォーグ』誌の誌面に登場させようと口説き始めた。そして三年もすると、ウィンターが毎年ニューヨークで開催するファッションショーで、誰もが憧れる彼女のそばの席にNBA選手たちが座るようになっていく。そういった変化の影響はファッション業界全体に波及した。「ファッションの観点から、男性にとってのいわゆる固定観念がすべて取り払われ、メンズファッションのすべてが身近なものになるように開かれていった」とレイチェルは語った。

＊＊＊

セルティックスは、二〇〇七―〇八シーズンをリーグ最高成績の六六勝一六敗で終えた。NBAの歴史上、一シーズンで最も大きく成績が向上した例となった。ガーネットはNBA最優秀守備選手に選ばれ、エインジはNBA年間最優秀役員賞を受賞した。一つ確かなことがあった。もしキャバリアーズがNBAファイナルに再挑戦したいのであれば、セルティックスを突破しなければならない。

その前に、キャバリアーズがプレーオフ一回戦で戦う相手はワシントン・ウィザーズだった。第一戦ではレブロンのスーパープレーがシリーズの流れを作る。アリウープパスを受けるため勢いに乗ってジャンプすると、頭がリングの上に出るほどの高さにまで到達し、そこからボールを手にしてダンクを叩き込んだ。「ありえない！　一体どうやったんだろうか？」とアナウンサーは叫んだ。

ウィザーズはレブロンの敵ではなかった。そのシリーズ中に、彼はESPNのシェリー・スミスの取材に応じた。彼女は番組『アウトサイド・ザ・ラインズ』で、NBA選手と政治活動についてのコーナーを制作中だった。レブロンがダルフールの難民問題に突然巻き込まれてから一年が経っていた。北京五輪をわずか数カ月後に控え、中国に恥をかかせようとするキャンペーンが再開されていた。スティーブン・スピルバーグは、ダルフールにおけるスーダンの大量虐殺を止めるため介入するよう胡錦濤国家主席に対して一年間にわたって説得を試みていたが失敗に終わり、この二カ月前に二〇〇八年五輪の芸術顧問を辞任することになった。自分の良心がそれまで通りの仕事を続けることを許さなかった、とスピルバーグは語った。彼は公式声明で次のように述べている。「現在進行中の犯罪行為に関して、責任の大半はスーダン政府にある。しかし国際社会は、特に中国は、そこで続けられている人間の苦しみを終わらせるために、もっと取り組まなければならない。中国にスーダン政府との経済的、軍事的、外交的結びつきがあるということは、スーダン政府に変化を迫る機会と義務を持ち続けているということだ」

中国はスピルバーグのスタンスに激怒した。しかし、ハリウッド関係者は彼を称賛した。「スティーブンという一人の男があのような立場を取ってくれることは百人力だ」と、『ノット・オン・アワ・ウォッチ』を共同執筆した俳優のドン・チードルは、『ニューヨーク・タイムズ』紙に語った。

今や問題は、レブロンがスピルバーグに続いて、スポーツ界における「一人の男」になるのかどうかだった。スミスはレブロンに、ニューブルが彼に署名を頼んだ一年前の手紙について質問した。

「誰も私の言い分は聞いてくれなかった」とレブロンは答える。「だがそれだけで自動的に、『レブロンは手紙に署名しなかった。彼は無関心だ』ということになる。しかし、私のような立場にいる人間がダルフールや他の場所で起こっている状況について注目を引きつけようとするのであれば、そのことについて私から話をしなければならないし、話をするつもりだ」

レブロンは、何を話すかについてまだ決めてはいなかったが、何かを話すことは約束した。「結局のところ、これは人権の話だ。人権と人々の命が危険に晒されていることを、誰もが理解しなければならない。契約の話をしているわけじゃない。金の話をしているわけでもない。人々の命が失われているという話をしている。それは私にとって、金や契約よりも大きなことだ」と、彼はスミスに語った。

その数日後、キャバリアーズはウィザーズを片付けた。次はセルティックスだ。

＊＊＊

二七歳のリサ・タッデオは小説家を目指し、初めて大きなブレイクを経験したところだった。二〇〇八年一月にソーホーの自宅アパートで死体となって発見されたヒース・レジャーについて、その最期の数日間をフィクションストーリーとして執筆するようにと、『エスクァイア』誌の編集長デイビッド・グレンジャーが彼女に依頼したのだ。「人の死後には、その最期の数日間がどのようなものであったかが、演劇のように大きな意味を持つことになる」と、タッデオの挑発的な文章は始まっている。

作品が掲載された直後、タッデオは編集者からメールを受け取った。「レブロンをやってみたい？」と。

レブロン？　素晴らしいバスケットボール選手だということ以外には、タッデオは彼のことをよく知らなかった。バスケットボール自体についてはもっと無知だった。彼女にとっては恐ろしい提案のように思えた。

彼女は編集者にメールを送った。「面白そう」

創刊七五周年を迎える記念に、『エスクァイア』誌は二一世紀で最も影響力のある七五人を紹介する特集号を企画していた。タッデオにスポーツライターとしての経歴はなかったが、むしろそれはプラス要素だと考えられた。彼女はクリエイティブなライターであり、人の心を開かせることに長けていた。『エスクァイア』誌は彼女に、レブロンのありのままの姿を書いてほしかったのだ。

タッデオは一人でニューヨークに住んでいた。依頼を受けるとすぐに、彼女は市内のハースト・タワーにある同誌本社でレブロンに会うことになった。

レブロンとマーベリック・カーターは、『エスクァイア』誌創刊記念号のコンセプトを気に入った。同誌は彫刻家のリンカーン・シャッツに、特集する七五人のインフルエンサーを一つに結びつけるような何かを制作するよう依頼していた。シャッツが作り上げたのは、内側に二四台のカメラを取り付けた約三メートル四方の半透明の箱だった。そのカメラからは、二四台のコンピューターにデジタル動画がリアルタイムで送られる。これは「キューブ」と名付けられた。ジェフ・ベゾスからイーロン・マスク、サマンサ・パワーまですべての取材対象者に、このガラス構造物の中で一時間を過ごし、自分の個性や関心を表現するような何かをしてほしいと依頼された。レブロンが選んだのは、ジェイ・Zの曲を流しながら、Xboxで『NBA 2K8』をプレーすることだった。

マーベリックがキューブの外に立ち、『エスクァイア』誌のスタッフたちと談笑していると、そこにタッデオがやってきた。場の空気を読むことに長けているマーベリックは、紹介される前に彼女をジャーナリストだと見抜いた。

タッデオはレブロンに興味をそそられ、また少し気圧されるようにも感じながら、編集者と並んでガラス越しに様子を見ていた。しばらくすると、マーベリックは彼女たちがレブロンを待っているのだと気がついた。

「彼を呼ぼうか？　連れ出してくる」とマーベリックは言う。

マーベリックは指の腹でガラスを叩いた。

レブロンは顔を上げた。

「よお、ブロン、出るぞ。時間だ」とマーベリック。

レブロンは外に出てきた。

「こちらはリサ・タッデオ。彼女があなたの特集を書くことになっている」と、『エスクァイア』誌の編集者がレブロンに紹介した。

「よろしく」とレブロンは笑顔を見せた。

身長一五五センチのタッデオは、レブロンの大きさに圧倒された。これほど大きな誰かに近づいたのは初めてだった。レブロンの巨体はタッデオの自意識を傷つけた。「彼は私がバスケットボールをまったく知らないことに気がつく。少なくとも私と一緒にいて楽しいと思ってもらわないと」と、彼女は自分に言い聞かせた。

レブロンのプレーを実際に観るため、タッデオはプレーオフの試合を観戦する予定だった。そしてシーズン終了後にはアクロンへ行き、レブロンの故郷で一緒に数日間を過ごすことになっていた。彼女の連絡相手はマーベリックだった。すべてはマーベリックを通して行われていた。

次の用事へ急ぐため、レブロンはエレベーターへ向かって行った。

「あ、私も」とタッデオは言い、レブロンと編集者の間に割り込んだ。

数階下でエレベーターが止まり、ドアが開くと、中年の白人男性が入ってきた。

レブロンは男と目を合わせなかったが、その男が自分を見つめているのはわかった。

「あなたは、もしかして？」と男は言う。

「そう」とタッデオは口を滑らせた。「そして私が誰なのかは、あなたが思っている通り」と続ける。

男は困惑した様子で、無表情に彼女を見ていた。

レブロンは笑い、楽しげにタッデオを突き飛ばした。

タッデオは倒れそうになった。「なんて力強いのか！」と思ったが、悪くない気分だった。彼女はレブロンを笑わせたのだ。

タッデオはマーベリックに、ボストンで彼らに会うことを伝えた。

＊＊＊

レブロンは、セルティックスとのシリーズが接戦になることをわかっていた。チームのキャプテンであるピアースは、NBAで最も競争心の強い選手の一人であり、誰に対しても一歩も引かない男だった。二〇〇〇年の、ある日の夜遅く、ピアースはボストンの流行りのナイトクラブでチンピラと口論になったことがあった。相手はピアースを何度も刺した。さらに一〇人ほどの男たちがピアースに飛びかかり、ナイフで切りつけた。ある男はピアースのこめかみをガラス瓶で殴った。別の男はナイフを取り付けたメリケンサックでピアースを何度も殴り続け、肺に穴を開け、心臓まであと二、三センチに迫った。ピアースは瀕死となった。だが襲撃から一カ月後、ピアースは退院し、セルティックスのシーズン開幕戦に出場。その夜のチーム最多得点を記録した。

ピアースは、NBAドラフトで自分より先に指名された選手が大勢いたことをいつも恨めしく思っていた。だからこそコートに立つたびに、彼はいつも挑戦的な態度でプレーしていた。「ザ・トゥルース（真実）」というニックネームを持つ彼は、一八歳でNBA入りして「キング」と呼ばれるようになったレブロンが受けるあらゆる称賛が気に食わなかった。レブロンの二シーズン目のある試合で、ピアースは彼とやり合ったことがあった。言葉が飛び交い、エスカレートしていく。そしてピアースはレブロンとキャバリアーズのベンチに向けて唾を吐きかけた。

「誰かに当たったかどうかは知らないが、その方向に唾を吐いた。単純にカッとなったというだけのことだ。そのあとは通路で顔を合わせて、一触即発だった」と、ピアースはのちに振り返った。

当時、ピアースのプレーしていたチームは強くはなかった。だが今のセルティックスは充実している。ザ・トゥルースが望んでいるのは、イースタン・カンファレンスの覇権を争うプレーオフシリーズでキングを叩きのめすことだけだった。

ボストンでの最初の二試合、レブロンはDFに徹底マークされ、セルティックスがシリーズ二勝〇敗のリードをもぎ取った。クリーブランドに戻ると、第三戦ではキャバリアーズがセルティックスを破った。そして第四戦、シリーズはまるでヘビー級の試合のような様相を呈した。前半にキャバリアーズが三九対三三とリードした状況で、レブロンがリングに向かって突進し、ダンクを決めるのは確実かと思われた。だがピアースが追いかけ、背後から激しくファウルし、両腕をレブロンの体に回した。笛が吹かれ、ファンからブーイングが起こる中、レブロンとピアースはライン外へ向かい、リング下のグロリア・ジェームズがいる隣の席に倒れ込んだ。身をすくめて抜け出そうとするレブロンに、ピアースが掴みかかったままでいると、グロリアは自分の席から飛び出し、ピアースに向けて怒鳴り始めた。ファンが罵倒の言葉を叫び、審判が騒動の場に駆けつけようとする。ガーネットはグロリアに腕を回し、彼女をピアースから遠ざけた。ガーネットを押しのけてピアースに叫び続けるグロリアに対し、レブロンは「座ってろ！」と怒鳴った。「レブロン・ジェームズとポール・ピアースの仲は相変わらず。まったく！ ライバル関係が煮えたぎっている」と、ＴＮＴのケヴィン・ハーランは伝えた。

キャバリアーズファンからの罵声がエスカレートし、警備員が動き出したが、選手たちは離れてコートへと戻っていった。レブロンはピアースに近づき、彼に抱きついて胸を叩きながら「大丈夫。何でもない」と言う。ピアースはうなずいた。観客はどよめいた。そしてプレー再開。その後のレブロンは、まるで何かに取り憑かれたかのようなプレーだった。第四クオーター終盤、チームが七点をリードして観客が総立ちとなった状況で、レブロンは急加速でピアースを抜き去り、ガーネットに向けてドライブを仕掛けると、彼の上へと跳び上がって暴力的なダンクを叩きつけた。あまりにも強烈な力でリングを通されたボールはガーネットの胸で跳ね返り、観客もアナウンサーも熱狂させた。

「レブロン・ジェームズは、人命をも顧みず、キャバリアーズに今夜最大のリードをもたらした」と、ハーランは叫んだ。

レブロンがNBA年間最優秀守備選手を相手に叩き込んだ化け物じみたダンクが、激戦にピリオドを打った。レブロンはしかめっ面のままコートを駆け戻り、ベンチに居並ぶチームメイトたちの腕の中へ飛び込む。そして「ザ・Q」が揺れる中、彼の顔に満面の笑みが浮かんだ。シリーズはこれで二勝二敗のタイとなった。

試合を終えたレブロンは、つい熱くなって母親に言ってしまった言葉を気に病んでいた。メディアからそのことについて聞かれると、彼は後悔していることを認めた。「母に座るように言ったんだが、使うべきではない言葉遣いをしてしまった。今日が母の日じゃなくてよかった。母のことばかり考えていた。母のことはわかっているから、大丈夫だ。何でもない」

＊＊＊

キャバリアーズとセルティックスはその後の二試合を分け合い、二〇〇八年五月一八日にボストンで第七戦を戦うことになった。「レブロンが前十字靭帯を断裂したとか、何かそういうニュース速報が流れてはこないだろうか。それくらいレブロンのことが怖かった」と、セルティックスの先発センター、ケンドリック・パーキンスは語った。ピアースに大きな負担がかかることになりそうだった。すべてがかかる状況で、セルティックスはピアースを有利にできる方法をチームを挙げて探していた。ピアースを鼓舞するためには、同じ街のヒーローであるトム・ブレイディ以上にうってつけの人物はいなかった。彼はニューイングランド・ペイトリオッツをレギュラーシーズン一六勝〇敗に導いたばかりだった。そこでチームの副社長が、ブレイディをコートサイドに座らせる手配をした。ちょうどキャバリアーズのベンチの隣の席だ。ピアースのモチベーションを高めることが目的だった。それはうまくいったのだが、ブレイディの存在はレブロンをも燃え上がらせた。結果として、ＮＢＡプレーオフの歴史でも屈指の名勝負が繰り広げられることになった。

前半には、レブロンとピアースの二人で総得点の半分以上を占めた。スコアは五〇対四〇でセルティックスがリード。ピアースは二六得点、レブロンは二三得点を記録していた。ハーフタイムになると、セルティックスのドック・リバースヘッドコーチは、後半のゲームプランをごくシンプルなものとすることを受け入れざるを得なかった。ボールをピアースに委ね、道を空けて邪魔をしないことだ。キャバリアーズにとっては、窮地に陥ったときには、いつもレブロンを頼りにして採用していたプランだった。

第三クオーター途中の時点では、まるでレブロンとピアースが一対一で戦っているかのようだった。

**七分四四秒　ピアースが八メートルのスリーポイント：成功**
**六分三三秒　レブロンが七メートルのジャンプショット：成功**
**六分一七秒　ピアースが五メートルのジャンプショット：成功**
**六分〇一秒　レブロンが八メートルのスリーポイント：成功**
**五分二三秒　ピアースが六メートルのジャンプショット：成功**

それが延々と続いていった。

ピアースは人生最高の試合をして四一得点でフィニッシュ。レブロンは四五得点。しかし最終的には、脇を固めるサポートメンバーの差が勝負を分けた。ピアースには大事な場面で頼りになるガーネットやアレンのようなスターがいた。レブロンにはレブロンしかいなかった。セルティックスが九七対九二で勝利し、シリーズを制した。

試合後、ボストンのTDガーデンの奥で会見に臨んだキャバリアーズのマイク・ブラウンヘッドコーチは、レブロンの人間離れした活躍に賛辞を送ろうとすると感情を抑え切れなかった。「レブロンは、私の中ではいつまでも偉大な存在だ」と、そう言えるまでに一分はかかった。「今夜の彼はとんでもない試合をした。我々を勝たせようとしてくれた」

一方でレブロンは、新たなライバルに敬意を表した。「ピアースは私にとって大好きな選手の一人だ。最高の選手と戦うのは好きだ。ピアースはそういう選手の一人だ」

＊＊＊

レブロンにとって、セルティックス戦の敗戦は一つの転換点となった。前年はNBAファイナルに進出したキャバリアーズが、イースタン・カンファレンス決勝に進むこともできなかった。キャバリアーズは四年間にわたって着実な進歩を続けてきたが、レブロンの五年目のシーズンで後退した。一方でセルティックスは、イースタン・カンファレンス最弱のチームから、一シーズンでNBAチャンピオンに輝いた。ファイナルではレイカーズを破ったのだ。

ピアースは、チームを頂点へ導くのを手伝ってくれるようなスター選手をセルティックスが連れて来てくれるまで九年間待ち続けていた。

レブロンは、そんなに長く待ちたくはなかった。

# CHAPTER 25 ビーツ

「超ヤバい」。レブロン・ジェームズがボストン・セルティックスと対戦したシリーズを観戦したとき、ジャーナリストのリサ・タッデオの頭にはそんな言葉が浮かんだ。しかし、コートの外ではどうなのだろうか。それを知るため、彼女はオフシーズンにアクロンを訪れた。

だがレブロンと一緒に過ごすということは、マーベリック・カーターと過ごすということでもある。『エスクァイア』誌に掲載する紹介記事のために行った取材の最初の頃から、マーベリックはレブロンにとって単なるビジネスパートナーではないとタッデオは結論づけていた。それ以上の、はるかに重要な役割を担っており、レブロンの精神的ボディガードのような存在だった。マーベリックは常にアンテナを張っていた。レブロンが有名になればなるほど、マーベリックのアンテナは高くなった。レブロンと二人きりになれるジャーナリストは誰もいなかった。

マーベリックは人の心を読むことが得意になっていた。彼はタッデオのことをそこまでよくは知らなかったが、彼女が過去数年にレブロンに近づこうとしてきた大勢の男性スポーツライターと違うことは明らかにわかった。タッデオはバスケットボールに関心があるように装おうとはしないのだ。関心は別の部分にあった。また、マーベリックは彼女のボディランゲージが気に入っていた。そのおかげで彼は警戒心を解き、タッデオは普通であればスポーツライターには立ち入れないような領域まで見聞きすることが許されるようになった。

毎年恒例の「キング・フォー・キッズ・バイカソン」が開催され、自転車に乗った何百人もの子どもがレブロンに先導されてアクロンの街中を走った。そのあとマーベリックはタッデオを招いて、彼とレブロン、ランディ・ミムズ、そしてチャリティに協力するためアクロンを訪れていたマイアミ・ヒートでプレーするガード、ドウェイン・ウェイドと一緒に集まることになった。一行はパブへ行き、店の奥の角にある席に座った。

タッデオが関心を抱いていたことの一つは、力を持った男たちと女性との関係だった。彼女はこう切り出した。「歴史的に見て、力を手にした貪欲な男たちは、まるでズボンに糸くずが付くのと同じように、どちらかというと偶発的に女性を獲得することが多かった。ビル・クリントンとインターン。JFKと秘書やスチュワーデスたち」。力を持っているという点に関して言えば、バスケットボール選手は自由世界のリーダーと並ぶレベルにあるわけではない。だが女性との接点という点では、レブロンほどのアスリートは、大統領であっても経験できないほどの機会に恵まれる特別な境遇にいる。タッデオは、レブロンがそういったことにどう対処しているのだろうかと思っていた。

ジャーナリストとしてタッデオは、いつも場に溶け込み、目立たないようにするのが得意だった。しかし、レブロンと彼の友人たちに対して同じようにするのは、いつも以上に難しかった。彼らの会話は大声で、内輪のジョークが多い。そのためタッデオは、自分がその席にいる唯一の女性であるという事実を特に強く意識させられた。だが彼女としては、彼らに自分を男仲間の一人のように見てほしかった。「女性の話や下ネタも構わない。いいじゃない」と、彼女は言った。

レブロンの友人たちは、ときどき浮気っぽいところがある。特にマーベリックはそうだ。タッデオは彼のことを「女たらしの気がある」と評した。しかし、レブロンは正反対だった。タッデオはレブロンが誰かにちょっかいを出すのを一度も見ることがなかった。それどころか、彼が行く先々にはどこでも女性たちがいるのに、レブロンが視線をさまよわせることさえ見かけなかった。

「レブロンに性的な部分はまったくない」と、タッデオは観察していた。「私に対してだけでなく、周りにいるどの若い女性たちに対しても。そして周りの女性たちも、彼の気を引こうとしているようにさえ見えなかった。まるで、そうしてはいけないと知っているかのように」

同時にレブロンは、タッデオを自分たちの一員のように扱った。タッデオがそばにいるとき、彼はいつも彼女を地域の人々に紹介するのを忘れなかった。レブロンは親切だが、自分に対して特別に親切なわけではない。彼は誰に対してもこうなんだ、とタッデオは思った。いくら成功しても変わることのないタイプの人間なのだ。彼女はそう結論づけた。「どこで彼に会ったときでも、彼が完全に（サバンナ・ブリンソンに）一途ではないと匂わせるような部分は一切なかった。一途になることは誰にでもできるけど、それどころじゃない。彼はとにかく集中しているだけだった。自分は史上最高の選手になる。だからドラッグであれ酒であれセックスであれ、一切どんなものにも負けはしない、と」

タッデオがアクロンで過ごした最後の夜、マーベリックは仲間たちと一緒にナイトクラブに行かないかと彼女を誘った。少し考えたが、結局は断った。彼女はレブロンの紹介記事の、印象的な冒頭部分を書いている最中だった。

**まるで都会のおとぎ話だ。玉座から身を起こし、偉大なる黒き王はガラスの家の中で立ち上がる。身長二〇三センチ、体重一一三キロの彼がそびえ立つと、その巨躯と威圧感は神がかっている。ただ丁寧にゆっくりと首をかしげるだけで、何もかもを覆すかのようにガラスの天井を突き破ってしまう。**

タッデオはスポーツライターではなかったにもかかわらず、レブロンの記事はスポーツ報道の傑作として賞に輝くことになった。

二〇〇七年のある夜、レブロンが自宅にいると、高校時代のチームメイトであるロメオ・トラヴィスが訪ねてきた。レブロンのチームメイトが突然家に来るのは珍しいことではなかった。二人は親密な関係を保っていた。しかしこの日、ロメオは一人ではなく、クリストファー・ベルマンを連れて来た。アクロン出身の彼について、レブロンは「カメラマン」として覚えていた。レブロンとセント・ビンセントのチームメイトたちがベルマンをそう呼び始めたのは〇二年のことだ。ロサンゼルスのロヨラ・メリーマウント大学でドキュメンタリー映画制作を学んでいたベルマンは、アクロンに帰省してきた。彼の授業の課題の一つとして、一〇分間の短編映画を作るというものがあった。セント・ビンセントのバスケットボールチームを題材にしたいと考えたベルマンは、ドルー・ジョイスに声をかけ、練習を撮影する許可を得た。レブロンが高校三年時のシーズンだった。単にカメラを持った大学生だったベルマンは、チームにいてもまったく邪魔にはならなかったので、ドルーはその後も彼が通い続けることを許した。最終的にベルマンはレブロンの高校最後の二年間で四〇〇時間近い映像を撮影することになり、その中にはレブロンやチームメイトが率直な言葉で語ったインタビューも数多く含まれていた。

レブロンは、ベルマンがそれほど近くにいたことを忘れていた。そして、彼が膨大な映像を蓄積していたことを知って驚いた。

ベルマンは、大学を終えたあと、その映像を使ってレブロンと友人たちの長編映画を作りたいと考えていたことを説明した。少年バスケットボールからセント・ビンセントでの全米選手権まで、彼らの旅路を描くものだ。だが彼に届いたオファーは、レブロンの映像を手に入れたいというものばかりだった。ベルマンは決して映像を手放すことはせず、大学の同級生の一人と組んで、『モア・ザン・ア・ゲーム（ゲーム以上のもの）』と題するドキュメンタリーを制作した。

ロメオは、ベルマンの作ったものをレブロンに見てほしいと思って彼を家に連れて来たのだ。レブロンは承諾し、ベルマンは一二分の映像を彼に見せた。

一二分という時間は、人生の中で愛おしい日々の思い出がレブロンの脳裏に蘇るには十分すぎるものだった。「わかった。私たちが何かできることがあれば、何でもしよう」とレブロンはベルマンに言った。

ベルマンが何より必要としていたのは配給会社だった。彼が電話をかけても、誰も答えてはくれなかった。配給会社がなければ、ベルマンの映像はテレビであれ他のどういう形であれ公開されることはない。もしレブロンがこのプロジェクトに賛同してくれるようなら、配給会社のほうから彼に話をしに来るだろうとベルマンは考えた。

「いいじゃないか。やってしまおう」と、レブロンは彼に言った。

ロメオとレブロンの友情が、ベルマンの状況を大きく変えるきっかけとなった。一夜にして事態は動き始めた。マーベリックも加わった。ポール・ワッチャーも。そして間もなく、彼らは一つのアイデアを思いついた。映画に協力するだけでなく、レブロン自身がプロデュースしようと。ベルマンの必要としていたことが、レブロンのビジネスモデルをさらに拡張するチャンスをもたらした。

さまざまな準備を経て、レブロンとマーベリックは二〇〇七年にスプリングヒル・エンターテインメントという名の映画・テレビ制作会社を設立した。社名はレブロンが十代の頃に住んでいたアクロンの集合住宅にちなんで名付けられた。CEOにはマーベリックが就任。そして『モア・ザン・ア・ゲーム』は、スプリングヒルの最初の挑戦となった。レブロンはジェイ・Zにサウンドトラック制作を依頼し、マーベリックは、コカ・コーラやステートファーム保険など、レブロンの企業パートナーに働きかけて映画のスポンサーになってもらった。映画はトロント国際映画祭での封切りが予定され、あとは配給会社を探すことになった。

＊＊＊

レブロンの代理人解任を知ったグロリア・ジェームズがマーベリックに激しく抗議した一件から三年が経っていた。そこから長い道のりを歩んできたレブロンとマーベリックを、グロリアも応援するようになっていた。彼女が特に感心したのは、彼らが導き手として選んだ者たちの人選だ。そしてマーベリックは、感謝すべき相手に正しく感謝しようとするタイプだった。二〇〇八年夏、アクロンで毎年開催されるＬＲＭＲマーケティングサミットで、レブロンとマーベリックは彼らのビジネスの成功について質問を受けた。『君たちは本当に賢くやっている』と言われることが多いが、それは違う。本当に賢い人たちが私たちの周りにいてくれるというのが実際のところだ」とマーベリックは聴衆に向けて語った。

レブロンが起業家として取った行動の中でも最も大胆なものは、マーベリックにＬＲＭＲの経営を任せたことだった。マーベリックの魅力的な資質の一つは、自分の知らないことを知らないと認められる姿勢にあった。人の話に耳を傾け、学ぼうとする意志を持っていることが彼の誇りだった。そして彼は、レブロンこそが主役であり、自分は裏方であるという事実を決して見失うことはなかった。彼がレブロンと一緒に閉店中のレストランに行けば、ドアは開かれ、席が用意され、何でも好きな料理を出してもらうことができる。しかし、マーベリックが一人で同じレストランに行ったときには何も特別扱いを受けることはない。彼はそれで構わなかった。事実としてマーベリックは、プレーオフの試合で四八得点を決めた選手ではないのだ。自分にレブロンと同じ扱いを受ける資格があるとは考えていなかった。

レブロンのマーベリックに対する信頼、そしてその二人からのワッチャーに対する信頼は、継続的に実を結び続けていた。二〇〇七年にワッチャーの提案で自転車会社に投資したレブロンは、その一年後にキャノンデールがドレル・インダストリーズに約二億ドルで買収されたことで思いがけない収益を得ることになった。買収が行われた〇八年初頭の時点で、レブロンとLRMRはキャノンデールの株式の一〇%を保有しており、結果としてレブロンの利益は投資額の四倍に達した。マーベリックも約七万五〇〇〇ドルの利益を得た。マーベリックにとっては株式で収入を得る初めての経験であり、彼はキャノンデールを勧めて取引の処理を行ってくれたワッチャーに感謝を示した。

レブロンからスプリングヒルの経営を任されることになり、マーベリックは自分たちのエンターテインメント会社が勢いよくスタートを切ることができるようにしたかった。そう考えた彼は、レブロンに本を書くよう提案した。自伝ではない。それはまだ早すぎる。単なる回顧録でもない。それよりもレブロンは、もっと限定的な内容の、高校時代を綴った青春回顧録を書くといいのではないかとマーベリックは考えた。基本的には、ドキュメンタリー映画に添えるようなものだ。映画と同時に本を出版することで、クロスプロモーションが可能になる。

そのために、レブロンにはライターが必要だった。ただのライターではない。マーベリックは、書籍として格を高めるためにも、レブロンと組むのにふさわしい実績を持つ大物に依頼したいと考えていた。レブロンとマーベリックが信頼する代理人の一人は、バズ・ビッシンガーを推薦してきた。ピューリッツァー賞の受賞歴も持つ、『ヴァニティ・フェア』誌の特集記事ライターだ。ビッシンガーの代表作『フライデー・ナイト・ライツ』は二〇〇万部以上売れ、ビリー・ボブ・ソーンの主演で映画化もされた。同著を原作としたテレビドラマも制作された。そのまま『フライデー・ナイト・ライツ』と題されたドラマは、カイル・チャンドラーとコニー・ブリットンをメインキャストとしてNBCで放送されていた。

ビッシンガーの履歴書には、マーベリックがレブロンのために望むすべてが揃っていた。そこでマーベリックはビッシンガーの代理人と協力し、執筆報酬の前金として約二万五〇〇〇ドルを確保し、それをレブロンとビッシンガーで分ける形とした。高額な前金が提示されたのは、レブロンの声を代筆する形で、レブロンとビッシンガーが共同執筆を行うという前提に基づいたものだった。出版後に本を後押しするため、レブロンとビッシンガーがともに宣伝活動を行うことも成功のためには欠かせなかった。

ビッシンガーには多くの著書があったが、編集者の管理を受けない形で本を書いたことはなかった。それでも、レブロンのために何かを書く機会が得られるというのは、断るにはあまりにも惜しかった。二〇〇八年夏に条件がまとまると、彼はオハイオへ飛んでレブロンと対面した。二人はレブロンの屋敷で会うことになり、マーベリックも同席した。

五三歳のビッシンガーは、安易に感動する男ではなかった。それでもレブロンを初めて目にすると、彼は畏敬の念を抱いた。肉体的な観点では、彼はまるでレオナルド・ダ・ヴィンチの『ウィトルウィウス的人体図』のようだった。「素晴らしい、完璧だ」と、ビッシンガーは思った。

しかし彼は、果たしてレブロンはベストセラー書籍を書き上げるという仕事に適しているのだろうかと疑問視していた。「このような本を書くには、多くの時間を費やす必要がある。深く掘り下げなければいけない」と、ビッシンガーは彼に言った。

レブロンはうなずいた。しかし彼は、ビッシンガーの言う「深く」の意味をわかりかねていた。マーベリックも同じだった。ビッシンガーがピューリッツァー賞を受賞したのは、調査報道によるものだった。人の核心に迫り、徹底的に踏み込んだ形でその姿を書き出すことこそが彼の得意とする仕事だった。そういった意味では、ビッシンガーはレブロンと組む相手としては妙な選択ではあった。レブロンには何も隠すべきことがあるわけではないが、彼はジャーナリストに自分を深く探らせたいとも思ってはいなかった。

しかし、ビッシンガーは手練れだった。彼はレブロンに、母親のことや生い立ちについて少し話をさせることに成功した。

「ベッドに入るとき、朝になっても母に会えるかどうかわからないこともあった。数日間会えないこともあった。いつか目が覚めたら、母が永遠にいなくなっているんじゃないかと怖がっていた」と、レブロンはビッシンガーに語った。

ビッシンガーは、直感としてはさらに踏み込んだ質問をしたいと考えていたが、彼はその衝動に耐えた。なぜ自分がそこにいるかを思いだしたのだ。レブロンに心地良く感じてもらい、協力関係を築くためだ。そこでビッシンガーは、軽い話に切り替えた。

＊＊＊

ビッシンガーは、レブロンの物語において中心的な位置を占めるいくつかの場所を見ておくことも大事だと考えた。そこでマーベリックとレブロンは、彼にアクロンを案内した。三人はSUVに乗り込み、マーベリックがハンドルを握った。レブロンは助手席に座ってツアーガイドを演じた。ビッシンガーは後部座席でメモを取っていた。訪れた場所の一つはセント・ビンセントだった。学校は夏休み中ではあったが、体育館ではクリニックが開催されており、九歳から一〇歳の子どもたちであふれていた。レブロンが突然入ってくると、子どもたちは歓声を上げて彼に群がった。

レブロンは目を見開き、両手を広げる。子どもたちは、まるで彼がダディ・ウォーバックスであるかのようにレブロンの腰に腕を回した。

ビッシンガーは感動していた。何か話してくれていないことがあるとしても、彼が良い人であることだけは確かだ。子どもたちは本当に彼のことが大好きなんだ。ビッシンガーはそう思った。

アクロン周辺をドライブしている途中、マーベリックはSUVのガソリンがなくなりかけていることに気づき、ガソリンスタンドに入った。だがマーベリックは財布を持っていないと言った。レブロンも持ってきてはいなかった。二人はビッシンガーに視線を向けた。

信じられないことに、ビッシンガーがガソリン代を払うことになった。「何かがおかしい。何億ドルも稼ぐレブロンのために、金欠のライターがガソリン代を払わないといけないのか?」と、彼は考えた。

ビッシンガーは結局、このときのガソリン代を返してもらうことはなかった。その夜、レブロンとマーベリックはビッシンガーと夕食を共にした。レブロンとビッシンガーはその後、ビデオゲームで遊んだ。ビッシンガーはゲーム好きではなかったが、レブロンとつながりを築くためなら何でもやるつもりだった。

ビッシンガーはアクロン訪問を終えるまでに、自分の任務を果たすために必要なアクセス権を確実に手に入れようとしていた。つまりそれは、グロリアと会えるようにすることだ。

「君のお母さんにインタビューをする必要がある」と、ビッシンガーはレブロンに言った。

レブロンは、グロリアは乗り気ではないだろうなとわかっていた。

＊＊＊

ビッシンガーがアクロンを去って間もなく、彼はグロリアへのインタビューが決まったという連絡をマーベリックから受けた。ビッシンガーは質問をまとめながら、グロリアの過去にはデリケートな部分があるかもしれないと考えた。そこで彼は、グロリアが気持ち良く答えられると思われる質問に絞ることにした。

「レブロンはどのように育ったのか?」

「彼にはどんな友人たちがいたのか?」

彼としては面白みがないと思えるような質問を、全部で一二個ほど用意した。結局のところはレブロンの本なのだから、彼の母親の機嫌を損ねるような個人的な質問をして、依頼をしてくれたレブロンを怒らせても意味がないことだとビッシンガーは考えた。

しかし、ビッシンガーがアクロンを再訪してグロリアに会うと、彼はインタビューが難儀なものになりそうだとすぐに理解した。グロリアはまず、インタビューを録音することを要求した。彼女は懐疑的であるだけでなく、非協力的でもあった。彼の用意した簡単な質問にも答えようとはしなかった。苛立ったビッシンガーは、「もう十分」と言って突然インタビューを打ち切った。

グロリアは、彼が話を打ち切ったことに驚いたようだった。

「私が経験した中でも一番難しいインタビューだった。本当に不愉快なものだった。彼女はレブロンのために受けてくれたのに、とにかくひどかった。彼女は本の出来に大きなものをもたらしてくれる大事な証言者だと私は思っていた。しかし、とにかくうまくいかなかった」と、ビッシンガーは振り返った。

ビッシンガーはまた、自分の望んでいたような形ではレブロンを知ることができなかったことにも落胆していた。最善を尽くしたが、それでも彼はレブロンと深い関係を築けずにいた。そして彼は、本を書くことはレブロンの発案ではなかったのだと結論づけた。レブロンは執筆に時間を費やすよりも、むしろドキュメンタリーを支援することに関心が強いように思えた。彼がレブロンと過ごした時間は全部で一〇時間ほどにしかならなかった。

ビッシンガーは苛立ちを募らせつつ、レブロンの高校時代のチームメイトに頼るしかないことを悟った。「彼らは話してくれる」と、マーベリックは保証してくれた。

ビッシンガーはマーベリックと話すのを気に入っていた。レブロンと話をする以上に、マーベリックとの話を通して、レブロンについて深い洞察を得ることができた。あるときマーベリックは、「レブロンは一人でいるのが嫌いなんだ」とビッシンガーに言った。

何がマーベリックにそう言わせたのか、ビッシンガーにはわからなかったが、その事実は彼の心を打った。レブロンの弱い部分をさらけ出すものであり、彼の行動の一部を理解する助けとなった。同時にビッシンガーにとっては、グロリアに対して、また少年時代のレブロンを別の家族に預けるという彼女の決断に対して、より強い尊敬の念を抱くことにもつながった。「レブロンは家族の中で過ごさなければならないと彼女は理解した。それがレブロンの人生を救った。そこで彼は生きること、分かち合うこと、家族になること、責任を持つことを学んだ」と、ビッシンガーは結論づけた。

こういった状況を考えれば考えるほどビッシンガーは、グロリアはもっと評価され認められるべきだと感じるようになった。彼としてはとにかくその角度からレブロンの話を掘り下げていきたいと思った。しかし、核心はあまりにも深い場所に埋もれている。

＊＊＊

レブロンとコービー・ブライアントは、五輪のチームメイトとして打ち解けていた。米国代表が海外へ向かう前に行われた最初の頃の練習で、選手たちがコート中央で円になってストレッチをしていたときのことだ。レブロンは、北京で先発メンバーを紹介する場内アナウンサーの真似を始めた。

「10番。イタリア、フィラデルフィア出身」と、レブロンは低い声で言う。

カーメロ・アンソニー、ドウェイン・ウェイド、クリス・ボッシュ、ジェイソン・キッドなど、選手全員が笑い出した。彼らは皆、コービーが幼少期の一部をイタリアで過ごしたことを知っていた。

「点取り屋。マンバ」。レブロンはさらに声を低くしながら続ける。「コー・ビー・ブライアント……ブライアント……ブライアント」

コーチたちも笑い転げていた。コービーでさえ表情を崩さずにはいられなかった。レブロンはバスケットボールを楽しくさせた。米国チーム全体の雰囲気は、二〇〇四年とはまったく違っていた。

レブロンが五輪チームのトレーニングキャンプに参加している頃、マーベリックはロサンゼルスで、音楽界の伝説的な大物であるジミー・アイオヴィンと会っていた。インタースコープ・レコードの共同創設者である彼は、ドクター・ドレーと組んで「ビーツ・バイ・ドレー」と呼ぶビジネスを立ち上げようとしていた。スタジオ品質のサウンドを生み出すヘッドフォンを開発することが基本アイデアだった。アイオヴィンはマーベリックに試聴させた。

マーベリックはちょっとした音楽通だったが、ドクター・ドレーのデザインしたヘッドフォンを通して聞く音楽は、彼にとって聴いたこともないようなものだった。「ビーツ」を革命的な製品だと言うアイオヴィンの言葉が誇張ではないことは明らかだった。

この時点では、ビーツ・バイ・ドレーはまだ市場に出ていなかった。しかし、マーベリックには一つの考えがあった。彼はアイオヴィンに一五個のヘッドフォンを用意してほしいと頼んだ。「それをどうするか、ぜひ見ていてほしい」と彼はアイオヴィンに言った。

レブロンが五輪チームとともに海外へ飛び立とうとしていたところに、マーベリックからビーツを渡された。レブロンはそれをチームメイトたちに一つずつ持たせた。米国代表が北京に到着すると、選手全員がビーツ・バイ・ドレーを頭につけて飛行機から降りてきた。レブロンとコービーがお揃いのヘッドフォンをつけている映像が世界中に流れた。それは一つのファッションの主張であり、マーケティングの見事な一手だった。アイオヴィンは感心し、彼とドクター・ドレーはレブロンとマーベリックと組むべきだと確信した。

＊＊＊

レブロンとコービーは北京に着いてやっと落ち着いたかと思えば、中国とダルフールに関する政治的問題に直面することを余儀なくされた。夏のはじめにレブロンは、ダルフールについてもっと話をするつもりだと示唆していた。しかし二〇〇八年八月五日、中国は同国政府に対して批判的発言をしていた元五輪スピードスケート選手のジョーイ・チークからビザを剥奪した。翌日、コービーとレブロンが記者たちの取材を受けた。ダルフールについて何か言うことはあるかと訊ねられたコービーは、「いや、特に」と素っ気なく答えた。

レブロンも同じ質問を受けた。

「基本的人権は常に守られるべきだ」とレブロン。さらに彼は「スポーツと政治を混同するべきではない」とも付け加えた。

論争に対処することに関しては、コービーはレブロンよりもはるかに経験豊富だった。そして彼は、沈黙を守ることに何の抵抗もなかった。しかしレブロンにとっては、政治の絡む人権問題に取り組むのはダルフールの一件が初めてだった。一年以上が経っても、彼はまだ自分の立ち位置を定められず、その状況に苦しめられ続けていた。経験の浅いレブロンは、この問題に対するコービーの対応に尊敬の念を抱きもしたが、一方で彼は持ち前の感受性を活かしてコーチＫの対応からヒントを得ることもできた。記者から詰められたレブロンは、「私たちは金メダル獲得に集中するためにここに来ている。スポーツと政治は別のものだ」と答えた。

同時にコーチＫは、コービーとレブロンがダルフールについて発言するかどうかを問う記事を書いていた記者に反撃を繰り出した。「なぜ彼らに質問を？　彼らは専門家ではない」と、コーチＫは記者に向けて言った。

コービーとレブロンはこの問題を避けているのではないかと記者が指摘すると、コーチＫは異なる見解を示した。「問題を避けているのではなく、一つの問題に集中しているのだ。私としては、人々にそのことを尊重してほしいと思う」

コーチＫがチームを集中させようとしていた問題とは、利己的なプリマドンナの集まりだった二〇〇四年の米国代表のイメージを払拭することだった。そのためには、仲間意識と、金メダル獲得への絶え間ない集中力を示さなければならない。選手たちは、「リディーム（奪還）チーム」という愛称を受け入れていた。そしてコービーをキャプテンとして、とにかく勝つことだけに集中していた。相手を粉砕する決意を固めていた。

米国代表は第一戦で中国を圧倒し、三一点差で勝利を収めた。その後も一切勢いを緩めることはなかった。七試合を通して、米国は一試合平均三〇点差で勝利を重ねた。だが、その中でも決定的な場面となったのは第四戦だ。コービーは決して油断してはいなかった。戦う相手は、ロサンゼルス・レイカーズでコービーのチームメイトであるパウ・ガソルを擁するスペイン。その二カ月前には、コービーとガソルはボストン・セルティックスとのNBAファイナルをともに戦っていた。今は別のユニフォームを着て敵となっている。コービーは、最初から試合の流れを掴むつもりだった。彼はチームメイトを集めた。

「最初のプレーで相手が何をしてくるかはわかっている」とコービーは言った。彼は相手を研究し、スペインがシューターをフリーにするために一連のスクリーンを仕掛けてくることを知っていた。「パウが最後のスクリーンになる。私があいつを突破してやる」

「馬鹿を言うな」とレブロン。「お前のチームメイトだ。そんなことはやらない」

試合開始から二分も経たないうちに、ガソルはスクリーンをセットした。コービーはガソルを交わそうとせずに勢いよくぶつかり、ガソルは背中から倒れ込んだ。コービーはガソルを睨み下ろしてから歩き去っていった。

「なんてこった！」とレブロンは思った。「この試合に負けるわけはない。私たちはスペインのやつらを打ち負かす」と。

レブロンにとって、この瞬間は転機となった。彼はそれまで、相手選手ではなくリングを狙おうとしていた。しかし、コービーのアグレッシブさが彼の考えを変えた。レブロンはコービーがガソルを見下ろしているのを見て、「この男にとって勝つことがすべてなんだ」と思った。

米国はスペインを蹂躙した。そして、両チームは金メダルを争う決勝でも再び対戦。コービーが終了間際にフリースローを決め、一一八対一〇七での勝利を決定づけると、レブロンはチームの誰よりも先にフリースローラインでコービーを祝福して胸をぶつけ、彼に向けて叫んだ。「USA、USA」のチャントがアリーナを満たしていた。

試合後の記者会見では、米国代表全員が腕を組んで部屋に入ってきた。「NBAプレーヤーたちは利己的で、傲慢で、個人主義だと誰もが言いたがっている。だが、今日皆さんが目にしたのは、チームが結束し、逆境に立ち向かい、そして大きな勝利を手にする姿だった」とコービーは語った。

レブロンは、四年前にギリシャを立ち去ったときとはまったく異なる展望を抱いて中国を後にした。コーチKのもとでプレーし、勝利に専念する意識を共有するエリート選手たちが強く結束したグループの一員として戦ったことは、レブロンの考え方に影響を与えた。それ以前からすでに彼は、クリーブランドでNBAチャンピオンとなるためには、より強力なサポートメンバーが必要だという事実を理解していた。米国代表でチームメイトだった何人かは、NBAでも理想的なチームメイトになってくれるだろうという感覚を抑えられなかった。特に、友人であるドウェイン・ウェイドとチームメイトのクリス・ボッシュに強く惹かれていた。彼ら三人はコート上で素晴らしい連携を高めていた。コート外でも意気投合していた。そして三人とも、二〇一〇年にFAとなる。レブロンはそのことを心に刻んだ。

＊＊＊

レブロンが泣くことは滅多にない。しかし九月初旬、トロント国際映画祭でセント・ビンセントのチームメイトやコーチたちと一緒に『モア・ザン・ア・ゲーム』を上映したあと、レブロンは目に涙を浮かべた。同じく涙を浮かべる友人たちと抱き合った。その夜、レブロンとマーベリックはアイオヴィンと夕食を共にした。彼らには祝うべきこと、そして話し合うべきことが山ほどあった。マーベリックとレブロンのおかげで、ビーツ・バイ・ドレーは中国で大きな露出を得ることができた。アイオヴィンは強く感激し、レブロンとマーベリックに新事業の株式を提供することを申し出た。アイオヴィンとドクター・ドレーは、レブロンのために「パワービーツ」というシグネチャーラインを開発することまで決めた。レブロンはキャバリアーズのチームメイト全員にビーツを贈るつもりだった。やがて、NBAの全選手がビーツを欲しがるようになった。

それだけではなかった。スプリングヒルが『モア・ザン・ア・ゲーム』に関わったおかげで、ライオンズゲートが配給会社として契約してくれた。そして、アイオヴィンとインタースコープ・レコードは、スプリングヒルと共同でこの映画をプロデュースすることに合意した。

中国での金メダル、トロントでの映画のプレミア上映成功、スプリングヒルとライオンズゲートのビジネス提携、そして音楽業界で最も革新的な人物の一人であるアイオヴィンとの新たなビジネスチャンスなど、レブロンにとって多くのことが急速に実現していた。

レブロンが音楽、映画、テレビ、ファッションの世界へとさらに足を踏み入れていくにつれて、そういった場所にいる友人たちを通して政治に接する機会が増え始めた。トロントを離れたレブロンは、サバンナとともにニューヨークへ向かった。デイビッド・ローレンが、レブロン・ジェームズ・ファミリー財団のために、ニューヨークのラルフ・ローレンストアでカクテルパーティーを開いてくれたのだ。ジェイ・Zからチャーリー・ローズ、さらには数日前に三度目の全米オープン制覇を成し遂げたばかりだったセリーナ・ウィリアムズまで、スポーツ選手、アーティスト、テレビタレントなどスターが勢揃いしたイベントだった。アナ・ウィンターまでもが立ち寄り、低所得層の子どもたちのため意識啓発に取り組むレブロンとサバンナを応援してくれた。しかし、ニューヨークで誰もが口にしていたのは、大統領選に立候補したバラク・オバマの名前だった。選挙日まで一カ月を切った時点で、イリノイ州選出の四七歳の上院議員は、共和党のジョン・マケイン上院議員をリードしていた。初の黒人大統領が選出される見通しに、レブロンとサバンナのパーティーの参加者たちも大いに盛り上がっていた。

オバマの出馬に特に気持ちを昂らせていたのがジェイ・Zだった。「子どもの頃、オバマの立候補以前には、ジェイ・Zは黒人大統領が誕生する可能性など考えたこともなかった。そのあたりの黒人に『君でも大統領になれる』などと言ったとすれば、『気でも狂ったのか?』といった感じだっただろう。どうやるんだよ、って」とジェイ・Zは語った。しかし、オバマがジェイ・Zの意識を変え、彼に米国にいることを誇らしく感じさせた。ジェイ・Zにとっての転機は二〇〇八年四月に訪れた。当時、民主党の候補者指名をオバマと争っていたヒラリー・クリントン上院議員が、テレビ討論会でオバマを批判したときのことだ。翌日、オバマは演説を行い、ヒラリーからの攻撃には驚かなかったと語った。「大統領選に出馬する以上、そういうことは予想しなければならない」と彼は聴衆に向けて言う。「ただこういう風に……」と言って言葉を止めると、肩についた埃を手で払うような仕草をした。これはジェイ・Zの楽曲「ダート・オフ・ユア・ショルダー(肩の埃を払え)」にちなんだものだった。オバマがそうすると、聴衆は熱狂した。「そうだろう」とオバマは、もう一方の肩も払う。

ジェイ・Zはこれを見ると、「この世界でこんなことはあり得ない。米国では起こるはずがない」と自分に言い聞かせた。だが実際に起こっているのだ。そしてジェイ・Zは、人々に有権者登録をしてもらいオバマへの投票を促すため、そして選挙当日に投票に行くよう呼びかけるため、全力を尽くすことを約束した。ジェイ・Zはレブロンも協力してほしいと考えた。彼はレブロンに、デトロイト、マイアミ、クリーブランドで無料コンサートを行うことを決めたと話した。オバマに投票するよう人々に登録を呼びかけることがショーの目的だった。

ジェイ・Zは、黒人の子どもが公営住宅から抜け出す方法は、ラッパーになるかバスケットボールのスターになるしかない、という考えを長年抱いていた。レブロンも同じ考えだった。だがオバマはジェイ・

Zに刺激を与え、ジェイ・Zはその熱い想いをレブロンに伝えようとしていた。

ニューヨークで募金活動を行ったあと、レブロンとサバンナはオバマを支援する委員会に二万ドルの寄付を行った。彼らが大統領選挙キャンペーンに寄付をしたのは初めてのことだった。そして一〇月二三日、レブロンは超満員となったクリーブランドの「ザ・Q」のステージに立った。黒いジーンズに黒いキャップ、黒いレザージャケットを羽織り、その下の黒いTシャツには「投票を」と書かれていた。キャバリアーズのアリーナは、ジェイ・Zの「ラスト・チャンス・フォー・チェンジ」コンサートを聴きに来た人々で埋め尽くされていた。大歓声の中、レブロンは彼らを歓迎し、巨大スクリーンに注意を向けさせた。そこにはオバマがフロリダの集会で行っていた演説がライブストリーミングで映し出された。

オバマが自身の生い立ちについて語るのを、「ザ・Q」の観客は静かに聴いていた。

オバマの演説が終わると、レブロンは観衆に向けて言った。「ここにいるみんな、お母さんも、お父さんも、おばさんも、おじさんも、みんな投票に行こう。一一月四日は私たちの人生で最も大事な日になる。ここにいるみんな、家族を連れ出して投票に行こう」

観衆は歓声を上げた。

「私が誰に投票するか知っているよね」とレブロン。「私はオバマに投票する」

アリーナは暗転。ジェイ・Zがステージに登場。スポットライトが彼を照らす。

「ローザ・パークスが座っていたのは、マーティン・ルーサー・キングが歩けるようにするためだった」とジェイ・Zは観衆に向けて語った。「そしてマーティンが歩いたのは、オバマが走れるようにするためだった。オバマが走っているから、私たちはみんな飛ぶことができる。だから飛ぼう！」

音楽が脈打ち始める。レブロンはラップを口ずさみ始めた。そして、ジェイ・Zが会場を揺るがす。最初の一曲を終えたあと、彼は全員に期日前投票をするよう促した。

「今夜はみんな楽しむためにここに来ている。だが、大事な選挙が近づいている。若い私たちが、あいつらに力を見せてやるんだ」とジェイ・Zは語る。

そして彼は、新たなラップを口ずさんだ。

**不況の話なんてクソ食らえ、つまんねえだけだ**

**俺はオバマとロックする、政治家なんかじゃないけどな**

スポーツと政治は別だと言っていたレブロンだが、ほんの数カ月のうちに、選挙活動のための寄付をしたり、有権者をオバマ支持へ向けるために自分のスターとしての力を使ったりするようになっていた。

もう後戻りはできなかった。

# CHAPTER 26 奇跡では足りず

バズ・ビッシンガーはレブロン・ジェームズの回顧録執筆に一年を費やした。レブロンからのフィードバックが欲しかったため、彼とマーベリック・カーターに原稿を送って読んでもらった。その後、ビッシンガーはもう一度オハイオを訪れ、二人と一緒に原稿を見直した。彼らはレブロンの家のキッチンテーブルに集まり、同じく原稿を読んでいたドルー・ジョイスもやって来た。

印刷した原稿にメモを書き込んでいたマーベリックが議論のリード役を務め、主に文脈に関する部分で適切な修正を加えていった。ドルーは重要なディテールを補足し、事実関係が細かく異なる点を指摘した。

ビッシンガーは、レブロンが原稿から削りたいと言ってくる部分があると予想していた。おそらくは、彼がマリファナに手を出したことや、十代の頃のデリケートな話題に関するいくつかの部分だ。

しかしレブロンは、ビッシンガーの書いたものに何の懸念も示すことはなかった。ただし、一つだけ付け加えてほしいと言ってきた。高校の最終学年の頃にヴィンテージジャージを受け取ったとして非難されたとき、セント・ビンセントの経営陣が彼を支持しなかったという事実だ。「学校のためにずいぶん尽くしたつもりだった。少なくとも、とんでもなく傷ついて助けを必要としているときに、すぐに支えてくれるくらいのことはしてくれてもよかったんじゃないか」と、レブロンは語った。

ビッシンガーは、六年前に起こったことが今でもレブロンを傷つけていると理解した上で、必ずそのエピソードとレブロンの思いを物語に加えるつもりだと答えた。

「一つだけ質問がある。フンのアッティラ王って誰?」とレブロンは訊ねた。

本質的な部分のフィードバックを期待していたビッシンガーは、拍子抜けした。彼は文章中で、フン帝国の悪名高き支配者に言及していた。西暦四五三年に死去するまで、ローマ帝国の最も恐れた敵だった男だ。だがもはやビッシンガーは説明する気にもなれなかった。

「そこはどうでもいい。消しておく」と、ビッシンガーはレブロンに伝えた。

レブロンはビッシンガーの苛立ちを察してはいなかった。わざわざ無礼な態度を取ろうとしたわけでもないが、ただレブロンは、本よりもドキュメンタリーのほうに夢中になっていただけだ。そして彼は、本の執筆にどれほどの労力が必要なのかを理解してもいなかった。また、ビッシンガーがレブロンと同じように自分の技術に誇りを持っていることも、ライターはアスリート以上に確認を求めるものだということも理解していなかった。

原稿を一ページずつ確認する作業には約五時間を要した。ビッシンガーは、意見を出してくれた全員に感謝した。特にマーベリックには感謝していた。しかしビッシンガーは、レブロンがどう感じたのかについてはまだ確信できずにいた。

「それで、この本についてどう思う?」とビッシンガーは訊ねた。

「いい本だ」とレブロンは言った。

ビッシンガーは彼がさらに踏み込むのを待ったが、レブロンはそれ以上何も言わなかった。

レブロンは本を書くにはまだ若すぎる、とビッシンガーは思った。彼はずっと、限定された枠の中で生きてきた。あらゆる経験をしてきたとはいっても、この年齢では、本当の意味で自分を顧みることがどれほどできるだろうか。

アクロンから戻ったビッシンガーは、マーベリックとドルーから提案された通りの修正を加えた上で、編集者に原稿を提出した。

「いろいろな相手に深く踏み込んできたが、レブロンに対しては最初の表層を突き抜けることもできなかった。扉の封印を解けなかった」と、ビッシンガーは語った。

＊＊＊

『60ミニッツ』は、レブロンが高校生の頃から、彼を取り上げるコーナーを設けることに関心を示していた。レブロンは乗り気ではなかった。彼はそのニュース番組を観てはいなかった。キャリアが進んでいくと、レブロンの広報担当者は、容赦なく厳しいインタビューをするという評判のある同番組を警戒するようになっていた。しかし二〇〇八—〇九シーズンのはじめに、レブロンはついに特派員のスティーブ・クロフトと話をすることに応じた。何かを探るようなインタビューではなく、有名人を紹介するようなものだという約束だった。クロフトがアクロンにやって来ると、レブロンは彼を高校に連れて行った。ストリートファッションでバスケットボールを手にしたレブロンがセント・ビンセントの体育館を案内してくれたとき、クロフトは「今は自分のピークにほんの少しくらいは近いところにいると思うか？」と訊ねた。

決して鋭い質問だったわけではない。だがレブロンに、自分の野心について詳しく語ろうとするつもりはなかった。まだ天井には近づいてさえいない。それよりも、別の答えを口にした。

「先が長いとは言いたくはない。でも、ちょっとした過程が必要にはなるだろう」

クロフトはレブロンの手に握られたボールを見た。「これで何かするつもりだろうか？」と、笑顔を浮かべながら言う。

レブロンは体育館の反対側にあるリングを見ると、まるでソフトボールを投げるようにアンダースローでボールを軽々と放り投げた。空中を約一八メートルほど進んだボールは、リングに触れることなくネットを潜った。

唖然としたクロフトは、思わず声を上げた。「こんなことを何回できるのか?」

レブロンは微笑んだ。「一回だけだ、ベイビー。一回だけ」

レブロンの魔法のような能力を目の当たりにし、彼がまだピークに近づいてすらいないという考えにふけるのは楽しくはあったが、理解しがたいことでもあった。二〇〇八—〇九シーズンは、レブロンにとってそれまでで最も支配的なシーズンとなった。初めてNBAシーズンMVPに選ばれ、クリーブランド・キャバリアーズをリーグ最高成績の六六勝に導いた。ウェスタン・カンファレンスでは、コービー・ブライアントの率いるロサンゼルス・レイカーズが六五勝。レブロンとコービーは明らかに世界最高の二人の選手となっており、両者がNBAファイナルでの直接対決を迎えることは運命づけられているかのように感じられた。

キャバリアーズはプレーオフ一回戦でデトロイト・ピストンズを一蹴し、次のラウンドでもアトランタ・ホークスに完勝した。イースタン・カンファレンス決勝では、ボストン・セルティックスと対戦することになるとレブロンは予想していた。しかし、選手の怪我に悩まされたセルティックスは、オーランド・マジックに番狂わせを許してしまう。マジックは、五輪でレブロンとともに戦ったオールスターセンターのドワイト・ハワードが率いるチームだった。

ポール・ピアースとセルティックスが姿を消したことで、レブロンとキャバリアーズにとってはNBAファイナルへの道がより明確に開かれたかに思えた。クリーブランドで行われたイースタン・カンファレンス決勝第一戦では、レブロンは三〇本中二〇本のショットを決め、四九得点を挙げる圧倒的な活躍を見せた。しかし、試合はマジックが一点差で制してキャバリアーズに衝撃を与えた。そして第二戦、キャバリアーズは二三点のリードから追い上げられ、逆転したマジックが残り時間一秒の時点で九五対九三とリードしていた。

キャバリアーズはシリーズ〇勝二敗となる瀬戸際に立たされ、「ザ・Q」の一階席のファンは総立ちとなった。タイムアウトを終えたあと、レブロンはトップ・オブ・ザ・キーにポジションを取り、インバウンズパスのため審判がキャバリアーズのポイントガードであるモー・ウィリアムズにボールを渡すのを待っていた。子どもの頃、レブロンはこのような場面をリハーサルし、ラスト一秒のショットを体育館で何千回と練習していた。目の前に迫るDFや、ブザーが鳴り響く音までも頭の中で想像していた。そして、今こそ本番だ。やろう、と言わんばかりに彼はウィリアムズを指差した。

ボールがウィリアムズの手に渡った瞬間、レブロンはリングに向かって突進する。試合を決めるダンクを狙うため、リングの近くでロブパスを受けようとするかのようだった。しかし、DFが下がり始めるとすぐにレブロンは足を止め、トップ・オブ・ザ・キーの外側へと一歩下がる。ちょうど足がスリーポイントアークの外に着地するタイミングで、ウィリアムズからのパスがレブロンの手に届く。左から一人、右から一人、二人のDFが飛びかかってくる。レブロンがボールをキャッチし、跳躍し、伸ばされた二本の手を越えて弧を描くショットを放つまで要した時間はコンマ六秒。ボールが彼の手を離れると同時にブザーが鳴った。

「勝利へのスリー」と、マーブ・アルバートは言う。ボールは空中を進んでいく。

ショットはリングを通った。

「やった！」とアルバートは叫ぶ。「レブロン・ジェームズのブザービーター！」

「ザ・Q」は大変な混乱となった。観客が熱狂し、選手たちがレブロンを取り囲み、紙吹雪が降り注ぐ。スコアボードが示す結果はこうだ。キャバリアーズ九六、マジック九五。

「ジェームズの奇跡的なショット」と、アルバートは自分の目を疑うかのように続けた。

リーグの規定により、レブロンがタイムアップ前にショットを放ったどうかを確認するためにプレーを見直す必要があった。観客の大歓声はまだやまず、紙吹雪が顔に貼りつく中で、レブロンはスコアラーズテーブルへと向かい、審判たちがリプレイを観ているモニターを肩越しに覗き込んだ。そしてレブロンは拳を振り上げる。ショットは有効だった。彼はこの試合を三五得点で終え、キャバリアーズはシリーズを一勝一敗のタイに戻した。

人差し指を立てたまま、レブロンは通路に向かって誇らしげに歩いた。観客は歓声で彼に応えた。クリーブランドのファンがこのような劇的なフィニッシュを目撃したのは、二〇年前、マイケル・ジョーダンがキャバリアーズをプレーオフ敗退に追い込む「ザ・ショット」を放って以来だった。試合後の記者会見で、レブロンは自分のショットとジョーダンのショットについて質問を受けた。

「あなたはこの地域で育って、かつての『ザ・ショット』は今回とはまったく別の意味を持つものだったことを知っていると思う」と一人のレポーターが言う。

レブロンは微笑んだ。「まあ、あの人はもうリーグにいないから」

記者団に笑いが広がった。

その夜、レブロンはコービーからメールを受け取った。「すげえショットだ」と。

＊＊＊

キャバリアーズは勢いに乗って、シリーズ第三戦と第四戦が行われるオーランドへ乗り込んでいった。レブロンは第三戦で四一得点、第四戦で四四得点を記録。誰も彼を止められなかった。それでもマジックは二試合とも勝利し、シリーズを三勝一敗でリード。レブロンの活躍とは裏腹に、キャバリアーズは劣勢を強いられていた。

クリーブランドに戻った第五戦ではレブロンがチームを勝利に導いたが、マジックはオーランドで行われた第六戦を難なくものにしてシリーズを制した。マジックのファンが「ナ、ナ、ナ、ナ、ヘイ、ヘイ、グッド・バイ」と歌う中、レブロンはマジックの選手たちと握手を交わす気にもなれなかった。憔悴してロッカールームへと向かっていった。

レブロンにとって、シリーズ敗退は受け入れがたいものだった。チームはNBA最高成績を収めており、彼自身はイースタン・カンファレンス決勝で一試合平均三八得点、八リバウンド、八アシストというプレーオフの歴史上屈指のパフォーマンスを残した。それでも、NBAファイナルへ進むには足りなかった。

一方でコービーはチームをファイナルに導き、レイカーズはマジックを撃破。コービーにとっては四度目のNBA優勝となった。

NBAでの六シーズンを戦い終えて、レブロンはリーグナンバーワンの選手という地位を確立していた。しかし、チャンピオンリングを手に入れたことはなかった。

キャバリアーズのオーナー、ダン・ギルバートはプレッシャーを感じていた。レブロンとの契約は残りわずか一年。各チームは早くも、二〇〇九―一〇シーズン終了後にレブロンをクリーブランドから引き抜くため優位に立とうと争い始めていた。ギルバートは、翌年にチームがすべてを勝ち取るチャンスを高めるため何かをする必要があった。だが、何をすればいい？　クリーブランドをレブロンにとって魅力的な定住地とするため、彼はすでに莫大な資金を費やしていた。最新のプロジェクトとして、レブロンの自宅近くに最新鋭の練習施設も完成させたばかりだった。そして、キャバリアーズの年俸総額はNBAで三番目に高い。ニューヨーク・ニックス以外には、選手との契約にキャバリアーズ以上の金額を費やしたチームはなかった。それでもキャバリアーズは、クリーブランドに優勝をもたらすことができていない。レブロンとの契約が残り一年となった今、ギルバートは勝利のためにすべてを捧げる彼の姿勢が揺らいでいないことをレブロンに示さなければならないと感じた。

ヘッドコーチのマイク・ブラウンを解雇するというのは、ギルバートにとって望んでいることではなかった。レブロンと彼の取り巻きたちはブラウンに苛立っており、監督交代を望んでいるという噂をギルバートは耳にしていた。だがレブロンはギルバートにそんなことを言ってきてはいない。そしてキャバリアーズは、レギュラーシーズンでリーグ最多の六六勝を挙げたばかりであり、その結果としてブラウンはNBA年間最優秀コーチに選ばれていた。ギルバートはブラウンを、気概と誠実さのある人物であり、聡明で私利私欲にとらわれないリーダーだと見ていた。ブラウンの受賞後に、ギルバートは次のように語っていた。「マイク・ブラウンは、我々全員が思い描き望んでいたような成功をこのフランチャイズが達成できるように成長していく上で、欠かせない要素だ。彼以上にふさわしい人物はいない。まさに彼は、人格者が頂点に立つこともできると世界に示している」

GMのダニー・フェリーは、もしブラウンが職を失ったとすれば抗議のため辞任すると公言していた。フロントが混乱に陥るリスクを冒すより、ギルバートはブラウンを支持し、ロースターを強化できる大物選手を連れて来ることを選んだ。狙いを定めたのは三七歳のシャキール・オニールだ。のちに殿堂入りを果たすセンターのシャックは、リーグ最年長選手ではあったが、依然としてNBAで最も優れた実績を誇るビッグスターだった。ロサンゼルスではコービーとともに三回、マイアミでもドウェイン・ウェイドとともに一回のNBAタイトルを獲得していた。シャックとレブロンを組ませることがクリーブランドの優勝につながると期待したギルバートは、スターターの二選手ベン・ウォレスとサーシャ・パブロヴィッチをトレードに出すことに加えて二一〇〇万ドルを支払い、シャックはキャバリアーズ加入に合意した。

ギルバートは、シャックの年齢がリスクとなる可能性も承知していた。だが彼はこのトレードを、ポーカーで言えばすべてを賭けた勝負の一手だと捉えていた。コービーがまたも優勝を成し遂げたことで、彼と長年の対立関係にあるシャックは、レブロンと一緒に優勝することへのモチベーションが高まるのではないかとも感じていた。

二〇〇九年六月二五日、フェリーはインタビュー台に上がり、このニュースをメディアに公表した。

「レブロンには伝えたのか？」と、ある記者は訊ねた。

フェリーは気分を害されたが、問題の核心を突く質問でもあった。レブロンはすべての権力、すべての影響力を手にしていた。キャバリアーズが何らかの形で動くときには、すべてレブロンを中心に計算する必要があった。彼がいなければキャバリアーズは平凡なチームに逆戻りしてしまう。あるいは、もっとひどくなるかもしれない。

「レブロンとは話をした」とフェリーは答えた。「何人かの選手と話した。我々はチーム全体とオープンなコミュニケーションを取れる関係を築いている」

「この動きは、来季以降のレブロンの未来をどの程度見据えてのものなのか？」と、別の記者が質問した。

「もちろん、レブロンの未来は我々のチームにとって重要なものだ。しかし、今回の動きも、我々の目標も、レブロンを含めた選手たちが望むものと一致している」とフェリー。

「シャックは今どこに？」と、また別の記者が訊ねる。

フェリーは元気なさげに肩をすくめた。「わからない。彼とは話していない」

数日後、シャックはフロントグリルにスーパーマンのロゴが入った巨大なディーゼルトラックでクリーブランドに乗り込んできた。身長二一六センチ、体重一五九キロ以上を誇る巨体で入団会見に臨み、「私は今でもビッグマンの頂点だ」とメディアに向けて言い放つ。ギルバート、フェリー、ブラウンに囲まれ、シャックは記者団を楽しませた。「ダニー・フェリーというのが誰なのか、コンピューターで調べなければならなかった」とフェリーをからかう。ブラウンに対しては戦い方を決めてしまった。「他のチームは私たちに対してマッチアップを組むのに苦戦することになる。だがこのチームは、誰に対してもダブルチームをつけることはない。今後は絶対にだ」。レブロンと一緒にプレーすることについて記者たちから質問を受けると、シャックは自分が何のために連れて来られたかはっきりとわかっていると断言した。レブロンを引き留めるためだ。「キングを守ることが私の仕事だ。ここはレブロンのチームなんだ。理想的には、やるべき仕事をやって勝つことができれば、彼にはここに残る以外の選択肢はなくなる。『キングのためにリングを獲る』。それが私のシンプルな宣言だ」

ギルバートはその言葉の響きが気に入った。

＊＊＊

シャックがキャバリアーズに加入するという知らせをレブロンが受けたのは、フレンチ・リビエラでサバンナ・ブリンソンと休暇を過ごしていたときだった。レブロンは大喜びだった。クリーブランドで正真正銘のスター選手とチームメイトになるのは初めてのことだ。シャックは全盛期を過ぎてはいるかもしれないが、コート上では今も野獣のようだった。そしてレブロンは、自分とシャックはよく似ていると考えていた。どちらもバスケットボールを楽しんでプレーすることが好きな大男だ。レブロンは、シャックがクリーブランドでメディアに語ったコメントを読んだ。彼はあるライターに、こう語っていた。「素晴らしい気分だ。いい感じだ。私はもうずっと長くやってきた古い男だが、ここでは新しい派手なやつと一緒にやれるんだから」。レブロンは、シャックが自分の憧れている場所へ到達した男であることを喜んでいた。自分もそこに行く助けになってくれるチームメイトができたと考えていた。

フランスでしかるべき休暇を終えると、レブロンは再び山積みの要求に応えなければならなかった。NBAのMVPに君臨する選手であり、公開間近のドキュメンタリーのプロデューサーであり、二つの会社の創立者でもある彼は、ビジネスと楽しみが入り混じった忙しい夏を過ごした。アイダホ州サンバレーでは、ウォーレン・バフェットやビル・ゲイツと一緒にゴルフに興じた。ロサンゼルスのBETアワードでは最優秀男性アスリート賞に輝いた。パリへ飛び、ファッション写真家のマルセル・ハルトマンに撮影された。リアーナと組んで、ニューヨークの新たなスパのグランドオープンを宣伝した。アクロンで行われるナイキキャンプにリン・メリットを迎え、またナイキが主催する一連のバスケットボールキャンプのため再び中国を訪れた。秋に放送される、チャーリー・ローズとの一時間のインタビューを収録した。HBOのTVドラマ『アントラージュ』に本人役で出演し、マット・デイモンの相棒を務めた。

しかしオフシーズンの一番の出来事は、大統領執務室でのバラク・オバマ大統領との面会が急遽実現したことだった。レブロンは、スプリングヒル社のドキュメンタリー『モア・ザン・ア・ゲーム』のプレミア上映のためマーベリック・カーター、リッチ・ポール、ランディ・ミムズとともにワシントンを訪れていた。アポイントを取っていたわけではなかったが、オバマ大統領のほうから彼らとの面会をカレンダーに押し込んできた。レブロンたちは、誇らしく感じながらホワイトハウス西棟に足を踏み入れた。

オバマの出馬以前には、レブロンは大統領の政治活動にあまり関心を持ってはいなかった。しかし、サバンナとともにオバマの選挙キャンペーンに協力し、大統領選でのオバマ支持を公言して以来、レブロンはオバマの動きを注視していた。注目の視線を集めるのがどのようなことであるかはレブロンも知っていた。だがオバマ大統領は、おそらく地球上で最も厳しい監視の目に晒されている人物だ。それでも彼は、素晴らしいほどの威厳をもって自分自身を貫いていた。レブロンが模範とするような人物は多くはなかったが、オバマからはインスピレーションが得られた。彼がいることで、レブロンは社会に貢献するため、また若者たちの良き手本となるため、さらに努力したいと思うようになった。

＊＊＊

ビッシンガーは、『シューティング・スターズ』と題されたレブロンの本の新刊見本を『ヴァニティ・フェア』誌編集長のグレイドン・カーターに見せた。それを読んだカーターは、ビッシンガーがレブロンと高校時代のチームメイトたちとの感動的な絆を見事に表現していると感じた。レブロンが自分自身について の個人的な情報をあまり明かそうとしていないのは、賢明なことだとカーターは思った。彼はまた、ジェイ・Zやバフェット、マイク・シャシェフスキーなど、この本にコメントを寄せたレブロンの友人たちの豪華さにも感銘を受けた。彼はビッシンガーに、出版に向けて何か協力できることがあるかと訊ねた。

「抜粋を掲載してもらうことはできるか？」とビッシンガーは言う。

「もちろん」とカーターは答えた。

ビッシンガーは大喜びだった。『ヴァニティ・フェア』誌に抜粋が掲載されれば、この本がベストセラーとなる可能性は高まる。

カーターはまた、彼がマンハッタンのミッドタウンに所有する多国籍料理レストラン「モンキー・バー」で出版記念パーティーを開催することを申し出た。『ヴァニティ・フェア』誌は、毎年アカデミー賞の授賞式後にアフターパーティーを開くことで知られている。出版記念パーティーのため、カーターは映画、テレビ、出版業界の数十人の著名人からなる招待者リストを作成した。

レブロンには、一冊の本の出版にこれほどの支援が得られるのがいかに異例なことであるかという感覚はわからなかった。しかし、注目の的となることにはもう慣れていた。『シューティング・スターズ』の発売日である二〇〇九年九月九日、モンキー・バーに足を踏み入れた彼は、まるでベテラン政治家のように、握手や世間話を交えながらその場に対応した。近づいてくる一人ひとりに対して、彼は一緒にイベントに参加した母親とサバンナを紹介していった。

その数日後の夜、レブロンは『ザ・デイリー・ショー・ウィズ・ジョン・スチュワート』に出演した。表向きは本の宣伝をするための出演だった。しかしレブロンは、『シューティング・スターズ』についてはほとんど話さなかった。それよりも、FAとなる翌年にニューヨーク・ニックスに移る可能性についてジョン・スチュワートにいじられ、それに付き合うことになった。番組の途中でスチュワートは、「アイ・ラブ・ニューヨーク」と書かれたコーヒーカップをテーブルに置いた。見学者たちは笑い声を上げた。

「私たちの街のことは知っている？」とスチュワートは言う。「チームもある。ニッカボッカーズというんだが。バスケットボールのチームだ」

レブロンはニヤリと笑った。

会場は笑いに包まれた。

「シェイク・シャックは知っている？」とスチュワートが言い、テイクアウトフードの袋をテーブルにポンッと置いた。

レブロンは笑った。

「もう決めたのかな？　クリーブランドに残るのか、それとも別の街でプレーしようかと考えたことは？」とスチュワートは訊ねる。

「まあ、私は今ニューヨークにいる、君と一緒に。だから今はここにいるんだけど」とレブロン。

観客は大喜びだった。

レブロンはまたニヤリと笑い、「どうだろう」と言う。

ビッシンガーは、レブロンが番組内で本の宣伝をしなかったことに不満だった。表紙には二人の名前が書かれており、宣伝に関してはチームとして協力するはずだった。しかし、宣伝担当者が用意したトークショーやテレビのインタビューにビッシンガーがすべて応じる一方で、レブロンは本の宣伝にはほとんど興味を示さなかった。書評もあまり芳しくはなかった。『ニューヨーク・タイムズ』紙の書評家ドワイト・ガーナーは、『シューティング・スターズ』について「まずまずの一冊（中略）平均よりはましなヤングアダルト小説のように読める」と述べた。決して高評価ではない。この書評では、レブロンがビッシンガーと組んだことを「賢明」と称賛しながらも、「鬱屈」「火花散る咬合」「バスケットボールという嘲笑的な残虐行為」「棘を纏った一団」といった言葉はビッシンガーがレブロンに言わせたものではないかとの見方も示した。「職業作家の言葉であり、ジェームズの言語だとは感じられない。この物語がかけようとする魔法を解いてしまうものだ」とガーナーは書いた。

ビッシンガーは苛立っていた。レブロンのスター性、ビッシンガーの輝かしい実績、『ヴァニティ・フェア』誌の抜粋、有名人たちによるコメント、そしてメディアでの盛んな宣伝をもってしても、本の売れ行きは伸びなかった。『ニューヨーク・タイムズ』紙のベストセラーリストに載ることもなかった。ビッシンガーにとっては後味の悪さを残す経験となった。

＊＊＊

ギルバートもレブロンを快く思っていなかった。スチュワートによるインタビューは、まるでレブロンがニックスと浮気しようとする機会のようであり、ギルバートにとってまったく楽しめるものではなかった。レブロンが自分の将来のプランについて語っていることも、ギルバートにとっては気に入らなかった。また、チャーリー・ローズがレブロンに行ったインタビューでは、二人が夏のはじめに交わしていたというプライベートな会話について明かされた。

**ローズ：一緒にゴルフをしたとき、あなたはこう言った。「今年プレーして、それからあらゆる選択肢について考えてみるつもりだ。自分自身のため、母のため、〝レブロンチーム〟にいる人たちのために、そうする義務がある」と。**

**レブロン：そうだった。**

**ローズ：どう決めるのか？　それが私からの質問だ。**

**レブロン：私は勝ちたい。ダニー（・フェリー）も、オーナーグループも、間違いなく素晴らしかったと思う。しかし同時に、アスリートとして、競技者としては、最高のレベルで成功を続けたいと思うものだ。**

ギルバートにとって、レブロンの言葉は心を乱されるものだった。レブロンのボディランゲージも彼を不安にさせた。トレーニングキャンプにやって来たレブロンは、ギルバートには、やる気がなく退屈そうに見えた。特にメディアデーでの様子だ。キャバリアーズの番記者たちに囲まれたレブロンは壁にもたれかかり、作り笑顔を浮かべつつ、定型文のような言葉で質問に答えていた。

近くでは、ヘッドコーチのブラウンがレブロンとの関係について質問を受けていた。「レブロンは私がコーチすることを許してくれている」とブラウンは言った。

ブラウンの答えにギルバートは絶句した。ブラウンはヘッドコーチとして五シーズン目であり、NBA年間最優秀コーチにも輝いた男だ。そのブラウンに、レブロンはコーチすることを「許して」いる？　それは一体……？

メディアがレブロンに群がるかたわら、ギルバートは、『エスクァイア』誌に寄稿していたクリーブランド出身のジャーナリスト、スコット・ラーブから声をかけられた。クリーブランドのスポーツの熱狂的ファンであるラーブは、キャバリアーズがついにNBAタイトルを手に入れようとしていると感じていた。彼はギルバートに、二〇〇九―一〇シーズンについての本を書くことを計画していると告げた。そして、レブロンはシーズン終了後もチームに残ると思うかどうかと訊ねた。

ギルバートは肩をすくめる。「誰にもわからない。私は彼が残ってくれると思っている」と答えた。

ラーブは、レブロンがクリーブランドを去るのは絶対にあってはならないことだと意見した。

ギルバートもそう信じたかった。しかし内心では、ジャーナリストにそんなことを認めるつもりはないとしても、疑念を抱いていた。

＊＊＊

キャバリアーズは三勝二敗でスタートを切った。二〇〇九年一一月四日、レブロンは自宅でワールドシリーズ第六戦を見ていた。マリアノ・リベラ投手がフィラデルフィア・フィリーズのシェーン・ビクトリーノ外野手をゴロに打ち取って試合を終わらせると、ダグアウトから飛び出してきたニューヨーク・ヤンキースの選手たちがリベラを囲んだ。ヤンキースは二七回目の優勝を果たしたのだ。大のヤンキースファンであるレブロンは、デレク・ジーターに祝福のメールを送った。それからアレックス・ロドリゲスに。CC・サバシアにも。

翌日の夜、ホームでの接戦に敗れたあと、レブロンはチームとともにニューヨークへ飛んでミッドタウンのホテルにチェックインした。市内ではヤンキースのティッカー・テープ・パレードが準備されているところだった。しかし、翌朝目を覚ましたニューヨーカーたちは、『デイリーニューズ』紙の裏面全体に掲載されたレブロンの手紙を目にすることになった。手紙は次のように始まっていた。

**私にとって、プレーをするのが世界一好きな場所の一つであるニューヨークに、また暖かく迎えてくれてありがとう。ビッグアップルはいつも私に良くしてくれる。だから、感謝の思いを伝えるために何か特別なことをしたかった。**

手紙の中でレブロンは、高校生プレーヤーたちを練習会に無料招待するため、ニューヨーク市内の七つの体育館を手配したと発表した。気候が寒くなったこの時期に、暖かく安全にプレーできる場所を子どもたちに提供したいというのがレブロンの考えだった。

ニューヨーカーたちは大喜びだった。ヤンキースは再びチャンピオンになった。そしてレブロンは、ビッグアップルを将来のホームにするかのような口ぶりだ。

パレードが行われた間、レブロンは眠っていた。しかし、その夜にマディソン・スクエア・ガーデンのコートに足を踏み入れると、ヤンキースのメンバーたちがジェイ・Zと一緒にコートサイドに座っていた。まるでプレーオフの試合のような雰囲気だった。ニックスのファンたちはレブロンのユニフォームを着て、ニックスのユニフォームにレブロンを重ねた写真を掲げた。あるニックスファンは、レブロンの名前を入れたニックスのユニフォームを着てヤンキースの帽子をかぶり、写真に「二三六日」という文字を加えたサインボードを掲げていた。

試合開始前にはヤンキースの選手たちが紹介され、スタンディングオベーションを受けた。レブロンも立ち上がり、音響設備からフランク・シナトラの「ニューヨーク、ニューヨーク」が流れる中で、ヤンキースの選手たちに拍手を送った。

レブロンは第一クオーターで一九得点。フェイダウェイ・スリーポイントを決めたあと、ジェイ・Zの手を叩く場面もあった。クオーターの最後はブザーと同時にまたもスリーポイントで締めくくる。そして、ヤンキースの選手たちを見て指を三本立ててみせた。ニックスのファンは騒然としていた。スコアはキャバリアーズが四〇対二一でリード。

レブロンは、このような瞬間のために生きていた。大舞台であればあるほどパフォーマンスを発揮できる。観客のリアクションからも充実感を得られた。

後半はニックスが反撃。しかし、レブロンは終始圧倒的だった。三三得点、九アシスト、八リバウンドで試合を終え、チームを一〇〇対九一の勝利に導いた。コートを出る前に彼は、ＥＳＰＮのドリス・バークに詰め寄られた。

「マディソン・スクエア・ガーデン。この舞台。あなたほどの選手にとって、どうか？」とバークは言う。

「ここはバスケットボールのメッカだ。この会場で起きたことをたくさん覚えている。伝説的なバスケットボールコートだ。競技者や、歴史を知っている者なら、ぜひともここでプレーしたいだろう」とレブロンは答えた。

＊＊＊

二〇〇九年一一月二七日の午前二時頃、タイガー・ウッズはゴルフクラブを持った妻に家を追い出され、車道まで追いかけられ、逃げるように車に飛び乗った。そして消火栓に接触したあと隣家の前庭の木に激突。妻はゴルフクラブで車の窓を叩き、タイガーは地面に倒れ込む。タイガーの家に滞在していた彼の母親が家の外へ駆け出してきて、「何が起きたの？」と叫んだ。スポーツ史上最大の、栄光からの転落が始まった瞬間だった。

レブロンはウッズと直接の関係を持ってはいなかったが、二人には共通点もあった。どちらも『スポーツ・イラストレイテッド』誌によって「選ばれし者」と呼ばれていた。両者とも大きな期待に見事に応え、それぞれのスポーツで世界最高の選手とみなされていた。二人は世界屈指の財産を築いたアスリートでもあった。ウッズは一〇億ドルを稼ぎ出した史上初のスポーツ選手であり、『フォーブス』誌によれば当時最も裕福なアスリートだった。レブロンもトップ5に入っていた。二人の富の最大の源泉はナイキにある。彼らはナイキにとって最も重要なアスリートたちだった。ナイキの序列ではウッズが一位で、レブロンは二位。しかし、それが変わろうとしていた。

一一月二七日、キャバリアーズは夜にシャーロット・ボブキャッツとの対戦を予定しており、レブロンはシャーロットで目を覚ました。最初にニュースを目にした彼は、ウッズの母親と同じことを思った。だが数日のうちに、ウッズは壮絶な不倫スキャンダルに巻き込まれることになる。ウッズとの性的関係を暴露する女性が次から次へと現れ、彼が周到に築き上げてきたイメージは打ち砕かれた。

当初レブロンは、ウッズの状況が自分にどのような影響を与えるのか予想していなかった。ウッズがジレンマに陥るに至った複雑な事情に共感することもできなかった。しかし、キャバリアーズがクリスマスの日のデーゲームでロサンゼルス・レイカーズと対戦するためロサンゼルス入りする頃になると、ウッズは結婚生活を守るためにゴルフから遠ざかり、ナイキ以外の企業スポンサーはほとんどすべて彼から手を引いていた。ウッズのキャリアは休止状態となり、私生活もボロボロだった。ナイキでは、静かにバトンが渡された。名声を誇るレブロンがナイキの新たな主役となった。

レブロンがウッズのことよりもはるかに強く気にしていたのは、コービーとレイカーズのことだった。前年に引き続き、キャバリアーズとレイカーズはＮＢＡファイナルでの激突が運命づけられているかのようだった。レイカーズは二三勝四敗、キャバリアーズは二二勝八敗。その両チームの対戦は全国中継が行われ、ＮＢＡはリーグの二大スターの決戦として大々的に宣伝した。レブロンとコービーは期待通りのショーを演じ、二人で合計六一得点と一七アシストを記録。最終的にはレブロンに軍配が上がり、キャバリアーズが点差を引き離して一〇二対八七で勝利を収めた。

一カ月後、レイカーズがクリーブランドにやって来ると、レブロンとコービーはまたも激戦を演じた。レブロンは第四クオーターに連続一二得点を挙げてチームにリードをもたらす。コービーはこの試合三一得点。だがレブロンは三七得点。残り二三秒でのタイムアウト中に、クリーブランドのファンはサイドラインで飛び跳ねるレブロンにスタンディングオベーションを送り、『モア・ザン・ア・ゲーム』のサウンドトラックに収録されている「フォーエバー」の歌詞をアリーナに響き渡らせた。

## 炎の中の情熱に火がつく
## 一度ついたら消せはしない

キャバリアーズは勢いに乗っていた。

シャックは、もう一度タイトルを獲る決意を固めてクリーブランドにやって来た。レブロンが街の人気者であることは最初から知っていた。クリーブランドでのレブロンの名声は、レイカーズがリーグを席巻していた二〇〇〇年代初頭に自分がロサンゼルスでどれほどビッグな存在であったかをシャックに思い起こさせた。しかしシャックには、はじめは理解できないこともあった。組織全体が一人の選手に全面的に服従していることだ。レブロンの影響力は浸透し切っており、ヘッドコーチさえも無力だった。「コーチのブラウンはいいやつだった。だが薄氷の上で生きていかなければならなかった。誰もレブロンと対立してはならないからだ。彼にクリーブランドを出て行ってほしくないと誰もが望んでいたので、彼は何でもやりたい放題だった」と、シャックは見ていた。

シャックはレブロンと一緒にプレーするのを気に入っていた。彼が特に評価したのは、レブロンが選手たちの間に非常に一体感のある文化を作り上げていたことだ。「今までの人生でプレーした中でも絶対に一番面白いチームだ」と、シャックは語った。「レブロンはチームがどこへ行っても、メッセージを送ってくる。『ステーキハウスで集まろう、八時に』『映画に行こう』『今夜はパーティーだ』って。本当に強くまとまったグループだ」。しかし、シャックは将来的なトラブルの種も感じ取っていた。シーズン中のあるとき、ブラウンの主導でプレービデオを観るミーティングが行われた。レブロンがショットを外したあと、全力でディフェンスに戻らなかった場面を誰もが目にした。だがブラウンは何も言うことなく次のプレーへ進む。モー・ウィリアムズがほぼ同じことをしていた。「おい、モー、こんなのはダメだ。もう少し頑張って戻らないと」とブラウンは彼に指摘した。そこでチームメイトのデロンテ・ウェストが立ち上がって言う。「ちょっと待ってくれ。そんな風にふざけている場合じゃない。全員が自分のすることに責任を持たないと。一部の選手だけではなく」

「わかっている、デロンテ。わかっている」と、ブラウンは言った。

シャックは、レブロンが二〇〇九―一〇シーズンの試合中にたびたびブラウンを無視していることにも気がついていた。ブラウンは何とかして衝突を避けようとしていた。気まずい様子だった。それでもキャバリアーズは六一勝二一敗を記録し、二年続けてNBA最高の総合成績でレギュラーシーズンを終えた。プレーオフ一回戦ではシカゴ・ブルズを難なく退け、キャバリアーズはイースタン・カンファレンス準決勝でもボストン・セルティックスを一蹴すると予想されていた。

＊＊＊

GMのダニー・エインジは楽観的にはなれなかった。セルティックスはあまり良いシーズンを過ごしてはいなかった。五〇勝を挙げたとはいえ、終盤戦は苦戦を強いられ、面白みのないバスケットボールをしていた。レブロンの調子を見れば、セルティックスはキャバリアーズに対してほとんど勝ち目がないとエインジは考えていた。

クリーブランドでの第一戦を前に、セルティックスのドック・リバースヘッドコーチは、選手たちがレブロン率いるキャバリアーズと徹底的に戦うよう鼓舞することを試みた。「あいつらは楽しもうとしている。我々の仕事は楽しくない試合にすることだ。ひどい戦争にすること。残酷な戦いにすること。クソのように難しくすること。あいつらが諦めるくらい難しくしてやることだ」と、リバースは吠えた。

セルティックスはクリーブランドでの第一戦で奮闘した。レブロンが三五得点を挙げてチームを勝利に導いたが、セルティックスに戦わずして負ける気がないことは明らかだった。第二戦の開始前に、レブロンは二〇〇九―一〇シーズンのＭＶＰトロフィーを受け取った。二年連続で手に入れた栄誉だった。だが試合前に行われたセレモニーはセルティックスに火をつけたようだ。この夜は彼らがキャバリアーズを打ち負かし、シリーズは一勝一敗のタイとなった。

シリーズがボストンに移ると、レブロンはセルティックスの希望を断ち切ろうと試みた。猛烈な勢いで飛び出し、第一クオーターで二一得点を記録。レブロンは最終的に三七得点を挙げ、キャバリアーズは一二四対九五で勝利。セルティックスにとってはホームコートでのプレーオフの試合でチーム史上最悪の敗戦となった。ボストンのファンはコートを去ろうとするセルティックスにブーイングを浴びせた。

エインジは何も驚いてはいなかった。レブロンはリーグ最高の選手にふさわしいプレーをしていた。ポール・ピアースは、レブロンの前に立ちはだかった二〇〇八年とは別人のようなプレーだった。キャバリアーズは二勝一敗でリード。セルティックスは第四戦を絶対に落とすわけにはいかなかった。

シリーズの主導権を握るチャンスだったにもかかわらず、第四戦のレブロンは集中力を欠いているかのようだった。パスは狙いが定まらず、何度もセルティックスの手に渡った。得点力も振るわなかった。一方で、セルティックスのポイントガード、ラジョン・ロンドは人生最高の試合を演じ、二九得点、一八リバウンド、一三アシストを記録。そのアシストの一つが試合のターニングポイントとなった。第三クオーター終盤、ロンドは速攻からリングへ向かい、レイアップを打とうとした。レブロンが守備において得意としているのは、相手選手を後ろから追いかけ、完璧なタイミングのジャンプでレイアップを掻き出すプレーだ。レブロンが近づいているのを感じ取りつつ、ロンドは跳躍。レブロンが彼のショットをブロックしようと跳んだところで、ロンドは追いかけてきていた味方選手に背中からパスを通す。欺かれたレブロンが離れた位置で宙に浮いているのを尻目に、ロンドのチームメイトがダンクを叩き込み、セルティックスのファンを熱狂させた。

セルティックスの快進撃は続き、キャバリアーズは崩壊した。レブロンの得点減少を補うため、ブラウンは次々と選手を交代させ、何とか得点を積み上げられるラインナップを見つけ出そうとしていた。混乱している様子に、シャックはサイドラインのブラウンに向けて怒りを露わにする場面もあった。セルティックスのファンは精彩を欠くレブロンのパフォーマンスに沸き立ち、ロンドがボールに触れると「M・V・P」と叫ぶ。セルティックスは九七対八七で快勝し、シリーズは二勝二敗のタイとなった。

＊＊＊

レブロンが低調な試合をすることは滅多になかったが、たまにそういったことがあると、次の試合では必ず立ち直って強烈なパフォーマンスを見せていた。しかし、クリーブランドで行われた第五戦は、彼の七年間のキャリアの中でも一度もなかった異常事態でスタートした。第一クオーターを通してわずか一本のショットしか打たず、一点も取ることができなかったのだ。第二クオーターはさらにひどかった。レブロンは三本のショットを放ってすべて失敗。ハーフタイムの時点でわずか八得点にとどまっており、そのすべてがフリースローラインから決めたものだった。セルティックスは大差をつけようとしていた。

レブロンのチームメイトたちは困惑していた。特にシャックだ。「第五戦のレブロンは明らかに心ここにあらずといった感じだった。彼はいつでもスイッチを入れられるとずっと信じていたが、何らかの理由でそうはしなかった。おかしかった」と、のちにシャックは語った。

第四クオーターを迎える頃には、信じがたいことが起こっていた。クリーブランドのファンがレブロンにブーイングを浴びせたのだ。そして、残り時間八分あまりの時点でキャバリアーズは六八対九二で追いかける展開。ファンは出口に群がっていた。石のように固い表情でコートサイド席に座っていたキャバリアーズのオーナー、ギルバートは、シャツの一番上のボタンを外し、ネクタイを緩め、胸の前で腕を組んでいた。彼には、レブロンはもう終わってしまったかのように見えた。シーズンの最も重要な試合で、レブロンはショット一四本中成功三本という数字を残し、セルティックスが一二〇対八八で勝利。キャバリアーズの歴史上、ホームでのプレーオフで最悪の敗戦だった。ギルバートは自分を見失っていた。

レブロンの試合後の発言は、彼がチームから切り離されているという認識をさらに強めるものとなった。「私はコート上で最高の選手であるために自分自身に強いプレッシャーをかけている。そうなれないときは、自分が嫌になる。コートに出て、自分ができるはずだとわかっていることができていないということだからだ」と彼は語った。

自分のプレーが悪かったことはわかっていた。しかし、一試合良くなかっただけで自分の姿勢を疑問視してくるような人々には我慢ならなかった。「私が活躍するのを当たり前だと思うようになっている人が多い。七年間のキャリアの中で良くない試合が三つあったとして、それを指摘するのは安易なことだ」

セルティックスが三勝二敗でリードし、シリーズはボストンに戻る。レブロンへの批判はさらにエスカレートしていた。その頃「米国で最も有名なスポーツコラムニスト」と呼ばれていたビル・シモンズはTwitterで、レブロンがフリースローを放つ際には「ニューヨーク・ニックス」とチャントするようにと促した。そして実際、ボストンで行われた第六戦でレブロンが初めてフリースローラインに立つと、観衆は「ニューヨーク・ニックス、ニューヨーク・ニックス」のチャントを彼に送った。レブロンに対する挑発は試合の間中続けられた。

レブロンは第四戦と第五戦よりはマシなプレーをした。しかし、最後の数分間は驚くような光景となった。一〇点差をつけられていたキャバリアーズは、すでに諦めたかに見えた。ボストンのファンは「レブロンは出て行く」と歌い始める。時計が最後の一秒を刻むとボストンのファンは総立ちとなった。レブロンはセルティックスの選手たち一人ひとりとハグを交わして勝利を祝い、彼らの幸運を祈った。レブロンは二七得点、一九リバウンド、一〇アシストを記録。他の選手なら誰であっても素晴らしい数字だ。だがされていた。

バスケットボール界でもっとも偉大な選手には、特にこのような大事な場面では、それ以上のことが期待されていた。

ＴＤガーデンに座っていたセルティックスのＧＭエインジは、自分の目撃した光景を受け入れ切れずにいた。「何が起こっていたのかわからない。だが彼は、私が二〇〇八年に見たレブロン・ジェームズではなかった」とエインジは語った。マイケル・ジョーダンと戦い続けた現役時代を通して、エインジはジョーダンがプレーオフシリーズで存在感を失うような場面など見たことがなかった。「マイケルには決してそんなことは起こらなかった。たとえチームが負けたとしても、彼がシリーズの最高の選手ではなかったことなど絶対になかった」

ボストンでレブロンが見せたパフォーマンスを見極めていたのはエインジだけではなかった。コートを出てユニフォームを脱いだ彼が通路へと消えていくのを、マイアミ・ヒートのＧＭ、パット・ライリーはテレビで見守っていた。「また負けた。七年間、彼は頭に壁を打ちつけている」と、ライリーは思った。ヒートのユニフォームを着たレブロンの姿を見たいと決意していたライリーは、彼をクリーブランドから誘い出す方法をすでに計画していた。

シャワーを浴びて服を着たあと、レブロンはＴＤガーデン地下のプレスルームの壇上に上がった。去就に関する質問が飛び交うが、レブロンはそれを受け流した。「未来を予測することは決してできない。しかし同時に、未来は今起こっていることよりもはるかに明るいものになってほしいと誰もが願うものだ」と彼は語った。

サングラスをかけてバックパックを背負い、彼は部屋を出た。

レブロンが正式にＦＡとなるのは七月一日だが、ＮＢＡ史上最も強く注目を集めるオフシーズンが始まろうとしていた。

CHAPTER 27

# レブロンの夏

クリーブランド・キャバリアーズがボストン・セルティックスに敗れた翌朝、あるスポーツゴシップサイトが、レブロン・ジェームズのチームメイトであるデロンテ・ウェストがグロリア・ジェームズと不倫関係にあるという記事を掲載した。同サイトは匿名の情報筋を引用しつつ、レブロンがこの不倫関係を知ったのはボストンで行われた第四戦の直前だったと主張した。根拠のない下劣な噂だった。しかし、レブロンが第四戦と第五戦で不可解なほど無気力に感じられたことが隙を生み出し、この話はインターネット上で話題となった。数時間のうちに『バースツール・スポーツ』がこの話を取り上げ、『デッドスピン』も絡んできた。間もなく噂はTwitterのトレンドとなった。ウェストは口を閉ざしていた。NBAのある有力選手は、「今噂を聞いた。デロンテ、違うと言え」とツイートした。

レブロンはソーシャルメディアを利用していなかった。これまではTwitter開設も拒み続けていた。しかし彼は、インターネットとTwitterが厄介な噂を強力な武器にしてしまう様子を目の当たりにした。一つツイートが投稿されるたびに、グロリアは何度も何度も辱められた。ゴシップ好きな者たちのおもちゃだった。レブロンはそれを止めようと決意し、顧問弁護士に相談した。

フレデリック・R・ナンスはこの件について、道徳的に卑劣な話だと思った。また、名誉毀損の法的要件も満たしていると判断した。だが第一印象としては、噂があまりに常軌を逸した馬鹿げたものであったため、否定するにも値しないとナンスは考えた。しかし、否定されなかった噂は沈静化するどころか、週末になると勢いを増していった。ナンスはさらに考えた末に、五月一七日にゴシップサイトの運営者宛に掲載停止を求める次のような文書を送った。「私はグロリアとレブロンの弁護士だ。グロリアに関して、貴サイトが中心となって拡散させている虚偽を繰り返すことを停止するよう要求させていただく。明らかに虚偽であり、名誉毀損にあたるものだ」

ナンスがゴシップサイトに対応する一方で、マーベリック・カーターは別の問題を抱えていた。レブロンがFAになることに関して、バズ・ビッシンガーが意見を述べてきたのだ。彼は『ニューヨーク・タイムズ』紙の論説で、レブロンは「家を出ることを恐れて」おり、「彼自身が感情面でも選手としても成長するために」クリーブランドを出る必要があるという考えを記した。

後になって思えば、ビッシンガーはレブロンの本を書いたことで裏切られたような気分だった。報酬は良かった。しかし、ビッシンガーは恥じていた。彼はハーバード大学のニーマン・ジャーナリズム財団の学生たちに向けて、恥ずかしげもなく正直に「あの本はクソのような一冊だった。だがギャラは本当に良かった」と話したほどだった。

ビッシンガーは『ニューヨーク・タイムズ』紙の記事の中で、ボストンでの第五戦のレブロンのパフォーマンスを「驚くほど」に「許せない」ものだったと評し、レブロンはバスケットボール史上最も偉大な選手ではないと主張した。「彼はマイケル・ジョーダンやマジック・ジョンソンのような選手たちと特によく比較されるが、そういった選手たちの勝負強さや、ここぞという場面でのメンタリティに近いものすら見せたことがない。カリーム・アブドゥル＝ジャバーと同じカテゴリーに属するような選手ではない。コービー・ブライアントでもない」とビッシンガーは書いていた。エッセイの最後は直接的にレブロンに語りかける言葉で締めくくり、「今こそ家を出るべきときだ」と述べた。

マーベリックは不満だった。ビッシンガーを連れて来たのは彼だった。そしてマーベリックのおかげで、ビッシンガーはレブロンの家のキッチンテーブルに座ったのだ。『ニューヨーク・タイムズ』紙の記事は、裏切り行為のように感じられた。マーベリックの仕事はレブロンを守ることだった。その彼が支持していたライターが友人に対してこんなことをするというのは心苦しかった。

突然のように、マーベリックはもはやビッシンガーと連絡を取り合う関係ではなくなった。

一方、レブロンは評論家たちから叩かれていた。「レブロン・ジェームズはレギュラーシーズン専用機だ」と、スキップ・ベイレスはESPN2の『ファースト・アンド・テン』で語った。「彼はレギュラーシーズンの原動力だ。うちの局の『スポーツ・センター』でやっている毎晩のベストプレー集にもぴったりだ。レギュラーシーズンではいつもナンバーワンだから。ポストシーズンになると……彼は、私がこの業界に携わるようになってから最も過大評価され最も過大に騒がれるスーパースターだ」

＊＊＊

NBAのルール上、レブロンをクリーブランドに引き留めるためにどれだけの資金を使うことができるかという点で、ダン・ギルバートは優位に立っていた。キャバリアーズはレブロンに六年間で最高一億二六〇〇万ドルを提示することが認められる。レブロンとの契約を希望する他チームからの提示額は、五年契約で九六〇〇万ドルが上限となる。スター選手にあまりチームを移らせないことを意図したシステムだった。しかしギルバートは、レブロンをクリーブランドに引き留めるためには金銭以上のものが必要だとわかっていた。彼はまた、レブロンとマイク・ブラウンヘッドコーチの関係が機能不全に陥っていることも知っていた。ブラウンはチーム史上最も成功したコーチだったが、ギルバートは変化を決断。五月下旬、彼はブラウンを解任した。

ギルバートは公式声明の中で次のように述べた。「このチームは非常に高い期待を抱いている。そして、変化には常にリスクが伴うものではあるが、より高いレベルの新たな目標を達成するためには、そういったリスクを冒さなければならないこともある。今がそのときだ」

レブロンはブラウンの解任について何も言わなかった。しかし、チームメイトたちは憤慨していた。「すべての責任をブラウンに押しつけて、それで何もかも解決すると思っているのなら、また別のことが起こるだろう」と、ジードルーナス・イルガウスカスは語った。

「彼が解任に値したとは思わない。彼のことは大好きだったので私も傷ついている」とモー・ウィリアムズは心情を口にした。

しかし、ギルバートの息のかかった有力ライターの一人はこの決定を支持した。

「起こるべくして起こった」と書いたのは、『エスクァイア』誌のスコット・ラーブだ。「セルティックスとの第六戦のキャブスほど、公然とコーチを見捨てたチームを私は見たことがなかった。（中略）それは悲しく、それは醜く、そして明らかにチームからブラウンへと突き立てられた中指であった。特に、そのチームのリーダーであるレブロン・ジェームズから」

ギルバートがブラウンを解任したあと、GMのダニー・フェリーは辞任した。

一方でギルバートは焦燥感に駆られていた。シーズンが終わって以来、彼はレブロンから文句の一つも聞かされてはいなかったのだ。

＊＊＊

セルティックスは再びNBAファイナル出場を果たし、ロサンゼルス・レイカーズと激突した。その第二戦、マーベリックはアリ・エマニュエルとマーク・ダウリーと並んで、コートサイドでレイカーズベンチの横に座っていた。エマニュエルはウィリアム・モリス・エンデバー（WME）社のCEOであり、ハリウッドで最も力のあるエージェントだった。彼の顧客にはオプラ・ウィンフリー、マーティン・スコセッシ、ドウェイン・ジョンソン、ドナルド・トランプなどが名を連ねていた。彼は同世代最高のエージェントとして広く知られ、政治の世界にも強いコネクションを持っていた。兄のラーム・エマニュエルはバラク・オバマ大統領の首席補佐官だった。

ダウリーは、WMEでエマニュエルに戦術的助言を与えていた。彼はマーケティングの第一人者であり、同社のシニアパートナーだった。以前に彼は、LRMRがアクロンで主催した初期のマーケティングサミットの一つに出席したことがあった。マーベリックがレブロンのために行っていた仕事に感心したダウリーは彼と親交を深め、それはやがてビジネス上の関係に発展した。レブロンのNBA関連の契約はレオン・ローズが担当していたが、テレビCM契約やその他のエンターテインメント関連の案件についてはWMEが担当するようになった。

レイカーズの試合で、マーベリックがエマニュエルとダウリーの間に座っていたという事実は、彼がナイキでのインターン時代からどれほどの前進を遂げてきたかを物語っている。今や彼はハリウッドの大物たちと肩を並べているのだ。第二戦のハーフタイム中に、マーベリックはアナウンサーのジム・グレイが近づいてくるのを見つけた。グレイは彼らに挨拶をしたあと、レブロンについて訊ねた。

「マーベリック、FAの手続きはどうなっているんだ?」とグレイ。

「順調だ」とマーベリック。「いろいろなことが起こるし、いろいろな関心があるだろう」

さらにもう少し世間話をしたあと、グレイは本題に入った。「レブロンがどこへ行くかを決めたあと、最初のインタビューをさせてもらえないか」

「彼に知らせておく」とマーベリックは答えた。

「高校時代に一回、ドラフト指名されたときに一回、サクラメントでの最初の試合で一回。彼にはたくさんインタビューをしてきたから」とグレイは言う。

「説明は不要だ」とマーベリックは答えた。

試合後にマーベリックとエマニュエルがディナーを共にしていると、そこで再びグレイと遭遇した。何とかレブロンの去就発表に関わりたいと考えていたグレイは、別のアイデアを提案してきた。「ライブショーをやるのはどうか。彼の決断をその場で、放送で発表するんだ」

興味をそそられたマーベリックは、いくつか質問をした。

グレイは自分のアイデアを説明した。「君が番組をプロデュースする。番組は君のものだ」

「素晴らしいアイデアじゃないか」と、エマニュエルが口を挟んだ。

「私はインタビューをすることができる。そして君は、レブロンにどこへ行くかの発表をさせることができる」とグレイは続けた。

「マーベリック、やるべきだ」とエマニュエルは言う。

「いいだろう」とマーベリックは言ってエマニュエルのほうを見た。「マネジメントはあなたで？」

「ああ、そうしよう」

グレイは目がくらんでしまいそうだった。

話を終えたあと、エマニュエルとマーベリックはダウリーに電話をかけ、グレイの提案を説明した。エマニュエルは、放送局がどの程度進んで受け入れてくれるかについてダウリーの意見を求めた。

「これをどこかに売れるだろうか？」とエマニュエルは訊ねる。

「ああ、できるが」と、ダウリーはためらいがちに言った。「それよりももっと上のレベルでやるべきことが出てくると思う」

「どういう意味だろうか？」とマーベリック。

「多くのパートナーに売り込むことはできると思うが、収益は全部手放すべきだ」とダウリーは答える。

「なぜ?」とエマニュエルは訊く。

「なぜ?」とマーベリックも繰り返す。

「たくさんの人たちを怒らせることになると思うから」とダウリーは言った。

エマニュエルはダウリーの視点を受け入れ、さらに詳しく説明するよう彼に求めた。

コンセプト的には、レブロンに自分の舞台を与えるというアイデアをダウリーは気に入っていた。結局のところ、彼ほど成功していればもはやスポーツメディアに頼る必要はなく、自らニュースを作って枠にはめることもできるのだ。ESPNのような放送局に話を持ちかけて、一時間番組の条件を設定することもできる。しかし、前代未聞の例となる。従来型のメディアはそれを誤解するかもしれないし、脅威とすら感じるかもしれない。

エマニュエルは、ダウリーの言いたいことを十分に理解していた。何か革命的なことが行われても、人々はそれを理解しない。批判するのが何よりも簡単なことだからだ。エマニュエルのキャリアもそういう話ばかりだった。

ダウリーは、とにかくレブロンが批判されるところは見たくなかった。

それはエマニュエルもマーベリックも同じだった。

三人は批判を緩和する方法を考えた。彼らの思いついた一番のアイデアは、この話に別の側面を加えるため、スポーツをする子どもたちにスポンサー収入を寄付することだった。

マーベリックはボーイズ&ガールズ・クラブを提案した。レブロンはクラブの大きな支援者であり、ジェイ・Zと協力してクラブのために舞台裏で多くの働きをしていた。

企業スポンサーが見つかれば、ショーの制作費を十分にカバーした上で、ボーイズ&ガールズ・クラブに数百万ドルをもたらすことも可能だとダウリーは考えていた。

「それはいいアイデアだ」とエマニュエルは言った。

マーベリックも同意した。レブロンがこのコンセプトを気に入ることも彼は確信していた。ダウリーとマーベリックは、詳細を詰めることに同意した。しかし、ESPNを取り込むにはエマニュエルの影響力が必要だった。ゴールデンタイムの一時間番組というのは大きな要求であり、ネットワークのコンテンツ担当副社長であるジョン・スキッパーからの承諾が必要となるものだった。

「スキッパーに電話して、時間をもらうことにしよう」とエマニュエルは言った。

＊＊＊

ジェームズ・ガンドルフィーニとイーディ・ファルコは、二〇〇七年に『ザ・ソプラノズ』最終話を撮影して以来、一緒に仕事をしたことはなかった。しかし一〇年六月、二人はニューヨーク・ニックスのレブロン獲得を助けるため再会した。ぜひともレブロンが欲しかったニックスのオーナー、ジェームズ・ドーランは、彼を勧誘するため異例の作戦にゴーサインを出した。そのアイデアとは、『シティ・オブ・ウィナーズ（勝利者たちの街）』と名付けた短編映画を作ることだ。ニューヨークのセレブリティたちが何人も登場し、レブロンにこの街の良さを売り込むものとなる。

ニックスが映画を依頼したのはロッコ・カルーソ。ほぼ無名の独立した映画製作者であり、ごくわずかな客しか観に来ないような風変わりな映画を撮ることを専門としていた。カルーソは有名人にはまったく興味がなく、バスケットボールと野球の違いもほとんど知らなかった。しかし、同じ学校に通っていたファルコのことは知っていた。ファルコはレブロンに強い関心があったわけではなかったが、参加することに同意した。ニックスの大ファンであるガンドルフィーニが出演を決めたと知ったことも大きな理由だった。

ファルコとガンドルフィーニの参加が決まると、カルーソはジョナサン・ホックに連絡を取り、監督をやってくれないかと依頼した。彼は経験豊富なスポーツドキュメンタリー映画製作者であり、NFLフィルムズでキャリアをスタートさせていた。ニューヨーク出身で、生粋のニックスファンであるホックは、ドーランの率いるチームが無益に低迷する様子を見てきた。チームと協力してレブロンに訴えかける映画を製作するという仕事は、非常に刺激的だった。「応援するチームのために具体的に何かをする機会など、そうそうあるものではない」とホックは考えた。

六月中に一週間かけて、ホックは必死にドキュメンタリー形式のインタビューを撮り続けた。アレック・ボールドウィンはハンプトンからヘリコプターで駆けつけて、マディソン・スクエア・ガーデンでインタビューを受けた。ルディ・ジュリアーニと、引退したニューヨーク・ヤンキースの強打者レジー・ジャクソンには一日で連続インタビューを行った。また別の日には、ハーヴェイ・ワインスタインとロバート・デ・ニーロをミラマックスのトライベッカ・オフィスで撮影した。コメディアンのクリス・ロック、ニューヨーク・レンジャーズのスター選手マーク・メシエ、ニックスのレジェンドであるウォルト・フレイジャーらもカメラに収まった。ホックはドナルド・トランプにまで、トランプ・タワー内の彼のオフィスでインタビューを行った。このプロジェクトで最もストレスを感じた撮影だった。ホックのクルーが照明とカメラを準備したあと入ってきたトランプは、「何をするんだ?」とせっかちな様子で訊ねた。

「レブロンに、ニックスに来るように説得しようとしているんだ」とホックは説明する。

「マイフレンド、レブロン」とトランプは言い、席に着いた。

トランプのスタッフからは、インタビュー中にどのように彼に照明を当てるかについて特別な指示が送られてきていた。彼の髪に塗られたオレンジ色のジェルは、その色が彼の髪を適切に際立たせるように、一定の濃さが決められていた。そうしなければ、髪の隙間から頭皮が透けて見えてしまうからだ。

クルーが慌ただしくセッティングしている間、トランプは時計を見続けていた。「時間がかかりすぎている」と彼は唸る。

ホックの準備がようやく整うと、トランプはレブロンに向けて、まるで旧知の仲であるかのようにカメラ目線で語りかけた。そして、いくつかの質問に答えたあとホックを見て言う。「時間がかかりすぎだ。もう行かなくては」

ホックにとって、このプロジェクトのハイライトは、ガンドルフィーニのアパートメントに行って彼とファルコとのシーンを撮影したことだった。他の参加者たちとは異なり、ガンドルフィーニとファルコはトニー・ソプラノとカーメラ・ソプラノの役を演じる予定だった。三脚カメラが三台置かれ、照明も数多く用意された。ガンドルフィーニが入ってくると、彼は豊かな顎髭をたくわえていた。

「どうしてほしい？」とガンドルフィーニは言う。

ホックは短い脚本を書いていた。ニューヨークの不動産業者であるカーメラに対して、トニーが部屋を探してほしいと依頼する設定。ニューヨークに引っ越してくる彼の友人、レブロンにぴったりの部屋を。

ガンドルフィーニは髭を指でなでながら、少し考えた。「それなら、私は証人保護プログラムを受けていることにしよう」と彼は言った。

ホックはそのコンセプトを気に入った。トニーとカーメラは、『ザ・ソプラノズ』の最終話が終わったところから話を続ける形となる。二人はニューヨーク市内で証人保護プログラムを受けて生活していることになっていた。

ガンドルフィーニとファルコはキャラクターになり切り、シーンを設定した。キッチンのテーブルに座ってiPadで不動産物件を見ているカーメラに、ソファから立ち上がったトニーが近づいていき、一緒に部屋の候補を見ようとする。

**カーメラ：五番街のマンション。**

**トニー：エレガントさが足りない。**
**カーメラ（次の候補をクリック）：グレイシー・マンション。**
**トニー：歴史が足りない。**

トニーがさらにいくつかの候補を却下したあと、カーメラはスワイプしてマディソン・スクエア・ガーデンのウェブページに飛ぶ。

**トニー：そこだ。ニューヨークでレブロンにふさわしいのはそこしかない。**

カメラの後ろで、ホックは夢心地だった。「彼らがお互いに高め合っているのを見るだけでも。そして、イーディがiPadでガーデンに電話をかけたあと、ガンドルフィーニはカメラに目を向けるんだ。『レブロン、これはもちろん冗談だが、君が本当にニューヨークに来たいと思ってくれるなら素敵なことだ』と言うように。彼がカメラを覗き込んだ瞬間、私はそのカメラの後ろにいたんだ。鳥肌が立った」

数日後、ホックは完成した映像のＤＶＤをガーデンにいるニックスの幹部たちに届けた。

＊＊＊

一時間のテレビ番組を制作し、その中で自分の決断を発表するというアイデアをマーベリックから持ちかけられると、レブロンは信じられないと思った。「どこへ行ってプレーするのかを言うだけで五〇〇万ドルもらえるって？」とレブロンは言う。

馬鹿げた話に思えた。しかし、マーベリックは何も誇張していたわけではない。彼とダウリーはレブロンのパートナー企業に話をしており、どの企業も参加の意志を見せていた。マーベリックはレブロンに、彼がその番組から利益を得られるわけではないと説明した。収益はすべてボーイズ&ガールズ・クラブに寄付されるのだ。

レブロンは、クリーブランドを去る決断について悩んでいた。彼が一番やりたくなかったことは、自分の計画をどう発表するかについて詳細を話し合うことだった。それはマーベリックに任せていた。しかし、彼にとって魅力的なポイントは、ESPNの番組で得られた収益をボーイズ&ガールズ・クラブに寄付するというアイデアだった。その数カ月前、レブロンはジェイ・Zと一日を過ごし、ダラスのボーイズ&ガールズ・クラブで子どもたちを指導したことがあった。彼にとってシーズン中で最も楽しかった日の一つだった。レブロンはマーベリックにゴーサインを出した。

一方でナンスは、さらなる法的問題が発生していることをレブロンに伝えてきた。レスター・ブライス・ストーベルが訴訟を起こすことを決めたのだ。彼は二〇〇八年に現れ、グロリアが十代のときに性的関係を持ったと主張してきた男だった。二年前に受けた親子鑑定の結果は改竄されたものだと彼は主張していた。ストーベルはまた、レブロンに父親がいないことについて彼とグロリアが公の場で行ったさまざまな発言が、自分の名誉を毀損するものだったと主張した。ストーベルは四〇〇万ドルを要求してきた。

ナンスは、ストーベルの訴えは最終的に棄却されると確信していた。しかし、訴訟は一晩で片付くものではない。その間に、レブロンの家族に関する誤った情報はさらに世間に広まることになるだろう。レブロンにとっては、対処しなければならないことがまた一つ増えてしまった。

レブロンはまた、自身の計画をESPNで発表するという決断に対しても反発を受けていた。このアイデアはまだ他のメディアに漏れてはいなかったが、NBAコミッショナーのデイビッド・スターンは、計画を嗅ぎつけて憤慨した。スターンは、企業スポンサーに関する部分や、この番組によって得られた収益がボーイズ&ガールズ・クラブに寄付されるという事実については知らなかった。彼はリーグのイメージを強く重視しており、レブロンの計画はＮＢＡのイメージダウンにつながると確信していた。スターンはレブロンが断念するよう説得を試みたが、うまくはいかなかった。そこでスターンは、ＥＳＰＮ首脳陣に直接接触し、このアイデアを実行しないよう促した。それもうまくいかなかった。ＥＳＰＮはＮＢＡにとって最も重要なビジネスパートナーであり、翌シーズンの試合放映権として同局はリーグに四億八五〇〇万ドルを支払うことになっていた。それでも同局のジョージ・ボーデンハイマー社長とジョン・スキッパーは、レブロンに放送時間を与えるという決断を撤回しようとはしなかった。両者の主張を考慮した上で、エマニュエル、マーベリック、レブロンとの関係を築くためにこの番組をやる価値はあるとスキッパーは考えていた。ボーデンハイマーも同意見だった。番組を止められなかったコミッショナーは、レブロンが力を持ちすぎているのではないかという懸念をさらに強めた。彼にとっては受け入れがたいことだった。

＊＊＊

周囲に渦巻くあらゆる喧騒をよそに、レブロンはマンハッタンのハドソン川沿いの倉庫の一室に立っていた。取り囲む数十人が彼の肌にパウダーをまぶし、髪に触れ、服のサイズが合っていることを確認していた。その日は六月二五日。レブロンは『ＧＱ』誌の写真撮影をすることになっていた。カメラに向かってポーズを取る彼は、部屋の反対側のドアが開き、地味な男が入ってきたことにほとんど注意を向けはしなかった。

ライターのＪ・Ｒ・モーリンガーは、自分が倉庫を訪れるとは思ってもいなかった。レブロンに近づいたこともなかった。しかし、モーリンガーはスーパースター選手の内面を描くことについては達人だった。ピューリッツァー賞受賞作家であり、ベストセラーとなった回顧録『ザ・テンダー・バー』の著者であったモーリンガーは、この数年前にテニスのスター選手アンドレ・アガシから指名を受け彼の自伝を執筆していた。『オープン』と題されたアガシとモーリンガーとの共著は、レブロンがビッシンガーと書いた本とときを同じくして出版されたが、反響は大きく異なっていた。『ニューヨーク・タイムズ』紙は『オープン』について、「スーパースター・アスリートによって書かれたものの中で、最も反スポーツ的な情熱が込められた本の一つ。勝利者の立場からの説教や、星を散りばめたような感謝の言葉などは、驚くほど存在しない」と評した。『ニューヨーク・タイムズ』紙は、アガシが共著者としてモーリンガーを選んだことは「大当たり」であるとして、「結果として単なる上質なスポーツ回顧録であるだけでなく、本格的な教養小説であり、暗く滑稽でありながらも苦悩と魂のこもった作品となっている」と絶賛した。

『オープン』はナンバーワンのベストセラーとなり、モーリンガーにはスポーツ界の他のスター選手についても書いてほしいという要望が集まった。『GQ』誌は、彼にコービー・ブライアントの紹介記事を依頼した。そのためモーリンガーは、二〇〇九―一〇シーズン中に、非常に接しにくいタイプとして悪名高いレイカーズのスター選手と長い時間を一緒に過ごさなければならなかった。モーリンガーはコービーから、シャキール・オニールとの長年の確執や、痛みに対する姿勢、そして彼がレオナルド・ダ・ヴィンチやダニエル・デイ＝ルイスといった天才たちからインスピレーションを得たことについて話を聞き出すことに成功した。この記事は非常に洞察に富んだものとなったため、『GQ』誌は掲載後すぐに、レブロンの意思決定の過程を追いかけることをモーリンガーに依頼した。

ドアのすぐ内側に立ち、レブロンに見惚れるスタイリストやフォトアシスタントたちを見つめながら、モーリンガーは一九世紀のジャーナリスト、マーガレット・フラーの言葉を思いだしていた。「早熟な者は、人生の中で遅かれ早かれ何らかの大きな代償を求められる」。突然、モーリンガーの思考回路は彼に向かってくる男によって中断された。

レブロンの広報担当者キース・エスタブルックは、撮影が遅れていることを彼に告げ、少し時間を潰してからもう一度来てほしいと頼んだ。

モーリンガーは外に出てコーヒーを飲みに行った。待っている間、彼はインタビューの準備のために読んでいた『シューティング・スターズ』を取り出した。この本が、レブロンの子ども時代でも特にトラウマ的だと考えられる部分を回避していることに、モーリンガーはすぐに気がついた。用意周到なモーリンガーは、ビッシンガーに連絡を取り、レブロンと母親との関係について訊ねていた。「彼は徹底的に、全面的に母親に尽くしている」とビッシンガーはモーリンガーに語った。

レブロンはモーリンガーのことを知らなかった。だがビッシンガーの一件があってから、レブロンは別のライターともあまり話をしたがらなかった。他人が自分の物語を語ろうとすることにうんざりしていた。グラント・ウォール、リサ・タッデオ、ビッシンガー、そして今度はモーリンガー。ライターたちは、優れた才能を持った者であっても、レブロンの物語の一部となることはなかった。彼らが才能に恵まれたクリエイターであるということも、レブロンは完全に認めてはいなかった。彼の側からもう少し認めてやれば、ライターたちにもっと上質かつ思慮に富んだ形で自分のことを書いてもらうことが可能だったという考えにも至らなかった。ライターたちに対するレブロンの態度には、早い時期に『ESPNザ・マガジン』誌やその他の出版物との間で不快な経験をしたことが影響していた。結果として彼はライターたちを評価せず、味方とみなすこともなかった。

ノースリーブのシャツを着てサングラスをかけたレブロンは、モーリンガーの待つ部屋に入って席に着いた。これから下す決断にストレスを感じているかとモーリンガーが質問すると、レブロンはまったく正反対の意識だと主張した。「私にとってはすごく楽しみな時間だ」と彼は言う。

実際には、レブロンは強いプレッシャーに晒されていた。オハイオは彼の故郷だった。他の場所に住んだことはなかった。家族もそこに定住している。彼のインナーサークルもそこにある。しかし、レブロンはどうしても優勝したいと考えており、そのためには別の場所で他のスター選手と一緒にプレーする必要があるという結論に達したのだ。「私の感情は関係ないし、最終的な決断に影響することもない」と、レブロンはモーリンガーに言った。

モーリンガーは、例えばウォーレン・バフェットのような大物の友人たちが、どのチームを選ぶべきかについてアドバイスをくれたかどうかと彼に訊ねた。

レブロンは、友人たちは誰も意見を言ってきてはいないと答えた。

モーリンガーは懐疑的ではあったが、次に進んだ。レブロンがセルティックスとのシリーズ中にコメントしていた言葉を持ち出した。「私が活躍するのを当たり前だと思うようになっている人が多い」と。レブロンにとっては、自己陶酔的だと解釈された言葉について真意を説明できるチャンスだった。

しかし、レブロンはさらに火に油を注いだ。「ファンのことは大好きだ。クリーブランドのファンは最高だ。だが言いたいのは、私の家族までもが、私がコートの内外でやっていることを見ていると慣れきってしまうこともあるということだ」

慣れてしまった人たちのことは理解できないと主張しつつ、レブロンはさらに、何か落胆するようなことがあっても自分の生い立ちのおかげで落ち着いていられると付け加えた。「だからこそ謙虚でいられる。自分のバックグラウンドを知っているからだ。母がどんなことを乗り越えてきたかも知っている。スター扱いされても調子に乗りすぎることはないし、自分に何ができるかもわかっている。母や友人たちによく言われるんだ。とにかく扱いが楽なやつだなって」

「扱いが楽」という言葉に興味を持ったモーリンガーは、コービーの話を持ち出した。彼はホームゲームに通うため自家用ヘリコプターを利用していた。

コービーの話になると、レブロンはサングラスを下げた。モーリンガーはその表情を、「コービーほど扱いが楽じゃない人はいない」と言っているように解釈した。レブロンは何も言うことなく、もう一度サングラスを目の高さにまで上げた。

モーリンガーは、偉大なアスリートたちは怒りを原動力にしていると考えていた。マイケル・ジョーダンは怒りに燃えてプレーすることで有名だった。トム・ブレイディはNFLドラフトで上位指名されなかったことで、非常に挑発的な態度でプレーしていた。コービーはシャックを恨んでおり、またコロラドでの一件のあと自分以外の全員を恨んでいる、とモーリンガーは指摘した。レブロンには、おそらく怒りが足りないのかもしれない。

「あなたはスポーツ心理学者?」とレブロンは言う。

モーリンガーは、以前にレブロンが、自分にはコービーのような闘争本能が備わっていないかもしれないと認めていたことを思いださせた。「今でもそう?」とモーリンガーは訊く。

「そうではないと願いたい。そうは思っていない。今はキャリアの中で、自分が闘争本能を持っていると感じられる段階にきていると思う」とレブロンは答えた。

モーリンガーは、スポーツでは怒りこそが成功とイコールだという持論を展開した。

「すごい理論だ」とレブロンは言う。

レブロンを見て、モーリンガーは思った。「彼の言葉は大きな子どものようだ」と。

やがて、話題はグロリアのことに移った。

「母は言いたいことを我慢しない」とレブロン。「自分にとって何か正しくないと思うことや正しいと思うことがあったとすれば、母はそれを口にする」。レブロンは、最近彼女にタトゥーを入れないよう懇願したことがあったという話をした。それでもグロリアはタトゥーを入れた。

「どんなタトゥーを?」とモーリンガーは訊ねる。

「『クイーン・ジェームズ』と」

そこでエスタブルックが入ってきた。時間切れだった。

二度目のインタビューは、七月の第一週にアクロンで行うということで話がついた。

＊＊＊

キャバリアーズの他には、五つのチームがレブロンの獲得を争っていた。ブルックリン・ネッツ、ニューヨーク・ニックス、マイアミ・ヒート、シカゴ・ブルズ、ロサンゼルス・クリッパーズだ。FA期間が始まる七月一日になるとすぐに、各チームの代表者たちがレブロンに売り込みをかける予定を立てていた。その当日、ネッツとニックスの幹部がクリーブランドに向かった。午前一一時にはジェイ・Zがネッツの幹部たちを率いてダウンタウンのオフィスビルに入った。八階の会議室で、ジェイ・Zは彼らをレブロンに紹介した。

レブロンは、ネッツのヘッドコーチであるエイブリー・ジョンソンと、リーグで最も有能なチーム幹部の一人と評価されているロッド・ソーンGMのことは知っていた。しかし、レブロンが会ってみたいと思っていたのは、ネッツのオーナーであるミハイル・プロホロフだ。彼は身長二〇三センチのロシア人大富豪だった。代理人のローズとマーベリックに挟まれたレブロンは、プロホロフがネッツの明るい将来像について説明するのを興味深く聞いていた。その最大の目玉となるのは、ブルックリンに建設される新たなアリーナだ。プロホロフはまた、レブロンの欲望にも訴えかけ、彼が世界的なアピールをより拡大して億万長者アスリートになる手助けをしたいと明言した。

ジェイ・Zもレブロンに誘いをかけたが、強くは言わなかった。彼らは親しい友人だった。そして、レブロンの決断次第でその友情が強まることも弱まることもない。

レブロンはジェイ・Zの気持ちを知っていた。そして、ジェイ・Zを兄のように思う気持ちと同じくらい、その思いが意思決定のプロセスに影響を及ぼすことはないようにするという決意をすでに固めていた。

二時間後、ネッツの幹部たちが退出し、ニックスの代表団が入ってきた。オーナーのジェームズ・ドーランが連れて来たのは、ドニー・ウォルシュGM、ヘッドコーチのマイク・ダントーニ、マディソン・スクエア・ガーデン・スポーツ社長のスコット・オニール、そして元ニックスのスター選手であり現在役員を務めるアラン・ヒューストン。

ニックスはレブロンに、もしチームに加入すれば、サラリーとスポンサー料を合わせて一〇億ドルを稼ぐことができるというアイデアも売り込もうとした。コンサルティング会社に依頼した調査結果まで示し、レブロンの金を稼ぐ力はニューヨークに来てこそ最大限に高まると説明した。

レブロンはガーデンでのプレーが大好きだった。ニューヨークを愛していた。しかし彼は、あまりドーランを評価してはいなかった。ドーランがニックスを買収して以来、チームはまさに悲惨な状態だった。彼の存在がレブロンの意識の中でネックとなっていた。

しかしレブロンは、疑念を抱いていることを口には出さなかった。ローズもマーベリックも同じだった。ある時点で、ニックスの代表団はレブロンに例のビデオを見せた。

レブロンは面白がっていた。「インチキ野郎」トランプや、「嫌な感じ」のワインスタインといった男たちに関心はなかったが、デ・ニーロの登場には喜んだ。「ヴィート・コルレオーネ！」。そして、レブロンが一番興奮したのはガンドルフィーニだ。トニー〝ファッキン〟ソプラノが、彼には断り切れないようなオファーを出してきている。

ビデオが終わり、笑顔が消えていったあと、レブロンはニックスに一つの質問をぶつけた。自分と他のスター選手二人を、どのようにしてサラリーキャップに収めるつもりだろうか、と。

ニックスは納得のいく答えを持ってはいなかった。

＊＊＊

レブロンがニックス首脳陣と同じ部屋にいる頃、ドウェイン・ウェイドとクリス・ボッシュはシカゴにいて、それぞれ移籍先候補のチームと交渉を行っていた。しかし、ウェイドとボッシュのFA移籍交渉はそこまで注目を集めてはいなかった。『ニューヨーク・タイムズ』紙が「二五歳の星の王子様」と呼んだレブロンに、すべての視線が向けられていた。その日の午後遅く、彼がマーベリックとローズとともにオフィスビルから出てくると、通りにはカメラマンとレポーターの行列ができていた。そして歩道にはキャバリアーズのファンが並び、彼にクリーブランドに残ってほしいと嘆願するサインボードを掲げていた。サングラスで目線を隠したレブロンは、感情を表に出すことなく、真っ直ぐ前だけを見つめていた。

その夜、レブロンは自宅で一人、パスワードで保護されたプレゼンテーションビデオをiPadで見ていた。ヒートから送られてきたものであり、翌日に予定されていた会合の前置きとなるものだ。そしてそれは、セレブリティたちが売り込みをかけてきたニックスのビデオとはまったく異なるものだった。ヒートのビデオはむしろ、ウォール街の企業が作成したかのようだ。数字、統計、チャート、グラフもある。まるで試験の予習をするように、レブロンはそれを暗記するほど何度も見直していた。

レブロンが勉強している頃、ローズはヒートのパット・ライリー社長と個人的に会っていた。レブロン、ウェイド、ボッシュの三人が一緒にプレーしたいという話を何カ月も続けていたことを、ローズは知っていた。北京五輪の期間中に本格的に固まり、二〇〇九―一〇シーズン中に勢いを増していったアイデアだった。ライリーは、このことが有利に働くと考えていた。ヒートは、レブロンの獲得を争う中で、彼とウェイドとボッシュと契約できるのに十分なサラリーキャップの空きがある数少ないチームの一つだった。カギとなるのはレブロンを説得することであり、そのためにライリーは、売り込みをかける前にローズとの関係を円滑にしておきたかった。

ライリーは、ニックスを追う立場であることをわかっていた。しかし、彼はドーランとは正反対の人間だった。まず、ライリーはバスケットボールを知っており、偉大な選手が何よりも望むのはチャンピオンになることだと理解していた。ライリーは、レブロンにヒートのユニフォームを着せる計画を何年も前から練っていた。そして彼は、金銭が決定的要因にはならないことも確信していた。立地も問題にはならない。レブロンは、それがNBAで優勝するために必要なことであるのならば、サウスダコタのブラックヒルズにでも移るはずだとライリーは考えていた。サウスビーチを提供できることはむしろ強みでもあった。

七月二日、午前一一時、レブロンはIGMビル八階の会議室を再び訪れ、大きな会議テーブルの片側の席に着いた。向かい合うのはヒートのオーナーであるミッキー・アリソン、ヘッドコーチのエリック・スポールストラ、GMのアンディ・エリスバーグ、バスケットボール運営担当副社長のニック・アリソン、そして元ヒートのスター選手であるアロンゾ・モーニング。彼らは皆座っていた。しかしライリーは立って、椅子の背もたれに手を置いてレブロンを見ていた。「私たちは、肝心なことが確かに肝心であり続けるようにするつもりだ。それを理解してもらいたいと思う」と彼は語る。

レブロンは彼を見つめた。「肝心なことが確実に肝心であり続けるようにすることが、肝心なこと?」

マーベリックは微笑んだ。彼は、それがスティーブン・R・コヴィーのベストセラー本『ファースト・シングス・ファースト』からの引用であることに気がついた。

「本の冒頭だ」と、ライリーはレブロンに告げる。

レブロンはうなずいた。

「さて、私たちにとって肝心なことは」と、ライリーは左右にいる男たちを見ながら言った。「チャンピオンになることだ」

レブロンは、あたかもこの部屋に二人きりであるかのようにライリーの目を見つめた。

「君とクリスとドウェインで、何か本当に特別なことができると思う」と彼は語った。

続いてアリソンとスポールストラはチームの長期的な目標について語り、ビデオによる短いプレゼンテーションを行った。それが終わると、ライリーはブリーフケースに手を伸ばし、小さなメッシュの袋を取り出してテーブルの上に置いた。

「中には何が？」とレブロンは言う。

ライリーは、袋をテーブルの反対側に押しやった。

レブロンがそれを開けると、いくつかのリングがこぼれ落ちた。彼は一つを拾い上げた。「このリングは？」と訊ねる。

ライリーは、それらは自分のオールスターリング、チャンピオンリング、殿堂入りリングのコレクションであると説明した。選手として、そしてコーチとしてのキャリアを通じて、彼はレイカーズで六つ、ヒートで一つのタイトルを獲得していた。彼のいたチャンピオンチームにはいつも、一人か二人のスター選手がいたものだったと彼は語った。

レブロンはライリーが何を言いたいのか理解していた。彼とウェイドはスーパースター、ボッシュはスターだった。そしてマイアミでは、彼ら三人は七回の優勝を経験した人物が頂点にいる組織でプレーすることができる。

「選手たちを連れて来るのは不可欠だが、それだけでチャンピオンを勝ち取れるわけではない。クリーブランドは君のためにあらゆることを試みた。しかし彼らは、優勝するために必要な選手たちを揃えて突き抜けることができなかった」とライリーは語る。

レブロンにとって、ライリーはそれまで会った誰よりも際立った人物だった。彼はチャンピオンとなるために必要なことを知っていた。それを証明する宝石も手に入れていた。そして彼は、レブロン、ボッシュ、ウェイドを受け入れるためのサラリーキャップの空きをどう確保するかという点でも下準備を行っていた。

間違いなく、優勝への最も明確な道筋はマイアミにあった。

会議は三時間続いた。終える頃には、ライリーはレブロンを獲得できたという手応えを得ていた。しかし彼は、もしレブロンがクリーブランドを去りマイアミへ向かったとすれば、そのニュースが爆弾のようにNBAを襲うことも十分にわかっていた。レブロンと彼のチームにその余波を受ける覚悟があることを願いたかったが、彼らに恐れはないのだろうか、と疑問にも思った。

「恐れ？　私たちに？」とマーベリック。

「ファンにとってはひどいことだろう、なあ」とライリーは言った。

＊＊＊

ダウリーが唯一決めかねていたのは、レブロンが出演するESPNの番組の舞台をどこにするかだった。決断の日まであと一週間を切ったところで、最終的にダウリーは、彼の故郷であるコネチカット州グリニッジを提案した。地方空港が近くにあり、彼の自宅を中継地として利用することができる。そして、街にはボーイズ&ガールズ・クラブもあった。

マーベリックはその案に賛同した。

そこで七月四日、ダウリーはボーイズ&ガールズ・クラブの会長に電話をし、準備に着手した。重要なのは時間との勝負、そして秘密を守ることだった。すべてを整えるまで期限は四日。その間、計画がマスコミに漏れないようにしたいとダウリーは考えていた。

ダウリーがグリニッジの地元関係者と電話をしていた頃、レブロンは自分の選択肢について熟考していた。最後にブルズ、キャバリアーズとの会議を終えたあと、彼は自分が何を望んでいるのかわかっていた。

その日の午後、彼はウェイドにメッセージを送信した。「これから一時間以内に電話していいか？」

ＯＫ、とウェイドは返した。

ウェイドはボッシュに連絡を取った。

三人がそれぞれ移籍先候補のチームと話を終えた今、一緒にプレーするという夢は、いよいよ手の届くところに近づいてきたようだった。

ウェイドはレブロンとボッシュを誘って三人で通話を始めた。レブロンが話を仕切った。

「三人とも行く気があるなら、マイアミにはサラリーキャップの空きがある」とレブロンは言う。

ウェイドはその話に満足していた。マイアミは彼がキャリアを通してずっと過ごしてきた場所だった。二人の友人がそこに加わってくれるという形は、彼の頭にあった理想的な筋書きだった。

「君は？」とウェイド。

「行ける」とレブロン。

「君は？」とウェイド。

「行ける」とボッシュ。

それで決まった。

レブロンは、自分の決断をＥＳＰＮで発表する計画については触れなかった。

七月六日、モーリンガーはアクロン大学の体育館に入った。エスタブルックがロビーで彼を捕まえ、レブロンとのインタビューは体育館で行うと告げた。ＮＢＡプレーヤーたちと有望な高校生プレーヤーによるトレーニングゲームが行われており、レブロンはそれを見ながらインタビューを受けるのだという。

騒がしい体育館でゲームを見ながらインタビュー？　モーリンガーにとっては考えうる限り最悪の場所だった。レブロンがライターたちをほとんど評価していないことはもちろん、彼の広報担当者たちもライターという仕事を理解してはいないようだった。

それから数分間、モーリンガーとエスタブルックは体育館内を歩き回り、インタビューに適した場所を探した。エアコンの効いた静かな部屋に立ち入ると、モーリンガーはここが完璧だと言った。だがレブロンには都合が悪いとエスタブルックは言う。彼は知らない部屋で見知らぬ相手と一緒に過ごしたくはないそうだ。代わりにエスタブルックは、モーリンガーをロッカールームへ連れて行った。汗に濡れた巨大な股間プロテクターのような臭いがした。だがエスタブルックは、レブロンはここなら落ち着けると言った。加えて、ロッカールームにはテレビもあり、レブロンはインタビューを受けながらサッカーのワールドカップを観戦できる。モーリンガーは、ナポレオンが肖像画の制作に同意しながらも、画家のためにじっと座ったままでいることは拒否したという話を思いださずにはいられなかった。

ロッカールームを出る前に、エスタブルックは声を落とした上で、シカゴについてどう思うかレブロンに聞いてみてほしいとモーリンガーに告げた。それからニューヨーク。そしてマイアミについても。

混乱したモーリンガーは、逆に聞き返した。レブロンはニックスに行こうとしているというのが彼の感覚だった。

エスタブルックは目を丸くした。レブロンがどのチームへ行くことになるのか明言は避けたが、その上で彼はモーリンガーに一つのことを断言した。メディアで話題となっている、ウェイドとボッシュ絡みの話が実現することはない、と。

モーリンガーは何を信じていいのかわからなかった。『ニューヨーク・タイムズ』紙は、ジョーダンの相談役だった「世界のウェズ」ことウィリアム・ウェズリーが、ニューオーリンズ・ホーネッツのオールスターポイントガードであるクリス・ポールとレブロンを組ませる契約を画策していると報じていた。レブロンとポールが緊密な関係にあることはよく知られていた。過去にレブロンと付き合いのあったウェズリーが、彼の意思決定プロセスに重要な役割を果たすことになるとも噂されていた。苛立ったマーベリックは『ニューヨーク・タイムズ』紙に電話をかけて記者に告げた。「ウェズに関する噂はすべて事実無根であり、彼は交渉に参加することもない。ウェズはレブロンの去就に一切無関係だ」

モーリンガーが待っている間、レブロンはポールと一緒に体育館でメンバーを集めてプレーに興じていた。マイアミにいたウェイドはレブロンにメッセージを送ったが、返事は返ってこなかった。レブロンから連絡がないことを心配したウェイドは、ボッシュにメッセージを送った。「CB、ブロンと話はしてる?」

「いや、話してない」とボッシュは答えた。

三人がマイアミで手を組むことに同意してから二日が経っていた。ウェイドとボッシュは、レブロンが迷っているのではないかと思い始めていた。

＊＊＊

ようやくロッカールームへ入ってきたレブロンは革のソファーに体を埋め、自分のブラックベリー端末を見始めた。たくさんのメッセージが届いており、ウェイドからもいくつか来ていた。

モーリンガーは、レブロンがインタビューの時間を割いてくれたことに感謝を述べた。

レブロンは何も言わなかった。

モーリンガーは、FAの動向がどうなっているのかと訊ねた。

「疲れる」とレブロンは言い、彼の注意はテレビで流れているワールドカップの試合に移った。

さらにいくつかの質問と回答がほとんど無益なものに終わったあと、モーリンガーは質問リストの中でも最もデリケートなものを口にしようとしていた。「父親について考えたことはあるか?」と。だがその質問を投げかける直前、レブロンの三歳と五歳の息子たちが部屋に突入してきて、ソファの上で父親に折り重なった。

息子たちに会えて上機嫌のレブロンは、インタビュー中は静かにするようにと二人に言った。子どもたちは聞かなかった。「静かにしていなさい。それか、部屋の外で騒ぐか。どっちだ?」と彼は言う。

「騒ぐ」とブロニーは答えた。

「いいだろう、じゃあ外で」とレブロン。

二人が飛び出して行ったところで、モーリンガーはチャンスだと思った。父親になったことで、自分の父親について考えたことがあるかどうかと彼はレブロンに訊ねた。

「ない」と、レブロンはサッカーの試合に目を戻しながらきっぱり言い切った。

モーリンガーは、嘘を見破るのが得意だった。そして彼は、レブロンが自分自身にも嘘をついていると確信した。ビッシンガーから聞いていた話によれば、デリケートな質問、特に母親についての質問や父親に関連するような質問をすると、レブロンの声色は虚ろなものに変わるということだった。ビッシンガーはそれを「平坦な感情」だと呼んでいた。モーリンガーが今耳にした声は、まさにそういったものだった。

しかしモーリンガーは、レブロンと彼の母親がちょうど訴えられたばかりであったことは知らなかった。相手の男はレブロンの父親を名乗り、レブロンとグロリア・ジェームズが父親の不在について長年にわたってメディアに軽蔑的な話をしていたことは、自分に対する名誉毀損であると主張していた。それまで訴訟は秘密裏に行われており、レブロンにも公表するつもりはなかった。

「自分の父親を貶めたり、責めたりしているわけじゃない」と、レブロンはモーリンガーに語った。「父親がずっと何をしていたのかも知らないからだ。私は何も知らずに判断するようなタイプじゃない。理解するには若すぎたんだ」

レブロンは引き続きテレビに集中しながらも、父親のことについて話し続けた。「父親がいなければ、そもそも私はこの世に存在していなかっただろう。それから、父親の遺伝子もたくさん受け継いでいるはずだ。そしてそれも、私が今の自分になれている理由の一部なので……つまり、怒りだけではないということだ。ただ怒っているということは決してない」

キャリアの中で最も大きな意味を持つ決断を下そうとしているレブロンは、会ったこともない人物について考え続けていた。長年にわたって必死の努力を続けてきた結果として、レブロンは父親のいない子どもの成長に関して力強いイメージを世間に発信していた。しかし、その表面のすぐ下には弱い部分もたくさんあった。モーリンガーは、ビッシンガーが入り込めなかった場所に到達していた。

「父親に会いたいと思うか？」とモーリンガーは訊ねた。

「いや」とレブロンは答える。

「本当に？」

「今？　二五歳で？　それはない」とレブロン。

「もう少し後では？」

レブロンは質問を終わりにしようとしていた。「それだったら、多分」

数分後、エスタブルックが戻ってきて時間切れだと告げた。

レブロンは安心した様子で、体育館へと戻っていった。

＊＊＊

レブロンがモーリンガーのインタビューを受けている最中に、彼が七月八日にＥＳＰＮで決断を発表するというニュースが流れた。ウェイドとボッシュはすぐに電話で連絡を取り合った。「一体何が起こっているんだ？」とウェイドは訊ねる。ボッシュも同じ疑問を抱いていた。レブロンは、もしかすると考えを変えたのかもしれない。二人はそれを恐れていた。

モーリンガーは、ＥＳＰＮの番組のニュースがすでに報道されていたと気がついてはいなかった。インタビューの少しあとにエスタブルックが話しかけてきて、レブロンが二日後に発表を行う予定であることを密かに伝えた。モーリンガーがその現場に居合わせたいと言うと、エスタブルックは体育館を見回し、誰も近くで聞いていないことを確認した上で、「ニューヨークへ飛んで」とささやいた。モーリンガーがさらに詳細を求めると、エスタブルックは彼がニューヨークに着いたら電話をして次の指示を伝えると言った。

当日の午後、モーリンガーが離陸したあと、レブロンは自身のTwitterアカウントを立ち上げ、最初のツイートを投稿した。「ハロー・ワールド、本物のキング・ジェームズがここに来た。〝ついに〟。マイ・ブラザーの@oneandonlycrp3〔クリス・ポール〕が力になってくれたおかげでここに乗り込んでこれた。はあ」

夜になる頃には、レブロンのフォロワーは九万人に達していた。

＊＊＊

七月七日の朝、レブロンはアクロン大学で自身の主催するバスケットボールキャンプに参加した。参加者の中には、シカゴからはるばるバスでやって来た高校生もいた。レブロンと握手を交わしたその高校生は、アンソニー・デイビスという名だと自己紹介した。

レブロンがデイビスも交えてゲームを行っている頃、彼はニックスを蹴ってヒートへ行く可能性が高いと示唆する報道が流れ、ニックスの親会社の株価は下落していた。昼間の時間帯にはウェイドとボッシュがESPNの『スポーツ・センター』に出演。マイケル・ウィルボンによるインタビューの中で、ウェイドはヒートと再契約することを認め、ボッシュもマイアミでウェイドのチームメイトになると認めた。

「ドウェイン、君たちがレブロンとすでに話していると報じられている。『ここに来て一緒にやろう』と言っているって。その話は今どうなってるんだい？　彼も来てくれると思う？」とウィルボンは訊ねた。

もはや確信は持てなくなっていたが、ウェイドは微笑んだ。「私とクリスとレブロンが仲の良い友人であることはみんな知っている。もちろんレブロンがマイアミに加わってくれれば私たちはうれしいが……だがレブロンは、彼自身の決断を下すだろう。そして明日には私たち全員が、テレビの前でその決断を待つことになる」

ウェイドとボッシュが自分たちの意図を発表し終えるのとときを同じくして、オバマ大統領の報道官ロバート・ギブスは演壇に上がってホワイトハウスの日次ブリーフィングを行った。主要なトピックはメキシコ湾におけるBP社の原油流出だった。その途中、ある記者が手を挙げた。

**記者：非常に重要な問題がある。大統領は、レブロン・ジェームズがどこでバスケットボールをするべきだと考えているのか？**

**ギブス：今日、このことについて話していた。マイアミがクリス・ボッシュを獲得したらしいという報道を受けた上で、レブロンにはブルズのユニフォームが似合うというのが依然として大統領の見解であると私は考えている。この発言がNBAの交渉規則違反にあたらないといいのだが。**

**別の記者：真面目な話として、あなたはこのことがクリーブランドの人々を怒らせることになると考えているか？**

**ギブス：きっとそうなると思う。**

笑いが部屋を満たした。

**ギブス：クリーブランドの人々は……我々全員が目にした通り……。**

ギブスは、大統領がブルズファンであることを強調しようとしたが、その一方で記者団も譲らなかった。

**記者：少し真面目な話だ。クリーブランドの人々はこのことを……人々はこういったことについて非**

**常に敏感だ。つまり、大統領が彼らの敵を応援しているということに。そして気が休まる暇もない。もちろん、大統領はブルズを応援している。しかし、そのことが実際に人々を嫌な思いにさせることもありえる。**

**ギブス：繰り返しになるが、私はきっとそうなると思う。**

ホワイトハウスでもレブロンの決断が取り沙汰されていたという事実は、話が手に負えないほど大きくなっていたことを表している。一方、インターネット上やソーシャルメディアでは、レブロンにゴールデンタイムの一時間番組を与えるというＥＳＰＮの計画に対する反発が巻き起こっていた。「一時間番組？ＷＴＦか？」と、ある有力なスポーツコメンテーターはブログに記した。

ＥＳＰＮも批判対象となっていた。「ＥＳＰＮはネットワークをレブロンに明け渡したわけではないと主張している。彼はただ時間枠を取ってインタビュアーを選び、広告収入をすべて彼のチャリティのために得るだけだと」。『ニューヨーク・タイムズ』紙の記者ドン・バン・ナッタ・ジュニアはそうツイートした。

＊＊＊

七月八日の朝、レブロンはジムへ行き、そこでマーベリックとリッチ・ポールに会った。決断の日だった。三人は故郷を離れ、オハイオを去ろうとしていた。マーベリックはレブロンの発表のあらゆる詳細まで、エマニュエル、ダウリー、ＥＳＰＮと協力して準備していた。リッチはローズと協力し、レブロンの獲得を狙うさまざまなチームとの会合や、ライリーおよびヒートとの交渉を担当していた。レブロンは、ＮＢＡの歴史上最も強く獲得を求められる選手という立ち位置にいた。

高く飛び上がろうとする三人は、サバンナ・ブリンソンと合流し、グリニッジに向かうプライベートジェットに乗り込んだ。世界に衝撃を与えるときが来た。

# CHAPTER 28
# ヘッドバンドを巻いたヘスター・プリン

NBAチームのある全米各都市のファンが、自宅やスポーツバーでテレビ画面を囲んでいた。レブロン・ジェームズがどこに行くのかを誰もが知りたがっていた。ドウェイン・ウェイドも同じ思いであり、彼はマイアミで鑑賞パーティーを開いた。「何が起ころうとしているのかわからない。ドラフトでもこんなに緊張はしなかった」と、ウェイドは友人に言った。だが彼は、レブロンがどのような決断を下したとしても、彼とクリス・ボッシュはマイアミで強くなれると自分に言い聞かせていた。

突然、スクリーンに映し出されたレブロンの姿がウェイドの目にも飛び込んできた。彼はボーイズ&ガールズ・クラブの体育館中央に設置されたステージ上で、ジム・グレイと向かい合って座っていた。レブロンは元気がなさそうに見えた。永遠にも感じられる長い時間を経て、グレイがついに質問をした。「レブロン、君の決断は?」

レブロンが口ごもる様子を、ウェイドは息を呑んで見守っていた。

そして、ついに彼は言う。「うん、この秋から、私はサウスビーチで才能を発揮する。マイアミ・ヒートに加入する」

マイアミのウェイドのパーティー会場では歓声が沸き起こった。「おいおい! こいつはショータイムだ!」と、彼は周囲に向けて言った。

体育館の子どもたちはどよめいた。

ボーイズ&ガールズ・クラブの外にいた群衆はブーイングを始めた。

クリーブランドでは、侮辱された思いのファンたちが街に繰り出した。

ソーシャルメディア上では、レブロンは嘲笑された。

「ファンにとってひどいこと」というパット・ライリーの警告は、すでに現実のものとなっていた。

この夜を記録に残すためグリニッジにやって来たJ・R・モーリンガーは、自分の目撃しているものが信じられなかった。「他にもっといい方法がいくらでもあったはずだ」と、彼は思った。レブロンの周囲にいる者たちを恨みつつ、モーリンガーは急いで体育館を飛び出す。広報担当者のキース・エスタブルックを探し出すと、この「決断」の舞台をなぜグリニッジにしたのかと彼に訊ねた。

「中立の場所だから」と彼は言った。

モーリンガーは、ここがニューヨーク・ニックスの領地の真っ只中であることを指摘した。体育館にいる子どもたちのほとんど、そして外にいる群衆のほぼ全員が、彼にニックスでプレーしてほしいと望んでいた。グリニッジはまったく中立地などではなかった。

エスタブルックは肩をすくめた。

＊＊＊

その後、レブロンと彼のチームはグリニッジでカニエ・ウェストと一緒に過ごし、発売間近の彼のニューアルバム『マイ・ビューティフル・ダーク・ツイステッド・ファンタジー』を聴いていた。一方でクリーブランドの状況はエスカレートしていく。レブロンのユニフォームを燃やすファンもいた。警察は逮捕者を出した。ダン・ギルバートはクリーブランドのスポーツファンに向けた辛辣な手紙をキャバリアーズのウェブサイトに掲載し、炎上を煽った。レブロンを「臆病」で「ナルシスト」だと非難したギルバートは、キャバリアーズはレブロンより先にNBAチャンピオンになってみせると個人的に誓った。彼はこう書いている。「良いニュースは、この冷酷で無慈悲な行動こそが、オハイオ州クリーブランドのいわゆる『呪い』を解く解毒剤になるということだ。かつて『キング』を自称した男は、『呪い』を南方へ持ち去ってくれる。そして、彼がクリーブランドとオハイオに対して『正しく』振る舞うまでは、ジェームズ（および彼がプレーする街）は、残念ながらこの恐ろしい呪縛と悪しきカルマを背負うことになる」

ギルバートはそれだけでは終わらなかった。その日の夜に『AP通信』の記者と話をした彼は、レブロンに対してさらに個人的な批判を展開した。「彼は好きなようにすればいい。あまりにも長く、人々が彼のことを覆い隠していた。今夜我々は彼の本当の姿を見たのだ」と、ギルバートは語った。

ギルバートはキャバリアーズを所有していた。しかし、彼はレブロンを所有しているかのように振る舞っていた。そしてレブロンがキャバリアーズを去ることを選んだ今、ギルバートはレブロンを徹底的に傷つける言葉も遠慮なく言い放った。「彼は諦めてしまった。第五戦だけではない。第二戦、第四戦、第六戦も。ビデオを観てみるといい。ボストンシリーズは、スポーツの歴史上のいかなるスーパースターの例とも似ても似つかないものだった」

ギルバートはあまりにも具体的に、あまりにも公然とレブロンを攻撃したため、ライバルのボストン・セルティックスでさえショックを受けた。「ダン・ギルバートがあのようにしたとき、『なぜそんなことを？』と考えたことは今でも忘れられない」と、ダニー・エインジは語った。「プロスポーツの世界では、選手は動いていく。コーチも入れ替わっていく。本質的にそのようなビジネスである。選手がFAで移籍する場合、前所属チームは、選手がフランチャイズに全力を尽くしてくれたことに感謝を表すのが賢明な対応というものだ。「どちらが優れているとか、どちらが正しいとか、どちらが間違っているとか、そういう話ではない。ポジティブでいることが大事だ。その先に何が起こりうるかは誰にもわからないのだから」

とエインジは言う。

その瞬間、ギルバートは足元を見てはいなかった。ただひたすら、レブロンとクリーブランドをつなぐすべての橋を焼き払おうとしていた。「彼が出て行くかどうかという話ではない。敬意がないということだ。アスリートたちには、行動に責任を持たせるようにしていかなければならない。こんなやり方で子どもを育てられるだろうか？ 私は長い間、すべてを抱え込んできた」と、ギルバートは『AP通信』に語った。

レブロンは、外面的にタフな姿を演出することを求められてきた。しかしその裏では、彼は繊細だった。特に、自分がどう見られているかということは気にしていた。ギルバートは、レブロンの感情的に弱い部分を攻撃していた。

グロリア・ジェームズにとっては、ギルバートは切り裂くような言葉で息子に血を流させたも同然だった。息子の誠実さや仕事に対する献身性を攻撃する人間がいたとすれば、グロリアは戦争も辞さないつもりだった。

サバンナ・ブリンソンも動転していた。レブロン陣営の誰もがそうだった。しかしフロリダに向かうその夜の飛行機の中では、彼らはファンやメディアからレブロンに対する反感の大きさにショックを受けており、何も言うことはできなかった。

夜明け前にマイアミに着陸し、駐機場でパット・ライリーの出迎えを受けたレブロンとサバンナは、Wホテルで短い睡眠をとった。朝になりレブロンが目覚めた頃には、彼の評判は地に堕ちていた。スポーツライター、評論家、ブロガー、ニュースキャスターらが一斉に彼を叩いた。マイアミ以外のあらゆる都市のファンがTwitterで彼を非難した。ヒートのファン以外では、彼について好意的なことを言っているファンを見つけるのは難しかった。何らかの発信手段を持つ者はほぼすべて、メディアの群集心理に従っていた。ESPNのビル・シモンズはその先頭に立った一人だった。数年前、ロジャー・クレメンス投手がボストン・レッドソックスを退団してトロント・ブルージェイズと契約したとき、レッドソックスの熱狂的ファンであるシモンズは「クレメンスは反キリストなのか？」と題したコラムを書いていた。レブロンがマイアミ行きを発表した翌朝、シモンズはクレメンスについて書いたそのコラムに言及した。「私はあの男が大嫌いだった。気味の悪いような話が絡む場合以外で、プロスポーツ選手をそこまで嫌いになれるのかというくらいに。それがどうだ。レブロンが昨夜クリーブランドに対してやったことはそれ以上だった。はるかにひどかった」と。

反キリストとまで言うシモンズの言葉を、大げさだとして切り捨てるのは簡単だっただろう。だがシモンズは大いに支持された。そしてギルバートと同じく、彼もレブロンへの人格批判に走った。「彼の周りにいる者が悪い。彼の人生に父親という存在が欠けていたのが悪い」と言った。

リッチ・ポールはシモンズに関心を持ったことはなく、彼がレブロンを批判するトーンに驚くこともなかった。シモンズには過去にもレブロンとの因縁があった。始まりは二〇〇三年のNBAドラフトにまで遡る。スポーツキャスターのマイク・ティリコが、放送でこう言ったときのことだ。「（レブロンには）母親のグロリアがいた。グロリアは大きな犠牲を払った。一六歳でレブロンを産んで……一九歳で自活するようになり、公的援助とフードスタンプで生活し、そして今や……偉大なるアメリカンストーリーだ」。これに対し、シモンズは次のように書いた。「一緒に過ごし続けて、懸命に働いて、子どもを養い、学校に通わせた親はどうなるのか。避妊をしないこと、DNAのおかげで幸運に恵まれることを、いつから『犠牲』と呼ぶようになったのか？」

リッチに言わせれば、シモンズは本性を現したのだ。「人種的な部分が大きな理由だ。相手がラリー・バードだったら彼はあんなことを言いはしなかっただろう」と、リッチはシモンズについて語った。

バスケットボール界の誰もが批判を繰り出す中で、レブロンは契約にサインをするため、新たな雇用場所となるヒートの本拠地アメリカン・エアラインズ・アリーナに向かった、到着すると、レブロンはチームがその夜にファンのための盛大なパーティーを開くと聞かされた。そしてレブロン、ウェイド、ボッシュがその主役を務めると。「なんだって?」。レブロンは何か予定があるとは思っていなかった。彼は疲れ切っていた。グリニッジのボーイズ&ガールズ・クラブでグレイの対面に座ってから、二四時間も経っていない。そして批判の雨に晒された。

それでも彼は参加に同意した。

外では何千人ものファンが、「行け、ヒート! 行け、ヒート!」と大合唱していた。屋内ではアリーナの全席が埋め尽くされていた。コートにもファンが詰め込まれていた。黒いスーツに黒いネクタイ、白いシャツ姿のライリーは、アリーナの片側に設営されたステージからほど近い席に、オーナーのミッキー・アリソンと並んで座っていた。マイアミのテレビ局やESPNがイベントを生中継していた。「レブロン、ドウェイン、クリスというマイアミの新ドリームチームが今夜、大々的にステージに登場。ファンは熱狂している」と、ネットワーク系列局の一つはアリーナの外から伝えた。

白いヘッドバンドを巻き、背番号6の真新しいヒートのユニフォームを着たレブロンは、ウェイドとボッシュの隣に立ち、イベントコーディネーターの出す指示を聞いていた。「皆さんをステージ裏へ連れて行って、リフトに乗せる」とその男は三人に語った。しばらくして、レブロン、ウェイド、ボッシュはステージの隙間からせり上がってきた。レーザー光線が点滅し、炎が宙を舞い、煙がステージを包んだ。まるでロックスターのように、レブロン、ウェイド、ボッシュは体の向きを変えながら観客と向き合う。そしてマーベル映画のような音楽が鳴り響き、何千人ものファンが歓喜の声を上げる中、舞台上を闊歩した。

「三人の王」と紹介された彼らは、背もたれの高い椅子に座り、観客への挨拶を行った。「夢が現実になった以上のことだ」と、ウェイドが先頭を切った。「おそらくバスケットボール史上最高のトリオでチームを組むことができるなんて、素晴らしいことだ」

　レブロンとボッシュには優勝経験がなく、ウェイドも一度優勝しただけであることを考えれば、大胆な発言だった。しかし、レブロンはウェイド以上に気を大きくした様子で、彼らが一緒に何度の優勝を成し遂げられるか予想し始めた。「二回や三回や、四回、五回じゃない」とレブロンは観衆に向けて言う。ウェイドとボッシュは大笑いし、観客はどよめいた。「六回でも、七回でもない」

　レブロンが大きく出れば出るほど、ファンは盛り上がった。ウェイドとボッシュは笑いが止まらなくなった。レブロンはさらに続ける。「こういうことを言いながら、本当にそう思っている。ファンに向けて大口を叩こうとしてるわけじゃない。私はそんなタイプではない。私はビジネスライクなんだ。そして私たちは、ビジネスに正しく取り組めば、何度も優勝することができると信じている」

　レブロンが優勝予想をしているとき、笑顔になれない者もいた。ライリーがその一人だ。台本もリハーサルの時間もないまま選手をステージに上げることには、こういうリスクがあった。厳しい目でステージを見据え、両手を顎の下で組んだライリーは、ここで長く仕事をしてきた経験から、ヒートがこれから進むべき道はまだまだ険しく長いものであるとわかっていた。リーグ内のあらゆるチームから狙われる対象となる。そしてレブロンの言葉は、ヒートを絶対に倒してやろうというさらなるモチベーションを対戦相手に与えることになる。

　マイアミでのイベントはレブロンへの批判をさらに加速させ、すぐにスポーツ報道の枠を越えて広まった。CNNから主要ネットワークの夜のニュース番組まで、あらゆる報道媒体がレブロンの決断に口を出してきた。『ニューヨーク・タイムズ』紙の政治コラムニスト、モーリーン・ダウドまでもがレブロンを批判した。「マイアミのバスケットボールカルテル」と題したコラムの中で、ダウドはレブロンの「ナルシスティックな発表」を酷評した。「レブロン・ジェームズにとってベストなことをしたかった」という彼自身の言葉を引用し、ダウドは次のように書いた。「自分のことを三人称で呼び始めるのは、良くない兆候であることが常だ。彼は、自分自身にもたらした公的イメージ上の損害をまったく理解していないようだ」

レブロンは、評論家たちの言うことはそれほど気に留めなかったが、自分がＮＢＡのレジェンドたちからどう見られているかは強く気にしていた。そして彼の決断の直後から、スポーツライターたちは、マイケル・ジョーダンが口にした言葉を一斉に伝えた。ネバダ州で行われたセレブリティたちのゴルフ大会に出場したあと、ジョーダンはレブロンがウェイド、ボッシュと組んだことについて質問を受けた。「今になって考えても、私が（ラリー・）バードに電話をしたりマジック・ジョンソンに電話をしたりして、『おい、同じチームで一緒にやろう』と言うのはあり得ないことだった。率直に言って、私はそういう男たちを倒そうとしていた」。実際のところは、ジョーダンにはのちに殿堂入りを果たすスコッティ・ピッペンというチームメイトがいたし、言うまでもなくブルズのロースターには他にも正真正銘のスター選手が揃っており、ジョーダンがライバルたちを倒す助けとなった。また、レブロンにとっての最大のライバルはポール・ピアースやコービー・ブライアントであり、レブロンは彼らに電話をして「一緒にやろう」と言ったわけではなかった。彼が声をかけたのは五輪でチームメイトだった仲の良い友人の二人だ。エインジが集めたスター軍団のセルティックスや、ロサンゼルスで五度の優勝を成し遂げていたコービーとフィル・ジャクソンの強大な軍団と勝負できるチームを作り上げるためだった。

それでも、ジョーダンの友人であるＴＮＴのチャールズ・バークレーは、レブロンを公然と非難した。「彼は決してジョーダンにはなれない。今回のことで明らかに論外となった。クリーブランドに残り、『ザ・マン』として優勝を目指すのであれば、名誉を得るにふさわしいことだっただろう」と、バークレーはレブロンの決断の数日後に語った。

レブロンは、バークレーの言葉を心に留めた。彼は、バークレーがキャリアを通してフィラデルフィア、フェニックス、ヒューストンの各チームで「ザ・マン」として過ごし、そして一度も優勝を勝ち取れなかったことも思いだした。

コミッショナーのデイビッド・スターンは、NBAのレジェンド同士の言い争いを気にすることはなかった。しかし、リーグのブランドを傷つけるようなPR上の失態は嫌っていた。スターンにとって、レブロンの「決断」は思い上がりから生まれた大失態に思えた。彼はその責任の大半をレブロンの取り巻きたちに負わせた。「あれはひどかった。我々としては、ひどいことになるのはわかっていたと言っていいだろう。そして、実現しないように懸命に力を尽くした」とスターンは語り、さらに「彼はこの件についてお粗末なアドバイスを受けていた」と付け加えた。大げさなテレビ中継は一部のファンに最悪の事態を引き起こし、本来であればもっと分別があるはずの人々に見苦しい行動をさせてしまった、というのがスターンの見解だった。ユニフォームに火をつけたファンたちについては、スターンもほとんど擁護し切れなかった。それでも彼はギルバートを公然と叱責し、ギルバートの手紙と『AP通信』への発言を理由としてキャバリアーズに罰金処分を科した。またスターンは、ギルバートを公の場で非難する記者会見を開いたジェシー・ジャクソン牧師のことも問題視した。「裏切られたというギルバートの感情は、奴隷使役者の意識を体現したものだ。彼はレブロンを逃亡奴隷だと見ている」と、ジャクソンは語っていた。

スターンは、奴隷という表現はいきすぎたものだと感じていた。

＊＊＊

レブロンと新しいチームメイトたちがマイアミで七回の優勝を果たすと予言した五日後、レブロンはアクロン郊外の屋敷のベッドから起き上がり、セント・ビンセントの体育館で汗を流しにいった。まるで世界中が自分に敵対しているように感じられる中で、友人や家族のいる慣れ親しんだ土地に戻ってきたことを喜んでいた。心の底では、すでにこう考えていた。「いつかまたキャバリアーズに戻ってプレーしたとすれば、どんな感じになるだろうか？」

トレーニングを終えたレブロンは、モーリンガーと電話で話した。レブロンの物語を綴る前の最後の会話となる通話の中で、モーリンガーはギルバートの手紙のことを持ち出した。レブロンは手紙を読んだことを認め、「私と家族はあの男の性格を目にしたことがあった。（手紙を読んで）より楽になったし、自分が正しい決断をしたと感じられた」とレブロンは語った。

モーリンガーは、レブロンがオハイオ州に夢のマイホームを建てたことを知っていた。ヒートの一員になった今でも、そこに住み続けることができるのだろうか。モーリンガーはその疑問を口にした。

「今まさにアクロンから電話をしている。家にいるんだ。夏の大半をここで過ごすつもりだ」とレブロンは言った。

モーリンガーは驚いた。

「ここが私の家だ。オハイオのアクロンが私の家なんだ。ずっとここにいる。今でも昔の高校でトレーニングしている」とレブロンは続ける。

モーリンガーはレブロンの話を聞きながら、彼がマイアミのイベントでウェイドとボッシュと一緒にステージに上がったあと、それを目にしたビッシンガーが語ってくれた話を思いだしていた。「ウェイドとボッシュと一緒に座っているレブロンの表情を見ると、他の全員がどれほど怒りを抱いているとしても、レブロンは明らかに死んで天国へ行ってしまったようだった。素人の心理学は常に危険なものではあるが、彼はまさに高校時代の経験を繰り返していた」とビッシンガーは語った。

ビッシンガーの結論は、モーリンガーが感じていたことと一致していた。高校時代は、レブロンにとって人生で唯一、完全に安全だと感じられた時間だったのかもしれない。その時期を再現したいという思いが、ウェイドとボッシュと一緒にプレーするという決断につながったのではないか。

レブロンほどのスター選手ともなれば、噂や神話と真実を区別するのは難しい。しかし彼の場合は、一人でいるのが好きではないという事実を公言していた。同時に彼は、自分の周囲にいるのが誰であるかには強くこだわった。中学生の頃からすでに、彼は周囲のグループを作り上げ、慎重に友人を選び、ロメオ・トラヴィスのように特定の選手を勧誘してセント・ビンセントに移籍させた。リッチとランディ・ミムズを誘って自分とマーベリック・カーターと一緒に仕事をさせ、「インナーサークル」を形成したことも同じだった。

＊＊＊

レブロンは仲間を必要としてはいたが、誰でも構わないと考えるようなタイプではなかった。仲間になる者は彼のテストに合格しなければならない。そして今、米国代表で数年間一緒にプレーしてお互いを知り尽くした上で、レブロンは一緒に優勝を成し遂げたい選手たちとしてウェイドとボッシュを選んだ。

チームメイトと距離を置く一匹狼のコービーを知っていたこともあり、モーリンガーはレブロンが友人たちに対して見せる忠実さに感心していた。一方でモーリンガーは、レブロンの取り巻きが彼に利益をもたらしていないとも感じていた。八月に『GQ』誌に掲載された「クレイジービルでの三週間」という記事の中で、レブロンの発表のPR面は、予見可能な「列車事故」だったとモーリンガーは表現した。「牛が線路に迷い込んできたのが実際に見えていた。ブレーキがきしむ音が聞こえ、車両が切り離され、車掌車が突っ走っていく感覚を捉えていた。周囲の者たちは彼のブランドを築き上げようとしていると言われていたが、彼はもうすっかりブランド化している。彼はヘッドバンドを巻いたヘスター・プリンだ」

自分の一番の親友が、ナサニエル・ホーソーンの『緋文字』に登場する架空の人物に例えられるのを見て、マーベリックは胸が痛んだ。レブロンの決断をESPNで発表するアイデアを支持した者として、マーベリックはレブロンの評判を落とした責任を感じていた。「ビジネスパートナーでもある親友の何かを完全に台無しにしてしまった」と、彼は自分を責めていた。

批判は失敗のサインだとマーベリックは捉えた。そして、「決断」の余波によって彼の自信は揺らいでいた。普段であれば、彼は目標達成を目指す努力家だった。何かを成し遂げ、高みへ登っていく感覚に病みつきになっていた。だが今や、彼は気づかされていた。「なんてことだ！　本当に失敗になってしまいそうだ。人生でチェックしたいと思っていたボックスの多くをチェックできなくなってしまう」と。彼は突然のように、自分の目標が危険な状態に陥ったと感じていた。

＊＊＊

ポール・ピアースほど、レブロンのヘッドバンドを外したいと望んでいたNBA選手は他にいなかった。レブロンがマイアミでウェイドとボッシュと一緒になったことを知ると、ピアースは親しい友人たちに「誰もあいつらを倒せない」と漏らした。しかし、それを公に認めることは決してなかった。そして二〇一〇年一〇月二六日、NBA新シーズンの初戦としてセルティックスがヒートを迎え撃ったとき、間違いなくピアースには一歩も引く気などなかった。『ボストン・グローブ』紙で長年バスケットボールライターを務めてきたボブ・ライアンは、マイアミとボストンの激突を「リーグ史上最も盛り上がる開幕戦」と呼んだ。

ヒートのユニフォームを着たレブロンの最初の試合が、五カ月前に無念な形でキャバリアーズでのキャリアに幕を引いたのと同じコートで行われるという事実を、ボストンのファンは喜んでいた。さらなるドラマとして、シャキール・オニールはオフシーズン中にセルティックスに移籍していた。

ウェイドとボッシュは、ボストンのファンがレブロンに対して抱いている反感を十分に理解してはいなかった。レブロンがTDガーデンのコートに足を踏み入れると、ブーイングの大合唱がアリーナを満たした。先発メンバー発表の際にも、また試合中も彼がボールに触れるたびに、ファンはブーイングを続けた。レブロンは全選手中最多の三一得点を挙げた。しかし第四クオーターに入り、セルティックスがヒートを引き離すと、「過・大・評・価」のチャントがガーデン中に響き渡った。試合は八八対八〇でセルティックスの勝利に終わった。

「今は作業の途中だ。ローマは一日にして成らず。それはみんなわかっている」と、レブロンは試合後に語った。

「八二試合のうちの一つでしかない。みんな八二勝〇敗になると考えていたなら申し訳ないが、そんなことは起こりようがない」とウェイドは言った。

二週間あまりを経て、ヒートはマイアミでセルティックスを迎え撃った。試合はまたも激戦となり、またもやセルティックスが勝利を飾った。ピアースは試合後にツイートした。「私の才能をサウスビーチで発揮することができてうれしい」

レブロンはピアースの駆け引きに慣れていたが、チームメイトたちは違った。ピアースのツイートの翌日、ヒートの「用心棒」ユドニス・ハスレムがこの件について質問を受けた。「ポールって誰?」とハスレムは言った上で、報道陣に向けて、ピアースのことをもっとよく知るためのアドバイスを与えた。「スタジオ・ギャングスターという言葉を調べてみるといい」と。インターネットで調べなければわからない記者も少なくなかったが、「スタジオ・ギャングスター」とはヒップホップ界のスラングで、ギャングになることに憧れてギャング的なライフスタイルをラップで歌っている者を指すという。

キャバリアーズとセルティックスのライバル関係は終わった。ヒートとセルティックスのライバル関係が幕を開けた。

＊＊＊

一一月の日曜日の午後、レブロンはマイアミの自宅でクリーブランド・ブラウンズとニューヨーク・ジェッツの試合をテレビ観戦していた。彼は試合についてツイートもしていた。『エスクァイア』誌のライター、スコット・ラーブも試合を観ながらツイートしていた。しかし、ラーブはレブロンについてツイートし、彼のことを「負け犬」「根性なしのチンピラ」と呼んでいた。

ヒートはラーブのツイートを見つけた。翌日になるとチームは、ラーブが『エスクァイア』誌のブログの中でレブロンを「アクロンの男娼」呼ばわりしていたことにも気がついた。

その日のうちに、ラーブはヒートのメディア対応責任者ティム・ドノバンからメールを受け取った。「スコット、君は二度と我々の施設に入ることはできない。今後取材許可を与えることもない」とドノバンは書いた。

翌日、ラーブはドノバンのメールを公開した。「ティムは私が昨日書いたことに文句を言ってきたのではないかと思う。レブロン・ジェームズのことをアクロンの男娼と呼んだが、おそらくそのことだろう」と彼は記した。

レブロンはまだTwitterに慣れていなかった。しかし、今や彼には一〇〇万人近いフォロワーがいる。彼は、自分や仲間のアスリートたちがソーシャルメディア上で標的にされるのが気に入らなかった。そこで彼は、自分に対する人種差別的で憎悪に満ちたツイートをいくつかリツイートすることにした。あるツイートは、彼のことを「大きな鼻、大きな唇、虫めがねのニガー。貪欲で、ゲスさを隠そうとする」と書いていた。また別のツイートは、彼を「ビッチ」と呼び、「走っている車の下に頭を突っ込んで喋ったらどうだ?」とレブロンに呼びかけていた。

これらのツイートは、レブロンが「決断」以降に経験したことの、ほんの一部を切り取ったにすぎない。彼に対する世間の反応は、タイガー・ウッズが不倫スキャンダル後に経験したものとは明らかに異なっていた。ウッズは、「私はチーター」「タイガーの妻が尻尾を巻く」などといったタイトルの記事によって一九日連続で『ニューヨーク・ポスト』紙の一面を飾り、これは九・一一の同時多発テロをも上回る記録となった。メディアはウッズを嘲笑し、笑い者にしていた。しかし、ウッズの状況は個人的なものだ。彼はテレビ放送されたスピーチで自分の過ちを認め、家族とゴルフ界に謝罪した。一時的にゴルフから離れたあとコース復帰を果たすと、大観衆の大喝采で迎えられた。

一方、レブロンはすべてのスポーツの世界で最も嫌われる男となった。全米のアリーナで容赦なくブーイングと罵声を浴びせられた。バスケットボールを観ていなかった人たちまでもが彼とヒートの敵に回ったようだった。

＊＊＊

レブロンが初めてクリーブランドに戻ってくる試合では、二五〇人以上のメディア関係者に取材パスが発行された。二〇一〇年一二月二日、ヒートが「ザ・Q」に到着すると、特別な警備体制が敷かれていた。ヒートのベンチ周辺には一四人の警備員が配置された。ロッカールームからコートへと続く通路にも警官たちが並んでいた。レブロンはチームメイトたちと一列になり、通路を出て小走りでコートに入った。レブロンに触れるほど近くにいたファンが彼に向かって叫び声を上げた。

「嘘つき！」と、あるファンは叫ぶ。

「このチンピラめ！」と別のファン。

「アクロンもお前が嫌いだ！」とまた別のファン。

片手に携帯電話、もう片方の手にビールを持った男が、レブロンのすぐ近くにまで身を乗り出し、卑猥な言葉を浴びせた。屈強な警官は黙って見守っていた。

「ザ・Q」が敵意に満ちた雰囲気となることは、レブロンもわかっていた。だが、そんなものではなかった。あるファンは、棒のような姿で残酷に描かれたレブロンが、「どうするべきか？　慈悲を乞え」という言葉の横にひざまずくサインボードを掲げていた。

別のサインボードには「この親にしてこの子あり」と書かれていた。

レブロンは真っ直ぐ前を見つめ、何も言わなかった。

「今まで見てきた中でも、最も憎しみに満ちた光景だった。ファンたちの表情にその様子が表れていた。私たちは試合の三時間前に会場入りしたが、もう満員で、膨れ上がっていた。とにかく怒りが渦巻いていた」と、ヒートの警備主任は振り返った。

「私はいつも以上にレブロンから目を離さないように、近くに居続けるようにした。彼がパウダーを手につけるためテーブルに向かうときも、ゲームに入るときも、ひたすらファンの出入り口を監視し続けていた。思い返せば、ただただ純粋な憎しみを目にしたと思う。アリーナの閉鎖空間であんな光景を見たのは初めてだった」と彼は続けた。

ブーイングはTNTのアナウンサーの声をかき消すほどの大音量だった。「私は二五年か三〇年くらいバスケットボールに携わってきたが、レギュラーシーズンの試合では、会場内でこれほどの熱気も迫力も見たことがない。まるで今日はNBAファイナル第七戦のようだ」と、あるアナウンサーは語った。

ヒートの選手たちにとっては、優勝決定戦よりもはるかに不吉な感覚だった。この一晩だけ、「ザ・Q」はまるでローマのコロッセオだった。「あれは、プレーするのが一番怖かった試合の一つだった」とボッシュは振り返った。レブロンの後を追ってクリーブランドからマイアミに移っていたジードルーナス・イルガウスカスも、古巣のファンの様子に狼狽していた。「今までプレーした中で最も敵対的な雰囲気のアリーナだった。チャンスがあればファンは私たちを八つ裂きにしかねないように感じられた」と彼は振り返った。

レブロンは不気味な感覚を覚えた。しかし、チームメイトたちと一緒に試合前のレイアップ練習を開始すると、少し安心することができた。観衆は「クソ野郎、クソ野郎」と叫びかけてきたが、レブロンはとにかくプレーしたくて仕方がなかった。最初にボールに触れると、あるファンは「あいつの首を取れ！」と叫んだ。だがレブロンはショットを決めた。さらにもう一本。もう一本。

タイムアウト中には、ヒートのベンチにファンから物が投げつけられた。電池を投げてきたファンもいた。しかし、ハーフタイムの時点でヒートは二〇点差をつけており、レブロンは怪物のようなプレーぶりだった。ギルバートは怒り心頭で席を立ち、後半になっても戻ってこなかった。

第三クオーター、レブロンは二一得点の大爆発を見せた。チームが三〇点差をつけた頃、レブロンはちょうどキャバリアーズベンチの目の前のコーナーからフェイダウェイのスリーポイントを決めた。そして振り向くと、古巣のチームを睨みつけながら走り去っていった。「いい加減にしろ！」と誰かが彼に向けて叫んだ。

チームが大量リードを奪ったため、エリック・スポールストラヘッドコーチは第四クオーターの間ずっとレブロンをベンチに座らせた。それでもレブロンは三八得点、八アシスト、五リバウンド。そしてヒートは一一八対九〇で勝利した。試合後、ギルバートは『エスクァイア』誌のラーブの取材を受け、後半に席に戻らなかった理由を説明した。「私は文字通り、あのコートに戻るのが怖かった。あのクソ野郎が何をしているかはわかっていた。私としては……時々自分を見失ってしまうことがあり……彼は嘲笑っているかのようだった。一秒一秒を楽しんでいた。私は、物理的に彼に襲いかかることはないとしても、おそらく何か後から後悔するような言動をすることになっていただろう。だから出てこなかったんだ」

＊＊＊

レブロンのクリーブランド帰還は、両チームにとってシーズンのターニングポイントとなった。この試合のあと、キャバリアーズは記録的な連敗が続く。そしてヒートはここから一九試合で一八勝を挙げた。しかし、レブロンに対する反感が収まることはなかった。一二月一七日、ヒートがニューヨークでニックスと対戦する日、『ニューヨーク・デイリーニューズ』紙の一面にはレブロンの写真と、「合言葉はレバム（訳注：レブロンに対する蔑称）」というタイトルが並んだ。『ニューヨーク・ポスト』紙は読者に向けて、レブロンがニューヨークのキングになっていた可能性もあったことを思いださせた。「だが彼は、マイアミへの安全な道を選んだ。これからの彼は永遠に『レチキン』だ」

ヒートは一〇連勝中。レブロンは話題の中心として再びマディソン・スクエア・ガーデンを訪れた。セレブリティたちが一階席を埋めていた。ドレイク、マクスウェル、リーアム・ニーソン、ポール・サイモン、ビル・オライリー、ファボラス、ジェシカ・ホワイト、クレイグ・ロビンソン、DJクルー、ジョー・ジョナス、トレイシー・モーガン、マシュー・モディーン、スパイク・リー、ウディ・アレン。最高の劇場だった。そして、ニックスのファンはレブロンに鬱憤をぶつけるつもりだった。

「ファック・ユー、レブロン！」。国歌斉唱が終わると、あるファンが叫んだ。

ヒートの最初のオフェンスでレブロンはスリーポイントを決め、耳をつんざくようなブーイングの大合唱を黙らせた。ヒートはリードを築いた。しかし、第二クオーターにはニックスが猛反撃。レブロンは一人で追撃を抑えていた。スラッシュ。ダンク。ジャンプショットを次々と叩き込む。ニックスファンにとっては、もしかしたら実現していたかもしれない未来を痛感させられる試合だった。この試合でレブロンは三二得点、一一リバウンド、一〇アシスト。ヒートはニックスを二二点差で下した。

ヒートが調子を上げ、他チームを圧倒し始めると、ウェイドやボッシュと手を組んだレブロンを非難するNBA評論家はさらに増えていった。特によく引き合いに出されたのは、セルティックスのレジェンドであるラリー・バードと、レイカーズのレジェンドであるマジック・ジョンソンだ。長年の宿敵であった二人は、決して手を組むことはなかった。馬鹿げた比較ではあった。バードとマジックは、それぞれ将来の殿堂入りプレーヤーたちを何人も擁するチームでプレーしていたのだから。そしてバード本人は、レブロンの擁護に回ることになった。「私は彼があそこへ行ったことに腹を立てたりはしなかった。多くの人の心を傷つけたけれど。だが彼の人生、彼のゲームなんだ」。ある記者が、レブロンが決断を発表した手法に対する批判にバードを引き込もうと画策すると、バードはこう語った。「彼はまだ子どもじゃないか。そうだろう？　誰だって馬鹿なミスはするものだ。私も一〇〇万回はやった。だから、これがなんだって言うのか？」

＊＊＊

レブロンは二六歳になったところだった。二〇一一年一月一一日、彼はロサンゼルスのホテルの部屋にあるテレビでキャバリアーズとレイカーズの試合を観ていた。翌日の夜、ヒートはロサンゼルス・クリッパーズと対戦する。しかし、レブロンは古巣を気にし続けていた。レイカーズは一一二対五七でキャバリアーズを粉砕し、クリーブランドにチーム史上最悪の敗戦をもたらした。「因果応報だ」と、レブロンはツイートした。

レブロンを失い、ギルバートのフランチャイズは崩壊した。キャバリアーズは二〇一〇―一一シーズンを一九勝六三敗で終了。ＮＢＡワースト二位の成績だった。一方、ヒートはレギュラーシーズンをイースタン・カンファレンス二位の成績となる五八勝二四敗で終えた。そして、プレーオフ一回戦に快勝したヒートは、イースタン・カンファレンス準決勝でセルティックスと対戦。バスケットボールファンが見たいと望んでいた対決だった。

セルティックスは、レギュラーシーズン中にはヒートに対しておおむね好成績を収めていた。第一戦、ピアースとチームメイトたちが頼ったのは使い慣れた戦い方。強引に押し込むことだ。ヒートのベンチプレーヤー、ジェームズ・ジョーンズが連続スリーポイントを決めると、ピアースは彼に胸と胸を合わせてぶつかり合い、頭をジョーンズの顔面にぶつけていく。続いてピアースはウェイドと押し合いになった。盛んに何か言い続けるピアースに対し、審判はテクニカルファウルを取って彼を退場とした。だがヒートは明らかに動揺していた。

サイドライン際で円陣を組んだチームに対してレブロンは、相手のふざけた行為に気を取られるなと伝えた。「あいつらは私たちを惑わすため、バスケットボール以外のことは何でもやろうとしてくる。バスケットボールで倒してやろう！」と彼は叫んだ。

ヒートは盛り返し、第一戦を九九対九〇で制した。

第二戦ではレブロンがセルティックスを打ちのめした。ゲームハイの三五得点を挙げ、ヒートは再び勝利を飾った。

だがボストンに移り、第三戦はセルティックスが勝利。第四戦はレブロンとピアースの打ち合いとなった。セルティックスがあと一歩でシリーズを二勝二敗のタイに持ち込もうとしたところで、レブロンがヒートをオーバータイムへと導き、最終的に九八対九〇で勝利。これでシリーズを三勝一敗とリードした。

マイアミに戻ると、第五戦ではウェイドがこのシリーズ最高のプレーを見せ、最多得点を記録した。レブロンも同点で迎えた残り二分一〇秒の時点で、ピアースの目の前で跳び上がってスリーポイントを沈める。さらにもう一本ピアースの目の前からスリーを決め、ヒートは六点リード。ヒートのファンが唸り声を上げる中、レブロンは機関車を真似てピアースの隣でハッハッと息を弾ませた。セルティックスはタイムアウトを宣言。インバウンズパスではレブロンがピアースからボールを奪い、足を止めたピアースが立ち尽くすのを尻目に、コートを駆け抜けていく。ボールを両手でリングに叩き込んで観客を熱狂の渦に巻き込み、ヒートのリードを八点に広げた。もう一度タイムアウトを取ったあとセルティックスはまたもボールを失い、レブロンの手にボールが渡る。最後のショットに向けてボールを持ったレブロンはピアースに目を向け、彼の横を駆け抜けてレイアップを決める。彼はチームのラスト一〇得点を、すべてピアースを打ち負かす形で奪ったことになった。レブロンはついにセルティックスのビッグスリーを倒し、ヒートはプレーオフを勝ち進んだ。

＊＊＊

イースタン・カンファレンス決勝ではシカゴ・ブルズを手早く撃破。レブロンとヒートはNBAファイナルに進出し、ダラス・マーベリックスと対戦することになった。

ウェイドとボッシュの力強いパフォーマンスにより、ヒートはマイアミでの第一戦に勝利。第二戦ではウェイドがチームを引っ張り、ヒートはまたも順調に試合を進めた。第四クオーター残り七分あまりの時点で、ウェイドはスリーポイントを沈めてチームの連続一三得点を締めくくる。スコアは八八対七三でヒートのリードとなった。レブロンとウェイドがマーベリックスのベンチ前で喜びを見せ、「ヒートがこの試合を大きくリード」とABCのアナウンサーが告げる。

タイムアウトのあと、どちらのチームも得点することなく一分が過ぎた。そしてマーベリックスがジャンプショットを決める。続いてレイアップ。さらにフリースロー二本。もう一つレイアップ。残り四分半となったところで、ヒートは七点差にまで詰め寄られた。

レブロンがフリースローを二本決め、リードは九点に再び広がる。

だがジェイソン・キッドがスリーを決め、六点差に縮めた。続いてジェイソン・テリーも決め、マーベリックスは残り三分で四点差に迫る。

突然のように、ヒートはチーム全体が冷え切っていた。だが特に気がかりだったのは、マーベリックスの連続得点中にレブロンの存在が消えてしまっていたことだ。彼は優勝するためにヒートへ来ていた。こういった場面でこそ自分の力を見せ、主役とならなければならなかった。

マーベリックスのスター、ダーク・ノヴィツキーはフェイダウェイジャンプショットを一八番としており、二一三センチの長身ゆえに防御はほぼ不可能だった。彼も自身初のチャンピオンとなることを目指していた。ドイツ出身のノヴィツキーはこのとき三二歳。一三年間のNBAキャリアをすべてマーベリックスで過ごしてきた。レブロンと同じく彼も二〇一〇年にFAとなったが、ノヴィツキーは静かにマーベリックスと再契約を交わし、「結局、私の心はここにある」と言った。彼はマーベリックスで「やり残した仕事がある」とも感じていた。在籍中ずっとチーム最高の選手であり続けたノヴィツキーだが、NBAファイナルに進出したのは〇六年の一回のみであり、そのときはウェイドとヒートに敗れていた。ノヴィツキーは、マーベリックスのために優勝することを決意していた。

第二戦残り二分四三秒、ノヴィツキーがゴールを決めてチームを二点差にまで引き上げる。コートの反対側では、レブロンがスリーポイントショットを二本外してしまった。

そして、ノヴィツキーがレイアップを決めて同点。

ウェイドがスリーを外したあと、ノヴィツキーはスリーを成功。マーベリックスは二〇点対二点の驚異的な快進撃を見せ、残り二六秒で九三対九〇とリードを奪った。

タイムアウトのあと、ヒートのマリオ・チャルマーズが素早くスリーを決めてスコアを同点に戻す。

残り二四秒、ノヴィツキーは再びボールを要求。ペリメーター外で、二一三センチの大男は時間をかけ、ゲームクロックを進める。そこからリングに向かって動き出し、残りわずか三秒で得点。マーベリックスが九五対九三とリードし、マイアミの観客は沈黙に陥った。

レブロンはウェイドへボールを送り、何とか最後の攻撃を試みたが及ばない。マーベリックスは残り六分での一五点ビハインドから大逆転に成功。ノヴィツキーはチームのラスト九得点を挙げた。NBAファイナルの試合で第四クオーターに入って一五点差から逆転勝利を収めたチームは、ジョーダンを擁した一九九二年のブルズ以来初めてだった。

シリーズの戦いはまだ長いが、ライリーは危惧していた。選手としてもコーチとしてもチャンピオン決定戦を数多く戦ってきた彼は、不利を予想されたチームにちょっとしたことが希望を与え、シリーズの結末を変えてしまう場合があることをよくわかっていた。

＊＊＊

ヒートはダラスでの第三戦に二点差で勝利し、シリーズを二勝一敗とした。しかし三試合続けて、レブロンは第四クオーターで目立たずにいた。試合後にそのことを質問されると、彼は何とか自己弁護を試みた。そして第四戦では、マーベリックスがまたも第四クオーターに逆転劇を演じ、八六対八三で勝利。シリーズを二勝二敗のタイとした。ウェイドとボッシュは好プレーを見せたが、レブロンはわずか八得点にとどまり、キャリアを通してポストシーズンで最悪の試合の一つとなった。「いいプレーができなかった。特にオフェンス面で」と、彼は試合後に認めた。「それはわかっている。このチームが試合に勝てる力になれるように、もっといい仕事をしなければならない。特に終盤に。何が何でも」

第四戦を終えると、レブロンがいつも第四クオーターに姿を消してしまうことがファイナルの一番の話題となった。セルティックス戦とブルズ戦ではあれほど圧倒的だったレブロンが、マーベリックス戦では消えてしまっていた。『ニューヨーク・タイムズ』紙は彼を「リーグで最も困ったスーパースター」と呼び、次のように記した。「何よりも憂慮すべきは、息を呑むほど緊迫した第四クオーターで、つまりヒートが彼を最も必要とする場面で、いつもジェームズが沈黙を保ってきたことだ。ジェームズは第四クオーターで平均わずか二・三得点にとどまっており、フィールドゴール一二本中三本しか決められていない」。ESPNは、レブロンが第二戦、第三戦、第四戦のラスト一〇分に一点も決めていないことを指摘した。

レブロンは、ヒートをウェイドのチームだと考えていた。レブロンのほうがビッグスターではあったが、ウェイドはキャリアをマイアミで過ごしてきた。レブロンは、友人がチャンピオンになる手助けをする義務があると感じていた。

「もちろん、彼は私を落胆させたと感じている。そしてもちろん、彼は巻き返してくれるとわかっている」と、ウェイドは第四戦を終えたあと語った。

しかし、マーベリックスはホームでの第五戦にしっかりと勝利。ウェイドはこの試合で腰に打撲を負ってしまった。二勝三敗でヒートが追う状況となり、シリーズはマイアミに戻る。第六戦前日の夜、レブロンとウェイドはアリーナでトレーニングを行い、何とかリズムを合わせようと試みた。

その夜にESPNは、国内ほぼすべての州が第六戦に向けてマーベリックスが勝つよう応援していることを示す画像を公開した。レブロンは認めないとしても、誰もが自分に敵対しているという事実を定期的に意識させられることは、彼の足を引っ張っていた。

ノヴィツキーは第六戦の前半にショットがまったく決まらず、一一本を打って一本以外はすべて外した。それでもマーベリックスは二点リードでハーフタイムを迎える。ウェイドがなかなか得点できず、レブロンとボッシュが重荷を背負わされた。だがどちらも試合の主役にはなり切れない。一方でノヴィツキーは、終盤に入って最高のパフォーマンスを発揮。第四クオーターに一〇得点を挙げ、残り八分の時点でマーベリックスを一二点リードに引き上げる。アリーナ中に点在していたマーベリックスのファンは、「行け、マブス！」と歌い始めた。そしてヒートのファンは、出口へと向かい始めた。

最後のブザーが鳴り、マーベリックスがヒートのホームコートで優勝を祝い始めると、レブロンは呆然とした様子だった。ヒートのロッカールームに続く通路の中で、ボッシュは床にうずくまった。手と膝を床につけ、顔を両手に埋めて泣いていた。スタッフらは、彼がまるで混雑した街路にいるホームレスであるかのように横を通り過ぎていく。ようやくウェイドがボッシュを助け起こし、ロッカールームまで導いていった。「とにかく、思っていたことと違った。私たちが勝つことになると思っていた」と、ボッシュはのちに語った。

ヒートのロッカールームは、病院のように静まり返っていた。スポールストラは選手たちを落ち着けようと試みた。「君たちは極限まで必死に頑張ってきたチームだ。犠牲を払い、やるべきことをすべてやってきた。すべてを勝ち取れる立場に自分たちを置くことができた。わずかに届かなかっただけだ」と、彼らに語った。

レブロンは何も聞く気になれなかった。ソーシャルメディア上ではすでに激しく叩かれていた。「おいレブロン、息の根を止められたビッチ」と、あるファンはツイートした。ギルバートまでもがTwitterでレブロンの結末をほくそ笑んだ。「マブスは決して止まることなく、フランチャイズ全体でリングを手に入れた。誰もがよく知る教訓だ。近道などは存在しない。一切ない」と彼は投稿した。

青いスーツを着て、ジャケットのポケットにハンカチを入れてネクタイを締め、レブロンは報道陣に対応するためメディアルームに入った。ウェイドの隣の席に座ると、レブロンはテーブルに肘をついて両手を組んだ。

「あなたの失敗を見て喜ぶ人がたくさんいるのは気にさわるか?」と、記者の一人が訊ねた。

「それは絶対にない」と、レブロンは感情を抑えながら言った。「結局のところ、私の失敗を期待していた人たちもみんな、明日になれば朝に起きて、今日起きたときと同じ生活を続けていくだけだ。今日抱えているのと同じ個人的な問題を抱えたままだ。私は私の生きたい生き方を続けていく。家族と一緒にやりたいことを続けていくし、それで満足だ」

CHAPTER 29

# 本当に暗い場所

NBAファイナルで敗れた翌朝、ドウェイン・ウェイドはベッドから出ることもなく一日中部屋にいた。食事は運ばせた。誰と会うことも話すことも拒んだ。昼過ぎに子どもたちがドアをノックし、彼を外に連れ出してボール遊びをしようとせがんでも、「今はだめだ」と叱りつけた。数時間後、子どもたちがもう一度同じことを頼みにきても返事は変わらなかった。それよりもウェイドは、お気に入りの映画『星の王子ニューヨークへ行く』を観ていた。そうすると、ダラス・マーベリックスに絶望的な敗戦を喫したとしても、彼はやはり父親でなければならないことを思いだした。夕食時に子どもたちが帰ってきて、その一人が「パパ、暗くなる前に遊びに行こう」と言うと、ウェイドはようやく寝室を出て子どもたちと一緒に外へ行った。翌朝になって目を覚まし、ウェイドはNBAファイナルの結果が悪い夢ではなかったことをやっと実感できた。あれは現実だったのだ。「OK、兄弟。お前にはまだ責任がある。お前の人生に戻れ」と、彼は自分に言い聞かせた。

レブロン・ジェームズはそれほど早く立ち直ることはできなかった。彼ははるかに暗い場所にいた。ファイナルでの敗戦は彼にとって屈辱的だった。「三人の王」といった大げさな持ち上げ方や、自ら口にした「六回や七回じゃない」といったシーズン前の大胆な優勝回数予想があったからこそ、特に。だがレブロンが感じていたのは屈辱だけではなかった。彼はキャリアで初めてコートを支配することができなくなり、バスケットボール選手としてのアイデンティティに不安を覚えるようになっていた。「サウスビーチで才能を発揮する」という自らの発表に対する反動は、彼をプロスポーツ界で最も極端に評価の分かれる存在へと変えていた。毎晩のように憎悪を向けられ、二〇一〇―一一シーズンは心身を削るような惨めな体験となった。その状況下で彼は、本来の自分らしさとは異なる、悪役という役割を演じることを強いられた。睨みつけたり、しかめっ面をしたり、悪者のキャラクターを装うことは最終的に彼を消耗させた。マイアミ・ヒートがファイナルに勝ち進む頃には、レブロンは物事を考えすぎるようになり、勝敗が懸かる決定的な場面で姿を消すようになってしまった。ようやくシーズンが終わった今、彼は精神的にも感情的にも疲れ切っており、誰にも会いたくはなかった。

だがパット・ライリーは、ヒートの選手たちが夏のバカンスで散り散りになる前に、一人ひとりとシーズン最後の面談を行うことを決めていた。レブロンの面談は午後三時に設定された。

渋々ながら、レブロンは時間ぴったりにライリーのオフィスに到着した。ライリーはまだクリス・ボッシュと会っているところだった。席に座って待つよう勧められたが、レブロンは断った。待っているつもりはなかった。それよりもレブロンは、ライリーのオフィスに入っていった。

「遅い」とレブロンはライリーに言い、窓に向かって歩いて行くと、ぼんやりと外を眺めた。

ボッシュは立ち上がり、「続きは後にしよう」とライリーに告げた。

レブロンは窓の外を見続けていた。

ボッシュが出て行くと、レブロンはライリーの机の前を行ったり来たりし始めた。

「行きたければ行ってもいい。こんなミーティングは必要ないだろう」とライリーは言う。

レブロンは首を振り、歩き続けた。

「君は素晴らしい一年を過ごした」とライリー。

レブロンは聞きたくなかった。彼らは優勝するはずだった。だがそうは言わなかった。彼は何も言いはしなかった。

ライリーは面談を終えた。

＊＊＊

レブロンはどん底に落ちていた。サバンナ・ブリンソンは彼と話をしようとした。マーベリック・カーターも。グロリア・ジェームズも。ウェイドも。レブロンは全員を無視した。一人になるのが耐えられないタイプだった男は、突然のように電話の電源を落とし、ココナッツ・グローブにある自宅の中に閉じこもってしまった。一人で考え込み、惨めな思いにふけり、バスケットボールはもう楽しくなくなったと感じていた。「バスケットボールが楽しくて仕方がないということが、私の人生そのものだった。コートに飛び出して、楽しくプレーしていた。それが一年のうちに、いろいろと起こったすべてのことのおかげで、自分以外の人たちが正しくないことを証明するためにプレーするようになってしまっていた」と、レブロンは語った。

レブロンが、正しくないことを証明したかった相手とは、まず誰よりもダン・ギルバートであった。彼はレブロンが自己中心的だと責めたが、それはまさにレブロンの急所を突くものだった。バスケットボール的な観点で言えば、レブロンにとって、自己中心的だと見られることほど傷つけられるものは何もなかった。高校の頃以来ずっと、彼はチームのためにプレーする選手であることを誇りにしていた。NBAでもその姿勢を貫き、クリーブランド・キャバリアーズでは私利私欲に走らない選手という評判を確立させていた。しかし、ギルバートはその彼にナルシストの烙印を押した。

レブロンの意識では、彼の行動はナルシシズムとは正反対のものだった。彼は、自分がフランチャイズの顔になっていたクリーブランドを離れ、他の誰かがフランチャイズの顔になっているマイアミへ行ったのだ。何が何でもチャンピオンになりたいと決意していたレブロンは、ウェイドのチームで脇役を演じることも厭わないつもりだった。自分が利己的だという見方に反発し、チームの主役よりも出しゃばるような選手になってしまわないように、マイアミでは無理にでもサポート役に徹することもあった。

それでもチームが負ければ、レブロンのせいにされた。少なくともそう感じられた。『スポーツ・イラストレイテッド』誌から『ニューヨーク・タイムズ』紙、『スラム』誌まで、あらゆる出版物がレブロンのパフォーマンスを精査していた。Twitterでもトレンドになった。ESPNもCNNも彼の話題で持ち切りだった。世間の監視の目はあまりにも厳しくなっていた。一人の男ができることは限られていた。だから彼は電話の電源を切った。ソーシャルメディアを遮断した。テレビを観ないようにした。バリー・ホワイトやカーティス・メイフィールドを聴き続ける時間を過ごした。

「二週間ほど、本当に暗い場所に行っていた」と、レブロンは振り返った。「誰とも話すことはなかった。ただ自分の部屋に閉じこもっていた。まるで『キャスト・アウェイ』のトム・ハンクスのような見た目になった。髭が伸び放題だった」

この時期、レブロンにはNBAでの導き手になるような存在がいなかった。マイケル・ジョーダンやコービー・ブライアントなら理想的だったかもしれないが、レブロンはどちらとも親しくはしていなかった。そして、リーグ内には他に誰も、才能やセレブリティ的ステータスという点でレブロンに並ぶ者はいなかった。自分のこと、自分の置かれた状況のことを理解してくれそうな唯一の友人として、レブロンはジェイ・Zに頼った。

ジェイ・Zはレブロンに共感してくれた。ジェイ・Zがレブロンを尊敬していたことの一つは、彼がバスケットボールに打ち込んできたのと同じくらい、自分の評判を上げることにも必死に取り組んできたことだった。片親の家庭で育った若者として、レブロンはフランキー・ウォーカーやドルー・ジョイスのような男たちが自分の人生に果たしてくれた役割を認識していた。彼らのことを救世主だと考えていた。そしてNBA入りした瞬間から、レブロンは他の若者たちにとって、特に自分と同じような境遇で育っている子どもたちにとって模範となる責任を引き受けた。意識的に努力することで、彼は同時代の他の者たちが陥ったセレブリティや富の落とし穴をいくつも回避してきた。スキャンダルとは無縁に、黄金のイメージを築き上げていた。しかし、一歩の間違いがすべてを変えてしまった。彼が苦労して築き上げた名声は泡のように消えてしまったのだ。

ジェイ・Zから見れば、レブロンは非常に注意深く自分の人生を生きてきた。セント・ビンセントの入学一年目以来、バスケットボールのスターダムに至る真っ直ぐな細い道をずっと進み続け、自ら踏み外そうとすることはなかった。何もかもに慣れ親しんだアクロン周辺で人生をすべて過ごしてきた。マイアミへ行くことは大きな変化だった。それが楽しいことになり、チャンピオンにも簡単になれると考えてしまったのは甘かった。今の彼にはよくわかっていた。マイアミに行くという決断によって、レブロンはオハイオで自ら作り上げた至福の繭を壊してしまったのだ。

ジェイ・Z自身の人生にも、レブロンの助けとなれるような経験があった。二人が友人となりつつあった二〇〇三年を振り返ると、ジェイ・Zも同じようなキャリアの岐路に立たされていた。自分自身と自分の将来について、さまざまな疑問を投げかけられていた。そのとき彼が自ら意識しなればならなかったのは、「音楽が大好きだ。音楽が毎日自分を救ってくれる」ということだった。一一年の夏、ジェイ・Zはレブロンに、彼がいかにバスケットボールを愛しているか、バスケットボールが毎日彼を救ってくれていたかを思いださせた。「思いだせ」という言葉こそが、ジェイ・Zが友人のレブロンに強調したキーワードだった。

自分がどこから来たのか思いだせ。

何のおかげで自分の人生がここまで来たかを思いだせ。

なぜバスケットボールが好きなのか思いだせ。

一人の世界的エンターテイナーから、もう一人の世界的エンターテイナーへの、シンプルではあるが深いアドバイスだった。

＊＊＊

身を隠している間も、レブロンはニュースとなっていた。マイアミのメディアは数週間にわたって彼の居場所と現状について憶測を伝えていた。そして六月二九日、レブロンは再び姿を見せる。その夜、彼はサバンナを連れてサンライフ・スタジアムまでU2を観に行った。それから二人はボノと一緒に過ごした。スポットライトの中で過ごし続け、それが生み出す極端なアップダウンに対処することに関しては、ボノには長年の経験があった。翌日、レブロンはサバンナとボノと一緒に撮った写真を投稿し、「昨日は良い日だった」とキャプションをつけた。彼が公の場やソーシャルメディア上で姿を見せたのはNBAファイナル以来初めてだった。「レブロン・ジェームズ、U2のコンサートで生存確認」と、マイアミのある新聞は見出しをつけた。

ショーのあと、レブロンとサバンナはオハイオ州の自宅へ戻った。そこでレブロンは自分の原点に立ち戻り、さらに上達しようと決意を新たにした。トレーニング方法を強化し、アクロン郊外の自転車コースを一六〇キロ近く走る日もあった。高校時代の最初のコーチ、キース・ダンブロットにも連絡を取り、一緒にトレーニングを始めた。高校以来、ダンブロットとはあまり会っていなかった。だがレブロンは、自分の人生が自分のものでなくなってしまう以前のようなバスケットボール選手に戻りたかったのだ。ダンブロットの飾らないアプローチこそが、まさに自分に必要なものであると彼は考えた。

「自分のやりたくないと思うことをもっとやるべきだ」と、ダンブロットはその夏にレブロンに語った。

「オフェンスリバウンドも、ディフェンスリバウンドも、ボールのない場所での動きも、もっとやる必要がある。そういう基本のすべてがあったからこそ、最初の頃に素晴らしい選手になれた」

それからレブロンは、ダラス・マーベリックスと戦ったファイナルでの自分のパフォーマンスをビデオで見直した。第四戦と第五戦の第四クオーターでの自分のプレーは気に入らなかった。ほとんど得点が止まってしまっていた。夏の残りの日々は、フットワークやボールハンドリング、そしてローポストでのプレー向上など、強化したい部分に集中して取り組んだ。

オフシーズン中に、レブロンはバカンスに出掛けていたウェイドから電話を受けた。彼はレブロンに、一緒にトレーニングをして、少し変えたい部分について話し合おうと誘った。

二人が合流すると、ウェイドはレブロンに、いろいろと考えていることがあると話した。レブロンは解き放たれるべきだ。引き継ぐべきだ。ヒートはウェイドのチームだという考えに縛られるのをやめるべきだ、と。

ウェイドとの会話は、二人の友情を深めるとともに、チームメイトとしての力関係を変える突破口となった。ヒートはここから、まったく別のチームになっていく。

＊＊＊

何も口にすることはなかったが、レブロンはESPNでジム・グレイのインタビューを受けたことを後悔していた。二度と繰り返したくない過ちだった。その決断の余波を通してレブロンは、自分には広報担当者以上のものが必要な段階にきていると確信した。より戦略的な思考を持ち、彼のイメージを修復し、有名人という立場が持つ危うさを回避していく助けとなってくれるような、コミュニケーションの第一人者が必要だった。その仕事に適した人物を見つけるのに、遠くへ行く必要はなかった。

二〇一一年に入ってから、レブロンとマーベリックは、フェンウェイ・スポーツ・グループと戦略的業務提携を結んでいた。世界屈指の規模を誇るスポーツ、メディア、エンターテインメント企業である。マイアミで起きたあらゆるドラマに隠れて、レブロンが新たに結んだこの同盟関係の意義は見過ごされていた。フェンウェイの傘下企業には、ボストン・レッドソックス、イングランド・プレミアリーグのサッカークラブであるリバプールFC、NASCARのレーシングチームであるラウシュ・フェンウェイ・レーシング、さらにスポーツ界屈指の有名な競技場であるボストンのフェンウェイ・パークとリバプールのアンフィールド・スタジアムの二つが名を連ねていた。フェンウェイとLRMRのパートナーシップは、レブロンが今後世界中で展開するビジネス、マーケティング、スポンサーシップ、慈善活動のすべてが、フェンウェイ・グループの創設者であるトム・ワーナーを含めた、エンターテインメント業界屈指の戦略家たちに任されることを意味していた。契約の一環として、レブロンとマーベリックはリバプールFCの株式を取得した。『フォーブス』誌により世界のスポーツチームで六番目に高い価値を持つと評価されたクラブである。これによりレブロンは、プロスポーツチームの一部を所有する初の現役アスリートとなった。

フェンウェイ・グループとの協力関係から生まれた予期せぬチャンスの一つは、レブロンがアダム・メンデルソーンに紹介されたことだった。メンデルソーンは世界的な広告戦略家であり、ワーナーのグループと共同で仕事をしていた。彼はアーノルド・シュワルツェネッガー知事のスタッフ副代表を務めたあと、政治家や有名人の危機管理を専門とする広報会社マーキュリー・パブリック・アフェアーズを自ら立ち上げた。二〇一一年当時、米国のチームスポーツ界に、メンデルソーンほど優秀で経験豊富な専属のコミュニケーション担当者をつけているアスリートはいなかった。

＊＊＊

レブロンが次のシーズンに向けてトレーニングを開始した直後、NBAは選手たちに対するロックアウトに突入した。当時の団体交渉協約では、バスケットボールによる収入の五七％が選手に与えられていた。

オーナーたちはその割合を減らすことを望んでいた。ギルバートは割合削減を最も強く求めていた一人だった。ギルバートが選手側に不満を抱いていた理由の一端は、自身のフランチャイズがレブロンをドラフトで獲得したあと、レブロンがキャリアの絶頂を迎えたタイミングで他チームへ移籍するのを見送ったことにあった。

レブロンが無制限FAになるまでには七年かかった。彼はオーナーたちが導入したシステムのもとで蓄積した影響力を思い切って行使したのだが、ギルバートはそれを認めていなかった。さまざまな意味で、レブロンのヒート移籍はリーグ全体に波紋を広げた激震だった。コート上での彼は社会全体から最も敵視される存在となった。だがコート外では、NBAのすべての選手たち、特にスター選手たちが、レブロンの決断から恩恵を受ける立場にあった。それは、たとえ得られる金額が少なくなろうとも、優勝することを望んで他の選手たちと力を合わせるという決断だった。

ロックアウト中に、ハーパーコリンズ社は『アクロンの男娼：レブロン・ジェームズの魂を追い求めた一人の男の物語』と題されたスコット・ラーブの著書を出版した。この本は、二〇一〇年四月にラーブとレブロンが「ザ・Q」のロッカールームで出会ったところから始まる。ラーブは、レブロンがキャバリアーズと再契約を交わすことになると確信していた。彼はレブロンに近づくと、こう言った。「私はオスカーの全盛期を見ていた。マイケルも。マジックも。全員を。そして君は、私が今まで見てきた中で最高のバスケットボール選手だ。ありがとう」。レブロンはこれに、「私にとって大きな褒め言葉だ。ありがとう」と答えた。

そしてラーブはこう書いた。「レブロンとロッカールームで過ごしたあの夜について、後悔と悲しみを感じている。足を振り上げて彼のタマを思い切り蹴飛ばさなかったことが残念だ、本当に残念でならない。……キング・ジェームズ。選ばれし者。アクロンの男娼。最後の一つは、彼がマイアミ・ヒートへ移籍したあと私自身が彼をそう呼んだものだ」

この本は大好評となり、批評家からも絶賛された。『AP通信』は「大笑いするほど（面白い）」と伝えた。『スポーツ・イラストレイテッド』誌も「陽気な冒涜」と評した。バズ・ビッシンガーまでもが絡んできて、「ひどく面白く、心に訴えかけ、顔をしかめずにいられないほど率直」だと述べた。ラーブからレブロンに対する批評は辛辣なものだった。しかし、彼自身の人生について淡々と語った部分はそれよりもはるかに力強かった。そして、この本が他のスポーツ回顧録と一線を画したのは、自分自身を厳しく見つめるラーブの視点だ。『スレート』誌がこの本をベストブック・オブ・ザ・イヤーに選んだのもそのためだった。「この男はレブロン・ジェームズを嫌っている。だが要点はそこではない。『アクロンの男娼』がバスケットボール選手について書いているというのは、『白鯨』がクジラについて書いているというようなものだ」と、ステファン・ファツィスは記した。

本の執筆中に、ラーブはギルバートと何度も話をした。それらの会話から何を引用するかに関しては慎重を期したラーブだが、レブロンの退団をギルバートがどう考えていたかについては、容赦なく無遠慮に公表した。ギルバートはラーブに次のように語ったとのことだ。「今でもショックだ。彼が本当にあんなことをしたとは信じられない。現実ではないかのようだ。彼は街全体を愚弄し、さらに墓の上でダンスまで踊ったようなものだ。信じられない。この怒りの大きさを言葉にすることはできない」

レブロンは、人々が自分について言ったり書いたりすることにあまり注意を払わないようになっていた。しかし、まだ生々しい傷からかさぶたを剥がすかのような本を無視するのは難しかった。それでも彼は家族から力をもらい、踏ん張った。ロックアウトはようやく終わり、短縮されることになった二〇一一―一二シーズンは一二月二五日に開幕。レブロンは、ヒートがマーベリックスと戦う開幕戦のためダラスを訪れた。ダーク・ノヴィツキーとチームメイトたちがチャンピオンリングを受け取るのを、レブロンはただ見守っていた。試合が始まると、レブロンはまるでたった一人で相手チームを解体してしまうかのようなプレーを見せた。

オフシーズン中に、エリック・スポールストラはスタッフと面談し、レブロンにバスケットボールのシステムを押しつけようとするのはやめるべきだと話していた。レブロンは型破りな選手だが、チームはその彼を型にはまったシステムでプレーさせようとしていた、とスポールストラは語った。これからはレブロンにもっと創造的にプレーする自由を与え、システムが彼を縛らないようにしたかった。「オープンな意識を持って、『レブロンズ』が毎晩世界最高のプレーヤーでいられるようなシステムを作り出さなければならない」。スポールストラはアシスタントたちにそう言った。

マーベリックスとの開幕戦、レブロンはまるで解放された選手のように見えた。どこでも好きなポジションを選んで自由にプレーしてよかった。ときにはポイントガードのようにボールを運び、ときにはビッグマンのようにポストアップし、ときにはその場で即興的にプレーする。レブロンは最多の三七得点を記録した。ゲームのあらゆる局面で支配的だった。そして前年のNBA王者は、ヒートに手も足も出なかった。

マーベリックスを粉砕した数日後の一二月三〇日、レブロンは二七歳になった。翌日の夜、彼は親しい友人や家族ら五〇人をサウスビーチの高級ホテルに招き、大晦日のプライベートディナーを開いた。ロックアウト期間中に、レブロンはサバンナとついに結ばれるときが来たと決意していた。彼女は十代の高校時代から彼のソウルメイトだった。そして、彼らは夫婦も同然だった。二人の子どもを育て、一緒に家を建てた。しかし、レブロンはその話を持ち出したことはなかったし、サバンナにも彼を急かすつもりはなかった。「彼のお尻に火をつけるようなことはまったくしていない」とサバンナは、レブロンがマイアミとの契約を交わした直後に『ハーパーズ』誌に語っていた。「私たちは今の状況にとても満足している。私が決めることでもない。そうなるときにはそうなるというだけ」

レブロンにとって、そのときが来た。「選手として次の一歩を踏み出す必要があったのと同じように、男としても次の一歩を踏み出すことが必要だった」と彼は語った。

午前〇時を回ろうとする頃、彼は婚約指輪を預かっていたウェイドのもとへ向かうと、緊張しつつそれを渡すように言った。

「準備はいいか？」とウェイドが訊ねた。

「今すぐ指輪をくれないなら、私はやらない」とレブロン。

その直後、友人たちや家族が見守る中、レブロンは片膝をついてサバンナを見上げた。

＊＊＊

ヒートは勢いに乗っていた。そしてレブロンは、彼のキャリアでも最も支配的なシーズンを過ごしていた。マイアミ以外ではどのアリーナに行ってもいまだにブーイングを浴び続けたが、それでも二〇一一―一二シーズンを通して、レブロンは悪役のイメージを静かに払拭しつつあった。

チームがオクラホマシティの空港に一時着陸した際、レブロンは軍服を着たヘリコプターのパイロット数人がヒートの警備員たちに近づいてきたのに気がついた。選手たちと一緒に写真を撮りたいと思ってのことだ。しかし選手のほとんどは昼寝中だったため、警備員は要求を断った。「おいおい」と、レブロンは言う。「軍の皆さん、好きなだけ私たちと一緒に写真を撮ってくれていい」と。それから彼はチームメイトたちを起こした。「おいみんな、起きるんだ。ここで円になれ」

のちに彼は、理由をこう説明した。「彼らは毎日のように命を危険に晒している男たちだ。彼らがいなければ私たちが自由でいることはできない。米国のため、私たち全員のために素晴らしいことをたくさんしてくれている。一緒に写真を撮ることなんて何でもなかった」

コートを離れても、レブロンはチームのリーダーとしてステップアップしていた。二〇一二年二月二六日にオーランドで開催されたＮＢＡオールスターゲームでは、レブロンはケビン・デュラントと打ち合いを演じた。二人はともに三六得点を記録。しかし、チームメイトたちがそれ以上に感銘を受けたのは、トレイボン・マーティンという一七歳の黒人少年がオールスターゲーム開催中に殺害されたことを知ったレブロンがその後の数週間に取った行動だ。マーティンはマイアミで母親と暮らしていたが、父親とともにオーランド郊外の町サンフォードを訪れて滞在していた。グレーのフード付きトレーナーを着た彼は、ハーフタイム中に外出して近所のセブンイレブンまで菓子を買いに行ったが、そのまま戻ってくることはなかった。雨が降る中、フードをかぶっていたマーティンは、近隣で犯罪監視ボランティアをしていたジョージ・ジマーマンという男とすれ違った。彼は九一一に通報した。「近所でいくつか住居侵入があったんだが、すごく不審な男がいる」と、通信指令官に告げた。グレーのパーカーを着ている、何か企んでいそうに見える、といったいくつかの特徴を挙げると、警察はジマーマンにその男の様子をさらに詳しく伝えるよう要請した。「黒人のようだ」と彼は言う。警察が対応することになった。だが警官隊が到着する前に、ジマーマンはマーティンを射殺していた。マーティンは芝生にうつ伏せとなった状態で発見された。ポケットにはキャンディの袋が詰まっていた。

ジマーマンはフロリダ州の「スタンド・ユア・グラウンド法」に基づく正当防衛を主張したが、抗議者たちは彼の逮捕を求めた。レブロンはマーティンの死について、ウェイドのガールフレンドから聞いて知った。マーティンはヒートを応援しており、レブロンが彼のお気に入りの選手だったらしいとわかった。レブロンとウェイドは、マーティンの不当な死について注目を喚起するため、自分たちの影響力をどう使うべきかについて数日間話し合った。その一方で、市民人権団体らは集会を開き、全米各都市で数百万人がデモ行進を行った。司法省は殺人事件の連邦調査を開始した。

三月二三日、ヒートはデトロイト・ピストンズと対戦するためデトロイトを訪れた。その朝、バラク・

オバマ大統領は世界銀行の次期総裁を紹介するためホワイトハウスのローズガーデンに姿を見せた。ある記者が大統領に、マーティンについて質問した。公式声明を出す準備をしていなかった大統領は、本心から話をした。「どうしてこのようなことが起こるのか、私たち全員が魂の探求をしなければならない。それはつまり、事件の詳細だけでなく、それが起きた背景や、法についても精査するということだ」。さらに彼は、「もし私に息子がいたら、トレイボンと似たように見えただろう」と付け加えた。

大統領の思いはレブロンにも響いた。彼には二人の息子がいた。そして二人は、確かにマーティンに似ているように見えた。グレーのパーカーを着た黒人の若者なら誰でもマーティンになる可能性があると考えると、恐ろしく感じられた。オバマ大統領のローズガーデンでの発言の直後、レブロンとウェイドはチームメイト全員に、チームホテルに集まって写真を撮るように頼んだ。彼らは全員がグレーのパーカーを身につけた。挑発的なイメージだった。その日の午後、レブロンは写真をTwitterに投稿し、#WeAreTrayvonMartin（私たちはトレイボン・マーティン）#Hoodies（パーカー）#Stereotyped（固定観念）#WeWantJustice（正義を求む）とキャプションを添えた。

レブロンにとってこれは、活動家として進化を遂げるターニングポイントとなった。世界中で、レブロン以上にTwitterのフォロワー数が多いアスリートは誰もいなかった。その彼が自身のソーシャルメディアプラットフォームを活用し、丸腰の黒人少年が不当に殺害された事件への注目喚起を行うことを選んだ。これによりレブロンは、ジョーダン、コービー、ウッズ、ブレイディなど、自分と似た立場にある同時代の米国人アスリートたちが誰も足を踏み入れていない領域へ踏み込もうとしていた。もう後戻りできないことは自覚していた。

＊＊＊

レブロンがヒートへ移籍したのと同じ頃、ジャーナリストのリー・ジェンキンスが『スポーツ・イラストレイテッド』誌のNBA担当を引き継いだ。レブロンがメンデルソーンを雇った直後、ジェンキンスは彼に連絡を取った。レブロンはMVP級の数字を残しており、ジェンキンスは彼の記事を書きたいと思っていた。記事は純粋にバスケットボールの話に限定したものになると彼は説明した。

ジェンキンスからの取材申請はかなりしつこいものだったが、メンデルソーンは彼を十分に信頼し、レブロンとの一時間のインタビューを準備した。ヒートが二日連続でニューヨーク・ニックス戦とブルックリン・ネッツ戦を行うためニューヨーク近辺を訪れる際にインタビューが実施されることになった。

二〇一二年四月一四日、レブロンは疲れた状態でチームバスを降り、ジャージーシティのウェスティンホテルに入った。チームメイトたちは部屋に入っていったが、レブロンはホテルのレストランでジェンキンスと向かい合う席に座る。ストッキングキャップをかぶったレブロンは、蜂蜜入りのカモミールティーを注文した。

「どこから来たの?」とレブロンは訊ねる。

「サンディエゴから」とジェンキンス。

「世界で二番目に好きな街だ」とレブロン。

ジェンキンスは驚いた。「一番好きな街は?」

レブロンは訝しげな表情を浮かべた。「まあ、アクロンだ」

ジェンキンスは、過去数年間にレブロンとの対談を行ってきた特集ライターたちとは違っていた。彼は繊細で物腰が柔らかく、バスケットボールに精通していた。しかし、彼の本当の強みはライターとしての共感力だ。それはジャーナリズムの学校では教えられない資質だった。

一方で、レブロンも進化していた。今はもう、グラント・ウォールのレンタカーに乗り込んだティーンエイジャーでもなければ、二〇〇七年にリサ・タッデオと一緒にハースト・タワーのエレベーターに乗り込んだ若者でも、バズ・ビッシンガーにガソリン代を払わせた〇八年の男でも、J・R・モーリンガーが追いかけた一〇年の頃の彼でもなかった。さまざまな意味で成長していた。メンデルソーンと一緒に仕事をしたことで、レブロンは、彼の変容を記録したいと考えるライターに話をすることに対して前向きになっていた。ジェンキンスに会って一時間も経たないうちに、レブロンはヒートでの最初のシーズンについて振り返り始めた。

「バスケットボール選手としても、人間としても、自分が何者なのかわからなくなっていた。周囲で起こるすべての出来事に巻き込まれてしまった。人々に何かを証明しなければならないと感じていたが、それがなぜなのかはわからなかった。何もかもが窮屈で、ストレスを感じていた」と、レブロンはジェンキンスに語った。

彼はまた、父親に対する考え方の変化についても明かした。「子どもの頃、父親は近くにいなかった。そして私はいつも、『なぜ私なんだ？　なぜ私には父親がいないんだ？　なぜ近くにいてくれないんだ？』と言っていた。だが年齢を重ねると、より深い場所を見て、『自分の父親が何をしていたのかは知らないが、もしずっと近くにいてくれたとしたら、今の自分はどうなっていただろうか』と考えた。そのおかげで早く成長することができた。より責任感を持つことにつながった。もしかすると、今ここにこうして座っていることもなかったかもしれない」

ジェンキンスは感心した。彼はレブロンに、より多くのことを明かしてくれようとすればするほど、自分はライターとして良い仕事ができると保証した。

紅茶を飲みながら、レブロンはそのことを心に刻んだ。

インタビューの最後に、ジェンキンスはレブロンが時間を割いてくれたことに感謝を伝えた。「二カ月後に初めてのタイトルを獲得したとき、もう一度インタビューさせてほしい」とジェンキンスは彼に言った。

レブロンはその言葉が気に入った。

二日後の夜、ニューアークのプルデンシャル・センターで、ネッツのファンはレブロンに激しくブーイングを浴びせた。しかし、ウェイドが負傷で欠場しており、チームも第四クオーターで負けていた状況から、レブロンが試合をひっくり返す。ラスト四分間で連続一七得点を記録し、ヒートを勝利に導いた。まさに圧倒的な強さを見せつけたのだ。コートサイドに座っていたジェイ・Zは、観客が「M・V・P！M・V・P！」と歌い始めたのを聞いて驚いた。試合はヒートが勝利したが、レブロンはネッツのファンたちを魅了したのだ。

拍手がレブロンを高揚させた。試合が終わるとすぐに、レブロンはヘッドバンドを外してシューズを脱ぎ、それをジェイ・Zの甥に手渡す。少年の顔には笑みが浮かんだ。そしてレブロンはジェイ・Zとハグを交わす。

ジェンキンスは、そのすべてを目撃していた。レブロンは彼を見つけると近づいていった。二日前に交わした会話を思いだし、ジェンキンスにもっと自分の内面を見せることが重要だと考えたレブロンは、「これでいい？」と言った。

ジェンキンスは、これで良かったと断言した。

レブロンはうれしそうに、靴下のまま歩き出した。

＊＊＊

「マイアミでの波乱の一年目を終え、レブロンは新たな男に生まれ変わった」と題されたジェンキンスの記事は、レブロンに新たな形で光を当て、彼は「近代NBAで屈指のオールラウンドな活躍を見せたシーズンを過ごした」と主張した。スポーツライターたちや放送局もこれに同意し、レブロンは文句なしのNBAシーズンMVPに選出された。ヒートはレギュラーシーズンでイースタン・カンファレンス最高成績を収め、NBAファイナルの優勝候補と予想された。しかしイースタン・カンファレンス準決勝では、インディアナ・ペイサーズに一勝二敗とリードを許してしまう。もしインディアナでの第四戦を落として一勝三敗となれば、シリーズ敗北はほぼ確実になるとレブロンもわかっていた。チームプレーヤーを続けるときではない。今こそチームを背負うべきときだった。

第四戦、レブロンは決して手を緩めなかった。後半に入り、ペイサーズの選手たちが疲労にあえいでいるとき、彼はもう一段階ギアを上げたかのようにプレーした。「まるでマラソンランナーだ！　君は疲れることなんてないんだな」と、スポールストラは彼に向けて叫んだ。

その夜のレブロンに注目したライリーは、レブロンにとっての決定的瞬間を目の当たりにしているのだと理解した。「彼が完全に消耗し切った姿を見たのは初めてだった。彼が疲れ切ってしまうことなどない。一つ息をして、また舞い戻り、相手を仕留めてしまった」と、ライリーは語った。

レブロンは四〇得点で試合を終えた。ヒートは試合に勝った。より重要なのは、レブロンがペイサーズの心を折ったことだ。ヒートは続く二試合にも勝利してペイサーズを片付け、イースタン・カンファレンス決勝へ勝ち進んでボストン・セルティックスと対戦することになった。

ヒートは圧倒的優位が予想された。ポール・ピアースとケビン・ガーネットは年齢的にピークを過ぎていた。セルティックスは負傷者も続出していた。「我々は疲れて年老いて傷ついている」と、セルティックスのドック・リバースヘッドコーチも認めていた。

最初の二試合でヒートは二勝〇敗とリード。しかしボストンに移ると、セルティックスが何とか二勝をもぎ取ってシリーズをイーブンに戻した。そしてマイアミでの重要な第五戦、残り一分の時点でセルティックスが八七対八六とリードする。レブロンは、スリーポイントアークの外でボールを持ったピアースのガードについた。この日ピアースは、試合を通してずっとショットが良くなかった。それでも、この場面で一歩下がって放った長距離スリーポイントショットはバックボードに跳ね返ってゴールに収まる。これで点差は四点となり、勝負は決まった。セルティックスは三連勝を飾った。

二勝三敗でボストンに戻り、第六戦に臨む。レブロンとヒートはもう終わったかと思われた。チームの周りには論争が渦巻いていた。ヒートは評論家たちに叩かれ、レブロンは嘲笑されていた。スポールストラの続投も疑問視された。「ビッグスリー」崩壊の噂まで出てきた。「このシリーズが終わるだけではない。マイアミはすべてが終わりだ」と、ESPNのスティーブン・A・スミスは語った。

しかし、二〇一二年六月七日にボストンのコートに立ったレブロンは、一年前のNBAファイナルでマーベリックスと対戦したときとは完全に別の選手となっていた。木製のコートに立つ彼の目は、ヒットマンのそれだった。決して微笑むことはない。誰に対しても、何の一言も発することはない。ただ睨みつけていた。ライリーはレブロンから、野生の姿を見て取った。

それこそが、ライリーの見たかったレブロンだった。

試合が始まるとすぐに、レブロンはピアースを抜き去り、TDガーデンを揺るがす激しいダンクを叩き込んだ。次のオフェンスでは、またピアースを相手にプルアップジャンパー（ドリブルでリングに向かいながら、急に止まるジャンプショット）を決める。そして再びダンク。スピンムーブ。ジャブステップ。レイアップ。最初のショット一〇本のうち九本を決めた。それでもまだ笑顔は見せない。決して口を開くこともない。ただ睨み続けていた。そしてゴールを決め続けた。あるオフェンスリバウンドで、彼はリングに頭をぶつけそうなほど高く跳び上がると、ボールをゴールに叩きつけた。チームメイトたちでさえも、誰もが「なんてこった！」と口にしていた。レブロンは「前半だけで」三〇得点を挙げた。

ロープ際に追い詰められたセルティックスを、レブロンは攻め続けた。試合時間残り七分一五秒、ピアースとガーネットがセルティックスのベンチに沈んで汗をぬぐうのを尻目に、レブロンはレーンに切り込んで自身四五得点目を記録。ヒートは点差を二五点にまで広げ、ガーデンを沈黙させた。ピアースはタオルを頭からかぶった。

ライリーはその光景を目にして、歓喜に震えていた。「彼はコブラだった。ヒョウだった。獲物に覆いかぶさるトラだった」と、試合後にライリーはレブロンについて語った。

レブロンは四五得点、一五リバウンド、五アシストでフィニッシュ。NBAプレーオフの試合でこれほどの数字を残した選手は、五〇得点、一五リバウンド、六アシストを記録した一九六四年のウィルト・チェンバレン以来だった。レブロンがついにコートを出ると、ロッカールームへ続く通路にはボストンの警官たちが並んでいた。ファンが罵倒を浴びせてくる中、レブロンは警官隊の間を抜けていく。突然、彼は頭上から液体がかかるのを感じた。ファンの一人が、蓋の開いたビール容器を投げつけてきたのだ。レブロンは唇を舐め、何も言うことなく通路へと消えていった。のちに彼は、『スポーツ・イラストレイテッド』誌にこう語った。「私がもしファンだったとして、自分たちの本拠地にやって来た誰かが私と同じことをやったとすれば、多分ビールを投げつけていただろう」

＊＊＊

ここぞという場面で力を発揮したという意味で、第六戦でレブロンが見せたのは、彼のキャリアでも最高のパフォーマンスだった。比類のないフィジカルコンディショニングと技術的精度を見せつけ、二つのフランチャイズの運命を一夜のうちに、一人だけの力で変えてしまった。このイースタン・カンファレンス決勝は、セルティックスのビッグスリーが一緒にプレーした最後の機会となった。そしてヒートのビッグスリーは、NBAの支配者へと駆け上ろうとしていた。個人のレベルでは、レブロンは彼に対する批判を沈黙させた。『ニューヨーク・タイムズ』紙は、第六戦でのプレーを「彼の輝かしいキャリアの中でも最も輝かしいパフォーマンスの一つ」と称えた。ESPNのスミスは、「これはおそらく我々がこれまでに観てきた中でも最も偉大なパフォーマンスの一つだ。一人の男がチーム全体を倒してしまうというのは、私の記憶にある限り初めてのことだ」と語った。しかし、何よりも雄弁に物語っていたのはピアースの両目だった。第六戦のラスト数分間、ピアースはベンチに座ってレブロンを見つめていた。彼は自らのチームが地球上で最高のプレーヤーに打ちのめされていることを理解していた。

＊＊＊

次の夜、セルティックスはマイアミで勇敢に戦った。第三クオーターを終えた時点でスコアは七三対七三。だがピアース、ガーネット、アレンは疲れ果て、壊れてしまっていた。終盤にはレブロン、ウェイド、ボッシュが主役を引き継いだ。ダンク。スプリント。次々と繰り出すアシスト。第四クオーターではヒートのビッグスリーがチームの二八得点すべてを記録し、セルティックスをラスト九分間でわずか六得点に抑えた。虫の息のセルティックスに対し、レブロンはアークから大きく離れた遠距離でプルアップからスリーポイントショットを打ち出した。ショットクロックが切れると同時にボールはネットを潜る。観客を熱狂の渦に巻き込み、セルティックスにとどめを刺した。揺れる建物の中で、レブロンはまるで凍りついたかのように立っており、ショットを放った腕は伸ばしたまま、手首はだらりと垂れていた。素晴らしい感覚だった。彼が味わいたかった瞬間だった。

ヒートは再びＮＢＡファイナルへ駒を進めた。だが今回は、レブロンの意識は晴れ渡っている。自身初のＮＢＡタイトル獲得が目前に迫っているとわかっていた。

# CHAPTER 30 テイクオーバー

ABCは、二〇一一―一二シーズンのNBAファイナルのマイアミ・ヒート対オクラホマシティ・サンダー戦を「おそらく地球上で最高の選手二人」の対決として大いに盛り上げた。レブロン・ジェームズの相手は、初のファイナル進出を果たした二三歳のケビン・デュラント。二人のスーパースターは輝きを放った。デュラントは目を見張るようなオフェンスを披露。二三歳のラッセル・ウェストブルックも容赦なくゴールを狙い、二二歳のジェームズ・ハーデンも鋭いショットを放つ。若いチームであるサンダーは第一戦をものにし、ヒートを恐れてはいないことを見せつけた。

だがレブロンの心境も、二〇一〇―一一シーズンにダラス・マーベリックスとのファイナルを戦ったときとは大きく異なっていた。第一戦に敗れようとも、彼はかつてないほど自信に満ちていた。オクラホマシティでの第二戦の幕が開けると、レブロンはいきなり速攻から宙を舞ってダンクを叩き込む。これで火がついたヒートは一八得点対二得点の快進撃を見せ、そのまま一度も足を止めることはなかった。第二戦は彼らが制した。シリーズはマイアミへ移り、ヒートは第三戦にも勝利して二勝一敗と勝ち越した。

レブロンは頭の中で、第四戦がシリーズの行方を左右すると考えていた。もしサンダーが勝てば、彼らは勢いを取り戻し、何が起きてもおかしくはない。ヒートが勝てば勝負あり。NBAファイナルで一勝三敗から逆転優勝を果たしたチームは過去に存在しなかった。だからこそ、一気に猛攻を仕掛けたサンダーが第一クオーターで一七点のリードを奪うとレブロンは奮起し、ヒートを引き上げて同点にまで導いた。第四クオーター残り六分をわずかに過ぎ、両チームが九〇点で並んでいたとき、レブロンはデュラントに対してドライブを仕掛けたところでつまずいて転倒し、ボールをターンオーバーしてしまう。サンダーがコートを駆け上がっていくが、レブロンはなかなか立ち上がらなかった。コート反対側での混戦からウェイドがボールを奪い返し、それを前方のレブロンへと投げる。レブロンはぎこちないショットを放ったが、これが決まってヒートの二点リードとなった。

交代が必要だという合図をベンチに出したあと、レブロンはコートに倒れ込んだ。膝をついたレブロンの姿に、アリーナは静まり返った。

レブロンは、怪我をしたわけではないとわかっていた。だが問題を抱えていた。両足の筋肉が固まり、ひどい痙攣のため歩くこともできなかった。チームメイトとトレーナーが彼をコートから運び出し、ベンチの前に横たわらせた。「ああ、くそ!」とレブロンは叫び、痛みに身悶えた。トレーナーはレブロンにまたがり、大腿四頭筋を強くマッサージした。

レブロンがサイドラインで治療と水分補給を受けている間、ヒートは四回連続でポゼッションをしながら得点を逃した。逆にデュラントは連続四得点を記録し、サンダーが九四対九二でリードを奪い返す。ストイックなパット・ライリーは、自分の席から状況を分析していた。ここがレブロンの正念場だ、と彼は考えた。サンダーは勢いに乗っており、時間はなくなりつつあった。レブロンがここでやってくれなければ、試合に、そしておそらくシリーズにも敗れてしまうだろう。

レブロンは決意を固めて立ち上がり、足を引きずりながらスコアラーズテーブルに向かう。観客は総立ちとなった。レブロンが復帰するとすぐにクリス・ボッシュが得点し、スコアを九四対九四の同点に戻した。続いてサンダーのターンオーバーから、ドウェイン・ウェイドがレブロンにボールを渡す。位置はスリーポイントラインからまだ遠い。ショットクロックが切れかかり、ファンからは「レッツゴー、ヒート！」の大合唱。レブロンは、ドライブできる足の状態ではないとわかっていた。それよりも、彼は跳び上がってボールを放った。

「バン！」と、ＡＢＣのマイク・ブリーンが叫ぶ。「レブロン・ジェームズがダウンタウンから狙う！」

アリーナは騒然となった。レブロンのスリーポイントが、ヒートに三点リードをもたらした。

レブロンは苦い表情で振り返り、足を引きずりながらディフェンスに戻った。キャリアでも屈指の重要なショットを決めたところだが、痛みのあまり喜ぶどころではなかった。コートに残れないかもしれないと心配していた。

「この場所は今まさに爆発中だ」と、ブリーンは騒音の中で叫んだ。

もう一度ディフェンスで相手を止めたあと、ウェイドが得点してヒートが五点差とする。

ヒートの連続七得点は十分な点差をもたらした。残り一分となったところでレブロンは大腿四頭筋の痛みがひどくなり、自ら試合を退いた。ヒートはリードを守り切り、六点差で勝利してシリーズを三勝一敗とした。

＊＊＊

その二日後の夜、レブロンは丁寧に整頓された自分のロッカーの前に座り、ゆっくりとユニフォームを身につけた。その瞬間を味わいながら、彼はヒートがサンダーとの勝負をここで決めるとわかっていた。四試合の激闘の末、ヒートはサンダーの心を折っていた。ドラマは終わった。優勝はもう目の前だ。

第五戦は拍子抜けするほどあっけないものだった。レブロンはヒートで最多の二六得点を記録。ボッシュは二四得点。ウェイドは二〇得点。チーム全体でバランスの取れたパフォーマンスを見せ、ビジネスライクに仕事を遂行した。ヒートはサンダーを圧倒し、第四クオーターで二五点のリードを築く。圧倒的な力を見せつけてシリーズをものにした。

レブロンは満場一致でＮＢＡファイナルＭＶＰに選ばれた。だが最後のブザーが鳴り響くと、レブロンはデュラントを探し、両手で包み込むように抱き寄せた。嘲笑うこともなければ勝ち誇ることもない。ただ、デュラントの才能への深い尊敬と、その瞬間にデュラントが感じている思いへの共感があっただけだ。

試合後のヒートのロッカールームは熱狂的な歓喜に包まれていた。レブロンが試合後の記者会見のためにメディアルームに到着したときには、彼の声はかすれ、穏やかな様子だった。「長い間、この瞬間を夢見ていた」と彼は語る。レブロンは、一年前に閉じこもった暗い場所へと思いを馳せていた。「家族がいることに感謝している。フィアンセと二人の子どもがいてくれることに。どん底に落ちて初めて、自分がプロのアスリートとしても一人の人間としても何をするべきなのか理解することができた」

ファイナルでの勝利について語るのではなく、レブロンは自身の成長について振り返っていた。「昨年の私に起こった最高のことは、ファイナルで負けたことだった」と彼は言い、咳払いをする。「そのおかげで謙虚になれた。自分がバスケットボール選手として変わらなければならないこと、人間として変わらなければならないことがわかった」

突然、レブロンは年齢を重ねたかのように、賢者のような語り口をみせた。彼は、小学生時代にウォーカー一家と一緒に暮らしていた頃にバスケットボールを手にして以来、自分の歩んできた道のりを見つめ直していた。「誰も経験したことのない旅路だった。だから自分自身で学ぶしかなかった。山もあり谷もあった。あらゆることが起こった。そのほとんどを自分自身で乗り越えなければならなかった」

レブロンの胸は感謝の思いであふれていたが、それでも彼は旅路の途中でダン・ギルバートに言われた痛烈な言葉も忘れてはいなかった。一年前、ヒートがマーベリックスとのファイナルに敗れた際にギルバートが投稿した「近道はない」というツイートさえも、レブロンの脳裏にはまだくっきりと残っていた。黄金のＮＢＡ優勝トロフィーと黄金のファイナルＭＶＰトロフィーに挟まれて座るレブロンは、真新しいチャンピオンキャップを真っ直ぐにかぶり直し、カメラに目線を向けた。「正しくやれた」と彼は言う。「どこも近道はしなかった。努力と献身を惜しまなかった。そして努力は報われる」

数日後、レブロンは息子たちと一緒にココナッツ・グローブにあるリッツ・カールトンのテラスに座っていた。携帯電話に手を伸ばし、マーベリック・カーターにメッセージを送る。「ついにやった。チャンピオンだ」

＊＊＊

マイアミからニューヨークへの飛行機移動は、新たな局面の始まりのように感じられた。二年前、デイビッド・レターマンはレブロンがマイアミに行くことを非難した。彼の辛辣な言葉はレブロンを傷つけた。それでもレブロンは、ファイナル終了後に再びレターマンの番組に呼ばれると、「イエス」と答えた。

スポーツコートにジーンズ姿でスニーカーを履いたレブロンは、エド・サリヴァン・シアターの楽屋に立って出番を待っていた。観客はどんな反応をするだろうか。スタジオの観客に拍手をするように指示するサインを見せる舞台スタッフがいることは知っていた。だが、それでも、どれほど盛り上がってくれるだろうか。

「さて、皆さん」とレターマンが言う。「木曜日の夜の最初のゲストは、オクラホマシティ・サンダーを相手にチームを勝利に導き、ＮＢＡで初の優勝を成し遂げた男。皆さん、マイアミ・ヒートから来てくれたファイナルＭＶＰ、レブロン・ジェームズ」

会場は大きくどよめいた。スタジオのバンドがパワー・ステーションの「サム・ライク・イット・ホット」を演奏し始める中、レブロンが陰から現れ、スポットライトの中に足を踏み入れる。舞台係がサインを下ろしたあとも、観客は立ったまま声援を送り続けた。観客に微笑みかけ、手を振りながら、レブロンは「すごい！」と思った。バンドが演奏をやめても、観客の盛り上がりは収まらなかった。

レブロンはようやく席に着いた。

「今回の優勝は、あなたの人生を一変させることになるのでは？」と、レターマンが訊ねる。

「本当に」と、レブロンはにこやかに言った。「水曜日の夜にはリングなしだったのに、木曜日の夜になるとリングを持っているんだから」

しかし、変化はリングを勝ち取ったことだけには収まらない。二年前には、彼はプロスポーツ界の悪役であり、嘲笑と憎悪の的だった。彼はスポーツを超越した何かを経験していた。目標はずっと、NBAで優勝することだった。しかし、自らの仕事でついに頂点に到達した今、彼が成し遂げたそれ以上に大きなことは、自身の名声を復活させたことだった。仲間たちからも、対戦相手からも、そして批評家からも尊敬を勝ち取った。

NBAファイナルの終了から数週間後、米国代表が二〇一二年ロンドン五輪の準備のために集合すると、マイク・シャシェフスキーヘッドコーチのレブロンに対する見方も変わっていた。彼は今や、レブロンを歴代すべてのバスケットボール選手の中でも独特な存在だと考えていた。「私が見たレブロンの進化は、まさに大きな変化だった。二〇一二年になると、コービーまでもがチームはレブロンのものになったと理解していた」

レブロンは、デュラント、ウェストブルック、ハーデンらを含めたロースターを率いる存在となった。三人のスター選手はファイナルでレブロンに敗れたばかりだが、彼らはレブロンと一緒にプレーするのが待ち遠しくてならなかった。ケビン・ラブや、一九歳のアンソニー・デイビスといった新顔たちも同じ気持ちだった。そして、コービー、クリス・ポール、カーメロ・アンソニーなど二〇〇八年のチームを経験した選手たちも皆、今ではレブロンを見る目が違っていた。

その夏、コーチKもレブロンに対する接し方を変えた。コーチKは毎日練習計画を立てる。しかし、それを実行に移す前に、レブロンに見せて「どう思う？」と聞くようになった。そしてレブロンは提案を返す。レブロンの意見によって、コーチKのやり方が劇的に変わる結果となることもあった。しかし、コーチKはレブロンを甘やかしていたわけではない。彼と協力していたと言うべきだ。そしてレブロンもそれに応えていた。毎日、彼はコーチKに訊ねた。「今日は私のほうから何をする必要があるか？」と。

またコーチKは、レブロンの知名度が世界的に変化したこともはっきり感じ取った。二〇一二年の頃には、彼はおそらく世界で最も有名なアスリートとなっていた。七月一六日、米国代表がワシントンDCのベライゾン・センターでブラジル代表とのエキシビションゲームを戦ったときには、バラク・オバマ大統領とミシェル・オバマ大統領夫人が観戦した。ジョー・バイデン副大統領も一緒だった。試合に先立ち、オバマはロッカールームでチームに向けて話をすることを希望した。

レブロンと各選手は自分のロッカーの前に立ち、シークレットサービスもそれぞれの配置につく。部屋に入ってきた大統領はレブロンに近づき、微笑みながら彼の手を取った。「どうだい、チャンプ？」とオバマは言う。

レブロンはチームメイトたちの視線を感じた。デュラント、ウェストブルック、そしてデイビスは、リーグの新進気鋭のスーパースターだった。しかしこの瞬間、彼らはレブロンの置かれた立場と彼の立ち居振る舞いに畏敬の念を抱いた。自由世界のリーダーがロッカールームにいて、レブロンに友人のように声をかけているのだ。

試合が始まると、大統領、ファーストレディ、副大統領の三人は米国代表のリングに近い最前列に座っていた。これほど錚々たる顔ぶれの前でプレーを見せるのは、レブロンにとっても初めてだった。重大な場面であることを認識した上で、彼は密集したレーンに向けてドライブを繰り出した。空も飛べるような気分で、ディフェンス陣を飛び越して宙を舞うと、ほぼリングに目線が並ぶ高さからワンハンドダンクを叩き込む。アリーナに電気ショックが走り、ファーストレディの顔には「今の見た？」と言いたげな笑みがこぼれた。レブロンが着地し、コートを戻ろうとしていくとき、オバマ大統領はバイデンを見て眉を上げニヤリと笑った。米国代表は、心強い味方に見守られていた。

ロンドンでは、レブロン、コービー、デュラントを先発メンバーに擁した米国代表が圧倒的だった。ロースター内に多くのNBAプレーヤーを抱えるスペイン代表だけが、勝負を挑むことができる唯一のチームだった。だが両チームが金メダルを懸けて決勝で激突すると、あまりにも層が厚く才能にあふれたチーム米国を止めようがないことは明らかだった。加えて、米国の選手たちの仲間意識は、レブロンがこれまでプレーしたどのチームよりも強いものだった。彼らは一〇七対一〇〇でスペインを撃破した。

喜びを抑え切れず、レブロンはコート上でコーチKを探した。二人は両腕をお互いの体に巻きつけ、コーチKはまるで自分の息子に語りかけるようにレブロンに話をした。二〇〇四年のギリシャで地の底に落ちた米国の評判を回復させるため、彼ほど貢献してくれた選手はいなかった、とコーチKは語った。コーチKとレブロンは、八年間をかけて五輪バスケットボールを取り巻く文化を変えたのだ。NBAのスター選手たちにとって、赤・白・青のユニフォームを着ることは愛国的な誇りの源となった。そして、特にロンドン五輪では、レブロンは勝利に強くこだわっていた。あるバスケットボールライターは、レブロンが「金メダルを自ら手作りする以外のことは何でもやった」と書いたほどだった。

コーチKからの称賛は、レブロンのプライドを満たした。それからしばらくして、彼はデュラントとウェストブルックに挟まれて表彰台の中央に立った。五輪の役員が近づくと、レブロンは頭を下げ、金メダルが彼の頭の上から首にかけられた。彼はマイケル・ジョーダンに続いて、同じ年に金メダル、NBA優勝、NBAシーズンMVPを獲得した二人目の選手となった。

メダルを見つめ、レブロンは世界の頂点に立ったことを実感していた。

＊＊＊

自宅に戻ると、レブロンはインナーサークルのランディ・ミムズ、リッチ・ポール、マーベリックに会った。彼らはともに多くのことを経験し、長い道のりを歩んできた。

ランディは、レブロンがプロになった初日から個人アシスタントとしてそばにいた。彼の仕事の複雑さは、それまでの九年間で劇的に高まっていた。ランディは究極の相談相手であり、NBA、ヒート、米国代表、レブロンのさまざまな映画やテレビのプロジェクト、ビジネスパートナー、広告パートナー、弁護士、代理人、そして友人たちと密接に協力していた。レブロンはランディをチーフスタッフに昇格させていた。そのような役職のスタッフをつけているNBA選手は他にいなかった。だが、レブロンほどさまざまな要求に対処することを求められるNBA選手も他にはいない。レブロンの存在が大きくなるにつれて、ランディの責任の重みも増していた。ランディはその役割を受け入れ、完璧にこなしていた。

しかしリッチとマーベリックは、さらに手を広げようと考えていた。リッチはずっと、自分自身のスポーツエージェンシーを立ち上げることを望んでいた。クリエイティブ・アーツ・エージェンシー（CAA）では軽視され過小評価されていると彼は感じており、自分の力を世界に示したいと熱望していた。「CAAでは何も学べなかった」と、彼はのちに『ニューヨーカー』誌に語った。「私が何かを学ぶことができるような投資が行われなかったからだ。何のプランもなかった。自分自身が培ってきた個人的なスキルを使って仕事をしていた」。二〇一二年の夏を迎え、リッチにはもはや飛躍の準備が整っていた。彼はハリウッドの大手エージェンシーを離れ、クラッチ・スポーツ・グループを設立した。

レブロンはリッチの思いに共感できた。彼はまた、リッチは自身の生い立ちや独特な人生経験を活かして、若い黒人選手たちのための優れた代理人になれる準備ができているとも考えていた。「こういう状況からドラフト入りする選手たちがたくさんいる。彼らは自分の世代だけで金を稼ぎ上げる。『フッド』と呼ばれるような、いわゆる市内中心部の貧困地区出身の子どもたちだ。リッチも私も同じような出自だから、そういう子どもたちに共感できる。彼らが目にしているものは、すべてリッチが見てきたものだ」と、レブロンは語った。

リッチは単にエージェンシーを作ることよりも、はるかに大きなことを考えていた。彼はＮＢＡのビジネスのやり方を変えたかったのだ。しかし、特に最初のうちは、選手たちが彼と契約するよう説得するだけでも厳しい道のりになることはわかっていた。歴史的に、黒人のスポーツエージェントはほとんどいなかった。若い選手たちが、自分の将来に関する決断が下されるような部屋の中で目にする相手は、白人のヘッドコーチや白人の代理人であることがイメージされる。彼らにそう思わせるような根強いメンタリティが、黒人社会には存在しているとリッチは感じていた。「それを変えなければならない」とリッチは言った。レブロンはリッチに、もしＣＡＡを出て行くつもりなら、自分も一緒に出て行って構わないと告げた。

＊＊＊

二〇一二年九月一二日、レブロンが代理人のレオン・ローズとの関係を断ち切ってＣＡＡを離れ、クラッチ・スポーツ・グループに加わるというニュースがＮＢＡ界隈を揺るがした。ＮＢＡコミッショナーも、他の有名代理人たちも、それが意味することを見逃しはしなかった。クライアントを一人しか持たない、クリーブランドに拠点を置いたリッチの新興エージェンシーを気に留めないのは容易なことだった。しかし、リッチの唯一のクライアントがＮＢＡで最も大きな力を持った選手であるという事実は、クラッチが侮れない勢力であることを意味していた。ＮＢＡの代理人たちは、他の選手たちもクラッチと契約し始めるのは時間の問題ではないかと考えざるを得なかった。

このニュースはハリウッドにも少なからず驚きをもたらした。レブロンは、ＣＡＡがスポーツ部門を設立する上で中心となっていた存在だった。レブロンがローズとともにＣＡＡに移って間もなく、ペイトン・マニング、デレク・ジーター、レアル・マドリードのクリスチアーノ・ロナウドなどを含めた他のスーパースター選手たちが彼に続いた。レブロンの今回の動きによって、また新たなトレンドが生まれるのだろうか？

当初、レブロンとリッチは自分たちの意図について沈黙を守っていた。しかし、新事業の立ち上げを公にした二四時間後、レブロンはTwitterで何百万人ものフォロワーに向けて力強いメッセージを送った。「#THETAKEOVER（テイクオーバー）」と。

ＮＢＡプレーヤーたちはすぐに注目した。そして、ＣＡＡでリッチと仕事をしたことのある何人かの選手たちは、クラッチと契約を交わし始めた。

リッチがクリーブランドでビジネスを軌道に乗せている頃、マーベリックはハリウッドにスプリングヒル・エンターテインメントの旗を立てていた。その一年前、スプリングヒルは同社二件目のプロジェクトとして、四人家族の登場するアニメシリーズ『ザ・レブロンズ』を制作して成功を収めていた。ナイキの人気ＣＭ「四人のレブロン」をベースとして、この新たなアニメシリーズではレブロンの「少年」「アスリート」「ビジネス」「賢者」という四つの顔を描いていた。二〇一一年四月にYouTubeで初公開され、三シーズンにわたって放送された。

その後、レブロンがヒートでＮＢＡタイトルを獲得して忙しい日々を送っていた頃、マーベリックはフェンウェイ・グループのトム・ワーナー会長から電話を受け、あるアイデアを提案された。話し合いを重ねるうちに、このアイデアは、一つのコメディ番組へと発展した。主人公は、新しいチームと契約を交わしたあと、家族を連れて新天地に移ったバスケットボール選手。『サバイバーズ・リモース』と名付けられたシリーズは、プレミアムケーブルネットワークのStarzに売り込まれた。第一シーズンの制作が依頼され、二〇一四年公開が目標とされた。

マーベリックにとって、ハリウッドは独自の言語を持つ異世界だった。しかし、フェンウェイ・グループと一体化することが生む数多くのメリットの一つとして、マーベリックはワーナーの近くで一緒に仕事をすることができた。ワーナーにはテレビ番組制作の輝かしい経歴があった。加えて、マーベリックは引き続きWMEでアリ・エマニュエルとマーク・ダウリーとも密接に仕事を続けていた。ナイキ時代にリン・メリットの下で学んだのと同じように、マーベリックは今、業界屈指の経験豊富な専門家たちと協力することで、ハリウッドを生き抜いていく術を学んでいた。スプリングヒルを、映画やテレビ番組、デジタルプラットフォーム向けのコンテンツを制作するクリエイティブな会社に成長させることが彼の見据えるビジョンだった。

レブロン、マーベリック、リッチ、ランディの四人はともに、非常に米国らしいことを実行していた。それはチャンスを創出するということだ。レブロンは新しいタイプのスーパースターアスリートであり、NBAのビジネスモデルを変えようとすると同時に、自身のバスケットボールキャリアの全盛期にありながらもハリウッドで強力な存在になろうとしていた。彼はそれだけの意欲と経済力を兼ね備えていた。これまでどんなアスリートであっても、自身のスポーツで頂点を極めながら、同時にこれほど壮大な野望を実現できた者はいなかった。

＊＊＊

ダニー・エインジは、ボストン・セルティックスが問題を抱えていることを知っていた。チームには亀裂があった。シューティングガードのレイ・アレンは過小評価されていると感じていた。彼は長年にわたり、ポール・ピアースとケビン・ガーネットの静かなサポート役だった。しかし今は、ラジョン・ロンドがロッカールームでさらに大きな発言力を持つようになっており、アレンはもううんざりしていた。それだけでなく、彼はキャリアの終わりに近づき、引退前にもう一度チャンピオンになりたいと望んでいた。それはセルティックスでは不可能なことだった。

ライリーは、アレンがセルティックスで満足していないことを察知した。そして彼は、NBA最高のスリーポイントシューターをマイアミに誘うチャンスを掴んだ。そのための方法はわかっていた。自分が望まれているのだとアレンに納得させることだ。ライリーはアレンに対し、レブロンが彼をヒートに欲しがっているとはっきり伝えた。ウェイドも彼を欲しがっている。ボッシュも欲しがっている。彼らは今後さらに優勝を重ねていくために作られたチームであり、アレンの鋭いショットが加われば連覇に欠かせない武器となる可能性があった。

エインジは選手としてのアレンを愛していた。彼らは親友でもあった。アレンをボストンに引き留めるため、エインジはマイアミで彼が稼ぐことになる金額の二倍近くを提示した。しかし、アレンはヒートを選んだ。最終的には、エインジはアレンがレブロンと一緒にプレーすることを驚きはしなかった。彼はアレンの成功を祈り、二人は友人であり続けた。

しかし、アレンのチームメイトたちは裏切られたと感じた。特にピアースとガーネットだ。彼らは五年間、ともに苦境を乗り越えてきた。一緒にタイトルを勝ち取った。お互いに信頼し合っていた。それぞれの家で同じ時間を過ごした。「このボストンで、兄弟のような関係を築いたと思っていた」とピアースは語った。

ピアースとガーネットの心が痛んだのは、アレンが彼らに何も告げることなく去って行ったことだ。せめて連絡をくれると思っていた。彼がマイアミでレブロンと一緒にプレーするために彼らのもとを去ったという事実は、裏切り行為のように感じられた。彼らはマイアミを憎んでいた。レブロンは宿敵だった。イースタン・カンファレンス決勝の壮絶な七連戦で敗れたばかりだったのだ。

二〇一二年一〇月三〇日、ヒートがセルティックスとの開幕戦に臨んだとき、アレンのヒートへの移籍が呼び起こした感情はまだ生々しいものだった。試合前には、コミッショナーのデイビッド・スターンがヒートの選手たちにチャンピオンリングを授与するセレモニーを、セルティックスも座って見守らなければならなかった。第一クオーターの後半、アレンがゲームに登場すると、彼はセルティックスのベンチに歩み寄って古巣に挨拶した。アレンが伸ばした手を、ガーネットは無視した。ピアースも彼を避けた。

それからしばらくして、アレンはコーナーの深い位置でパスを受け、スリーポイントを決めた。レブロンとウェイドがチームを引っ張り、アレンも交代出場から一九得点を記録。ヒートはセルティックスを圧倒した。ヒートは前シーズンよりもさらに強力になっていくように感じられた。

＊＊＊

二〇一三年一月二一日、オバマ大統領は米軍最高司令官就任舞踏会において、軍人たちから盛大な喝采を浴びながらこう語った。「私には彼女がいてくれる……彼女は私をより良い男に、より良い大統領にしてくれる……我が国の大統領の資質に異論を唱える者はいても、我が国のファーストレディの資質には誰も異論がないだろう」。ミシェル・オバマはルビーレッドのドレスを着て舞台に上がった。ジェニファー・ハドソンがアル・グリーンの「レッツ・ステイ・トゥゲザー」を歌う中、二人はスローダンスを踊った。

レブロンが自分にとっての模範だと考えるような人物はごくわずかしかいなかったが、オバマ大統領はその筆頭だった。レブロンとサバンナ・ジェームズはオバマ大統領の再選に向けた選挙戦に協力していた。オバマ大統領があと四年も大統領を務めることに、二人は感激していた。

就任式の数日後にヒートはホワイトハウスを訪れ、前年のNBAファイナル優勝の表彰を受けた。ネイビーブルーのスーツに青いチェックのシャツを着てネクタイを締め、洒落た黒い眼鏡をかけて、レブロンはチームメイトとともに大統領の後ろに半円形に並んだ。大統領はチームの功績を称え、少しジョークを飛ばした。だが彼には、もう少し真剣な話をしたいこともあった。

「彼らについて一つだけ言わせてほしい」とオバマ大統領は語る。「コート上で起こることに大きな注目が集まっている。しかし同じくらい重要なのは、コートの外で起こることだ。私は彼ら全員を知っているわけではない。だがレブロンとドウェインとクリスのことは知っている」

レブロンは大統領の話に、ゾクゾクするような感覚を覚えた。

「私が何よりも誇りに思うことの一つは、彼らが父親としての役割を真摯に受け止めていることだ」とオバマは続けた。「そして、彼らをずっと尊敬し続けている若い男性たちにとって、自分の子どもたちをいつも気にかけて毎日そばにいるような誰かの姿を見ることができるのは、良いメッセージを伝えることになる。ポジティブなメッセージが送られる。我々は彼らのそういう部分を非常に誇らしく思う」

会場は拍手喝采。

レブロンにとって、良い父親であることを称賛されるほど誇らしいことはなかった。しかも米国大統領からそのような言葉を聞かされると、自分はどれほど遠い場所まで来たのだろうかと思った。

突然、大統領は振り返ってレブロンを見ると、前に出るように合図した。「さあ、レブロン」と彼は言う。

レブロンは、大統領に贈るバスケットボールを持って演壇に上がった。ボールは選手全員のサイン入りだった。「何か言ったほうがいいのだろうか？」とレブロンは訊ねる。

「言いたければ言えばいい。ここは君の世界なんだ」とオバマは言い、彼からボールを受け取った。

誰もが笑っていた。

レブロンはマイクに向かい、大統領と向き合った。「私自身とチームメイト全員から、ホワイトハウスへのご招待とご歓待に感謝する」と彼は言う。

レブロンは言葉を止め、チームメイトたちを振り返った。「つまり……私たちはホワイトハウスにいるんだ!」

選手たちは皆笑った。

レブロンとオバマはお互いの目を見て微笑んだ。

続いてレブロンは、もう一度チームメイトのほうを振り返った。

「私たちはシカゴ出身だったり、テキサス州ダラスだったり、ミシガン、オハイオ、サウスダコタだったりするのだが」とレブロン。会場は大いに沸き上がった。「そして今、私たちはホワイトハウスにいる!これはまるで……」。感情を抑え切れないように言葉を切る。「ママ、私はやったよ!」

オバマ大統領は拍手を送り、他の誰もが続いた。

＊＊＊

レブロンにとって、「決断」は遠い昔のことのように思えた。二〇一二―一三シーズンは、彼にとってそれまでで最も楽しいシーズンとなった。ある時点では、チームは五三日間にわたって無敗を続けた。その間にヒートは二七連勝を飾り、NBA史上二番目に長い連勝記録を達成した。勝てば勝つほど、他のチームは必死に彼らを倒そうとしてきた。シカゴでの試合では、ドライブを仕掛けたレブロンをガードしていたシカゴ・ブルズのカーク・ハインリックが彼に抱きつくようにしてコートに倒した。レブロンは審判がフレグラントファウルを取ってくれると思ったが、そうはならなかった。さらに第四クオーター、レブロンは肩のあたりを掴まれて再び引き倒された。今度は審判がフレグラントファウルを取る。だがプレーをビデオモニターで見直した結果、審判は判定を普通のファウルに引き下げた。

レブロンは抗議した。彼の考えとしては、どちらのファウルもバスケットボールのプレーではなかった。むしろプロレス技のようなものだった。数分後、ハインリックをガードしていたレブロンは、ブルズのFW、カルロス・ブーザーがスクリーンを作るため自分のほうに向かってくるのに気がついた。身構えたレブロンの下げた肩がブーザーの胸に当たる。審判は笛を吹き、今度はレブロンのフレグラントファウルを宣告した。

レブロンとヒートは、ダブルスタンダードだと感じられた判定に激怒した。数日後、セルティックスのエインジGMがこの件についてコメントした。ラジオ番組で、疑わしい判定について質問を受けた際のことだ。「私はどちらもフレグラントだったとは思わない。そして、レブロンからブーザーに対するプレーはフレグラントだったと思う。レブロンが判定に不服を述べていたのは恥ずべきことだと言える」とエインジは語った。

ライリーはエインジにうんざりしていた。その二日後、大勢の番記者たちがエリック・スポールストラヘッドコーチと話していると、ヒートの広報部長がロッカールームから現れてライリーの公式声明を伝えた。「エインジは黙って自分のチームの管理に専念すべきだ。現役時代の彼は誰よりも文句を垂れる選手だった。私はコーチとして彼と対戦したので知っている」と。

エインジも公式声明を出して反撃した。「私は自分の発言を撤回はしない。ライリーのことはどうでもいい。彼が何を言おうが勝手だ。彼のアルマーニのスーツやヘアワックスについてどうこう言うつもりはない。私には高価すぎるものだが」

エインジとライリーはメディアを通して口論を繰り広げ、アレンはヒートで活躍を見せていたが、セルティックスとヒートのライバル関係は終焉を迎えつつあった。二〇一二―一三シーズンを終えると、エインジはピアースとガーネットをブルックリン・ネッツへトレードし、セルティックスは再建に乗り出した。一方、ヒートはNBA最高成績でシーズンを終えた。レブロンは二年連続でシーズンMVPを受賞。NBAで四度以上のMVPを受賞した数少ない選手の一人として、マイケル・ジョーダン、ビル・ラッセル、ウィルト・チェンバレン、カリーム・アブドゥル＝ジャバーの仲間入りを果たした。

誰もが予想した通り、ヒートは三年連続でNBAファイナルに進出した。今回の対戦相手はサンアントニオ・スパーズ。レブロンにとっては、二〇〇七年のファイナルでクリーブランド・キャバリアーズを一蹴した当時からスパーズを率いていた仇敵ティム・ダンカンとの再戦だった。スパーズには、当時も中心選手だったトニー・パーカーとマヌ・ジノビリの二人がまだ在籍していた。そして彼らは新たに、二一歳の新星カワイ・レナードもチームに加えていた。スパーズはダンカンを擁して五度目となる優勝を目指す。ヒートは連覇を狙う。

両チームは完全に互角であり、最初の五試合は交互に勝利。スパーズが三勝二敗でリードしてマイアミでの第六戦に向かった。だが第四クオーターを終えようとするところでスパーズが主導権を握る。残り二八秒でジノビリがフリースロー二本を成功させ、スパーズが九四対八九とリードした。ライリーは、機械のようにガムを噛みながら腕組みをして立っていた。マイアミのファンたちは出口へと流れていく。アリーナの警備スタッフは、ファンがこれから始まるスパーズの優勝祝いの邪魔にならないように、コート外周に沿って黄色いテープを張り始めた。「マイアミにとってこの結末はつらいものとなる」と、ヒートの実況アナウンサーはラジオで言った。

その数秒後、レブロンがスパーズのリードを二点に縮めるスリーポイントを決める。

ダンカンはインバウンズパスのボールを、チーム屈指のフリースローシューターであるレナードに入れる。すぐにファウルを受けたレナードはラインへ向かい、勝利を決定づけるチャンスを迎える。しかし、彼は一本目を失敗。二本目は決めて、スパーズは点差を三点とする。ヒートは生き残った。

残り時間九秒、レブロンは決まれば同点となるスリーをもう一本放つ。これはリングに当たって外れた。しかし、ボッシュがスパーズの三人に競り勝ってリバウンドを掴む。囲まれた彼は、ボールをコーナーのアレンへ出す。相手選手一人が目の前にいながらもアレンの放ったスリーポイントは、ネット以外にどこにも触れることなくリングを潜った。残り時間は五秒。セルティックスからやって来たシャープシューターがヒートを救って試合をオーバータイムに持ち込み、ヒートは一〇三対一〇〇で勝負をものにした。

＊＊＊

第七戦はまさに名勝負だった。第一クオーターを終えてスコアは同点。ハーフタイムも同点。第四クオーターも同点で終えた。そして最後はレブロンとダンカンの勝負となる。ダンカンはチームが二点差で負けていた残り四〇秒、ショットをリングに当て外してしまう。さらにリバウンドのタップインも失敗。どちらかが決まれば同点となっていたはずだった。自分自身に腹を立てたダンカンは両手でコートを叩いた。

一方レブロンは、レナードが自分に向かって突進してきたところで、パスを考えることは一切なかった。前進してジャンプショットを沈め、ヒートを四点リードに引き上げる。続いてスパーズがタイムアウトを取ったあと、レブロンはダンカンへのパスをインターセプトして勝利を決定づけた。レブロンは驚異の三七得点と一二リバウンドでフィニッシュ。ファイナルの第七戦に勝利した試合での得点数としては、五〇年代に樹立されたNBA記録に並んだ。そしてヒートは二年連続チャンピオンに戴冠。レブロンは再びファイナルMVPに選ばれた。

ヒートのファンが祝福する中、レブロンとダンカンはコート中央で抱き合った。七年前、ダンカンはレブロンに「ここはもうすぐお前のリーグになる」と話していた。そこからレブロンが自分のプレーを完全に作り直してしまっていたことに、ダンカンは驚かされた。彼はリーグで最も信頼できるアウトサイドシューターの一人に変貌していた。そしてフィジカル面のコンディション調整は相変わらず圧倒的だった。

試合後にレブロンは、コートサイドでマジック・ジョンソン、ジェイレン・ローズ、ビル・シモンズからインタビューを受けた。この勝利の瞬間をシモンズと共有するのは皮肉なことだった。彼は数年前、レブロンと母親に対する辛辣な言葉で一線を越えた男だ。気にしないわけではなかったが、レブロンはあくまで誠実に対応した。マジックとローズがレブロンのパフォーマンスについて話し、彼が二年連続でファイナルＭＶＰを獲得したことを指摘すると、レブロンは称賛をかわした。

「私は単なるオハイオ州アクロン出身の子だ。統計的に言えば、本来ここにいるはずでもない」とレブロンは言った。

マジックとローズはうなずいた。

「だから」とレブロンは言い、ローズを指差す。それからマジックを指差す。「だから、私がＮＢＡのロッカールームに入って、背中にジェームズと書かれたユニフォームを見ることができるのは……」

インタビューが終わりに近づいたとき、マジックはレブロンに目を向けた。

「レブロン」と彼は言う。「私としても真剣な話だ。あらゆる選手のプレーを見てきたが、君は、このスポーツをプレーしてきた全員の中で最も偉大な選手になれる唯一の男だと思う」

レブロンは唇を噛みながら下を向いた。

「これからどうするつもりなのか？」と、マジックは訊ねた。

マジックは、レブロンとヒートが三連覇を目指すための戦いがどのようなものになるかという意味を込めていた。

しかしレブロンは、それ以上に大きな何かを計画していた。

# CHAPTER 31 しっかり掴んで

レブロン・ジェームズは夢見る男だった。そして、バスケットボールに関する彼の夢の多くは二八歳までに実現していた。しかし、キャリアに専念するため、幼い頃から抱いていたもう一つの夢の実現は遅らせていた。すなわちそれは、夫と妻と子どもたちのいる家族の一員となり、愛情で満たされた大きく温かい家庭で過ごすことだ。レブロンが最初に抱いていた理想の家族像は、『ベルエアのフレッシュ・プリンス』や『コスビー・ショー』といったテレビ番組に影響を受けていた。ある意味では、レブロンがアクロン郊外に建てた邸宅やマイアミの豪邸は、ウィル・スミスやハクスタブル家が住んでいた架空の家を反映させたものだった。しかしレブロンとサバンナ・ジェームズは、より真実的な意味で、セレブリティであることや名声がもたらす罠や誘惑にも揺るがない関係を育んできた。彼らは一二年間も一緒にいたのだ。そしてレブロンは、結婚式についても、二人が一緒に築きつつあると感じている夢物語のような人生にふさわしいものにしたいと望んでいた。

二〇一三年九月一四日、レブロンとサバンナは親しい友人たちを招待し、レブロンの好きな街であるアクロン郊外のサンディエゴで結婚式を挙げた。報道ヘリコプターがグランド・デル・マール・ホテル上空を飛んでいたが、レブロンとサバンナは式のあらゆる部分をプライベートなものとするために細心の注意を払っていた。セレブリティ雑誌のカメラマンに独占写真を撮らせるようなことには一切関心がなかった。

パパラッチを阻止するため、大きなテントを立てて到着する招待客たちを隠した。チャペルも披露宴会場もテントで覆われていた。そして招待客全員が携帯電話の電源を切り、ソーシャルメディアに写真を投稿しないよう要請された。

レブロンとサバンナにとっては理想的な結婚式だった。その極めつけとして、親友のジェイ・Zとビヨンセが「クレイジー・イン・ラブ」を捧げてくれた。アクロンのアウトバック・ステーキハウスでの初めてのデートがこの瞬間につながったとは、信じがたいことだった。しかし今ではもう、二人は自分たちが一緒に独特な人生を生きることに慣れていた。そして彼らは、自分たちが迎えようとする新たな段階を表現する歌詞も覚えていた。

## 歴史が作られようとしている
## 第二段階、ここから盛り上がっていこう

披露宴を終えると、レブロンとサバンナはハネムーンのためイタリアに向かった。

レブロンとサバンナはマイアミでの生活にすっかり馴染んでいた。美しい家もあった。息子たちも順応していた。サバンナは地域社会に関わり、恵まれない子どもたちを助けていた。熱帯の気候は、特に冬はクリーブランドに勝るものだった。

バスケットボールも順調だった。レブロンとマイアミ・ヒートは二年連続優勝を成し遂げ、三連覇を目指していた。NBAの歴史上、この偉業を成し遂げたのは六〇年代のビル・ラッセルのボストン・セルティックス、九〇年代のマイケル・ジョーダンのシカゴ・ブルズ、そして二〇〇〇年代初頭のコービー・ブライアントとシャキール・オニールのロサンゼルス・レイカーズの三チームのみだった。レブロンは、自

分とチームメイトたちがその特別なグループの仲間入りすることを望んでいた。

二〇一三―一四シーズンに向けて、パット・ライリーはヒートを、素晴らしいロングラン公演の四年目を迎えているブロードウェイのショーに例えた。チームにはバスケットボール界で最も偉大な主役に加えて、ビッグネームの共演者たちがいた。ヒートはどの街を訪れても最多の観客数を集めていた。彼らはリーグの話題の中心だった。ヒートは全国的にバスケットボールの枠を超えるほどの知名度を得ていた。

シーズン半ばの二〇一四年一月一四日、ヒートが二度目の優勝を記念して再びホワイトハウスに招かれると、選手たちはまるで自宅にいるかのようにくつろいでいた。訪問に先立ち、ヘッドコーチのエリック・スポールストラ、ドウェイン・ウェイド、レイ・アレンの三人は、「レッツ・ムーブ!」というミシェル・オバマの肥満防止キャンペーンを支援する公共広告の収録に参加することになった。カメラが回る中、スポールストラはテレビ特派員の役を演じた。マイクを持ち、健康的な食事の重要性についてウェイドとアレンに質問をする。

「私を見本にするといい。正しい食事をすることで、より良いアスリートになれる」とウェイドは言う。

そこで突然、レブロンとファーストレディがウェイドとアレンとスポールストラの背後に忍び寄った。レブロンはミニチュアのバックボードを掲げる。ミシェルはミニチュアのバスケットボールをダンク。

「オーッ!」と彼女が叫ぶとインタビューは中断され、ウェイドとアレンが振り向く。

「ざまあみろ!」とレブロン。

レブロンとファーストレディは、ホワイトハウスを「ファン・ハウス（楽しい家）」に変えた。その日の午後、バラク・オバマ大統領がチームの連覇を称えたあと、アレンがオバマにヒートの公式ユニフォームを贈った。その背中には米国大統領を意味する「POTUS」というネームと、背番号44が縫いつけられている。スポールストラは、全選手のサインが入った優勝トロフィーのレプリカをオバマに贈った。そこにはオバマの名前も含まれていた。

熱心なブルズファンであるオバマは、ジョークを飛ばした。「君たちは私を虜にしている」

レブロンとオバマ夫妻のつながりはますます深まっていった。ホワイトハウス訪問の直後、オバマ大統領はレブロンに、自身の代表的な立法成果である医療保険制度改革法に関しての協力を要請した。「オバマケア」としても知られるこの国民皆保険構想の一環として、政府のウェブサイトHealthCare.govも開設された。そして二〇一三年一二月には、ウェブサイトを通じて健康保険への加入申し込みが開始されていた。この法律では、一般加入の期限は一四年三月三一日までとされていた。加入資格を持ちながらも登録を行っていない者が何百万人もおり、その多くはマイノリティだった。オバマ大統領は、国民が登録するよう促す手助けをレブロンに求めた。

アダム・メンデルソーンは今やインナーサークルの一員となり、レブロンのパブリックイメージの保護と向上を任されていた。彼のおかげでレブロンは、自分に関連する政治的な問題を常に把握することができていた。共和党がオバマの医療保険法案に反対していることも知っていた。自分が関与することで、ある程度の政治的反発を受ける可能性が高いことも理解していた。実際、ミッチ・マコーネル上院少数党院内総務は、オバマ政権が数人の著名アスリートたちに健康保険加入の手助けをさせようとしていることを知ると、ＮＢＡとＮＦＬに連絡を取ってそれを阻止しようとした。また下院の共和党有力議員であるスティーブ・スカリースは、オバマ政権の取り組みについて各リーグに書面を送付し、「彼らのために汚れ仕事を強要されることにならないよう警告する」と述べた。

レブロンはそれが汚れ仕事だとは考えていなかった。消費者の購入する製品の宣伝を助けて年間に何千万ドルも稼ぎ出すキャリアを送っている彼は、自分の時間を割いて、大統領の力になるため自分の知名度を役立てたかった。レブロンは、多くのアフリカ系アメリカ人が健康保険を必要としていることを知っており、自分の声が彼らの加入を後押しすることを願っていた。彼の収録した公共サービス告知は、二〇一四年三月にESPN、ABC、TNT、NBATVで流された。

オバマはレブロンが積極的な参加の意志を示してくれたことを称えた。「モハメド・アリやビル・ラッセル、アーサー・アッシュなど、我が国のスポーツ界の特に偉大なヒーローたちのことを考えると、彼らは非常に重大な場面で大事な問題について声を上げてくれたものだった」とオバマは記者団に語った。

＊＊＊

二〇一三―一四シーズンのレギュラーシーズンが終わろうとする頃、レブロンのヒートでの将来についてさまざまな憶測が飛び交った。一〇年にレブロンがヒートと契約したとき、彼の契約には一四年のシーズン終了後に退団して無制限FAになれるという条項が含まれていた。ウェイドとボッシュの契約にも同じ条項があった。しかし現実問題として、ヒートのビッグスリーの中でも、レブロンは去就に大きな注目が集まる唯一の存在だった。ウェイドはキャリアのすべてをマイアミで過ごしており、他の場所でプレーするつもりはなかった。ボッシュはマイアミに留まり、レブロンやウェイドとともに一緒にプレーし続けることを望んでいた。一方でレブロンは、またしてもNBAで最も他チームの欲しがるFA選手という立場にあった。

今後に予定されるレブロンの契約交渉はリッチ・ポールが担当することになり、メンデルソーンは報道陣への対応を担当した。彼の手法はごく単純に、何も言わないというものだ。

しかし水面下では、メンデルソーンは『スポーツ・イラストレイテッド』誌のリー・ジェンキンスとオフレコで連絡を取り合っていた。ジェンキンスはこれ以前にも何度かメンデルソーン経由でレブロンと接触し、過去数年間にいくつかの大きな記事を『スポーツ・イラストレイテッド』誌で執筆していた。彼はメンデルソーンの信頼とレブロンの尊敬を得ることができていた。

ジェンキンスは、レブロンが二〇一四年にマイアミに残るかどうかの決断には、一〇年にクリーブランドを去った決断と同じくらい爆発的なニュースになる可能性があるとわかっていた。そのことを念頭に置いて、ジェンキンスは独占情報を求めていた。そして、彼はあるアイデアを思いついた。

二〇一四年の四月中旬に、『スポーツ・イラストレイテッド』誌はデューク大学の一年生バスケットボール選手であるジャバリ・パーカーが書いたエッセイを掲載していた。パーカーは大学を中退してNBAドラフトにエントリーするにあたって、通例の記者会見を開くのではなく、SI.comで発表を行った。パーカーのエッセイに対する反応は圧倒的に好意的だった。ジェンキンスはパーカーのエッセイへのリンクをメンデルソーンに送り、レブロンがシーズン終了後に自身のプランを発表するにあたっての青写真になるのではないかと提案した。

メンデルソーンはそのアイデアを覚えておくことにした。

＊＊＊

ヒートはイースタン・カンファレンス二位の成績でシーズンを終えた。チャンピオン防衛に向けて、シャーロット・ボブキャッツと対戦するプレーオフ一回戦では最初の二試合に勝利を収めた。

チームがシャーロットで第三戦の準備をしていたとき、一つのスキャンダルが発覚した。ロサンゼルス・クリッパーズのオーナーである八〇歳の既婚者ドナルド・スターリングが、三一歳の愛人V・スティビアーノと話している音声記録をTMZが公開。スティビアーノが元レイカーズのスター選手、マジック・ジョンソンとのツーショット写真を自身のInstagramページに投稿したことについての会話だった。

**スターリング：お前のくだらないInstagramに、黒人と一緒に歩いている写真なんて載せなくていい。お前が黒人たちと付き合っていることを宣伝して流したがるのは不愉快だ。**

**スティビアーノ：あなたのためにプレーしてくれる黒人ばかりのチームがあることは忘れてるの？**

**スターリング：何だって？　私はあいつらを支援して食べ物や服や車や家を与えているんだ。誰があいつらに与えるんだ？　他の誰かが？　ゲームを作っているのは誰だ？　私なのか、あいつらか？**

スティビアーノはこの会話や、その他にも多くの会話を携帯電話に録音していた。

それらがTMZによって公開されると、NBAのプレーオフ続行に突然暗雲が立ち込めてきた。クリッパーズの選手たちはストライキを検討していた。クリッパーズのプレーオフ対戦相手であるゴールデンステート・ウォリアーズも同調しようとしていた。二カ月ほど前にデイビッド・スターンからNBAコミッショナーを引き継いだばかりだったアダム・シルバーは危機的状況に立たされた。リーグは一連の発言を「不穏で不快なもの」であるとした上で、録音された声がスターリングのものであるかどうかを調査中だと発表した。

レブロンがシャーロットのアリーナに到着したのは、テープが公開された数時間後だった。ヒートの番記者はこの状況について彼に意見を求めた。メンデルソーンや他の誰にも相談することなく、レブロンは迷わず答えた。「報道が事実なら受け入れがたいことだ。私たちのリーグでは受け入れられない。黒人だろうが白人だろうがヒスパニックだろうが、他の何だろうが関係はない……リーグのコミッショナーとしては毅然とした態度で臨まなければならない。そして、非常に積極的に対応しなければならない……私たちのリーグにこんなことがあってはならない」

レブロンは、親友のクリス・ポールがクリッパーズでプレーしていることに触れた。「彼が今何を考えているか、想像することしかできないが」と言った上で、NBAという注目度の高いリーグがこの件を見過ごすことはできないと指摘した。「私たちのリーグにスターリングの居場所はない」と。

その場にいた記者たちは、問題の大きさをすぐに感じ取った。レブロンはヒートでプレーしているが、彼はバスケットボール界の顔だった。そして彼は、自分の言葉が重要であると理解できるだけの自己認識を持っていた。

ある記者がさらに質問を重ねた。

「オーナーは三〇人しかいないが、私たちは四〇〇人以上いる」とレブロンは言う。「もし選手の一人が表に出て、ああいうことを言ったとしたら、私たち選手たちに一体何が起こるだろうか。だから私としては、（コミッショナーの）アダム（・シルバー）を信じている。NBAを信じているし、リーグは何かをしなければならない。そして、本当に手遅れになる前に早く何かをすることだ。私たちのリーグにスターリングの居場所はない。そういうことだ」

その数分後、『サン・センチネル』紙のスポーツコラムニスト、アイラ・ウィンダーマンは「レブロン・ジェームズ『私たちのリーグにスターリングの居場所はない』」とツイートを投稿した。他のジャーナリストもツイートした。ニュースの見出しになった。レブロンの意見は大きく広まった。

ヒートはその夜の試合に勝った。しかし、そんなことは重要ではなかった。ノースカロライナ州の窮屈なロッカールームで、一人の黒人アスリートが、白人の億万長者からチームの所有権を剥奪するようにスポーツリーグの運営組織に訴えたのだ。それは米国スポーツ界における転換点であり、アスリートとオーナーとの間の力関係が変化していく始まりを告げるものであった。

スターリングには、過去にも人種差別絡みの問題があった。スポーツキャスターのブライアント・ガンベルは、翌日のNBC『ミート・ザ・プレス』で次のように語った。「ドナルド・スターリングには人種差別の前歴がある。デイビッド・スターンとNBAのオーナーたちは、ドナルド・スターリングがどのような人物であるかを、今回の件のずっと以前から知っていた」

今回がそれまでと違ったのは、このスポーツの最も偉大な選手がリーグを訴えたことだ。そして選手たちは、プレーオフを棄権することを真剣に話し合っていた。

レブロンの発言から三日後、NBAはスターリングを永久追放した。シルバーは、リーグから彼にチームの売却を迫ることになると語った。それは、リーグのオーナーたちの四分の三の承認を必要とする前例のない措置であった。「前代未聞とは言わないまでも、北米のプロスポーツリーグとしては珍しい動きだ。NBAが、スターリングが私的な会話の中で発した言葉に対して罰を与えているという事実が、さらに状況を異例のものとしている」と、『ニューヨーク・タイムズ』紙は伝えた。

しかし、シルバーの決意は固かった。「我々は団結してスターリングの見解を非難する。単純に、NBAにはふさわしくないものだ」と彼は述べた。

オーナーたちによる投票が行われる前に、スターリングはマイクロソフトCEOのスティーブ・バルマーにチームを売却した。

＊＊＊

ヒートはプレーオフを突き進んだ。レブロンを中心としてNBAファイナル進出を果たし、そこで待つ相手はサンアントニオ・スパーズ。

シーズン中ずっと、スパーズは前年のNBAファイナルで敗れたヒートに雪辱を果たすことだけを目標にプレーしてきた。誰よりもモチベーションを高めていたのはティム・ダンカンだ。第六戦の終盤で、勝利を決められていたはずのショット二本を外してしまったことが彼の頭から離れなかった。三七歳になったダンカンは、今回が彼にとって挽回のラストチャンスとなる可能性があることもわかっていた。

レブロンにとって、NBAファイナルでのダンカンとの直接対決は三度目だった。二〇一四年六月五日、サンアントニオで行われる第一戦の開始前に握手を交わしたとき、レブロンはダンカンに「まただな」と言った。

ダンカンは微笑んだ。しかし、彼は今度こそ勝つという決意を固めていた。

第一戦はスパーズが一五点差で勝利を収めた。

レブロンはヒートを背負い、第二戦では最多の三五得点を記録。ヒートは二ポイント差で勝利してシリーズを五分に戻した。

次の二試合はマイアミで行われるため、パット・ライリーはヒートの三連覇を確信していた。しかし第三戦と第四戦はスパーズが圧倒し、それぞれ一九点差と二一点差で勝利。三勝一敗と大きくリードを広げた。続いて第五戦、ヒートが大きく引き離したところからスパーズが追い上げ、ヒートを下してファイナル優勝を飾った。ダンカンにとっては、一五シーズンで五度目の優勝となった。

サンアントニオに紙吹雪が舞う中、ヒートのロッカールームは静まり返っていた。

そして、レブロンの将来についての疑問が即座に興味の中心となった。レブロンが試合後の共同記者会見でウェイドの横に座ると、すぐに記者の一人が言った。「当然ながら、これから非常に大きな決断をしなければならないと思う。決断の時期的な見通しはどうなるとお考えか?」

「まだそういうことはあまり考えていない」とレブロンは言う。

しばらくして、また別の記者が訊ねた。「レブロン、二月にはマイアミを離れることは考えられないと言っていたが、今でもそう思っているのか?」

レブロンは答えをためらった。「だから、そのときが来れば自分の夏に対処するつもりだ」。そしてまた言葉を切る。「皆さん、何か答えを探しているようだが、何も言うことはない」

＊＊＊

ライリーは四五年以上ＮＢＡに携わってきた。その間に、彼はバスケットボールにおいて王朝を築くために必要な哲学を身につけた。スター選手たちを一緒にチームに残しておくことだ。特に、負けたときこそ。スポーツにおいて王朝という言葉は、一般に、核となるメンバーを変えることなく三回以上の優勝を飾ったチームを指して使われる。八〇年代には、レイカーズがマジック・ジョンソンとカリーム・アブドゥル＝ジャバーを擁して五度の優勝を成し遂げた。そのうち四回はライリーがコーチを務めていた。ライリーが好んで指摘するように、その偉大なるレイカーズの黄金期に、マジックとアブドゥル＝ジャバーが優勝を逃した年も五回あった。だが彼らは敗れるたびに必ず体制を立て直し、翌シーズンにはさらに強くなって戻ってきた。

同様に、ラリー・バード、ロバート・パリッシュ、ケビン・マクヘイルのセルティックスも八〇年代に最も偉大なチームの一つだと考えられた。彼らは三度の優勝を飾ったが、優勝できなかった年は九回あった。それでも核となる選手たちは一緒にプレーし続けた。マイケル・ジョーダンとスコッティ・ピッペンは一一年間一緒にプレーし、ともに六度のタイトルを勝ち取った。

そしてスパーズだ。彼らは一七年間で五回優勝。その間、優勝を逃したことは一二回あった。それでもダンカンと中心選手たちをチームに残し続けた。そして、前回の優勝から七年間の無冠を経て、もう一度優勝を成し遂げた。同じチームで戦い続けることの重要性を示す究極の証しだった。

二〇一三―一四シーズンのファイナルを終え、ヒートの置かれた状況について考えたライリーは、彼らが王朝と呼べるチームになりつつあると感じていた。四年間で四度の優勝決定戦に進み、二度勝利している。もしレブロンとウェイドとボッシュが、ジョーダンとピッペンと同じくらい、あるいはマジックとアブドゥル＝ジャバーと同じくらい長く一緒にプレーを続けられれば、ヒートが五回や六回の優勝を達成できると考えるのはおかしなことではなかった。

ライリーはそのことを意識しつつ、スパーズに敗れた数日後に、ヒートの選手たちとのシーズン最後の面談を予定していた。面談は沈んだムードに包まれていたが、それはライリーにとって予想通りだった。敗れることが嫌いなのは彼も選手たちも同じだ。しかし、彼らと一対一のセッションには明るい兆しも感じられた。ウェイドもボッシュも、このまま一緒にプレーしてさらなるタイトル獲得に挑戦したいという意志を示してくれたのだ。二人はただ、気持ちを立て直すため少し時間が必要なだけだった。

しかし、ライリーとレブロンのミーティングは違っていた。

チーム全員と同じく、レブロンもスパーズ戦の敗戦に苛立っていた。しかし、二〇一一年にダラス・マーベリックスに負けたときのように落ち込んでいたわけではなかった。NBAで優勝を成し遂げるのは極めて難しく、ヒートが四年連続のファイナル進出を果たしたという事実は素晴らしいことだというのがライリーの見方であり、レブロンもその考え方を受け入れていた。

しかし、レブロンにはまだマイアミ残留を約束する覚悟はなかった。彼はライリーに、これからどうするか考える時間が必要だと伝えた。自分の周囲の人々に会った上で考えたいと思っていた。レブロンはライリーに対して何も約束はせず、時期的な見通しを示すこともなかった。

ライリーは無理強いをせず、しても無駄だと思った。彼はレブロンとの間に、忠誠心に訴えかけるような親密な個人的関係を築いていたわけではなかった。チームの最高責任者として、ライリーはレブロンと一定の距離感を保った関係を維持することを選んでいた。練習後にメッセージを送り合ったり、廊下で会って短時間話したりするのが、彼らの普段のコミュニケーションだった。ライリーにとって、これは戦略的な決断だった。レブロンがマイアミに加入した当初から、彼はクリーブランド・キャバリアーズのようにチーム最大のスターに迎合するつもりはないと決めていた。

面談を終えた二人に、温かな抱擁はなかった。過去二年に優勝を飾った際には、レブロンはライリーにハグとキスをしていたが、今回は握手だけだった。

その夜、ライリーは四〇年以上連れ添った妻クリス・ロドストロムの待つ家に帰り、自らスコッチを注いだ。そしてお気に入りのＬＰに手を伸ばし、ジャケットから取り出し、レコードプレーヤーの上に置いて針を落とす。ジェームス・イングラムの「ジャスト・ワンス」を聴きながら、二人はジョニー・ウォーカー・ブルーを口にし、野心的で達成志向だった若い頃を思いだしていた。

**私たちはまた他人同士に戻る**
**ここに留まるべきだろうか**
**それともドアから出て行こうか**

ライリーは、レブロンがドアから出て行くのを恐れずにはいられなかった。

＊＊＊

翌朝、ライリーはメディアに向けて話をする予定となっていた。レブロンが去ってしまうのではないかという苛立ちを隠し切れない様子で、彼はヒート本社のプレスルームに座り、深く吸った息を吐いた。「皆さん、おはよう」と言って記者団を見渡す。そして笑いをかみ殺すようにしながら、「どういう話に持っていきたいのか？」と言うと、両手でテーブルを叩いた。「私は怒っている！　いいか？　始めようじゃないか。早くやってしまおう」

ライリーは舌打ちをして最初の質問を待った。

ある記者が、ビッグスリーについて、また彼らを一緒に引き留められるかどうかについて組織内にどの程度の不安があるか話してほしいと頼んだ。

ライリーはそれを予想していた。しかし、メディア側に話の主導権を握らせるつもりはなかった。彼は記者会見を利用して、レブロンにメッセージを送るつもりだった。

「一分間、黙って聞いてほしい」とライリーは言う。「物事を客観視するべきだと思う。各自がしっかりと要点を掴むべきだ。メディアも。ヒートの選手たちも。チーム組織も。ファンも全員。偉大さということについて、またチームというものについてしっかり掴まなければならない」

ライリーは、過去のNBA王朝を列挙し、リーグの歴史上特に偉大なチームであっても、優勝したこと以上に優勝を逃したことが多かったと指摘した。

「難しいことだ。一緒に居続けなければならない。根性がなければならない。最初に見つけたドアから出て行くというわけにはいかない」と、ライリーはメディアに語った。

ライリーの話しぶりは、彼にしては珍しく冷静さを失いつつあるかのようだった。

「去年のサンアントニオはどうだった？　彼らは逃げただろうか？　彼らは真正面から向き合った。そして戻ってきた。結果は見ての通りだ。我々が何者なのか、ここでわかるだろう。契約オプションだとか、FAだとか、そういう話ではない。我々には何か大きなことをやれるチャンスがある。ここで長きにわたる成功を収められる大きなチャンスがある。しかし、我々がまた敗れることがないとも考えないでほしい。だから、とにかくしっかり掴むんだ。誰もが。それが私から、選手たちへのメッセージでもある」

「そのことは彼らにも伝えたのか？」と、ある記者が訊ねる。

「彼らは今聞いているだろう」とライリーは答えた。

＊＊＊

レブロンはライリーの話をはっきりと聞いていた。しかし、彼は説教されることを快く思わなかった。選手が自分自身の運命を決められるチャンスを迎えると、疑問や批判を向けられることになる。だがチーム幹部が選手をトレードさせたり解雇したりすると、単にビジネスだと捉えられる。それがレブロンにとっては気に入らなかった。

王朝に関する考え方については、レブロンもライリーに共感していた。レブロンはバスケットボールの歴史に精通しており、レイカーズやセルティックス、ブルズのことも知り尽くしていた。そしてヒートでの四年間を経て、彼は優勝するために必要なことを自ら経験していた。

レブロンは、ヒートにはさらに多くのタイトルを獲得できる力があること、そして彼がウェイドとボッシュと一緒にヒートに残れば、マジックやジョーダンと同じくらいのタイトルを獲得できるチャンスが最も高いこともわかっていた。

だが、レブロンはマジックやジョーダンとは違っていた。より多くのチャンピオンリングやトロフィーを積み重ねたいという思いもあったが、レブロンが何よりも望んでいたのは、クリーブランドにタイトルをもたらすことだった。幼い頃、彼はスーパーヒーローになることを夢見ていた。街を見下ろし、悪者たちをやっつけるのはどんな気分だろうかと想像していた。大人になると、彼の定義する「悪者」には、貧困や育児放棄、絶望も含まれるようになった。彼はそういったものと戦うことができる特別な立場にいると感じていた。

しかし、それを実行するには故郷に帰らなければならない。

CHAPTER

# 32

# 恨みを抱く資格

六月二四日、レブロン・ジェームズはマイアミ・ヒートとの契約を解除し、正式にFAとなった。パット・ライリーは気が気ではなかった。そして、レブロンから何も連絡がないことにひどく苛立っていた。二〇一〇年のときには、ライリーはレオン・ローズと取引していた。彼はビッグスリーをマイアミに連れて来るために共闘した戦友のようなものだった。しかし、今はリッチ・ポールが交渉を担当している。彼の動き方はローズとは異なっていた。リッチはまだ若く、ビジネスを学んでいる最中だったが、まるで経験豊富なポーカープレーヤーだった。レブロンの意向については、リッチは決して手の内を明かさなかった。ヒートに何の情報も提供せず、何の約束をすることもなかった。

リッチはレブロンがどこへ行きたいかを知っていた。その理由も理解していた。しかし、レブロンがクリーブランドに戻るためには乗り越えるべき障害が数多くあった。

まずレブロンは、家族を説得する必要があった。サバンナ・ジェームズはマイアミでの暮らしに慣れており、彼女はクリーブランド・キャバリアーズのファンがレブロンのユニフォームを燃やしたことも忘れてはいなかった。それからグロリア・ジェームズ。彼女はレブロンが再びダン・ギルバートのもとでプレーすることに猛反対していた。ギルバートは息子の評判に対して個人攻撃を加え、一線を越えたというのがグロリアの考えだった。そして今、レブロンはもう一度あの男のためにプレーしたいって？

「何、それ。戻るなんてありえない」とグロリアは言った。

レブロンは、ギルバートに何も期待はしていなかった。心の底では、二〇一〇年当時のギルバートの言動は人種差別に根ざしていると感じていた。しかしレブロンがクリーブランドに戻りたいという思いは、ギルバートとの確執以上に大きなものだった。「母さん、そういうことではない」とレブロンは彼女に言う。

グロリアは、なぜレブロンが再びキャバリアーズでプレーするつもりなのか理解に苦しんだ。

「もっと大きな視点だ。子どもたちや人々は皆、何かインスピレーションを与えてくれるものや、今いる場所から抜け出す道を必要としている。自分がその出口を示すことができると思う」とレブロンは語る。

「戻ればいい。私は一緒には戻らないから」とグロリアは言う。

レブロンに従ってマイアミへ行くために四年前に故郷を離れたマーベリック・カーターも、強く反発した。レブロンとマーベリックの関係が長続きした理由の一つは、マーベリックが決してイエスマンではなかったことだ。彼は自分の意見を言うことを恐れなかった。レブロンがクリーブランドに戻りたいという希望をめぐって、二人は何度も意見を戦わせた。マーベリックは、それが間違いだと思っていた。レブロンはプライドよりも進歩だと言った。最終的に、二人の意見はまとまらなかった。マーベリックには親友を追って帰郷するつもりはなかった。

「今回はクリーブランドには戻らない」とマーベリックはレブロンに言った。結局のところ、自分自身の願望を抱いているのはレブロン一人ではないのだ。

子どもの頃、マーベリックは映画製作を夢見たことはなかった。テレビや映画のプロデューサーになろうと思ったこともなかった。しかしスプリングヒルを設立し、何度もハリウッドに通うようになって以来、物語を語ることこそが自分の本当にやりたいことだったのだとマーベリックは気がついた。そして彼は、アスリートたちが自分の物語を語ることができる場所を作りたいと思っていた。ジャーナリストを介することなく語れる場所を。だがそれを実現するためには、クリーブランドにいるわけにはいかなかった。

「私はロサンゼルスへ行く」とマーベリックはレブロンに言った。

一緒にいる時間が長くなるほど、レブロンはマーベリックの直感を重視するようになっていった。ジミー・アイオヴィンとの関係を築いたのもマーベリックだった。それが二〇〇八年に、レブロンがアイオヴィンおよびビーツと協力してビジネスをすることにつながった。一四年の春には、ヒートがプレーオフを戦っている最中に、アップル社がビーツを三〇億ドルで買収した。アップルがこのオーディオ製品会社を買収した時点で、レブロンの持ち株は三〇〇〇万ドルの価値を持つようになっていた。ビーツとのビジネスを始めたことは、高校の最終学年にナイキと契約を交わして以来では、経済面で最良の決断だったとレブロンは考えていた。

彼はマーベリックがハリウッドへ移ることを支持した。

＊＊＊

レブロンがFAを宣言すると、ギルバートは作戦を開始した。レブロンを再獲得するのは望み薄だと彼は考えていたが、それでもキャバリアーズを魅力的に見せるため、あらゆる手を尽くそうと決意していた。決して簡単な仕事ではない。キャバリアーズは若く経験不足なチームであり、二〇一三―一四シーズンは三三勝四九敗で終えていた。だがドラフト抽選では幸運に恵まれ、どういうわけか全体一位の指名権を手に入れて、それを使って有望な若手スターのアンドリュー・ウィギンズを獲得した。

チームは監督も解任し、ヨーロッパのバスケットボール史上最も成功した監督の一人であるデイビッド・ブラットを招聘した。

しかし、ギルバートの最も重要な仕事は、チームのスター選手であるポイントガードのカイリー・アービングが再契約を交わすよう説得することだった。アービングは、キャバリアーズが二〇一一年にドラフト全体一位で指名した二二歳の天才だった。ＮＢＡルーキー・オブ・ザ・イヤーを受賞し、オールスターにも二度出場した。だがアービングは新人契約の最終年を迎えていた。キャバリアーズにレブロンを獲得できるチャンスが少しでもあるのなら、まずはアービングを引き留めることが必要だった。

二〇一四年七月一日にＦＡ期間が正式に始まると、ギルバートは真夜中の一分後にアービングの家に入り、彼と代理人に面会。それから二時間も経たないうちに、ギルバートはこうツイートした。「ＣＬＥでの@KyrieIrvingのこれから六年間を楽しみにしている。握手は交わした。一〇日にサインするつもりだ」

そしてアービングも自身のツイートを投稿した。「ずっと長くここクリーブランドにいる！」と。

ギルバートはアービングに五年総額九〇〇〇万ドルの契約延長を提示していた。

＊＊＊

レブロンと彼の将来についての憶測は、二〇一六年の大統領選への出馬を検討していたヒラリー・クリントンについての憶測と同じくらい注目を集めていた。『ニューヨーカー』誌は、レブロンとヒラリーの二人を「決断する者たち」と呼んだ。「ジェームズはどこでプレーするかを、クリントンは出馬するかどうかを。熟考する二人に国全体が見入っている。両者がそれぞれしかるべきタイミングで行うであろう発表をいち早く伝えるため、メディアは奔走している」と、同誌のイアン・クラウチは一四年の夏に書いた。

リー・ジェンキンスは慌てていなかった。彼は四年間をかけて、インコースを確保することができていたのだ。ＮＢＡファイナルの終了後、ジェンキンスは再びアダム・メンデルソーンに連絡を取り、レブロンが一人称のエッセイで自分の決断を発表することを考えてみてはどうかという提案をもう一度伝えた。執筆はジェンキンスが協力するつもりだった。七月四日、ジェンキンスはサンディエゴのパレードに家族で参加していたところにメンデルソーンからの電話を受けた。

「そのアイデアは気に入った。うまくいくと思う」とメンデルソーンは言う。

ジェンキンスはワクワクしながら、その後のステップを考え始めた。

「週明け早々にマイアミかリオかベガスに行く準備をしておいてくれ」とメンデルソーンはジェンキンスに言った。

マイアミとベガスはわかる。しかし、リオとは？

ジェンキンスによれば、レブロンはワールドカップのためにリオを訪れる可能性があるのだという。

メンデルソーンはジェンキンスに、レブロンがどのチームに傾きつつあるかについてヒントを与えはしなかった。しかし、レブロンがそのニュースを『スポーツ・イラストレイテッド』誌のウェブサイトで伝えることには同意した。電話を切る前に、メンデルソーンはジェンキンスに向けて、エッセイを書くためにレブロンとどこで会うかについて指示を待つように、と伝えた。さらに、いくつかジェンキンスが注意すべきことを付け加えた。

「誰にも理由を言わないように。誰にも何も言わないように」と、メンデルソーンは語った。

＊＊＊

ライリーは、レブロンからの連絡がないことに苛立っていた。しかし、リッチはギルバートに注目していた。リッチにとって、ギルバートは過去に彼のクライアントをひどく罵倒した男だった。レブロンがクリーブランドに戻る可能性を探る前に、ギルバートはレブロンとの関係を清算する必要があるとリッチは考えていた。そして、それを実現するためには二人が直接会って話をする以外の方法はなさそうだった。

ギルバートはその機会を設けることに快諾した。そして七月六日、彼はマイアミに飛んでレブロン、リッチ、マーベリックに会った。

ギルバートにとっては非現実的な状況だった。彼はレーダーを掻い潜りながらライリーの裏庭に潜り込み、レブロンがユニフォームを燃やされた街に戻ってきてくれるように、伝えるべきことを伝えたいと願っていたのだ。自分の言動をすべてなかったことにできるならそうしたいと思っていた。少なくとも、例の痛烈な手紙はようやくチームのウェブサイトから削除した。今、彼は許しを請うつもりだった。

彼らはマイアミの家に集まった。レブロンとギルバートの二人が一緒の部屋にいるのは、「決断」以来初めてだった。まずギルバートは、心からの謝罪の思いをレブロンに伝えた。彼らは七年間の素晴らしい時間を一緒に過ごしたのであり、それからひどい夜が一度あっただけだとギルバートは言いたいようだった。「一瞬の感情や熱情に流されてしまった。あんなことをしなければよかったと思っている。取り返せるものなら取り返したい」とギルバートは語った。

レブロンも、自分が過ちを犯したことを認めた。もしもう一度やり直せるとしたら、もっと違うやり方にしたかったことがたくさんあった。しかしレブロンは振り返るのではなく、そこから前を向いていきたいと考えていた。

自分がどちら側へ傾きつつあるかは示さないまま、レブロンは、ギルバートが優勝に必要なことをするためどのようなプランを立てているかを探った。

ギルバートは、レブロンが未来について話そうとしてくれることに驚きながらも安堵した。そして彼は、チームがこの夏にすでに行ったことについて語った。つまりドラフト一位でウィギンズと契約したことや、ヘッドコーチのブラットとアシスタントコーチのティロン・ルーを雇ったこと、そしてアービングとの間で長期契約に合意したこと。彼はレブロンに、すべてが順調だと伝えた。

レブロンもリッチも、何も約束はしなかった。

その後、ギルバートはアレン&カンパニーが毎年開いている修養会に参加するためアイダホ州サンバレーに飛んだ。レブロンは主催するナイキのバスケットボールキャンプのためラスベガスへと飛んだ。

＊＊＊

七月八日、共和党全国委員会はクリーブランドが二〇一六年の党大会開催地に選ばれたと発表した。フロリダ州選出の上院議員マルコ・ルビオは「クリーブランドの #GOP2016 開催地決定おめでとう。だが@KingJames の復帰はまだだ！」とツイートを投稿した。その日の午後、ジェンキンスには、ラスベガスに飛んでウィン・ホテルにチェックインして次の指示を待つようにとの連絡が入った。

翌日、ギルバートはレブロンのキャンプを訪れて彼に会うようにとラスベガスへ呼び出された。何が起こるかわからないまま、ギルバートはサンバレーで飛行機に乗り、砂漠地帯へ向かった。そして、レブロンとリッチと同じ部屋で三時間を過ごしたが、これは交渉ではないとリッチは明言した。リッチはレブロン側の条件を説明した。二年契約で、最初のシーズンの終了後に退団を選ぶことができるオプトアウト条項をつけることが彼の希望だった。一年目を終えた時点で、レブロンの望むようなことをキャバリアーズがしていないようであれば、自由に他の場所へ出て行くことができると。レブロンが完全に優位に立ち、柔軟な決定権を持つようになる形だった。

二〇一〇年にレブロンがクリーブランドを去ったあと、ギルバートは、選手一人に自分を上回るような影響力を持たせることは二度としないと誓っていた。しかし、レブロンを取り戻すには黙認するしかないこともわかっていた。「やるか、やらないか」という要求を突きつけ、一年ごとに更新可能な契約を主張してきたレブロンに対し、ギルバートは内心、彼がそれほどの度胸と賢さを持っているという事実に感心せずにはいられなかった。レブロンの仲間たちはサラリーキャップの内情を熟知しており、リーグがネットワーク各局と新たなテレビ契約を結ぶ一七年には数字が飛躍的に上昇することも予見していた。アービングのような長期契約を結ぶよりも、レブロンとしては一年ごとの契約のほうが、より大きな金額を稼ぐことができる状況となる。

会談後、ギルバートはレブロンの条件を受け入れるとリッチに伝えた。そして彼はすぐに、数人の選手をキャバリアーズから放出する形で三チーム間のトレードを実行に移し、レブロンと契約を交わすためサラリーキャップの枠を空けた。

レブロンとリッチはギルバートと会った同じ日に、ライリーと、ヒートのアンディ・エリスバーグとも会談を予定していた。マイアミを発つ前に、ライリーはエリスバーグに対し、チームがレブロンとともに勝ち取った二つの優勝トロフィーを荷物に詰めるように言った。エリスバーグが保護ケースに入れたそのトロフィーを、ライリーはレブロンのモチベーションを刺激するために使うつもりだった。ライリーはまた、ナパ・バレーにあるブドウ園のワインも梱包した。「交わされた約束、守られた約束」という言葉をモットーとしているブドウ園だった。レブロンがヒートと契約した際には、マーベリックからライリーに同じワイナリーのワインが贈られていた。

しかし、二人がレブロンのスイートルームに到着すると、ライリーは尊敬の念を抱いているマーベリックがいないことを知って落胆した。そこにいたのはレブロンとリッチ、そしてランディ・ミムズだけであり、彼らはサッカーのワールドカップを観戦していた。会談が始まっても、彼らはテレビを消そうとはしなかった。ライリーはエリスバーグに、トロフィーのケースをわざわざ開ける必要はないと静かに伝えた。

会談は一時間ほど続いた。ライリーは、さらなる優勝を重ねるためにはマイアミこそが最良の道筋だと繰り返し強調した。そしてヒートには、レブロン、ドウェイン・ウェイド、クリス・ボッシュを補うためにもう一人か二人の選手を獲得する資金も意欲もあった。苛立ったライリーは、ある時点でテレビを消すように言った。会談を終え、彼はあまり良い気分ではいられなかった。

＊＊＊

その夜、メンデルソーンはジェンキンスに電話し、翌朝にレブロンの部屋に来るようにと言った。

ショートパンツにタンクトップ姿で黒いストッキングキャップをかぶり、レブロンはソファに座って、スクランブルエッグを食べフルーツをつまんでいた。テレビはＥＳＰＮに合わせていた。ウィン・ホテル最上階の五八階にあるスイートルームからは、ストリップ地区が一望できた。しかし遠くに靄がかかっていたため、地平線にある山々はよく見えなかった。

それでも、レブロンの脳裏には明確な未来像が見えていた。一〇月には、サバンナが第三子となる娘を産む予定だった。彼女はオハイオで生まれることになる。レブロンは家族でもう一度そこに定住し、クリーブランドに優勝をもたらすつもりだった。彼は明らかに困難な道を選ぼうとしていた。キャバリアーズは控えめに言っても平凡なチームだった。指揮を執るのはＮＢＡ経験のないヘッドコーチ。ロースターに関しても、彼が離れようとしているチームと比べれば才能も経験も遠く及ばない。彼は自分の決断の重みを早くも感じていた。

ジェンキンスはスイートルームに入り、メンデルソーンとマーベリックに挨拶して席に着いた。ヒートへの移籍を発表したときよりも、レブロンが落ち着いているように見えることに彼は気がついた。

「今回のほうがずっと楽だ」と、レブロンはキャロットジュースを飲みながら言った。

ジェンキンスは落ち着いてはいられなかった。彼はスポーツ史上最大のスクープの一つを伝えようとしているのだ。絶対に集中しないわけにはいかなかった。彼はレブロンに、エッセイに仕上げるための答えを引き出すような質問をしなければならなかった。

「あなたにとって、故郷とは？」とジェンキンスは訊ねる。

レブロンは話し始めた。話を止めたのは一時間後だった。

ジェンキンスは、レブロンが与えてくれたたくさんの情報を処理しなければならないと感じていた。

「これが、おとぎ話と言えるのかどうかはわからない。だが、おとぎ話のような結末になってほしいと思っている」と、レブロンはジェンキンスに語った。

ジェンキンスは自分の部屋に戻り、執筆を始めた。時間は刻一刻と迫っていた。

＊＊＊

七月一一日、レブロンは日の出前に目を覚ました。彼はこの四年間で二度目となる衝撃をＮＢＡ界に与えようとしていた。そのために早起きするつもりだった。

ジェンキンスはほとんど眠っていない。しかし、アドレナリンが彼を動かしていた。レブロンの確認を受けたあと、東部時間一〇時三〇分頃、彼はニューヨークの『スポーツ・イラストレイテッド』誌の編集者にエッセイを送った。

ニューヨークの本社では、少人数のチームがレブロンの記事をSI.comに掲載する準備を整えていた。その頃レブロンと彼の仲間たちは、マイアミへと向かう専用機に乗り込む。ウェイドも同行していた。彼らは輝かしい四年間を共にしてきた。非常に親密となった彼らは、兄弟同士が愛情を表現するのと同じように、お互い「愛してる」と言い合うようになっていた。ウェイドはずっと一緒にいることを何よりも望んでいた。しかし、彼は一度もレブロンに戻ってくるよう訴えたことはなかった。そして今、レブロンが心を決めたことを彼は知っていた。

「楽しかった」と彼はレブロンに言った。

レブロンは沈痛な面持ちだった。マイアミでは確かに楽しかった。しかし、クリーブランドで厳しい挑戦をするときが来たのだ。

計画が公になる前に、レブロンはライリーには直接伝えたいと思っていた。リッチが番号を打ち込む。ライリーが応答すると、リッチはレブロンに電話を渡した。「四年間、ありがとう」とレブロンは話し始めた。

ライリーに次の言葉を聞く必要はなかった。もう終わったのだ。怒りのあまり、何も話すことはできなかった。彼はレブロンとあと八年は一緒にいられると思っていた。八〇年代のレイカーズ王朝をしのぐ王朝を築き上げることになると考えていた。しかし、レブロンはドアから出て行った。ヒートは三度目のタイトルを獲得することさえできないだろう。ちくしょう！

一方、リッチはギルバートに電話をかけた。「ダン、おめでとう。レブロンが帰ってくる」と彼は告げた。二〇一四年七月一一日の東部時間正午過ぎ、レブロンによる九五二ワードのエッセイがSI.comに掲載された。それは次のように始まっていた。

**私がどこでバスケットボールをするかなんてまだ誰も気にしていなかった頃から、私はオハイオ州北東部出身の少年だった。そこが私の歩いた場所だ。走った場所だ。泣いた場所だ。血を流した場所だ。私の心の中で特別な位置を占めている。あの土地の人々は、私の育つ姿を見てきた。自分が彼らの息子のように感じられることもある。**

レブロンが想像を絶する何かをしようとしていることは、それ以上読むまでもなくわかった。彼はクリーブランドに戻ろうとしていた。

レブロンが自分の発表を助ける役割にジェンキンスを起用したことは、ジム・グレイとのライブショーに参加することを決めた四年前の選択とは鮮やかなコントラストを描く絶妙な一手だった。彼のバスケットボールのキャリアで最も重要な二つの決断を伝える方法は、どちらもメディア関係者によって提案されたものだった。しかし、二人のジャーナリストのアプローチはまったく異なっていた。グレイの仕事は大々的なインタビューを取りつけることであり、彼はレブロンと一緒にテレビに出ることに充実感を覚えていた。ジェンキンスにとっては、同世代で最も偉大なアスリートの記事を書く役割に選ばれたことこそが報酬だった。ジェンキンスは、この過程で自分の果たした役割が誰の記憶にも残ることはないとわかっていた。しかし彼は、自分がこのアイデアを提案したこと、レブロンが彼の物語を変える手助けをする人物として自分を信頼してくれたことを知っていた。それを最もよく表したのが、レブロンがギルバートを赦そうとする意志について扱った段落だった。エッセイの中で、レブロンはこう述べている。

**私はダンと会って、一対一で向かい合った。私たちは話し合った。誰もが間違いを犯す。私も間違いを犯した。恨みを抱く資格が私にあるだろうか？**

「恨みを抱く資格が私にあるだろうか？」。この一言でレブロンは筋書きを覆し、一試合で五〇得点を挙げる以上に印象的なことをやってのけた。ESPNのシャノン・シャープは、もし自分だったらギルバートを赦すことはできなかっただろう、と述べた。彼がレブロンを臆病者呼ばわりしていたことを考えればなおさらだ。「レブロン・ジェームズは、私には到底なれないような大きな男だ」と、シャープは『ファースト・テイク』で語った。

「私もダン・ギルバートを赦せなかったと思う。彼がレブロンに言ったことは明らかに度を超えていた」と、スティーブン・A・スミスも話した。

いつもレブロンを批判していたスキップ・ベイレスでさえ、レブロンがキャバリアーズに復帰する意思を示したことに「開いた口がふさがらなかった」と認めている。「橋は完全に燃やし尽くされてしまったと思っていた」と、ベイレスは放送内で語った。

レブロンは、ギルバートに対する自分のスタンスが大きな驚きを引き起こすとわかっていた。しかし彼には、クリーブランドからの退団を誤った形で処理してしまったことを自覚できるだけの十分な自己認識があった。彼とギルバートはクリーブランドに優勝をもたらすという一つの目標を共有しており、それを達成するためには、二人は妥協しなければならなかった。エッセイがSI.comに掲載された直後、レブロンはそれをInstagramとTwitterで七五〇〇万人のフォロワーに共有した。キャバリアーズのユニフォームを着た自分自身の写真に、「家に帰る」という言葉を添えて。

＊＊＊

マイアミではライリーが奔走していた。ウェイドは、主役を持たない脇役となった。ボッシュはヒューストン・ロケッツからの契約オファーにサインすることを真剣に検討していた。同じくFAだったレイ・アレンは、レブロンを追ってクリーブランドに行くことを考えていた。副官エリスバーグは、映画『ザ・エージェント』ですべてのクライアントが出口へ向かっていくシーンに置かれているような気分だった。ライリーはレブロンに怒りをぶつけたかった。彼はのちにこう語っている。「私にとっては個人的なことだった。単純にそうだった。すごく良い友人がいてくれて、彼がなだめてくれたおかげで、私は表に出てダン・ギルバートと同じようなことを言わずに済んだ」

そうする代わりに、ライリーはその日のうちに公式声明を出した。

**マイアミを去るというレブロンの決断には落胆しているが、故郷に戻りたいという人間を責めることは誰にもできない。南フロリダ、ヒートファン、我々の組織、そしてその一員であった選手たち全員にとって、この四年間は素晴らしいものだった。レブロンは素晴らしいリーダーであり、アスリートであり、チームメイトであり、そして人間だ。我々は彼が去って行くことを残念に思う。**

内心、ライリーは歯がゆかった。エリスバーグは怒りと興奮が抑えられずに胸が苦しくなり、心臓発作を起こしているのではないかと心配したほどだった。何とか心の平穏を求めるため、彼は車に乗って北へ走り出した。ヒートは突然のように、どこへも続くことのない道を走っているかのようだった。

＊＊＊

一方、クリーブランドでは、レブロンの発表に対して即座に反応が起こった。彼が街を去ってサウスビーチへ向かうと言ったときと同じくらい感情的な反応だった。ただし今回は、街中の通りが歓声と車のクラクションの音で埋め尽くされた。ラジオ局はディディの「カミング・ホーム」、カニエ・ウェストの「ホームカミング」、ボン・ジョヴィの「フー・セズ・ユー・キャント・ゴー・ホーム」といった帰郷の歌を流し始めた。キャバリアーズのチケット販売回線に電話をかけたファンは、「現在すべての回線が混み合っています」という自動音声を聞くことになった。八時間のうちにキャバリアーズのシーズンチケットは完売した。『フォーブス』誌は、キャバリアーズのフランチャイズ価値は一日で一億ドルも跳ね上がると試算した。そしてラスベガスのオッズメーカーは、キャバリアーズが二〇一五年にNBAチャンピオンとなることに五倍のオッズをつけた。

「こんなことがクリーブランドに起こるなんて」と、クイッケン・ローンズ・アリーナ前の路上にいたファンの一人はテレビレポーターに語った。

バラク・オバマ大統領までもがコメントを寄せた。「大統領はレブロンの大ファンだ。自分にとって故郷だと考える場所の価値について、非常に力強いメッセージを発信することだと思う」と、ジョシュ・アーネスト報道官はホワイトハウスのブリーフィングルームから語った。

ABCの『ワールド・ニュース・トゥナイト』では、ダイアン・ソイヤーが「王の帰還」と宣言した。

ギルバートの自宅では、八歳の少年が彼に近づいてこう言った。「パパ、これでやっと、レブロンのユニフォームをまた着てもいいの？」

「そうだ、息子。そうなんだ！」とギルバートは答えた。

CHAPTER

# 33

# パワーバランスの破壊者

レブロン・ジェームズはマイアミで多くのことを学んだ。特に、NBAの頂点に立ってタイトルを獲得するためには何が必要かを理解するという点で。マイアミ・ヒートに加入したとき、少なくとも七回は優勝できると大胆に予想したような過ちを繰り返すことはない。今回は期待をコントロールしたいと彼は考えていた。

「優勝を約束するつもりはない。それを実現するのがどれだけ難しいかは知っている。今はまだ準備ができていない」と、彼はSI.comのエッセイに綴った。

数人のスーパースターと経験豊富なプレーヤーたちを擁するマイアミ・ヒートにとってさえ、その山は険しいものだった。今のクリーブランド・キャバリアーズには、レブロン以外に頂上の空気を味わったことのある者はいない。チャンピオン級のメンバーを集め、勝ち進むことができるチームを形作るというプロセスを踏んでいかなければならない。最初の一歩は、スター選手たちによる核を形成することだ。

レブロンは、二二歳のカイリー・アービングが優れたサポート役になってくれることを確信していた。アービングにはドウェイン・ウェイドのような経験はなかったが、彼は類まれな才能に恵まれていた。NBAで最高のハンドリング技術を持つバスケットボールの魔術師だった。そして、身長一八八センチのポイントガードでありながらも、アービングはリングまで到達して得点を決められる不思議な能力を持っていた。アービングを指導し、彼が本物のスーパースターになる手助けをすることができるのは、チャンスだとレブロンは考えていた。

しかし、キャバリアーズには第三のスターが必要だった。レブロンは自分の欲しい選手をわかっていた。クリーブランドへの復帰を発表した数時間後、彼はミネソタ・ティンバーウルブズのパワーFW、ケビン・ラブに接触した。彼とはロンドン五輪で金メダルを獲得した米国代表で一緒にプレーしていた。ラブはFAではなかったが、三度のオールスターに出場した彼がミネソタで不満を抱いていることをレブロンは知っていた。二〇一三―一四シーズンのラブはリーグでもトップクラスのスコアラーであり、一試合平均二六得点以上を決めた。一試合平均一二リバウンドも記録していた。しかし、ラブが印象的な数字を残していること以上に、レブロンが興味を持っていたのは彼の卓越したバスケットボールIQだった。彼はレブロンやアービングとうまくプレーを合わせられるだろう。「素晴らしいピースになってくれる」と、レブロンは考えていた。

セント・ビンセントでの一年目から、レブロンは自分のチームに優秀な選手たちを集めていた。とはいえ、チャンピオンチームを組み上げるパズルのピースのように選手たちを見極める能力は、彼がバスケットボールに対するアプローチとして新たに発揮し始めた一面だった。パット・ライリーの近くで四年間を過ごしたことで、彼はGMの考え方を身につけた。ロースターの穴を見極め、その穴を埋められる選手を見つけ、リーグのサラリーキャップにも対応しながらそういう選手を自分のチームに引き込む方法を覚えていた。クリーブランドがラブを引き抜くためには、ミネソタに大きな条件を提示しなければならないだろう。だがまずは、その前にラブの同意を得なければならない。そのためにレブロンは、ラブが切望していたものを提示した。リングを勝ち取るチャンスというものを。

レブロンから電話を受け、ラブは興奮していた。世界で最も偉大なプレーヤーが個人的に誘いをかけてくれるというのは、うれしいどころではなかった。
「行く」と、ラブはレブロンに伝えた。

＊＊＊

レブロンの人生は急変していた。チーム作り、家族のオハイオ州への転居、第三子の誕生準備、そして毎年恒例の夏のナイキ・クリニックのために中国への訪問。その合間に、彼は必死にセリフを覚えようともしていた。クリーブランドへの帰還を決めるよりもずっと前に、彼は女優のエイミー・シューマーから、映画『エイミー、エイミー、エイミー！』の共演相手に選ばれていた。彼の出演シーンは二〇一四年七月にニューヨークで撮影される予定だった。

タイミングとしては理想的ではない。それでもレブロンは集中しなければならなかった。彼にとっては、メジャー映画で演技を披露する初めての機会だった。彼の出来に多くのことがかかっていた。マーベリック・カーターとスプリングヒルが水面下で動いていてくれたおかげもあり、レブロンはすでに他の映画でもさまざまな役柄の候補に挙がっていた。『エイミー、エイミー、エイミー！』は、多くの点で彼にとっての撮影オーディションになる見通しだった。

レブロンが緊張することはめったにない。だがシューマー、マシュー・ブロデリック、ビル・ヘイダーらと撮影現場で一緒になると思うと、彼は不安を感じた。彼らは熟練した俳優やコメディアンだ。レブロンは台本に従うことにも慣れていない。しかし、監督のジャド・アパトーが初めて「アクション」と言ったときから、レブロンはその瞬間を楽しみ始めた。セリフを忘れたとしても、自ら道化役を演じて皆を笑わせた。彼がカメラの前で自然体になれることは、シューマーにもはっきりとわかった。さらにアドリブで演じられる力もあり、彼を起用したのは正しい選択だったとアパトーは確信することができた。

だがレブロンは、二〇一〇年にライリーから言われたことを忘れてはいなかった。「肝心なことは、肝心なことが肝心であり続けるようにすること」。レブロンにとって肝心なこととは、クリーブランドに優勝をもたらすことだった。そのため舞台裏で、彼はキャバリアーズの補強活動を指揮し続けた。プロセスの二つ目のステップは、彼やアービングやラブを補うことができる、優勝経験を持つベテランのチームプレーヤーを揃えることだった。

二〇一一―一二と一二―一三シーズンに優勝を飾ったヒートでは、マイク・ミラーとジェームズ・ジョーンズがチームの重要な構成員だったとレブロンは考えていた。二人は決してスター選手ではない。だがベンチから登場し、決定的な場面で大事な得点をもたらしてくれた。二人は「チームバスケットボール」のコンセプトを体現する存在でもあった。ミラーとジョーンズは、まさにキャバリアーズが必要としているような落ち着いたプレーヤーたちだとレブロンは感じていた。しかも二人ともFAだった。

ミラーとジョーンズは、レブロンがクリーブランドに向かっていることを知ると、二人ともレブロンについていく意思を示した。

レブロンはまた、FAのショーン・マリオンを加えるというアイデアも気に入っていた。彼は一五年間の経験を持つベテランであり、二〇一一年にダラス・マーベリックスで優勝していた。レブロンはかつて、二〇〇四年に米国五輪代表でマリオンと一緒にプレーしたことがあった。

三六歳のマリオンは完全無欠のプロフェッショナルであり、引退前にもう一度タイトルを狙うことを熱望していた。クリーブランドでレブロンと一緒にプレーすることは、彼にとって頂点に立つ最高のチャンスとなるものだった。

ダン・ギルバートは自分の役割を果たし、いくつかの取引を成立させた。四年前には、ライリーがレブロンを奪い去り、キャバリアーズを転落に追い込んだとギルバートは感じていた。今回はマイアミが動揺している。レブロンは自分の影響力を活用してクリーブランドに才能ある選手たちを集めることに積極的であり、ギルバートはその恩恵を受ける立場となっていた。

夏の間にキャバリアーズはミラー、ジョーンズ、マリオンと契約。そしてギルバートはラブを獲得するための超大型トレードを承認し、二〇一三年NBAドラフト全体一位指名のアンソニー・ベネットと、一四年ドラフト全体一位指名のアンドリュー・ウィギンズをティンバーウルブズへ送り出した。

チームとしては将来のスター候補であるウィギンズとの別れは惜しかったが、ティンバーウルブズは彼のトレードを強硬に要求した。そしてキャバリアーズは、レブロンがラブについてどう感じているかをわかっていた。キャバリアーズがラブの獲得を発表した直後、レブロンは彼に向けて「ランドへようこそ」とツイートを投稿した。

レブロンがあるチームから別のチームへ移籍する決断がNBAのパワーバランスを再構築することになったのは、この四年間で二度目だった。毎年秋に発行される『スポーツ・イラストレイテッド』誌のNBAプレビュー号ではレブロン、アービング、ラブが表紙を飾り、「キングの男たち」というタイトルが添えられた。

＊＊＊

一〇月三〇日、キャバリアーズは二〇一四―一五シーズンを、全国テレビ中継されるホームでのニューヨーク・ニックス戦で開幕。同じ日にナイキは、〇三年にレブロンと九〇〇〇万ドルのシューズ契約を結んで以来、最も大胆なレブロンのCMを発表した。この時点で、ナイキはレブロンのシューズを三億四〇〇〇万ドル以上売り上げていた。しかし、ナイキとレブロンの共生関係は、スニーカーの売上高の数字だけではもはや測り切れない。この一〇年以上、ナイキは米国内で洗練された広告キャンペーンを展開し、レブロンのキャリアに華を添えてきた。そして中国では、彼は一〇年連続でナイキのチーフアンバサダーとして夏を過ごした。ナイキと彼は、世界で最も大きな二つの経済圏において強力な存在感を持つ状況となっていた。

ナイキは、レブロンの帰郷という決断を、彼個人の物語における壮大な一章と捉えた。今回はレブロン自身が彼の物語を構成していた。この状況を活かして、ナイキはハリウッドの映画監督コンビを起用し、ミニドキュメンタリーのようなCMを制作した。「トゥゲザー」と題された二分間の伝記映画には、感情を揺さぶるようなテーマが込められていた。「一つの街、一つの目標、チャンピオン」と。

撮影はクリーブランドで行われ、五〇〇人以上の地元の人々がエキストラとして起用された。レブロンの母親とドルー・ジョイスも登場し、ファンをスタンドからコートへと誘導して、レブロンと一緒にチームとして円陣を組む。「私たちはこの街のために必死で戦うんだ」と、CMの中で彼はチームメイトたちを鼓舞する。「クリーブランドの街全体のために。それがすべてだ。今こそこの街の人々に特別なものを届けるんだ」

このCMをナイキはTNTとESPNの開幕戦の試合前番組で放送し、キャバリアーズは開幕戦のティップオフ前に「ザ・Q」の巨大スクリーンで流した。レブロンのクリーブランドへのオマージュは非常に感動的であり、アリーナ内のファンは目を濡らして誇らしげに吠えた。CMの最後は、アリーナを埋めたファンたちが、レブロンのリードに従ってチャントを歌うシーンだった。

**レブロン：三つ数えたらクリーブランドだ。ワン、ツー、スリー。**
**ファンたち：クリーブランド！**

ギルバートにとっては胸がすくような状況だった。豪華なロースターを揃え、アリーナはかつてのように全席完売。チームはテレビの全国放送に戻ってきた。キャバリアーズのグッズはNBAで一番売れていた。クリーブランドはバスケットボール界の中心に返り咲いたのだ。そして街中のファンが熱狂していた。

ギルバートもファンと同じくらい興奮していた。しかし、中心にいるのが彼ではないことは明らかだった。ギルバートはチームを所有していたが、どちらかと言えば彼を乗せた乗り物をレブロンが操縦しているようなものだった。レブロンはマイアミでの四年間を経て、もう一度優勝するためにどこへ行こうとも、主導権を握ることができるだけの力を身につけていた。彼とマーベリックとリッチ・ポールは、NBAにおいては才能を持つ者こそが影響力を持つのだと理解した。それは、チームオーナーにとっては以前からわかり切っていたことだが、選手たちの多くは理解していないことだった。ギルバートや他のオーナーが勝ったか負けたかを見るために、シーズンチケットを購入したり、テレビを観たりする者は誰もいない。ファンはスター選手のパフォーマンスを観に来るのだ。そしてレブロンは、バスケットボール界最大の目玉だった。彼を迎えるためならレッドカーペットを敷こうとするフランチャイズや街はいくらでもあっただろう。しかし、彼はクリーブランドを選んだ。レブロンは、独力でキャバリアーズを即座にタイトル候補にすることができる唯一の選手だった。その点で、レブロンがギルバートを必要としている以上に、ギルバートがレブロンを必要としていたのだ。

レブロンは自分が強い立場にいることを知っていた。そして彼はそれをチャンスと捉えた。シーズン開幕時、NBAがESPNおよびTNTと二四〇億ドルの新たなテレビ放映契約を結んだことを発表すると、彼は声を上げた。オーナーたちと選手たちの次回の団体交渉は、これまでとは違うものになると。彼はそのことを、リーグ内のすべてのオーナーに知っておいてほしかった。前回はオーナー側が、リーグには選手組合の要求のいくつかを受け入れる余裕がないと主張し、選手組合側から譲歩を引き出していた。「オーナー側は、自分たちが損をしていると言っていた。今はもう、私たちの前に座ってそんなことを言えるはずはない」と、彼は二〇一四年一〇月に『ニューヨーク・タイムズ』紙に語った。

レブロンと彼の仲間たちは数字を研究していた。リーグのテレビ放映権収入が三倍に上昇したことも知っていた。同時に、NBAフランチャイズの価値も急騰していた。ロサンゼルス・クリッパーズは最近、二〇億ドルという前代未聞の金額で売却された。オーナーたちに公然と呼びかけることで、レブロンはオーナーと選手の経済的関係を変えていこうとしていた。

『アクロンの男娼』の著者であるジャーナリストのスコット・ラーブは、クリーブランドからマイアミに移籍したレブロンを痛烈に批判していた。だがラーブは彼のことも、マーベリックとリッチのことも称賛するようになっていた。「彼らはダン・ギルバートやパット・ライリーから相手にもされていなかったと思う。自分たちの帝国を築き上げたレブロンとマーベリックとリッチの抜け目のなさや決意の強さを、彼らは見てもいなかったし、理解もしていなかっただろう。ギルバートやライリーが出し抜かれたと気づいたときには、もう手の施しようがなかった」

ラーブは今や、レブロンの成功を応援していた。「レブロンが戻ってきたとき、彼はバスケットボールを超えた天職について語った。だから、彼が戻ってくると、私は本当に希望が戻ってきたと感じた。私が彼をモーゼではないと非難したのは間違っていた。そしてどうなったと思う？　彼はモーゼのような存在として戻ってきたんだ」と、ラーブはNPRに語った。

＊＊＊

シーズン開幕から一カ月、キャバリアーズはニックスと対戦するためにニューヨークにやって来た。その日、スタテンアイランドの大陪審は、丸腰の黒人エリック・ガーナーの首を締めて死に至らせたニューヨーク市警の白人警官を起訴しないことを決定した。レブロンは、大陪審の決定と、そのことが持つ意味について質問を受けた。

「自由の国である私たちのこの国で、このような事件が起き続けている。罪のない犠牲者が出たり、そういったことが起こっている。家族が愛する人たちを失っている」と、レブロンはチームのトレーニングを取材した記者たちに語った。

レブロンが記者団に話している頃、ニューヨークの街頭では抗議デモが起こっていた。

「今はデリケートな問題だ。暴力は答えではない。報復は解決策ではない」と彼は続けた。

レブロンはその二日後の夜、ゴールデンステート・ウォリアーズとの試合に向けたウォームアップ中に、シカゴ・ブルズのガード、デリック・ローズが「息ができない」と書かれた黒いTシャツを着ていたことを知った。NBAは、選手がウォームアップ中にリーグから支給されたウェア以外のものを着用することを固く禁じるスタンスを取っている。ローズのシャツに対し、特にリーグ事務局は眉をひそめていた。だがレブロンはそのシャツを気に入り、着用したローズに敬意を抱いた。

その後、レブロンはジェイ・Zから電話を受けた。キャバリアーズは一二月八日にブルックリンでネッツと対戦する予定だった。その夜に、社会正義を訴える団体がバークレイズ・センターの外で抗議活動を行うことを計画していた。抗議活動の主催者たちは、「息ができない」のTシャツをプリントしている最中だった。彼らはそのTシャツが、ジェイ・Zの協力を得てレブロンの手に渡ることを望んでいた。

レブロンは事が重大であることを認識していた。キャバリアーズ対ネッツ戦は、ただでさえ注目度の高いイベントとなる見通しだった。ウィリアム王子と妻の旧名ケイト・ミドルトン、現ケンブリッジ公爵夫人は三日間の訪米中であり、この試合を観戦する予定だった。二人はレブロンのプレーをわざわざ観に来るのであり、試合後には彼と個人的に会うことも予定していた。

王室の訪問を取材するために多くの報道陣が集まる中で、レブロンは政治色の強いTシャツを着るべきかどうか悩んだ。彼はたびたび、社会的な活動への協力を要請されていた。大抵の場合は断った。協力を決める判断基準は、その問題が彼にとって身近なものかどうかだった。そうでない場合は、彼は振り返ることなく次へ進んだ。何か心に響くものがあれば、彼は行動する。そして、自分が何を決断したとしても、批判に晒されるという事実を受け入れた。自分の直感で正しいと感じたことを実行し、その結果を受け入れて生きていく決意を固めていた。今回どうするかについては、その場で決めることにした。

ジェイ・Zの協力により、Tシャツはアリーナに運び込まれた。そしてネッツの選手の一人が、二枚のシャツをキャバリアーズのロッカールームに届けた。アリーナ外では、「ブラック・ライブズ・マター」の名で拡大しつつある運動に参加する抗議者たちが、「手を上げろ、撃つな」と合唱していた。路上に寝そべって「ダイ・イン」をする者たちもいた。抗議者たちとバークレイズ・センターの入り口の間には、ニューヨーク市警の壁が立ちはだかった。警備上の理由から、ロイヤルカップルは到着を遅らせた。

試合開始の約三〇分前、レブロンはキャバリアーズの黄色いウォームアップジャケットを着てロッカールームから現れた。すべての視線が彼に注がれる中、コートに到着してジャケットを脱ぐと、白い文字の入った黒いTシャツが現れた。アービングも同じシャツを着ることを決めていた。二人はこの件について話し合ったわけではなかった。だがウォームアップ中にレブロンはアービングと目を合わせ、うなずいた。

アービングもレブロンにうなずき返した。

レブロンの宿敵ケビン・ガーネットを含めて、ネッツの選手数人も同じTシャツを着ていた。この瞬間、彼らは勝ち負けよりも大きく大事なものによって結束していた。

ケーブルニュースチャンネルでは急遽バークレイズ・センターからのニュースが流され、試合は二の次となった。

「大きな意味を持つ光景が、つい先ほど、ここニューヨークで展開された」とMSNBCのクリス・ヘイズは言う。レブロンがウォーミングアップをするライブ映像が全米のテレビ画面に映し出された。「キャブスのスター選手、レブロン・ジェームズが、『息ができない』と書かれたTシャツを着てウォームアップのためにコートに入っている。これはエリック・ガーナーが、警官に首を押さえられながら一一回繰り返した最期の言葉だ」

ウィリアム王子とケイトがアリーナに入り、コートサイドの席に着いたとき、試合は後半に入っていた。その数分後のタイムアウト中にジェイ・Zとビヨンセがコートを横切り、観客の歓声を浴びながら二人を出迎えた。次々とスペクタクルが繰り広げられるショーだった。レブロンとアービングも派手な活躍を見せ、キャバリアーズを勝利に導いた。

試合後、報道陣はレブロンのロッカーを取り囲み、ガーナーを死に至らしめた警察の蛮行について彼にもっと語らせようとした。

「レブロン、あのTシャツを着ることで伝えたかったたメッセージは?」と、レポーターの一人が訊ねる。

「ご遺族へのメッセージだった。家族や奥さんの失ったものを悲しく思う。大事なのはそのことだ。本当に悲しんでいるのは彼の家族だが、他のみんなはそれ以外のあらゆることに囚われている」と、レブロンは語った。

「それ以上に大きなメッセージは……」と記者が話し始めた。

「これ以上に大きなことはないだろう?」とレブロンが口を挟む。

「私はただ……」と記者。

「遺族に敬意を払う以上に大きなことが何かあるのか?」と、レブロンは再び記者の言葉をさえぎった。

「もちろん、私たちの社会がもっと良くなる必要があることはわかっている。だが先ほども言ったように、暴力は答えではないし、報復は解決策ではない」

ロイヤルカップルは個室でレブロンを待っていた。レブロンが入ってくると、彼はNBAを代表して夫妻にプレゼントを贈った。三人が写真撮影をするにあたって、レブロンは夫妻に家族のように接し、公爵夫人の体に腕を回した。ケイトの肩に手を置くレブロンの姿は、ソーシャルメディア上で瞬く間に衝撃を巻き起こし、国際的な論争を引き起こした。英国のタブロイド紙はレブロンが王室のしきたりを破ったと非難した。米国では、英国人であるCNNのピアーズ・モーガンが彼を批判した。「未来の英国女王に汗ばんだ腕を回すべきではない。レブロン・ジェームズ、君はキング・ジェームズを名乗っているのかもしれないが、本物の王ではない。公爵夫人から手を離すんだ」と、モーガンは語った。

騒動を鎮めるため、バッキンガム宮殿は公式声明を出すという異例の措置をとった。

**ケンブリッジ公爵夫妻は、NBAの試合観戦やレブロンに会ったことも含めて、米国での滞在を大いに楽しんだ。**

**ロイヤルファミリーのメンバーが人々に会うときは、可能な限り心地良く感じていただきたいと考えている。王室のしきたりなどというものは存在しない。**

レブロンは王室の騒動を気にしてはいなかった。それよりもはるかに気になっていたのは、メッセージの書かれたTシャツを着るという彼の決断に対するリーグの反応だ。

「私は、デリック・ローズをはじめ、すべての選手たちが重要な問題について個人的な見解を表明することを尊重する。しかし私としては、選手にはコート上での服装規定を守ってほしいと思う」とコミッショナーのアダム・シルバーは記者団に語った。シルバーは政治的な綱渡りをしていた。

しかし翌日、コービー・ブライアントの主導により、ロサンゼルス・レイカーズのチーム全員がロサンゼルスで行われる試合前のウォームアップ中に「息ができない」のTシャツを着用することになった。コービーは、リーグ内でレブロンに次いで影響力のある選手だった。彼はめったに発言しない。しかし今回、彼はわざわざ自分のやり方を曲げてまで、Tシャツを着るという自分の選択が米国の人種問題に対する主張だという見方を否定した。「このことを人種問題に限定してしまうのは重大な侮辱だと思う。これは正義の問題だ。今は社会問題の転換期を目にしているようなものだ」と、コービーは報道陣に語った。

米国国内ではトム・ブレイディとタイガー・ウッズだけが、レブロンと同等の知名度と実績を持つ男性アスリートだった。しかし、どちらも社会問題や政治的な話題について発言したことはなかった。その知名度ゆえに、レブロンの発言は多くの注目を集めた。

キャバリアーズとネッツの試合の数日後、バラク・オバマ大統領は当時の状況について次のように述べた。「我々は長年にわたって、高給取りのスポーツ選手たちに関しては『波風を立てず、黙ってスポンサー料を受け取っておけ』という考え方を抱いていた。レブロンは、彼なりの敬意を込めたやり方で、『自分もこの社会の一員だ』と言って注目を集めようとした若者の一つの例だ」

さらにオバマは、「もっと多くのアスリートが同じようにするのを見たい。この問題に関してだけでなく、さまざまな問題について」と付け加えた。

シルバーは、この流れに歯止めをかけようとしても無駄だと認識していた。NBAは社会変化を訴えるプラットフォームとして台頭しつつあった。

＊＊＊

アクロンには三〇センチ以上の雪が積もっていた。レブロンはナイキのシャワーシューズとソックスを履き、スウェットパンツとTシャツにコートを羽織り、重い足取りで自身の家族財団の事務所に入っていった。二〇一五年二月の寒く曇った朝のことだ。キャバリアーズは前夜にフィラデルフィア76ersを下し、成績を三〇勝二〇敗に伸ばしていた。疲れて不機嫌だったレブロンは、できれば家で休んでいたかった。しかしアダム・メンデルソーンは、彼に『ハリウッド・リポーター』誌のライターと会う予定を入れていた。

マリサ・ガスリーは特集記事を書くため、二年近くもレブロンを追いかけていた。ハリウッドで最も尊敬されているライターの一人であるガスリーは、レブロンとマーベリックが設立したプロダクションに感銘を受けていた。メンデルソーンは、ガスリーがエンターテインメント業界の著名人の紹介記事を数多く書いていることを知っていた。彼女がレブロンについて書きたいというのは、またとないチャンスだった。しかしメンデルソーンは、レブロンがマイアミからクリーブランドへの移籍に向けて動いていた時期に、ハリウッドで最も影響力のある出版物の表紙に起用されるのは好ましくないと考えた。それは世論に誤ったメッセージを伝えることになってしまう。そのためメンデルソーンは、当時はガスリーを遠ざけていた。バスケットボールのシーズン真っ只中となり、『エイミー、エイミー、エイミー!』も間もなく公開されるという現在であれば、適切なタイミングだとメンデルソーンは感じていた。

レブロンはサバンナ・ジェームズと、生後一週の娘ジュリを連れてインタビューを受けた。

サバンナがインタビューに応じず、普段は目立たないようにしていることを知っていたガスリーは、彼女と赤ん坊の姿に驚いた。

サバンナはガスリーを旧友のように迎え、ハグをして頬にキスをした。

ガスリーはすぐに心が通じ合ったように感じた。彼女もジュリが生まれた翌日に女の子を出産したばかりだった。ガスリーはまた、サバンナが化粧をしておらず、オムツ袋を持っていたことにも共感を抱いた。

レブロンと打ち解けるために、ガスリーは無名でいられた頃が恋しいかと訊ねた。

「もう長いから、覚えていない」とレブロンは言う。

ガスリーは、レブロンがあまり話したい気分ではないことを察した。彼はクリーブランドにタイトルをもたらそうとする重圧を感じているように見えた。

メンデルソーンが見守る中、ガスリーは準備していた質問を繰り出し、レブロンは淡々と答えていった。

やがてガスリーは、少し前にクリーブランドで射殺された一二歳の黒人少年タミル・ライスの話を持ち出した。公園でおもちゃの銃を振っているところをクリーブランド警察に撃たれたのだ。

レブロンの態度が一瞬にして変わった。

「息子たちとそういう会話をする」とレブロンは語る。「おもちゃの銃はうちにもたくさんある。どれも本物には見えない。ライムグリーンや紫や黄色のおもちゃだ。しかし、そういったものでさえ家の外に持ち出させるわけにはいかない」

ガスリーはレブロンとサバンナに、もし警察から呼び止められたらどうすればいいかという話を息子たちにしたかどうかと訊ねた。

「もちろん」とレブロン。「伝えたのは、敬意を払うべきだということだ。警察の言うことに従って、彼らが自分たちの仕事をできるようにする。あとは私たちが何とかする。高慢になったり威張ったり、無条件に自分たちと警察の争いだと考えてしまう必要はない」

ガスリーは、レブロンにとって重要なことに触れていた。

「私も警察の世話になったことが人生で一度か二度はあった。大きなことにはならなかったけれど。しかし、場合によっては黙っていなければならないこともある。それだけの単純なことだ。ただ黙って、警察に仕事を任せて、うまくいくことを願いながら自分の人生を歩んでいけばいい」とレブロンは続けた。

「誰にとってもそう」と、サバンナも相槌を打った。

ガスリーは長い間ハリウッドで取材を行ってきた。レブロンほどの大物が、これほどまでに世論が両極化した問題について、自由に正直な話をしてくれるのは新鮮に感じられた。「レブロンはそういった物事について、中流階級の白人女性にはできないような感じ方をしている。私はそういうことに対して、彼のように立ち向かう必要に迫られたことはなかった。彼は、自分の言うことが何かを変える可能性があるとわかっていたからこそ、話したいと思ってくれた」と、ガスリーは語った。

二月末、レブロンは初めて『ハリウッド・リポーター』誌の表紙を飾った。タイトルは「レブロン・ジェームズ、ハリウッド帝国を築く野心的計画を明かす」。ガスリーによる三四〇〇ワードの紹介記事では、レブロンとマーベリックが彼らのプロダクションであるスプリングヒル社を通じて進めているプロジェクトの数々にハイライトが当てられた。コメディドラマ『サバイバーズ・リモース』は、プレミアムケーブル局Starzで放送が決まっていた。またレブロンは、ユニバーサル・ピクチャーズの『ボウラーズ』でコメディアンのケビン・ハートと共演する契約も交わしていた。マーベリックは、レブロンが『スペース・ジャム』の続編に出演する可能性についてワーナー・ブラザースと交渉中だった。ガスリーの記事を通して、レブロン、マーベリック、そしてスプリングヒルは映画・テレビ業界における新進気鋭の存在として位置づけられた。だがガスリーは、レブロンにとって重要な点に言及することも忘れなかった。彼にとって当面の最優先事項は、クリーブランドで優勝を飾ることだ。

＊＊＊

キャバリアーズは五一勝二九敗を記録し、イースタン・カンファレンス二位の成績でレギュラーシーズンを終えた。終盤戦にかけて、レブロン、アービング、ラブは調子を上げてきた。またロースターを強化するため、チームはシーズン終盤に数人の選手を補強し、ベテランのJ・R・スミス、イマン・シャンパート、ケンドリック・パーキンスをチームに加えた。

キャバリアーズはプレーオフ一回戦でボストン・セルティックスに四連勝。だがその第四戦ではラブがセルティックスの選手と絡み合い、相手選手に押さえられたラブの腕が強く引っ張られる形となったことで、肩関節から外れてしまった。ラブは苦しみながらコートを飛び出した。手術が必要となり、シーズンを終えなければならない怪我だった。

ラブを失ったことは大きかった。彼を欠いたキャバリアーズは、シカゴ・ブルズと対戦した次のラウンドの序盤戦に苦戦を強いられる。一勝二敗で追う状況となり、絶対に勝たなければならないシカゴでの第四戦を迎えた。残り一・五秒でスコアは八四対八四の同点。キャバリアーズのヘッドコーチ、デイビッド・ブラットは、インバウンズパスのボールをレブロンがリング下に入れるプレーを考えていた。だがレブロンはブラットの指示を無視し、「とにかく私にボールをくれ」とチームメイトたちに告げる。

控えガードのマシュー・デラベドバは、レブロンの言葉に忠実に従った。審判からボールを渡されると、デラベドバはそれをレブロンへと送る。デラベドバはレブロンへと向かうようなフェイクを入れ、実際にはブルズのベンチ方向へと向かっていた。流れるような一つの動きで、ボールを受けて跳躍し、フェイダウェイショットを放つ。

「レブロンが打った」とESPNのマイク・ブリーンが言う。

ボールが空中にある間にブザーが鳴り、レブロンはライン外に着地した。

「入った！」とブリーンが叫ぶ。「レブロン・ジェームズのブザービーター！」

ユナイテッド・センターの観衆が呆然とする中、レブロンのチームメイトたちはスコアラーズテーブルで彼の周りに集まった。シリーズは二勝二敗のタイとなり、クリーブランドに戻ることになった。

ブルズは立ち直ることができず、次の二試合はキャバリアーズが勝利。シリーズを制し、トップシードのアトランタ・ホークスが待つイースタン・カンファレンス決勝に駒を進めた。

アトランタでの第一戦では、アービングが左足の腱炎のため出場時間を抑えなければならなかった。スミスがその穴を埋め、レブロンの三一得点に次ぐ二八得点を挙げた。初戦はキャバリアーズの勝利。その後、アービングは腱炎で第二戦と第三戦の欠場を余儀なくされる。デラベドバが代役として先発した。他のメンバーたちも力を発揮してみせた。そしてオフェンスはレブロンが担い、一試合平均三〇得点以上を記録。三勝〇敗とリードしてアービングの復帰する第四戦を迎えると、キャバリアーズは三〇点差でホークスを粉砕してみせた。

レブロンは五年連続でNBAファイナルに進出。これは六〇年代のビル・ラッセルと、彼のセルティックスのチームメイトたち以外には達成した者のいない偉業だった。とはいえ、キャバリアーズの優勝は望み薄だと予想されていた。

＊＊＊

ゴールデンステート・ウォリアーズは、二〇一四―一五シーズンのNBAで圧倒的に最高のチームだった。チームを率いるのは就任一年目のヘッドコーチであるスティーブ・カーと、二四歳のクレイ・トンプソン、二四歳のドレイモンド・グリーン、そしてNBAシーズンMVPに選ばれた二六歳のステフィン・カリーという若いスター選手トリオ。ウォリアーズはレギュラーシーズンを六七勝一五敗で終えており、NBAの歴史上でもこれを上回る成績を残したのはわずか五チームしか存在しなかった。

成功率の高いスリーポイントショットがネットを揺らす様子から「スプラッシュ・ブラザーズ」の異名を取るカリーとトンプソンは、オークランドのオラクル・アリーナで行われた第一戦から好調。二人で合計四七得点を挙げた。だがレブロンは止められなかった。彼は四四得点、さらにアービングも二三得点を記録。両チームが第四クオーターを同点で終えた。

しかしオーバータイムに入り、トンプソンを相手にドライブを仕掛けたアービングの膝が折れてしまう。アービングは四四分間プレーしていた。コートを出るため助けが必要となり、X線検査の結果、膝頭を骨折していることが明らかになった。

ウォリアーズは延長戦を制し、シリーズを一勝〇敗でリードした。

ラブがすでに離脱していた状況でアービングも失ったことは、特にこの舞台では、チームにとって非常に大きな痛手だとレブロンは考えていた。ウォリアーズを倒すという挑戦は、突然のように、さらに困難なものになった。しかし、レブロンは臆することはなかった。クリーブランドに優勝をもたらすことに執念を燃やす彼は、ロッカールームを見渡し、「次の男が立ち上がれ」という姿勢を示した。ポイントガードとしてはデラベドバが先発し、カリーと真っ向勝負をしなければならないことになる。スミスとシャンパートはもっと得点を挙げなければならない。トリスタン・トンプソンはもっとリバウンドを取る必要がある。そしてディフェンスでは、全員が奮起してチームを助けなければならない。

一方のウォリアーズは第二戦に向けて勝利を確信していた。だがウォリアーズのベストプレーヤーであるカリーは終始デラベドバに悩まされ、なかなかショットを打てない。一方、レブロンはドライブとダンクで執拗にゴールを攻め立てる。この試合を象徴するようなプレーが一つあった。レブロンがリングに向けてドライブすると、空中でグリーンと衝突し、前腕で顔面を殴打されるファウルを受けた。しかし、コートに叩き落とされたのはグリーンのほうだった。レブロンは一人で相手を粉砕していた。この試合で彼は三九得点、一六リバウンド、一一アシストを記録。そしてキャバリアーズは延長戦の末に二点差で勝利し、オラクルの観衆に衝撃を与えた。終了のブザーが鳴ると、レブロンはボールをコートに叩きつけ、拳を握りしめて咆哮をあげた。

疲れ果てたレブロンがコートを出て通路に向かおうとしたとき、ウォリアーズのウェアを着た白人女性が彼に叫んだ。「レブロン、最悪のクソ野郎でいるのはどんな気分?」

レブロンは足を止め、彼女を睨みつけた。

「おい!」とアリーナの警備員が叫ぶ。「言葉には気をつけて、お嬢さん」

三人の幼い子どもを持つ既婚の父親に対し、見知らぬ何者かがこれほど卑劣な言葉を吐き、何の咎めも受けずに済むことをレブロンは苦々しく思った。それでも彼は口を閉ざし、ロッカールームに向けて歩き続けた。シリーズが一勝一敗となった状況で、彼は早く家に帰りたかった。

「ザ・Q」で行われた第三戦、レブロンは、カリーとトンプソンとの打ち合いを演じた。レブロンは四〇得点を記録。カリーとトンプソンは合わせて四一点。そしてデラベドバは人生最高のゲームを見せ、二〇得点を挙げた。キャバリアーズは九六対九一でまたも勝利を収め、シリーズを二勝一敗という予想外のリードに持ち込んだ。

『ニューヨーク・タイムズ』紙は、レブロンがシリーズを「自分一人の遊び場」に変えたと論じた。最初の三試合で彼は一〇七本のショットを放って一二三得点を記録。チームメイトたちを事実上一人で引っ張り、クリーブランドの街を興奮させていた。「チームが命がけで戦ってくれているのはわかっている。選手がいない。戦力不足だ。それでも戦っている」と、レブロンは第四戦を前に語った。

クリーブランドのファンが求められるものはそれがすべてだった。レブロンと、ブルーカラー的な脇役の選手たちの集まりが、圧倒的優位の予想されたスーパーチームをロープ際に追い込んでいた。ウォリアーズは第四戦で反撃に転じて勝利を収め、シリーズをイーブンに戻す。そしてオークランドに戻った第五戦、カリーは第四クオーターでの一七得点を含めて合計三七得点を挙げる。他にもウォリアーズの選手四人が二ケタ得点を記録した。レブロンは止めようがなく、四〇得点を挙げたのに加えて一四回のリバウンドを獲得、一一のアシストを供給した。それでもウォリアーズが一三点差で勝利し、シリーズを三勝二敗のリードとした。

試合後に報道陣は、アービングとラブが離脱しているにもかかわらず、レブロンは大きな自信を抱いてプレーしているようだと指摘した。「選手が足りないという理由で、今回のファイナルにはプレッシャーを感じていないのか?」と、ある記者は訊ねた。

「自信を感じているのは、自分が世界最高の選手だからだ」とレブロンは言い、カメラのシャッター音が鳴り響く中で言葉を切る。「それだけの単純なことだ」

レブロンとカリーのライバル関係は大きな注目を集めていた。そのおかげで、マイケル・ジョーダンの時代以来では最も見応えあるNBAファイナルが実現していた。レブロンのパフォーマンスはカリーを上回っていた。だがやはり、カリーの周囲には優れたメンバーが揃っている。クリーブランドでの第六戦では、レブロンは四八分間のうち四七分間プレーし、三二得点と一九リバウンド、九アシストを記録した。カリーは二五得点だが、チームメイトの四人が二ケタ得点。ウォリアーズがキャバリアーズに競り勝って試合を制し、チャンピオンに輝いた。

ファイナルMVPにはアンドレ・イグダーラが選ばれたが、今回は敗れた側のチームの選手がその栄誉にふさわしかった稀有な例だったと多くのスポーツライターたちが指摘した。レブロンは、NBAファイナルの歴史上、シリーズ全体を通して両チーム最多の得点、アシスト、リバウンドを記録した初めての選手となった。四〇得点以上を挙げた試合は三回あり、一試合あたり平均三五得点、一三リバウンド、九アシストを残した。歴史上最も圧倒的なファイナルでのパフォーマンスの一つであり、彼のキャリアでは圧倒的にファイナルでの最高の活躍だった。

しかし、ウォリアーズがクイッケン・ローンズ・アリーナで優勝を祝う様子を見る苦痛は、そんなことで和らぐものではなかった。チームメイト全員が会場を去ってもずっと、レブロンはタオルを肩に掛けてロッカーに座ったままだった。疲れ果て、孤独の中で、彼は考えていた。クリーブランドでタイトルを獲得するのは、考えていた以上にはるかに困難なことだ。三〇歳となった彼は、もう若くはない。そしてウォリアーズは、まだこれからのチームだった。

# CHAPTER 34
# 解放

二〇一五年の夏を迎え、レブロン・ジェームズは故郷に戻る決断について振り返ってみた。大部分は、望んでいた通りの結果となっていた。サバンナ・ジェームズと子どもたちはオハイオ州北東部の慣れ親しんだ環境に包まれて快適に過ごしている。長男はＡＡＵバスケットボールチームで活躍中。家族の財団は地域社会に大きな影響を与えている。チェース銀行やアクロン大学と提携し、高校を平均評定三・〇以上で卒業したアクロンの学生たちに四年間の奨学金を提供していた。プログラム初年度には、千人以上の学生が全額奨学金を獲得した。

故郷に帰っても、レブロンのビジネス展開に支障はなかった。二〇一五年、彼とマーベリック・カーターはワーナー・ブラザースと制作契約を締結。これによりスプリングヒルは、ハリウッドの大手スタジオと提携して映画やテレビ番組を制作することが可能になった。そしてワーナー・ブラザースとターナー・スポーツは、一五〇〇万ドル以上を投資してアンインターラプテッドを設立した。レブロンが『スポーツ・イラストレイテッド』誌のエッセイで書いていたように、アスリートたちが自分の考えを語るためのデジタルメディアプラットフォームとして彼とマーベリックが考案したものだった。同時にレブロンは、ナイキとの間で、報道によれば一〇億ドル以上と言われる史上初の生涯スポンサー契約を結ぶ交渉も行っていた。ハリウッドでこれらすべてのことが進行する中、レブロンとサバンナはブレントウードに約八七〇平方メートルの家を二一〇〇万ドルで購入した。

しかし、レブロンがクリーブランドに戻った最大の目的は優勝をすることであり、それは実現できていなかった。マイアミを去った際に思い描いていたおとぎ話のような結末は、ゴールデンステート・ウォリアーズによって阻まれた。ウォリアーズはこれからさらに強くなり、より大きな障害になると考えていた。それでも彼は毎晩のように、クリーブランドで優勝できればどんな気分だろう、と夢を見続けていた。

しばらく休養をとったあと、彼はもう一度タイトルを狙う準備を整えた。まずはキャバリアーズがケビン・ラブ、トリスタン・トンプソン、イマン・シャンパートと確実に再契約を交わすようにさせた。彼自身ももう一年の契約に合意した。トレーニングも強化し、もともと厳格だった栄養管理もさらに見直した。主なチームメイトと一対一で話し合い、シーズンに向けた精神面の準備を整えさせた。肩の手術を終えリハビリ中のラブには激励の言葉をかけ、彼の完全復活をチームがいかに必要としているかを伝えた。

二〇一五―一六シーズンの開幕から、レブロンはウォリアーズを注視していた。彼らの試合を録画し、夜中に観戦した。実況アナウンサーがいつも同じ三つの言葉を言うのは聞き慣れてしまった。「カリー、スリー、入った」と。ステフィン・カリーは記録的なペースでスリーポイントショットを決めており、ウォリアーズは決して負けることのないチームのように見えた。NBAの開幕からの連勝記録は一五試合であり、一九四九年から破られていないものだった。しかし、ウォリアーズはそれを塗り替えてしまった。一二月中旬までにウォリアーズは二四勝〇敗。「彼らには、現在のバスケットボール界で圧倒的に最高の選手であるカリーがいる」と、NBAアナリストのデイビッド・オルドリッジはNPRで語った。「もちろん、レブロン・ジェームズが信じられないほどの才能に恵まれた偉大な選手であることはわかった上で言っている。それでもカリーはとてつもないことを成し遂げている」

一方でキャバリアーズは、レブロンの水準に合わせられるプレーをするのに苦戦していた。彼らはイースタン・カンファレンスのトップチームだったが、それでもシーズン半ばでヘッドコーチのデイビッド・ブラットを解任し、選手たちからの支持がより強かったタイロン・ルーに代役を任せた。だがシーズン後半戦、ルーの率いたチームはブラット体制より多くの敗戦を喫した。レブロンは途方に暮れていた。

マーベリックはロサンゼルスに住んでおり、スプリングヒル社の経営で手一杯ではあったが、それでも彼はキャバリアーズの状況を気にし続けていた。何が起こっているかは認識していた。キャバリアーズの選手の中にはレブロンの要求に見合うほど献身的にプレーしていない者もおり、完璧主義者のレブロンがそれを気にしていることもマーベリックはわかっていた。レギュラーシーズンの終盤にかけて、マーベリックは彼に電話をした。「君は、世界の誰よりもうまくやれることをするために大金をもらっている。だから、とにかくそれをやるべきだ。あいつがどうだとか、こいつがどうだとか、他の誰かがどうだとか、そんなことは気にするな。ただプレーするんだ」と、マーベリックはレブロンに伝えた。

＊＊＊

キャバリアーズはイースタン・カンファレンス最高成績の五七勝二五敗でレギュラーシーズンを終えた。一方、ウォリアーズは七三勝九敗というＮＢＡ史上最高の成績を残した。カリーはリーグ最多得点を記録し、年間スリーポイント成功数のＮＢＡ新記録も達成。投票により二年連続でシーズンＭＶＰに選ばれた。ウォリアーズは二〇一六年に三人の選手（カリー、トンプソン、グリーン）がオールスターに選出された唯一のチームだった。スティーブ・カーは年間最優秀コーチに選ばれた。ウォリアーズは圧倒的な強さと人気を誇っており、彼らを「米国のチーム」と呼び始めるライターもいたほどだった。

レブロンは、ウォリアーズがいかに偉大であるかという話を嫌というほど耳にしていた。カリーが世界最高の選手だと評されることは不服だった。カリーは、驚異的な精度の長距離ショットや、ボールをまるでヨーヨーのように扱うボールハンドリング、そしてスティール能力の高さで知られる新星だった。彼は卓越したショーマンであり、二シーズンにわたって極上のエンターテインメントを演じ、MVP受賞にふさわしい活躍を見せていた。しかしレブロンは、過去一三年間、地球上で最も才能あるバスケットボール選手だった。そのほとんどの期間、彼は自分のチームを支えなければならなかった。五つのポジションをこなす能力を持つレブロンは、分類の難しい選手だった。NBAから五輪までの彼の総合的な活躍は、カリーとは異なる次元にあった。MVP、つまり「最も価値のある選手」という言葉には、異なる解釈がありえるとレブロンは考えていた。最も価値のある選手であることと、ある特定のシーズンのベストプレーヤーであることとは別物だと。

FOXスポーツのコリン・カワードも同意見だった。マイアミやクリーブランドでのレブロンと比較すれば、カリーがチームの成功に寄与した重要度は高くはなかったと彼は主張した。「このリーグに、レブロン・ジェームズほどの価値を持つ一人の選手がかつていただろうか。ステフィン・カリーは『年間最優秀選手賞』を受賞すべきだが、真のMVPはレブロンだ」と、カワードは語った。

＊＊＊

キャバリアーズは順調にチームの結束を強め、プレーオフを快走。二チームをスウィープし、どの相手も挑戦者とはなり得なかった。一方でウォリアーズは、ウェスタン・カンファレンス決勝でケビン・デュラントのオクラホマシティ・サンダーに危うくノックアウトされるところだった。一勝三敗とリードされたところから、ウォリアーズが逆転でシリーズを制した。

キャバリアーズとウォリアーズの再戦は、NBAと放送パートナー各局にとって金鉱のようなものだった。二〇一五―一六シーズンのNBAファイナルでは、NBA史上最高クラスのチームと、NBA史上最高クラスの選手が激突する。ウォリアーズはチャンピオンの座を防衛しようとしていた。レブロンはクリーブランドのために優勝を追い求めていた。そして、カリーとレブロンのどちらが優れている選手なのかという議論にも、コートで決着がつくことになる。テレビ視聴率という面では、ＡＢＣは最高のドラマを手にしていた。

オークランドで行われた第一戦と第二戦ではウォリアーズがキャバリアーズを圧倒し、合計四八点差で勝利。クリーブランドでの第三戦はキャバリアーズが反撃し、ウォリアーズを三〇点差で叩き潰した。だが六月一〇日に行われた重要な第四戦ではカリーが爆発。七本のスリーポイントを決めて三八得点を挙げた。トンプソンも二五点を加えて観衆を沈黙させ、ウォリアーズはシリーズを三勝一敗でリードした。「スプラッシュ・ブラザーズ」は満面の笑みを浮かべて「ザ・Ｑ」を後にしていった。

キャバリアーズは絶望的に思えた。ＮＢＡファイナルで一勝三敗から逆転して優勝したチームは、過去に一チームも存在しない。そしてウォリアーズは、このシーズンを通して三連敗を喫したことは一度もなかった。しかし、第四戦の終了間際にレブロンとグリーンが繰り広げた口論がシリーズのターニングポイントとなった。グリーンは試合中ずっと、暴言やラフプレーでレブロンを悩ませていた。残り三分を切り、ウォリアーズが一〇点をリードした状況で、レブロンはもう我慢がならなかった。グリーンがスクリーンをセットすると、レブロンは強引に押し通ろうとする。グリーンは転倒し、レブロンは彼を踏み越えるようにしてプレーを続けようとした。レブロンにまたがれながら立ち上がろうとしたグリーンは、レブロンの股間に引っかかる。レブロンがこれに異議を唱える。二人は胸を突き合わせて何か言い合い、押し合いを始めた。両選手ともファウルの笛を吹かれたが、試合結果に影響することはなかった。

レブロンとグリーンの衝突は、試合後の記者会見でエスカレートした。グリーンに対するレブロンの反応について質問されたクレイ・トンプソンは、レブロンを皮肉り、「男のリーグ」であるＮＢＡではトラッシュトークもゲームの一部だと主張した。「彼の気持ちはわからない。だが当然ながら、人には感情がある。人の気持ちは傷つくものだ。彼の気持ちが傷ついただけだと思う」とトンプソンは語った。

トンプソンが報道陣と話をしている頃、レブロンはロッカールームで、ウォリアーズのこの強さは想定していた通りだとチームメイトたちを安心させていた。そして、もう一試合も敗れることはないと。

それからレブロンが会見室に入ると、記者の一人がトンプソンの言葉に触れ、何か思うところはあるかとコメントを求めた。

「クレイは何と言ったんだって？」とレブロンが訊ねた。

「彼の気持ちが傷ついただけだと思う、と言っていた」と記者は答える。

マイクを持ったレブロンは、顎を胸に落として笑った。

記者たちも苦笑していた。

「なんてこった」とレブロンは言って、ニヤリと笑う。「クレイの言ったことについてコメントするつもりはない」。言葉を止め、もう一度笑った。それから記者たちの目を見渡す。「王道を行くのはとても難しいことだ。私は一三年間ずっとそうしてきた。次もまたそうするつもりだ」と、笑顔で言う。

レブロンのモチベーションは最初から十分だったが、トンプソンがさらに加えてくれた。

その日の夜、レブロンはサバンナと一緒にくつろいでいた。午前二時半頃からは『エディ・マーフィー／ロウ』を鑑賞。九〇分間ほど大笑いしたあと、レブロンは夜明け前にチームメイトにグループメールを送った。彼らはその日、オークランド行きの飛行機に乗る予定だったが、レブロンはその前にメッセージを伝えた。「一勝三敗で負けているのはわかっている。でもこのシリーズに勝てると思っていないやつは、飛行機になんか乗らなくていい」

＊＊＊

レブロンはゲームの中でゲームをしていた。彼はＮＢＡファイナルに七回出場し、連覇を成し遂げることがいかに難しいのかを知っていた。また、七連戦というものは消耗戦であり、精神面を整えることが勝敗に大きく影響することも理解していた。ウォリアーズは、まるでトロフィーを手にするのが当然なチームのように振る舞っていた。それこそが大きなミスだとレブロンは考えていた。

キャバリアーズがオークランドに到着したあと、NBAはグリーンに第五戦の出場停止処分を科したと発表した。レブロンの「股間に向けて報復的に手を振った」として、試合後の判定でフレグラントファウルを取られた形だ。プレー単独で見れば、グリーンのフレグラントファウルは出場停止に値するものではなかった。しかしグリーンは挑発屋であり、今回のポストシーズンではすでに二度のフレグラントファウルを取られていた。ヒューストン・ロケッツの選手をコートに投げ飛ばしたことで一回、オクラホマシティの選手の股間を蹴ったことで一回。NBAのルールにより、グリーンはプレーオフ中に三度目のフレグラントファウルを犯したことで、自動的に一試合の出場停止処分となった。

レブロンは、グリーンの体を踏み越えた時点でルールを知っていた。『ニューヨーク・タイムズ』紙で長年スポーツコラムニストを務めているハーヴェイ・アラトンは、レブロンはグリーンに対して「私の股間をチェックしてみるか?」と言ったのではないかと指摘した。グリーンを挑発することで、自らのやり方で彼を打ち負かしたのだ。バスケットボールライターたちは、グリーンを「くるみ割り人形」と呼んだ。しかし、出場停止はウォリアーズにとって笑いごとではなかった。屈強なリバウンドとショットブロックを誇るグリーンは、ディフェンスの要だった。チームの精神的リーダーでもあり、汚れ仕事を引き受けることでカリーとトンプソンの活躍を可能にしていた。

第五戦を前に、レブロンは『ゴッドファーザー PART II』を観て気持ちを引き締めた。特に一つのシーンは、彼がグリーンとウォリアーズに対して感じていたことを象徴するかのようだった。犯罪組織のボスであるマイケル・コルレオーネが、復讐に燃えつつ、フランキー・ペンタンジェリを突然訪ねる場面だ。

**フランキー：来ると言ってもらえれば何か用意できたのに。**
**コルレオーネ：来ることを君に知られたくなかったのでね。**

グリーンを欠くウォリアーズを、キャバリアーズは手こずらせた。ビッグマンたちがリング下を支配し、レブロンとアービングはそれぞれ四一得点を記録。ファイナルの試合で同じチームの複数選手が四〇得点以上を挙げたのはリーグ史上初めてのことだった。キャバリアーズは一五点差で勝利。試合終了のブザーが鳴ったとき、カリーは意味もなくレイアップを試みた。試合は終わっていたが、それでもレブロンはカリーのショットをブロックし、リーグMVPに対してはっきりとメッセージを送った。試合後、『ニューヨーク・タイムズ』紙はレブロンについて「相変わらずバスケットボールプレーヤーとして地球上で最高のサンプル」だと宣言した。

ウォリアーズはまだ三勝二敗とリードしていた。しかし、これからクリーブランドに戻って戦わなければならない。カーヘッドコーチは、レブロンにシリーズの主導権を握られるのではないかと心配していた。カーは選手だった頃、ジョーダン時代のシカゴ・ブルズでの三連覇を含め、五度のNBAチャンピオンに輝いていた。連覇を成し遂げるにはどれほどの精神的なタフさが必要となるのか、彼は知っていた。「単純に実現するわけではない。もっと難しいことだ」と、彼は第五戦のあと選手たちに語った。

＊＊＊

キャバリアーズにとって、第六戦はフランチャイズ史上最大の試合となった。観客からのエネルギーを糧として、キャバリアーズは一気に三一対九のリードを奪う。グリーンが戦列に復帰したが、彼は恐る恐るプレーしている様子だった。キャバリアーズははるかにフィジカルを全面に押し出し、ウォリアーズはそれに見合うエネルギーを発揮できなかった。後半にはレブロンが連続一八得点を挙げた時間帯さえあった。彼はウォリアーズを圧倒するどころではなく、一方的に打ちのめしていた。第四クオーターに入り、レブロンは一息つく必要があったはずだが、それでも彼はルーヘッドコーチに「外に出るつもりはない」と告げた。そして残り四分、キャバリアーズが一三点をリードした状況で、カリーがリングに向けてドライブ。ヘッドフェイクでレブロンを宙に浮かせようとした。しかし、レブロンは食いつかない。カリーがレイアップを打ちにいくのを待った上で、ショットをコート外へ弾き出した。レブロンはカリーを睨みつけて吠える。「あの弱虫を私の家からつまみ出せ！」と。「ザ・Q」は沸騰した。キャバリアーズファンでいることが、これほど良い気分に感じられたのは初めてだった。

そのしばらくあと、コートの反対側で、レブロンの手からボールを突き出そうとしたカリーは六つ目のファウルの笛を吹かれた。判定に腹を立てたカリーは審判に食ってかかり、マウスピースを投げつけると、それがコートサイドに座っていたファンに当たった。審判はカリーのテクニカルファウルを取り、退場を命じた。カリーにとって、退場処分はキャリアで初めてのことだった。コートを去る彼にはブーイングが浴びせられた。

対照的に、レブロンは四三分間プレーし、二試合連続で四一得点を挙げた。キャバリアーズは一四点差で勝利し、シリーズを三勝三敗のイーブンとした。試合後、カーはカリーに対する審判の対応を非難した。「彼はリーグのMVPだ。六つのファウルを取られたが、そのうち三つは明らかにおかしなものだった。最後の一つはレブロンのフロッピングだ。ジェイソン・フィリップス（審判）はそれに引っかかった。彼はリーグのMVPなんだ。それなのにNBAファイナルで、こういう触っただけのファウルの話をしないといけないのか」。一方、カリーの妻は試合が不正に操作されたとツイート。「私は黙ってはいない」と述べた。

NBAは審判を名指しで非難したカーに罰金を科した。カリーはマウスピースを投げつけてファンにぶつけたことに対して罰金処分。そして彼の妻はツイートを削除した。

ウォリアーズは空中分解しつつあった。

キャバリアーズのロッカールームで、レブロンは微笑んだ。「あいつらは精神的にも肉体的にもボロボロだ。みんなに言っておく。あいつらは、もう、ボロボロだ」と、彼はチームに語った。

＊＊＊

オークランドに戻って行われた第七戦は、シリーズで最も接戦となった。リードは二〇回入れ替わり、同点になったことは一八回あった。そして残り二分を切り、スコアが八九対八九の同点という状況で、アービングがレーンにドライブしてフローターショット（リング前でボールを高く浮かせるショット）を放つ。レブロンが伝説となることを決定づけ、クリーブランドのスポーツ史を一変させるプレーが始まろうとしていた。

アービングのフローターは失敗。ウォリアーズのＦＷ、アンドレ・イグダーラがリバウンドを捕って駆け出し、前方のカリーへボールを送る。カリーは彼にバウンドパスを返す。目の前にはＤＦが立ちはだかり、イグダーラがリングに向けて走っている。カリーは彼にバウンドパスを返す。イグダーラはリングまで四メートルあまりの距離で走りながらカリーのパスを受け、二歩のステップを踏み、跳び上がってレイアップにいく。

レブロンはコートの反対側でプレーを追いかけていた。イグダーラがカリーからのパスを受けたとき、彼はリングから六メートルあまり離れていた。「いける」と、彼は自分に言い聞かせた。勢いよく、九〇センチほど垂直に浮き上がり、レブロンは飛び立った。空中で、彼は三つの仕事を実行する必要があった。リングに触れないこと、イグダーラへのファウルを避けること、そしてボールがバックボードに到達する前に手を届かせること。レブロンがボールをバックボードに向けて弾き、リング上の四角形の横に当てたとき、彼の胸はイグダーラの頭と同じ高さにあった。跳ね返ったボールはスミスの手に収まる。ウォリアーズがリードを奪うはずのレイアップは、空中で進路を変えられた。

プレーの展開はあまりに速かった。後日行われた分析によれば、レブロンは約一八メートルを二・六七秒で駆け抜け、トップスピードは推定時速三二キロに達していた。アナウンサーたちも、スロー映像のリプレイを見直すまで、この偉業の持つ意味の大きさを理解できないほどだった。「オー……マイ……ゴッドネス」と、ABCのジェフ・ヴァン・ガンディは言った。「カリーの素晴らしいパス。イグダーラの全力疾走。そしてレブロン・ジェームズの超人的なディフェンスリカバリー」

一方、ショットクロックが残りわずかとなり、スリーポイントラインの外でカリーにガードされていたアービングは、ステップバックからショットを放つ。決定的なショットを沈め、チームに九二対八九のリードをもたらした。続いてカリーはラブを振り切ることができず、無理に打たされたスリーがリングの奥に跳ね返り、レブロンの手の中へ。ファウルを受けたレブロンはフリースローを決め、残り一〇秒でキャバリアーズのリードを四点とする。勝利は決まった。数秒後、ウォリアーズが必死に放ったショットが決まることはなく、ブザーが鳴り響いた。

「終了！　終了！」と、ABCのマイク・ブリーンが叫ぶ。ラブはレブロンの足を抱いて彼を持ち上げた。「クリーブランドは再びチャンピオンの街となった。キャバリアーズがNBAチャンピオンだ」

キャバリアーズのメンバーはレブロンを囲んだ。混乱の中、マーベリックもコートに駆け出して友人を抱きしめた。圧倒されたレブロンは膝をついた。

マイアミ・ヒートでついに初優勝を果たしたとき、彼は冷静さを失うことはなかった。マイアミで二度目のタイトルを獲得したときも泣かなかった。しかし今回は違う。彼が夢見ていた以上に壮大な物語だった。一勝三敗の劣勢から立ち上がり、無敵と思われたチームを打ち負かした。下馬評を覆し、オハイオ州北東部の人々のためにやってのけたのだ。クリーブランドの、五二年間に及ぶ無冠時代は終わった。まさにこのために彼は帰ってきたのだ。

レブロンは床に顔をつけ、涙を流した。

CHAPTER

# 35

# ビリーブランド

二〇一五―一六シーズンのNBAファイナルはレブロン・ジェームズにとって最大の業績となり、第七戦はABCで放送されたNBAの試合で過去最多の視聴者数を記録した。レブロンがアンドレ・イグダーラを追いかけてブロックした瞬間を、四五〇〇万人という記録的な視聴者が見守っていた。五二年間の悲痛な歴史に終止符を打つプレーだった。クリーブランドは長年にわたって、不名誉な決定的場面に満ちていた。「ザ・ドライブ」「ザ・ファンブル」「ザ・ショット」、そしてレブロンの「ザ・デシジョン」。だが今回、「ザ・ブロック」という伝説的場面を手に入れたのだ。歴史上最も劇的なショットブロックと位置づけられるものであり、レブロンのキャリアを代表するプレーにもなった。試合の重要度を考えても、また彼の伝説がチームの優勝を助けるディフェンスプレーで決定づけられるという意味でも、そうなるのは彼にとって喜ばしいことだった。

六月二二日、優勝パレードのため一三〇万人以上の人々がクリーブランドのダウンタウンに押し寄せたとき、レブロンはまだ頬をつねりたくなるような気分だった。報道ヘリコプターが頭上を飛び交い、クラクションが鳴らされ、サイレンの音が響く。人々はビルや街路樹や道路標識や街灯によじ登り、チームを一目見ようとした。レブロンはサバンナ・ジェームズと子どもたちと一緒に、オープンカーの後部座席の上に座った。ゆっくりと進んでいく車に人々が群がり、頭上に手を掲げる。レブロンは葉巻を口にくわえて立ち上がり、両腕を広げ、彼を見上げる携帯電話のカメラの海を見渡した。歓喜の瞬間だった。「やった」と彼はサバンナに言った。

パレードのあと、レブロンはコンベンションセンター前のステージでファンに向けて話をした。チームメイトたちは彼の後方に座っており、客席からは「M・V・P」のチャントが響き渡っていた。「今起こっていることは、私にとってはまだ現実だと思えない。まだ実感がわかない」と彼は言う。「何かとんでもない理由で、目が覚めたらまた第四戦からのやり直しになるんじゃないかと思っている。そして『くそ、まだ一勝二敗でリードされている』という感じになる」

クリーブランド・ブラウンズのレジェンドであるジム・ブラウンがステージに立っており、微笑みながらうなずいた。

それからレブロンは一五分間、チームメイトについて語った。一人ひとりの名前を挙げ、それぞれの貢献に感謝し、彼らの才能を称えた。自分自身のことは一切語らなかった。

「このグループが後ろにいてくれなければ私は何にもなれなかった。くそ、来年に向けて準備しよう」とレブロン。

彼がマイクを置くと、観客は叫び声を上げた。

＊＊＊

二〇一〇年に米国で最も非難されるアスリートとなったレブロンは、NBAで最も称賛される選手へと変貌を遂げた。クリーブランドに縁がない者であっても、レブロンの偉業には感動を覚えた。故郷に戻って約束を果たすことで、彼はスポーツ界の英雄として語り継がれる立場を確固たるものにしたのだ。「ジェームズのキャリアはもはや成長物語そのものだ」と、『ニューヨーク・タイムズ』紙は断言した。バスケットボールに関して言えば、今後どうなっていくかはほとんど問題にならない。三一歳にして、彼は人生の決定的なステージを演じ切っていた。

彼の影響が及ぶ範囲はかつてないほど広がっていた。その夏、レブロンには自身の伝説的業績のもう一つの面に注力する機会が訪れた。ファイナルの最中に、モハメド・アリが亡くなったのだ。レブロンは年齢を重ねるにつれ、アリの勇気に感謝し、彼がやり抜いたことを称賛する思いを強めていた。レブロンがESPY賞のプレゼンターとして招待されたとき、彼はアリに敬意を表するために何かをしたいと思った。

この年の夏には、警察の手によって黒人男性が死に至らしめられる事件がさらに発生していた。ミネソタ州セントポールの三二歳のカフェテリア従業員、フィランド・キャスティルもその一人だ。彼はテールライトが故障した車を運転していたとして警察に停車を命じられ、免許証と登録証に手を伸ばすと、警察から銃で何発も撃たれた。車内にはキャスティルのガールフレンドと四歳の娘が乗っていた。事件はビデオに収められていた。キャスティルは病院で死亡した。

NBAとオバマ政権は、共同体内に存在する溝を埋めて緊張を和らげる活動を目的としたパートナーシップを組んでおり、この頃すでにレブロンはそのために積極的に活動するメンバーの一人となっていた。彼はESPYの場を利用して、この問題を訴えようと計画していた。ドウェイン・ウェイド、カーメロ・アンソニー、クリス・ポールも賛同してくれた。四人はロサンゼルスのマイクロソフト・シアターの壇上で手を取り合い、すべてのスポーツのアスリートたちに向けて、人種差別、銃による暴力、有色人種のコミュニティにおける社会的不公正に反対する行動を起こすよう呼びかけた。レブロンは聴衆にこう語った。

**私たちは皆、暴力に無力感と苛立ちを覚えている。それは確かだ。だが、許されることではない。今こそ鏡を見て、自分たちが変化を起こすために何をしているのか自問するときだ。**

**私たちが今夜、モハメド・アリを称えていることはわかっている。彼はGOAT（史上最高）だ。しか**

**し、彼の遺したものを正しく受け継ぐため、すべてのプロスポーツ選手に対する行動の呼びかけとしてこの瞬間を使おう。私たち自身が学べるように。このような問題のために。声を上げよう。自分たちの影響力を使おう。そしてすべての暴力を放棄しよう。**

**何よりも大事なことは、共同体に回帰し、時間とリソースを費やし、共同体の再建と強化と変化を助けることだ。私たち全員が、もっと良くしなければならない。**

ＮＢＡを社会変革のための力として活用するという考えにレブロンが傾倒していくにつれて、リーグを取り巻く環境も激変していった。レブロンとクリーブランド・キャバリアーズが一勝三敗という劣勢を覆し、レブロンにとって三度目となるタイトルを獲得した姿を見て、ＦＡのケビン・デュラントはオクラホマシティ・サンダーを去りゴールデンステート・ウォリアーズと契約することを決めた。レブロンがクリーブランドからマイアミへの移籍を発表した二〇一〇年当時、オクラホマシティと再契約を交わしたデュラントは、レブロンと正反対の存在として称賛を集めた。だが、ＮＢＡで九シーズンを過ごして一度も優勝を成し遂げていない二七歳のスーパースターに対する見方は変わってきていた。ウェスタン・カンファレンス決勝でステフィン・カリーとウォリアーズを破ることはできなかったが、デュラントはその相手チームに加わろうとしていた。レブロンからヒントを得て、彼は七月上旬に『プレーヤーズ・トリビューン』のウェブサイトで自身のプランを発表した。

デュラントとカリーがタッグを組んだことで、ウォリアーズは事実上のオールスターチームとなった。『ニューヨーク・タイムズ・マガジン』誌に寄稿したサム・アンダーソンは、この状況を喩えて、バンド同士の争いで敗れたジミ・ヘンドリックスがローリング・ストーンズに加入するようなものだと述べた。ＥＳＰＮのスティーブン・Ａ・スミスは、デュラントの決断を「スーパースターの行動としては、これまで見た中で最も弱いものだ」と評した。だがそれは、レブロンがＮＢＡに与えた影響の大きさを物語っている。彼のマイアミへの移籍は、スーパーチームを編成する権力がオーナーやチーム幹部から選手へと移る新時代の前触れとなるものだった。デュラントはある程度の批判を浴びたが、最小限にとどまり、短期間のうちに沈静化した。プロスポーツの経済学において、ＮＢＡは選手が力を持つようになる傾向の最前線に立っていた。

同時にレブロンは、自身のリソースとプラットフォームを積極的に利用して社会変革に影響を及ぼす姿勢を見せたことで、ＮＢＡの枠を超えた大きな影響力を持つリーダーとしての立場を確立させた。ＥＳＰＹでの発言の数週間後、サンフランシスコ49ersのクオーターバック、コリン・キャパニックがプレシーズンゲーム開始前の国歌斉唱の際に膝をついた。「黒人や有色人種を抑圧する国の国旗に誇りを示すために起立するつもりはない」と、彼はＮＦＬメディアに語った。「私にとってこれは、フットボールよりも大きなことだ。見て見ぬふりをするのは自分勝手なことになってしまう。路上に死体が転がっているのに、有給休暇を取って殺人の罪から逃れている人たちがいる」

全米女子バスケットボール協会のメンバーも含め、国歌斉唱の際に膝をついてキャパニックへの連帯を示すプロアスリートが増え始めていた。だがレブロンは別の方法を取り、国歌斉唱中には起立することを選んだ。ＮＦＬとは異なり、ＮＢＡには国歌斉唱時に選手が起立することを義務付けるルールがある。しかし、レブロンが起立を選んだのはそれが理由ではなかった。「それが私であり、私の信念だ。だが、キャパニックのやっていることを尊重しないわけでも、同意しないわけでもない。自分の意見を言う権利がある。自分の意見のために立ち上がる権利がある。そして、誰かが何かをやるとき、彼ほど平和的なやり方をしているのは見たことがない」と彼は語った。

カリーも国歌斉唱時に起立することを選んだ。そしてレブロンと同じく、彼もキャパニックの決断を尊重し、「大胆な一歩」だと評した。

国歌斉唱中のアスリートたちの抗議活動をめぐる論争が巻き起こったのは、大統領選挙前の最後の数カ月と同時期だった。共和党のドナルド・トランプ候補は、分裂を煽るような選挙戦術を用いた。彼はメキシコ政府が強姦魔や麻薬の売人を米国南部国境に送り込んでいると非難していた。集会では、移民を排除するために壁を作ると公言。反対勢力は「叩きのめせ」と支持者たちに促し、対立候補である民主党のヒラリー・クリントン候補に向けては「彼女を閉じ込めておけ」と自ら合唱を先導した。

世論調査でトランプがヒラリーを追い上げる中、レブロンはヒラリーの勝利を助けるため自分の役割を果たすことが大事だと考えた。彼がヒラリーを応援する準備をしていたとき、『ワシントン・ポスト』紙はトランプが女性について下品な発言をしているビデオ映像を公開した。二〇〇五年九月に録画されたものだった。当時トランプの妻メラニアは妊娠中であり、トランプはテレビ番組『デイズ・オブ・アワ・ライブス』にVTR出演していた。撮影現場で彼は、ある人妻を誘惑した手口を自慢し始めた。「彼女とやろうとしたんだ。ビッチみたいに口説いた」とトランプは言っていた。さらに『アクセス・ハリウッド』のビリー・ブッシュに自慢した。「スターならやらせてくれる。何でもできる。股を掴んでやればいい」と。

この発言は大炎上し、共和党の上院議員や州知事の多くがトランプに選挙戦からの撤退を求めた。しかしトランプは拒否した。そして数日後の夜、ヒラリーとの討論会で、トランプは自身の発言を「ロッカールームトーク」と表現した。

政治的主張の違いを超えて、さまざまなプロアスリートたちが、性的暴行を自慢することをロッカールームでの雑談のようなものだと主張したトランプに不服だった。アスリートたちは、トランプが自身の状況に彼らを引き込むことで侮辱したと感じていた。何人かはトランプの発言に公然と異論を唱え、レブロンもその一人だった。「どんな形であれ、どんなニュアンスであれ、私たちがロッカールームで女性に失礼な言動をすることはない。私には義理の母がいて、妻がいて、母がいて、娘もいる。私たちのロッカールームでそういう会話が交わされることはない」と、彼はメディアに語った。

レブロンはさらに一歩踏み込み、『ビジネス・インサイダー』にヒラリー支持の論説を寄稿した。ヒラリーのことを個人的に知っていたわけではないが、彼女がトランプに勝利することは重要だとレブロンは感じていた。そして、バラク・オバマとの付き合いがある彼は、ヒラリーであればオバマの国内政策をさらに推進してくれると確信していた。さらにレブロンは、女性大統領を選出することは国のためになるとも感じていた。彼は次のように書いている。

**我々は、アフリカ系アメリカ人の共同体が街頭で経験したり、テレビで目にしたりしているあらゆる種類の暴力に対処しなければならない。危険に晒されている子どもたちに焦点を当てることを通して共同体を再構築することが、解決策の重要な部分を占めると信じている。だが私は政治家ではない。暴力を終わらせるために最終的に必要となることをすべて知っているわけではない。しかし、我々を団結させ、一体感を維持してくれるような大統領が必要であることはわかっている。我々をさらに分断させるような政策や考えは、解決策にはならない。**

オハイオ州でヒラリーがトランプに遅れを取っていることはレブロンにとって気がかりだった。ヒラリーを後押しするため、彼は選挙戦に協力した。選挙の二日前、二人はクリーブランドの公会堂の舞台裏で対面した。「あなたほど大きく、あなたほど忙しい方にこのために時間を割いていただけるなんて」と、ヒラリーは彼に言う。

「もちろん」とレブロン。

それからレブロンはヒラリーとともにステージに上がり、盛大な拍手で迎えられた。「私が市内中心部の貧困地区でどう育ったか、皆さんに知ってもらいたい。そういう子どもたちの一人だった。『自分たちの票に意味なんてない』と考えるようなコミュニティの一員だった。しかし、そうではない。意味はある。本当にある」

レブロンは地元の観衆を盛り上げた。そして彼は、ヒラリーに投票することが不可欠だと自分が考えている理由を明確に語った。自身の慈善財団と、教育を通じて子どもたちの前進を支援するという財団の使命に触れた上で、「ヒラリー・クリントンが大統領になれば、その子どもたちの夢を現実にすることができる。それが私にとってすごく大事なことだ。そして、この女性はそれを続けていってくれると信じている」と語った。

＊＊＊

選挙の夜、キャバリアーズはホームでアトランタ・ホークスに敗れた。試合後、レブロンとサバンナは一晩中起きていて、選挙結果を確認していた。激戦となっていた重要な州をトランプが次々と制していくのを見るのはつらいことだった。特にオハイオ州を取られたことには心が痛んだ。翌朝、ヒラリーはトランプに対して負けを認めた。「私たちは開かれた心と、国を率いるチャンスを彼に託す。私たちの立憲民主主義は、円滑な権力移譲を重んじている。私たちはそれを尊重するだけでなく、大切にしている」と彼女は述べた。

レブロンは落胆した。オバマは彼の息子たちや、他の多くの若者たちにとって力強い模範となっていた。同様にレブロンは、ヒラリーも彼の娘や他の数え切れないほどの若い女性たちにとって、素晴らしい模範になれるはずだったと感じていた。しかし、トランプはあまりに対立姿勢が強く、レブロンにとっては彼を若者たちの模範としてイメージすることは難しかった。朝食の席で、彼はサバンナに言った。自分たちの影響力をもっと活用して、ポジティブな変化を起こす大きなきっかけにならなければならないと。

レブロンは、NBA中の選手やコーチたちが、トランプ大統領によって最悪の事態に陥る可能性を恐れていることを知っていた。「選手たちの顔を見てみれば、彼らのほとんどはマイノリティとして直接罵倒された経験のある者たちだ」と、ウォリアーズのスティーブ・カーヘッドコーチは語った。「非常にショッキングなことだ。突然のように、自分たちを率いていくことになる人物が、人種差別的、女性差別的、侮辱的な言葉を日常的に使っているという現実に直面するのだから」。サンアントニオ・スパーズのグレッグ・ポポビッチヘッドコーチとロサンゼルス・クリッパーズのドック・リバースヘッドコーチも同様の感情を口にした。しかし、レブロンには二億人以上のフォロワーがおり、その多くは若者たちだった。彼はもっと前向きなニュアンスを打ち出す責任があると感じていた。

「マイノリティと女性の皆さん、これが終わりではないことを知ってほしい。単なる手ごわい障害でしかない。私たちはそれを乗り越えていく！」と、彼はInstagramで語った。「すべての若者たちへ。私はこれからも毎日、何もためらうことなく君たちを引っ張っていくことを約束する！　自分の子どもたちが人生の中で可能な限り最高の模範的市民になれるように、教育して、さらに形作っていくのはこれからだ！」

＊＊＊

トランプとメラニアは二〇一六年一一月一〇日、ホワイトハウスを訪れてオバマ夫妻と会談し、政権移行プロセスを開始した。奇しくもそれは、キャバリアーズがオバマ大統領からの表彰を受けるためにホワイトハウスを訪れるのと同じ日だった。式典の前、レブロンとチームメイトたちはルーズベルト・ルームでオバマ政権のメンバーと会談し、クリーブランドの法執行機関と地域住民の関係を改善する方法について話し合った。レブロンはまた、ファーストレディとも一緒に過ごした。誰もトランプの名前を口にはしなかったが、全員の頭の片隅に彼の存在があった。

ジョー・バイデン副大統領とともにチームのメンバーを集め、ホワイトハウスのサウスローン（南側芝生）で熱気あふれる謁見を行ったとき、オバマ大統領の表情は明るかった。

「ホワイトハウスへようこそ。世界チャンピオンのクリーブランド・キャバリアーズに拍手を」とオバマは笑顔で言った。「まさにそうだ。私は『世界チャンピオン』と『クリーブランド』という言葉を同じ文の中で言った」

誰もが笑った。

「希望と変化について話をするというのは、こういう話をすることだ」とオバマは言う。

また全員が笑った。

オバマは選手たちや自分自身についてジョークを飛ばし、それから真剣になった。「バスケットボールのやり方を見れば、その人がどういう人間なのかよくわかる」と彼は言う。

選手たちは背筋を伸ばした。

「レブロン・ジェームズを見れば、単に彼のパワーやスピードや高さだけではない。彼の無欲さ。彼の仕事に対する献身性。彼の決意の強さ」と、オバマは続ける。

レブロンは物思いにふけるように、顎を下げて胸につけた。

「アクロン出身の少年だった彼が、崩れ落ちるように膝をついた瞬間を見ただろう。彼にとっては、何年も前に交わしていた約束をついに果たすことができたと理解した瞬間だ。オハイオ州北東部に優勝を取り戻したのだ。それまでずっと、クリーブランドはビリーブランドであり続けていた」とオバマは言う。

レブロンはこうしたホワイトハウス訪問の機会を大事に思っていた。チームメイトたちと肩を並べ、尊敬するリーダーから称賛を受けられるのは、とても喜ばしいことだった。米国大統領の中でオバマほど、黒人アスリートを国の政治プロセスに参加させ、選挙戦に関与させ、国内政策の目標達成のため自身のキャンペーンに協力を要請した者はかつていなかった。アレクサンダー・ウルフは自身の著書『オーダシティ・オブ・ホープ：バスケットボールとオバマの時代』の中で、オバマが「過去のどの大統領がどのスポーツを利用したよりも、頻繁かつ効果的に」バスケットボールを利用したと論じている。NBAにとって、オバマの任期はNBAプレーヤーの経済力と文化的影響力がかつてないほど高まった時期と一致していた。レブロンにとっては、オバマが大統領となったことは、優れた政治家から学び、彼の友人となり同盟者となる絶好の機会だった。

オバマはバスケットボールを、人々を鼓舞して団結させる道具として扱っていた。彼は最後にもう一度、そのメッセージを確実に伝えようとした。「このキャブスは、自分たちのプラットフォームを活用して発言するアスリートの新世代を象徴している。ケビン（・ラブ）はキャンパスでの性的暴行と戦っている。レブロンは銃による暴力などの問題に取り組み、より多くの子どもが大学へ進学できるようにするためにもミシェルと協力している」

レブロンは、時間が止まっていてほしいと願った。彼の人生を変革する役割を果たしてくれた大統領とファーストレディと一緒にホワイトハウスにいられる時間は今回が最後だとわかっていた。

# CHAPTER 36 ろくでなし

クリーブランド・キャバリアーズに復帰して三年目のシーズン、レブロン・ジェームズはスタッツの主要カテゴリーを軒並み向上させた。一試合あたりの得点も、リバウンド数も、アシスト数も、前の二シーズンを上回った。そして三二歳になっても、レブロンは一試合平均三八分近く出場していた。それでも、彼にとってNBAで一四年目となったシーズンを最も決定づけたのは、コートの外での活動だった。

二〇一六年一一月、ニューヨーク・ニックスと対戦するためにチームがこのシーズン初めてニューヨークに遠征した際、レブロンはトランプ・ソーホーに宿泊しないことを選んだ。大統領選の行われるずっと前からチームが予約していたホテルだった。レブロンが自分のホテルを独自に確保すると、チームメイトたちも彼に続いた。この動きは全国ニュースで伝えられ、『ニューヨーク・タイムズ』紙は「レブロン・ジェームズがドナルド・トランプのホテルをボイコット」と報じた。レブロンは記者団に、トランプについて何か意見を表明しようとしているわけではないとしつつ、次のように語った。「結局のところは、彼がこれまでで最高の大統領の一人になってくれることを願っている。私の家族のためにも、私たち全員のためにも。ただ、私の個人的な好みの問題だ。レストランに行って、ステーキではなくチキンを食べようと決めるのと同じことだ」

レブロンは自信に満ちていた。アスリートにはさまざまな経済的手段があることを彼は理解しており、それを積極的に利用しようとしていた。トランプ・ソーホーは、ニューヨークを訪れるプロスポーツチームの間で人気のホテルだった。レブロンが公然と他のホテルに宿泊することを選んだあと、およそ二〇のスポーツチームと、他にもいくつかのクライアント企業がトランプ・ソーホーでの宿泊を取りやめた。一年も経たないうちに、ホテルとトランプ・オーガニゼーションの間で、「トランプ」の名を外すことが合意に達した。他にもＮＢＡのいくつかのチームが、それぞれ独自に他都市のトランプブランドのホテルに宿泊することを取りやめていた。

レブロンは、トランプ大統領を公には批判しないようにしていた。トランプの名前に言及することすらも避けるよう徹底していた。しかし、ニックスのフィル・ジャクソンＧＭが人種差別的な意味を込めた言葉で彼の友人たちを侮辱した際には、レブロンは異なる対応をとった。ジャクソンはＥＳＰＮが二〇一六年一一月に行ったインタビューの中で、レブロンがマイアミを去る決断はパット・ライリーとマイアミ・ヒートの組織に対する「顔面への平手打ち」だったと発言。さらにジャクソンは、レブロンが特別扱いを望んでいたという見解を示した。「レブロンがヒートでプレーしていたとき、チームがクリーブランドを訪れると、彼はそこで一晩過ごしたいと望んだ。だがチームには宿泊の予定はなかった。自分と母親と『posse』がクリーブランドで一晩余計に過ごしたいからといって、チーム全体を引き留めるわけにはいかないだろう」とジャクソンはＥＳＰＮに語った。

マーベリック・カーターは気分を害した。Twitterで彼はジャクソンをタグ付けし、「posse」という語の辞書による定義のスクリーンショットを投稿した。「法律を執行するために保安官によって召集された男たちの集団であり、通常は武装している」と。もしジャクソンが、レブロンの「エージェント」や「ビジネスパートナー」と呼んでいれば話は違っていただろう、とマーベリックは感じていた。「しかし、相手が若い黒人だからそういう言葉を使ってくるんだ」と彼は語る。一歩進むたびに、あいつらは「このスラム出身者め」と思い知らせてくる。マーベリックはそう考えていた。

レブロンもマーベリックと同意見だった。どう答えるべきか思案していたところ、彼はジャクソンが二〇〇四年に出版した著書『ラストシーズン』の中でも「posse」という言葉を使っていたことを知った。そこにはこう書かれていた。

**（レブロン・ジェームズは）間違いなく才能があるように見えるが、一九歳の選手がNBAでプレーするべきだとは思わない。このような若者は、車や女を手配してくれるposseに依存しすぎて、おそらくは自立した人間に成長することができない。そういったことがどれほどの精神的ダメージを与えたのか、いつか本当にわかる日が必ず来るはずだ。**

レブロンは、シカゴ・ブルズで六度、ロサンゼルス・レイカーズで五度の優勝を成し遂げたコーチとして、ジャクソンのことをずっと尊敬していた。しかしそのジャクソンが、レブロン自身だけでなく、彼の友人たちにまで敬意を欠く言葉を吐いていることには胸が痛んだ。レブロンがプロになったとき、彼はマーベリック、リッチ・ポール、ランディ・ミムズを成功させる立場に置いた。何も施したわけではない。ただ、多くの努力と粘り強さがあっただけだ。彼らが今いる場所に到達するには一四年の歳月を要した。今やマーベリックはハリウッドで成功を収めたエンターテインメント企業の創設者兼CEOだ。リッチはクラッチ・スポーツ・グループの創設者兼CEOであり、NBAプレーヤーの顧客が急増していた。そしてランディは、キャバリアーズの組織内で選手の予定作成や移動を担当する幹部管理者を務めている。

「今のこの時点で、若いアフリカ系アメリカ人につける肩書が『posse』という言葉なのは最悪だ」と、レブロンは記者団に語った。「言葉の定義を読んでみれば、私がこれまでのキャリアを通して築いてきたものとは違う。私を表す言葉でも、私の家族を表す言葉でもない。彼がその言葉を使った唯一の理由は、アフリカ系アメリカ人の若者たちが変化を起こそうとしているのを目にしたからだと思う」

ジャクソンはマイケル・ジョーダンからコービー・ブライアントまで、伝説的な選手たちを指導してきた。その誰一人として彼を擁護しようとはしなかった。しかし、ニックスのスター選手であるカーメロ・アンソニーは、ジャクソンのコメントを客観的に捉えようとすることを恐れなかった。彼は次のように語る。「人によっては、『posse』という言葉には何も特別な意味はないかもしれない。別の人にとっては、軽蔑的な言葉になるかもしれない。その言葉で誰を指しているのか、誰の話をしているのか、すべてはそれ次第だ。この場合、(ジャクソンは)五人の黒人男性のことを話していた」。カーメロは言葉を選んではいたが、自分のチームのGMが判断を誤ったと考えていることは明確にした。

この時点で、マーベリックとリッチはNBA中の選手たちからビジネス手腕を高く評価されており、選手たちの多くはレブロンを支持した。そしてニックスが低迷する中、メディアはジャクソンが傲慢だと非難した。

レブロンはジャクソンに対する尊敬の念を完全に失ったことは明らかだと言ったが、謝罪を求めるつもりはなく、先へ進んでいくと語った。しかし、TNTのチャールズ・バークレーが自分を「不適切」で「愚痴っぽい」と批判したことに対しては、レブロンはそれほど寛容ではいられなかった。ジャクソンの発言に続いてバークレーは、レブロンがもう一人新たなプレーメーカーをロースターに加えるよう公然とチームに働きかけているのは、ダン・ギルバートに対する脅迫ではないかとNBAの放送中に語った。「彼にはカイリー・アービングもいるし、ケビン・ラブもいる。誰でも欲しがっている。彼は競争したくないんだ。いつも有利に戦い続けたいんだ。あれほど偉大な男が競争したがらないなんて腹が立って仕方がない」とバークレーは語った。

バークレーは、NBAのスター選手たちに対する辛口批判で悪名高い。数年前には、親しい友人であったジョーダンに対する否定的なコメントで友人関係を終わらせてしまい、ジョーダンが彼から離れていったのは有名な話だった。バークレーは他の選手たちとも衝突していた。レブロンはバークレーの辛辣な言葉のターゲットにされることが多かった。彼はレブロンがマイアミとの契約を決めたことを「くだらない動き」と呼んだ。TNTの視聴者に向けて、レブロンがNBA史上五本の指に入るような選手だとは絶対に考えられないともよく言っていた。レブロンは彼を無視し続けていたが、何年も口を閉ざした末に、バークレーに自分と同じ立場を味わってもらうことに決めた。

「誰かを窓から突き落としたのは私じゃない」と、レブロンはESPNで語った。「子どもに唾を吐いたこともない。ラスベガスで借金を抱えたこともない。『自分は模範じゃない』などと言ったこともない。週末にずっとベガスでパーティーをしていて、オールスターの週末に日曜日になってから顔を出したこともない。私がキャリアを通してずっとやってきたのは、正しくNBAの代表であることだけだ。一四年間ずっと。不祥事を起こしたことはない。ゲームを尊重している。しっかり覚えておいてほしい」

選手が他のNBA関係者についてこれほど率直に語るのは不快感を引き起こすものであり、メディアは報復があると予期していた。それから数日後の夜、バークレーはTNTの『インサイド・ザ・NBA』で反撃を繰り出した。「レブロンの言ったことについては構わないが……私は人生の中で馬鹿なこともやってきた。それでも、誰かに対して個人攻撃をしたことはないし、これからすることもない。絶対に！」

TNTでバークレーと共演していたシャキール・オニールは、放送中に、レブロンが競争しようとしないと言ったのは個人攻撃ではなかったのかと指摘した。「あの男に個人的なことを言っただろう。そしてあの男はあなたに個人的なことを言った」とシャックは語った。

＊＊＊

キャバリアーズは二〇一六―一七シーズンをイースタン・カンファレンス二位の成績で終えた。プレーオフの最初の二ラウンドはどちらも相手をスウィープし、イースタン・カンファレンス決勝ではボストン・セルティックスと激突。セルティックスのダニー・エインジGMは、二〇歳のジェイレン・ブラウンや二二歳のマーカス・スマートといった新進気鋭のスター選手たちをドラフトで獲得してチームを再編しており、セルティックスはカンファレンス第一シードとなっていた。だがキャバリアーズは圧倒的な強さでファイナルに進出し、三年連続でゴールデンステート・ウォリアーズと対戦することが決まった。

NBAとABCは、またしても最大のスター同士が激突する大一番を放送することになった。しかしレブロンは、オークランドでファイナル第一戦の準備をしている最中に、ブレントウードにある彼の家の正門に「Nワード」が落書きされるというヘイトクライムをロサンゼルス当局が捜査しているという知らせを受けた。幸い、サバンナ・ジェームズと子どもたちはオハイオに戻っていた。家族の様子を確認したあと、レブロンはメイミー・ティルのことを思いだした。五〇年代のミシシッピ州で、一四歳の息子エメットが二人の白人男性に残酷に殴り殺されたあと、棺を開けたまま葬儀を行うことを選んだ女性だ。

アリーナに到着したレブロンは、緊張を抱きつつメディアに対応した。「このことは、今私の心を殺しているようなものだ。どんなに金を持っていても、どんなに有名であっても、どんなに多くの人に称賛されていても、米国で黒人であることは……難しいことだ」と彼は語った。

そして、エメット・ティルの母親の話を持ち出した。「彼女は、ヘイトクライムと、米国で黒人であることに関して、自分の息子が経験したことを世界に示したかったのだろう」

バスケットボールライターたちにとって、この会見はそれまで出席したどのNBAファイナルの記者会見とも違っていた。

「見ての通り」と、レブロンは続ける。「私がいつものような元気な自分ではないことがおわかりだろう。

こういうことは過ぎ去っていく。それでいい。それは理解している」

レブロンの言葉は、元野球選手のハンク・アーロンにも響いた。「レブロンの言っていることは理解できる。私も彼と同じように感じていた」と、アーロンはファイナル第一戦の前に『アトランタ・ジャーナル=コンスティテューション』紙に語った。アーロンは七〇年代初頭にベーブ・ルースの本塁打記録に迫ったとき、黒人が野球界の聖域に到達するのを見たくない人々から大量の殺害予告や悪意を込めた手紙を受け取った。「年をとるにつれて、そういうことにもう少しうまく対処できるようになった。だが夜に家に帰ると、『私が何か悪いことをしたか?』と口にすることもあった。八二歳になった今でも、当時起きたことについて考えている。私はただ野球がしたいだけだった」

かつてのレブロンは、ただバスケットボールがしたいだけだった。しかし、そんな日々はもうとっくに過ぎ去っていた。米国で最も有名な黒人アスリートという立場には、容赦のない重さがあった。

レブロンは第一戦で、そしてNBAファイナルを通して輝きを放った。カイリー・アービングも同じだった。彼らはコンビとして絶頂期を迎えていた。アービングはファイナルで一試合平均二九得点以上を記録。そしてレブロンは一試合あたり三三・六得点、一二リバウンド、一〇アシストで、ファイナルでの平均トリプル・ダブルを達成したNBA史上初の選手となった。それでも、キャバリアーズはウォリアーズとは勝負にならなかった。ケビン・デュラント、ステフィン・カリー、クレイ・トンプソン、ドレイモンド・グリーンらがキャバリアーズを圧倒し、シリーズを五試合で制した。ファイナルMVPにはデュラントが選ばれた。

最終戦のブザーが鳴ったあと、レブロンはデュラントと抱き合った。NBAの評論家たちは、デュラントはウォリアーズに移籍することで優勝へのやさしい道を歩んだとして大々的に批判していた。レブロンはそうは思っていなかった。彼はデュラントやウォリアーズと競い合うのが大好きだった。そしてレブロンの考えでは、ウォリアーズは長い期間を見据えて作られたチームだった。四人のオールスター選手はまだ二十代だ。一方でレブロンは、一四年目のシーズンを終えたところだった。キャバリアーズがウォリアーズを追い続けたいのであれば、キャバリアーズにはレブロンとアービングを助けられる選手が必要だった。

しかしその夏、レブロンはキャバリアーズがアービングをセルティックスにトレードしようとしていることを知って愕然とした。二〇一六—一七シーズンのファイナルを終えたあと、アービングはダン・ギルバートの元へ行き、トレードを直訴した。ギルバートもアービングも、そのことをレブロンに知らせはしなかった。

セルティックスのダニー・エインジGMは、アービングの代理人を通じて彼がキャバリアーズからの退団を望んでいることを知り、興味をそそられた。優勝を争える力のあるロースターをさらに強化するため、セルティックスはジェイソン・テイタムをドラフト指名したばかりだった。セルティックスがイースタン・カンファレンスの覇権を取り戻すためには、キャバリアーズが唯一立ちはだかるチームだった。そのキャバリアーズのロースターからアービングを引き抜き、セルティックスのロースターに加えるチャンスがあるというのは、絶大な一手だった。二五歳のアービングは四度のオールスターに出場し、ＮＢＡでも屈指のタレントへと成長していた。エインジとしては、アービングの全盛期はこれからだと考えていた。

アービングが三年連続でＮＢＡファイナルに進出したチームから、またレブロンからも離れたいと望んでいるのは、エインジにとって驚きではなかった。「いつも勝つことだけがすべてではない。表面的には、アービングがレブロンとキャバリアーズを離れたいと思うのは理にかなっていない。だが、世の中の夫婦がくだらない理由で離婚するのが理にかなわないのも同じだ。感情こそが真実だ。二十代の彼らにとって、感情的な部分は非常に現実的な要素だ」とエインジは語った。

一年前にキャバリアーズがタイトルを獲得したとき、アービングはレブロンを、交響曲を作曲するベートーベンにたとえた。しかしアービングは、三年間を経て、レブロンの陰でプレーすることから抜け出したいと思っていた。セルティックスであれば、彼は最も輝くスターとなってチームをタイトルに導くことができるように思えた。

レブロンは、キャバリアーズがこの取引に踏み切ることを望まなかった。アービングはまだ契約を三年間残しており、トレードを強行する武器を持ってはいなかった。しかし、レブロンが介入しようとした時点で、アービングはもう身体検査とリーグによるサインを待つだけの状況だった。レブロンが自ら庇護下に置いて導いていこうとした選手は去ってしまった。さよならを言う気にもなれなかった。

レブロンは内心では傷ついていたが、表面的にはTwitterでアービングの幸運を祈った。「少年でいられる方法はそれしかない。特別なタレント、特別な男！　尊敬以外に何もない。一緒に駆け抜けた最高の三年間……」

＊＊＊

レブロンがサポート役の喪失を受け入れようとしている頃、トランプ大統領はアラバマ州ハンツビルで政治集会を開いた。ほとんどが白人である聴衆の前で、トランプは、国歌斉唱中にひざまずいて警察の横暴や人種的不正に抗議するアスリートたちについて語った。「我が国の国旗に敬意を示さない者がいたとき、NFLのオーナーたちの誰かが『あのクソ野郎を今すぐフィールドから追い出せ。出ろ。あいつはクビだ』と言うのを見たくはないか？」。群衆は歓声を上げた。「あいつはクビだ！」とトランプは繰り返し、聴衆を盛り上げた。

この時点でコリン・キャパニックはNFLを離れており、国歌斉唱中の膝立ちをめぐる論争も沈静化していた。しかし、トランプの集中砲火が問題を再燃させた。彼の支持者の多くは、ソーシャルメディア上で支持を表明した。一方でNFLプレーヤーたちの多くは、大統領の暴言は人種差別を助長する危険なものだと感じていた。NFLコミッショナーのロジャー・グッデルは、事態を和らげようと、慎重に言葉を選びつつ選手たちを支持する声明を出した。しかし、トランプはTwitterで「あいつらに立つように言え！」とグッデルを非難した。

レブロンは信じられない思いだった。その一カ月前には、シャーロッツビルで開催された白人ナショナリストによる「ユナイト・ザ・ライト」集会において、抗議デモを行う群衆にネオナチが意図的に車を突っ込ませ、女性一人が死亡、数十人が負傷する惨事となった。トランプは双方に責任があると主張していた。そして今回トランプは、ひざまずくという平和的な方法で人種差別に抗議することを選んだ一人の黒人アスリートに対して、シャーロッツビルを行進する白人至上主義者たちに対するよりも敏感な反応を見せた。二〇一七年九月二三日、レブロンは朝に目を覚ました時点ですでにこの状況に煮詰まっていたが、さらにトランプがカリーにまで怒りを向けるのを目にした。

アラバマ州で行われたトランプの演説のあと、カリーは九月二二日に記者団に向けて、もし自分で決められるならウォリアーズはホワイトハウスに行かないだろうという考えを述べた。チームのシーズン初練習後に開かれた記者会見で、カリーはメディアにこう語っている。「なぜ彼が特定の個人たちをことさら狙い撃ちする必要があると感じているのかわからない。思い当たる理由はあるが、一国のリーダーがそんなことをするのはいかがなものか。リーダーのすることではない」

翌朝の東部時間八時四五分、トランプはこうツイートした。「ホワイトハウスに行くことは、チャンピオンチームにとって大きな名誉だと考えられている。カリーは躊躇しているので、招待は撤回だ！」

カリーはレブロンのライバルだった。しかし、レブロンはこんなことを見るのはもうたくさんだった。大統領はスポーツを、不和を引き起こす材料として使っている。その朝、東部時間一一時一七分、レブロンはトランプに向けてツイートした。「おい、ろくでなし（U bum）。カリーは自分から行かないと言ったんだ！

招待なんかじゃない。ホワイトハウスへ行くことは大きな名誉だった。お前が現れるまではな！」

他のアスリートやコーチたちも、以前からトランプの言動に眉をひそめていた。しかし、これほど力強く、これほど直接的にトランプに立ち向かったのはレブロンが初めてだった。即座に大きな反応が巻き起こった。その日の午後、グリーンは記者団からレブロンのツイートをどう思うか訊ねられた。「あいつのことをろくでなしだって。尊重する」と、グリーンは微笑みながら答えた。コービー・ブライアントは、「不和と憎悪を煽るような言葉を発する大統領は、おそらく『米国を再び偉大に』はできないだろう」とツイートした。全米選手権で優勝したノースカロライナ大学のバスケットボールチームは、ホワイトハウスには行かないと表明した。翌日には、NFLの全選手が国歌斉唱の際にひざまずいて連帯を示した。二四時間のうちに、レブロンのツイートは一五〇万人に「いいね」され、六二万回以上リツイートされた。トランプの最も人気の高かったツイートは選挙当日に投稿されたすべて大文字の勝利宣言であり、三三万五〇〇〇回リツイートされていたが、レブロンはそれを上回った。レブロンのツイートは最終的に、二〇一七年に世界で最もリツイートされたアスリートのツイートとなった。「バスケットボールのスーパースターは、大統領以上にアメリカ人を団結させることが明らかになった」と『スレート』誌は述べた。

レブロンの「U bum」ツイートは、四つの文字とスペース一つで、アスリートによる政治的言論のあり方を再定義するものとなった。そして、自ら意図したことではなかったとはいえ、レブロンは今や人種と社会正義をめぐるアスリートたちと大統領との戦いの最前線に立つことになったのだ。『ニューヨーク・タイムズ』紙は、「トランプがカリーを攻撃。レブロン・ジェームズ反論：U bum」と見出しを掲げた。『ザ・ニューヨーカー』誌のデイビッド・レムニックは、「『U Bum』という、レブロン・ジェームズからトランプに対する簡潔なツイートの背後にある感情に反論することは可能だろうか？　不可能だ」と書いた。

そしてレブロンは、自分の発言から逃げることはなかった。トレーニングキャンプ中にキャバリアーズのメディアデーが行われたとき、報道陣は彼に、大統領をろくでなしと呼んだことを後悔しているかどうかと訊ねた。レブロンはしていないと答えた。

「彼は自分がこの美しい国のリーダーとして持つことになる力を理解していない。人種に関係なく、どれだけの子どもたちが合衆国大統領を尊敬し、指導力やリーダーシップや励ましの言葉を求めているのかを理解していない」とレブロンは語った。

一旦言葉を止め、また続ける。「それが何よりも嫌気の差すことだ。世界ナンバーワンの立場に、そういう誰かがいること。皆さんは同意してくれるか?」と、レブロンは部屋の中の記者たちを見渡した。「米国大統領であることは、世界で最も強力な地位だ。そして今の時代なら、その最も力のある地位にいる者が、人々をもっと近づけて団結させ、若者を勇気づけて安心させられるチャンスがある。街に出て通りを歩いても構わない、肌の色や人種で判断されることはない、と言ってくれればいいんだ。彼はそのことを理解してもいないし、気にもしていない!」

レブロンは、大統領をろくでなし呼ばわりしたことを後悔しているかという最初の質問に話を戻した。

「ノーだ。もし後悔していたらツイートを削除するだろう」と彼は答えた。

レブロンの選んだ言葉は、他のアスリートたちが発言するための援護射撃となった。また、彼の発言は、多くの黒人選手と白人オーナーとの間に存在していた暗黙の断絶を露呈させた。NFLやNBAのオーナーの多くは、トランプに資金援助をしていた。ダン・ギルバートもその一人だ。彼のクイッケン・ローンズ社はトランプの就任式に七五万ドルを寄付していた。

レブロンは「U bum」のツイート以降、ギルバートから連絡を受けてはいなかった。しかしギルバートは、レブロンの発言に激怒した人々からたっぷりと苦情を聞かされていた。ギルバートのボイスメールに残されたメッセージは、彼がこれまで聞いたこともないような下劣で人種差別的なものだった。ギルバートにとっては目が覚めるような思いだった。

「人種差別に絡む要素の中には、私にとって、この国に存在していると気がついていなかったようなものもある」と、ギルバートはCNBCの『スクアーク・ボックス』で語った。「これまで聞いたことがないほど不快なものだった。それが彼らの声で聞こえてくる。問題に関係すらないことだった。彼らの本性に迫るものだ」

レブロンのツイートと、プロスポーツ界全体に広がった抗議の影響で目が覚めたオーナーはギルバートだけではなかった。NBAとNFLの多くのチームオーナーは公然と選手たちを支持した。大統領がファンに対して、選手がひざまずき続けるならNFLの試合をボイコットするよう呼びかけたあとでも、支持は変わらなかった。NBAとNFLの選手たちは奮い立ち、二〇一七―一八シーズンを通して抗議活動を行った。二〇一八年のスーパーボウルでフィラデルフィア・イーグルスがニューイングランド・ペイトリオッツを破ったあと、イーグルスの選手たちの多くがホワイトハウスを訪問しないことを明言した。それに対してトランプは、チームの招待を中止した。

＊＊＊

二〇一八年一月一四日、オハイオ州アクロンでは雪が降っていた。キャバリアーズがウォリアーズを迎え撃つ前夜のことだ。レブロンはデュラントに故郷を案内していた。二人はESPNのキャスターであるカリ・チャンピオンが運転するSUVの後部座席に座っていた。チャンピオンはダッシュボードにカメラを取り付けた上で、レブロンとデュラントが会話しやすいようサポートした。レブロンとデュラントは、お互いと対戦することがどんな感じなのかといった話から始めた。しかし、モハメド・アリがベトナムで戦うことを拒否したためヘビー級タイトルを剥奪されたという話をレブロンが持ち出すと、すぐに流れは変わった。デュラントは、そういったところに踏み込もうとするレブロンの意志に感銘を受けた。バックミラーに目をやりながら、チャンピオンは言った、「この国は今、分岐点を迎えている。レブロン、あなたは大統領をろくでなしと呼んだ」

「その通り」とレブロン。

デュラントは微笑んだ。「その通りだ」

「世界で起きていることについて話したいと考えていて、話をする場も持っているアスリートに対して、周囲はどのような風潮だと言えるのか?」とチャンピオンは訊ねる。

レブロンはこう答えた。「米国でナンバーワンの仕事に、人々のことを理解せず、人々のことなどどうでもいいと考えているような誰かが就いている……あの男の口から出る言葉を私たちが変えることはできないが、私たちを見ている人たち、私たちの話を聞いてくれる人たちに、こんなやり方は間違っていると警告し続けることはできる」

「リーダーシップについて、そしてこの国で起こっていることについての話だ。私たちの国というチームは、素晴らしい指導者に率いられてはいないと思う」とデュラントは言った。

チャンピオンは、レブロンやデュラントは黒人男性ではあっても裕福であることで、人種差別とは縁がないと考える者たちもいることを指摘した。

「私は財産のある黒人の男で、ブレントウードにちっぽけな家を持っているが、その家の門にスプレーで『ニガー』と書かれた」とレブロンは言う。

「クレイジーだ」とデュラント。

「アフリカ系アメリカ人が、男であれ女であれ、どれほどのお金や立場や地位を手にしたとしても、あいつらは私たちがまだ下にいることを知らしめる方法をいつも何か考え出そうとしてくる」とレブロンは言う。「そういう考え方に屈するか、それともただ口を閉ざしてこう言うかだ。『おい、このムカつく門を塗り直して、次はもっと高くしてやる』って」

十代の頃、デュラントはレブロンに憧れていた。今は別の理由で彼を尊敬している。「君には長男が生まれた。それから次男も。それから娘も。私の人生はまだそういう段階にもきていない。どうすれば毎日、もっと良い父親や夫になれるものだろうか？」とデュラントは訊ねた。

「親になるとき本当に役に立ったのは、自分が子ども時代に経験したことだ。父親がいなかった」とレブロンは答え、自分が親になる上での姿勢を説明した。「子どもが三人いるけど、どうすればもっと良い夫になれるか、どうすればもっと良い父親になれるか、今も学んでいる最中だ」

「現在進行形、だと」とデュラント。

「終わりはない、兄弟」とレブロン。「この道の終わりに望むのは、子どもたちが自分で自分の人生を生きる時期が来るまでに、十分な人生の教訓を与えることだ。子どもたちは自分の力で花開くことができる」

デュラントもチャンピオンもうなずいた。

「夫であることも同じだ。自分がしっかりやれていることさえわかっていれば、あとのことは自然とうまくいくものだ」とレブロンは言う。

「それはいい」とデュラント。

世界で最も偉大な二人のバスケットボール選手による特別な会話だった。一カ月後にその様子が放映されると、ＦＯＸニュースの司会者ローラ・イングラハムは、レブロンがトランプについて語った部分に着目。自身の番組『ザ・イングラハム・アングル』で、レブロンとデュラントを「かろうじて理解できる」「文法が正しくない」と笑いものにし、「あんな風な喋り方をしなければならないの？」と語った。「残念なことに、多くの子どもたちが、そして一部の大人も、このような無知な発言を真に受けてしまう……ボールをバウンドさせるだけで年間一億ドルも支払われるような誰かに、政治についての意見を求めようとするのは、やはり賢明なことではない」

多くの点で、イングラハムはまさにレブロンが言った通りのことをしていた。彼らが、まだ自分の下にいると知らしめる方法を考え出そうとしたのだ。しかし、そうすることで彼女は、この国で最も著名な二人の黒人アスリートが結婚、子育て、そして自分の信念に忠実であることの葛藤について語り合った非常に切実で率直な会話を、意図的に無視したのだ。

「レブロンとケビン。二人は素晴らしい選手だけど……」と、イングラハムは言う。「しかし、誰もあなたたちに投票したわけではない。何千万人もの人々がトランプを自分たちの監督に選んだ……だから、政治的な論評は自分の中だけに留めておくか、誰かがかつて言ったように、黙ってドリブルをしていなさい」

イングラハムの一連の発言は、NBAオールスターゲームがロサンゼルスで開催される数日前に放送された。反発はすぐに起こった。『ニューヨーク・タイムズ』紙のオピニオンコラムニスト、モーリーン・ダウドはこう書いた。「『黙ってドリブルをしていなさい』という言葉に、ドナルド・トランプとその信奉者たちの態度が集約されている。大統領がスポーツを利用して人種的反感を煽り、自身の支持層を興奮させるとき、声を上げるアスリートに対する態度だ」。全米のアスリートやコーチたちがイングラハムの発言を嘆かわしく思った。デュラントは「人種差別主義者」と呼んだ。しかし、レブロンはイングラハムの無知を好機と捉えた。彼女の番組が放映された翌日、レブロンはオールスターゲームに向けた記者会見を開いた。「彼女が私のためにしてくれた最高のことは、さらに注目を集めてくれたことだ。今日ここに座って、社会的不公正と平等について話すことができる。だから、彼女の名前が何であれ、ありがとう。彼女の名前も知らないが」

バスケットボールライターたちは、レブロンが彼女の名前を知らないと言ったことを気に入った。マーベリックも彼女の名前を知らなかった。しかし、彼には考えがあった。「黙ってドリブル」というフレーズを、テレビ番組の題材として使ってやればいい。レブロンも賛成した。彼らはブレインストーミングを始め、最終的に『モア・ザン・アスリート』と名付けた八部構成のドキュメンタリーシリーズを思いついた。レブロンとマーベリックがプロデュースを行い、ＥＳＰＮ＋はそれを放映することに同意した。

レブロンは選手による社会活動の最前線に立ちながらも、一五年目のシーズンもコート上でのパフォーマンスが衰えることはなかった。シーズン半ばに三三歳となった時点で、彼はフィールドゴール数がリーグ一位、得点数と出場時間は二位だった。ウォリアーズのスティーブ・カーヘッドコーチは、レブロンは二八歳の頃よりも三三歳の現在のほうが良くなっているのではないかという考えを述べた。「一〇年目より一五年目のほうが良くなる選手がどれだけいるだろうか？」とカー。「名前を挙げてみよう。マイケル、バード、マジック、ウィルト、カリーム、ビル・ラッセル。一五年目まで到達すらできなかった者も多い。この中に、一〇年目より一五年目のほうが良くなった選手がいるだろうか？　想像できない」

しかし、キャバリアーズにとっては苦難の一年だった。安定して勝つことができず苦戦を強いられた。コーチのタイロン・ルーは、仕事上の不安から休養を余儀なくされた。そして、キャバリアーズはシーズン中にあまりにも多くのトレードを行い、優勝を経験したロースターの多くは他の場所へ去ってしまった。大きな混乱の中、キャバリアーズはイースタン・カンファレンス第四シードとしてプレーオフに滑り込んだ。フランチャイズには、レブロンがクリーブランドで過ごす時間は終わるのではないかという大きな疑問が漂っていた。

それは、レブロンがしばらく考えていた疑問だった。彼とギルバートの関係は純粋に業務上のものでしかなかった。フランチャイズは混乱に陥っていた。レブロンは子どもたちの事情も考える必要があった。長男ブロニーは中学生となっており、レブロンとサバンナは息子たちが高校生の間にどこに住むかを思案していた。一つの選択肢はロサンゼルスだった。近郊のブレントウードにはシーズン中にもう一つ家を購入していた。だがひとまず、レブロンはクリーブランドでの最後のプレーオフに向けて準備を進めていた。

劣化したロースターで、何人かの選手が負傷にも苦しむ中、キャバリアーズはインディアナ・ペイサーズと対戦した一回戦で激しい七試合を戦い抜いた。第七戦ではレブロンが四五得点を挙げてチームを勝利に導く。さらにレブロンはほぼ一人の力でトップシードのトロント・ラプターズを撃破。バックボードに当てて決めた第三戦のブザービーター、第四戦の終盤にライン外へ着地しながらバックボード越しに決めた至難のフェイダウェイなど、次々と劇的なショットを連発した。ＥＳＰＮのスティーブン・Ａ・スミスは、レブロンのパフォーマンスを「超人的」と評し、「この男がやっていることを表現するための最上級の言葉が尽きてきた」と付け加えた。

ラプターズを一蹴したキャバリアーズは、イースタン・カンファレンス決勝でセルティックスと対戦。アービングが負傷でシリーズを欠場しながらも、セルティックスは三勝二敗とリードした。だがレブロンは四六得点を挙げて第六戦の勝利をもぎ取る。ボストンでの第七戦では、ケビン・ラブが脳震盪のため欠場した状況で、レブロンは四八分間フル出場して三五得点、一五リバウンド、九アシストを記録し、キャバリアーズを予想外の勝利に導いた。セルティックスがホームでの第七戦に敗れたのはＮＢＡ史上初めてのことだった。「これほどまでにチームを一人で背負ってファイナルへ連れて行った人物はかつていなかった。このチームをファイナルに導く以上の偉大な業績は挙げようがない」とアナリストのジェフ・ヴァン・ガンディは語った。

レブロンにとっては八年連続のＮＢＡファイナル出場となった。前例のない四年連続同一カードで、キャバリアーズはウォリアーズと対戦。シリーズはとんでもないミスマッチではあったが、レブロンはチームが最後にもう一度だけスイッチを入れて、ウォリアーズを倒す方法を見つけることができるかもしれない、と期待していた。第一戦、レブロンは五一得点を挙げたが、チームは延長戦で敗れた。ウォリアーズのカーは、「これまで誰も見たことがないのではないかと思えるレベルでバスケットボールをする男がいる」と畏敬の念を示した。

ウォリアーズはキャバリアーズを圧倒した。しかし、レブロンはキャバリアーズ加入以来屈指の勇敢なパフォーマンスを披露。四試合すべてでほぼ毎分プレーし、一試合平均三四得点、八・五リバウンド、一〇アシストを記録した。

だがいずれにせよ、キャバリアーズとウォリアーズの最後の決戦を特徴づける場面となったのは、両チーム、特にレブロンとカリーが示した政治的団結の精神だった。『ニューヨーク・タイムズ』紙がファイナル中に出した「レブロンとカリーが示した政治的団結」という見出しは、「レブロン・ジェームズとステフィン・カリーがホワイトハウス訪問を拒否することで団結」という見出しは、NBAにおける政治的情勢が四年間でどれほど変わったかを示すものだった。「このシリーズでどちらが勝っても、誰も招待を望まないのはわかっている」と、レブロンは語った。

クリーブランドで行われた第四戦の終盤、残り四分三秒でウォリアーズが二五点リードしていた状況で、ボールがライン外へ出る。キャバリアーズのベンチプレーヤーたちがスコアラーズテーブルで待っているのを見て、レブロンは自分の時間が終わったことを理解した。観衆が立ち上がって歓声を上げ始めると、レブロンはグリーン、デュラント、アンドレ・イグダーラ、クレイ・トンプソンと拳を突き合わせた。拍手は大きくなっていき、「M・V・P」の掛け声が「ザ・Q」に響き渡る。レブロンがカリーに近づくと、カリーは彼の背中を叩き、クリーブランドファンと一緒に拍手を送った。レブロンがベンチに座り、試合が再開されると、「M・V・P」のチャントはさらに大きくなった。レブロンの人生の一つの章が終わろうとしていた。ファンもそれを感じていた。レブロン自身も同じだった。二〇一七―一八シーズンは彼のキャリアの中で最も厳しい年の一つだった。それまで以上に、彼は故郷に帰ってきて良かったと思っていた。次はまた別の夢を追うことができる。

# CHAPTER 37 すべてを手にした男

二〇一八年七月一日、リッチ・ポールのエージェンシーは次のような一文のプレスリリースをTwitterで発表した。「四度のＮＢＡシーズンＭＶＰ、三度のＮＢＡファイナルＭＶＰ、一四回のＮＢＡオールスター出場、二回の五輪金メダリストであるレブロン・ジェームズは、ロサンゼルス・レイカーズと四年総額一億五四〇〇万ドルの契約に合意した」

淡々とした発表は、レブロン・ジェームズが前回クリーブランドを去ったときとは対照的なものだった。ダン・ギルバートの反応も大きく異なっていた。数時間のうちに、彼も独自の声明を出した。「レブロン、君は故郷に戻り、究極の目標を達成した。現在のクリーブランド市民も、過去のクリーブランド市民も、何世代にもわたって団結させた優勝だった……君がキャバリアーズのユニフォームを着て過ごしたすべての時間に注ぎ込んでくれたあらゆるものに対して、感謝とねぎらいの言葉しかない。我々はいつかキャブスの栄えある23番のユニフォームを欠番とする日を楽しみにしている」

それは、時代を超えた帰郷物語の綺麗な結末だった。

レブロンは、ロサンゼルスに向かうとしてもオハイオ州北東部が自分の家であり続けることを明言した。二〇一八年七月三〇日、彼は家族や友人たちとともに一旦アクロンに戻ると、「ザ・Ｑ」に掲げられた優勝旗以上に多くの人生を変えることになるであろう発表を行った。サバンナ・ジェームズとともに建設した、恵まれない子どもたちのための学校「アイ・プロミス・スクール」の開校だ。レブロンはスーツにネクタイを締めた姿で新校舎の前のステージに立ち、地域の人々と、事業を助けてくれる新たな教師たちを見渡した。最前列を見下ろすと、マーベリック・カーター、リッチ、ランディ・ミムズの三人が座っている姿もあった。彼らがいることにレブロンは驚いた。「オハイオ州アクロンで育った子どもの頃、あまりにも多くのことが起こっていた。銃撃事件や、ドラッグや、他にもいろいろと。自分が別の方向へ行ってしまうのを止めてくれたものは何だったのか？　今見渡せば、友人たちが見える。六歳や七歳の頃から一緒にいた友人たちだ」と、レブロンは語った。

マーベリック、リッチ、ランディは彼を見つめていた。

「彼らの存在こそが、私が別の方向へ行ってしまうのを止めてくれた理由だった」

学校は二四〇人の生徒で開校した。生徒一人ひとりに授業料、制服、二マイル以内の交通費、朝食と昼食、間食、自転車とヘルメットが支給されることになっていた。また、家族のための食料配給所、高卒認定試験、就職斡旋サービスもあり、卒業生全員にアクロン大学の授業料が保証された。

開校式を終えたあと、レブロンはCNNのドン・レモンのインタビューに応じ、学校のことや、子どもたちの教育を助けるための取り組みについて語った。インタビューの中で、レモンは話題をドナルド・トランプ大統領に移した。

「もし大統領がここに座っていたら、何と言うか？」とレモンは訊ねた。

「私は彼の向かいには座らない」とレブロン。

「彼と話したくはない？」とレモンが言う。

「ない。バラクの向かいにだったら座るが」

それは歴史的瞬間だった。米国で最も有名なアスリートが、米国大統領と話をする気がないと言ったのだ。

レブロンは続けた。「大統領は、私たちを分断しようとしているようなものだ」

「ようなもの?」とレモン。

「そうだ。ようなもの、とは言いたくない。彼は私たちを分断している。ここ数カ月で、彼が私たちを分断するためにスポーツを利用していることに気がついた。そのやり方に共感できないのは、私が初めて白人の誰かと一緒にいることができたのはスポーツを通してだったからだ」

レブロンはこの機会を利用して、自分自身が十代の頃に白人の生徒たちと一緒に過ごしたように、スポーツを通して人種の壁を取り払う方法があるという考えを述べた。「彼らに会って、彼らについて学ぶ機会が得られた。彼らは私について学ぶ機会を得られた。そして、とても良い友人になることができた」とレブロンは語った。

インタビューが放送された数時間後、トランプ大統領はこうツイートした。「レブロン・ジェームズはテレビで最も頭の悪い男であるドン・レモンからインタビューを受けた。彼のおかげでレブロンが賢く見えた。簡単にはできないことだ。私はマイクが好きだ!」

大統領は一言で、二人の黒人の知性を貶め、「マイク」、つまりマイケル・ジョーダンをこの争いに引きずり込み、そしてまたしてもレブロンを人種に関する国民的議論の中心に据えた。翌日、CBSの『サタデー・モーニング』は番組の冒頭でこう伝えた。「今朝のトップニュース。トランプ大統領が昨夜にかけてTwitterでNBAのスーパースター、レブロン・ジェームズをバッシングした……」。このことは全米でトップニュースとなった。レブロンは高みの見物で、自らのツイートを発信した。「子どもたち、頑張ろう!みんな愛してる」。ツイートには、彼のアイ・プロミス・スクールへのリンクも貼られていた。

レイカーズのオーナー、ジーニー・バスは声明を出した。「レブロン・ジェームズがレイカーズファミリーの一員となってくれて、これほど誇らしいことはない。彼は信じられないほど思慮深く知的なリーダーであり、スポーツが共同体を団結させ、世界をより良い場所にしようとする力を明確に理解している」ライバルのステフィン・カリーもコメントを寄せた。「君らしく@kingjamesを続けてくれ！」と。

ファーストレディまでもがレブロンを擁護した。二〇一八年八月一六日、CNNの『ザ・シチュエーション・ルーム』の報道の中でウルフ・ブリッツァーはこう伝えた。「ファーストレディのメラニア・トランプが再び夫に反論し、彼が批判したレブロン・ジェームズの慈善活動を称賛した」。ファーストレディは公式声明を出し、アイ・プロミス・スクールを訪問したいという意向を示した。

しかし、最大の驚きはジョーダンがこの争いに参戦したことだ。ジョーダンとレブロンのどちらが史上最高の選手かという論争は、今後も長く続いていくことだろう。しかし、どちらがより社会変革に影響を与えたかについては、議論の余地は皆無だと言える。レブロンは自身の地位と人脈を利用して、銃乱射から人種差別、投票権に至るまで、さまざまな政治問題に向き合ってきた。ジョーダンは、現役生活中もその後も、政治的問題への関与は一切避けてきたことで有名だった。しかし、トランプはツイートでジョーダンの名前を引き合いに出した。これに対してジョーダンは、レブロンに強い賛辞を送った。「私はLJを応援している。彼は共同体のために素晴らしい仕事をしている」と。

＊＊＊

トランプ大統領のレブロンへの攻撃をめぐる騒動が米国内で渦巻く中、レブロンは中国を訪問。「私はアスリート以上の存在」と書かれたTシャツを着て、上海演劇学院で大勢の聴衆を前に演説した。それから彼は、アスリートが積極的に社会活動に携わるというメッセージをフランスとドイツにも伝えに行った。ドイツではベルリンの壁の跡地を訪れ、報道陣に向けて「人々には少しの希望こそが必要だ」と語った。

帰国後はニューヨークに立ち寄り、慈善活動に対してハーレムズ・ファッション・ロウ賞を受賞した。レブロンは、この機会にナイキの新作シューズも発表。アフリカ系アメリカ人の強い女性にインスパイアされたスニーカーだ。レブロンは母親と妻と一緒に、そして娘を腕に抱いて登壇し、彼女たちに賛辞を送った。女手一つで育ててくれた母親に感謝を伝え、ナイキの新作シューズのインソールには彼の母親を表す「強さ・誠実・威厳・勇気」という言葉が入れられていることを紹介した。「誰かがこの靴に足を入れるたびに、それらの上に立つことになる。グロリア・ジェームズ。あなたのおかげで、私は今日、アフリカ系アメリカ人女性こそが世界で最もパワフルな女性だと考えている理由を示し、恩返しをできる立場にいる」とレブロンは語った。

レブロンは女性だらけの建物内を見回した。「このかわいい女の子は私の支えだ」と、娘に向けてうなずきながら言う。『もし娘を持ったら、彼女が君を変える』って、いつもみんなから言われていた。そんなことはないだろう、と思っていた。誰も私を変えることなんてできないと。そして三年前、我が家にその明るい出来事が起こった。彼女は私を変えただけでなく、私をもっと良い人間にしてくれた。より献身的な人間、より強い人間に。より思いやりのある人間にもしてもらえて、自分が女性全般に対してもっと大きな責任を負っていることにも気づけたと思う。だから、ありがとう、ジュリ。愛してる、ベイビー」

サバンナは顔をほころばせた。

レブロンは彼女を見て言葉を止めた。会場を埋めた女性たちの視線を浴びながら、彼は自分という人間について、また二人の絆がこれほど強い理由について多くを語った。「サバンナは私と一緒に体育館でショットを打ってくれた。私がまだまったく何も持っていなかった頃から」

二人でどれほど遠くまで進んできたのか、どれほど多くのことを一緒に経験してきたかに思いを馳せれば、すぐに感傷的になってしまう。

しかし、振り返る時間は終わりだ。レイカーズのトレーニングキャンプは間もなく開始される。人生の次の章のため、ロサンゼルスへ行かなければならない。

# エピローグ

二〇一八年九月中旬の暖かく晴れた午後、レブロン・ジェームズはブレントウードの新居近くにある人気の寿司レストランに入った。ショートパンツにTシャツ姿で、腰を保護するクッションを持って、彼は席に着いた。アダム・メンデルソーンと、『ハリウッド・リポーター』誌のマリサ・ガスリーも一緒だ。メンデルソーンは彼にワインボトルを手渡した。翌日のレブロンの結婚記念日のプレゼントだった。メンデルソーンは、レブロンがトレーニングプログラムを休むのかと訊ねた。

レブロンはおどけた顔を見せた。「それは、『明日は呼吸するのか?』と訊くようなものだ。トレーニングはもちろんやる」と彼は言う。

一六年目のシーズンを迎えようとしていたレブロンだが、ルーキーとしてNBAに入った頃以上に徹底的なトレーニングを積んでいた。ガスリーは、レブロンの仕事に対する姿勢に尊敬を覚えた。この前日、彼女はレブロンと一緒にバーバンクのワーナー・ブラザースの敷地を訪れていた。レブロンとマーベリック・カーターはそこに、『ギルモア・ガールズ』のセットとして使われた青いケープコッド様式の家を再利用したオフィスを構えている。ガスリーが初めてレブロンの紹介記事を書いてから四年が経っていた。今回彼女は、レブロンと、スプリングヒル・エンターテインメントの成長、そしてアスリートに力を与える彼のブランド「アンインターラプテッド」について特集記事を制作中だった。アンインターラプテッドはHB

Oの『ザ・ショップ』をプロデュースしていた。いまだNBAのトップレベルでプレーを続けながら、レブロンはロサンゼルスに帝国を築きつつあった。

「どうぞ」とレブロンは言い、ランバーサポートを腰の後ろに置いた。「何でも質問してくれていい」

ガスリーは録音機器を取り出した。しかし、他の客たちがレブロンの姿を見つけると、すぐに近づいてきて一緒にセルフィーを撮ろうとした。

「今はダメだ。これからインタビューなんだ」と、レブロンは丁寧に言った。

ガスリーはレブロンに、無名の一般人になりたいと思ったことはあるかと訊ねた。

「私は無名の男ではない。その点を理解してくれないと。一人っ子だったから、人が好きなんだ」とレブロンは語る。

ガスリーは、レブロンとマーベリックが予定している新たなプロジェクトについて訊ねた。その週、NBCとCWネットワークはスプリングヒルとの協力による新番組を発表していた。またマーベリックはHBOとの間でも、モハメド・アリのドキュメンタリーを含めた新プロジェクトの契約を結んでいた。レブロンとマーベリックは、Netflixと一緒に犯罪ドラマの制作も進めていた。オクタヴィア・スペンサー主演の限定シリーズもある。だがマーベリックは、ガスリーの記事のためにスクープを提供してくれていた。彼は最近『ブラックパンサー』のライアン・クーグラー監督を説得し、ワーナー・ブラザースで『スペース・ジャム』の新作をプロデュースすることを決めたばかりだった。この映画に出演するレブロンは、撮影開始が待ち切れない様子だった。

「クーグラーは今の世代の子どもたちに、私が子どもの頃にはなかったものを与えてくれた。アフリカ系アメリカ人のスーパーヒーロー映画だ」とレブロンは語った。

レブロンにとって、『スペース・ジャム』でクーグラーと仕事をするチャンスは、子どもの頃の夢を叶えるものだった。「私はずっとスーパーヒーローになりたかった。特にバットマンがお気に入りだった。でも、ブルース・ウェインになれないことはわかっていた。数十億ドル規模の会社の社長になれる気がしなかったから」

今やレブロンには、推定一〇億ドルの価値がある。ワーナー・ブラザースはレブロンを、バッグス・バニーやダフィー・ダック、その他のルーニー・テューンズのキャラクターたちとともに、本人役として実写／アニメ映画で共演させることを決めた。さまざまな意味で、レブロンがロサンゼルス・レイカーズへ移籍したことは、彼の輝かしいバスケットボールキャリアに現実世界でハリウッド的なエンディングを作り上げるためにふさわしい選択だった。

レブロンとガスリーが話をしていると、リッチ・ポールが現れて隣のテーブルに座った。リッチもずっと忙しくしていた。レブロンとレイカーズとの間で四年総額一億五四〇〇万ドルの契約交渉を行うかたわら、クラッチ・スポーツ・グループの新規顧客獲得にも奔走していた。このときも携帯電話で、リーグ屈指のスーパースターであるニューオーリンズ・ペリカンズのセンター、アンソニー・デイビスとの契約をまとめようとしているところだった。デイビスは数日前に代理人を解雇したばかりだった。ガスリーはその会話に聞き耳を立てずにはいられなかった。リッチは電話を切ると、彼女に向かって「何も言わないでほしい」と言った。

ガスリーは、心配する必要はないと断言した。その話を書くためにここに来たわけではないのだ。

その一週間後、レブロンと、スプリングヒルおよびアンインターラプテッドの従業員合わせて二八人が、『ハリウッド・リポーター』の表紙を飾った。「レブロンがＬＡを手中に」と見出しがつけられ、同誌はレブロンを「この街で最もホットなプロデューサーの一人」と呼んだ。

同様に、リッチもＮＢＡで最もホットな代理人の一人だった。同じ週のうちに、クラッチ・スポーツ・

グループはデイビスがリッチと契約したことを発表した。そして間もなく、リッチはデイビスに、レイカーズに加入してレブロンとコンビを組むことについて話を始めることになる。

しかし、レイカーズのユニフォームを着て最初の試合をプレーする準備をしながら、レブロンは未来のチームメイトとして別の選手を夢見ていた。長男のブロニーだ。彼はすでに大学バスケットボール界のスカウトから関心を集めていた。以前からレブロンは、NBAでブロニーと一緒にプレーすることができればどんな気分だろうかと考えていた。レブロンに、その自分の夢を世間に公表するつもりはまだなかった。しかし、二〇一八—一九シーズン開幕と同時に、彼はブロニーへの思いを世界に知らしめた。Instagramでこう書いている。

**私の長男ブロニー、一四歳の誕生日おめでとう！　君が私の息子だと言えることを、毎日誇らしく思っている。これからも弟と妹の素晴らしい模範になり、パパが仕事で出掛けているときには一家の大黒柱でいてほしい。君が若者として成長した姿が大好きだが、これはまだ始まりでしかない。君のやっているすべてのことについて、成長を見続けるのを楽しみにしている！　愛してる、ブロニー！**

**#ProudDad**

二〇一八—一九シーズンはフラストレーションの溜まるシーズンだった。レイカーズはプレーオフに進出できなかった。しかし一九年の夏、リッチはデイビスをレイカーズに連れて来るトレードを実現させた。同年、リッチはクリーブランドを離れてビバリーヒルズに移り住み、数百万ドルの家を購入した。その年のうちに、彼はシンガーソングライターのアデルと出会った。パーティーで彼女が彼に近づき、「私と契約したい？」と声をかけたのがきっかけだった。二人は友人になり、やがて交際を始めた。

レブロンとデイビスは、二〇一九―二〇シーズンにレイカーズをNBA優勝に導いた。レブロンにとっては四度目のタイトルであり、彼は三つの異なるチームでNBAファイナルMVPに選ばれた初の選手となった。

ファイナルの直後、レブロンとサバンナ・ジェームズはビバリーヒルズに不動産を購入した。過去にはキャサリン・ヘップバーンが所有していたものだった。一方アクロンでは、レブロンは「ハウス・スリー・サーティ」を開設した。約五五〇〇平方メートルの同施設には銀行家やファイナンシャルアドバイザーらが常駐し、低所得家庭のファイナンシャルプランニングをサポートする。このベンチャー事業の資金は、レブロン・ジェームズ・ファミリー財団とJPモルガン・チェースとの協力により調達された。

レブロンは二〇二〇年の選挙にも大きく関与した。彼は「モア・ザン・ア・ヴォート」という政治団体を設立し、マイノリティの有権者登録と投票所への誘導を支援することで、有権者抑圧に対抗した。これは、ジョージア州などで共和党が主導する、有色人種が投票しにくくする取り組みに直接的に対抗するものだった。

＊＊＊

二〇二一年一月六日、レブロンは、ドナルド・トランプ支持者の暴徒が合衆国議会議事堂を襲撃し、荒らし回るのをテレビで観ていた。暴徒の大半が白人で占められていることと、圧倒された議事堂の警官隊を助ける軍隊や援軍がいないことに、彼は気づかずにはいられなかった。翌日、レブロンは試合後の記者会見に、「今なら理解できるか?」と書かれたTシャツを着て現れた。「私たちは二つの米国に住んでいる」と、彼は記者団に語った。「昨日のような光景を見てもそのことを理解できなかったり、見えなかったりするのであれば、本当に一歩下がる必要がある」。彼は前日の暴力的な光景について振り返った。「もし、議事堂を襲撃したのが私のような種類の人たちだったとしたら、結果はどうなっていただろうか。みんなわかっていると思う。『もし』とか『でも』とかではない。私のような種類の人間であれば、建物内に押し入るどころか、議事堂に近づいただけでも何が起こっていたか、私たちはもうわかっている」

レブロンとマーベリックが二〇〇七年に設立したプロダクションは、二一年時点で一〇億ドル近い評価を受けていた。そして、フェンウェイ・スポーツ・グループとの提携関係を通じて、レブロンとマーベリックは二一年にボストン・レッドソックスとリバプールFCの部分的オーナーとなった。「私とパートナーのマーベリックが、そのオーナーシップグループに加わる初めての黒人男性になったという事実は……すごくクールなことだ」とレブロンは語った。「私や、私に似ている人たちに、自分たちもそういう立場になれる、成し遂げられるという希望とインスピレーションを与えられることだ。私のアイ・プロミス・スクールの子どもたちにも、もっともっとインスピレーションを与えられる」

二〇二一年は、リッチにとっても大きな年だった。彼のクラッチ・スポーツ・グループは、NBAとNFLで総額一八億ドルの契約交渉を行った。そしてリッチとアデルは、NBAプレーオフを一緒に観戦する形で、交際を公にすることを決めた。「みんなはなんて言うだろう」と、リッチは彼女に訊ねる。「あなたが私と契約したって言うでしょう」とアデル。

リッチとアデルの席はコートサイドだった。そこから数列後ろで、レブロンはランディ・ミムズの隣に座っていた。レイカーズはプレーオフに出場していなかった。しかし、レブロンは自分の状況を振り返っていた。「四騎士」は今でも一緒であり、ロサンゼルスに住んで大成功を経験している。サバンナと子どもたちは西海岸の生活を楽しんでいる。人生はまさに、彼の望んでいた通りとなった。バスケットボールは彼にとって、計り知れないほど素晴らしいものだった。そして、もうすぐ四〇歳になるが、これからまだ何年もプレーできるような気がしていた。

＊＊＊

レイカーズで五年目、通算二〇年目となる二〇二二―二三シーズンに、レブロンは三八歳となった。それから二カ月も経たない二三年二月七日、彼は通算三万八三八八得点という大台に到達し、カリーム・アブドゥル＝ジャバーを抜いてＮＢＡの歴代最多得点者となった。

バスケットボールに関して、残された夢はただ一つ。二〇二三年に高校卒業が予定される一八歳の息子ブロニーと一緒にＮＢＡの試合に出場することだ。

# 謝辞

まずはライター陣から始めよう。

レブロン・ジェームズの高校時代については、デビッド・リー・モーガン・ジュニア、テリー・プルート、ティム・ロジャース、ブライアン・ウィンドホーストを筆頭に、『アクロン・ビーコン・ジャーナル』紙や『プレイン・ディーラー』紙の一流ライターたちが広くカバーしてくれていた。私は「ユタで何が起こっているのか（訳注：ウィンドホーストに関するミーム）」は知らないが、一九九九年から二〇〇三年までアクロンで何が起こっていたのかを知りたいときにはモーガン、プルート、ロジャース、ウィンドホーストによる報道を参照した。

レブロンのプロキャリアや、米国五輪代表での活躍については、業界屈指のバスケットボールライターたちが取り上げている。しかし私にとっては、その中でも特に数人の存在が大きかった。『ニューヨーク・タイムズ』紙のライター陣であるリズ・ロビンス、ハワード・ベック、スコット・カチオラによる日々の報道は、洞察に富み、スマートで、心地良く楽しめるものだった。コラムニストのアイラ・バーコウは言葉の魔術師であり、全米メディアで初となるレブロンの紹介記事を書いた。美しい記事だった。レブロンの二番目の紹介記事を書いたのは完璧なプロフェッショナルであるマイケル・ホリー。彼の記事はあまりに過小評価されているが、伝記内の重要なシーンで参考にさせてもらった。マイク・ワイズとトム・フレンドの書いた鋭い記事も情報源となった。ラリー・プラットが『GQ』誌で書いた素晴らしい特集記事は、初期のレブロンとインナーサークルを覗き見ることができるものだった。そして、『スポーツ・イラストレイテッド』誌のベテランライターであるクリス・バラードとジャック・マッカラムの二人は、長年にわたってレブロンに関する優れた特集を執筆してきた。

私の著作に影響や情報を与えてくれたスポーツライターとしては、他にジョナサン・エイブラムス、ハーヴェイ・アラトン、フランク・リッキー、ジェレ・ロングマン、ジャッキー・マクマラン、クリス・マニックス、デイブ・マクメナミン、マイケル・パウエル、ウィリアム・C・ローデン、S・L・プライス、ビリー・ウィッツ、エイドリアン・ヴォイナロウスキーなどがいる。同様に、ファッション、ビジネス、音楽、政治、エンターテインメントの各界で活躍するライターたちの記事も素晴らしい情報源となってくれた。ティム・アランゴ、アイザック・チョティナー、ジョー・ドレープ、ショーン・グレゴリー、ボアズ・ヘルツォーク、チャールズ・マクグラス、ジェイソン・クイック、リサ・ロビンソン、イーライ・サスロー、ロバート・サリバン、トゥーレ、パトリック・ヴァローンなどのライターたちだ。

そして何より、長年にわたってレブロンに関する重要な著作を生み出し続けてきた著名なジャーナリストたちに大きな恩がある。グラント・ウォール、リサ・タッデオ、バズ・ビッシンガー、J・R・モーリンガー、リー・ジェンキンス、マリサ・ガスリー、ライト・トンプソンなど、我々の世代で最も優れた活字ジャーナリズムの語り手たちだ。今回の伝記執筆のハイライトの一つは、グラントと出会えたことだった。彼の報道スタイルは、優しさや謙虚さや共感力を持った彼の愛すべき人柄を反映している。レブロンを世界に紹介した『スポーツ・イラストレイテッド』誌の特集記事を書いたのが彼であったことも不思議ではない。リサは奔放で面白いライターであり、とんでもないインタビューもこなす。バズはジャーナリズム界で最高の人物であり、私の目から見ると、あなたがレブロンと共同執筆した本は傑作だったと思う！

J・R、もしあなたがジャーナリズムを教えてくれるのなら、私はその学校に通う。レブロンがクリーブランド復帰発表のエッセイをリーに託したことには理由がある。自信があるからこそ目立たないように努めるライターとしての姿勢には脱帽だ。マリサは模範的なプロフェッショナルであり、人を導くことができる。私の若い娘にもライターとして彼女を見習うよう促したい。ライトは、着こなしは下手ではあるが、勇敢な記者であり叙情的な作家だ。

『スポーツ・イラストレイテッド』誌、『ESPNザ・マガジン』誌、『ヴァニティ・フェア』誌、『ハリウッド・リポーター』誌の幹部、編集者、スタッフの数十人にも感謝しないわけにはいかない。インタビューの実施、背景事情の確認、ファイルの検索、データや情報の追跡、文書によるさまざまな問い合わせへの回答などに助力してもらった。また、バインダーをいくつも埋めるほどの記事の検索に協力してもらった図書館員、アーキビスト、『アクロン・ビーコン・ジャーナル』紙や『プレイン・ディーラー』紙や『マイアミ・ヘラルド』紙の編集者にも感謝している。

ティム・ベラとジョン・ゴーガンは、リサーチ面で大きな仕事をしてくれた。

次に、私の仕事仲間たちだ。

これほどの規模の伝記を執筆するには、多くの人の手と聡明な頭脳が必要となる。執筆は長く孤独なマラソンだが、私は信頼できる真のチームと伴走する幸運に恵まれている。リチャード・パイン、ジョフィー・フェラーリ＝アドラー、ジョン・カープは私の頭脳だ。ドロシア・Hは秘密兵器。信頼の置ける仲間たちとしてはジャスティン・L、ジェフ・K、アンディ・D、スティーブ・Y、ビル・M、エリック・Z、そして「最も賢い者」がいる。サウスポートのジョン、AEK、チェスターのジャスティン、そして、いつも私の近くにいて『ザ・ギャルド』で執筆の場所を与えてくれるジャンヌとスティーブは頼れる人々。ジョナサン・エヴァンス、デイビッド・キャス、キャロライン・ケリー、メレディス・ヴィラレロ、ポール・

オハロラン、エリザ・ロススタイン、ギデオン・パイン、ジェフ・ミラー、ケルヴィン・バイアスらのプロフェッショナルたちは、この本を売り込んでくれる。

そして家族だ。リディアは私の究極の頭脳であり、秘密兵器であり、信頼できる相手だ。私の恋人でもある。一九八八年、シアトルのアイバースに初めてデートに連れて行ったとき、私は彼女に惚れ込んだ。今でも夢中だ。そして、テニスン・フォード、クランシー・ノーラン、マギー・メイ、クララ・ベルは私とともにこの伝記を作り上げてくれた。しかし、どんな本も、どんな仕事上の業績も、私が彼らの父親であることから感じる誇りと喜びにはかなわない。

ジェフ・ベネディクト

# 監修者あとがき

マイケル・ジョーダンが二回目の引退を終えた二〇〇〇年を超えたあたりから、レブロン・ジェームズと名乗る高校生のバスケットボールプレーヤーが全米で話題になっているという情報がここ日本まで流れてきた。

それも「ただの高校生」ではなく、「これまでで最高の能力を持った高校生」だと言う。

その情報を初めて聞いたときの印象は「またか」であった。というのも、それまでもケビン・ガーネットやコービー・ブライアントが大学を経ずに一足飛びでNBAに挑戦し、ある程度の成功を収めていただけに、さほど目新しい情報でもなかったからだ。その最たるものとして二〇〇一年のNBAドラフトでは、上位四人のうち三人が高校生という異常事態も起こっていた。その矢先の情報だっただけに、「またか」だった。

しかし、米国のスポーツ専門局ESPNが、レブロンの試合を異例とも言える全米生中継し、その録画映像を後日、日本で観たときに考えが一変した。

「この子はモノが違う。本当に史上最高の高校生かもしれない」と確信とも思える感覚を覚えた。

NBAに入る前からレブロンの周辺は騒がしかった。バスケットボールプレーヤーとして頭角を表してきた中学生時代。あえて私立校を選び、全米にその名が知れ渡った高校時代。その高校生を獲得するために、一億ドル超（当時でさえ日本円にすると一〇〇億円超）の札束が飛び交うアディダスとナイキの壮絶な契約争い……。

そして、二〇〇三年のNBAドラフト一巡目一位でクリーブランド・キャバリアーズに入団。七シーズンを過ごすも、あと一歩で優勝には手が届かなかった。鳴り物入りでマイアミ・ヒートに移籍し、二連覇を経験するも、キャバリアーズに復帰。そこで、ようやくキャバリアーズに優勝トロフィーをもたらすも、数年でロサンゼルス・レイカーズに移籍した。

紆余曲折に彩られたレブロンの半生。日本でもその表面的な活躍は知っていても、その裏でレブロンが抱えていたさまざまな問題、気持ち、さらにはここ数年の政治的な発言、そして、それらを含む葛藤など知るよしもなかった。

しかし、本書を読むことで、その点と点がつながり、レブロン・ジェームズという世界トップのバスケットボールプレーヤーにおける真摯な姿勢や人間的な部分を垣間見ることができた。

レブロンは三九歳となった今でもNBAのトッププレーヤーの一人として大活躍をしている。

本書は、これまで日本ではあまり知られてこなかったレブロン〝キング〟ジェームズの壮絶とも言えるジェットコースターのような半生を堪能できる最高の一冊である。

塚本清彦

二〇二四年一月

# 訳者あとがき

レブロン・ジェームズという人物について、皆さんはどのような印象をお持ちだろうか。NBAを代表するビッグスターであり、あのマイケル・ジョーダンとのGOAT（歴代最高選手）論争が起こるほどの圧倒的な実績を残してきた途轍もない名選手だといったようなことは、本書に興味を持って手に取っていただいた方であればおそらくご存知だろう。

本書はもちろん、その偉大なるバスケットボール選手としてのレブロン・ジェームズのキャリアを追ったものではあるが、それだけではない。

純粋に選手としての活躍を知りたければ、YouTube動画でも探していただいたほうが楽しめるかもしれない。神業のようなプレーやキャリアを彩る名場面の数々を収めた映像を、いくらでも見つけられることだろう。

だが実際のところ、レブロン・ジェームズという男を語ろうとすれば、コート上での姿に目を向けるだけでは十分ではない。彼のドキュメンタリーのタイトルにもなった「More Than an Athlete（アスリート以上のもの）」という言葉に象徴されるように、社会活動の旗手として強い影響力を持つに至ったことに加え、活躍分野はエンターテインメント、投資、ビジネス、政治、教育に至るまで多岐にわたっている。

ある意味では、二〇〇〇年代以降の米国の文化と社会を象徴し、その中心に近い場所を占めてきた存在の一人であるとも言っていいだろう。そのことは、本書でレブロンの物語を彩る登場人物たちの名前を並べるだけでも明らかだ。ジョーダンやコービー・ブライアントらをはじめとするバスケットボール選手たちはもちろんのこと、タイガー・ウッズやトム・ブレイディなど他スポーツのレジェンドたち、ジェイ・Zやカニエ・ウェスト、ビヨンセらの大物アーティスト、スーパーモデルのジゼル・ブンチェン、投資の神様ウォーレン・バフェット、そしてバラク・オバマやドナルド・トランプまで、世界に名だたる錚々たる顔ぶれが直接的・間接的にレブロンの人生に関わってきた者たちとして取り上げられている。

セレブリティとして華やかな世界で生きる一方で、レブロンの半生は現代米国社会の抱える問題点を映す鏡でもあった。アクロンでの幼少期を貧困の中で過ごしたレブロンは、バスケットボール選手として成功してからも、その貧困・格差問題と根底の部分でつながっている人種差別の現実に直面することを避けられない。それを変えるために声を上げ、取り組んでいく。

そして、レブロンの物語は同時に、少年時代から彼の近くに居続けた友人や仲間たちの物語でもある。もちろんレブロンという巨大な存在から有形無形の恩恵が得られた部分もあったにせよ、彼らはそれぞれの才覚や努力によって各分野で大きな成功を収めてきた。レブロンのような超人的なフィジカルや運動能力に恵まれたわけではない彼らの歩んできた道もまた、一つのアメリカンドリームと言うべきものだ。

二〇二二―二三シーズンを終えた時点で三八歳となったレブロンは、引退の憶測を否定して現役続行を宣言。輝かしいキャリアが終盤を迎えようとしていることは確かだとしても、ファンはそのプレーをもうしばらく楽しむことができそうだ。

そして、バスケットボールプレーヤーとしてのキャリアを終えたとしても、レブロンの物語がそこで終幕となるわけではない。多彩な才能に加えて並外れた野心と意欲、それらを実現できる財力を兼ね備えたレブロンが、プレーとはまた別の形で世界を驚かせ、盛り上げることになるのは容易に予想できそうだ。

一方で、ブロニーである。偉大すぎる父親を持つ重圧を背負いながらも高校生プレーヤーとして高い評価を得たレブロンの長男は、南カリフォルニア大学への進学を決めたが、二〇二三年七月の練習中に心停止で搬送されるという衝撃の事態が発生。幸い大事には至らず、本稿執筆時点では大学バスケットボールでのプレーを開始している。

いずれにせよ、ブロニーがNBA入りを果たすとしてももう少し先の話。父レブロンがそれまでプレーを続行している保証があるわけではないが、移籍騒動や故郷で成し遂げた悲願の優勝を含めた激動のキャリアの締めくくりとして最愛の息子との共演が実現したとすれば、まさに彼にふさわしいグランドフィナーレとなるかもしれない。

高野鉄平

二〇二四年一月

著者
**ジェフ・ベネディクト**
**(Jeff Benedict)**

ノンフィクション16冊を著したベストセラー作家で、テレビ・映画プロデューサーとしても活躍。ロバート・クラフト、ビル・ベリチック、トム・ブレイディ率いるニューイングランド・ペイトリオッツの内幕を描いた『The Dynasty』は2020年に出版されると瞬く間に『ニューヨーク・タイムズ』紙のベストセラーに。18年にはベストセラー1位となった『Tiger Woods』を共同執筆。また、自著『Poisoned』を原作としてNetflixで放映されるドキュメンタリーの製作総指揮を務めている。『スポーツ・イラストレイテッド』誌、『ロサンゼルス・タイムズ』紙、『ハートフォード・クーラント』紙で特集ライターを務めた他、『ニューヨーク・タイムズ』紙にエッセイを掲載。『60ミニッツ』『CBSサンデーモーニング』『HBOリアルスポーツ』『ディスカバリーチャンネル』『グッドモーニングアメリカ』『2020』『48アワーズ』『NFLネットワーク』『NPR』などでも記事が紹介された。妻と4人の子どもとともに米国コネチカット州に在住。

監修者
**塚本清彦**
**(つかもと・きよひこ)**

1961年2月26日生まれ、兵庫県出身。バスケットボールコメンテーター、日本バスケットボール協会公認コーチ。中学校からバスケットボールを始め、育英高校、明治大学、日本鋼管でポイントガードとして活躍。日本リーグ優勝2回、全日本実業団選手権優勝2回、93-94シーズンにベスト5を受賞。現役引退後はプロ、大学、高校などでコーチを務め、多くのBリーガーを指導。解説者としても現在、NBA Rakuten「NBA中継」などを担当し、NBA取材歴は30年を超える。八村塁が指名された2019年のNBAドラフトも現地で取材し、日本人として最初にインタビュアーを務めた。

訳者
**高野鉄平**
**(たかの・てっぺい)**

1976年、福岡県生まれ。ライター、翻訳者。ウェブメディアや雑誌・書籍などで主にスポーツ関連のメディア業務に携わる。訳書に『ポジショナルフットボール教典 ペップ・グアルディオラが実践する支配的ゲームモデル』『組織的カオスフットボール教典 ユルゲン・クロップが企てる攪乱と破壊』(ともに小社)、『ニッポンとサッカー 英国人記者の取材録』(ベースボール・マガジン社)など。

ブックデザイン＆DTP　今田賢志
カバー＆本文写真　Getty Images
編集協力　稲葉美和
編集　石沢鉄平（株式会社カンゼン）
協力　有限会社ボイスワークス

# LeBron

Published by arrangement with the original publisher, Avid Reader Press,
an Imprint of Simon & Schuster, Inc., through Japan UNI Agency, Inc., Tokyo

発行日　2024年2月14日　初版
著　者　ジェフ・ベネディクト
監修者　塚本 清彦
訳　者　高野 鉄平
発行人　坪井 義哉
発行所　株式会社カンゼン
〒101-0021
東京都千代田区外神田2-7-1 開花ビル
TEL 03（5295）7723
FAX 03（5295）7725
https://www.kanzen.jp/
郵便為替 00150-7-130339
印刷・製本　中央精版印刷株式会社


ISBN 978-4-86255-711-7　Printed in Japan

定価はカバーに表示してあります。
ご意見、ご感想に関しましては、kanso@kanzen.jp まで
Eメールにてお寄せ下さい。お待ちしております。